言語와 人間

言語와 人間
-言語學的 人間學 序說

金鎭宇 著

한국문화사

言語와 人間
言語學的 人間學 序說

1판 1쇄 발행 2021년 4월 15일

지 은 이 | 김진우
펴 낸 이 | 김진수
펴 낸 곳 | 한국문화사
등   록 | 제1994-9호
주   소 | 서울시 성동구 아차산로 49, 404호(성수동1가, 서울숲코오롱디지털타워3차)
전   화 | 02-464-7708
팩   스 | 02-499-0846
이 메 일 | hkm7708@hanmail.net
홈페이지 | http://hph.co.kr

ISBN 979-11-6685-020-2 93700

・이 책의 내용은 저작권법에 따라 보호받고 있습니다.
・잘못된 책은 구매처에서 바꾸어 드립니다.
・책값은 뒤표지에 있습니다.

■ 서문

　지금으로부터 거의 30년 전인 1992년에 나는 『인간과 언어』라는 제목의 책을 냈었는데, 이번에 『언어와 인간』이라는 제목의 책을 내게 되었다. 두 명사의 순서만이 다른 아주 유사한 제목으로 보아서는 누구나가 이들은 유사한 책일 것으로 생각하기 쉬울 텐데, 사실은 이들 간에는 아무런 유사성도 없다. 쉽게 말해서 1992년의 책은 하나의 언어학 개론서이었고, 이번 책은 부제목으로 명시되어 있는 대로 일종의 언어학적 인간학 서설서이다. 다시 말하자면 인간과 언어라는 두 가지 개념 간의 관계를 놓고서 1992의 책에서는 첫 번째 것을 배경으로 하고 두 번째 것을 전경으로 삼는 식의 접근법이 쓰였는 데 반하여 이번 책에서는 거꾸로 두 번째 것을 배경으로 하고 첫 번째 것을 전경으로 삼는 식의 접근법이 쓰인 것이다.

　그런데 사실은 이 책은 근래에 이르러서의 언어학의 눈부신 발전에 대한 일종의 성찰 기회를 마련하기 위해서 쓰인 책이다. 누구나 익히 알고 있듯이 Saussure의 구조주의 이론과 Chomsky의 변형문법이론의 등장과 함께 언어학은 그동안에 인문학 전체의 발전 방향을 주도하게 될 만큼 크게 발달했는데, 지금쯤에는 그렇다면 언어학의 앞으로의 더 많은 발전을 위해서라도 과연 언어학이 지금까지 인문학의 주요 학문으로서의 역할을 제대로 해왔는가에 대해서 성찰을 해보는 것이 마땅한 일일 텐데, 아쉽게도 아직까지는 이런 일에 특별히 관심을 두는 사람들은 별로 없었다. 그래서 나에게는 지금쯤에는 언어학계에 새로운 각성을 불러일으키는 촉매제가 우선 필요하겠다는 생각이 들었고, 그 결과가 바로 이 책이었다.

인문학의 목적은 Socrates의 말대로 우리 자신의 본성을 알아내는 일인데, 역설적으로 그동안의 인문학 연구는 이 일이 결코 쉬운 일이 아니라는 것만을 드러내고 말았다. 이 일의 본령인 철학에서 그동안에 밝혀낸 것마저도 우리에게는 우리 특유의 인지력이나 이성이 있다는 정도가 그것의 전부였다. 다행히도 그동안에 언어학에서 밝혀낸 언어적 사실만으로도 우리의 본성에 관해서 그 외의 특징을 익히 알아낼 수 있었다. 그러니까 이 책을 쓰는 과정에서 언어학은 이제 인문학의 본래적 과제 연구에 참여할 수 있을 만큼 성장했다는 것을 새삼 발견할 수 있었던 것이다.

이 책의 제2장에서 제7장까지의 제목들이 바로 인간 본성의 여섯 가지 특징들이다. 다시 말하자면 고도의 사회성 유지를 위시하여 높은 수준의 문화의 창출과 전수, 자유로운 상징력의 발휘, 탁월한 인지력의 구사, 창조적 은유력의 사용, 최고의 예술성의 표출 등이 그들이기에, 철학을 비롯한 다른 인문학에서 지금까지 내세워왔던 것과는 적지 않게 다르다는 것이 이것의 첫 번째 특이성이다. 그리고 굳이 따지자면 이것의 더 중요한 특이성은 특징마다 일정한 언어적 사실들을 근거로 내세웠다는 점일 것이다. 이와 관련해서 한 가지 밝혀둘 것은 여섯 번째 특징에 관한 논쟁의 길이가 다른 특징에 관한 것의 두 배쯤이나 된다는 점인데, 이것은 언어의 기능 중 예술에 관한 것이 의사소통에 관한 것보다 더 중요할 수 있다는 견해와, 어떤 의미에서는 오늘날에는 문자 언어가 구두 언어보다 더 큰 기능을 수행하고 있다고 볼 수 있다는 견해가 반영된 것이었다.

마지막으로 나는 이번에도 예나 다름없이 내 원고를 좋은 책으로 만드는 데 최선을 다 해주신 김진수 사장님께 깊은 사의를 표하고 싶다. 이분의 깊은 배려 덕분에 내가 드디어 이런 제목의 책까지 쓰게 되었으니까 정말로 감사할 따름이다.

■ 차례

■ 서문__5

제1장 제1장 인간성 탐구의 장

1.1 학문의 당위성 ··· 13
   1) 인문학의 한계성 ·· 13
   2) 언어학적 돌파구 ·· 15
   3) 양방적 기여성 ·· 25

1.2 통합적 접근법 ··· 30
   1) 내재성 대 학습성 ··· 31
   2) 보편성 대 개별성 ··· 34
   3) 언어능력 대 언어수행 ······································ 36
   4) 형식 대 기능 ·· 39
   5) 문장 대 담화 ·· 42
   6) 음성언어 대 문자언어 ······································ 45

1.3 인간성의 여섯 가지 특성 ····································· 48
   1) 고도의 사회성 유지 ·· 51
   2) 높은 수준의 문화 창출과 전수 ··························· 53
   3) 자유로운 상징력의 발휘 ··································· 56
   4) 탁월한 인지력의 구사 ····································· 58
   5) 창조적 은유력의 사용 ····································· 60
   6) 최고의 예술성의 표출 ····································· 63

1.4 언어학적 인간학 연구의 한계성 ·· 66
   1) 시안 ·· 66
   2) 비교 ·· 68

제2장 고도의 사회성 유지

2.1 언어습득론에서의 연구결과 ··· 73
   1) 엄마의 역할 ··· 77
   2) 어린이의 노력 ··· 82
   3) 5세 이후의 언어습득 ··· 87
2.2 화용론에서의 연구 ·· 89
   1) 협력성의 이론 ··· 89
   2) 정중성의 이론 ··· 93
   3) 관련성의 이론 ··· 99
2.3 담화분석론에서의 연구 ·· 105
   1) 회화분석 ·· 106
   2) 이야기 분석 ·· 111
   3) 비평적 담화분석 ·· 120
2.4 사회언어학에서의 연구 ·· 124
   1) 사회적 방언에 대한 연구 ·· 125
   2) 민족지학적 언어연구 ·· 129
   3) 사회언어학적 이야기 분석 ··· 133

제3장 높은 수준의 문화의 창출과 전수

3.1 최고의 문화적 기구인 언어 ·· 137
    1) 언어와 문화의 관계 ·· 137
    2) 언어의 구조적 정교성 ·· 142

3.2 문화와 학문 ··· 151
    1) 철학의 경우 ·· 154
    2) 과학의 경우 ·· 165

3.3 언어와 사고의 관계 ·· 168
    1) Humboldt의 세계관의 가설 ·· 169
    2) Sapir-Whorf의 언어적 상대성의 가설 ··························· 171
    3) 보편성과 개별성 ·· 174

3.4 문화와 문자언어 ·· 181
    1) 복수 기원설 ·· 182
    2) 상보적 기능 ·· 185
    3) 특수한 기능 ·· 197

제4장 자유로운 상징력의 발휘

4.1 기호와 상징 ··· 202
    1) 도상성 대 지표성 ·· 203
    2) 언어적 상징 대 비언어적 상징 ······································· 206

4.2 상징적 집합체로서의 어휘조직 ·················· 217
    1) 일곱 가지 특징 ·························· 217
    2) 복합어 ································ 231
    3) 관용어구 ······························ 233
    4) 약어 ································· 235

4.3 문법의 상징성 ································· 238
    1) 어순 ································· 238
    2) 품사 ································· 243
    3) 준동사 ······························ 247
    4) 문법적 범주 ······························ 253

4.4 수사법의 상징성 ···························· 255
    1) 은유법 ································ 255
    2) 반복법 ································ 258
    3) 반어법 ································ 263

제5장 탁월한 인지력의 구사

5.1 일반적 인지력과 문장 생성력 간의 관계 ·············· 266
    1) 인지력 연구의 역사 ························ 266
    2) Chomsky의 문법이론 ······················ 269
    3) 연결주의 이론 ···························· 277

5.2 언어산출의 체계성과 문법부의 중심성 ················ 283
    1) 언어산출의 체계성 ························· 283
    2) 문법부의 중심성 ························· 288

5.3 문법적 규칙의 정교성 ··· 306
   1) 수동화 절차에 관한 규칙들 ···························· 307
   2) 흔적이론 ··· 313
   3) 최소주의 이론 ·· 319

5.4 언어 수행과 인지작용 ·· 326
   1) 개별문장의 문제성 ··· 326
   2) 상황적 적절성 ·· 330
   3) 회화적 규칙 ··· 336

제6장 창조적 은유력의 사용

6.1 은유의 편재성 ·· 339
   1) 협의의 은유와 광의의 은유 ···························· 340
   2) 일상적인 은유사용 ··· 341
   3) 유추력으로서의 은유력 ·································· 342
   4) 은유의 창조성 ·· 346

6.2 어휘적 다의성과 관용구 ····································· 350
   1) 명사 ·· 350
   2) 동사 ·· 354
   3) 형용사 ··· 358
   4) 부사 ·· 360

6.3 인지력과의 상보적 관계 ····································· 361
   1) 인지적 절차의 재해석 ···································· 361
   2) 사실적인 근거 ·· 369

3) 비은유문과 은유문의 조화성 ············· 381
6.4 은유의 창조성 ············· 388
　　1) 창조성의 정의 ············· 390
　　2) 시적 은유 ············· 395

제7장 최고의 예술성의 표출

7.1 예술성 표출의 매체로서의 언어 ············· 402
　　1) 문학의 위상 ············· 403
　　2) 문학 발달의 역사 ············· 410
7.2 시의 예술성 ············· 423
　　1) 운율적 형식 ············· 424
　　2) 언어적 기법 ············· 430
　　3) 시적 상상력 ············· 437
　　4) 시적 지혜와 진리 ············· 442
7.3 희곡의 예술성 ············· 446
　　1) 연극이론의 발달 ············· 447
　　2) 희곡의 구조 ············· 469
7.4 소설의 예술성 ············· 479
　　1) 소설 발달의 두 동력 ············· 479
　　2) 문체의 예술성 ············· 491

# 제1장
인간성 탐구의 장

1.1 학문의 당위성

1) 인문학의 한계성

가령 인간학을 인간의 본성을 탐구하는 학문으로 치자면, 굳이 일찍이 Socrates가 일갈했던 '네 자신을 알아라.'라는 명제를 떠올리지 않더라도 그것의 필요성과 당위성을 쉽게 인정하지 않는 학자는 별로 없을 것 같은데, 실제로는 이런 이름의 학문은 존재하지 않는다. 물론 일단 철학은 자연과 그 안에서의 인간의 위치를 종합적으로 전망하는 학문으로 정의될 수 있으니까, 바로 여기가 인간연구의 본산이라고 볼 수도 있으며, 따라서 누구나 학문이 시작될 당시부터 학자들은 아예 인간학을 별도로 설정할 필요를 느끼지 않았을 것이라는 추측도 어렵지 않게 해볼 수가 있다.

그런데 사실은 그동안에 철학자들이 인간의 본성을 연구하는 일을 자기네 학문의 주된 과제로 삼은 적이 없었다. 물론 철학은 지금까지 처음에는 논리학과 물리학, 자연과학, 윤리학 등으로 나뉘었던 것이 그 뒤에 가서는 인식론과 형이상학, 도덕론, 정의론 등으로 세분되는 식으로 나름대로의 일정한 발전적 궤적을 그려왔었다. 그렇지만 돌이켜보자면 고전적 철학자들은 인간을 이해하는 것이 아니라 계몽하고 교육하는 데 주력을 쏟아왔기에, 처음부터 인간학이 이것의 기둥으로 세워질 가능성은 전혀 없었다고 볼 수가 있다. 예컨대 희랍 때 Socrates가 결국은 철학 자체를 일종의 윤리학으로 본 것이나, 아니면 현대에 이르러 Kant가 도덕률에 대한 형이상학적 이론을 내세우게 된 것이 하등 이상한 일이 아니었던 것이다.

그런데 흥미롭게도 서구의 전통에서는 철학을 역사학, 언어학, 문학과 함께 인문학(the Humanities)의 네 가지 기본 학문으로 간주해왔었다. 그러니까 일찍부터 학자들은 인간에 대한 연구에는 크게 인간을 물리적 내지는 생물학적 존재로서 연구하는 것과 인간을 문화적 존재로서 연구하는 것의 두 가지가 있을 수 있다고 보고서 두 번째 것을 인문학이라고 이름 붙였던 것이다. 그런데 우리말로는 언제, 누구에 의해서 이 이름이 인문학으로 번역되었는지는 알 수가 없지만, 실제로는 이것은 인간의 속성이나 인간다움을 의미하는 'humanity'(라틴어의 어원: humanitas)의 복수형이다. 그러니까 이것은 예컨대 '인성학'이나 '인간학'이라고 번역될 수도 있었던 것이다.

이런 학명상의 사실로 미루어 보아서는 옛날의 학자들은 인간의 본성에 관한 연구는 철학 이외에 역사학이나 언어학, 문학 등에서도 이루어지게 되어있다고 생각했던 것인데, 돌이켜보자면 이런 생각 역시 딱 맞는 생각은 아니었다. 한마디로 말해서 철학과 마찬가지로 이들도 처음부터 모두 저마다의 독자적 학문으로 성장해왔지, 인간학의 일부로 성장해오지는 않았었다. 그러니까 적어도 서구의 학문체계에서는 인간의 본성이나 특성에 관한 연구를 전담하는 학문은 아예 설정되지도 않은 채, 그것을 간접적으로 다루는 학문들을 인문학이라는 이름 밑에 같이 묶어두었던 것이다. 그렇다고 해서 옛날 학자들은 인문학을 학제적 내지는 종합적 학문으로 본 것도 아니었다. 아마도 이들은 인문학을 자연과학에 대한 하나의 대칭적 학문으로서 내세웠을 것이다.

2) 언어학적 돌파구

상식적인 판단으로는 만약 이제라도 인간학이 탄생하여야 한다면 그것은 응당 철학의 한 파생학문으로 탄생하여야 할 것 같은데, 현실적으로 보았을 때는 이런 현상은 쉽게 일어나지 않을 것 같다. 그 이유는 간단히 말해서 원래 철학은 학문적 전통이 워낙 오래되고 강해서 새로운 학문을 파생시키기에는 부적절한 학문이기 때문이다. 그러니까 좋게 말하자면 철학은 앞으로 인간학이 태어났을 경우에는 그것을 총괄하는 상위학문으로 남아 있으려 할 것이고, 나쁘게 말하자면 그런 일에 특별한 흥미를 보이지 않는 방관자적인 학문으로 남아 있으려 할 것이다. 더 나쁘게 말하자면 이런 일이 일어날 수 있을 만큼은 철학이 아직 발달하지 못한 것이다.

그렇다면 결국에는 인문학의 네 가지 구성 학문 가운데서 역사학과 언어학, 문학 등의 세 학문이 그런 가능성을 잉태하고 있는 학문으로 남아 있게 되는데, 이들 중 제일 먼저 주목하게 되는 것이 바로 언어학이다. 우선 이런 판단이 크게 틀린 것이 아니라는 것을 뒷받침하고 있는 것이 Borchert가 최근에 편집한 '철학백과사전'에서의 Stevenson에 의한 인간성에 대한 아래와 같은 설명이다. 이것에서는 인간성의 특징으로 이성을 비롯하여 언어, 의식, 자체의식, 자유의지, 도덕적 책임감, 사랑의 능력 등의 일곱 가지를 들고 있는데, 이들 중 특히 이성과 언어적 능력의 불가분성을 강조하고 있는 점이 이 설명의 특이함이다.(Borchert, 2006. vol.4 p.482)

다른 동물들과 대비했을 때 인간을 제일 크게 특징 지우는 것은 무엇인가? 이성과 언어, 의식, 자체의식, 자유의지, 도덕적 책임감, 사랑의 능력 중 어느 것인가? (그리고 이들 모두는 공존해야 하는 것인가?). 어떻게 우리는 외계로부터의 존재가 이들 재능 중 어느 한 가지를 가졌는지 인식하게 될 것인가? 아마도 그들을 이성적 사고자와 행위자로 간주하는 데 적용되어야 할 가장 분명한 기준은 그들이 그들의 신념과 행위에 대한 이유를 우리가 이해할 수 있게 되는 언어로 제시하는 것일 것이다.

이 설명에서는 물론 인간성의 자질 중 으레 으뜸이 되는 것은 이성이라는 점이 강조되고 있다. 그런데 외계인과 인간이 대조적으로 비교되는 사항을 설정하다 보니까 언어에 대한 저자 나름의 두 가지 흥미로운 견해를 드러내는 결과도 가져왔다. 첫 번째로 여기에서는 언어를 이성의 조작자나 표현체로 보는 식으로 이성과 언어의 불가분성이 강조되고 있다. 이런 생각은 일찍이 Humboldt나 Descartes도 가지고 있었는데, 언어를 인간적 재능 중 제일 중요한 것으로 본다는 의미에서, 일종의 언어우선주의적 사고방식이라고 볼 수가 있다.

두 번째로 여기에서는 최근에 이르러 Chomsky와 같은 이성주의자가 내세우고 있는바, 즉 언어의 종 특이성이 강조되고 있다. 우선 여기에서는 설령 외계인이 언어를 가지고 있다고 해도 그것은 우리 인간의 언어와 다른 것일 것이라는 상정을 하고 있다. 그러니까 여기에서는 궁극적인 의미로는 우리 인간의 언어는 오직 우리 인간만의 것이라는 것과, 그래도 외계인의 언어와 우리 인간의 언어 사이에는 '언젠가에는 서로 이해할 수 있을'만큼의 공통성이 있다는 것이 전제되고 있다. 결국 이렇게 보자면 이 저자의 본래 의도는 일찍이 Plato나 Descartes, Kant 등이 내세웠던 이성주의적 인간관을 소개하려는 것이었는데, 그러다 보니까 간접적으로나마 일종의 언어기저적 인간관을 내세운 결과가 된 것이다.

물론 더욱 본격적으로 언어기저적 인간관을 모색할 수 있으려면 누구나 "우리는 우리의 신념이나 행위에 대한 이유를 설명하는 데는 언어를 으레 사용하게 되어있다"라는 정도의 상식 수준 이상의 언어에 대한 지식이 필요하다는 것을 익히 알고 있다. 다시 말하자면 그는 만약에 오늘날에 있어서처럼 언어의 구조나 기능에 대한 깊고 전 방위적인 지식과 이론이 아직 획득되고 설정되지 않은 시기에 언어기저적 인간관을 설정한다면 그것은 틀림없이 Humboldt의 언어와 사고 간의 불가분적인 관계에 대한 가설이나 Descartes의 이성주의적 인간관과 같이 다분히 부분적이거나 일방적인 것이 될 수밖에 없다는 것을 익히 알고 있는 것이다. 그는 또한 이런 철학자들의 학설들을 모두가 하나의 과학적 학문으로서 언어학이 정식으로 출범하기 이전에 내세워진 것이라는 사실도 잘 알고 있을 것이다.

그런데 단도직입적으로 말해서 오늘날에 이르러 우리로 하여금 언어기저적 인간학을 구상할 수 있게 한 것은 언어학이 출범한 지 100년도 채 안 되는 기간 내에 이것이 원래 속해있던 인문학뿐만 아니라 그동안에 인문학의 대칭적 학문으로 여겨졌던 자연과학까지를 선두에서 유도해가는 일종의 향도적 학문으로 발전했기 때문이다. 다시 말하자면 20세기 후반에 Chomsky의 변형생성이론이 언어연구의 주도권을 잡게 되면서 이른바 '언어학적 혁명'이 일어나게 되었고, 급기야는 철학이나 심리학, 뇌 생리학, 인지과학 등이 언어학적 지식이나 이론에 의존하는 이른바 '언어학적 전향'의 시기를 전 학계가 맞이하게 되었는데, 이런 마당에 우리가 이런 구상을 하게 되는 것은 어떤 의미에서나 너무나 당연할 일이다.

Chomsky에 의한 언어학적 혁명은 크게 보았을 때 우리로 하여금 언어의 본질을 더 깊게 보게 했을 뿐만 아니라 그것을 더 넓게 보게도 했다. 그가 가져온 변화를 혁명이라고 부르게 된 이유는 물론 작게는 그전까지의 구조주의적 연구법을 새로운 변형주의적 연구법으로 대체했기 때문이고, 크게는 그전까지의 경험주의적 언어관을 새로운 이성주의적 언어관으로 바꾸었기 때문이다. Kuhn의 말대로 그의 통사이론의 출현으로 언어 연구의 패러다임이 완전히 바뀌게 되었으니까, 가히 언어학의 세계에서는 하나의 혁명이 일어났다고 볼 수가 있었던 것이다. 물론 그는 언어 연구의 궁극적인 과제는 우리 몸 안에 내재하여있는 보편문법의 실체를 밝히는 것이다와 같은 말이나, 궁극적인 의미에서 볼 때 언어학은 일종의 인지심리학이어야 한다와 같은 파격적인 말을 자주 했었다.

특히 그는 그동안의 경험주의적 언어관의 문제점과 한계성을 지적하면서 그것의 대안격인 이성주의적이거나 내재주의적 언어관을 내세우다 보니까 자연히 언어의 진화나 기원의 문제나, 언어의 생물학적 제약성의 문제, 통사체계의 연산적 작동성 등과 같이 인간에 관한 아주 본질적이고 근원적인 문제까지를 다루게 되었는데, 따지고 볼 것 같으면 이런 문제들이야말로 언젠가에는 바로 인간의 본성을 파악하는 데 있어도 반드시 짚고 넘어가야 할 문제들이었다. 그러니까 그는 처음부터 모두에게 오직 언어라는 창구를 통해서 보았을 때만 인간의 본성과 실체는 가장 뚜렷하게 드러나게 되어있다는 사실을 보여주고 있었던 것이다. 다시 말해서 하루라도 빠른 인간학의 탄생을 희구해오던 사람들에게 그는 결국 현재로서는 언어학을 통하는 것이 그 일을 앞당기는 최선의 길이라는 것을 보여준 것이다.

그런데 20세기 후반에 이르러서의 언어학의 발전상은 이런 사람들에게 직관적이고 초보적인 착안과 깨달음에 더해서 일종의 자신감까지 갖게 하기에 충분한 것이었다. 이들이 보기에도 Chomsky의 통사이론은 언어체계상으로는 문법이나 통사조직 한 가지에 관한 것이고, 언어철학 상으로는 오직 이성주의적인 쪽에만 경도된 것이라는 것이 분명했기에, 만약에 그의 발견과 이론만을 근거로 해서 인간학을 탄생시킨다면, 그것은 예컨대 인간의 특성 중 제일 중요한 것은 고도의 인지적 능력이다나, 아니면 인간의 특성은 선험적으로 내재되어 있다고 주장하는 식의 다분히 부분적이거나 일방적인 것이 될 수밖에 없다는 것을 이들은 잘 알고 있었다. 극단적으로 말하자면 이들은 아무리 이 일이 급하고 보람 있는 일이라고 해도 그의 언어관과 언어이론을 그대로 되풀이한 것을 언어기저적 인간학으로 내세울 수는 없었던 것이다.

그런데 놀랍게도 그의 통사이론의 출현은 머지않아서 크게 두 가지 방향의 큰 작용이나 반작용을 일으켰다. 우선 그의 통사이론의 출현으로 언어습득론과 심리언어학, 뇌생리학, 인지과학, 컴퓨터언어학과 같은 새로운 학제적 내지는 응용언어학들이 생겨나게 되었다. 그 다음으로 그것은 반Chomsky적이거나 반통사론적인 언어연구를 크게 발전시켰다. 이런 언어연구들은 모두가 그의 언어이론의 한계성과 문제점을 직접적으로 드러내는 것들이기에, 결국에는 이들로 인하여 언어라는 기구의 다면성과 복잡성이 제대로 밝혀지게 된 셈이었다. 이들 연구 중 대표적인 것이 바로 화용론과 의미론, 담화분석론, 사회언어학 등이었는데, 이들을 통해서 많은 사람들은 언어의 실체를 파악하는 데는 그가 말하는 언어능력에 대한 연구보다 언어사용에 대한 연구가 더 중요하다는 사실을 익히 확인할 수 있었다.

그런데 20세기 후반에 이르러서의 언어학의 양상은 언어기저적 인간학을 구상하는 사람이 그대로 받아들일 수 있을 만큼 단순하지는 않았다. 학문의 역사상 선례를 찾아볼 수 없을 정도로 짧은 기간에 덩치가 커지다 보니까 언어학은 크게 세 가지 문제점을 드러내게 되었는데, 그중 첫 번째 것은 형식과 기능 중 오직 형식에 관한 연구에만 전력을 쏟는 식의 일종의 편향적 학풍이 형성되었다는 점이다. 일찍이 Saussure가 터전을 닮은 것을 그 후 Chomsky가 더 확실하게 다진 이 전통은 우선 크게 볼 것 같으면 물론 희랍 때 Thrax가 최초의 전통문법을 만들었을 때부터 세워졌던 것이고, 또한 더 넓게 볼 것 같으면 이 전통은 언어학에만 아니라 서구의 학문 전체에 뿌리가 내려져 있는 것이다.

그런데 20세기에 이르러 Saussure와 Chomsky가 이제부터는 언어학은 마땅히 하나의 과학이 되어야 한다는 생각을 하게 되면서 언어학의 모습은 형식 일변도의 것으로 굳어져버렸다. 예컨대 언어연구의 대세가 일단 음운론 중심의 것으로 기울었다가 곧이어 통사론 중심의 것으로 바뀌게 된 것이 그것의 산 증거이었다. 물론 이런 학풍의 결과로 비교적 짧은 기간 내에 언어학자들은 언어가 얼마나 복잡하고 정교한 구조체인가를 알게 되었고, 또한 그것의 단위들이 얼마나 유기적이고 규칙적으로 작동하고 있는가를 알게 되었다. 인간의 기구가 자연의 생물처럼 정교한 구조체를 가지고 있다는 사실을 발견한 것 자체가 학문의 역사상 처음 있는 경이로운 사건이었다.

그런데 이러다 보니까 언어학자들은 자연히 언어에는 원래 형식과 기능의 두 면이 있는 이상 이들에 대한 균형 잡힌 연구가 그들의 기본임무라는 것을 외면하거나 무시하게 되었다. 어떤 의미에서는 이 점이 바로 자연의 현상이나 생물을 연구하는 과학자와 언어를 연구하는 언어학자 간의 중요한 차이점이라는 사실을 이들은 완전히 무시해버렸다. 솔직히 말하자면 이들은 언어의 기능은 원래가 형식화나 규칙화하기에 부적절하리만큼 모호한 것이기에, 과학적 연구의 대상이 될 수 없다고 생각하기도 했다. 더 나아가서 언어의 기능을 다룬다는 것은 곧 그것의 의미나 용법을 다루는 일이 되기 때문에, 이것의 분석에는 으레 언어가 쓰이는 상황이나 언어 사용자의 심리와 같은 변수들이 제대로 고려되어야 한다는 것도 잘 알고 있었다.

심지어 이들은 '형식이 곧 기능을 결정한다.'라는 말로써 자기정당화까지 하기에 이르렀다. 그러나 기능주의자들의 입장에서 볼 것 같으면 언어에 관한 한 그것의 정반대 말, 즉 '기능이 곧 형식을 결정한다.'라는 말이 맞는 말이었다. 구체적으로 예를 하나 들어보자면 언어사용자들이 의사소통 시 사용하는 말 가운데는 완전문이나 정형문에 못지않게 일탈문이나 간략문이 많이 들어있는데, 형식주의자들은 이런 현상을 완전히 무의미한 것으로 치부해버린다. 그러나 기능주의자들이 보기에는 언어에 있어서는 언제나 형식보다 기능이 우선이라는 사실을 확인하는 데 이보다 더 확실한 증거는 있을 수 없다.

그중 두 번째 것은 처음부터 분석을 최선의 진리탐구 절차로 간주하다 보니까 구획화와 통합화 간의 균형을 고려할 여지도 없이 오직 세분화나 구획화의 길만을 추구하게 되었다는 점이다. 언어학은 오늘날 음운론과 어형론, 통사론, 의미론, 화용론, 담화분석론 등으로 나뉘어져 있는데 우선 이 사실은 언어학자라면 누구나 만약에 그동안에 자기네들이 이렇게 언어를 몇 가지 영역으로 구획화해서 연구하지 않았더라면 자기네 학문이 지금과 같은 위상에 있게 되지 못했으리라는 것을 모를 리가 없을 정도로 중요하다. 쉽게 말해서 지금까지 언어학은 성공적인 과학적 탐구의 첫 번째 작업은 으레 적절한 세분화나 구획화라는 것을 실증해온 것이다.

그런데 사실은 언어는 일종의 유기적 조직체이어서, 예컨대 나무를 일단 뿌리나 잎, 가지 등으로 분해하면 더 이상 하나의 생물로서의 그것의 실체를 파악할 수 없듯이 이것을 음운체계나 통사체계, 의미체계 등으로 나누다 보면 이것의 전체적 유기성을 파악하는 일을 아예 포기하는 결과가 초래된다. 그런데 따지고 보자면 언어학에서의 이런 식의 구획화 현상은 처음부터 기능이나 의미 대신에 형식이나 구조의 분석을 주된 연구과제로 삼다 보니까 나타난 자연스러운 결과이다. 그러니까 언어학의 학풍이 지금이라도 당장 형식 위주의 것에서 형식과 기능 간의 조화로운 균형을 추구하는 식으로 바뀌게 되면 여러 영역 간의 벽은 어느 정도까지 허물어지게 되어있다.

그런데 다행스럽게도 최근에 와서는 일부 언어학자들이 엄격한 구획화 현상의 한계성이나 문제점을 인식하고서, 이것의 해결책의 일환으로서 두 영역 간의 '인터페이스' 현상을 연구주제로 삼기 시작했다. 예컨대 일찍부터 그들은 어형론과 통사론은 이치상 하나의 영역으로 통합되는 것이 바람직하다고 생각해왔었는데, 최근에는 용법기저적 문법이라는 이름 밑에서 어휘론과 통사론을 통합하려는 사람까지 나타나게 되었다. 또한 일부 사람들이 근래에는 통사론과 의미론을 하나로 묶은 범주문법이나 통사의미 간 인터페이스 모형 같은 것을 새로 구상하기도 하고, 화용론과 의미론을 하나로 통합한 새로운 접근법을 제안하기도 했다. 그렇지만 어디까지나 이런 구상이나 시도는 일종의 초보적인 시도에 불과했다.

그중 세 번째 것은 이성주의적 언어관을 내세우는 학파와 경험주의적 언어관을 내세우는 학파 간의 대립성이 언어연구의 역사상 최고로 첨예해졌다는 점이다. 일찍이 희랍 때 Plato와 Aristotle 간에 벌어진 이래 모든 학문 분야에서의 이성주의자와 경험주의자 간의 싸움은 마치 시소놀이처럼 승패를 다투어왔었는데, 이런 싸움의 판이 커지고 양자 간의 대립성이 한층 뚜렷해진 것이다. 언어학에서 이런 싸움에 불을 붙인 사람은 Chomsky였는데, 무엇보다도 중요한 사실은 그는 이 싸움을 시작할 당시부터 이것에서의 승자는 당연히 자기라는 확신이 있었다는 점이다. 다시 말하자면 20세기 후반에 일어난 언어학적 혁명은 경험주의적 언어연구 대신에 이성주의적 언어연구가 대세를 잡게 된 변혁이었다.

그런데 엄밀한 의미에서 볼 것 같으면 그의 혁명으로 언어학의 세계는 이성주의자들이 일방적인 승자가 되는 세계로 바뀐 것이 아니라, 쉽게 말해서 그들과 경험주의자들이 반반씩 나누어 갖는 세계로 바뀌게 되었다. 역설적으로 Chomsky의 경험주의자들에 대한 강력한 공격은 이들의 반발력만을 키우는 결과를 가져왔던 것인데, 원래가 언어에는 습득 절차상으로는 내재된 면과 학습된 면의 두 면이 있고, 기능상으로는 사고의 도구적인 면과 의사소통의 도구적인 면의 두 면이 있는 탓으로, 어느 면을 중요시하느냐에 따라서 언어학자는 으레 이성주의자가 될 수도 있었고 아니면 경험주의자가 될 수도 있었던 것이다.

그런데 이번의 언어학에서의 두 학파 간의 대립성은 이른바 '천성(nature)' 대 '훈육(nurture)'식의 고전적이고 철학적인 것일 뿐만 아니라 이론 대 자료 식의 구체적이고 학문수준적인 것이라는 데 그 특징이 있다. 예컨대 Chomsky는 언어학을 하나의 과학으로 보는 한은 언어학자의 임무는 으레 더 많은 자료를 얻어서 더 많이 기술해내는 것이 아니라 최소의 자료로써 최적의 설명을 할 수 있어야 한다고 주장을 했었다. 그러니까 그는 언어적 현상을 최대한 기술하고 분석하는 것이 아니라 그것을 제대로 설명할 수 있는 언어이론을 최소한의 자료만 가지고서 만들어내는 것이 언어학자의 주된 과제가 되어야 한다고 생각했던 것인데, 예컨대 자연현상을 설명하는 데 있어서의 Newton의 중력의 법칙의 위력을 참작해보자면, 그의 생각이 고차원적인 것이라는 것은 분명했다.

그러나 문제는 언어에서는 그가 내세운 통사적 이론으로는 절대로 설명이 될 수 없는 현상들이 많이 발견될 수 있다는 데 있었다. 언어에는 방법론적으로 보았을 때 Chomsky가 최선의 것으로 내세우는 연역적이거나 '유괴적(abduction)'인 방법이 아니라 그것과 정반대인 귀납적이거나 자료기반적인 방법에 의하지 않고는 제대로 설명이 될 수 없는 현상들이 대단히 많은데, 그중 대표적인 것들이 바로 사회적 내지는 기능적 변이성의 현상이나 화용적 협조성의 현상, 문화적 규약성의 현상 등이었다. 그러니까 언어 이론상으로 보았을 때는 Chomsky가 내세운 이론은 결국에 통사적 현상에 관한 이론일 뿐, 그 이외에도 어떤 현상을 대상으로 삼느냐에 따라서 여러 가지 이론들이 발견될 수 있는 것이다.

그런데 최근에 이르러서는 두 학파 간의 판도가 Chomsky의 생성주의적 언어이론의 등장으로 이성주의자들의 진영이 경험주의자들의 진영을 압도하던 모습으로부터 적어도 두 진영이 서로 경쟁적으로 공존하는 모습으로 바뀌게 되었는데, 이런 변화의 중심에서 있게 된 것이 바로 자료언어학이나 컴퓨터언어학, 담화분석론과 같은 신생 학문이었다. 우선 자료언어학과 컴퓨터언어학의 등장으로 언어연구자들은 시간 소모적이고 번거로운 언어자료의 수집과 처리 작업을 약간 과장해서 말하자면 자기들의 편의와 의도대로 수행할 수 있게 되었으니까, 이런 변화는 언어학 전체의 모습을 통째로 바꿀 수 있을 만큼의 경험주의자들에게 유리한 변화이었다. 특히 언어자료를 장르나 사용역별로 수집할 수 있음로써, 이들은 문법은 규칙이나 원리가 아니라 용법의 집합체라는 주장이나, 더 나아가서는 문장생성의 능력보다는 언어사용의 능력이 더 중요한 것이라는 주장을 쉽게 할 수 있게 되었다.

또한 담화분석론의 등장은 Chomsky가 내세운 언어이론의 타당성을 뿌리부터 흔들어놓았다. 그가 말하는 언어란 결국에 개별적인 문장이었다. 그렇지만 담화분석론자가 보기에는 우리가 일상적으로 사용하고 있는 것은 담화이었고 문장은 그것의 구성요소에 지나지 않았다. 무엇보다도 중요한 사실은 하나의 담화는 일관성의 원리나 결집성의 원리에 의해서 만들어진 유기적인 조직체이어서, 그것의 구성요소인 문장들의 구조나 형식은 언제나 담화 전체의 구조성의 제약을 받게 되어있다는 점이었다. 그러니까 비유적으로 말하자면 담화적 문맥이나 상황 안에 들어가 있지 않은 문장은 이미 산 문장이 아니라 죽은 문장이기 때문에, 그런 문장의 구조나 문법을 분석하는 일은 으레 부분적인 작업이 될 수밖에 없다고 그들은 본 것이다. 특히 이것의 등장으로 언어학의 영역이 역사상 최대로 확대되기도 했는데, 그 이유는 음성언어와 문자언어 간의 부당한 구별이나 언어학과 문학 간의 부질없는 구별도 사라지게 되었기 때문이었다.

3) 양방적 기여성

이렇게 볼 것 같으면 누구나 쉽게 지금까지 언어학에서 거두어들인 정보나 지식을 근거로 해서 언어기저적 인간학을 설계해 볼 수 있는 일은 반드시 목표 학문인 인간학의 발전에만 도움을 줄 수 있는 것이 아니라 원천 학문인 언어학의 발전에도 도움을 줄 수 있는 것이라는 것을 알아차릴 수가 있다. 우선 이런 일은 기왕에 한껏 높아진 언어학의 위상을 적게는 다시 한번 확인하게 하는 것이고, 크게는 더 높게 높이는 것이라는 것을 누구나 익히 알 수가 있다. 일단 인문학을 인간학으로 정의해놓고 보자면, 이 일로써 지난날까지의 인문학의 미완사업을 드디어 그것의 한 구성 학문인 언어학이 책임지게 되는 셈이 되니까, 언어학의 앞으로의 발전 방향 중 이 이상 더 바람직한 것은 있을 수가 없다.

그렇다고 해서 머지않아서 인간학자로 전향한 언어학자가 다수 나올 것이라고 내다보는 것은 상상도 할 수 없는 일인데, 그 이유는 지금으로서는 어느 언어학자도 인간학이 가까운 장래에 하나의 독립적인 학문으로서의 모습과 능력을 갖춘 다음에 지금의 언어학보다 상위의 학문임을 입증하게 되리라고 확신하지는 않기 때문이다. 그리고 원래 학문이나 학자의 속성상 이미 택한 전공 영역을 바꾼다는 것은 누구에게나 지극히 어려운 일이다. 그렇다면 결국에 이 면에 있어서는 언어학은 다른 사람이 이룩한 업적의 덕을 보는 길밖에 없다. 그러나 사실은 언어학자들이 이 일로 인하여 얻을 수 있는 구체적인 이득도 있는데, 자기네 학문에는 앞에서 살펴본 바와 같은 문제점들이 있다는 것을 확인하고서 그들을 해결하는 방법 중 한 가지로서 일종의 통합적 접근법을 구상해보는 것이 바로 그것이다.

물론 엄밀히 따지자면 아직 아무도 시도해보지 않은 통합적 접근법을 각자가 개별적으로 구상해볼 수 있다고 상정하는 것 자체가 허구일 수 있다. 그러니까 여기에서의 통합적 접근법은 당연히 문자 그대로 '통합'이라는 개념에 방점을 찍은 일종의 신 접근법적 발상이지, 이미 하나의 신 연구법으로서의 절차와 모형이 구체화된 것은 아니다. 이 발상법은 당연히 원래 학문의 연구법에는 크게 분석과 통합의 두 가지가 있는데, 분석은 결국에 하나의 전체를 여러 구성요소로 나누는 절차이고, 반면에 통합은 결국에 서로 다른 부분들을 하나의 통일된 전체로 결합시키는 절차이기에 이들 두 연구법이 서로 상보적인 기능을 수행하게 되리라는 것은 너무나 자명한 진리인데, 아쉽게도 그동안까지의 언어연구에서는 이런 진리가 완전히 무시되었다는 점을 솔직히 인정하는 일로부터 출발하게 되어있다. 이런 의미에서 여기에서 말하는 통합적 접근법은 일종의 반성적 접근법이고 시도적 접근법이다.

인간의 본성을 연구하려는 인간학은 원래가 분석적 학문이 아니라 통합적 학문이다. 따라서 이것은 언어학자들에게 이런 자기반성의 계기를 마련해줄 수 있는 최선의 학문이 될 수 있다. 더 구체적으로 말하자면 예컨대 어느 언어학자가 언어기저적 인간학을 구상해보도록 요청을 받는다면 그는 틀림없이 우선 자기의 전공 영역은 다면적인 언어의 한 면에 불과하다는 사실을 상기하고서, 자기 영역에서의 연구업적과 다른 영역에서의 그것들을 종합적으로 합쳐보는 일을 그 구상의 첫 번째 단계로 삼을 것이다. 이런 단계에서 그가 첫 번째로 깨닫게 되는 것은 아마도 어차피 그동안에 언어학은 5, 6가지의 영역으로 나뉘어서 발달해온 이상

예를 들어 음운론이나 통사론, 담화분석론과 같은 어느 한 영역에서 얻어낸 정보나 지식만을 근거로 한 인간학의 구상은 비논리적이고 비현실적인 일이라는 점일 텐데, 이런 깨달음은 곧 그로 하여금 자기 영역을 다른 영역과의 관계 속에서 전망하는 입장에서 연구하는 편이 그것 하나만을 폐쇄적으로 연구하는 것보다 더 낫겠다는 생각도 갖게 할 것이다.

그 다음으로 언어학적 인간학의 출범이 목표 학문인 인간학의 발전에 어떤 기여를 하게 될 것인가를 살펴볼 것 같으면 우선 아직까지 어디에서도 제안된 적이 없는 새로운 학문적 구도와 청사진이 제시됨으로써 인간학이 앞으로 하나의 독립적인 신생 학문으로 자리 잡을 수 있을 뿐만 아니라 나아가서는 인문학의 핵심적 학문으로도 성장할 수 있겠다는 전망을 많은 사람들로 하여금 할 수 있게 한다. 우리가 언어기저적 인간학을 구상할 수 있게 된 것은 결국에 우리 주변에 비록 몇 가지 태생적 한계성을 노정시키기는 했지만, 역사상 어느 학문보다 더 깊고 더 넓게 발달한 언어학이 있기 때문이다. 다시 말하자면 이런 든든한 배경학문이 있는 한 처음부터 상당한 자신감과 꿈을 가지고서 이런 학문을 구상하는 사람들은 자기네 일에 매진할 수가 있게 된 것이다.

그 다음으로 이것에서는 언어학에서 이미 얻어낸 지식과 자료들을 자기네 이론과 주장의 사실적 근거로 사용할 수 있으니까 학문적 발전의 속도가 놀랍게 빨라질 수가 있다. 그러니까 구체적으로 말하자면 이것에서 내세우는 인간의 본성들은 모두가 우선 언어적 활동을 근거로 해서 도출된 것인 데다가 그 후 이들의 신빙성과 타당성을 증거하는 자료로는 으레 언어적 자료를 사용하게 되어있으니까, 이론이나 설명의 견고성이 마치 앞뒤에 이중 장치를 한 것처럼 높아지게 마련이다. 예컨대 이것에서 인간의 본성 중 한 가지로 고도한 상징력의 구사를 내세우는 경우를 생각해보자면, 연구자가 하게 되는 일은 크게 음성언어와 문자언어의 기본단위는 단어인데, 단어들은 모두가 상징체라는 점을 몇 가지 실례를 내세워서 설명하는 일과, 이들이 문장이나 명제의 기본단위로 쓰임으로써 사고활동이나 의사소통의 효율이 최대로 제고된다는 점을 설명하는 일의 두 가지일 텐데, 이때 쓰이는 자료들은 하나같이 이미 언어학에서 수집해 놓은 것이기에 이들 작업이 연구자에게 부담스러운 일이 될 리가 없다.

그렇지만 언어학적 인간학을 설계하는 사람이 처음부터 명심하고 있어야 할 사실은 그가 언어학으로부터 기여받을 수 있는 것에는 일정한 한계가 있다는 점이다. 예컨대 일찍이 Leibniz는 '언어는 인간 정신의 최고의 거울이다.'라는 말을 했었는데, 여기에서의 인간 정신은 인간의 본성 전체를 가리키는 말이라는 것을 그는 항상 명심하고 있어야 되는 것이다. 물론 이 말을 빌려서 그는 인간의 본성 중 제일 중요한 것은 바로 탁월한 인지력이라는 주장을 할 수가 있다. 그러나 제대로 된 언어기저적 언어학을 설계하는 데 있어서는 이것의 태생적 한계성, 즉 언어로는 쉽게 증거할 수 없는 특성들을 인간은 여럿 가지고 있다는 사실을 인정하는 것보다 더 중요한 점은 없다.

참고로 여기에서 앞에서 살펴본 Stevenson의 일곱 가지 특성을 다시 검토해볼 것 같으면, 이들 가운데서 우선 우리의 눈에 띄게 되는 것이 바로 여섯 번째 것으로 내세워진 도덕적 책임감인데, 그 이유는 우리는 익히 희랍에서는 윤리학을 철학의 제일의적인 학문으로 내세웠다는 사실이나, 동양에서는 일찍부터 '인간은 만물의 영장이다'라는 말로써 높은 도덕성을 인간과 동물을 구별하는 자질로 간주해왔다는 사실, Kant는 그 옛날에 "이 세상에서 가장 아름다운 것은 하늘의 별과 우리의 도덕률이다."라는 말로써 도덕성의 중요성을 특별히 강조했었다는 사실 등을 알고 있기 때문이다. 그런데 문제는 설사 그의 글에서 그가 던진 "그리고 이들 모두는 공존해야 하는 것인가?"라는 질문에 일단 긍정적인 대답을 한다고 해도 언어적 현상이나 사실을 통해서 도덕성의 중요성을 확인하는 것은 쉬운 일이 아니라는 데 있다.

그의 목록에서 첫 번째 것과 두 번째 것으로 내세워진 이성과 언어가 상호불가분의 관계에 있다는 주장은 굳이 그가 아니더라도 어렵지 않게 할 수가 있다. 그렇다면 사람에 따라서는 Kant의 도덕성은 으레 이성으로부터 나오게 되어있다는 말을 확대해서 도덕성의 원천이 이성이라면 이성과 불가분의 관계에 있는 언어도 그것의 원천으로 볼 수가 있다는 식의 주장도 할 수가 있다. 이런 주장대로라면 우리는 마땅히 언어적 현상이나 사실을 통해서 우리가 대단히 높은 도덕성을 지닌 존재라는 것을 쉽게 확인할 수 있어야 하는데, 아쉽게도 사실은 그렇지가 못하다.

물론 어느 사회에 있어서나 모든 도덕적 계율이나 규칙들은 언어로 표현되어있으며, 따라서 이들을 어린이에게 가르치는 일도 당연히 언어가 매개체가 되어서 이루어진다. 그리고 굳이 한 사회에서 받아들여지고 있는 종교의 경전에서 나온 말을 포함시키지 않더라도 그 사회의 언어에서 발견될 수 있는 도덕적 문장이나 표현의 수는 대단히 많다. 그러니까 사람에 따라서는 이런 사실은 곧 높은 도덕성의 유지를 인간성의 한 특성으로 보아야 한다는 의견의 근거가 될 수 있다고 주장할 수도 있을 만한데, 아직까지는 그런 사람은 나오지 않았다. 다시 말하자면 그동안에 이런 의견의 근거로 내세워진 것은 개개인들의 행동양식이나 신념 및 가치체계, 사회적 체계와 제도, 사회적 관습들이지, 언어적 표현은 아니었던 것이다. 결국 이것 하나만 보아서도 언어기저적 인간학을 구상하는 사람은 자기의 학문에는 일정한 태생적 한계성이 있다는 것을 쉽게 인정할 수 있을 것이다.

1.2 통합적 접근법

언어학적 인간학을 설계하려는 사람이라면 누구나 당연히 현재까지 언어학에서 거두어들인 언어에 대한 정보나 지식을 최대로 원용하려고 할 텐데, 이렇게 하기 위해서는 그는 먼저 일종의 통합적 접근법을 채택해야 한다. 따지고 보자면 현재 언어학계는 영역이나 분야 상으로는 음운론과 어형론, 통사론, 의미론, 담화분석 등의 다섯 부분으로 나뉘어 있고, 연구방법상으로는 이성주의적인 학파와 경험주의적인 학파의 두 학파로 갈라져 있는 탓으로 상식적으로 판단으로 해도 이런 식의 인간학을 구상하려는 사람이 우선 이들에서 획득된 정보나 지식을 두루 활용할 수 있는 접근법을 채택한다는 것은 너무나 당연한 일인 것이다. 그러니까 여기에서 말하는 통합적 접근법은 분석적 접근법에 대한 하나의 대칭적 접근법이 아니라 이들을 모두 합친 접근법, 즉 일종의 종합적 접근법인 셈이다.

그런데 엄밀한 의미에서 볼 것 같으면 여기에서 말하는 통합적 접근법은 일종의 종합적 접근법일 수가 없는데, 그 이유는 이것에서는 크게 여섯 가지 면에 있어서 선별적 입장을 취하게 되기 때문이다. 이들 여섯 가지 면은 내재성 대 학습성과 보편성 대 개별성, 언어능력 대 언어수행, 형식 대 기능, 문장 대 담화, 음성언어 대 문자언어 식으로 하나같이 그동안에 언어학의 궁극적인 쟁점이 되어왔던 것들이다. 그러니까 알기 쉽게 이런 면들을 일단 이성주의적 언어관과 경험주의적 언어관 간의 대결성을 드러내는 면으로 본다면, 이들에 있어서 선별적 입장을 취한다는 것은 결국에 두 가지 언어관 중 어느 하나를 택한다는 말이 되는데, 결론적으로 말해서 여기에서는 이성주의적 입장이 아니라 경험주의적 입장을 취하고 있다.

1) 내재성 대 학습성

일찍부터 인간의 본성을 놓고서 철학자들의 견해가 선험이나 내재주의적인 것과 후천이나 학습주의적인 것으로 양분되어왔듯이, 언어의 습득을 놓고서 언어학들의 견해도 그동안에 그런 식으로 나누어져 왔는데, 특히 20세기 후반에 와서 Chomsky가 이 문제를 언어학적 연구과제의 '알파이며 오메가'로 규정하고 나서면서, 언어학뿐만 아니라 전 학계에서 학자들이 이성주의파와 경험주의파로 갈라지는 현상이 일어나게 되었다. 물론 그는 특유의 보편문법이론이나 언어습득장치론 등을 앞세워서 언어적 능력이나 지식의 내재성을 주장하고 나섰다. 그런데도 그 결과는 이성주의파의 일방적인 승리로 끝나는 것이 아니라 그것과 경험주의파가 팽팽히 맞서는 현상으로 귀결이 되고 말았다.

물론 이 주제는 인간의 자질이나 특성에 관한 주제 중 가장 궁극적인 것이다. 따라서 얼핏 보기에는 이것은 바로 언어학이 인간학 연구의 기초학문이 될 수 있다는 것을 가장 실증적으로 증거할 수 있는 주제처럼 보일 수가 있다. 그러나 냉철히 따져볼 것 같으면 이 주제는 결국에 인간학 연구에 아무런 도움도 줄 수 없는 것임이 분명한데, 그 이유는 약간 비꼬아서 말해서 이것은 이미 오래전에 쉽게는 결코 결론이 날 수 없는 주제라는 것이 드러났기 때문이다. 가령 Chomsky의 언어이론을 근거로 해서 인간의 본성이나 자질은 내재된 것이라는 주장을 했다면, 이것은 이미 철학자들이 결론이 있을 수 없는 것으로 방기해버린 주제를 무모하고 무의미하게 다시 꺼내는 결과밖에 가져오지 않는다.

그러나 우리로서는 이 주제를 다분히 무의미한 것으로 방기해버릴 수는 없는 일인데, 그 이유는 이것은 곧 이성주의적 언어관과 경험주의적 언어관 중 어느 것을 옳은 것으로 받아들이냐의 선택지를 결정짓게 하는 주제이기에, 이것에서의 우리의 선택을 통해서 앞으로 검토할 나머지 다섯 가지 면에 있어서 우리가 어떤 입장을 취하게 될 것인가를 미리 예측해볼 수가 있기 때문이다. 그리고 무엇보다도 중요한 사실은 오늘날 언어학이 찬란한 황금기를 맞이하게 된 것은 결국에 Chomsky의 언어이론 때문이었다고 보는 많은 언어학자들의 일반론을 완전히 무시하는 선택도 우리는 할 수가 있는데, 이런 경우에도 우리가 태연하게 우리의 과제는 인간학을 언어학을 기저로 해서 구성해보는 것이라고 말할 수가 있겠느냐고 반문할 수도 있다는 점이다.

그렇지만 우리의 목적이 지금의 언어학의 위상과 위력을 선전하거나 과시하려는 것이 아니라 그것으로부터의 도움을 바탕으로 해서 새로운 인간학을 설계하려는 것인 이상, 그런 걱정은 결국에 일종의 기우에 불과하다. 다시 말하자면 지금의 언어학으로부터 최대한의 도움을 받는다는 것이 곧 그것의 주류적 학풍을 그대로 전수한다는 말은 아니라는 것을 누구나 익히 알고 있는 것이다. 또한 너무나 당연한 말이 되겠지만 우리는 앞으로 으레 언어학으로부터 최대한의 도움을 받게 되어있다는 말은 바로 그동안에 거기에서 거두어들인 언어적 정보나 지식 중 우리에게 꼭 필요한 것만을 선택적으로 원용하는 것을 의미하는 것이지, 그들 모두를 획일적으로 원용하는 것을 의미하는 것은 아닌 것이다.

물론 내재성과 학습성 중 어느 하나를 기본적인 특징으로 보는 대신에 이들 두 가지를 하나로 합친 것을 그런 것으로 보려는 견해도 있을 수 있다. 원래 철학자들은 일찍부터 이른바 절충주의의 장점을 살리게 되면 두 극단론 간의 부질없는 논쟁을 피할 수 있을 뿐만 아니라, 현상이나 사실을 설명하는 데 한 가지 원리가 아니라 두 가지 원리를 적용할 수 있으니까 결국에 그만큼 학문의 효율성이 높아질 수 있다는 이점도 갖게 된다는 사실을 잘 알고 있었던 것이다. 그러나 언어학적 현상을 놓고 보았을 때는 절충주의는 결국에 학문적 효율성을 높일 수 있다는 사실보다는 오히려 오직 이것에 의해서만이 언어적 현상이 제대로 설명될 수 있다는 사실이 훨씬 더 중요한 것 같다.

예컨대 처음부터 일종의 독단론과 같은 강력한 내재이론을 주장하고 나섰던 Chomsky도 따지고 보자면 언어습득 시 학습의 절차는 전혀 개입되지 않는다는 말은 한 번도 한 적이 없었다. 그는 몸 안에 내재해있는 보편문법적 지식이 개별언어의 문법적 규칙으로 바뀌는 데 '유발적 기능(triggering)'을 수행하는 것을 학습이라고 정의함으로써, 학습의 역할을 일정하게 인정했었다. 그러니까 그의 설명법에 있어서도 언어습득의 현상은 오로지 절충주의적 이론에 의해서만 제대로 설명될 수 있다는 진리는 변함이 없는 것이다.

그런데 '절충적(eclectic)'이라는 말의 어원이 되는 희랍어는 'eklektikos'인데, 이 말의 원래의 의미는 '선택적'이었다. 그러니까 어느 한 절충주의적 이론이나 접근법의 특징은 발상법이 몇 가지 원천영역으로부터 어떤 방식으로 선택되느냐에 의해서 결정되게 되어있는 셈인데, 사실은 바로 이 과정에서는 한 개인의 선호나 자의성이 개입될 여지가 크기 때문에 그동안에 일부 비평자들에 의해서 이 접근법은 일종의 비표준적인 것으로 폄훼되어왔었다. 그러나 거꾸로 보자면 바로 이런 식의 선택적 자유가 보장된 접근법은 이것밖에 없다. 바로 이 점이 이 주제를 다루는 데 있어서 우리가 이런 접근법을 채택하려는 기본 이유인 것이다.

이 주제를 다루는 데 있어서는 우선 원천영역의 가짓수가 둘로 한정되어 있다. 그 다음으로 여기에서의 선택의 방법으로는 크게 두 가지에 동일한 비중을 주는 방법과 내재성에 학습성보다 더 큰 비중을 주는 방법, 학습성에 내재성보다 더 큰 비중을 주는 방법 등의 세 가지가 있을 수 있다. 단도직입적으로 말해서 우리의 목적으로 보아서 여기에서는 이들 중 세 번째 것을 택하는 것이 제일 나은 선택인 것 같다. 쉽게 말해서 우리의 목적상 우리는 바로 이 주제를 다루는 데 있어서도 일종의 경험주의적 언어관을 가질 수밖에 없는 것이다. 우리가 여기에서 경험주의적 절충주의자임을 자처하고 나서는 이유는 앞으로 두 번째에서 여섯 번째에 이르기까지의 나머지 면들을 검토하는 과정에서 저절로 밝혀지게 될 것이다.

2) 보편성 대 개별성

인간학의 첫 번째 조건이 인간성 중 개별적인 것은 아예 관여치 않고서 보편적인 것만을 다룬다는 것인 것처럼 언어학에서도 그런 조건을 내세울 수가 있는데, 사실은 언어학에서의 이 조건은 인간학에서의 그것만큼 단순한 문제는 아니다. 지금까지 철학자나 인간학자는 개성이나 국민성 같은 것은 자기네 학문에서 다루어지는 주제가 아닌 것으로 생각해왔는데 반하여, 언어학자는 반대로 언어에 관한 모든 현상은 당연히 자기네 학문에서 다루어지게 되어있다고 생각해왔다. 다시 말해서 언어학자들은 일찍부터 언어의 특성 중 중요한 것이 바로 그것의 구조나 자질에는 보편적이거나 공통적인 면만 있는 것이 아니라 개별적이거나 변이적인 면도 있다는 점을 잘 알고 있었다.

그리고 최근에 이르러서는 Chomsky의 언어이론에 대한 일종의 대항이론으로서 사회언어학이나 기능언어학, 담화분석론 등이 등장하면서, 언어학계에서는 학풍이 보편성 지향의 오랜 전통을 버리고서 보편성 지향적인 것과 개별성 지향적인 것으로 나뉘는 현상까지 일어나게 되었다. 따지고 보자면 아주 오래전에 희랍인들은 희랍어 문법이 곧 하나의 보편 문법이라고 생각했고, 또한 로마인들은 라틴어문법이 그런 문법이라고 생각했었으며, 그 후 스페인어나 프랑스어, 영어와 같은 이른바 현대어들의 문법을 만드는 데는 으레 라틴어 문법을 그들의 모형으로 삼았으니까,

Chomsky 때에 와서 새삼스럽게 보편성을 중시하는 학풍이 생겨난 것이 아니다. 그리고 무엇보다도 중요한 사실은 특히 문법 하나만을 놓고 보았을 때는 분명히 언어 간의 차이성보다는 그들 간의 공통성이 더 크게 드러난다는 점이다.

물론 Chomsky는 자기 언어이론을 보편문법이론으로 부르고 나설 수 있을 만큼 나름대로 그럴듯한 보편문법에 대한 모형과 지식을 제시할 수 있었다. 우선 논리적으로 보았을 때 그의 내재이론 자체가 만약에 보편문법의 존재를 인정하지 않는다면 성립될 리가 없으니까, 그는 처음부터 개별언어에 대한 후천적 경험은 보편문법의 매개변인을 결정짓는 일밖에 하지 않는다고 보편문법의 중요성을 강조하고 나섰다. 그리고 흥미롭게도 그가 구체적으로 다룬 것은 자기의 모국어인 영어 하나이면서도, 이것에 관한 연구를 통해서 보편문법은 크게 형식적인 부분과 실질적인 부분으로 나뉠 수 있다는 것을 확인할 수 있다고 보았다.

그렇지만 Chomsky의 보편문법이론이 언어학에서 주류적 이론으로 자리 잡자마자 응당 그것과 맞서려는 언어이론들도 등장하게 마련이었는데, 그 이유는 언어학자들은 근본적으로 언어에는 보편적이거나 공통적인 면만 있는 것이 아니라 그와는 정반대로 개별적이거나 변이적인 면도 있다는 것을 아주 쉽게 확인할 수가 있기 때문이었다. 예컨대 일찍부터 언어학자들은 지금 이 세계에서 쓰이고 있는 언어의 가짓수는 무려 6000여 개라는 사실이나, 하나의 언어는 경우에 따라서 몇 개의 지역적 방언으로 나뉠 수 있다는 사실, 하나의 언어는 사회적 구조에 따라서 몇 가지 사회적 방언으로 나뉠 수 있다는 사실, 하나의 언어는 장르나 사용역에 따라서 여러 형태로 나뉠 수 있다는 사실 등을 알고 있었으며, 그래서 그들이 크게 보았을 때 언어연구는 보편성에 대한 것과 개별성에 대한 것의 두 가지로 균형 있게 나뉘는 것이 정상적인 일이라고 생각하게 되는 것은 너무나 당연한 일이었다.

　더욱이 최근에 이르러서는 많은 언어학자들이 언어학적 발견이나 지식 중 보편성에 관한 것보다는 개별성에 관한 것이 훨씬 더 의미 있고 유용한 것이라는 견해를 갖게 되었는데, 이런 반동적 움직임의 주된 추동력으로 작용한 것이 컴퓨터언어학이나 자료언어학과 같은 첨단 언어학의 등장이었다. 분명히 언어학자가 기계의 도움으로 원하는 자료를 원하는 양만큼 구할 수 있게 되었다는 것은 일종의 혁명적 사건이었는데 그런 혁명적 변화 중 첫 번째 것이 바로 주된 연구방법이 이론지향적인 것에서 자료지향적인 것으로 바뀌게 된 점이었다. 궁극적으로 이런 변화는 언어현상의 보편성과 개별성 중 개별성에 더 비중을 주게 되는 결과를 가져왔다.

　이렇게 보자면 오늘날에 와서 언어학에서는 Chomsky의 충격으로 유독 통사론만 비약적으로 발전하게 된 것이 아니라 언어학의 모든 영역이 예전에 없이 발전하게 되는 현상이 일어나게 된 셈인데, 물리학적으로 보자면 이런 현상은 하나의 작용에는 으레 그것에 상부하는 반작용이 따르게 되어있다는 진리를 말해주고 있는 것이고, 언어학적으로 보자면 언어는 역시 어느 한 체계가 중핵적 기능을 수행하는 기구가 아니라 여러 체계가 협동적으로 움직이는 기구라는 것을 드러내주고 있는 것이라고 볼 수가 있다. 언어학의 모든 영역이 이처럼 전방위적으로 발전하게 된 이상, 언어현상의 그것으로부터 최대한의 도움을 받으려는 입장에선 사람이라면 당연히 다다익선적인 자세를 갖게 마련이다. 더 구체적으로 말하자면 그는 틀림없이 보편성과 개별성의 문제를 다루는 데 있어서, 이들 두 가지를 고르게 다루는 식의 일종의 종합적 접근법을 택하게 될 것이다.

3) 언어능력 대 언어수행

　최근에 이르러서 언어학계는 언어능력을 중요시하려는 학파와 언어수행을 그렇게 보려는 학파로 양분되게 되었는데, 이런 분할의 구도에서 언어능력이 정치의 구획을 차지하게 된 것은 물론 Chomsky 때문이었다. 이런 의미에서 볼 때 이 주제의 특징은 이것은 앞에서 이미 검토된 첫 번째와 두 번째 주제와 상호 불가분적으로 엉켜있게 되어있다는 점이다. 마치 자기의 언어이론의 타당성을 설득하는 데 있어서는 이분법이나 정반법적 논리를 사용하는 것이 최고의 방법이라는 것을 실증하려고나 하듯이, 그는 처음부터 모든 논의를 정치와 부치의 두 구획으로 구성된 분할의 구도를 가지고서 전개시켰다. 예컨대 이 구도에서는 정치의 구획에는 내재성과 보편성, 언어능력 등이 들어서 있는 데 반하여, 부치의 구획에는 학습성과 개별성, 언어수행 등이 들어있으니까, 이것은 어떤 의미로 보아서나 전형적인 이분법적 구도이었다.

　그런데 사실은 그가 그동안에 다양한 논쟁이나 설득을 통해서 가장 확실하게 보여준 것은 추상적으로 말하자면 모든 학술적 논쟁은 결국에 논쟁자의 철학에서 비롯된다는 점이고, 구체적으로 말하자면 그의 모든 논쟁은 결국에 그는 이성주의적 인간관이나 언어관을 가진 사람이라는 점이었다. 약간 비판적으로 평가하자면 그는 그동안 내내 마치 동의어 반복법의 위력을 과시하려는 듯이 약간씩 다른 표현으로 같은 말을 몇 번이고 되풀이했던 것이다. 그가 자기의 표준이론을 소개하는 자리에서 언어수행(performance)과 대치되는 술어로 언어능력(competence)이라는 술어를 내세우게 된 것은 분명히 참신한 발상법이었는데, 그보다 더 중요한 사실은 언어능력이라는 개념을 그는 자기가 내세우는 문법이론의 정수에 해당한다고 본 점이다. (Chomsky, 1965, p.10)

　그가 말하는 언어능력이란 정형적이거나 문법적인 문장을 생성해내는 능력이었다. 그러니까 쉽게 말하자면 그는 문법적 능력을 언어능력으로 본 것인데, 이것과 대립되는 개념이 바로 언어수행이었다. 물론 그가 이렇게 대립적인 개념을 설정한 것은 언어능력의 기본성을 더 확실하게 부각시키기 위해서였다. 그는 예컨대 앞으로 제대로 된 통사론에서 수행해야 할 과제는 언어능력의 실체를 밝히는 일인데, 그 이유는 그전까지는 대부분 언어학자들이 언어수행의 현상을 밝히는 것을 그런 과제로 여겨왔기 때문이었다. 그는 이런 식으로 앞으로는 지난날의 구조주의적 패러다임 대신에 자기가 내세우는 변형생성주의적 패러다임이 들어서야 한다는 주장을 한 것이었다.

그의 도전적 견해는 바로 반대파로부터의 강력한 저항에 맞닥뜨리게 되었다. 예컨대 일부 사회언어학자나 심리언어학자는 설령 누군가가 머리 안에서 하나의 정형문을 만들어냈다고 해도, 궁극적으로 그가 그것을 언어사용의 한 상황에서 제대로 사용하지 못한다면, 그것은 이미 언어적 능력이 될 수 없다고 반박하고 나섰다. 심지어 일부 화용론자는 그가 말하는 언어능력은 기껏 했자 실상황에서 언어를 제대로 사용할 수 있는 능력, 즉 화용적 능력의 일부에 불과하다는 주장까지 하게 되었다. 이런 화용론자는 그의 이론으로는 절대로 왜 경우에 따라서는 의사소통 시에 불완전문이나 생략문, 은유문 등이 적지 않게 쓰이게 되는가를 제대로 설명할 수 없다고 주장했다.

그런데 원리와 매개이론을 내세우는 시기에 가서는 언어능력 대 언어사용의 이론을 I-언어 대 E-언어의 이론으로 대체하는 조치까지 취하게 되었는데, 그렇다고 해서 여러 분야의 반대파로부터의 공격이 멈춰지는 것은 아니었다. 그 이유는 I-언어와 E-언어라는 두 술어가 각각 '내재되어 있는(internalized)' 언어와 '외재되어 있는(externalized) 언어'를 가리키는 말이어서, 결국 이번에는 먼젓번과는 다르게 그가 집착하는 내재라는 말이 공공연하게 술어의 일부로 쓰이는 결과가 되었기 때문이었다. 반대파들이 보기에는 여기에서 처음에 했던 주장을 약간 이채로운 술어를 써서 다시 반복하는 식의 동어 반복적 강조법을 사용하고 있을 따름이었다.

인간학을 구상하려는 우리로서는 이 주제를 놓고서의 Chomsky파와 반대파의 싸움에 굳이 말려 들어갈 필요가 없는데, 그 이유는 우리에게 궁극적으로 도움을 주게 되는 것은 언어의 어느 부위에 대한 추상적인 이론이 아니라 언어사용의 현장을 통해서 얻은 구체적인 사실들이기 때문이다. 다시 말하자면 우리로서는 여기에서 Chomsky가 말하는 언어능력을 언어사용의 능력의 일부로 간주하는 식의 화용론자들의 입장을 그대로 받아들이면 되니까 일단 겉으로 보기에는 우리는 Chomsky의 주장에 정면으로 맞서는 자세를 취하고 있다고 볼 수가 있지만, 내면 상으로 보아서는 우리는 분명히 그것까지를 포섭하는 일종의 종합적 접근법을 택하고 있다고 볼 수도 있다.

4) 형식 대 기능

따지고 보자면 19세기 이후에 이르러서 논리적 실증주의 철학이 학문연구의 주도권을 잡기 이전부터 어떤 사물의 본질은 오직 그것의 형식을 통해서만 제대로 파악될 수 있다는 사상은 서양 학자들의 머리 안에 깊게 자리 잡고 있었는데, 문제는 그들은 일찍부터 편의상 이것을 형식주의라고 명명하고 보자면 그것과 정반대적인 기능주의도 있다는 것을 잘 알고 있다는 데 있었다. 예컨대 희랍이나 로마 때부터 학자들은 문법을 연구하는 일은 언어를 형식과 기능의 두 측면에서 분석하는 것이라는 것을 익히 알고 있었다. 고전적 전통문법에서는 으레 형식과 기능의 두 기준에 의해서 문법체계가 분석되었었는데, 현대에 와서는 이 점이 장점이 아니라 약점으로 지적되는 역설적 현상도 일어나게 되었다.

원래 과학에서는 분석방법의 객관성과 준엄성을 생명으로 삼게 되어있기 때문에 기능이 아니라 형식 중심의 분석방법이 주로 쓰이게 되는 것은 너무나 당연한 일이었는데, 근대 이후에 언어학자들이 언어를 과학적 탐구의 대상으로 보게 되면서 자연스럽게 이런 과학주의적 사고방식을 그들도 갖게 되었다. 그런데 그들이 너무 쉽게 간과한 것은 바로 인간의 언어는 자연계의 사물과 다르다는 점이었다. 극단적으로 말해서 자연계의 사물을 다루는 데는 연구자가 형식이 곧 기능이다는 생각으로 기능은 전혀 고려하지 않고서 오직 형식만을 분석하면 되었지만, 언어를 다루는 데는 그렇게 할 수가 없는데, 그 이유는 언어에서는 기능이 형식을 지배하는 현상이 자주 나타나고 있기 때문이다. 언어는 역시 그것의 사용자가 일정한 목적이나 기능을 수행하기 위하여 사용하게 되는 하나의 도구인 것이다.

형식주의의 문제성은 언어학의 철저한 과학화를 표방하고서 그것을 극단적인 수준으로까지 몰고 간 Chomsky 때 이르러 더 분명하게 드러냈다. 그는 지혜롭게도 처음부터 문법체계의 자율성이나 독립성을 내세워서 기능주의적 고려 없는 철두철미한 형식주의적 분석법을 밀고 나갔다. 그는 문법은 결국에 형식적 규칙의 집합체이고, 또한 문장의 구조성은 수형도 그리기와 같은 기법으로 익히 구명될 수 있으니까, 문장을 기술하는 데는 기능의 문제를 굳이 개입시킬 필요가 없다고 본 것이다. 아마도 그는 이때 기능이란 원래가 형식처럼 정밀하게 포착될 수 없는 것이라는 사실도 잘 알고 있었을 것이다.

자기의 이런 입장을 정당화하는 데 그는 크게 두 가지 방책을 사용했다고 볼 수 있는데, 그중 첫 번째 것은 언어의 기능에 대한 논의에 있어서 반기능주의적 견해를 나타내는 것이었다. 전통적으로 형식주의의 대안으로 기능주의를 내세우는 사람들은 으레 언어는 원래가 의사소통의 도구로서 탄생되고 발달되어 왔다는 사실을 강조해왔었다. 그러나 그는 언어를 이렇게 보는 것은 쉽게 말해서 그것을 동물의 신호체계와 동일 내지는 유사한 것으로 보려는, 일종의 진화론적이거나 비교심리학적 언어관의 일부일 뿐으로서, 이런 견해는 결국에 언어의 종 특이성과 고귀성을 모르는 데서 비롯되었다고 보았다. 그는 언어는 점진적으로 진화된 것이 아니라 뇌생리적 변화로 돌연변이적으로 탄생된 것이기에 사고의 방편으로 쓰일 수는 있지만 의사소통의 도구로 쓰이는 것은 아니라고 주장했다.

그중 두 번째 것은 의미의 문제를 언어기술에 있어서 최대한 회피하는 것이었다. 기능주의자의 입장에서 볼 것 같으면 언어가 수행하는 기능 중 기본이 되는 것은 사회의 구성원 상호 간에 일정한 정보를 교환하는 것인데, 일단 언어적 단위가 지닌 의미를 정보로 볼 것 같으면, 그것은 곧 사회의 구성원 상호 간에 일정한 의미를 주고받는다는 말이나 같은 말이 되는 것이었다. 그러니까 그들의 생각으로는 응당 형식과 의미라는 언어의 두 측면 중 의미의 측면을 최대로 부각시키는 언어기술법이 곧 가장 바람직한 언어기술법이었다. 다시 말해서 그들이 내세우는 기능주의적 언어기술법은 바로 일종의 의미중심적 언어기술법이었던 것이다.

그러나 그들이라고 해서 자기네 바람은 하나의 이상일 따름으로서 현실은 그것과는 너무나 다르다는 것을 모를 리가 없다. 우선 20세기에 이르러서야 의미론이 통사론의 한 대칭적 학문으로 겨우 자리 잡게 되었다는 사실 자체가 의미의 문제를 다루는 일은 형식의 문제를 다루는 일과는 비교도 할 수 없게 어려운 일이라는 것을 단적으로 실증하고 있다는 것을 그들도 잘 알고 있었다. Chomsky로서는 그러니까 이런 현실을 그대로 받아들이면 되는 것이었다. 물론 그도 처음에는 'Colorless green ideas sleep furiously. (무색의 녹색 상념이 요란하게 잠잔다)'와 같은 아리송한 예문을 내세워 문법성이 곧 의미성을 의미하는 것은 아니라는 식의 극단론을 펼쳤지만, 훗날에 가서는 문법적 기술절차를 크게 D-구조에 변형규칙을 적용해서 S-구조가 도출되는데, 그것에서 다시 도출된 논리형식(LF)

의 층위에 양화사나 의문사 등의 작용역 등이 결정되면서 의미 해석이 이루어지는 식으로 보았다. (Chomsky, 1981, p.10)

그러나 이 구도의 논리형식에서 얻어지는 의미는 기껏했자 명제적 내지는 진리치적 의미이지, 문장이 나타내는 의미 전체는 아니었다. 예컨대 기능주의자나 화용론자의 입장에서 보자면 문장의 의미 중 더 중요한 부분은 으레 상황이나 용법에서 나오게 되어있었다. 그러니까 그는 지혜롭게 이 정도의 양보가 그가 최대로 의미론자나 기능주의자들에게 보여줄 수 있는 최대의 것임을 익히 알고 있었던 것이었다. 이렇게 보자면 이 주제를 놓고서 우리가 취할 수 있는 입장은 오직 한가지로 좁혀지게 마련인데, 그것은 바로 양자 중 한 가지를 선택하는 것이 아니라 두 가지 모두를 선택하는 것이다. 다시 말하자면 우리의 입장에서 보자면 이 주제야말로 일종의 종합적이거나 통합적 접근법이 왜 필요하거나 유용한가를 가장 잘 보여주는 주제인 것이다.

5) 문장 대 담화

20세기 후반에 이르러서 담화분석론의 등장으로 우선 언어학 내에서는 그 전까지의 문장 중심적 언어연구의 학풍과 연구 주제와 연구방법 등에서 그것과는 대칭적인 성격을 띨 수밖에 없는 담화중심적 언어연구의 학풍이 서로 맞서는 변화가 일어나게 되었고, 그 다음에 언어학 밖으로는 언어학의 영역이 사회학이나 문학, 응용언어학 등의 영역으로 확대되는 변화가 일어나게 되었다. 크게 보자면 그러니까 담화분석론의 출범은 20세기를 언어전향적 시대로 만드는 데 일익을 담당하게 된 것인데, 따지고 보자면 이런 현상은 언어학 발전의 과정상 우연이 아니라 일종의 필연적 현상이라는 데 특별한 의미가 있다.

우리로 하여금 담화분석론의 등장은 일종의 필연적 사건으로 볼 수 있게 하는 것은 우리는 이미 크게 두 가지 사실을 잘 알고 있기 때문이다. 첫 번째로 우리는 우리가 일상적으로 사용하는 언어는 단위가 문장이 아니라 회화나 담화라는 사실을 잘 알고 있다. 더구나 그것은 혼자서 만들어지는 것이 아니라 둘이나 여럿에 의해서 공동으로 만들어지는 것이라는 사실도 우리는 잘 알고 있다. 두 번째로 우리는 그럼에도 불구하고 멀리 희랍 시대부터 오늘날에 이르기까지의 언어연구는 천편일률적으로 문장 중심의 것이었다는 사실을 잘 알고 있다. 그러니까 만약에 더 거시적인 입장에서 언어학이 지금까지 걸어온 길과 앞으로의 발전 방향을 전망해보는 기회를 얻게 된다면 우리는 그동안까지의 언어연구는 우선 일차적으로 연구의 대상을 선정하는 데 있어서부터 일종의 태생적 한계성을 잉태하고 있는 것이기에 그것의 학풍 전체가 언젠가에 가서는 전혀 새로운 것으로 바뀔 가능성이 있다는 것을 쉽게 알아차릴 수 있었던 것이다.

물론 크게 보자면 앞에서의 다른 주제에서와 마찬가지로 문장 대 담화 간의 대립도 일종의 전통 대 혁신 간의 대립이라고 볼 수가 있는데, 이들의 학세가 아직은 전통 쪽에 큰 비중이 가 있는 식으로 굳어져 있다는 사실만큼 이 주제를 다루는 데 있어서 중요시해야 하는 것은 없다고 볼 수가 있다. 간단히 말하자면 특히 통사론을 통해서 익히 알 수 있듯이 오늘날의 언어학계를 지배하고 있는 사상은 역시 문장을 언어의 기본단위로 보는 것이다. 구체적으로 말하자면 Chomsky의 문문법적 통사이론이 언어연구의 주도권을 잡은 상태에서, 그것의 문제점이나 한계성을 지적하고 해결하는 데 담화분석론이 일종의 안티테제적 역할을 하고 있는 형편이 오늘날의 언어학의 현황인 것이다.

그리고 형식주의적 기준에 의할 것 같으면 이 학문을 과연 그동안까지 언어연구의 주류를 형성해오던 통사론이나 어형론, 음운론 등과 같은 반열에 올려놓을 수 있는지가 문제가 될 수 있다. 일찍이 1950년대에 미국의 구조주의자인 Harris가 최초로 '담화분석(discourse analysis)'의 학문적 당위성을 제기했을 때만 해도 그가 상정한 것은 문장에서와 마찬가지로 담화에서도 일정한 구조성이 발견될 것이라는 것이었다. 그렇지만 그의 생각은 하나의 구조주의자로서의 꿈일 뿐이라는 사실이 그 후의 연구들을 통해서 바로 드러났다. 예컨대 그동안에 담화분석론을 언어학의 정당한 영역으로 편입시키는 데 최대로 기여를 한 Halliday가 Hasan과 함께 1976년에 내세운 원리가 '일관성의 원리'와 '결집성의 원리'인데, 이들은 어디까지나 담화 내에서의 문장 간의 연결성을 확보하는 데 쓰이는 일반적 장치나 원칙이지, 그들 간의 관계를 규제하는 형식적 규칙은 아니다. (Halliday and Hasan, 1976)

어떤 의미에서는 이 점보다 더 큰 문제가 될 수 있는 것이 바로 이 학문의 산개성이나 연합성이다. 간단히 말하자면 그동안에 이 학문은 단일학문이 아니라 회화분석과 비평적 담화분석, 텍스트 언어학, 담화분석 등의 한 연합체로서 성장을 해왔기에, 이것을 통사론이나 음운론과 동일한 기준을 가지고서 비교하는 것 자체가 다분히 무의미한 일이다. 그런 데다가, 출범 당시부터 이 학문에서는 그동안에서 의미론이나 화용론과 같은 비통사적 학문들에서 거두어들인 업적이나 지식을 최대한 원용한다는 입장을 취했었다. 그러니까 나쁘게 말할 것 같으면 이것은 그동안에 통사론에서 제외되었던 언어적 현상들을 한 곳에 묶어놓은 학문에 불과했던 것이다.

그러나 지난 몇십 년에 걸친 이 학문의 역사는 일단 언어연구의 단위를 개별문장으로부터 담화나 텍스트로 바꾸게 되면 언어학의 주제의 폭이나 영역이 그 전에는 상상도 할 수 없을 만큼 다양해지고 넓어지며, 따라서 언어적 원리나 진리에는 통사적인 것 이외의 것도 대단히 많다는 것을 실증하기에는 부족함이 없었다. 예컨대 이 학문은 이미 회화분석만큼 언어사용의 능력은 문장생성의 능력과는 전혀 별개의 것이라는 것을 드러내 주는 영역은 없다는 사실이나 텍스트 언어학은 결국에 그 옛날의 수사학적 원리의 타당성과 유용성을 실증할 수 있는 최적의 학문이라는 사실, 지금까지 개발된 언어학적 분석방법은 정치나 사회학적 문제를 검토하는 데도 최선의 방법이 될 수 있다는 사실 등을 익히 밝혀주었다.

언어연구의 전체적 현황이 이럴진대 이 주제를 놓고서만 우리가 앞의 주제를 놓고서의 입장과 다른 입장을 취한다는 것은 이치에 전혀 맞지 않는 일이다. 쉽게 말해서 문장을 단위로 한 연구의 업적과 담화를 그것으로 한 연구의 업적을 고루 수용하는 접근법, 즉 일종의 종합적 접근법을 채택하는 것이 곧 우리의 목적에 최대로 이바지하는 방책이라는 것은 너무나 자명한 진리인 것이다. 특히 앞에서 이미 말이 나왔듯이 인간성의 특성은 언어를 미시적으로 분석했을 때보다 거시적으로 분석했을 때 더 쉽게 파악될 수 있다는 점을 고려한다면, 아직은 학문적 충실성이나 완성도가 낮다는 이유만으로 담화분석론의 업적을 무시나 폄훼한다는 것은 지극히 무모한 일임이 분명하다.

6) 음성언어 대 문자언어

앞에서 검토한 다섯 가지 주제들은 크게 보자면 모두가 오늘날의 언어학이 이성주의자들의 영역과 경험주의자들의 영역으로 나뉘어 있는 데서 비롯된 것이지만, 이 여섯 번째 주제는 그런 양분법적 쟁점거리가 될 수 없는 것이다. 그런데도 굳이 그 제목의 형태를 앞엣것들의 그것과 같게 한 것은 역사적으로 볼 것 같으면 이들 두 언어가 상보적인 것이 아니라 상호대치적인 것으로 간주돼왔다는 사실이 확실하기 때문이다. 간단히 말하자면 그동안에 언어학의 양태는 이들 중 어느 것을 연구의 대상으로 삼느냐에 따라서 크게 달라져 왔었던 것인데, 우연인지 필연인지, 이 점에서는 언어학은 그동안에 정반합의 3단계 과정을 밟아왔다고 볼 수가 있다.

이것의 첫 단계는 희랍에서 정식으로 언어연구가 시작되어서 20세기 초에 구조주의 언어학이 탄생될 때까지의 긴 기간에 밟았던 단계인데, 이 단계의 특징은 언어연구자들이 하나같이 문자언어를 연구의 주된 대상으로 삼았다는 점이다. 이 말은 곧 우리의 전통문법은 바로 문자언어를 대상으로 해서 만들어진 것이라는 말인데, 더 정확하게 말하자면 그것은 바로 문학이나 철학적 언어를 대상으로 해서 만들어진 것이라는 말이다. 이 시기에는 누구나가 일반인들이 일상적으로 사용하는 음성언어는 타락된 언어이어서, 오직 유명한 철학자나 문인이 책에서 사용한 언어만이 기술이나 학습의 대상이 될 수 있다고 생각했었다. 특히 문법서나 학습교재에 나오는 예문들은 거의 다가 명문들이었다. 그러니까 극단적으로 말하자면 책에 의한 읽기 연습 시에만 음성언어는 하나의 언어로 되살아나는 것이었다.

그러나 18세기에 이르러서 역사언어학이 등장하면서 두 언어 중 기본이 되는 것은 문자언어가 아니라 음성언어라는 사실이 자연스럽게 드러나게 되었는데, 그 이유는 이것은 원래가 일찍이 Leibniz가 주장했듯이 모든 언어는 하나의 '원시언어'로부터 파생되어 나왔는데, 이런 파생절차는 으레 일정한 음성적 추이법칙을 따르게 되어있다는 발상법에서 시작된 학문이기 때문이었다. 예컨대 이 학문의 출범에 산파적 역할을 했던 산스크리트어의 발견도 틀림없이 기록은 문자언어로 되어있으나 실체는 음성언어인 산스크리트어와 희랍어, 라틴어, 고딕어 간의 비교작업을 통해서 이루어졌을 것이다.

그러나 정식으로 이것의 두 번째 단계로 볼 수 있는 시기는 20세기에 들어와서 Saussure가 제안한 구조언어학이 역사언어학의 대체 학문으로 받아들여지게 되는 시기였다. 그는 물론 통시적 언어기술과 공시적 언어기술 간의 차이성을 강조하고 나섰지, 음성언어가 일차언어라는 점을 특별히 부각시키려고 하지는 않았다. 그러나 그의 공시적 언어기술에 대한 강조는 언어연구의 역사상 최초로 문자언어를 바탕으로 한 통사론 대신에 음성언어를 바탕으로 하는 음운론이 언어연구를 주도하게 되는 결과를 가져왔다. 이런 움직임은 특히 그 사상이 미국으로 전파되면서 더욱 뚜렷해져서 언어는 글이 아니라 소리이다와 같은 말을 마치 일종의 혁명적 구호처럼 하게 되었다. 결국에 음운론 시대의 도래로 언어학자들은 누구나가 두 가지 언어 중 기본이 되는 것은 음성언어라는 자명한 진리를 재확인하게 된 셈이었다.

그런데 얼마 후 Chomsky가 언어구조의 기본이 되는 것은 음운조직이 아니라 문법조직이라는 식의 반구조주의적 언어이론을 내세우게 되면서 두 언어 중 어느 것이 기본언어이냐의 문제는 자연히 논쟁의 수면 밑으로 가라앉게 마련이었다. 그는 아마도 어느 것이 두 언어 중 기본언어이냐와 같은 문제는 원래가 언어의 본질에 관한 것이 아닌 데다가 이미 정답이 나와 있는 것이나 다름없는 문제이기에 언어학의 바람직한 발전 방향을 모색하는 자리에서는 도대체 거론될 필요가 없다고 생각했을 것이다. 더 구체적으로 말하자면 그의 문법모형에서는 S-구조에서 논리형식과 함께 음운형식이 도출되게 있는 점으로 미루어 보아서, 그는 음성언어를 기본언어로 생각하고 있었음이 확실하다.

그러다가 20세기 후반에 이르러서 정반합의 3단계 과정 중 세 번째 단계에 들어서게 되었는데, 이름 그대로 각각 정치언어와 부치언어였던 두 언어를 모두 합치려는 단계가 바로 이 단계이다. 이 무렵에 언어학자들로 하여금 어차피 우리는 음성언어와 문자언어를 갖게 된 이상 이들을 일부러 구별하는 것 자체가 언어학의 발전에 도움이 아니라 방해가 될 수 있는 일이라는 것을 깨닫게 한 것은 바로 담화분석론의 등장이었다. 담화분석론자들이 보기에는 어떤 의미에서는 두 언어 중 더 중요한 기능을 수행하는 것이 문자언어인데, 이런 견해의 근거가 될 수 있는 것은 모든 문학작품은 물론이고 기타 중요한 역사적 사실이나 철학 및 과학적 지식 등은 으레 문자언어로 기록되어있다는 사실이다. 물론 여기에서는 일차적으로 언어분석의 단위를 문장이 아니라 담화로 보고 있다. 이렇게 보자면 결국에 이 학문의 출범으로 언어연구의 영역은 넓어질 수 있는 데까지 넓어지게 된 셈이다.

언어학에서 지금까지 이룩한 업적을 최대한 원용한다는 것이 우리의 기본입장이니까, 이 주제를 놓고서 우리가 어떤 입장을 취해야 할 것인가는 이미 결정된 것이나 다름없다. 특히 음성언어와 문자언어는 기능상 대치적인 관계에 있는 것이 아니라 상보적인 관계에 있는 이상, 이들 모두를 고르게 수용하는 종합적 접근법을 우리가 채택하는 것이 우리의 목적에 부합되는 일이라는 것은 더 이상 의심할 여지가 없다. 원래 이들 두 언어는 기능이나 형식 등에 있어서 일종의 조응관계를 유지하게 되어 있다는 사실이나, 크게 보았을 때 우리 인류의 문화나 문명이 폭발적으로 발달한 것은 우리가 문자언어라는 제2의 언어를 갖게 된 다음부터였다는 사실 등을 고려한다면, 인간의 특성을 논하는 자리에서 이 언어를 제외시킨다는 것은 상상도 할 수 없는 일이다.

1.3 인간성의 여섯 가지 특성

언어학적 인간학이라는 이름을 내걸고서 여기에서 우리가 이제부터 하게 될 작업은 간단히 말해서 인간성의 특성을 모두 여섯 가지로 잡고서 이런 선택의 타당성을 실증하는 것이다. 작업의 순서상 이런 선택에서 쓰인 기준이나 제약성 등을 밝히는 것이 첫 번째 일일 텐데, 우선 여기에서 으뜸으로 쓰인 기준은 언어적 현상이나 사실상의 충실성이었다. 두말할 필요 없이 큰 의미로 보아서는 언어의 특성과 인간성의 특성은 일종의 대응관계를 유지하고 있게 되어있는데, 엄밀하게 따지자면 여기에서의 대응관계는 정확한 대응관계는 아니다. 예컨대 언어의 중요한 특성 중 하나가 바로 변화성인데, 여기에서는 이것이 인간성의 특성으로 선택되지는 않았다.

여기에서 쓰인 그다음 기준은 언어적 현상이나 사실에는 크게 형식에 관한 것과 기능에 관한 것의 두 가지가 있을 수 있는데, 이 가운데서 기능에 관한 것을 주된 근거로 사용한다는 것이다. 이 기준은 물론 오늘날의 언어학이 변함없이 형식주의적 전통을 고수하고 있다는 사실과 정면으로 배치되는 것이다. 그렇지만 원래 인간성은 오직 인간만이 가지고 있는 품성이나 정신적 자질을 가리키는 것이라는 점을 고려한다면 여기에서 이 기준이 채택된다는 것은 너무나 당연한 일이다. 이 기준에 따를 것 같으면 음운론이나 어형론에서 거두어들인 지식이나 이론보다는 의미론이나 화용론에서 거두어들인 지식이나 이론이 더 요긴하게 활용되게 되어있다.

여기에서 쓰인 세 번째 기준은 오직 실제적인 사실로 이미 드러난 현상을 하나의 현상으로서 그대로 받아들일 뿐, 그것에 미친 심리적 내지는 뇌 생리학적 제약이나 조건 등은 전혀 고려하지 않았다는 것이다. 이것 역시 심리언어학이나 생리언어학의 발달을 유발시킨 오늘날의 언어학의 현황과는 맞지 않는 기준이다. 거기에 더해서 최근에는 언어학계에서 언어의 진화나 기원에 대한 논의도 상당히 활발해지고 있는데, 이런 문제가 여기에서는 고려사항이 될 수가 없다. 그 이유는 언어의 본질을 구명하는 것이 우리의 목적이 아니기 때문이다. 따라서 철학적으로 보자면 이 기준을 일종의 현상학적인 기준인 셈이다.

여기에서 쓰인 네 번째 기준은 언어적 기능의 개념을 최대로 확대해서 해석한다는 것이다. 이것 역시 그동안의 언어학에서의 고정관념이나 관행과는 일치하지 않는 것이기에 아마도 언어학자들은 이렇게 하다 보면 지금까지 잘 지켜온 전단 언어학과 후단 언어학 간의 구별이나 순수언어학과 응용언어학 간의 구별을 무시하는 잘못을 저지르게 될 것이라고 비판할 것이다. 그러나 적어도 인간성의 특성을 구명하겠다는 목적을 가지고서 언어적 사실이나 현상의 문제를 다루는 한은 먼저 그 구별부터 무너뜨려야 된다는 것을 그들도 익히 인정할 것이다. 다시 말해서 그들도 언어는 궁극적으로 인간의 모든 활동에서 하나의 도구처럼 쓰이는 것이기에 그것의 기능에는 사회의 구성원 간의 의사소통 외에 문학적인 것과 문화적인 것, 인지적인 것, 심리적인 것 등이 있다는 것을 익히 인정할 것이다.

이상과는 같은 네 가지 기준을 적용한 결과 우리가 최종적으로 선택한 인간성의 특성은 고도의 사회성 유지를 비롯하여 높은 수준의 문화 창출과 전수, 자유로운 상징력의 발휘, 탁월한 인지력 구사, 창조적 은유력 사용, 최고의 예술성 표출 등의 여섯 가지였다. 이 목록은 기껏 해봤자 일종의 시험적인 것에 지나지 않는 것이라는 비판으로부터 결코 자유로울 수가 없는데, 이런 말의 근거가 될 만한 사실이 바로 이것은 조금 앞에서 살펴본 Stevenson의 7가지 목록과 전혀 다른 목록이라는 점이다. 그러나 거꾸로 생각을 하자면 이런 차별성은 이 목록의 특이성이나 참의성을 드러내고 있다고 볼 수도 있다. 다시 말해서 Stevenson의 목록을 일단 일종의 철학적 목록으로 치자면 이 목록은 일종의 언어학적 목록으로 칠 수도 있는 것이다. 이런 아전인수적인 평가가 꼭 비과학적인 것만은 아니라는 것을 확인하기 위해서는 이제부터 이들 여섯 가지 특성의 내용들을 좀 더 구체적으로 살펴보게 되면 될 것이다.

1) 고도의 사회성 유지

사회학자들의 이론을 굳이 원용하지 않더라도 몇 가지 언어적 사실들은 인간성의 여러 특성 중 제일 중요한 것은 역시 고도의 사회성을 유지하는 것이라는 것을 익히 드러내고 있는데, 이런 사실 중 첫 번째 것은 어린이들의 언어습득 양상이다. 인간의 삶의 공동체를 사회로 보자면 그것의 가장 기본적이면서 작은 것이 가족이니까, 일단 어떻게 한 가족의 삶이 매일 매일 영위되고 있는가를 살펴보게 되면 왜 이 특성이 여러 특성 중 제일 중요한 것으로 간주되어야 하는가가 저절로 밝혀지게 되어있다. 생물학적으로 보았을 때는 한 가족이 형성된 것은 물론 혈연 때문이지만, 사회학적으로 보았을 때는 그것은 구성원들이 공통의 언어로써 상호교섭을 하게 되었기 때문이다.

한 가족의 구성원 중 신참은 으레 서로 태어난 어린이가 되게 되어있기 때문에, 그가 태어난 직후부터 얼마나 진지하게 말을 배우는 일을 그의 삶의 첫 번째 과제로 받아들이고 있는가를 살펴보게 되면 이상과 같은 사회학적 정의가 틀린 것이 아니라는 것을 쉽게 확인할 수가 있다. 그런데 우리는 이런 관찰을 통해서 놀라운 사실을 발견하게 되는데, 언어습득은 어린이 혼자만의 작업이 아니고 그와 엄마가 공동으로 이루어내는 작업이라는 것이 바로 그것이다. 쉽게 말하자면 엄마는 본능적으로 그녀의 임무는 아기에게 말을 가르쳐서 하루빨리 그가 가족의 일원으로 편입되도록 하는 것이라는 것을 잘 알고 있어서, 하나의 언어교사로서 언어습득 기간 내내 모형 제시나 연습 참여, 오류 교정 등의 과제를 충실히 수행하게 된다. 특히 그녀가 이 과정에서 이른바 '모어'라는 특수어를 사용하는 것을 보면 그녀는 하나의 천재적 언어교사인 셈이다.

고도의 사회성 유지가 인간성의 여러 특성 중 으뜸이 되는 것이라는 사실은 그동안에 화용론자들이 밝혀놓은 사실들을 통해서도 익히 확인될 수가 있다. 1967년에 화용론의 출범을 알렸던 Grice의 강의의 제목이 'Logic and Conversation(논리와 회화)'이었다는 사실이 잘 말해주고 있듯이, 화용론은 원래가 일종의 회화이론으로 출발했던 것인데, 그전까지는 문장생성의 규칙을 연구하는 통사론이 언어학을 주도해왔으니까, 뒤늦게 그런 전통에 반기를 들고나온 학문이라는 점이 그것의 제일 큰 특징인 셈이다. 이론상으로는 통사론에 반기를 들 만한 학문은 응당 의미론일 것 같은데, 실제로는 그렇게 되지가 않았다는 점이 우선 주목할 만한 대목이다.

그런데 사실은 언어란 처음부터 사회의 구성원들 간의 의사소통이나 정보교환의 도구로 쓰여 왔다는 점을 고려한다면, 그동안의 언어학의 전통에는 언제라도 이런 반동이 일어날 가능성이 잉태되어있었다고 볼 수가 있다. 그리고 화용론에서는 어차피 언어를 의미 표현의 수단이 아니라 언어적 행위의 수단으로 보는 이상은 분석의 장이 개별문장에서 회화로 바뀌게 됨과 동시에 분석방법이 규칙지향적인 것에서 원리지향적인 것으로 바뀌게 되는 것은 너무나 당연한 일이었다. 이런 의미에서 볼 때 화용론의 등장은 분명히 언어학에서는 일종의 혁명적 사건이었다.

그런데 화용론자들이 그동안에 내세운 화용적 이론이나 원리들은 그들의 입장에서 볼 것 같으면 두 사람 사이에서 이루어지는 의사소통적 행위나 회화를 성공적인 것으로 만들기 위해서 서로가 반드시 지켜야 할 바를 정리한 것이지만, 인간성을 탐구하려는 사람의 입장에서 볼 것 같으면 고도의 사회성을 유지하기 위해서 사회의 구성원들이 상호교섭 시에 으레 지키게 되는 준칙들을 정리한 것이다. 예컨대 앞에서 논의한 Stevenson의 목록에서는 '사랑의 능력'을 일곱 번째 특성으로 내세우고 있는데, 이것의 타당성을 화용적 이론이나 원리를 가지고서 실증할 수는 없다. 그렇지만 일단 호혜적 이타성의 발로를 그것의 증거로 치고 보자면 이 특성의 타당성은 화용론을 통해서도 익히 검증될 수 있다고 볼 수가 있다.

그동안에 내세워진 화용적 이론이나 원리들은 하나같이 호혜적 이타성의 발로가 곧 사회의 구성원들이 상호교섭 시 으레 지켜야 할 대원리임을 드러내 주고 있는 것들이다. 우선 Grice는 협력성의 원리를 최고의 회화적 원리로 내세우고서, 이것의 구현방안으로 질과 양, 관계, 태도 등에 관한 네 가지 격률을 지킬 것을 제안했다. 그러나 곧이어 Leech는 두 사람 사이에 높은 수준의 협력성이 유지되려면 그들 이외에 정중성의 격률이 지켜져야 한다고 주장하고 나섰고, 그러자 바로 Brown과 Levinson은 그의 정중성의 이론을 체면유지의 이론으로 대체되어야 한다고 주장하고 나섰다. 상대방의 체면을 최대로 유지해주는 것이 최고로 정중성을 갖추는 길이라는 것이 이들의 주장이었다. 이와는 별도로 이 무렵에 Sperber와 Wilson은 '관련성의 이론'을 신Grice이론으로 제안하고 나섰는데 Grice의 네 가지 격률을 '관계'에 대한 것 하나로 수렴해야 한다는 것이 이것의 요지이었다. 다시 말해서 이것에서는 의사소통 절차를 화자가 청자에게 꼭 필요한 정보만을 주면 청자는 그것의 관련성을 최대로 추리해내는 과정으로 보았으니까, 결국에 이것에서는 언어행위를 호혜적 이타성의 원리가 가장 충실하게 지켜지고 있는 행위로 보고 있는 것이다.(Grice, 1975)

2) 높은 수준의 문화 창출과 전수

Oxford 철학 사전에서는 문화를 '한 국민의 삶의 방법으로서 이것에는 그들의 태도와 가치, 신념, 예술, 과학, 지각양태, 사고 및 활동의 습관 등이 포함된다.'처럼 정의하고 있는데, 이 말을 더 요약하자면 문화는 인간이 이룩해낸 모든 것으로 정의될 수가 있다. 그러니까 일부 비교심리학자의 주장과는 달리 문화는 오직 인간만이 가지고 있는 유형무형의 자산인 셈인데, 이런 의미에서 보자면 이 정의의 불완전성을 단적으로 드러내고 있는 점이 인간의 문화적 자산 중 가장 중요한 것이 바로 언어라는 사실이 밝혀져 있지 않다는 사실이다. 이것에 예시된 여덟 가지의 문화적 자산 중 예술과 과학을 뺀 나머지 여섯 가지가 언어와 불가분의 관계에 있다는 사실을 상기한다면, 이런 탈락은 결코 단순한 목록 작성상의 실수가 아니었다고 볼 수가 있다.(Blackburn, 2008, p.85)

　인간의 문화적 자산 중 제일 중요한 것이 언어라는 말은 곧 인간성의 특성 중 한 가지는 높은 수준의 문화를 창출하고 전수하는 것이라는 것을 확인하는 데 가장 좋은 방법은 언어적 사실이나 현상을 통해서 하는 것이라는 의미가 될 수가 있다. 특히 문화의 특성 중 중핵적인 점이 그것은 그때그때 한 사회에서 새롭게 창출될 뿐만 아니라 한 세대에서 다음 세대로 으레 전수되게 되어있다는 점일 텐데, 이런 점을 가장 쉽게 확인할 수 있는 곳이 바로 언어이다. 언어는 결국에 문화적 자산임과 동시에 문화적 도구인 셈인데, 이것의 가장 비근한 증거가 될 만한 사실은 아마도 우리의 일상적인 사고나 활동의 대부분은 언어를 매개체로 한 것이라는 점일 것이다. 이런 의미에서 볼 때 어린이들의 언어습득과정은 일종의 사회화의 과정이고 문화화의 과정인 것이다.

　한 사회의 문화적 특징은 그것에서 쓰이는 언어에 반영되어있으니까 한 사회의 문화연구나 인류학은 마땅히 언어를 중심으로 해서 이루어져야 한다는 발상법은 20세기에 미국에서 인류 언어학이 탄생되기 이전에 유럽의 철학자들이 갖게 되었는데, 이들 중 대표적인 사람이 독일의 박식한 비교언어학자 겸 철학자인 Humboldt였다. 그는 언어적 상대성이론의 효시라 할 수 있는 '세계관(Weltansicht)의 가설'을 내세웠다. 그는 언어의 특징은 보편성에서가 아니라 개별성에서 찾아야 한다고 보았는데 그 이유는 원래 언어의 문법이나 구조는 다양화되어있는 데다가 그로 인하여 그것을 사용하는 사람들의 세계관이나 사고방식도 다양화되게 되어있기 때문이었다.

　Humboldt의 가설과는 별도로 정식으로 언어와 문화의 관계를 연구하는 학문, 즉 문화인류학을 20세기에 출범시킨 사람은 미국의 구조주의 언어학자 Sapir와 그의 제자인 Whorf이었다. 이들이 내세운 'Sapir-Whorf 가설'은 미국의 인디언어들의 연구의 추동력이 되면서 큰 명성까지 누리게 되었는데, 예컨대 Sapir의 '인간은 객관적 세계에서만 사는 것이 아니라 한 사회의 표현 수단으로 굳어진 특별한 언어에 의해서 크게 움직여지고 있다.'와 같은 말은 미국에서 새로운 현장중심적 언어학의 학풍을 일으키는 데 일종의 선언문과 같은 역할을 하게 되었다. (Mandelbaum, 1963, p.162)

　그런데 사실은 굳이 이런 유명한 가설을 원용하지 않고서 하나의 언어에서 쓰이고 있는 어휘들의 종류를 의미상으로 분류해보는 것만으로써 언어는 궁극적으로 문화의 매개체라는 사실을 익히 확인할 수가 있다. 너무나 당연한 일이겠지만 한 사회나 국가의 제도나 관습은 물론이고 그것의 구성원들의 신념체계나 가치관 등은 모두가 그것에서 쓰이는 언어의 어휘로 표현되어있다. 다시 말하자면 한 언어의 어휘들은 모두가 일종의 문화적 용어들인 셈인데, 그게 그렇다는 것은 새로운 문물이나 사물이 한 사회에 소개될 때는 으레 그것의 표지어와 함께 소개되게 되어있다는 사실로써 익히 알 수가 있다.

　그런데 일단 언어의 문화적 기능에 초점을 맞추다 보면 음성언어보다 문자언어가 우리의 삶에 있어서 더 큰 역할을 하게 되었다는 점에 착안하게 된다. 우선 한 사회의 구성원들의 신념체계와 가치관은 주로 그들이 믿는 종교의 교리로부터 나오게 되어있는데, 유수한 종교의 경전들은 모두가 문자언어로 되어있다. 또한, 한 사회를 정치적으로 지탱하는 법률이나 제도는 물론이고 그것의 역사나 신화, 풍습, 전통 등도 모두가 문자언어를 사용한 문헌의 양식을 취하고 있다. 특히 이런 기록이나 문헌들은 문화를 다음 세대에 전수하는 데 기본적인 도구로 쓰이게 마련이다. 이런 의미에서 보자면 한 언어의 어휘목록은 그것이 쓰이고 있는 사회의 문화적 자산 목록이나 다름이 없다.

3) 자유로운 상징력의 발휘

언어는 일종의 탁월한 상징체계라는 사실을 고려하자면 우리는 누구나가 일찍부터 언어를 배워서 매일매일 사용하고 있다는 사실만큼 우리는 원래가 상징력을 자유롭게 발휘하는 존재라는 것을 단적으로 뒷받침하고 있는 사실은 없다. 뒤집어보자면 만약에 우리에게 이렇게 우수한 상징력이 없었더라면 언어가 우선 생겨날 수가 없었을 것이고, 그렇게 되면 결국에 우리와 동물과의 구별이 없어졌을 테니까, 사람에 따라서는 이 특성을 인간성의 특성 중 으뜸이 되는 것으로 간주할 수도 있다. 일찍이 프랑스의 심리분석학자인 Lacan은 인간의 심리적 체계에는 상상적인 것과 상징적인 것, 사실적인 것 등의 세 가지가 있다고 보았는데, 여기에서 특별히 주목할 만한 점은 상징적인 것을 이들의 중간에 위치시켰다는 사실이다.

언어가 일종의 탁월한 상징체계라는 것은 물론 이것에서는 문법이 중핵적 기구로 쓰이고 있다는 사실로써 쉽게 알 수가 있다. 우리의 언어에서 쓰이는 문법적 기구는 크게 어순과 어형, 기능어 등으로 나뉠 수 있는데, 따지고 보자면 이들 세 가지 모두가 훌륭한 상징체계들이다. 예컨대 영어에서는 '주어+동사'와 '주어+연계사+보어', '주어+동사+목적어', '주어+동사+간접목적어+직접목적어', '주어+동사+목적어+보어' 등의 다섯 가지 문형들에 의해서 단문이 만들어지고, 또한 두 개나 그 이상의 단문들을 기능어를 이용하여 하나로 연결시키거나 병합시키게 되면 중문이나 복문이 만들어지게 되는데, 이런 사실을 통해서 어순적 상징체계가 영어에서는 기본적인 문법적 기구로 쓰이고 있음을 알 수가 있다.

영어에서는 아주 일부이기는 하지만 어형적 상징체계도 문법적 기구로 쓰이고 있는데, 인칭대명사가 'I, my, me'나 'you, your, you'식으로 굴절하거나, 명사의 수가 '-es'와 같은 어미사의 첨가 여부로 표현되거나, 동사의 시제가 '-ed'와 같은 어미사의 첨가 여부로 표현되는 것들이 그 예들이다. 또한 영어에서는 전치사를 위시하여 조동사, 접속사와 같은 기능어들이 많이 쓰이고 있는데, 이들 하나하나가 궁극적으로는 하나의 상징어들이다. 이렇게 보자면 영어의 문법기구는 어순적 상징체계가 기본체계가 되고 어형적 상징체계와 기능어적 상징체계가 보조체계가 되는 식으로 이루어진 셈이다.

그러나 언어가 일종의 탁월한 상징체계라는 것을 단적으로 드러내주고 있는 사실은 역시 그것의 기본 구성요소인 어휘가 몇 가지 의성어를 빼놓고는 모두 상징어라는 점이다. 일찍이 Saussure은 그의 책에서 나무의 그림을 그려놓고서 그 이름이 프랑스어로 'arbor'인 사실을 실 예로 내세우면서, 언어적 기호의 네 가지 특성으로 이른바 기표와 기의 간의 자의성을 비롯하여 그 수의 다수성, 그 체계의 복잡성, 변화에 저항하는 집단적 타성 등을 들었었는데, 이 가운데서 특별히 그가 강조한 것은 첫 번째 특성이었다. 한 사물의 이름과 개념 간에는 아무런 필연적인 관계가 없다는 것이 바로 그가 말하는 자의성인데, 다른 차원에서 볼 것 같으면 이것은 하나의 기호로써 하나의 사물을 나타내는 속성, 즉 상징성이었다.(Saussure, 1983, p. 73)

그런데 우리의 입장에서 볼 것 같으면 그가 내세운 기호의 네 가지 특성 가운데서 또 한 가지 특별히 주목할 가치가 있는 것은 바로 그 수의 다수성이다. 예컨대 우리말이나 영어, 프랑스어와 같이 크게 발달된 언어에서 쓰이고 있는 어휘의 총 수는 40만을 훨씬 웃돈다. 그리고 개별적으로 개인이 구사할 수 있는 어휘의 총수도 5000을 넘는다. 그러니까 어느 쪽을 기준으로 삼는다 해도 이런 숫자는 첫 번째로는 우리의 언어가 얼마나 우수한 상징적 체계인가를 보여주는 증거일 수 있고, 두 번째로는 우리 인간의 특성 중 가장 중요한 것이 바로 상징력을 거의 무한정으로 발휘하는 점이라는 것을 드러내주는 증거일 수가 있다.

4) 탁월한 인지력의 구사

'Cogito ergo sum(나는 생각한다. 고로 존재한다.)'라는 Descartes의 유명한 말을 약간 현대적인 감각이 살아나도록 고치자면 '나는 인지한다. 고로 존재한다.'처럼 될 텐데, 이런 의미에서 보자면 이 말은 원래는 인간의 본성을 탐구하는 데 있어서의 이성주의적 접근법의 타당성을 내세우기 위해서 쓰인 말이었지만, 오늘날에 와서는 그 일에서 인지주의적 접근법의 타당성을 내세우는 데 쓰일 수 있는 말임을 익히 알 수가 있다. 20세기에 새롭게 등장한 인지주의는 인간의 사고나 정신작용을 일정한 지적 상징과 표현체를 이용한 연산적 조작으로 보려는 학풍인데, 최근에는 컴퓨터를 이용한 인공지능학이 크게 발달함에 힘입어서 인지과학이라는 첨단학문을 탄생시킬 정도로 그 학세가 커졌다.

인지주의란 간단히 말해서 인간의 특성이나 자질 중 제일 중요한 것을 인지력으로 보려는 주의인데, 언어가 원래 일정한 의미를 소리로 나타내는 표현체이어서 그런지 이 학풍은 곧 바로 언어학에도 들어오게 되었다. 예컨대 최근에 이르러서는 인지언어학이나 인지의미론, 인지화용론과 같은 새로운 언어학이 등장했는데, 무엇보다도 흥미로운 사실은 이들은 하나같이 Chomsky의 변형생성문법에 대한 하나의 대안으로서 제안되었다는 점이다. Chomsky는 처음부터 문법적 능력이나 지식은 일반적 인지력과는 아무런 관계가 없는, 일종의 언어특이적인 것이라고 주장했었다. 그러나 인지언어학자들이 보기에는 문법적 능력은 일반적 인지력이 언어적으로 원용된 것에 지나지 않았다.

그렇지만 놀랍게도 언어학이 일찍부터 새로 생긴 인지과학의 원천학문의 한가지로 자리 잡게 된 것은 그의 변형주의적 언어이론과 언어기술법 때문이었다. 분명히 그의 다분히 형식주의적이고 대수학적인 문법관과 문장분석법은 인지과학자들로 하여금 컴퓨터를 잘 이용하면 인간의 언어를 익히 재생할 수 있겠다는 자신감을 갖게 했다. 예컨대 그들이 보기에는 그가 '문법을 일조의 규칙으로서 무한히 문장을 생성할 수 있게 하는 기구'로 정의한 사실이나, 문장의 생성절차는 귀납적이거나 상향적인 것이 아니라 연역적이거나 하향적이라고 주장한 사실, 문법 기술법은 으레 표현체의 수준의 수나 도출의 과정 등에 있어서 단순한 이동의 절차가 순환적으로 되풀이되는 식으로 최소주의적인 것이어야 한다고 내세운 사실 등은 자기는 이미 철두철미한 인지주의자가 되었음을 입증하는 것들이었다.

Chomsky의 이론을 그대로 빌리자면 인간의 특성의 한 가지가 바로 탁월한 인지력의 구사라는 사실을 단적으로 드러내 주는 증거치고서 우리는 매일매일 일정한 규칙으로써 새로운 문장들을 무수히 창조하고 있다는 사실만한 것은 없다. 그러나 일단 인지력의 기능을 지식의 획득과 표현체의 조작의 두 가지로 보자면 그런 증거로는 우리는 누구나가 적어도 수천에 이르는 방대한 양의 어휘를 가지고 있다는 점을 내세울 수도 있다. 어휘는 우선 개념화나 범주화라는 고도의 인지적 처리 과정의 결과물이다. 그리고 그 많은 양의 어휘를 오랫동안 머리 안에 저장하거나 기억했다가 필요할 때 회상하는 일도 인지력에 의해서 이루어진다. 이런 의미에서 볼 때 Chomsky가 말하는 언어적 창조력에는 마땅히 자유로운 어휘적 선택력도 들어가야 할 것이다.

여기에서 한 걸음 더 나아가게 되면 그런 증거로 우리는 매일매일 언어로써 서로 간에 원활하게 의사소통을 하고 있다는 사실을 내세울 수도 있다. 화용론자들이 이미 밝혀놓았듯이 대화나 의사소통 행위는 두 사람이 협조적으로 만들어내는 공동의 작업인데, 우리로 하여금 이렇게 할 수 있게 하는 것은 바로 우리의 탁월한 인지력이다. 최근에 Bucciarelli 등에 의해서 내세워진 인지적 화용이론에 의할 것 같으면 다양한 화용적 현상을 이해하는 데 영향을 주는 인지적 요소에는 추리적 부하량과 정신적 표현체의 복합성의 두 가지가 있는데, 따지고 보자면 이들 두 가지 모두가 대화나 의사소통이야말로 우리의 인지력의 탁월성이 단적으로 드러나게 되는 자리임을 실증하는 것들이다.(Bucciarelli et al, 2003)

5) 창조적 은유력의 사용

인지력을 일단 논리적 추리력으로 치자면 비논리적이거나 상상적 추리력으로 볼 수 있는 것이 은유력이다. 그러니까 우리에게는 원래 두 가지의 서로 이질적인 지적 능력이 있는 셈인데, 신기하게도 이들 두 능력은 상호 간에 충돌이나 간섭적 관계를 유지하고 있는 것이 아니라 보완이나 상승작용적 관계를 유지하고 있어서 결과적으로 우리의 지적 능력을 최상의 것으로 만드는 데 두 주역의 역할을 수행하는 능력이 되고 있다. 물론 엄밀히 따지자면 이들의 기능의 크기나 비중 간에는 인지력을 주력으로 보고 은유력을 보조력으로 보아야 할 정도로 큰 차이가 있을 것이다. 그렇지만 그보다 더 중요한 점은 이들은 으레 상호보완적이거나 상승적 관계를 유지하고 있다는 점이다.

  탁월한 인지력의 구사를 인간의 특성 중 한 가지로 잡는 데 결정적 증거를 제공할 수 있는 곳이 언어적 사실이나 현상이었듯이, 창조적 은유력의 사용을 그런 것으로 잡는 데 결정적 증거를 제공할 수 있는 곳도 똑같이 언어적 사실이나 현상이다. 일반적으로 대부분의 사람은 은유적 표현은 으레 시와 같은 문학작품에서 많이 쓰이게 된다는 고정관념을 가지고 있는데, 사실은 그렇지가 않다. 예컨대 최근에는 언어학자 중 일부가 은유는 마땅히 우리의 인지절차나 개념적 지식의 표현체로 보아야 한다는, 이른바 개념적 은유 이론을 내세우게 되었는데, 만약에 우리의 일상적인 언어 가운데서 예컨대 'The truth is clear.(진리는 명백하다)'나 'He was blinded by love.(그는 사랑으로 눈이 멀었다)'와 같은 은유적 표현들이 많이 그리고 쉽게 발견될 수 없었다면, 이런 이론이 만들어졌을 리가 없다.(Coulson, 2006, p.33)

  그런데 언어적 사실이나 현상을 근거로 삼다보면 은유력의 특성은 창조성이라는 점을 쉽게 확인할 수가 있다. 인지력은 주로 어떤 기존의 개념이나 사실을 이해하는 데 쓰이는 데 반하여, 은유력은 새로운 개념을 창조하는 데 쓰인다는 것은, 어떤 의미에서는 은유력이 인지력보다 한 수준 높은 차원의 능력이라는 것을 의미할 수도 있다. 은유란 쉽게 말해서 두 영역의 개념들을 하나로 혼성시키는 절차이다. 따라서 은유가 쓰임으로써 우선 언어적 표현력이 그만큼 신장된다고 볼 수가 있다. 예컨대 누군가가 'Computers are magicians.(컴퓨터는 마술사다)'라고 말했다면, 이런 표현은 처음 쓰였다는 의미에서도 이것은 창조적인 것이라고 말할 수가 있고, 아니면 아직은 누구에 의해서도 발견되지 않은 컴퓨터의 특성을 새로 찾아냈다는 의미에서도 이것은 창조적이라고 말할 수가 있다. 아마도 이 점이 바로 시인들이 은유를 많이 쓰는 이유일 것이다.(Ibid, p.37)

　그런데 누구나가 은유를 사용함에서는 으레 그것이 의사소통에 도움이 되도록 해야 한다는 원칙을 지키고 있는 점으로 보아서도 그것의 특성은 창조성이라고 말할 수도 있다. 은유적 의미는 본질적으로 대단히 모호하고 상황 의존적이다. 따라서 그것을 제대로 파악하는 일은 누구에게나 일종의 추가적 부담이 될 수가 있다. 그러니까 은유 사용자는 모름지기 상황적 적절성을 잘 판단해서 적당한 양만의 은유를 써야 하는데, 신기하게도 이런 지혜는 일부 특출한 사람들만 가지고 있지를 않다. 다시 말하자면, 우리는 누구나가 예컨대 심지어 'All nature smiled.(만물이 미소 지었다)'나 'Life is a journey.(인생은 여행이다)'와 같이 이미 일종의 죽은 은유가 되어 버린 은유도 반드시 적절한 상황에서 최소한으로 쓰여야 한다는 것을 잘 알고 있다.

　그런데 언어적 사실이나 현상을 근거로 삼다 보면 은유력의 특성에는 창조성에 더해서 기능성도 있다는 것을 쉽게 알 수가 있다. 은유력의 특성에는 기능성도 있다는 말은 곧 인지적 절차상으로 보자면 그것을 더 빠르고 효율적으로 하는 데 이것이 쓰이게 되어있다는 말이 되고, 언어적 절차상으로 보자면 이것은 의사소통의 효율성을 최대로 높이는 데 이것이 쓰이게 되어있다는 말이 된다. 이것의 근거로는 우리가 일상적으로 사용하는 표현 가운데는 'Keep your eye on the ball.(공을 주시해라)'와 같은 환유문이나 'Let's go and have a bite.(가서 식사합시다)'와 같은 제유문들이 많이 있다는 사실을 내세울 수가 있다. 기능문법학자인 Halliday는 일찍이 이들 두 표현법은 은유법과 동일한 유형의 것으로 보았었는데, 그 이유는 아마도 이들은 모두가 의미전환법이어서 결국에는 하나같이 의사소통의 효율성을 최고로 제고하는 데 쓰이고 있다고 판단되었기 때문일 것이다. (Rose, 2006, p.66)

6) 최고의 예술성의 표출

 인간성의 중요한 특성 중 한 가지가 최고의 예술성의 표출이라는 것을 가장 쉽게 포착할 수 있는 방법은 물론 우리의 문화적 행위나 활동 중 큰 부분을 차지하고 있는 것이 바로 예술적인 것들이라는 것을 확인하는 것이다. 우리의 예술적 활동에는 춤추기를 비롯하여 노래 부르기, 그림그리기, 연극하기, 시 쓰기 등이 있는 점으로 미루어 보아서 이것 없이는 감히 우리의 문화 자체를 상상할 수 없을 정도로 깊고 넓게 우리의 삶에 영향을 주고 있는 것이 예술성이다. 흔히들 인간의 본성을 끈질긴 진선미의 추구로 보고 있는데, 일단 이들 세 가치를 독립적인 것으로 본다고 해도 예술성의 추구, 즉 미의 추구는 전 인간적 활동의 삼분의 일을 차지하고 있는 것이다.

 그런데 그 많은 심미적 내지는 예술적 장르 중 언어를 도구나 매체로 한 것에는 시 쓰기를 위시하여 노래 부르기, 연극하기 등이 있다. 물론 문학과 음악, 연극 등을 각각 별개의 장르로 나누지 않고서, 이들을 언어사용의 측면에서 하나의 범주로 묶는 것은 관례에 어긋나는 일이다. 그렇지만 언어가 광범위하게 예술성 표출의 도구나 매체로 쓰이고 있다는 사실을 확인하는 데는 이만한 분류법만 한 것도 없다. 이들의 발달의 역사를 굳이 살피지 않더라도 오늘날의 모습만으로도 음악과 연극이 언어의 도움 없이는 시작되지 못했으리라는 것을 익히 짐작할 수가 있다.

 일찍이 Aristotle은 연극을 인간의 행위를 모방한 것으로 정의한 바가 있는데, 예술성을 일단 최고로 아름다운 형태로 희로애락의 정서를 나타내려는 성향으로 치자면 이런 모방설은 결코 의미 있는 이론이 될 수 없음이 분명하다. 그런데 문학의 장르별 특징을 살펴보게 되면 예술성의 표출체치고서 문학만한 것이 없다는 사실을 쉽게 확인하게 된다. 예컨대 최근에 Gaut는 예술성을 일종의 클러스터 개념으로 보아야 한다고 주장하면서 예술작품의 우열성을 가리는 기준으로 1)심미적 자질이 있는가를 위시하여 2)정서를 나타내는가, 3)지적으로 도전적인가, 4)구조가 복잡하고 결집적인가, 5)복잡한 의미를 나타내는가, 6)개인적 시각을 나타내는가, 7)원초적 상상력의 발휘물인가, 8)일정한 기술의 결과물인가, 9)기존의 예술 양식에 속하는가, 10)작자가 예술작품으로 만들 의도를 가지고 있었는가. 등의 열 가지를 내세웠는데, 문학작품을 분석해보면 이것만큼 이들 기준에 잘 맞는 예술작품도 없다는 것을 당장 알 수가 있다. (Gaut, 2000)

그런데 다른 예술작품에서 익히 찾아볼 수 없는 문학작품만의 특징은 바로 크게는 운문과 산문의 두 영역으로 양분될 수가 있고, 작게는 희곡, 시, 소설, 수필 등의 장르로 나뉘어 있는데, 이들 하나하나는 저마다의 긴 역사와 예술적 특성을 지니고 있다는 점이다. 우선 희곡의 경우를 살펴보자면 이것은 그 옛날에 희랍에서 술의 신인 디오니소스를 경배하는 종교적 의식으로부터 발달되어 나왔는데, 농사의 풍요로움을 주제로 하는 희극에 있어서나 생과 사를 주제로 하는 비극에 있어서나 으레 합창단의 노래와 춤이 곁들여지게 되어있다는 점이 그 특징이었다. 그런데 이렇게 시작된 희곡의 형식은 하나의 독자적 예술적 장르로서 조금도 모자람이 없게 그 후 중세를 거쳐서 현대에 이르기까지 쉬지 않고서 발달되어 왔다. 16세기에 영국에서 Shakespeare의 현란한 작품 덕분에 이른바 엘리자베스 희곡시대를 맞이하게 된 것이나 19세기에 이르러 음악극인 '멜로드라마'와 '스펙터클'이 등장하게 된 것이 그 좋은 예이다. 물론 희곡이 가지고 있는 제일 큰 특징은 언제나 연출될 연극의 대본으로 쓰였다는 점일 것이다.

그 다음으로 시의 경우를 살펴보자면, 시적 희곡의 예를 제외하자면 운문으로 된 유일한 문학작품이라는 의미에서 인간의 본래적 정서성과 심미성을 최고의 수준까지 표출시킨 것이라고 볼 수가 있다. 그런데 대부분의 시학자들은 문자언어에 의해서 정식으로 시가 시작되기 전에는 이것이 원시적 운문의 형태로 시족의 의식 등에서 음악이나 춤과 같이 읊조려졌을 것으로 보고 있다. 그러나 그 후 시는 하나의 독립된 예술적 장르로 발전하게 되었는데, 그 이유는 이것에서는 우선 정서성을 제고시킬 수 있는 다양한 운율적 형식이 설정될 수 있었고, 또한 많은 시인들이 이것에 의해서 참과 아름다움의 극치를 보여줄 수 있었기 때문이었다.

마지막으로 소설의 경우를 살펴볼 것 같으면 이것이 정식으로 문학의 한 장르로서 자리 잡게 된 것은 18세기이고, 이것에서 단편소설이라는 부수적 장르가 갈라져 나온 것이 19세기이니까 희곡이나 시와는 비교도 할 수 없을 정도로 짧은 역사를 가지고 있다는 것이 이것의 첫 번째 특징이다. 그렇지만 오늘날에 이르러서 세 가지 문학의 장르 중 가장 큰 장르로 우뚝 솟게 된 것은 바로 이것인데, 그 이유는 아마도 우리에게는 원래가 상상적으로 꾸며진 이야기를 말하거나 듣는 것을 즐기는 습성이 있었기 때문일 것이다. 흔히들 이것의 뿌리를 이탈리아에서의 'novella'와 프랑스에서의 'romance(roman)'의 두 가지로 보는데, 1605년에 나온 Cervantes의 'Don Quixote'가 잘 보여주고 있듯이, 이들은 모두가 전설적인 신이나 영웅들의 활약상을 이야기 형식으로 재구성한 것들이었다.

소설의 목적이 아무리 기본적으로는 작가가 자기 특유의 상상력을 가지고서 만들어낸 이야기를 가지고서 독자를 즐겁게 하는 것이라고 할지라도, 인간의 고귀한 가치나 진리를 밝히거나 가르치는 도구가 되어야 한다는 것을 작가들은 일찍부터 잘 알고 있었다. 그러니까 시대가 현대로 바뀜에 따라 소설의 주제도 바뀌었고, 그것의 형식이나 묘사법도 바뀌게 마련이었는데, 가장 흥미로운 사실은 회화나 음악과 같은 다른 예술적 장르에서의 움직임과 문학에서의 그것이 공조를 이루는 현상이 일어나게 되었다는 점이었다. 예컨대 19세기 중반에 프랑스의 화가들 사이에서 일어난 인상주의는 Joseph Conrad나 Virginia Wolf와 같은 작가들의 소설에서도 그대로 드러나게 되었다. 특히 20세기에 이르러서의 James Joyce의 '의식의 흐름'의 기법에 의한 소설들은 문학의 다른 예술적 장르를 선도적으로 이끌 수 있다는 가능성을 보여주기도 한다.

1.4 언어학적 인간학 연구의 한계성

인간의 본성 중 핵심이 되는 특성들을 이상과 같은 여섯 가지로 잡고 보면 우리가 시도하는 언어학적 인간학 연구는 사람에 따라서는 얼마든지 과연 하나의 학문적 탐구로서의 자격이 있는가를 회의할 수 있을 정도로 낮은 수준의 것임을 알게 된다. 그 이유는 간단히 말해서 우선 이것에는 이들을 하나로 묶어주는 체계가 마련되어있지 않기 때문이다. 크게 보았을 때 지식의 체계에는 지식이 큰 것에서 단계별로 작은 것으로 나누어져 가는 하향적인 것과 그와는 반대로 그것이 작은 것에서 차차 큰 것으로 결합되어가는 상향적인 것의 두 가지가 있을 수 있는데, 이것에서는 이들 중 어느 것도 설정되고 있지 않으니까, 결국에 이것은 모두 여섯 가지의 항목들을 수평적으로 나열한 하나의 목록에 불과한 셈이다.

1) 시안

굳이 따지자면 구조화나 체계화의 노력 자체를 포기해야 할 정도로 이들 특성 간에 아무런 연관성이 없는 것은 아니다. 예컨대 이들 여섯 가지 특성들은 크게 예지성의 집단과 사회문화성의 집단과 같은 두 개의 집단으로 묶일 수가 있다. 우선 예지성의 집단에는 상징력과 인지력, 은유력 등의 세 가지 특성들이 들어가게 되고, 그 다음으로 사회문화성의 집단에는 사회성과 문화성, 예술성 등의 특성들이 들어가게 된다. 그리고 더 크게 보자면 예지성에 관한 것(Ⅰ)이 사회문화성에 관한 것(Ⅱ)의 기저가 된다고 볼 수가 있으므로 이들 간의 관계는 아래와 같은 육각형의 구조를 가지고 있다고 볼 수 있다. (여기에 나와 있는 번호는 이들이 앞에서 논의된 순서의 번호이다.)

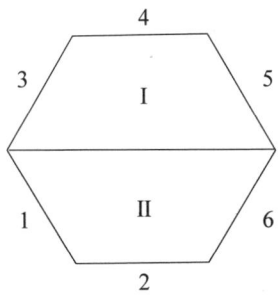

그러나 이 정도의 노력으로써 이들은 일종의 나열식 목록에 불과하는 비판을 모면할 수 있는 것은 아닌데, 그 이유는 위의 그림은 궁극적으로 보았을 때 하나의 체계도가 아니라 일종의 관계도이기 때문이다. 그렇다고 해서 이런 노력이 완전히 무의미한 것은 아닌데, 그 이유는 적어도 이것만으로써도 인간성의 특성들을 각각 개별적인 것으로 보는 것보다는 상호연관된 것으로 보는 것이 합리적이라는 사실을 익히 알 수 있기 때문이다. 다시 말하자면 이 육각형은 우리에게 인간의 인간다움을 크게 여섯 가지 시각에서 파악한다는 것은 단지 논의나 분석의 편의를 위한 것일 뿐, 그것의 실상은 이들 시각들이 하나로 융합되었을 때만 제대로 드러날 수 있다는 것을 익히 보여주고 있다고 볼 수가 있다.

사람에 따라서는 우리의 시안을 놓고서 그렇게 부정적 평가를 내릴 수 있는 또 한 가지 이유는 이 목록을 완전한 것으로 볼 수는 없기 때문이다. 앞에서 이미 밝혔듯이 이 목록은 현재로서는 언어적 사실이나 현상만큼 객관성과 신뢰성이 있는 근거는 없다는 판단하에서 오직 언어적 기준만을 기준으로 해서 만들어진 것이다. 그러나 솔직히 말해서 이 목록의 항목을 정하는 데 확실한 객관성이 적용되었던 것은 아니다. 아무리 그동안의 언어학적 연구업적에 의존한다고 해도 그것 자체가 이미 크게 다기화되어 있는 상태이어서, 이 일을 하는 데 개인적 자의성이나 선호성이 개입될 여지는 얼마든지 있었던 것이다.

그 다음으로는 우리는 누구나가 언어적 사실이나 현상을 통해서는 잘 드러날 수 없는 특성들은 있을 수가 없다고 자신 있게 말할 수는 없다. 예컨대 어떤 고고학자는 인간성의 특성 중 하나로 고도의 유희성을 내세우고 있는데, 이것에 대한 언어적 근거는 찾기가 어렵다. 또한 심리분석학자인 Freud는 일찍이 즐거움의 추구성을 그런 것으로 본 적이 있는데, 이것에 대한 언어적 근거도 찾기가 쉽지 않다. 또한 Darwin과 같은 진화론자라면 일단 높은 수준의 적응력을 그런 것으로 내세울 텐데, 이런 주장에 대한 언어적 근거도 찾기가 어렵다. 더 나아가서는 종교철학적 이론에서는 내세관의 보편성을 그런 것으로 내세울 텐데, 이런 주장에 대한 언어적 근거도 찾기가 어렵다. 더 극단적으로 말하자면 흔히들 인간의 특성을 지정의의 세 가지로 잡는데, 이들 중 세 번째 것인 의지적 특성은 우리의 여섯 가지 특성에는 아예 들어가 있지 않다.

2) 비교

그런데 이쯤해서 우리의 시안과 그동안에 다른 사람에 의해서 제안된 것들과 비교해 보는 것도 의미 있는 일인 듯하다. 그중 첫 번째 것은 앞에서 이미 살펴본 Stevenson에 의한 것인데, 단도직입적으로 말해서 이것은 우리의 시안과 막상막하의 것이라고 평가할 수가 있는데, 그 이유는 이것 역시 구조성이나 체계성을 완전히 무시한, 일종의 나열적 목록에 지나지 않기 때문이다. 우리의 시안에서는 일부 특성 간에는 밀접한 상호관련성이나 일정한 동질성이 있음을 강조되고 있는데 이것에서는 그런 노력마저 하고 있지가 않다. 물론 이것에서는 제안된 일곱 가지 특성의 원천 학문적 근거도 밝혀져 있지 않다. 따라서 편의상 일단 이것을 하나의 철학적 시안이라고 부르고 보았을 때, 이것과 전혀 다른 철학적 시안도 얼마든지 있을 수 있음을 알 수가 있다.

그중 두 번째 것은 우리나라에서 나온 '세계철학대사전'에서 김기성이 소개한 인간의 3유형설로서, 이것의 특징은 인간학이라는 항목 밑에서 인간학을 크게 인류학적 인간학과 인성학적 인간학, 철학적 인간학 등의 세 가지로 나누었을 때 그동안의 연구업적으로 보아서 가장 발달한 것은 역시 세 번째 것이라는 사실을 증거하기 위해서 제안된 시안이라는 점이다. 그런데 실제로 여기에서 제안되고 있는 것은 철학적 인간관이 아니라 인류발달사적 인간관이어서, 철학자들이 그동안에 내세워온 수많은 인간론들보다는 더 믿음직스러운 것은 진화생물학이나 인류발달론 등에서 밝혀진 역사적 사실들이라는 것을 잘 보여주고 있다.

여기에서 내세우는 세 가지 인간의 유형은 '예지인(Homo sapiens)과 '종교인(Homo religiosus)', '공작인(Homo faber)' 등인데 이들의 이름과 순서가 우선 다분히 고고학적이거나 진화생물학적인 것이다. 그러니까 여기에서는 인간의 발달과정을 크게 이성이나 지능을 갖게 된 단계와 인간의 의식과 행동이 일정한 종교적 교리와 신념체계의 지배받게 된 단계, 인간이 다양한 도구를 만들어 과학적으로 세상을 보고 다루게 되는 단계 등의 세 가지 단계로 나누게 되면 인간성의 특성은 자연히 지력적인 것과 종교적인 것, 과학적인 것 등의 세 가지로 귀착되게 된다고 본 것이다. 그런데 여기에서는 끝에 가서 엄밀한 의미에서는 고전 경제학에서 내세우듯이 세 번째 단계 다음에 '경제인(Homo economicus)'이 등장하는 네 번째 단계도 설정할 수 있겠지만 일단 공작을 지능적 활동의 일부로 봄과 동시에 경제를 공작적 활동의 일부로 보게 되면 굳이 그럴 필요가 없게 된다는 말도 하고 있다.

그런데 아쉽게도 여기에서는 이 3유형설이 왜 그동안에 제안된 여러 가지 인간의 본성에 대한 학설 중 가장 대표적인 것으로 받아들여지게 되었는가에 대한 물음이 제기되고 있지 않다. 그의 소개의 끝 부분에 참고문헌으로 Scheler가 1929년에 낸 'Mensch Geschichte : Philosophische Weltanschauung(철학적 인간학)'을 적어놓은 점으로 미루어 보아서 이것이 이런 평가를 받게 되는 데는 상당히 오랜 기간에 걸친 공론적 동의가 있었음을 짐작할 수가 있다. 그리고 굳이 따지자면 그동안에 제안된 학설 중 이것만큼 체계적이고 포괄적이며, 근거의존적인 학설은 없었다는 사실이 바로 그 이유라고 볼 수가 있다.

그런데 흥미롭게도 그의 소개의 말미에서는 이것에 대한 비평적 평가가 내려지고 있다. 한마디로 말해서 이 자리에는 설사 이 학설이 오늘날에 이르러 가장 널리 받아들여진 것이라는 것을 인정한다고 해도, 이것의 불완전성이 사라지는 것은 아니라는 점이 강조되고 있다. 이것에 대한 반동적인 인간관의 예로서 로망주의자들의 낭만적 인간관을 위시하여 Nietzsche의 디오니소스적인 인간관, Freud의 정신분석학적 인간관 등이 제시되고 있다. 이들은 하나같이 지금의 인간을 공작인으로 보는 인간관과는 정반대적인 것들이다. (김기석, 1999, p.896)

그런데 어떤 의미에서는 그보다 더 흥미로운 것은 이 글에서는 우리가 시도하는 언어학적 인간학 연구가 반드시 약점투성이의 것만은 아니라는 것을 확인시켜줄 만한 사실들도 소개되고 있다는 점이다. 이 글의 앞부분에서 근대 이후 많은 철학자는 하나같이 인간학은 철학의 단순한 일부분이 아니라 철학의 기초학이어야 한다는 생각을 하고 있었다는 점을 특별히 강조하고 나섰는데, 그 근거로 Kant를 위시하여 Hegel, Maine de Biran, Pascal 등이 그동안에 저마다 특이한 인간성에 대한 학설들을 제안했던 사실을 들었다.

먼저 근대에 생겨난 철학적 인간학의 개척자라 할 수 있는 Kant의 경우를 살펴보자면 그는 인간학을 크게 자연학적인 것과 실제적인 것으로 대별한 다음에, 모든 철학적 논의는 '인간이란 무엇인가'라는 마지막 주제에 대한 대답으로 귀결되어야 한다고 주장할 정도로 두 번째 것인 실제적인 인간학의 중요성을 강조했다.

그 다음으로 Hegel의 경우를 살펴보자면, 그는 정신철학의 제1부인 주관적 정신론에서 인간학의 문제를 다루었다. 그는 주관적 정신은 심령(Seele)과 의식(Bewusstein), 정신(Geist) 등의 세 가지 단계를 거치면서 발달하는데, 이중 첫 번째 단계에 관해서 연구하는 것이 곧 인간학적 과제라고 보았다. 세 번째로 Maine de Biran은 그의 'Nouveaux essais de anthropogie(인류학신론)'에서 인간의 삶을 크게 동물적인 삶과 인간적인 삶, 영적인 삶의 3단계적인 것으로 나누고서, 이중 세 번째 단계인 영적의 삶을 '기도하고 사랑하는 종교적인 삶'으로 정의했다. 그런데 사실은 이런 3단계적 인간관은 Pascal이 이미 제안했었다. 그는 인간을 움직이는 질서에는 크게 신체적인 것과 정신적인 것, 사랑에 관한 것 등의 세 가지가 있는데, 이중 제일 중요한 것을 세 번째 것으로 보았다. (Ibid., p.895)

이렇게 보자면 그동안의 철학자들은 거의 다가 인간의 특성을 일정하게 발전의 과정을 거치는 세 가지 정도로 잡았다고 볼 수가 있다. 그러니까 이들은 으레 인류학적인 사고방식을 기저로 해서 인간학은 발전되어야 한다고 생각했던 것인데, 사실은 이것이 곧 왜 오늘날에 이르러 3유형설이 가장 널리 받아들여지게 되었는가에 대한 해답일 수도 있다. 이런 측면에서 보자면 그동안의 학설들은 거의 다가 수직적인 구조를 가진 것인 데 반하여 유독 우리의 시안만은 수평적인 구조를 가진 것이라는 점이 우선 부각이 된다. 추측건대 겉으로는 다분히 수평적인 구조를 가지고 있는 것처럼 보이는 Stevenson의 목록도 틀림없이 이런 철학적 전통을 배경으로 해서 만들어졌을 것이다.

철학적 학설 등과 비교했을 때 우리의 시안이 가지고 있는 또 한 가지 특징은 특성이 가지 수가 두 배가 될 정도로 많다는 점이다. 수직적 구조에는 일정한 체계성이 있다고 볼 수가 있지만 수평적 구조를 놓고서는 그런 말을 할 수 없는 마당에, 특성의 수에 있어서도 이렇게 큰 차이를 보이고 있으니까 우리의 시안의 이질성은 더욱 뚜렷이 눈에 띄게 되어있다. 그런데 보다 냉철하게 생각을 하자면 우리의 시안이 이 정도의 이질성을 드러내고 있는 것은 너무나 당연한 일인데, 그 이유는 결국에 우리의 시안은 일종의 언어학적인 것이지 철학적인 것은 아니기 때문이다.

그런데 이런 사실은 얼마든지 부정적인 측면 대신에 긍정적인 측면으로 받아들여질 수가 있다. 약간 아전인수적으로 해석하자면 역사상 최초로 시도되는 것이라는 사실 하나만으로도 우리의 시안이 지니고 있는 한계성이나 문제성 등은 익히 무시될 수가 있다. 원래 무엇이든지 처음으로 하는 일에는 치밀한 계획성보다는 과도한 욕심만이 넘치게 되어있다. 따라서 어떤 의미에서는 우리의 시안은 앞으로 있을 이런 방향의 노력의 기폭제가 되는 것만으로 그 기능을 다하고 있다고 볼 수가 있다. 그리고 여기에서 또 한 가지 유념할 사실은 우리의 시안은 인간학뿐만 아니라 언어학 자체의 발전을 도모하는, 일종의 양방향적 목적을 가지고서 시도된 것이라는 점이다.

제2장
고도의 사회성 유지

2.1 언어습득론에서의 연구결과

굳이 인류학이나 역사학적 고증에 의존하지 않고서 지금의 우리의 삶의 모습을 살펴보는 것만으로도 우리는 원래부터 각자가 개별적으로 살아가는 존재가 아니라 가족이나 국가와 같은 하나의 사회를 이룩하고서 살아가는 존재라는 사실을 누구나 익히 알아차릴 수가 있다. 이것은 곧 우리 인간의 특성이나 본성 중 가장 기본이 되는 것이 고도의 사회성의 유지라는 말로 환언될 수가 있는데, 이 말의 타당성이나 진실성을 가장 쉽게 확인할 수 있는 자리가 바로 언어사용의 현장이다. 다시 말하자면 우리의 삶에서 기본적이고 필수적인 도구로 쓰이고 있는 것이 언어이어서 그런지, 우리가 매일매일 쓰고 있는 언어의 양태를 살펴보게 되면 우리는 왜 고도의 사회성의 유지를 인간의 본성 중 으뜸이 되는 것으로 보아야 하는가에 대한 해답을 어렵지 않게 얻을 수가 있다.

예컨대 Blackburn이 편집한 옥스퍼드 철학사전에서는 사회에 대한 정의를 '특이하고 체계적인 규범적 관계의 한 셋에 의해서 통합된 사람들의 집단'처럼 내리고 있는데, 아마도 이보다 더 직제적인 정의가 될 수 있는 것이 '하나의 언어에 의해서 통합된 사람들의 집단'일 것이다. 왜냐하면 누구나 쉽게 관찰할 수 있듯이 하나의 가정이나 사회의 구성원들 간의 상호교섭은 주로 언어에 의해서 이루어지고 있기 때문이다. 굳이 따지자면 이 사전에 나와 있는 정의는 사회의 추상적인 조직성이나 구조성에 초점을 맞춘 것인 데 반하여, 우리의 것은 그것의 사실적이고 움직이는 양상에 초점을 맞춘 것이다.(Blackburn, 2008, p.342)

그런데 다행히도 그동안에 언어학은 작게는 우리의 사회에 대한 정의의 타당성을 익히 실증할 수 있고, 크게는 인간의 본성 중 제일 기본이 되는 것은 고도의 사회성의 유지라는 우리의 견해의 타당성을 익히 실증할 수 있을 만큼 넓고 깊게 발달했다. 크게 보았을 때 이런 정의나 견해의 타당성을 실증할 수 있는 언어학적 이론이나 사실들을 제공해줄 수 있는 영역으로는 언어습득론을 위시하여 화용론, 담화분석론, 사회언어학 등의 네 가지를 들 수가 있다. 이들은 우선 하나같이 통사론이나 음운론과 같은 주류적 영역에서 벗어난 것들이어서, 사람에 따라서는 왜 주류적 언어이론 대신에 비주류적 언어이론들을 굳이 논증의 근거로 삼아야 하느냐와 같은 의문을 제기할 수가 있다. 이것에 대한 해답은 앞으로 각 영역마다에서 이 주제와 관련된 논의를 심도 있게 하다 보면 저절로 드러나게 될 것이다.

오늘날 언어습득론이 학문적 능력이나 위상 상 하나의 독자적 학문으로 발전하는 데 결정적 계기를 마련해준 것은 바로 Chomsky였다. 1960년대에 그가 언어기저적 내재이론이나 언어습득장치 이론을 자기의 언어나 통사이론의 핵심이론으로 내세우게 되면서, 자연히 그 전까지 미미하던 언어습득의 문제에 관한 연구가 새롭게 활기를 띠게 되었던 것이다. Chomsky의 언어이론은 그동안에 언어학계를 지배해오던 경험주나 구조주의적 언어이론에 대한 하나의 반론이나 대안의 성격을 띤 것이기에,

이것의 출현과 함께 언어학은 물론이고 언어와 관련된 여러 학문 분야에서도 일종의 뒤집기 운동이 벌어졌던 것인데, 특히 그가 언어습득의 문제를 직접 거론했었기에 필연적으로 언어습득론은 이런 변혁의 중심학문으로 떠오를 수밖에 없었다.

그런데 처음에는 대부분의 언어습득론자들이 Chomsky의 언어학적 내재이론의 타당성을 심리학적으로 실증하는 일에 매달리다가 나중에는 그 중 일부가 경험주의적 습득 이론의 전면적 파기에 쐐기를 박고 나서는 식의 일종의 완전한 순회과정을 밟게 되면서 이것은 이성주의적 이론과 경험주의적 이론이 혼재하는 독자적인 학문으로 성장하게 되었다. 이렇게 해서 결과적으로 이 영역에서는 그동안에 최근에 방대한 크기의 'Encyclopedia of Language Development(언어발달 백과사전)'이 출간될 정도의 역사상 초유의 전면적이고 심도 있는 연구가 이루어지게 되었다. 성인의 언어를 대상으로 한 언어연구가 지난 5,60년 동안에 언어학이라는 이름 밑에서 황금기를 맞은 것처럼 어린이의 언어를 대상으로 한 언어연구는 언어습득론이라는 이름 밑에서 전성기를 맞은 것이다. (Brooks and Kempe, 2014)

아무리 하나의 독립적이고 어엿한 학문으로 자랐다고 해도 이것의 제일 큰 특징은 언어학주도의 학제적 학문이라는 점이었다. 극단적으로 말하자면 그동안에 이 학문에서는 연구의 주제나 방법을 언어학에서의 그것을 그대로 모방할 정도로 언어학에의 의존성이 강했는데, 사실은 바로 이런 이유로 인해서 이것이 쉽게 지금의 학문적 반열에 오르게 되었다고 볼 수도 있다. 예컨대 언어학에서 음운론이나 통사론이 연구의 주도권을 잡았을 때는 이것에서도 연구의 대세는 어린이들의 음운체계나 문법체계의 습득절차를 구명하는 쪽으로 기울었고, 또한 그 후 의미론이나 화용론이 언어학에서 새롭게 각광을 받게 되었을 때는 이것에서도 연구의 큰 방향은 어린이들의 대화법의 발달절차를 밝히는 일에 향하게 되었다.

그렇지만 일반언어학과 비교했을 때 오직 이것에서만 찾을 수 있는 특징은 바로 모든 연구가 현장중심적으로 이루어졌다는 점이었다. 근본적인 의미에서는 이래서 이들 두 학문 간에는 한쪽은 다분히 전문학문적인 성격을 띠게 되는 데, 반하여 다른 쪽은 다분히 종합학문적인 성격을 띠게 되는 식의 차이가 나게 되었다고 볼 수가 있다. 다시 말하자면 틀림없이 바로 이래서 일반언어학에서는 으레 추상적인 이론들이 많이 논의가 되고 이것에서는 주로 구체적인 사실들이 많이 논의가 되게 되었을 것이다. 더 나아가서는 바로 이런 이유로 말미암아 일반언어학에서는 이성주의적인 접근법이 주로 적용된 데 반하여 이것에서는 경험주의적인 접근법이 주로 적용되었을 것이다.

더 구체적으로 말하자면 이것에서는 일찍부터 다음과 같은 몇 가지 점에서 일반언어학과 차별성을 드러냈는데, 그중 첫 번째 것은 문장이 아니라 어휘를 언어의 기본단위로 보려는 경향이었다. 그중 두 번째 것은 어린이들의 생리적 및 인지적 발달과정과 언어적 발달과정을 하나로 묶어 보려는 경향이었고, 그중 세 번째 것은 언어습득과정의 보편성을 구명하는 일에 못지않게 그것에서의 개별적 차이성을 밝히는 일에도 관심을 보이려는 경향이었다. 이런 의미에서 보자면 언어로 인하여 결국에 인간은 인간일 수 있다는 철학적인 명제가 제대로 다루어질 수 있는 곳은 통사론이 아니라 언어습득론이었던 것이다.

그런데 언어습득론의 이런 특징은 궁극적으로는 언어의 목적이나 기능의 문제에 대해서도 독자적인 입장을 취할 수 있게 했다. 그동안의 이 문제에 대한 언어학자들의 견해는 Chomsky는 처음부터 언어의 기능은 의사소통과는 아무런 관계가 없는 것이라고 주장해오는 데 반하여 일부 사회언어학자나 화용론자는 그의 견해에 반기를 드는 식으로 나누어져 있었다. 그런데 언어습득론자의 입장에서 볼 것 같으면 의사소통을 언어의 주된 기능으로 보는 견해가 백번 맞았다. 결국에 Chomsky의 언어학적 언어습득론에서 내세워진 이론들이 그것에 의해서 추동된 현장연구적 언어습득론에서 모두 부정되는 역설적인 현상이 일어나게 된 것이다.

그런데 언어적 현상이나 사실을 통해서 인간의 본성을 구명하려는 사람들에게도 언어학에서의 언어관보다는 언어습득론에서의 그것이 더 타당성이 있는 것으로 보일 수밖에 없었는데, 그 이유는 앞엣것은 추상적인 추리절차에 의해서 얻어진 것인 데 반하여, 뒤엣것은 언어습득의 현장에서의 사실적인 관찰을 통해서 얻은 것이기 때문이었다. 그런데 사실은 그보다 더 현실적인 이유는 바로 구성원 간의 의사소통은 하나의 사회를 유지시켜주는 기본적인 방편이므로, 결국에 언어의 주된 기능은 인간의 본성 중 으뜸이 되는 사회성의 유지라는 것을 확실하게 실증해주는 자리는 여기 이외에 있을 수 없다는 것을 그들은 잘 알고 있기 때문이다.

실제로 어린이들의 언어습득절차를 살펴보게 되면 그것은 곧 그들이 한 사회의 구성원이 되는 절차, 즉 그들의 사회화의 절차의 일부라는 것을 쉽게 확인할 수가 있다. 우선 어린이들의 사회화 과정은 그들의 가족의 일원이 되는 과정인데, 어린이들의 언어습득은 으레 한 가족 내에서 이루어지는 데다가 엄마를 위시한 가족의 높은 관심과 적극적인 협조 하에서 이루어지고 있다는 사실이 그것을 익히 입증하고 있다. 그다음으로 그들의 사회화 과정은 그들이 속하는 사회의 일원이 되는 과정인데, 그들이 3,4세경에 이르러 다어문을 말할 수 있을 무렵부터 자기네 또래들과 많은 대화를 나누기 시작한다는 사실이 그것을 잘 입증하고 있다.

1) 엄마의 역할

어린이들의 언어습득 작업이 한 가족의 일원이 되려는 작업이라는 것을 단적으로 드러내 주는 사실은 탄생 직후부터 이 일을 주도하는 것은 엄마라는 사실이다. 물론 말을 배우는 주체는 어디까지나 어린이 자신이다. 그렇지만 마치 말을 배우는 것이 가족의 식구가 되는 첫 번째 길이라는 것을 미리 알고 있듯이, 엄마는 태어난 직후부터 언어자료나 모형의 공급자나 오류 교정자, 대화 연습자로서의 역할을 성실히 수행하게 된다. 그런데 그들이 이 과정에서 이른바 '모어(motherese)'라는 특수 언어를 사용하는 것을 보면 그들은 누구나 타고난 언어교사인 셈이다. 아빠를 위시한 주변사람들의 기여도 결코 작은 것은 아니지만, 역시 이들은 주역이 아니라 보조역일 뿐이다.

어린이에게 말을 가르치는 것이 그에게 젖을 먹이는 것에 못지않게 중요하다는 것을 엄마는 본능적으로 알고 있다는 것은 그가 아직 옹알거림이나 종알거림밖에 하지 못하는 때부터 대화를 익히 끌어낼 수 있을 만한 말을 건네기 시작한다는 사실로써 익히 알 수가 있다. Crystal은 흥미롭게도 이런 회화를 일방적 회화라고 이름 붙이고서 그 예로서 다음과 같은 것을 제시했다. 이것은 생후 3개월인 아이와 엄마 간의 대화인데, 여기에서는 자극 대 반응이라는 짝말이 무려 다섯 번이나 이어지고 있으니까, 엄마의 대화를 유발시키려는 욕망이 얼마나 큰가를 잘 드러내주는 예라고 볼 수가 있다. (Crystal 2010, p.249)

    Michael: (크게 운다)
    Mother: (방에 들어온다) Oh my word, what a noise! What a noise. (아기를 안는다) <이런, 아이 시끄러워! 아이 시끄러워>
    Michael: (흐느낀다)
    Mother: Oh dear, dear, dear. Didn't anybody came to see you? Let's have a look at you. (기저귀 안을 본다) No, you're all right, aren't you? <오 어머나, 어머나, 어머나. 아무도 너를 보러 안 왔지? 어디 보자. 아니야 괜찮아, 그렇지?>
    Michael: (침을 흘리며 입을 놀리는 소리를 낸다)
    Mother: Well, what is it, then? Are you hungry, is that it? Is it a long time since dinner-time? <그럼 무어지? 넌 배가 고프구나, 그렇지? 저녁시

간이 지나고 오래되었지?>
Michael: (골골거린다)
Mother: (아기를 코에 댄다) Oh yes it is, a long long time. <오 그래 오랜 오랜 시간이지>
Michael: (구구 소리를 낸다)
Mother: Yes, I know. Let's go and get some lovely grub, then... <그래 알아, 가서 먹을 것 좀 먹자, 그리고..>

어린이가 만 1.5세경에 이르러서 일어문이나 2어문을 사용할 수 있는 무렵이 되면 엄마의 역할도 자연히 언어연습의 모형을 제시해주는 것과 대화의 짝이 되어주는 것, 어린이의 오류를 바로잡아주는 것 등으로 바뀌게 되는데, 이때 그녀가 보이는 언어교사로서의 열정과 전문성은 앞 단계에서의 그것보다 훨씬 뚜렷해진다. 흔히 이 무렵의 어린이의 언어습득의 두 기본기법을 모방과 반복으로 보는데, 따지고 보자면 반복법을 실제로 사용하는 사람은 어린이뿐만이 아니다. 그리고 무엇보다도 중요한 사실은 이들 두 기법 모두가 대화의 틀 안에서 쓰이고 있다는 점이다. 그러니까 어린이들의 언어연습은 처음부터 엄마와 의사소통을 하듯이 이루어지고 있는 것이다. 예컨대 아래에 제시된 예는 1:6세경인 Eve와 엄마 간의 언어연습인데, 여기에서 엄마가 하고 있는 일은 잘못된 어린이의 말을 바로잡아주는 것이다. 그렇지만 하나의 짝말의 연쇄체라는 의미에서 이것은 분명히 하나의 대화이다. (Brown, 1973)

Eve: Want lunch. <점심을 원해요>
Mother: Oh you want lunch then. <오 넌 그럼 점심을 원하는구나>
Eve: Mommy gone. <엄마 갔어요>
Mother: Mommy's gone. <엄마는 갔어요>
Eve: Fraser coffee <프레이저 코피>
Mother: Fraser's coffee <프레이저의 코피>

그런데 언어학적으로 보아서는 엄마는 으레 모어로 불리는 '어린이 지향적 언어'를 사용하고 있다는 사실만큼 그녀가 실제로는 어린이가 말을 배우는데 있어서 협조자가 아니라 주동자처럼 움직이고 있다는 것을 보다 분명하게 드러내주고 있는 것은 없다고 볼 수가 있다. 물론 어린이들이 말을 배울 때는 이른바 '어린이말(baby talk)'이라는 이름의 성인의 말과 다른 말을 사용한다. 그런데 엄마가 사용하는 모어에는 그것을 위시하여 그 외의 광범위한 변이형들이 들어가 있다. 그러니까 모어는 이때에만 쓰이는 특수한 사용역인 셈인데, 무엇보다도 중요한 사실은 모든 엄마는 본능에 의해서 이 말을 알게 되었다는 점이다.

엄마가 사용하는 모어의 특징은 크게 음운적인 면과 어휘적인 면, 통사적인 면 등의 세 가지 면에서 살펴볼 수가 있다. 우선 모어의 음운적인 특징으로는 성인의 말에 비하여 어속이 크게 느리다는 점과 과장된 억양형이나 운율형이 만들어질 수 있도록 높은 음조가 쓰인다는 점을 들 수 있다. 굳이 따지자면 어속은 느리면서도 말의 길이는 짧고, 그나마 자주 긴 휴지가 그들의 사이사이에 끼게 된다는 점도 이것에 들어갈 수가 있을 것이다. 이런 특징으로 인하여 엄마의 모어는 훨씬 더 행복해 보이고 생기있는 언어가 되는 셈인데, 엄마는 신기하게도 이렇게 하는 것이 어린이를 언어습득에 개입시키는 최선의 길임을 잘 알고 있다. (Soderstrom, 2014, p.83)

그 다음으로 모어의 어휘적인 특징으로는 먼저 쓰이는 어휘의 수가 크게 적은 데다가 모두가 하나나 두 개의 음절로 된 짧은 낱말이라는 점을 들 수가 있다. 이것의 그 다음 것으로는 'train' 대신에 'choo-choo'가 쓰이고 'toilet' 대신에 'potty'가 쓰이는 식으로 어린이 말용 낱말들이 쓰인다는 점을 들 수가 있고, 이것의 세 번째 것으로 'John'을 'Johnny'로 바꾸거나 'bed'을 'beddy'로 바꾸는 식으로 어미에 /i/소리를 붙여서 강약의 강세형을 만들어낸다는 점을 들 수가 있다. 이것의 네 번째인 것으로는 'bottle'

을 'baba'로 바꾸거나 'blankie'를 'bankie'로 바꾸는 식으로 음절의 구조를 자음-모음형으로 단순화시키는 점을 들 수가 있고, 이것의 다섯 번째 것으로는 'Look, it's a ball! Do you see the ball?'식으로 구체적인 사물을 가리키는 명사를 으레 높고 크게 발음한다는 점을 들 수가 있다.

세 번째로 모어의 통사적인 특징으로는 우선 문장들이 성인의 문장에 비하여 어휘의 수가 하나나 2,3개밖에 되지 않는 짧은 것들인 데다가 문법적 구조성도 아주 단순한 것들이라는 점을 들 수가 있다. 이것의 그 다음 것으로는 문장의 길이가 어린이의 성장에 맞추어서 달라진다는 점을 들 수가 있다. 예컨대 생후 12개월 전후의 어린이에게는 평균 길이가 네 단어 정도의 짧은 문장들이 쓰이고 그 후에 가서는 그보다 긴 문장들이 그들과 섞여서 쓰이고 있었다. 이것의 세 번째 것으로는 불균형적으로 많은 수의 의문문을 사용한다는 점을 들 수가 있고, 이것의 네 번째 것으로는 자신의 문장이나 어린이의 문장을 완전히나 부분적으로 여러 번 반복한다는 점을 들 수가 있다. (Ibid., p.84)

그런데 아마도 어린이의 언어습득과정에 있어서 엄마는 으레 일종의 주도적인 역할을 하게 된다는 것을 단적으로 실증하는 사실은 바로 엄마가 사용하는 모어의 질에 따라서 그것의 양태나 속도가 달라진다는 점일 것이다. 쉽게 말해서 입력의 질에 따라서 출력에 변이성이 생기는 일반적인 학습의 원리가 여기에서도 그대로 적용되고 있는 셈인데, 이런 사실은 특히 어휘 습득의 면에 있어서 쉽게 확인될 수가 있다. 엄마로부터 더 많은 낱말을 더 자주 들은 어린이가 으레 더 많은 낱말을 배우게 된다는 사실로 미루어 보아서 엄마의 모어의 질은 어린이의 언어습득에 결정적인 영향을 주고 있음이 분명하다.

또한 최근에 이루어진 연구에 의할 것 같으면 양질의 모어를 쓰는 엄마는 으레 알맞은 몸짓을 곁들인다든지 주변의 사물을 대화의 대상으로 삼는 것과 같은 최선의 화용적 방책을 사용하고 있었다. 그리고 이런 엄마는 언제나 적절하고 즉각적인 반응을 많이 하고 있었고, 특히 이런 엄마는 'Put the toy down.'이나 'Stop.'과 같은 지시문이나 금지문을 상대적으로 적게 쓰고 있었다. 더 나아가서 이런 엄마는 어린이의 나이가 3세경이 되었을 때부터 자주 '여기와 지금'의 원리에 벗어나서 확대된 담화에 그를 끌어들이고 있었다. 여기에서의 확대된 담화란 간단히 말해서 어떤 현상의 이치나 이유 등을 추상적인 말로써 설명해주는 것이었다. (Rowe and Salo, 2014, p.79)

2) 어린이의 노력

엄마가 그렇듯이 어린이 자신도 처음부터 언어를 배우는 것은 결국에 가족의 일원이 되는 데 필수적이며, 가장 빠른 길이라는 것을 잘 알고 있다. 그러니까 어린이는 누구나가 극단적으로 말해서 태어난 직후부터 말을 배우는 일에 온 힘을 쏟게 되는데 그럼에도 불구하고 언어는 원래가 하나의 지극히 복잡하고 정교한 구조체이어서 그런지, 기본적으로 다른 사람과 의사소통을 하는 데 아무런 지장이 없는 수준까지 이르는 데 무려 5년이나 걸린다. 그러나 그보다 더 중요한 사실은 모국어의 습득에 실패하는 어린이는 거의 없다는 사실이다. 이런 사실을 놓고서 크게 두 가지 해석을 내릴 수 있는데, 그중 첫 번째 것은 내재주의적인 해석이다. 어린이들이 이렇게 어려운 일을 단시일 내에 해낼 수 있는 것은 역시 그들에게는 언어에 관한 일정한 지식이 내재되어 있기 때문이라는 견해이다.

그중 두 번째 것은 경험주의적인 해석이다. 그들의 몸 안에 내재된 지식이나 성향이 아무리 기저적 역할을 담당한다고 해도 일정한 언어사용의 환경에서 필요한 만큼의 언어적 자료와의 접촉이 없다면 언어습득은 이루어질 수 없다는 것이 곧 이 두 번째 해석이다. 따라서 첫 번째 해석에서는 당연히 언어습득절차의 보편성이나 공통성을 강조하는 데 반하여 이 두 번째 해석에서는 으레 그것의 변이성이나 차이성을 중요시한다.

그런데 언어습득을 일단 사회화의 절차로 보려는 입장에 서게 되면 첫 번째 해석보다는 두 번째 해석에 더 많은 관심을 두게 마련이다. 이런 입장에서 보게 되면 어린이들을 언어습득의 천재로 보기보다는 놀라운 노력자로 보는 것이 더 합리적인 일인 것이다.

이런 입장에서 보게 되면 어린이들의 언어습득절차에는 크게 세 가지 특성이 있음을 쉽게 알아차리게 되는데, 그 중 첫 번째 것은 마치 온몸으로 언어를 배우듯이 언어습득에 전인적이고 전력적인 노력을 기울이기는 하되, 그것은 으레 생리나 인지적 성숙도에 잘 맞추어진 것이라는 점이다. 예컨대 5년에 걸친 언어습득과정을 종알거림의 단계와 일어문 단계, 이어문 단계, 다어문 단계, 완전문 단계 등으로 나누어놓고 볼 것 같으면, 겉으로는 통사적 기준에 의한 구분같이 보일지는 몰라도 실제에 있어서는 생리 및 인지적 성숙도를 기준으로 한 것임을 쉽게 알 수가 있다. 언어습득의 측면에서 볼 것 같으면 인간의 생리와 인지적 발달과정 중 제일 중요한 시기가 바로 태어나서 다섯 살까지의 5년이 되는 셈이다.

너무나 당연한 일이겠지만 언어습득의 절차는 생리와 인지적 발달은 으레 단계적으로 이루어지게 되어있다는 사실을 가장 확실하게 증거하고 있다. 우선 어린이는 만1세가 되기 전에는 옹알거림이나 종알거림과 같은 발성연습에 몰두하는데, 신기하게도 그는 말은 소리로 되어있다는 것을 잘 알고서 그것을 배울 준비를 미리하게 되는 것이다. 물론 엄밀히 따지자면 청각 연습도 마땅히 이런 준비 작업에 들어가게 되어있는데, 일부 실험에 의하자면 생후 4주가 되면 어린이가 /pa/와 /ba/를 구별할 수 있게 된다니까, 청각기관에 의한 청각연습이 발성기관에 의한 발성연습보다 훨씬 앞서서 이루어지고 있음이 분명하다.

그 후 만 1세와 1.5세 사이에 그는 일어문을 말할 수 있게 되는데, 그가 실제로 말하는 것은 'dada'와 같은 낱말이나, 그것의 기능만은 서술문이나 의문문, 명령문과 같은 문장의 것이라는 의미에서 이때의 말은 보통

일어문이나 '완전구(holophrase)'라고 불리고 있다. 그 후 그가 만 1.5세가 되면 두 단어가 나란히 연속되어있는 말, 즉 이어문 단계에 들어서게 되는데, 문장이란 원래가 두 개나 그 이상의 낱말들이 하나의 구조체를 이루고 있는 것이기에 이 말에 문장의 이름이 붙여지는 것은 하등 이상한 일은 아니다. 그러나 두 개의 낱말로는 문장이 아니라 구도 만들어질 수 있다는 점을 고려한다면 어린이가 말하는 것은 모두가 하나의 문장이라는 사고방식이 여기에 깔려있다고 볼 수가 있다. 실제로 어린이의 이어문들은 'Daddy kick'처럼 행위자+행위의 구조와 'Shut door'처럼 행위+목적어의 구조, 'There Teddy'처럼 위치+대상의 구조, 'She cold'처럼 행위자+기술의 구조를 지니고 있다. 이런 의미에서 볼 때 바로 이 단계가 어린이가 정식으로 문법을 배우기 시작하는 시기인 것이다. (Crystal, 2010, p.252)

그 후 그가 만2세경이 되면 그가 말하는 문장의 길이는 세 개나 네 개의 단어들이 나열되는 정도로 길어지게 되는데, 이래서 이 단계는 다어문 단계로 불린다. 이 단계를 흔히들 '전보문 단계(telegraphic sentence)'라고 부르기도 하는데, 그 이유는 이때의 문장에서는 기능이나 문법적 어미들이 생략되어있기 때문이다. 그렇지만 이 단계에서는 'Him got car.'와 같은 서술문뿐만 아니라 'Where daddy going?'과 같은 의문문, 'Put that on there.'와 같은 명령문도 쓰이게 된다. 그런데 그가 만 3세 경이 되면 문장의 길이가 두 개의 절이 연결될 만큼 길어지게 된다. 그러니까 다른 단계와는 다르게 유독 다어문 단계만은 그 기간이 2년이 되는 셈인데, 이것은 곧 그만큼 이 단계가 문법을 배우는 데 있어서 중요한 시기라는 것을 의미한다. 이 단계에 어린이가 말하는 중문이나 복문에는 'I let go 'cos it hurted me.'와 'Tell me what it is called.' 등이 있는 사실이 이런 추측을 충분히 뒷받침하고 있다.

그 후 만 4세가 되면 어린이의 언어습득과정은 마지막 단계인 완전문 단계에 들어서게 되는데, 만 5세 때까지 이어지는 이 단계는 이름 그대로 그전까지 미처 배우지 못했던 문법적 규칙들을 제대로 배워서 문법적으로 완전한 문장들을 사용할 수 있게 되는 단계이다. 물론 엄밀한 의미에서 보자면 어린이의 언어습득작업은 그가 학교에 들어간 다음에도 이어진다. 그렇지만 기본적인 규칙들이 지켜지지 않은 오류문들이 성인의 말과 다름없는 완전문으로 바뀌게 되는 것은 이 시기이다. 예컨대 이 단계에서는 'It just got brokened.'나 'That's more better.', 'Are we going on the bus home?'과 같은 오류문들을 완전문으로 바로잡는 일이 이루어지는데, 이런 사실로 미루어 보아서 그의 생리 및 인지적 성숙도도 이때에는 이미 상당한 수준에 이르렀음을 알 수 있다. (Ibid., p.253)

어린이의 언어습득절차에서 찾을 수 있는 두 번째 특징은 모든 연습이 처음부터 대화의 형식을 지향하고 있다는 점이다. 그의 언어 연습의 양태가 처음부터 대화 지향적일 수 있는 것은 물론 언어 교사나 대화 유발자로서의 엄마의 역할 때문이라고 볼 수도 있다. 그리고 어린이 혼자서 일종의 독백문을 연습하는 경우도 적지 않게 있다. 그렇지만 엄마의 말을 여러 번 모방하거나 어떤 오류문을 바로 잡는 일부터가 으레 일종의 대화의 형식을 취한다는 것은 그가 언어란 의사소통이나 상호교섭의 수단이라는 것을 이미 알고 있다는 것을 의미한다. 2어문이나 다어문 단계 때의 언어연습이 거의 다 대화의 형식 속에서 이루어지는 것은 더 말할 나위가 없지만, 심지어 일어문 단계 때의 일어문들도 따지고 볼 것 같으면 대화문의 일부로서 쓰이고 있다고 볼 수가 있다.

물론 마지막인 완전문 단계에 이르게 되면 그의 언어습득의 궁극적인 목표는 결국에 대화력을 기르는 것이라는 사실이 분명하게 드러나게 된다. 예컨대 최근에 McTear가 실시한 연구에 의할 것 같으면 만 4세 경이 되면 어린이들은 으레 또래끼리의 대화를 즐기게 되는데, 이 시기의 대화 형식 중 특이한 것은 설득의 기법이 많이 쓰인다는 점이었다. 어린이는 이때쯤이면 대화란 상호협조의 수단이며, 상대방으로부터 동의를 얻어내는 수단이라는 것을 깨닫게 되는 것이다. 아래에 제시된 예에서는 말의 교환이 한 번씩만 이루어지고 있지만, 실제에 있어서는 이런 교환이 목적이 달성될 때까지 여러 번 이루어지고 있었다. (McTear, 1985, p.109)

    A: Say yes. (그렇다고 말해)
    B: No. (아니)
    A: I'll be your best friend if you say yes. (그렇다고 말하면 나는 너의 최선의 친구가 될게)
    ……
    A: Change lunch boxes.(도시락을 바꾸어)
    B: No.(아니)
    A: You'll have a bigger one, so you will.(더 큰 것을 갖게 될 거야, 그러니까 그렇게 해)

어린이의 언어습득 절차에서 발견할 수 있는 세 번째 특징은 모든 습득 작업이 일정한 상황 안에서 이루어지고 있다는 점이었다. 그의 언어습득 절차에서는 으레 흔히 말하는 '여기와 지금'의 원칙이 지켜지고 있다는 것은 언어습득의 절차로 보아서는 환경이나 상황적 단서의 도움을 백프로 이용하는 방책이 쓰이고 있다는 의미일 수 있고, 사회화의 절차로 보아서는 사회에 최대로 빨리 적응하려는 의도의 발로라고 볼 수가 있다. 이런 의미로 보아서도 어린이의 언어습득과정은 결국에 그의 사회화의 과정임이 확실한데, 이런 사실을 가장 쉽게 확인할 수 있는 방법 중 한 가지는 아마도 그가 초기에 배운 낱말들의 종류를 살펴보는 것일 것이다.

일찍부터 언어습득론자들은 어린이들의 최초의 50어의 종류와 구성 비율을 그들의 인지적 발달과정을 분석하는 데 중요한 지표로 사용해왔는데, 최근에 Crystal이 연구한 바에 의할 것 같으면 그것의 종류는 다음과 같은 열세 가지였다. 1)주변 사람: 예: daddy, baba, grandma, man, postman, 2)동작: 예: give, jump, kiss, hello, bye-bye, 3)음식물: 예: din-din, milk, juice, apple, 4)신체부위: 예: mouth, nose, toes, handie, 5) 옷: 예: nappy/diaper, shoes, coat, 6) 짐승: 예: doggie, cat, horse, lion, 7) 탈 것: 예: car, choo-choo, bus, 8) 장난감: 예: ball, bricks, dolly, peep-bo, 9) 가구: 예: cup, spoon, brush, clock, 10) 위치: 예: there, look, in, up. 11) 사교어: 예: m, yes, no, ta, 12) 기술어: 예: hot, pretty, big, 13) 상황어: 예: that, them, mine. (Crystal, 2010, p.254)

3) 5세 이후의 언어습득

어린이들의 언어습득작업은 4,5세경의 완전문 단계 때에 종료되는 것이 아니라 그 후 10세나 11세경까지도 계속되는데, 보통 7세 무렵에는 그들이 학교에 가기 때문에 이것은 곧 우선 그것의 환경이 가정에서 학교로 크게 바뀐 뒤에도 그 작업이 이어진다는 것을 의미한다. 한마디로 말해서 이 기간에 어린이들은 크게 세 가지 측면에서 더 유능한 언어사용자로 성장하게 되는데, 제일 먼저 이 시기에는 더 크고 새로운 문법적 구조체를 쓸 수 있게 되는 식으로 문법적 능력이 크게 향상이 된다. 예컨대 9세경에 이르러서는 그들은 능동문과 수동문을 제대로 구분해서 사용할 수 있게 되고, 또한 'Ask John what time it is'와 'Tell John what time it is'를 제대로 구분해서 사용할 수 있게 된다. 그리고 이때쯤에는 'hardly'와 'scarecely'와 같은 부정부사들도 제대로 쓸 수 있게 된다. (Ibid., p.253)

그 다음으로 이 시기에는 그들의 어휘력이 크게 늘어나게 된다. 물론 크게 볼 것 같으면 어휘력이 크게 신장되는 현상은 평생에 걸쳐서 나타나게 되어있지, 반드시 이 시기에만 일어나게 되어있는 것은 아니다. 그런데 특별히 이 시기에 주목하는 이유는 그들은 이때에 글이라는 제2의 언어를 배우게 되면서 이것에 의한 다양한 영역의 공부를 하게 되기 때문이다.

예컨대 으레 글로 된 교과서를 사용하게 되어있는 국어나 수학, 사회생활과 같은 과목을 통해서 그들이 새롭게 익히게 되는 어휘의 종류는 일상적인 어휘의 것과 크게 다르다. 이때쯤에는 그들의 인지력도 크게 발달되어 있어서 일상적인 생활에서 쓰이는 어휘의 수도 적지 않게 늘어나게 되어 있다. 예컨대 이때에는 그들이 'cup' 이외에 'glass'와 'mug'도 쓸 수 있게 된다.

  세 번째로 이 시기에는 대화력도 크게 신장되게 된다. 우선 문법력이 성인의 것과 같아진 데다가 어휘력도 크게 늘었으니까 그들이 또래나 다른 사람들과 필요한 대화를 나누는 데 아무런 제약을 받지 않을 것이라는 것을 익히 짐작할 수가 있다. 그런데 이때쯤에는 그들이 대화란 두 사람이 단순히 아무 말이나 주고받는 것이 아니라, 그것의 목적이나 상황적 적절성에 따라서 대화법이 달라지게 되어있다는 것을 알게 된다. 특히 이 시기에는 그들은 'really'나 'for instance'와 같은 대화에 쓰일 수 있는 다양한 연결사들을 적시 적절하게 쓸 수 있게 된다. 아래에 나와 있는 예를 보면 이 무렵에는 대화가 자주 일종의 절차탁마용으로도 쓰이게 된다는 것을 익히 알 수가 있다. (Ely and Berks, 1995, p.265)

    Mark: Can I pick up the turtle, John? <자라를 들어볼 수 있나요, 선생님?>
    Teacher: Not right now. <지금은 안돼요>
    Mark: Please, John. <제발요, 선생님>
    Allison: No nagging. when, when he [Mark] keep telling him[the teacher] and telling him, that's nagging. <쨍쨍거림은 안 돼. 그가[마크] 그에게[선생님] 계속해서 졸으고 또 졸으면, 그것이 쨍쨍거림이야.>

2.2 화용론에서의 연구

우리로 하여금 인간의 본성 중 가장 기본이 되는 것은 고도의 사회성을 유지하려는 성향이라는 것을 언어습득론에 못지않게 익히 확인할 수 있게 하는 영역은 바로 화용론인데, 언어습득론과는 다르게 이것은 일찍이 Charles Morris가 내세웠듯이 통사론과 의미론과 함께 언어학의 3대 기본영역의 한 가지로 간주되고 있는 것이라는 점이 제일 큰 특징이다. 그런데 언어습득론은 기본적으로 20세기에 이르러서의 통사론의 비약적인 발전에 힘입어서 파생적으로 태어난 것인 데 반하여 이것은 그것에 대한 하나의 반론이나 대안으로 출발한 것이다. 따라서 이것에서 그동안에 제안된 주요 이론들의 내용을 살펴보는 것만으로도 앞으로 우리가 우리 나름의 언어학적 인간학을 설계하는 데 언어습득의 현상에 대한 고찰을 통한 것 이상의 도움을 받게 되리라는 것을 쉽게 짐작할 수 있다.

1) 협력성의 이론

화용론이라는 이름이 Morris에 의해서 만들어진 것은 1930년대이었지만 이것이 전통적인 통사론 중심의 언어학에 대한 하나의 반론적 언어학으로 정식으로 자리를 잡게 된 것은 야릇하게도 Chomsky의 변형이론으로 통사론이 역사상 초유의 황금기를 누리고 있던 1960년대이었다. 화용론의 등장으로 결국에 언어학에는 크게 추상적이고 이상적 언어의 체계성이나 구조체를 연구하는 흐름과 그와는 반대로 구체적이고 사실적인 언어의 용법을 연구하는 흐름이 생겨나게 되었는데, 적어도 이론상으로는 이런 변화는 궁극적으로는 언어학을 혁명화시킬 수도 있는 큰 변화이었다.

그러나 현재로서는 대부분의 언어학자들이 과연 그런 혁명이 일어날 수 있을까 하고 이 학문의 장래에 대해서 자못 부정적인 견해를 갖고 있는데, 그 이유는 그동안에 이것에서 거두어들인 연구업적은 질이나 양 모두에 있어서 지금까지 통사론에서 거두어들인 그것과는 비교도 할 수 없을 정도로 미약하기 때문이다. 한마디로 말해서 그동안의 연구로 화용론자들은 언어사용의 사실이나 현상은 대단히 복잡하고 난해한 것이어서 기껏 해봤자 몇 가지 기초적 원리나 이론을 내세우는 일밖에 할 수 없다는 것을 알게 되었다. 심지어 이들은 자기네 학문은 결국에 전통적인 통사론이나 의미론의 한계성이나 문제점 등을 지적하고 보완하는 일을 주된 목적으로 삼는, 일종의 주변적 학문으로 남아 있을 수밖에 없다고 보았다.

그러나 언어학적 인간학을 구상하려는 우리의 입장에서 볼 것 같으면 언어학에 관한 한 이것의 출현만큼 의미 있는 사건도 없었는데, 그 이유는 바로 이것은 언어는 일종의 사회적 행위이며, 구성원 상호간의 의사소통의 도구라는 사실을 언어학 자체 내에서 최초로 인정하게 된 가장 확실한 증거일 수 있기 때문이었다. 그리고 이것에 이어서 사회언어학이나 담화분석론과 같은 반통사론적 언어학이 생겨난 것을 보면 이것을 언어학적 혁명의 선두주자로 볼 수도 있다. 현재로서는 이것의 한 반려이론으로 독립되어 있지만 원래는 이것의 원초적 촉매자의 역할을 했던 '화행론'에서 언어를 언어적 행위, 즉 '화행(speech act)'으로 보았던 사실이 이런 견해를 익히 뒷받침하고 있다고 볼 수도 있다.

화행론의 창시자였던 Austin이 이른바 자연언어철학 이론을 내세우는 철학자였던 것처럼 화용론의 창시자격이었던 Grice도 동일성향의 철학자라는 점도 의미하는 바가 크다고 볼 수가 있는데, 그 이유는 만약에 이들이 언어학자였더라면 우선 Austin이 기존의 언어학을 '기술적 환상'에 사로잡힌 것으로 보고서 'How to do things with words(말로써 행동하기)'와 같은 파격적인 제목의 책을 썼을 리가 없기 때문이다. 그 후 1965년에 나온 Grice의 책의 서명도 'Logic and conversation(논리와 회화)'처럼 되어있었으니까 이것도 역시 비언어학적인 것이었다고 볼 수가 있다. (Austin, 1962, Grice, 1975)

그런데 화행론과 화용론이 유사한 시기에 유사한 언어철학자들에 의해서 창안된 것임에도 불구하고 차후 별도의 학문으로 발전될 수밖에 없었던 것은 학문적 착안점이 다르기 때문이었다. 예컨대 전자에 있어서는 언어연구의 궁극적인 과제는 서술문은 언제나 어떤 사태나 사실의 참이나 거짓을 밝히는 데만 쓰이고 있는 것이 아니라, 결혼서약에서의 'I do. (그렇게 합니다)'처럼 일종의 사회적 기능을 수행하는 데도 쓰이고 있다는 사실을 구명하는 것이라고 본 데 반하여, 후자에 있어서는 그것은 자연언어에서는 '말해진 것'과 '규약적으로 함언된 것'이 일치하지는 않는다는 사실을 구명하는 것이라고 보았던 것이다.

이렇게 볼 것 같으면 화용론의 창시자라 할 수 있는 Grice의 언어이론이 일단은 회화적 함언 이론으로 불리게 된 것은 너무나 당연한 일이었다. 그런데 사실은 그의 화용이론의 핵심은 회화에서 쓰이는 말의 의미에는 규약적으로 함언된 것만 있는 것이 아니라 규약적으로 함언되지 않은 것, 즉 비규약적 함언도 있다는 점을 강조한 데 있었다. 그가 직접 제시한 예가 A와 B가 은행에 다니는 친구 C에 대해서 말을 나누는 중 C의 근황에 대해서 A가 B에게 묻자 B가 'Oh quite well I think; he likes his colleagues, and he hasn't been to prison yet.(오 아주 잘 지낸다고 생각해: 그는 동료들도 좋아하고 아직 감옥에 간 적도 없어)'라고 응답한 것이라는 사실로 미루어 보아서 그가 말하는 비규약적 함언이란 언어적 장치로는 쉽게 해석될 수 없는 의미임이 분명하다. (Ibid, p.43)

그렇지만 그의 화용이론이 실제로 유명해진 것은 회화적 함언이론으로서가 아니라 협력성의 이론으로서인데, 그 이유는 바로 앞의 이론은 단지 전통적인 논리 기저적 의미론의 한계성을 지적한 것인 데 반하여 뒤의 이론은 역사상 최초로 일상적인 대화의 작동원리를 제시한 것이기 때문이다. 그는 지혜롭게도 회화적 의미에는 언어적 장치로는 쉽게 파악할 수 없는 것들도 있음에도 불구하고 특별한 경우가 아니고서는 회화가 성공적으로 이루어지고 있는 것은 대화자들이 으레 협력성의 원리를 충실히 지키고 있기 때문이라고 보았다.

그의 화용이론은 또한 네 가지 격률의 이론으로도 불리게 되었는데, 그 이유는 협력성의 원리의 구현 방안으로 그가 질의 격률을 위시하여 양의 격률, 관계의 격률, 태도의 격률 등의 네 가지 격률의 철저한 준수를 제안했기 때문이다. 그런데 놀랍게도 여기에서는 이들 네 가지 격률 중 앞의 세 가지는 무엇을 말할 것인가에 대한 규제인 데 반하여 뒤의 한 가지는 어떻게 말할 것인가에 대한 규제인식으로, 화화에 있어서의 참여자의 태도나 자세를 성공적인 회화의 필수요건으로 보고 있다. 그러니까 이 격률들은 예컨대 화행론에서 내세우는 적절성의 조건이나 성실성의 조건까지도 다루어지고 있을 만큼 종합적이고 포괄적인 것인 셈이다.

그런데 이들 네 가지 격률은 크게 두 가지 문제점을 지니고 있었는데, 그 중 첫 번째 것은 이들은 어디까지나 화자와 청자 중 오직 화자에게만 부과된 격률이라는 점이고, 그중 두 번째 것은 실제로는 이들이 제대로 지켜지지 않는 경우가 더 많다는 점이었다. 예컨대 이들대로라면 누구나 대화시에는 반드시 관련성이 있고 참된 내용의 말을 필요한 만큼만 분명하게 말해야 될 텐데 실제로는 그렇지가 않다. 흥미롭게도 Grice 자신도 이런 경우, 즉 '격률이 부당하게 이용당하는' 경우가 많음을 인정했다. 또한 실제에 있어서는 이들이 서로 조화를 이루고 있지를 않고서 충돌하고 있는 경우도 많다.

역설적으로 말하자면 바로 이렇기 때문에 그가 내세우는 협력성의 이론은 유효성과 타당성을 인정받을 수가 있다. 화자가 지켜야 할 규칙들이 실제로는 제대로 지켜지지 않고 있다는 것은 진정한 의미에서의 협력성이란 두 대화자 모두의 공동의 노력에 의해서만 얻어질 수 있다는 것을 웅변적으로 실증하고 있는 것이다. 설사 화자가 이들 중 어느 것을 어기고 있다고 해도 청자에게 우선 화자의 행동에 기꺼이 협력할 마음과 그것을 바로 잡을 수 있는 능력이 있는 한 하등 문제가 될 리가 없다. 예컨대 청자로서는 나름대로의 독자적 대응능력을 발휘하는데, 그중 첫 번째 것은 어떤 정보가 거짓이거나 불필요한 것인가를 판단하는 능력이고 그 중 두 번째 것은 상황이나 문맥적 정보, 배경지식 등을 화자의 말을 해석하는 데 총동원할 수 있는 능력이다.

이렇게 볼 것 같으면 Grice의 화용이론만큼 하나의 사회가 제대로 돌아갈 수 있으려면 구성원 모두가 항상 최대로 협동심을 발휘하고 있어야 한다는 진리를 확실하게 드러내고 있는 것도 없다고 볼 수가 있다. 그들에게 이런 협동심이 있는 것은 원래 그들의 마음에 사회라는 하나의 삶의 공동체를 갖겠다는 욕망이 깊게 자리하고 있기 때문이다. 어느 사회에서나 매일 일어나는 상호교섭 중 가장 기본이 되는 것이 바로 대화행위인데, 이것을 움직이는 원동력이 협동심이라는 것은 곧 사회의 상호교섭 전체가 협동심에 의해서 움직여지고 있다는 말이나 같은 말이다.

2) 정중성의 이론

Grice의 것에 이어서 두 번째로 주목을 받게 된 화용이론은 Leech가 내세운 정중성의 이론인데, 우리의 입장에서 보자면 이것 역시 인간의 본성 중 기본이 되는 것은 사회를 형성하고 유지하려는 성향이라는 사실을 가장 사실적으로 드러내주는 이론이다. 하나의 사회에서 구성원간의 인간관계를 유지시켜주는 것은 예의심이라는 것은 동서고금을 통해서 잘 알려진 사실인데, 타인을 최대로 존중하는 마음, 즉 정중성이 바로 예의성의 전부나 다름이 없다. 그런데 흥미롭게도 Leech는 대화의 성패를 좌우하는 것은 결국에 Grice의 네 가지 격률이 아니라 대화자들의 정중성의 표출 여부라는 견해를 내놓은 것이다.

그가 정중성의 원리를 내세운 것은 1983년에 나온 'Principle of Pragmatics(화용이론 원리)'에서였는데, 여기에서 그는 우선 Grice의 협력성의 원리의 한계성으로 첫 번째는 그것으로는 왜 사람들은 자주 간접적인 방법으로 자기가 의미하는 바를 전달하는가를 설명할 수가 없다는 점과, 두 번째로는 그것으로는 비서술문에서 으레 드러나게 되어있는 의미와 힘과의 관계를 설명할 수 없다는 점을 들었다. 이런 지적은 물론 화행론에서 이미 제기된 문제점들을 재탕한 듯한 감을 주기에 족한 것이었다. 예컨대 Searle은 일찍이 화행론의 궁극적인 과제는 한 학생이 'Let's go to the movies tonight.'라고 제안하자 다른 학생이 'I have to study for an exam.'이라는 간접화행문으로 거절하는 현상을 제대로 해명하는 것이라고 내세웠다. (Searle, 1971, p.39)

그러나 이 책의 내용 중 특별히 사람들의 시선을 끌게 된 것은 모두 여섯 가지의 격률들이었다. 쉽게 말해서 한 문장으로 '정중하지 않은 신념의 표현은 최소화하라'고 집약될 수 있는 것을 그는 요령의 격률과 관용의 격률, 허가의 격률, 겸손의 격률, 일치의 격률, 동정의 격률 등의 여섯 규율로 세분화한 것인데, 무엇보다도 흥미로운 점은 각 격률이 예컨대 요령의 격률이 '타인에 대한 비용을 최소화하라'와 '타인에 대한 이익을 최대화하라'의 두 개의 대칭문으로 되어있는 식으로 되어있다는 점이다. 그렇지 않아도 격률의 수가 제대로 지키기에는 너무 많은 데다가 이렇게 대칭법까지 쓰이고 있으니까, 이들은 실제로 쓰이기에는 적절치 않다는 비평을 듣기에 딱 알맞았다. (Leech, 1983, p.119)

그런데 이런 단점 탓인지 Leech의 이론은 1987년에 Brown과 Levinson이 제안한 체면성의 이론에 의해서 크게 퇴색되는 운명에 처하게 되었다. 이 이론은 우선 일찍이 1967년에 사회학자인 Goffman이 사회적 상호교섭이나 의사소통현상을 설명하는 데 사용했던 것을 이들이 다시 화용적 현상에 적용시킬 정도로 학리적 역사가 꽤 긴 것이었다. 그런데 가장 흥미로운 일은 이 이론은 머지않아서 신판 '정중성의 이론'으로 자리 잡게 되었다는 점이었다. 이 이론의 요점은 사회의 구성원들은 항상 그들의 체면이 위협받고 있다고 생각하고 있는 데다가, 언어적 행위들은 본래 상대방의 체면을 위협하는 성향을 가지고 있는 탓으로, 제대로 된 의사소통을 위해서는 그때그때 적절한 정중성의 책략을 써서 '체면위협 행위'로서의 언어적 독소를 억제시켜야 한다는 것이었으니까, 누구에게나 심리학이나 사회학적 근거가 더 있어 보이는 것이 분명했다. (Brown and Levinson, 1987)

그러나 겉으로 보기에는 이들로 인하여 정중성이 이론이 한 단계 격상된 것 같았지만 실제에 있어서는 이것의 문제점이 노출되는 결과를 가져오고 말았다. 이 이론의 문제점 중 첫 번째 것은 정중성이나 체면위협행위는 원래 단순한 유무의 기준에 의해서 평가될 수 있는 것이 아니라 복잡한 계량법에 의해서 평가될 수 있는 것인데, 문제는 이런 용도의 제대로 된 계량법을 만들기가 결코 쉬운 일이 아니라는 점이었다.

예컨대 Leech도 이 점을 익히 인정하고서 예컨대 요령의 격률 하나를 제대로 적용시키기 위해서는 요령의 정도를 우선 비용이익의 척도와 선택성의 척도, 간접성의 척도, 권위성의 척도, 사회적 거리의 척도 등에 의해서 측정해야 한다고 내세웠었다. 누가 보아도 요령의 정도가 이렇게 다섯 가지의 척도로 측정해야 할 정도로 세분화될 수 있다는 것은 그에 관한 격률의 실효성을 의심하기에 딱 좋은 근거일 수 있었다. (Leech, 1983, p.126)

그런데 Brown과 Levinson은 체면위협 행위의 심각 정도를 측정하기 위해서는 이상의 다섯 가지 척도 이외에 세 가지의 독립적 변수를 더 설정해야 된다고 주장하고 나섰다. 이들 중 첫 번째 것은 화자와 청자 간의 사회적 거리이었고, 그 두 번째 것은 상대적 권력이었으며, 그 세 번째 것은 요구된 사물의 소비나 봉사에 소요되는 부과의 양이었으니까, 우선 이들은 Leech가 내세운 다섯 가지의 척도와 중복된 감이 없지 않았다. 설령 이들의 독립성을 인정한다고 해도 그것은 결국에 그런 행위의 심각 정도를 측정하는 일을 더 어렵게 만드는 결과만을 가져올 뿐이었다. (Brown and Levinson, 1987, p.74)

이 이론의 문제점 중 두 번째 것은 정중성의 역할과 중요성이 이처럼 강조되다 보니까 이것을 협력성에 대한 일종의 보완적 개념으로 보지 않고서 화화운영의 주도적 개념으로 보려는 경향까지 나타났다는 점이다. 이런 움직임을 대표하는 것으로는 1990년대에 Fraser가 제안한 '화화적 계약설'이었는데, 정중성을 지키는 것을 대화자들의 선택적 사항이 아니라 그들이 반드시 대화 시 지켜야 할 일종의 사회적 의무로 보아야 한다는 것이 그 요지였다. 이 이론은 일찍이 Goffman이 내세웠던 사회학적 체면이론과 맥을 같이하는 것이었다. (Fraser, 1990)

이런 움직임을 나타내는 또 하나의 이론은 Hill 등이 같은 무렵에 내세운 '식별이론'이었는데, 이것의 요지는 정중성에는 크게 전략적 내지는 의지적인 것과 사회지표적 내지는 식별적인 것의 두 가지가 있는데 대화의 성패를 좌우하는 것은 전자가 아니라 후자라는 것이었다. 그동안에 Leech와 Brown과 Levinson은 화용론자답게 전략적 또는 의지적 정중성의 역할과 중용성에 논쟁의 초점을 맞추어왔었는데, 그는 이번에 사회지표적 내지는 식별적 정중성의 그것에 초점을 맞추게 되었으니까, 이들의 이론은 하나의 화용론적 이론이 아니라 일종의 사회언어학적 이론인 셈이다. (Hill, et al, 1986)

이 이론의 문제점 중 세 번째 것은 정중성과 관련된 사회적 규약이나 관행은 원래가 각 사회에 따라서 다른 것이어서, 그것을 마치 보편적인 것인 양 몇 가지 격률이나 규범으로 다루려는 시도가 잘못된 것이라는 점이었다. 이런 지적은 결국에는 원래 Leech의 격률이나 Brown과

Levinson의 체면위협 행위론은 모두가 보편성을 전제로 하고서 만들어진 것이라는 점을 고려한다면, 그동안에 이룩된 정중성 이론에 대한 연구 전체를 단번에 무력화할 수 있는 것임이 분명하다. 그렇지만 아직까지 정중성 이론의 타당성 자체를 문제 삼는 사람이 없는 것을 보면, 이런 지적의 의도는 이와 관련된 앞으로의 연구는 으레 이 덕목의 개별성이나 다양성을 구명하는 데 집중되어야 한다는 점을 각성시키기 위한 것임이 확실하다.

그러나 최근에 나온 Kasper의 논문이 익히 증거하고 있듯이, 이 문제점의 제기로 앞으로의 이 이론의 연구 방향과 관련해서 두 가지 중요한 시사점을 제시받게 되었는데, 그중 첫 번째 것은 정중성의 현상에 관한 연구에 있어서는 앞으로도 Leech의 이론과 Brown과 Levinson의 이론이 일종의 기준이론으로 쓰이게 될 것이라는 점이었다. 다시 말하자면 이 문제를 연구하는 사람들의 대부분은 아무리 앞으로 이것의 변이성이나 다양성의 중요성이 강조된다고 해도 이로 인하여 이 덕목의 보편적인 가치가 훼손될 수는 없다는 것을 Leech의 이론이나 Brown과 Levinson의 이론은 이미 익히 간파해놓았다고 보는 것이다. 이들은 그러니까 어떤 성격의 것이 되었든지, 정중성에 관한 앞으로의 연구는 기존의 두 이론의 위상을 더욱 견고하게 만들 것이라고 본 것이다.

예컨대 이 논문에 따르자면 최근에 Wierzbicka는 간접적 표현의 규약들은 나라에 따라 각양각색이라는 점과 이런 표현들은 일종의 공식적인 언어로 굳어져 있어서, 한 사회의 구성원들은 이들이 간접적 표현이라는 사실조차 인식하지 못한 채 자유롭게 사용하게 된다는 사실을 밝혀냈다. 구체적으로 그녀는 'will/would you do x'와 같은 간접적 표현은 영어는 물론이고 독일어와 프랑스어, 히브리어, 일본어, 중국어에서도 정중성을 나타내는 표현으로 널리 쓰이고 있지만 슬라빅 언어에서는 그렇지가 않았다. 그렇지만 이런 발견에 의해서 '더 간접적일수록 더 정중하다.'라는

Leech의 이론과 Brown과 Levinson의 이론의 일반적인 가치가 조금이라도 훼손되는 것은 아니었다. (Kasper, 1994, p.3209)

또 한 가지 예를 들어볼 것 같으면 일찍이 Brown과 Levinson은 자기네가 내세우는 체면유지이론은 명시성과 인색성, 예견성 등의 세 가지 경험적 기준에 의해서 그 타당성이 익히 검증될 수 있는 것이기 때문에 이것의 보편성은 이미 담보된 것이나 다름이 없다고 주장하고 나섰다. 그렇지만 그 후에 실시된 일부 심리학적 연구나 인류학적 연구에서는 그들의 이론의 기본이 되는 체면이라는 개념부터가 보편적인 것이 아니라는 증거들이 제시되었다. 이들이 연구한 바에 따르자면 원래 체면이라는 개념은 자아의 개념과 밀접히 연결되어 있는데, 바로 이 자아의 개념이 문화권에 따라서 서로 다르게 쓰이고 있었다.

이들은 자아의 개념은 크게 개인의 독립성을 내세우는 것과 개인의 상호의존성을 내세우는 것으로 대별될 수 있다고 보았는데, 문화권상으로 보아서는 첫 번째 것은 서양의 문화권에서 형성된 것인 데 반하여, 두 번째 것은 비서양의 문화권에서 형성되어있는 것이었다. 다시 말해서 이들은 서양에서는 각 개인의 천부적 개별성에 대한 신념을 중요시하는 데 반하여, 서양이 아닌 나라에서는 개인 간의 기본적 연결성에 대한 신념을 중요시하는 식으로 서로 다른 자아관이 형성되어 있으니까, 체면이라는 개념을 해석하는 기준도 서로 다를 수밖에 없다고 본 것이다. 그러나 엄밀히 따지자면 비서양의 문화권이라고 해서 개인의 체면이 무시되거나 위협받는 것이 특별히 관용되는 것은 아니다. 이런 의미에서 보자면 이들의 반증적 증거들로 인하여 Brown과 Levinson의 이론의 타당성이 문제시되는 것은 아니다. (Ibid., p.3208)

이 첫 번째 시사점을 일단 일종의 긍정적인 것으로 보자면 두 번째 시사점은 일종의 부정적인 것으로 볼 수가 있는데, 그 이유는 앞으로 있을 정중성에 대한 연구는 연구자들이 과연 이것을 화용론적 연구로 보아야 할 것인가를 고민해야 할 정도로 복잡하고 어려운 성격의 것이 될 것이라는 것이 그 요지이기 때문이다. 이런 예측의 근거로는 두 가지 사실을 들 수가 있는데 그중 첫 번째 것은 앞으로는 정중성의 이론을 한 단계 격상시킨다는 의미에서 이 덕목의 보편성에 대한 연구보다는 그것의 차이성이나 개별성에 대한 연구가 많아질 텐데, 그렇게 되면 자연히 여기에서 화용론적 접근법보다는 사회언어학적 접근법이 쓰일 가능성이 높아질 것이라는 추측이다. 화용론적 접근법에서와는 다르게 사회언어학적 접근법에서는 다양한 사회문화적 변수들을 주요 고려사항으로 삼을 테니까 그만큼 연구 전체의 복잡성과 난이도는 높아지게 되어있다.

그중 두 번째 것은 설사 앞으로도 화용론적 접근법만을 고집한다 해도 화용론은 결국에 언어사용과 관련된 것을 연구하는 학문인 이상, 그것은 하나의 담화분석론적 접근법으로 바뀔 가능성이 높다는 추측이다. Kasper의 말을 빌리자면 '미래의 정중성 연구에서는 문맥적 변수와 담화영역간의 관계를 명시하게 될 것만이 아니라 어떻게 지금 진행 중인 담화가 참여자들의 권위와 의무를 유지 내지는 변경시키고 그들 간의 거리를 증가 내지는 축소시키며, 그들의 호불호를 조장시키는가를 구명해야 될 텐데' 이렇게 되면 이 접근법은 더 이상 화용론적 접근법일 수 없게 된다. (Ibid., p.3210)

3) 관련성의 이론

흔히 신Grice이론으로 불리는 관련성의 이론은 인간의 의사소통에 대한 최초의 인지적 이론이라는 의미에서, 1986년에 이것의 원전격인 'Relevance: Communication and Cognition(관련성: 의사소통과 인지)'의 출판과 함께 가장 새로우면서도 강력한 화용이론으로 무난히 자리 잡았다. 우선 이 이론의 제목으로 쓰인 관련성이란 말은 Grice가 일찍이 그의 네 가지 격률 중 한 가지인 관계의 격률의 풀이말로써 썼던 것이다. 따라서 이 이론의 창안자인 Sperber와 Wilson이 노렸던 바는 Grice의 협력성의 이론을 창조적으로 계승한다는 것이었을 것임이 분명하다.

화용론의 창시자답게 Grice는 어디까지나 의미의 문제와 같은 언어적 사실을 통해서 언어사용의 절차에 대한 연구가 언어의 문법체계나 구조성에 대한 연구에 못지않게 중요하다는 사실을 알리려고 했었다. 그러나 Sperber와 Wilson은 화용론이 더욱 과학적인 학문으로 도약하려면 의사소통의 절차를 인지심리학적 내지는 인지과학적 관점에서 분석하는 일종의 패러다임의 대전환이 필요하다고 보았던 것이다. 또한 이들은 이렇게 함으로써 결국에는 화용론이 통사론보다 상위의 학문임을 동일한 차원에서 주장할 수 있다고 생각했었다. Chomsky가 이미 문법적 능력이나 지식은 내재된 것이라는 이론을 폈으니까, 화용론자들도 이제는 마땅히 화용적 능력이나 지식도 내재된 것이라는 이론을 내세워야 한다고 이들은 본 것이다.

그리고 무엇보다도 중요한 점은 이들은 이렇게 하다 보면 Grice의 화용이론의 문제점은 송두리째 해결될 수 있다고 생각했다는 사실이다. 그의 화용이론의 제일 큰 문제점은 바로 네 가지 격률들은 실제에서는 서로 융합을 이루지 못하고서 서로 충돌하거나 방해하게 되어있다는 점이라는 것을 이들은 익히 알고 있었다. 그래서 이들은 이 문제점은 오직 '고르디우스의 매듭'과 같은 단발적 방책에 의해서만 해결될 수 있다고 보고서 네 가지 격률 중 세 번째 것 한 가지만을 남기는 용단을 내린 것이다. 또한 이들은 이런 결정의 타당성을 뒷받침할 수 있는 근거도 지루한 언어학적 절차에 의해서 찾는 것보다는 첨단학문으로 자리 잡은 인지심리학적 이론에서 찾는 것이 훨씬 낫다고 생각한 것이다.

물론 우리는 이 이론의 양면성을 한편으로는 비록 원래는 네 가지였던 격률을 한 가지로 줄이기는 했지만 그래도 그들을 그대로 계승하려고 하면서도, 다른 한편으로는 Grice와는 전혀 다른 접근법을 씀으로써 그의 이론과의 차별성을 강조하고 있다는 점만으로도 쉽게 확인할 수가 있다. 굳이 따지자면 이들로서는 당연히 두 가지 면이 동일하게 다루어지는 것보다는 계승성보다는 차별성이 더 중요하게 다루어지기를 바랄 것이다. 그런데 우리의 입장에서 볼 것 같으면 이들의 생각과는 정반대로 이들 두 가지면 중 첫 번째 것에 더 큰 비중을 두고서 이 이론의 가치를 평가해야 할 것 같다. 그 이유는 우리의 관심은 결국에 이 이론의 얼마만큼 언어학적 인간학 탐구라는 우리의 목적에 이바지하고 있는가를 밝히는 데가 있기 때문이다.

우리의 입장에서 보자면 이 이론이 신Grice이론으로 불리게 된 것은 그가 내세웠던 협력성의 이론의 타당성을 예전 것과는 전혀 다른 근거에 의해서 실증했기 때문이다. 여기에서 내세운 전혀 다른 증거란 물론 인지 심리학적 증거인데, 이것은 예컨대 '인간의 인지작용은 관련성을 최대화하는데 수렴되게 되어있다.'나 '모든 현시적 의사소통 행위는 그 자체 최적의 관련성 추정치를 드러낸다.'와 같이, 인지작용에 관한 추상적이고 원리적인 서술이기에 일단은 누구나 이것을 협력성의 이론과는 아무런 관계가 없는 것으로 보기가 쉽다. (Sperber and Wilson, 1986, p.158)

그렇지만 이들만의 특이한 의사소통 행위의 절차에 대한 설명을 자세히 살펴보게 되면 우리의 주장이 맞다는 것을 익히 알 수가 있다. 우선 이들의 설명에서는 의사소통 행위는 화자와 청자가 공동으로 이루어낸 것이라는 점이 명시적으로 밝혀져 있는데, 예컨대 이들은 의사소통 행위는 먼저 화자가 상대방이 자기의 의도를 제대로 파악할 수 있도록 현시적 정보를 제공해주게 되면 청자는 그 다음에 그것에 최고의 추리절차를 가해서 그 의도를 정확히 파악하게 되는 식의 일종의 상호협조의 행위라고 보았다. 여기에서 두 사람의 행위를 지배하는 원리가 바로 '언제나 최대로 관련성이 있게 하라.'는 관련성의 원리이었다.

그 다음으로 이들은 인간의 의사소통 행위에서는 으레 상황적이거나 문맥적 정보를 최대로 활용하고 있다는 점을 강조하고 있는데, 따지고 보자면 이렇게 함으로써 언어사용자들은 서로의 언어처리를 최대로 돕고 있는 것이다. 이들은 '문맥적 효과가 크면 클수록 관련성은 더 커진다.'라고 주장했는데, 이 말은 곧 언어사용자들은 언제나 문맥적 효과가 극대화되도록 노력하고 있다는 말로 확대될 수가 있다. 문맥적 효과를 극대화시키게 되면 상대방의 관련성을 찾는 절차가 그만큼 간소화될 테니까, 이것은 결국에 상대방에 대한 최고의 배려가 되는 셈이다. (Ibid, p.119)

세 번째로, 이들은 의사소통 행위는 인지적 환경상으로 서로 다른 개인 간의 정보교환이라는 점을 강조하는데, 일차적으로는 물론 이것은 연역적 추리절차의 중요성을 뒷받침하는 사실이겠지만, 이차적으로는 분명히 의사소통 시의 상호간의 협력은 원래가 눈에 보이는 피상적 차원에서가 아니라 눈에 보이지 않는 심층적 차원에서 이루어지고 있는 것이라는 점을 뒷받침하는 사실이다. 이들의 정의에 따를 것 같으면 '인지적 환경은 개인이 정신적으로 표현할 수 있는 가정들의 한 셋'이니까, 결국에 이것은 한 개인의 이 세상이나 타인에 대한 지식의 총체인 셈이다. (Ibid., p.46)

개인들의 인지적 환경이 같지 않다는 것은 곧 원활한 의사소통을 위해서는 대화자들은 우선 상대방의 인지적 환경을 제대로 파악해야 한다는 의미일 수가 있는데, 따지고 보자면 이런 일 자체가 그들은 기본적으로 상대방과 잘 협조하겠다는 마음이 없이는 의사소통은 제대로 이루어질 수 없다는 것을 잘 알고 있다는 증거이다. 이런 의미에서 볼 때 의사소통에 있어서는 한 개인의 추리력이 크게 상대방의 인지적 환경을 파악할 때와 그의 현시적 말의 의미와 의도를 해석할 때의 두 번에 걸쳐서 작동되는 셈이다. 물론 원래 인간은 탁월한 기억력을 갖고 있기 때문에 이들 모두에 있어서 현재 그에게 지각되는 사실보다는 그의 기억장치에 이미 저장되어있는 정보나 지식이 더 큰 역할을 할 수가 있다. 이런 의미에서 보아서도 의사소통 행위는 일종의 전인적 행위이며, 이것의 성패는 협조심의 유무에 의해서 달라진다고 볼 수가 있다.

네 번째로, 이들은 처음부터 내부적으로는 그동안의 여러 화용이론들과의 차별성을 드러내기 위해서이고 외부적으로는 Chomsky가 내세우는 통사이론보다의 우위성을 드러내기 위해서 나름대로의 특이한 모듈이론을 주장해왔다. 따지고 보자면 이 무렵에 제일 먼저 모듈이론을 내세운 사람은 바로 Chomsky로서, 그는 문법적 지식이나 능력이 일반적인 지력의 일부가 아니라는 주장을 펴면서 문법적 지식이나 능력은 정신기구의 한 모듈 안에 따로 저장되어있다는 말을 했었다. 그는 이것을 자기의 내재주의적 언어이론의 한 기저이론으로 삼은 것이다.

그러자 마치 그의 언어적 모듈이론의 출현을 크게 환영이라도 하듯이, 심리학자인 J. Fodor가 그것을 인간의 정신기구 전체에 대한 것으로 격상시켰다. 인간의 정신기구는 오랜 기간에 걸쳐서 진화된 몇 가지 특수영역이나 특수목적의 모듈로써 구성되어있다는 것이 그의 생각이었다. 그런데 그의 모듈이론에서는 Chomsky의 것과 마찬가지로 하나의 중요한 쟁점을 미해결의 문제로 남겨두었는데, 여러 모듈의 작동을 통제하는 중앙처리부의 설치 여부가 바로 그것이었다. 논리적으로 보아서도 인간의 정신기구가 하나의 통일된 목적을 위해서 움직이는 유기적 기구일 수 있으려면, 이런 부위가 있어야 하는 것이 너무나 당연한 일이었다.

그런데 놀랍게도 통사론자와 심리학자가 숙제로 남겨둔 이 중요한 과제를 화용론자인 이들은 여기에서 과감하게 해결해버렸다. 이들은 Fodor의 정신기구 이론의 완성을 위해서는 응당 중앙처리부가 하나의 독립된 모듈로 설정되어야 하고, 또한 Chomsky의 내재적 언어이론의 완성을 위해서는 마땅히 화용적 지식을 관장하는 화용적 모듈이 추가적으로 설정되어야 한다고 본 것이다. 여기에서 주목할 만한 사실은 이들은 화용적 모듈과 문법적 모듈을 동일 위계적인 것으로 보았지, 예컨대 화용적 모듈을 더 상위적인 것으로 보지는 않았다는 점이다. 이들이 특별히 강조한 것은 화용적 모듈은 생물학적으로 부여된 것이라는 점이었다.

물론 이들의 입장에서 보자면 중앙처리부의 설치가 논리에 맞는 일이었을 텐데, 그 이유는 추리적 절차란 원래가 일종의 연역적 내지는 하향적 절차인데, 하향적 절차는 그것을 시발시키는 곳이 있지 않는 한 시발될 수가 없기 때문이다. 화자의 경우에는 바로 이곳에서 어떻게 하는 것이 최적의 현시적 언어자료를 제공하는 일이 될 것인가를 결정짓게 될 것이고, 또한 청자의 경우에는 바로 이곳에서 제시된 자료로써 그것과 관련성이 있는 정보를 최대로 추출해서, 결국에는 상대방의 의도를 제대로 읽어내는 작업을 지시하게 될 것이다. 그리고 언어란 원래가 여러 가지 구조나 체계들의 유기적 통합체이기에, 언어적 현상을 설명하는 데는 중앙처리부와 같은 기구가 따로 있다고 상정하는 것이 편리할 것이다.

그런데 여기에서 우리는 우리의 입장에서 보아서는 이들의 이런 결정이 어떤 의미를 갖는가를 생각해볼 필요가 있다. 단도직입적으로 말해서 의사소통을 일단 화자와 청자가 이루어내는 협동적 행위로 보게 되면, 그것을 통제하거나 지시하는 곳이 따로 있어야 한다는 것은 너무나 당연한 결론이다. 그동안 이 이론의 태생적 문제점으로는 크게 과연 연역적 추리 절차가 인간의 인지활동에 있어서 항상 핵심적 역할을 수행하게 되는지를 실험이나 실증적 방법으로 검증한 적이 없다는 점과, 의사소통 행위의 사회성의 측면을 전혀 고려하지 않았다는 점이 지적되었는데, 적어도 이들 중 두 번째 것만은 우리의 입장과 직접적으로 관련되는 문제로 볼 수가 있다. 그런데 우선 중앙통체부의 기능에 여러 가지 사회적 변수들을 처리하는 것까지를 넣게 되면 이 문제에 대한 일종의 해답을 제공하는 셈이 된다.

2.3 담화분석론에서의 연구

언어학 발달의 역사상 가장 늦게 등장했으면서도 가장 문제점이 많은 영역으로 등장한 것이 바로 담화분석론인데, 우선 이로써 정식으로 언어학에서 언어사용의 현장을 연구대상으로 삼는 영역이 탄생된 셈이니까, 여기에서의 이론이나 연구업적들이 앞으로 우리의 주장을 펴나가는 데 크게 도움을 줄 수 있는 것이 되리라는 것은 누구나 쉽게 추정할 수가 있다. 쉽게 말하자면 특별히 언어학적인 전문지식을 가지고 있지 않은 사람일지라도 언어가 한 사회를 지탱하고 발전시키는 도구로 쓰인다는 것은 개별문장의 문법성에 관한 연구를 통해서가 아니라 실제로 사회생활에서 쓰이는 언어, 즉 회화나 담화와 같은 더 큰 언어단위의 특성이나 구조성에 대한 연구를 통해서만 확인될 수 있으리라는 것은 익히 알 수 있는 것이다.

그러나 1980년대를 일단 이것이 하나의 언어학적 학문으로 정식으로 인정받은 때로 볼 것 같으면 그 후 몇십 년간에 이룩한 업적에는 이것의 학문적 틀을 만들어낸 것과 같은 긍정적인 것 이외에도 이것의 학문적 독립성을 의심케 할 정도의 부정적인 것도 있었는데, 그 이유는 담화를 두 개 이상의 문장들의 연결체로 보게 되면 이것에 관한 연구에는 형식적 접근법만 쓰일 수 있는 것이 아니라 심리학적 접근법이나 인류학적 접근법, 사회학적 접근법 등도 있을 수 있기 때문이었다. 특히 이것의 등장이 가져온 큰 변화는 문학이나 매스 미디어와 같은 데서 쓰이는 문자언어를 음성언어와 대등한 자격으로 받아들이게 되었다는 점과, 인지과학이나 인공지능 연구 등의 첨단과학에서도 담화의 구조성에 대한 연구를 하게 되었다는 점이다.

이렇게 보자면 그동안에 이것에서는 이것은 궁극적으로 언어연구의 대상을 최대로 확대시킬 수 있는 학문이라는 것과 하나의 독립적 학문이라기보다는 일종의 학제적 학문일 수밖에 없다는 점이 밝혀진 셈이다. 특히 이것에서의 학제성은 결국에 산개성이나 연합성이라는 말로 바꾸게 될 정도로 좋은 의미로서가 아니라 나쁜 의미로 쓰이게 되었는데, 그 좋은 근거가 바로 오늘날 담화분석론이라는 포장 안에는 담화분석과 텍스트 분석, 장르 분석, 회화분석, 비평적 담화분석 등이 들어가 있다는 사실일 것이다. 우선 이들은 각각 독립적인 동기와 목적에 의해서 따로따로 시작된 학문들이다. 그리고 이들 간에는 아무런 상관성도 없다. 그러니까 이들을 하나의 이름으로 묶는 것 자체가 일종의 편의주의적 발상법에서 나온 것에 지나지 않는다. 간단히 말하자면 Chomsky의 문법이론의 일방적 독주에 맞서기 위해서 언어사용에 관한 관심과 연구의 필요성을 일깨우려는 사람들이 일종의 느슨한 연합전선을 펴게 된 것이다.

1) 회화분석

아마도 오늘날의 담화분석론의 발달과정이나 학문적 특징들을 알아보는 데 가장 빠른 방법 중의 한 가지가 바로 회화 분석의 출현의 역사와 이것의 현황 등을 살펴보는 것일 텐데, 그 이유는 이것은 그동안에 담화분석론의 발전에 핵심적 내지는 견인차적 역할을 해왔을 뿐만 아니라 화용론이나 사회언어학과 같은 관련 학문들의 발전에도 일익을 담당해왔기 때문이다. 그런데 우리의 입장에서 볼 것 같으면 이것에 관한 관심이 특별히 클 수밖에 없는데, 그 이유는 우리는 이것을 통해서 언어는 결국에 일종의 사회적 행위라는 것과 회화를 작동시키는 것은 두 사람이 가지고 있는 협동심이라는 것을 익히 확인할 수가 있기 때문이다.

흥미롭게도 마치 회화는 일종의 사회적 행위라는 사실을 역사적으로 입증하려는 듯이, 이것의 학문적 기초를 닦은 사람은 미국의 사회학자인 Goffman과 Garfinkel이었다. Goffman은 예컨대 대화에서 쓰이는 문화적 규칙이나 의식의 사회성 구명에 깊은 관심을 보였었고 Garfinkel은 일상적인 상호교섭에 있어서의 공동적 이해성과 사회적 규약성의 구명에 많은 관심을 보였었다. 그런데 이런 발상법을 회화연구의 차원으로 발전시킨 사람은 Goffman의 제자였던 Sacks였다. 그는 미국의 로스앤젤레스에 있는 자살예방센터에 근무하면서 고객과의 전화 내용을 기록하고 분석하는 기법을 개발했다. 이때 Goffman과 Schegloff 등이 이 작업에 동참해서 이 기법을 정교화하는 데 크게 기여했다.

이 과정에서 이들이 제일 먼저 한 것은 물론 녹음한 전화대화를 기술하는 데 필요한 기호나 규정을 개발하는 일이었다. 최대한 사실 그대로 자세히 기술하는 것이 이것의 생명이나 다름이 없는 일이기에 이들이 개발한 기술법은 언어학에 쓰이는 것과는 판이하게 다를 수밖에 없었다. 이들은 스스로의 경험을 통해서 화화 분석의 첫 번째 과제는 제대로 된 기술법을 개발하는 것이라는 사실을 알게 되었다. 아래에 제시된 한 예를 살펴볼 것 같으면 가장 자연스러운 자료수집이라는 이 첫 번째 과제가 얼마나 어려운 과제인가 하는 것을 익히 짐작할 수가 있다. (Drew, 1994, p.750)

1. Emma: Wanna c'm do:wn 'av a bah:ta lu:nch with me? = <내려와서 나와 점심을 같이할래요?>
2. =Ah gut s'm beer'n stu:ff. <맥주와 안줏거리가 있어요.>
3. (0.3)
4. Nancy : Wul yer ril sweet hon, uh:m <정말 고마워요, 그런데>
5. (.)
6. Emma: Or d'you 'av sump'n else ( ) <아니면 다른 일이 있나요.>
7. Nancy: Let I : hu. n: No: I haf to:uh
8. call Roul's mother. h I told'er I:'d call'er this morning.<글쎄요, 아니에요. 나는 로울의 어머니에게 전화해야 되어요. 내가 오늘 아침에 전화하겠다고 말했거든요.>

9. I gotta letter from'er en hhhhh. A:nd uhm <그녀에게서 편지를 받았는데, 그리고 엄>
10. Emma: (Uh huh) <어 허>
11. (1.0)
12. Nancy: tch.u-So: She in the letter she said if you ca:n why
13. (.) yihknow call me Saturday morning en I j;st haven't
14. h hhh. <그래서... 그녀는 편지에서 할 수 있으면 토요일 아침에 전화 달라고 말했어요. 그런데 나는 아직 하지 않았어요. 흐흐흐>
15. Emma: Mm hm: <음 흠>
16. Nancy: = T's like taking a beating (0.2) khhh hhh, hnh. <그것은 한데 후리친 것과 같았어요 흐흐흐?>
17. Emma: Mm: No one
18. heard a wo:rd hah, <음, 아무도 어떤 말을 듣지 못했군요. 흐 >
19. Nancy: Not a word <한 마디도요.>

물론 언어학적 인간학을 기획하려는 우리에게 직접적으로 도움을 줄 수 있는 것은 여기에서 개발한 자료기술법이나 그것에 의해서 얻어진 자료들이 아니라, 여기에서 찾아낸 회화의 구조성이나 운영절차 등에 관한 사실이나 규칙인데, 이런 사실이나 규칙 중 첫 번째 것은 차례 바꾸기에 관한 것이었다. 너무나 자명한 사실이지만 회화가 두 사람이 이루어내는 일종의 협동적 행위라는 것을 단적으로 드러내주는 것은 이들이 교대로 한 사람이 한 번씩 말하는 식으로 이것이 만들어진다는 사실이다. 그렇다고 해서 특별한 경우가 아니고서는 두 사람이 한 번에 말하는 말의 양을 똑같이 맞추는 것은 아니다. 그렇지만 회화를 강의나 설명과 구별시켜주는 것은 바로 말의 교대성이다. 다시 말하자면 적어도 이론상으로 말하는 기회만은 두 사람 모두에게 고르게 주어져 있는 것이다.

그런데 그동안에 회화분석자들은 차례 바꾸기의 현상과 관련해서 두 가지 중요한 사실을 발견했는데, 그중 첫 번째 것은 놀랍게도 대부분의 경우에는 두 사람 간의 말의 교대가 중단됨이 없이 원활하게 이루어지고 있다는 사실이었다. 어떤 의미에서는 이점만큼 회화운영의 원동력은 바로 상대방에 대한 최대한의 배려나 협동심이라는 것을 실증하고 있는 것은 없다고 볼 수가 있는데, 그 이유는 그때그때 회화의 상황이나 내용은 다르게 되어있음에도 불구하고 회화에서는 대개 화자는 Sacks가 말하는 '차례구조 단위'의 종말을 억양이나 휴지, 눈짓 등의 방법으로 신호해주고, 청자는 그것을 정확히 차례 전이의 시점으로 받아들이는 식의 긴밀한 협조 관계가 유지되고 있기 때문이다. 이와 관련해서 무엇보다도 중요한 사실은 화자는 항상 앞사람의 말에 대한 정확한 이해를 기초로 해서 자기 말을 하게 되기 때문에 결과적으로 회화의 내용이나 주제가 으레 한 가지로 머물러있게 된다는 점이었다.

그중 두 번째 것은 회화란 거시적으로는 일련의 차례 바꾸기의 연쇄체처럼 보이지만, 미시적으로는 몇 개의 인접성 짝들의 연결체라는 사실이었다. 이것은 곧 회화의 구성단위는 한 사람이 한 차례에 말하는 차례구조 단위가 아니라 두 사람이 교대로 말하는 한 짝의 말이라는 말인데, 따지고 보자면 회화는 두 사람이 공동으로 만들어내는 작품이라는 사실을 이것보다 더 확실하게 실증하고 있는 것은 없다. 그런데 회화에서 쓰이는 인접성의 짝들은 예컨대 질문에는 으레 응답이 따르고 초청에는 으레 수락이나 거절이 따르는 식의 일조의 사회적 규약을 지키고 있는데, 이런 의미에서 보아서도 인접성 짝의 현상이야말로 회화가 결국에는 일종의 사회적 행위라는 것을 단적으로 드러내주고 있는 것이라는 것을 익히 알 수가 있다.

그런데 흥미롭게도 그동안의 연구에서는 회화란 궁극적으로 두 사람 사이의 협동이라기보다는 오히려 타협이나 설득의 행위라는 사실이 밝혀지기도 했다. 더 구체적으로 말하자면 그동안의 연구를 통해서 회화분석자들은 회화의 진전이나 구조를 결정짓는 것은 짝말의 시발문이 아니라 그것의 반응문이라는 사실을 알아냈는데, 그 이유는 반응문에는 응당 긍정적인 것만 있는 것이 아니라 부정적인 것도 있을 수 있기 때문이었다. 그런데 앞에 제시된 예가 잘 보여주고 있듯이, 항상 문젯거리가 되는 것은 반응문이 긍정적인 경우가 아니라 그것이 부정적인 경우이었다. 이 회화가 이처럼 길고 마치 피초청자인 Nancy가 주도하는 회화처럼 된 것은 결국에 여기에서는 그녀는 Emma의 초청을 거절하고 있기 때문이었다.

  물론 회화에서 쓰이는 짝말 가운데는 질문 대 대답 식으로 굳이 반응문의 성격이 수락 대 거절로 갈라지지 않는 경우도 있는데, 이런 것이 회화 자체의 진전에 큰 영향을 주는 것은 아니었다. 그러니까 문제가 되는 경우는 반응문의 내용이 긍정적인 것 대 부정적인 것으로 양분되는 경우인데, 너무나 당연한 일인지 몰라도 대부분 사람들은 부정적인 반응문보다는 긍정적인 반응문을 선호했다. 회화분석자들은 이런 사실을 선호성 조직의 현상으로 보았다. 이들은 특히 이런 현상에는 사회적 규약성이나 보편성이 있다는 것을 발견하기도 했는데, 예컨대 선호적 반응들은 즉각적이고 짧은 문장들로 되어있는 데 반하여, 비선호적 반응들은 지연적이고 긴 문장들로 이루어져 있었다. 간단히 말하자면 비선호적 반응이 중심이 되는 회화는 으레 구조가 복잡하고 길이가 길게 되어있었다.

  그동안의 연구에서는 더 나아가서 회화에서는 중첩과 보수라는 두 가지 특이한 현상도 자주 일어나게 된다는 사실을 알아냈는데, 이런 현상들 역시 회화란 궁극적인 의미에서는 두 사람 사이의 타협이나 설득의 행위라는 것을 익히 드러내주는 것이다. 우선 중첩이란 두 사람의 말이 겹쳐지는 현상이니까 결국에는 회화에서는 차례의 교대가 제대로 이루어지지 않는 경우도 있을 수 있다는 것을 보여주는 현상이다. 물론 일차적으로 차례 전이가 제대로 이루어지지 않은 것은 차례를 물려받은 사람이 말을 너무 빨리 시작한 탓이라고 볼 수가 있고 이차적으로는 차례를 물려줄 사람이 말을 너무 길게 한 탓이라고 볼 수도 있다. 그러나 심리학적으로 보았을 때는 이것은 두 사람 모두에게 상대방을 설득하려는 마음이 있기 때문에 일어나는 현상이다.

그다음으로 보수란 상대방의 말이나 자기가 바로 앞에서 한 말을 수정하거나 되풀이하는 행위인데, 회화를 전개하는 데 아주 중요한 책략으로 쓰인다는 점이 그 특징이다. 보수는 크게 상대방이 한 말의 내용을 그 다음 차례에서 바로잡는 경우의 것과, 자기가 바로 앞에서 한 말을 상대방의 말에 이어서 다시 되풀이하는 경우의 두 가지로 나뉠 수 있는데, 이들 모두가 하나같이 회화란 일차적으로는 자기의 생각을 상대방에게 설득하려는 행위이고, 이차적으로는 서로의 생각에서 공통점을 찾아내려는 행위임을 익히 실증하고 있다고 볼 수가 있다. (Ibid., p.751)

2) 이야기 분석

이야기학이나 이야기 분석이 정식으로 언어연구의 한 학문으로 자리를 잡게 된 것은 1970년대에 Barthes가 이야기를 언어의 구조성을 실증하는 가장 비근한 예로 삼게 되면서부터였는데, 1980년대에 담화분석론이 출범하면서 그것을 이것 안에 집어넣는 사태가 벌어지면서, 적어도 외견상으로는 그것의 학문적 정체성이 모호해지게 되었다. 그러나 아무리 형식상으로는 이야기가 담화의 한 가지라고 해도 현실적으로 담화분석론 안에 이야기 분석이 들어갈 수는 없는데, 그 이유는 이야기란 일찍부터 많은 사람들에 의해서 인간 고유의 언어적 특성으로 간주되어왔기 때문이다. 다시 말하자면 일찍부터 일부 인류학자나 역사학자는 어느 사회에서나 신화나 우화, 설화, 전설 같은 것들을 다양하게 만들어서 전수시키고 있는 점으로 미루어 보아서 이야기를 만들고 즐기는 것은 우리 인간 고유의 보편적 특성의 한 가지일 수 있다고 생각해왔다. 이런 이야기들은 물론 으레 문자가 발명되기 이전에 만들어졌기에 굳이 따지자면 이들의 첫 번째 특징은 음성언어, 즉 말로 된 것이라는 점이다. 그러니까 우리 인간은 언어를 갖게 된 다음부터 그것을 의사소통의 도구로 썼을 뿐만 아니라 이야기의 매체로도 썼다고 볼 수가 있다.

이렇게 보자면 누구라도 일단은 이야기에 관한 연구는 결국에는 인간 자체에 관한 연구로 귀착되겠기에 그것은 당연히 담화에 관한 연구보다 한 단계 높거나 넓은 차원에서 이루어져야 할 것이라고 생각하게 될 텐데, 아쉽게도 현실은 그렇지가 못하다. 이렇게 된 이유는 아마도 이것에 대한 적절한 연구방법이나 접근법의 개발과 일정한 원천 학문과의 적절한 관계설정이 쉽지 않았기 때문이었을 것이다. 그러니까 현재로서는 이 연구가 앞으로 크게 발전될 가능성은 있으면서도 아직은 제대로 개발되지 않은, 일종의 잠재적 황금밭으로 남아있는 셈이다. 그런데 우리로 하여금 이런 식의 긍정적 전망을 내릴 수 있게 하는 근거로는 첫 번째로 문학의 여러 장르를 구두적 이야기가 문자어에 의한 문학적 형태로 발전된 것으로 볼 수 있다는 것과, 두 번째로 모든 어린이들에게는 동화와 같은 이야기를 즐기는 성향이 있다는 것, 세 번째로 인간은 누구나가 자기의 일생을 하나의 이야기로 만들어가려는 속성을 가지고 있다는 것을 들 수가 있다.

그런데 공교롭게도 이 연구가 20세기에 이르러 본격적으로 시작된 것은 문학이나 언어학에서의 형식주의나 구조주의의 등장에 힘입어서 모든 언어적 작품에는 일정한 구조성이 있다는 것을 실증하는 예로서 이야기가 선택되면서부터였다. 그러니까 이론상으로는 이것은 인간학의 일부로서 출발할 자격이 충분히 있음에도 불구하고, 실제에 있어서는 문학이론이나 언어학의 일부로서 출발했던 것이다. 이런 의미에서 볼 것 같으면 우리가 여기에서 그동안의 전통에서 벗어나서 이야기를 원래 인간은 고도의 사회성 유지라는 특성이 있다는 것을 실증할 수 있는 장으로 잡는 것은 결코 무리한 일이 아니다.

이런 주장을 정당화하기 위해서 우리가 여기에서 할 수 있는 일은 크게 두 가지인데, 그중 첫 번째 것은 이 연구의 창설자로 볼 수 있는 Propp과 Barthes의 이론들을 우리의 입장에서 재해석하는 것이다. 오늘날 이야기 연구의 효시로 인정되고 있는 것은 Propp이 일찍이 115개의 러시아 설화들을 분석해서 만든, 모든 이야기는 모두 31가지의 사건으로 구성되어있다는 학설인데 그 이유는 그가 제시한 설화의 구조적 모형이 과연 어디까지 사회문화적으로 보편적이거나 아니면 변이적일 수 있는가가 많은 연구자들의 관심거리가 될 수 있기 때문이었다. 그렇지만 이것의 진짜 가치는 그가 개발한 이야기 연구법은 결국에는 문학작품이나 다른 일상적인 이야기의 분석에도 익히 쓰일 수 있다는 데 있었다. (Propp, 1968)

그런데 그가 우선 설화의 다섯 가지 기본사건으로 1) 가족의 구성원 중 한 명이 사라지거나 죽는다. 2) 영웅에게 금지령이 내려진다. 3) 금지령은 지켜지지 않는다. 4) 영웅과 악한이 전투에서 만난다. 5) 영웅은 결혼을 해서 왕위에 오른다. 등을 내세우고, 그다음에 설화의 7명의 등장인물로 악한과 기증자, 조력자, 공주, 급파인, 영웅, 가짜 영웅 등을 내세운 사실을 통해서 우리는 고대 사회의 삶의 양태에 관해서 세 가지의 핵심적인 특징을 유추해볼 수가 있다. 소설이나 연극이 그렇듯이 설화도 일종의 만들어진 이야기인 것은 의심할 여지가 없지만, 어느 한 사회에서 능히 일어날 수 있는 것이 아닌 한 독자로부터 공감이나 즐거움을 얻을 수 없다는 것을 그의 연구도 잘 보여주고 있으니까 이런 유추가 가능한 것이다.

고대사회의 삶의 양태 중 첫 번째 것은 사회생활의 기본이 된 것은 어디까지나 가정이라는 점이다. 예컨대 옛날에도 오늘날처럼 한 쌍의 부부가 가정을 이루어서 자식을 낳고 기르는 것이 한 사회가 구성되고 운영되는 데 있어서 기본 동력이 되었던 것이다. 또한 오늘날과 마찬가지로 옛날에도 가족의 구성원 중 누구에게 이상이 생기는 것을 가장 큰 문제로 보았던 것이다. 그중 두 번째 것은 각 가정뿐만 아니라 그것이 속하는 사회에도 일정한 행동적 규범이 있었다는 점이다. 물론 이런 행동적 규범 가운데는 마땅히 해야 할 것과 해서는 안 되는 것들이 있었는데, 특히 주목해야 할 것은 이들 중 두 번째 범주의 것을 위반했을 때는 일정한 체벌을 받게 된다는 점이었다.

그중 세 번째 것은 고대 사회의 사람들은 영웅이 악한을 싸움에서 물리친 다음에 왕이 되어서 왕비와 행복하게 사는 것을 보는 것을 최고의 이상으로 삼고 있었다는 점이다. 이것은 우선 정치적으로는 옛날의 국가는 군주 국가이었으며, 왕은 전쟁의 영웅으로서 국민을 보호하는 수호자의 역할을 하고 있었다는 것을 의미하고, 도덕적으로는 사람들은 선과 악 간의 싸움에서는 어느 국외자의 도움으로 반드시 선이 이기게 되어있다는 신념을 가지고 있었고 또한 왕 중심의 수직적 단합과 질서유지를 최고의 도덕률로 삼고 있었다는 것을 의미한다. 굳이 따지자면 이것은 곧 옛날에는 전쟁 영웅을 으레 지도자로 추대해야 할 정도로 작은 국가나 사회 간의 싸움이 잦았다는 것을 의미하기도 한다.

Propp의 구성소 이론에 이어서 이야기 연구의 학문적 기저가 된 것은 바로 Barthes의 기능이론인데, 이 이론의 제일 큰 특징은 그가 Saussure의 구조주의적 사상을 기호학으로 발전시키는 과정에서 개발시킨 이론이라는 점이다. 간단히 말해서 그는 놀랍게도 설화와 같은 이야기들은 아주 정교한 구조성을 지니고 있으므로, 이야기학이나 이야기 연구는 앞으로 문학을 위시한 여러 문화적 현상에 관한 연구의 모형이 될 수 있다고 생각했었다. 예컨대 Levi-Strauss가 Saussure의 구조주의 사상을 인류학에 적용하는 동안에 그는 그것을 이야기학에 적용했으니까, 그가 이야기학의 발전에 기여한 공로는 Propp의 그것보다 크다고 볼 수가 있다.

그런데 우리의 입장에서 볼 것 같으면 그의 이론과 Propp의 이론 간의 제일 큰 차이점은 담화나 이야기하기를 이야기의 3대 구조 중 한 가지로 잡았다는 점이다. 그가 내세운 이야기의 3대 구조는 기능과 행동 (등장인물), 담화인데, 이들 중 언제나 이야기의 골격이 되는 것은 기능, 즉 사건이어야 한다고 본 점까지는 그의 이론은 Propp의 이론과 큰 차이가 나지 않는다. 물론 이야기를 일련의 사건들의 논리 정연한 전개과정으로 본 점도 똑같다. 또한 그는 Propp의 기능관을 한 단계 격상시켜서 기능은 크게 사건과 지표로 나뉠 수 있다고 보았다. 여기에서의 지표란 등장인물의 심리상태나 사건 발생지의 분위기를 가르쳐 주는 사실들이었다.

이렇게 보자면 그의 이론을 특징 지우고 있는 점은 분명히 담화나 이야기하기가 이야기의 기본구조 중 하나로 들어간 점인데, 추측건대 그가 이렇게 한 것은 그에게는 이야기란 궁극적인 의미에서 보자면 언어에 의해서 만들어진 하나의 창작품이어야 한다는 소신이 있었기 때문이었을 것이다. 그러니까 그는 설화나 우화 같은 것들이 익히 최근에 개발된 화용론적 이론이나 회화분석이론, 담화분석이론 등의 타당성을 검증할 수 있는 정당한 장이 될 수 있다고 본 것인데, 설화나 우화에서는 으레 묘사나 기술적 언어보다는 오히려 대화적 언어가 많이 쓰인다는 사실을 고려한다면 그의 판단이 백번 맞는다고 볼 수가 있다.

그런데 그는 처음부터 이야기 연구가 학문적으로 특별히 중요한 것은 이야기는 '모든 시대에 모든 곳에서, 모든 사회에서 쓰이고 있어서' 결국에 모든 문화적 행위의 원형으로 볼 수 있기 때문이라는 생각을 하고 있었으며, 따라서 그가 이야기의 언어적 특성 중 한 가지로 대화적 언어가 많이 쓰이는 점을 든 것은 너무나 당연한 일이었다. 그는 그 구성원들이 사용하는 대화적 언어에 만의 한 사회의 사회문화적 특징이 고스란히 반영되어있기 때문에 그것에 대한 분석이 바로 이야기 전체에 대한 분석의 핵심 부분이 되어야 한다고 생각했던 것이다. 또한 그는 한 사회를 유지하거나 운영하고 있는 것은 그것에서 쓰이는 언어라는 사실을 확인하기 위해서도 대화적 언어에 대한 분석은 제대로 이루어져야 한다고 보았다. (Barthes, 1977, p.79)

우리의 주장을 정당화하기 위해서 우리가 여기에서 두 번째로 할 수 있는 일은 하나의 설화를 선택해서 이것의 언어적 특성으로부터 사회문화적 의미를 얻어낼 수 있는지를 알아보는 것이다. 여기에서 제시된 설화는 'A Dictionary of British Folk-Tales : Part A. Folk Narratives(영국설화사전: A부, 설화원문)'에 수록되어있는 것 중 길이나 내용상 우리의 목적에 맞다고 판단된 것으로서, 이것은 쉽게 말해서 대부분 나라의 설화에서 발견될 수 있는 '마귀 할머니' 이야기의 범주에 드는 것이다. 그리고 이 사전에 수록된 설화들의 대부분은 구두로 전수되어온 것들이다. (Briggs, 1970, p.394)

The little watercress girl

There was once a little girl who had to sell watercresses for her living because she was very poor. One day she met an old witch who said to her "If you will come and help me to keep my house I will sell you watercresses for you."

The little girl said "I will try my best."

"But here is one thing you must promise me."said the witch, "and that is this: you must not look up the chimney."

The girl promised that she would not, and went to live at the witch's house. After she had been there a few days she wanted badly to look up the chimney, and she said to herself, "Surely there would be no harm in just having one peep."

So she peeped up the chimney, and saw a white bag there, and pulled it down. Her eyes glistened at the sight of so much wealth, and she said, "I mean to keep this, for I am very poor."

So she carried the bag of money into an orchard close by where many fruit trees grew.

First of all she went up to the apple-tree, and said, "Apple-tree, apple-tree, help me; and if anyone shall ask thee whether thou hast seen me, say' I have not.'"

So the apple-tree promised to hide her. When the witch came back and found that her bag of money was gone she looked everywhere for the little watercress girl. She searched all through the house, and at last she went into the orchard.

First of all she went up to the gooseberry-bush, and said, "Gooseberry-bush, gooseberry-bush, hast thou seen a little girl with a white bag in her hand?"

But the gooselelly-bush said, "Nay." Then witch went to every tree in the garden, asking each the same question, but all the trees said, "Nay."

At last she came to the apple-tree, which said, "Nay.", like the other trees.

So the little girl was hidden by the apple-tree, and when the witch had gone to bed, she carried the bag of money home.

<작은 물냉이 소녀>

<한때 몹시 가난해서 생계로 물냉이를 팔아야 할 작은 소녀가 있었어요. 어느 날 그녀는 늙은 마귀를 만났는데, 그 마귀는 그녀에게 "네가 와서 내 집의 살림을 도와준다면 내가 네 물냉이를 팔아주겠다고 말했어요.

그 작은 소녀는 "최선을 다할게요"라고 말했어요. "그러나 네가 나에게 약속해야 할 것이 하나 있다. 굴뚝을 쳐다보지 말아야 한다는 것이 바로 그것이다."라고 그 마귀는 말했어요.

그 소녀는 그러지 않겠다고 약속을 하고서, 그 마귀의 집에 살러 갔어요. 그녀가 거기에서 며칠이 지나자 그 굴뚝을 몹시 쳐다보고 싶어졌어요. "분명히 딱 한 번 엿보는 것에는 아무 해도 없을 거야."라고 그녀는 자신에게 말했어요.

그래서 그녀는 그 굴뚝을 엿보게 되었고, 거기에서 흰 자루를 보고서 끌어내렸어요. 그러고서 그녀는 그것을 열어보고서 거기에 돈이 가득 차 있음을 알았어요. 그렇게 많은 재화를 보자 그녀의 눈에서는 빛이 났고, "나는 몹시 가난하니까 이것은 내가 가져야겠다."라고 말했어요.

그래서 그녀는 그 돈 자루를 가까이에 있는 과수원으로 가져갔는데, 거기에는 많은 과일나무들이 자라고 있었어요.

제일 먼저 그녀는 사과나무에 다가가서 "사과나무야, 사과나무야 나를 도와줘. 만약 누군가가 그대에게 나를 보았느냐고 묻는다면 '나는 안 보았다.'고 말해줘"라고 말했어요.

그래서 그 사과나무는 그녀를 숨겨주겠다고 약속했어요. 그 마귀가 돌아와서 그녀의 돈 자루가 사라진 것을 알게 되자, 그 작은 물냉이 소녀를 사방팔방으로 찾았어요. 그녀는 온 집안을 뒤진 끝에 드디어 과수원으로 갔어요.

제일 먼저 그녀는 구스베리 숲으로 다가가서 "구스베리 숲아, 구스베리 숲아, 그대는 손에 흰 자루를 든 작은 소녀를 보았느냐?"라고 말했어요. 그러나 구스베리 숲은 "아니요."라고 말했어요. 그러자 그 마귀는 과수원 안의 모든 나무에 가서 똑같은 질문을 하였지만 모든 나무들은 "아니요."라고 말했어요.

마지막에 그녀는 사과나무에 갔는데, 다른 나무들과 마찬가지로 그것은 "아니요."라고 말했어요.

그래서 그 작은 소녀는 사과나무에 의해서 숨겨졌고, 그 마귀가 잠자리에 들자 그녀는 그 돈 자루를 집으로 가져왔어요.>

우선 이 설화는 길이나 주제 또는 내용상 으레 어린이에 들려주게 되어 있다는 점에서 동화는 결국에 어린이용 설화의 연장선상에 있다는 점을 실증하는 데 유효하게 쓰일 수 있는 것인데, 그래도 이것을 통해서는 일반적인 이야기 분석론에서 다루어질 이야기의 특성들을 거의 다 알아볼 수가 있다. 이 짧은 이야기에는 몇 명의 등장하는 인물이 거의 다 있고, 기승전결식으로 일어나는 일련의 사건들이 있으며, 외부의 개입으로 불행했던 주인공이 마지막에는 행복해진다는 주제까지 있으니까 이것은 이야기의 전형이라고 볼 수도 있다. 특히 이것에서는 도움을 주는 것이 사람이 아니라 나무라는 점이나, 악한의 대표로 마귀할머니가 등장한다는 점 등에 의해서 낭만적 신비성이 최고로 고조되어있기도 하다.

그런데 여기에서 우리의 눈에 크게 들어오는 점은 바로 이야기 전체가 혼잣말이나 두 사람 간의 대화로 이루어졌을 정도로 문체가 회화체라는 점이다. 우선 소녀와 마귀 간의 약속부터가 회화체이다. 그러나 무엇보다도 놀라운 것은 소녀나 마귀가 나무들과도 자유롭게 대화를 나눈다는 점이다. 이야기의 고풍스러움을 더하기 위해서 'thou'나 'nay'와 같은 고어들이 회화에서 쓰이고 있는 점도 특이하다. 물론 회화체로 된 소녀의 독백도 눈에 띈다. 그리고 너무나 당연한 일인지 몰라도 회화에 쓰이는 문장들이 모두 어휘나 구조상으로 평이한 것들이다. 쉽게 말해서 이 설화는 일련의 대화에 의해서 짜여진 이야기인 셈이다.

  그런데 이런 점이 이 설화의 언어적 특징이라는 점이 우리에게 시사하는 바는 대단히 크다고 볼 수가 있다. 우선 이것을 보면 예나 지금이나 인간의 사회가 유지되고 있는 것은 언어가 있기 때문이라는 것을 당장 알 수가 있다. 두 주인공 간의 상호교섭의 대부분이 언어를 통한 것이니까 그것의 사회적 기능은 거의 절대적인 것이라는 것을 익히 알 수가 있다. 물론 여기에서는 나무와 같은 자연과도 그들은 대화를 나누고 있으니까, 이 세상 모든 것이 언어를 매체로 해서 연결되어 있는 셈이다. 실제로 나무들이 한 말은 "아니요."라는 한 마디뿐이다. 그러니까 여기에서는 만물의 영장인 인간의 그것만큼은 되지 못하지만, 그들의 언어능력이 인간과 충분히 의사소통을 할 수 있는 만큼은 된다는 것을 보여주고 있는 것이다.

  그 다음으로 이 설화를 보면 인간의 사회생활의 기본이 되는 것이 경제적 거래라는 것을 익히 알 수가 있다. 먼저 주인공인 작은 소녀의 직업이 물냉이를 내다 파는 상업이다. 그다음으로 그녀는 마귀와 가사와 자기 일을 교환하는 상업적 흥정을 하게 된다. 세 번째로 여기에서는 돈 자루가 부의 상징으로 등장하고 있는데, 경제적으로 상당히 발달한 사회에서만 돈은 상거래나 재화의 단위로 쓰이게 되어있다는 것은 누구나 익히 알고 있는 사실이다. 마지막으로 여기에서는 주인공이 마지막에 가서 한 번에 큰돈을 얻게 되는 행운을 갖게 되는데, 이런 일도 경제적으로 상당히 발달된 사회에서만 일어날 수 있다.

세 번째로, 이 설화를 보면 인간의 사회는 구성원 상호간의 계약으로 유지되거나 운영된다는 것을 익히 알 수가 있다. 여기에서 제일 먼저 이루어지는 계약은 소녀와 마귀 간의 노동교환에 관한 계약이다. 그 다음 계약은 이 계약에 부수해서 이루어지는 것으로서 '굴뚝을 들여다보지 않겠다.'라는 약속이 바로 그것이다. 여기에서의 세 번째 계약은 소녀와 다른 모든 나무와의 약속으로 확대가 된다. 물론 이 이야기 전체는 이들 중 제일 중요한 첫 번째 약속이 지켜지지 않은 데서 생긴 사건이다. 그러니까 이 이야기 계약이나 약속은 지켜지는 것이 원칙이지만 그렇지 않은 경우도 있다는 것을 잘 보여주고 있다.

3) 비평적 담화분석

담화분석론은 엄밀하게 말해서 20세기 후반에 담화를 언어연구의 대상으로 삼는다는 점 하나로 결합이 된 여러 가지 독립적 학문들의 연합체라는 사실을 가장 분명하게 실증하고 있는 것이 바로 비평적 담화분석이다. 이것이 담화분석론의 다른 자매 학문들과 차이가 나는 점은 크게 두 가지로 볼 수 있는데, 그중 첫 번째 것은 다른 것들은 영국이나 미국에서 주로 발달된 형식이나 구조주의적 언어학의 흐름 안에 들어갈 수 있는 일종의 언어학적 학문인 데 반하여 이것은 주로 유럽에서 발달된 사회학이나 철학적 전통 안에 들어갈 수 있는, 일종의 사회학적 학문이라는 점이다. 그중 두 번째 것은 다른 것들은 일상적인 회화문의 형식이나 구조적 특성을 밝히는 데 주된 목적을 둔 데 반하여, 이것은 문자로 된 텍스트의 주제나 내용을 구명하는 데 주된 목적을 두었다는 점이다.

그런데 우리의 입장에서 볼 것 같으면 일종의 비주류적 담화이론격인 이것에 특별한 관심을 가질 수밖에 없는데, 그 이유는 이것에서는 언어란 결국에 일정한 역사적 시점에 만들어지는 사회문화적 산물이라는 것을 드러내놓고 강조하고 있기 때문이다. 예컨대 언어와 사회의 불가분성을 이것에서는 양방적인 현상으로 보는데, 이 점 하나만으로도 이것이 그동안에 나온 사회학적 언어이론 중 가장 강력한 것임을 익히 알 수가 있다. 우선 이것에서는 우리의 세계관이나 인생관은 으레 일종의 담화 형태로 표현되게 되어있다고 본다. 그러나 이것에서는 담화의 형식이나 형태는 언제나 우리의 의식이나 상상력에 일정한 계약을 가하기도 한다고 본다. 그러니까 쉽게 말해서 이 이론은 고도의 사회성 유지가 인간성의 중요한 특성이라는 것을 언어적 사실이나 현상을 통해서 실증하려는 우리의 노력에 딱 맞는 이론인 셈이다.

물론 엄밀히 따지자면 이것에서 쓰이는 담화분석법은 다분히 파격적이고, 그 주제도 사회학적이거나 정치경제적인 것이기에, 사람에 따라서는 이것에서 다루어지는 학설은 더 이상 언어학적인 것이 아니라 사회학적인 것으로 보아야 한다고 주장할 수도 있다. 예컨대 이것의 창시자인 Foucault가 1970년대에 내세운 담화이론은 지금까지 담화분석론에서 제안된 담화이론과는 아무런 유사성도 없다. 그는 담화분석에 적용되는 접근법에는 언명적(enonciation)차원의 것과 선언적(enonce)차원의 것의 두 가지 것이 있는데, 전자에서의 담화의 단위는 문장인 데 반하여 후자에서의 그것은 선언이 되는 식으로 양자 간에는 커다란 차이점이 있다고 보았다. 그가 말하는 선언은 형식이나 화행적 단위가 아니라 일종의 사회문화적 기능의 단위였던 것이니까, 그의 담화분석관은 종전의 것과는 너무나 다른 것임이 분명했다. (McHoul, 1994, p.945)

그뿐만 아니라 그가 실제로 한 일도 종전까지 담화분석론자들이 해오던 것과는 판이하게 다른 일이었다. 예컨대 그와 그의 동료는 고고학적 작업이라는 이름 밑에서 오래된 문서나 문헌들을 복원해서 재해석하는 일에 매달렸는데, 18세기와 19세기에 일어났던 'Ⅰ.Pierre Riviere'라는 유명한 다중살인사건에 관한 문서를 찾아내서 죄의 처벌에 대한 법규나 방법이 시대와 상황에 따라서 크게 바뀌어왔음을 실증해냈다. 물론 그가 사회적 문제로 삼은 것도 권력이나 이데올로기, 지식, 형벌, 성과 같이 아주 근원적이고 보편적인 것들이었다. 이런 의미에서 볼 때 그가 개발한 연구방법은 언어학적이거나 사회학적인 것이라기보다는 오히려 여러 학문 간의 경계를 초월한 일종의 학제적인 것에 가까웠다. (Ibid., p.947)

1990년대에 이르자 이것은 영어의 'CDA(critical discourse analysis)'이라는 약자 이름으로서 인문학과 사회과학 전역에서 하나의 신예 학문처럼 떠오르게 되었는데, 상황이 이렇게 되는 데 결정적인 역할을 한 것이 바로 van Dijk과 Fairclough, Wodak 등의 눈부신 활약이었다. 이들의 논문이 'Discourse and Society(담화와 사회)'나 'Journal of Language and Politics(언어와 정치)'과 같은 학술지에 발표된 사실로써 익히 알 수 있듯이 그 위상은 크게 달라졌어도 언어학적 분석기법으로 사회나 정치적 문제를 다룬 텍스트를 분석한다는 본래의 명제에는 아무런 변화가 없었다.

그런데 이것을 가리켜서 처음에는 비평적 언어학이라고 부르다가 드디어는 경우에 따라서는 비평적 응용언어학이라고 부르게 된 사실이 익히 말해주고 있듯이 이것의 발전 양상의 제일 두드러진 특징은 역시 그 적용대상이나 영역이 심지어는 철학이나 문화연구까지도 포함시키는 식으로 크게 확대되었다는 점이었는데, 이러다 보니까 자연히 이것에서의 학설이나 접근법도 다양화되는 현상이 일어났다. 예컨대 Weiss와 Wodak은 'discourse-historical approach(담화역사적 접근법)'이라는 새로운 학제적 접근법을 개발했는데, 이것의 특징은 담화분석에 역사학적 내지는 민족학적 연구법이 쓰인다는 점이었다. (Weiss and Wodak, 2003)

그런가 하면 van Dick은 최근에 'A sociocognitive approach(사회인지적 접근법)'이라는 색다른 학제적 접근법을 개발했는데, 이름 그대로 우리의 지식형성과 인지 절차에 관한 인지심리학적 원리를 사회문제를 다룬 텍스트의 분석에 적용시킨 점이 이것의 특징이었다. 그가 처음으로 하나의 비평적 담화분석자로 출발했을 때는 Weiss와 Wodak과 마찬가지로 문맥이나 상황의 중요성을 강조했었는데, 10여 년 뒤에는 글을 쓴 사람의 정치나 사회문제에 관한 지식의 형성과정과 이 세상에 대한 사고방식을 더 중요시하는 식으로 그것이 바뀐 것이다.(van Dick, 2008)

그런데 흥미롭게도 아무리 다양하게 새로운 이론이나 접근법이 개발되어도 이것의 기본자세에는 아무런 변함이 없음이 드러났는데, 그동안에 담화분석론에서 개발된 언어이론과 분석기법을 최대로 사회적 현상이나 문제를 분석하는 데 원용한다는 것이 바로 그것이었다. 그러니까 지금까지의 연구로 우리는 비평적이라는 한정사를 일단 사회적이라는 말로 바꾸고 볼 것 같으면 이 학문의 실체를 더 확실하게 파악할 수 있다는 사실을 알게 된 셈인데, 사실은 그렇게 해서 예컨대 '사회적 담화분석'이라는 이름을 새로 얻었다고 해서 하나의 학제적 학문으로서의 이것의 태생적 문제점이 사라지는 것이 아니라는 것도 우리는 알게 되었다. 다시 말하자면 앞으로도 연구자들 사이에서는 이것을 언어학의 한 영역으로 볼 것인가나, 아니면 사회과학의 한 영역으로 볼 것인가가 중요한 논쟁거리가 될 수 있다.

그렇지만 우리의 입장에서 볼 것 같으면 사회적 담화분석이라는 이름이 비평적 담화분석이라는 이름보다 더 낫다. 그 이유는 그렇게 되면 언어는 인간의 본성 중 한 가지가 고도의 사회성의 유지라는 것을 드러내주는 가장 확실한 증거라는 것을 이름 자체에 밝힌 셈이 되기 때문이다. 그동안의 연구를 통해서 이것은 물론 언어학자들에게 개별문장과는 다르게 담화를 분석하는 데 있어서는 으레 문맥이나 상황적 변수들이 매우 중요하게 다루어져야 한다는 진리를 알려주는 식의 역방향적 기여도 했다. 그렇지만 이것이 결국에는 사회과학의 발전에 더 큰 기여를 할 것임이 분명하다. 일찍이 Wittgenstein은 '언어를 상상하는 것은 삶의 한 형태를 상상한다는 의미이다.'라는 명언을 남겼는데, 여기에서의 삶의 형태란 곧 사회적 삶의 형태일 것이다. 그러니까 그는 언어학은 바로 사회과학의 한 도구학문이어야 한다는 것을 일찍이 설파한 것인데, 따지고 보자면 이 말만큼 앞으로의 이 학문의 가치 있고 활기찬 미래를 보증하고 있는 말도 없다고 볼 수도 있다. (Wittgenstein, 1968)

2.4 사회언어학에서의 연구

우선 학제적 학문의 태생적 한계성은 역시 두 개의 원천 학문 사이에서 최적의 균형성을 유지하기가 이론만큼 쉽지 않다는 점이라는 것을 비평적 담화분석보다 더 역력하게 보여주는 것이 사회언어학인데, 그 이유는 사회학자들은 자기네 학문은 으레 다양한 사회적 조직이나 현상들을 모두 망라해야 할 일종의 대 학문이기에, 그것을 언어학의 발전에 기여할 도구학문으로 보기보다는 오히려 반대로 언어학을 그것의 발전에 기여할 도구학문으로 보려고 하기 때문이다. 그런데 공교롭게도 예컨대 '언어사회학(sociology of language)'과 같은 이런 입장을 대변하는 학문은 이제 겨우 출범한 상대로 머물러있고, 정반대의 입장을 대변하는 학문, 즉 '사회언어학(sociolinguistics)'은 이미 언어학의 한 하위학문으로서의 위상을 굳힌 지 오래되었다.

그런데 우리의 입장에서 볼 것 같으면 이렇게 된 것이 되레 잘된 일일 수가 있는데, 그 이유는 우리의 주된 관심은 사회성 유지라는 인간의 본성이 얼마나 충실하게 언어적 현상이나 사실에 반영되어있는가를 알아보는 데 있기 때문이다. 특히 우리의 목적으로 보아서는 당연히 언어능력보다는 언어사용의 현장을 중요시하는 학문들의 연구현황을 종합적으로 살펴보는 일이 필요한데, 이런 의미에서 보아서도 오늘날 언어사회학보다는 사회언어학이 더 발전된 것이 다행한 일임이 분명하다. 그동안에 이런 식의 반전통적 언어관에서 출범한 학문에는 화용론과 담화분석 등이 있는데, 이들의 한계성은 언어사용에 관한 일반적인 원리나 이론의 발견에만 주력을 쏟은 나머지 사회·문화적 변수에 의해서 결정되는 언어의 변이성의 양태에 관한 연구가 부족했다는 점이었다.

그런데 사회언어학에서 그동안에 주로 한 일은 쉽게 말해서 현장연구를 통해서 언어의 변이성을 구명하는 것이었다. 사회언어학에서는 예컨대 '사회음성학'을 따로 발전시킬 정도로 일찍이 실험음성학에서 개발한 연구법을 그대로 원용하였는데 이것은 곧 이것에서는 음성이나 음운적 변이성을 어형이나 통사적 변이성보다 더 중요한 특징으로 보았기 때문이었다. 물론 사회언어학자들이 자료 수집을 위하여 주로 사용한 연구법은 인터뷰법이었으니까 이런 점에 있어서는 이들은 회화분석론자나 담화분석론자와 크게 다르지 않다고 볼 수도 있다. 그렇지만 언어의 음성이나 음운적 특성을 언어적 변이성의 기본으로 본 것은 이들뿐이다. 이런 의미에서 볼 때 사회언어학적 연구가 우리에게 줄 수 있는 기여는 다른 학문으로부터는 쉽게 얻을 수 없는 아주 특별한 것임이 분명하다.

1) 사회적 방언에 대한 연구

Chomsky의 통사이론이 언어연구의 주도권을 잡게 된 1960년대에 사회언어학을 그것에 대한 대안이나 대항학문으로 내세운 사람은 Dell Hymes와 William Labov였는데, 우연인지 필연인지 바로 이 시기에는 화용론과 담화분석론과 같은 유사계열의 학문도 출범하게 된 탓으로 이들은 마치 반Chomsky적 연합전선을 이끄는 선봉장처럼 행동하게 되었다. 굳이 따지자면 Chomsky가 즐겨 쓰는 '언어능력'이라는 말의 반대어로 '사회언어학적 능력'이라는 말을 만들어낸 Hymes가 이 점에 있어서는 더 큰 역할을 수행했다고 볼 수가 있는데, 예컨대 그의 사회적 문맥으로부터 분리된 언어의 구조성을 형식적으로 밝히는 일은 진정한 의미에서의 언어학적 과제가 될 수 없다는 주장이나, 사회언어학을 '인간의 공동체에서의 말의 수단과 그것을 사용하는 사람들에게 전달되는 그것의 의미'를 연구하는 학문으로 정의한 것 등이 그런 사실을 익히 뒷받침하고 있다고 볼 수가 있다.

그러나 몇 가지 기념비적 연구사례와 함께 이 학문의 기본적인 틀과 여기에서 쓸 수 있는 연구법 등을 구체적으로 제시한 사람은 Labov였다. 우선 1966년에 그가 실시한 뉴욕시의 동부지역에서 쓰이는 영어에 관한 연구는 사회언어학의 출범을 정식으로 알리는 신호탄과 같은 연구이었는데, 여기에서 그는 이 학문의 주제는 언제나 언어의 사회적 변이성을 구명하는 일이어야 함을 분명히 밝혔다. 그가 여기에서 내세운 사회적 변이성 이론의 충격은 그동안 언어연구의 풍토를 크게 바꾸어놓을 수 있었는데, 그 이유는 그전까지는 Chomsky의 통사이론이 언어학을 이끄는 주도 이론처럼 기능하고 있었던 데다가, 언어적 변이성이라 하면 으레 지역적 방언의 현상을 가리키게 되어있기 때문이었다.

그런데 그의 연구로 어떤 의미에서는 지역적 방언에 관한 연구보다 훨씬 더 의미 있는 것이 사회적 방언에 관한 연구라는 사실이 드러나게 되었으니까, 이때부터 많은 언어학자가 사회언어학적 연구의 특이성과 중요성을 새삼 깨닫게 되는 것은 너무나 당연한 일이었다. 그런데 그의 연구가 계속되고, 다른 동료들에 의한 그의 연구를 확대 내지는 심화할 수 있는 연구업적들이 나오면서, 이 학문에는 언어기술적 문제점뿐만 아니라 사회학적 문제점이 있음이 더 확실하게 드러나게 되었다. 다시 말하자면 지금까지의 연구로 이름 그대로 사회언어학은 결국에 사회학과 언어학을 기저로 한 하나의 학제적 학문일 수밖에 없음이 분명해진 것이다.

예컨대 그동안의 연구에서는 사회적 방언을 생겨나게 하는 요소로 크게 나이와 성, 인종, 사회적 계층 등의 네 가지가 있는데, 이 중에서 가장 집중적으로 연구할만한 것이 사회적 계층이라는 것이 밝혀졌었다. 그 이유는 물론 다른 세 가지 요소와는 다르게 이 요소는 크게 1)이것을 몇 가지로 나누어야 하는가와 2)어떤 사람을 어느 계층의 구성원으로 보아야 하는가와 같은 지극히 난해한 문제점을 지니고 있기 때문이었다. 기본적인 의미에서 볼 때 바로 이 요소에 대한 입장에 의해서 어느 사회언어학적 연구의 성격과 의의는 결정되게 되어있었다. 결국 사회언어학의 과제는 한 사회의 구성원들은 사회적 계층에 따라서 어떤 식으로 변이된 언어를 사용하게 되는가를 구명하는 것이 되는 셈이다.

그런데 사실은 그동안의 연구로 사회적 계층을 나누는 기준부터가 한 가지일 수 없다는 사실이 밝혀졌는데, 그 이유는 우선 이 일은 사회학에서 지금까지 개발한 모든 사회적 방언 간의 언어적 차이성을 찾기가 쉽지 않기 때문이었다. 그리고 궁극적으로 보았을 때는 사회언어학들의 머리에는 그들의 연구는 일종의 언어학적 연구이어야지 사회학적 연구이어서는 안 된다는 의식이 깊게 자리 잡고 있었던 것이다.

Labov의 대표적인 연구로는 맨 처음인 1966년에 실시한 뉴욕시의 영어에 관한 연구와 그 후 2001년에 실시한 '필라델피아 인근 연구'인데, 이들 두 가지에서 쓰인 기준들을 비교해보면 이 일이 한편으로는 연구 자체의 가치가 결정될 정도로 중요하면서도, 다른 한편으로는 거의 자의적이라고 말할 수 있을 정도로 어려운 일이라는 것을 쉽게 알 수가 있다. 우선 1966년의 연구에서는 흥미롭게도 첫 번째에는 사회적 계층을 셋이나 네 가지로 잡는 식의 일종의 간이형이 쓰였다가 두 번째에는 그것을 여섯 가지로 잡는 식의 일종의 확대형이 쓰였는데, 그 후 내내 논쟁거리가 된 것은 바로 두 번째 것이었다.

예컨대 1966년의 연구 중 첫 번째 것에서는 사회적 계층을 지표성 0에서 2까지의 하위집단과, 3에서 5까지의 중간집단, 6에서 9까지의 상위집단 등의 세 가지로 나누었는데, 이때 그가 사용한 기준표는 John Michael이 일찍이 직업과 교육, 벌이 등의 세 가지 기준에 의해서 만든 10가지 척도의 '사회경제 계층지표'였다. 그런데 이 연구의 두 번째 것에 있어서는 사회적 계층의 수가 두 배로 늘어나서, 결국에는 그것이 지표상 0인 집단과 2와 3의 집단, 4와 5의 집단, 6에서 8까지의 집단, 9인 집단 등의 여섯 가지로 나뉘는 결과가 되었다. 그러니까 특별한 이유나 근거도 없이 그는 사회적 계층을 나누는 방법을 최소의 세 가지 것으로부터 최대의 여섯 가지 것으로 바꾼 셈이다.

그런데 문제는 이 신분류법이 겉으로는 분명히 구 분류법보다 더 과학적인 것처럼 보이지만 실제에 있어서는 이것의 타당성을 뒷받침할 수 있는 언어적 특징을 찾기가 쉽지 않은 데 있었다. 첫 번째 연구에서는 /r/음을 변수음으로 삼았었는 데 반하여 이 연구에서는 그것에 더해서 'this'나 'then' 등에서 으레 쓰이는 비표준어적인 /dh/음을 추가했는데, 문제는 한 집단의 몇 %를 이런 비표준어음의 사용자로 잡아야 하는가를 결정하기가 쉽지 않은 데 있었다. 이렇게 이것에서는 계층 간의 차이를 분명하게 드러내 줄 수 있는 유형적 규칙성을 발견하기가 어려워지자 그는 드디어 세 번째 분류법을 만들어내게 되는데, 교육과 직업의 두 가지 기준을 사용해서 사회의 구성원을 모두 네 가지 집단으로 나눈 것이 바로 그것이었다. 결국 이 기념비적인 연구에서 그는 모두 세 가지의 사회계층 분류법을 사용했던 것이다. (MaCaulay, 2006, p.486)

그런데 2001년의 연구에서는 그 분류법이 계층의 수가 여섯 가지로 늘어나는 식으로 다시 바뀌었다. 여기에서는 교육과 직업, 주거 등의 세 가지 기준이 쓰인 일종의 16점형 척도가 사용되었는데, 다른 사람의 힘을 전혀 빌리지 않고서 독자적인 경험에 의해서만 만들어진 것이라는 점이 이것의 제일 중요한 특징이기도 했다. 이 연구를 통해서 그가 발견한 사실은 크게 두 가지였는데, 그중 첫 번째 것은 이들 세 가지 기준 중 가장 중요한 것은 직업으로서, 나머지 교육과 주거는 사회적 특권의식과 관련된 개념일 뿐, 사회계층의 분류작업과는 큰 관련성이 없다는 사실이었다.

그중 두 번째 것은 언어적 변이성에 관한 한 더욱 분명하게 구별성이 드러나는 것은 처음의 세 노동계층 집단과 두 개의 중간계급 집단과 하나의 상류계층 집단으로 된 나머지 세 집단의 사이에서라는 사실이었다. 이런 두 가지 사실은 역설적으로 일차적으로는 사회언어학적 연구의 성패나 가치는 으레 사회계층을 어떤 기준에 의해서 몇 가지로 나누느냐에 따라서 달라지게 되어있다는 것을 말해주고 있었고, 이차적으로는 반드시 사회계층의 수를 늘려 잡는다고 해서 훌륭한 사회언어학적 연구가 보장되는 것은 아니라는 것을 말해주고 있었다. (Ibid., p.487)

아마도 Labov의 연구에 관한 한 무엇보다도 중요한 사실은 사회계층에 의한 언어적 변이성을 오로지 음성이나 음운적 능력의 면에서만 구명하려고 했다는 점일 텐데, 언어의 구조로 보았을 때 그것이 어형이나 문법적 내지는 담화적 능력의 면에서도 있을 수 있다는 것은 누구나 익히 추측할 수 있었다. 또한 그의 연구들은 당연히 마치 사회계층상의 차별성이 그들 간의 공통성보다 더 크고 중요한 것 같은 인상을 주게 마련인데, 사실은 그렇지가 않다. 쉽게 말해서 사회적 방언도 한 사회에서 쓰이는 공통적 언어의 일부분인 것이다. 그렇지만 궁극적으로는 사회언어학만큼 사회와 언어의 불가분성을 사실적으로 드러내고 있는 것도 없다. 다시 말하자면 우리는 이것에서 거두어들인 연구업적을 통하여 언어는 한 사회의 구성원들의 구체적인 삶의 모습이나 양식의 표현체라는 사실을 가장 쉽게 확인할 수가 있다.

2) 민족지학적 언어연구

일찍이 Hymes가 사회언어학의 필요성과 가치성을 설득하는 자리에서 그의 중요한 도구로 사용한 것이 바로 '말의 민족지학(Ethnography of speaking)'이라는 술어였다. 원래 민족지학이란 한 사회의 문화적 특이성을 그것의 구성원들 생활양식이나 행동유형에 관한 연구를 통해서 구명해내려는 학문이니까 그는 이 술어에 의해서 대상을 말 한 가지로 제한한 셈이 된 것인데, 사실은 여기에서의 그의 의도는 말에 관한 연구를 모든 민족지학적 연구의 전부로 보려는 데 있었다. 민족지학을 최초로 제안한 인류문화학자도 이런 발상법적 능력이나 기능을 최고로 중요시하는 언어학자였기에 그는 이런 술어를 만들어낼 수 있었던 것이다. 여기에서는 언어라는 단어 대신에 말이라는 단어를 굳이 사용된 것도 특이한 점이지만 말이라는 단어와 '의사소통(communication)'이라는 단어가 상호교차적으로 사용된 점도 특이한 점이었다.

이런 의미에서 볼 때 그는 이 발상법을 통해서 비단 사회언어학적 언어 연구의 발전에 새로운 동력을 제공할 수 있게 되었을 뿐만 아니라 일종의 언어학적 접근법의 소개로 인류문화학의 발전에도 크게 기여할 수 있게 되었다고 볼 수가 있는데, 이런 판단의 근거로 내세울 수 있는 것은 바로 그는 처음부터 말의 민족지학을 규칙이나 체계 등을 기본으로 하는 하나의 현대적 학문일 수 있다고 본 점이다. 1962년의 책에서 그는 어느 사회에서 쓰이는 화법은 크게 말의 공동체와 말의 사건, 말의 사건에서의 요소, 말의 사건에서의 기능 등의 네 가지 측면에서 분석될 수 있다고 보았는데, 이런 기술적 틀의 특징은 화법의 보편성을 확인하는 데만 쓰일 수 있을 뿐만 아니라 그것의 개별성을 확인하는 데도 쓰일 수 있다는 점이었다. (Hymes, 1962)

그런데 Philipsen의 연구에 따를 것 같으면 말의 형태를 이런 식으로 분석할 것을 최초로 제안한 사람은 Jakobson이었으며, 따라서 Hymes의 기술법은 그의 것을 약간 보완한 것으로 보는 것이 맞는 일이라는 것이었다. 예컨대 Hymes의 기술법에서는 우선 말의 사건의 요소로는 발신인과 수령인, 전언, 통로, 기호, 주제, 장소 등의 일곱 가지가 설정되고, 그다음으로 말의 사건의 기능으로는 표현적인 것과 참조적인 것, 지시적인 것, 설득적인 것, 행동적인 것, 시적인 것, 사교적인 것 등의 일곱 가지가 설정되고 있는데, 이런 식의 분석법의 필요성을 맨 먼저 강조한 사람은 바로 Jakobson이었다. (Philipsen, 1994, p.1159)

그런데 무엇보다도 중요한 사실은 그의 기술적 틀이 발표되자 그 후 30년에 걸쳐서 무려 250여 가지의 그것을 원용한 연구가 이루어졌다는 점이었다. 물론 엄밀한 의미에서는 이들에서는 그의 틀이나 분석의 범주들이 그대로 쓰였다기보다는 그것의 수정형이나 보완형이 쓰였다고 보는 편이 맞는 일일 텐데, 장면이나 참여자, 사건의 성조, 도구성, 상호교섭의 기준형 등의 술어가 새로 쓰이게 된 것이 그것의 좋은 근거일 수가 있다. 그리고 또 한 가지 중요한 사실은 그동안의 연구로 말의 형태에는 어떤 말에서도 적용되는 보편성에 못지않게 각 사회나 문화마다의 개별성도 있다는 사실이 드러나게 되었다는 점이었다. 이런 의미에서 보자면 앞으로 Hymes가 말하는 민족지학적 말에 관한 연구는 일종의 비교연구적 성격인 것으로 발전될 가능성이 컸다.

그런데 흥미롭게도 앞으로는 크게는 모든 사회언어학적 언어연구의 발전 방향이고 작게는 Hymes의 민족지학적 언어연구의 발전 방향이 여러 사회나 나라의 언어들을 비교하는 쪽으로 기울어질 가능성이 있다는 것을 예고했던 사람은 1960년대에 회화분석론을 출범시킨 바로 Sacks였다. 원래 회화란 한 사회에서 쓰이는 가장 기본적인 언어적 양식이기에 그가 한 일도 크게 보자면 일종의 사회언어학적 연구였다고 볼 수가 있다. 그런데 그는 일찍부터 훗날에 '회원범주화 분석법(membership categorization analysis)'으로 알려지게 된 일종의 사회문화적 접근법의 개발에 심혈을 기울이게 되었는데, 쉽게 말해서 다른 행동과 마찬가지로 회화도 한 사회의 구성원들이 공유하고 있는 범주화적 지식의 표현체로서 분석되어야 한다는 것이 이것의 요지였다.

이 무렵에는 이미 많은 민족지학적 연구자들이 한 사회의 구성원들은 으레 저마다의 특이한 범주화적 지식을 바탕으로 해서 행동하게 되어있으므로 그들의 행동이나 활동에 대한 분석은 마땅히 그들의 범주화적 지식에 대한 분석으로 귀결되게 되어있다는 식의 주장을 하고 있었다는 사실을 고려하자면, 그의 이런 움직임은 그들의 이론의 영향을 적지 않게 받았다고 볼 수도 있다. 그렇지만 그가 일찍부터 회화분석을 언어사용자들의 범주화의 논리를 분석하는 일로 보았다는 것은 놀라운 일이다. 예컨대 그는 'On the analyzability of stories by children(어린이 이야기의 분석가능성)'이라는 논문에서 'the baby cried, the mommy picked it up.(애기가 울자 엄마가 안았다)'라는 문장에서 엄마를 다른 엄마가 아니라 애기의 엄마로 해석할 수 있는 것은 바로 그가 언어란 결국에 일조의 범주 결속적 활동이라는 것을 알고 있기 때문이라고 설명했다. (Sidnell, 2006, p.170)

그렇지만 큰 의미에서 볼 것 같으면 그의 주된 관심은 차례바꾸기나 선호성의 원리와 같은 일반적이고 보편적인 규칙이나 원리를 발견하는 일에 가 있었지, 이들에 있어서의 사회문화적 개별성이나 차별성을 발견하는 데 가 있지는 않았다. 쉽게 말해서 그의 연구는 오직 미국인이 사용하는 영어회화에 대한 것이었지, 그 밖의 언어에 의한 회화에 대한 것은 한 가지도 없었으니까, 그것은 자기가 발견한 규칙이나 원리의 일반성이나 보편성을 정식으로 확인할 수 있는 단계에는 아직 이르지 못하고 있던 것이다. 그러니까 그는 이때 '회원범주화 분석법'과 같은 민족지학적 접근법의 필요성을 내세움으로써 그의 연구에는 으레 일종의 제2단계적 작업이 후속되어야 한다는 점을 암시했던 것이었다.

그의 암시는 그 후 몇 사람들의 연구로 현실화가 되었는데, 그중 가장 대표적인 것이 바로 1974년에 Riesman이 실시한 앤티가(Antigua)카리브 크레올의 회화에 관한 연구였다. 그는 이 크레올의 회화에서는 영어의 회화에서 지켜지고 있는 차례바꾸기의 규칙이 전혀 지켜지지 않는다는 사실을 발견했다. 그는 참여자들이 방향의식을 전혀 가지고 있지 않는 식의 이런 회화법을 '대위법적'이거나 '무정부적' 회화법이라고 불렀다. 그러자 Sidnell은 2001년에 실시한 후속연구를 통해서 그의 카리브 크레올의 회화에 대한 연구결과는 100% 잘못된 것임을 실증해냈다. 여기에서 Sidnell은 차례바꾸기의 규칙과 같은 것은 문화 간의 변이성에 관한 연구의 대상이 될 수 없는, 일종의 보편적인 규칙이어서, 이런 사실을 설명하는 데는 진화론적 논증법이 필요한 것 같다는 의견까지 내놓았다.

그러나 그 밖의 비교적 회화연구의 사례들은 회화분석은 바람직한 언어연구에서는 마땅히 민족지학적 접근법도 적용되어야 한다는 것을 익히 실증해줄 수 있는 영역이라는 것을 드러내주었다. 예컨대 Marjorie Goodwin은 1990년에 실시한 아프리카계 미국 어린이들의 회화에 관한 연구를 통해서 누가 지시나 요구를 하거나 받아들이냐와 같은 화법상의 관행에 의해서 그들 간에 사회적 계층이 형성되어있음을 발견하게 되었다. 또한 Charles Goodwin은 회화적 관행이나 절차가 직업의 전문성에 따라서 저마다의 특이성을 드러내고 있다는 사실을 발견해냈다. 예컨대 법률상담실이나 고고학 연구소에서 쓰이는 회화의 양태는 일반적인 회화의 양태와 똑같지는 않았다. (Ibid., p.171)

3) 사회언어학적 이야기 분석

사회언어학의 창설자들인 Labov와 Hymes는 모두가 일찍부터 구두적 이야기는 사회언어학적 언어연구의 좋은 자료가 될 수 있다는 생각을 하고 있었는데, 이런 발상법을 일종의 접근법적 수준으로까지 발전시킨 사람은 바로 Labov였다. 우선 그는 기념비적인 1972년의 책에서 이야기는 원래 화자가 과거의 경험을 자기의 의도나 목적에 따라서 재조립한 것이기에, 그것의 분석은 크게 기본적인 사건의 배열에 관한 것과 평가적 방편이나 기구에 관한 것으로 나뉘어야 한다는 의견을 내놓았다. 그는 또한 이 견해에 맞추어서 이야기를 구성하고 있는 문장들을 첫 번째 기능용으로 쓰인 것, 즉 '이야기절'과 두 번째 기능용으로 쓰인 것, 즉 '자유절'의 두 가지로 나누기도 했다.

그의 이런 견해를 이야기의 구조나 형식의 차원에서 실현시킨 것이 바로 이야기를 여섯 가지 부분의 구성체로 본 이른바 '6부 이론'이었다. 그가 말하는 여섯 가지 부분은 개요와 방위, 복잡한 사건, 평가, 결과, 종결 등이었는데, 여기에서 특별히 주목할 사실은 평가부는 전체적 구조상으로는 네 번째 부위로 나타나 있지만 실제적인 평가적 작업은 이야기의 모든 부위에서 고르게 이루어지게 되어있다는 점이었다. 그의 견해에 있어서는 사건의 기술보다는 오히려 평가 작업이 더 중요시되고 있다는 것은 평가의 유형에 대해서 상세한 설명이 이루어지고 있다는 사실로써 익히 알 수가 있다.

그는 일단 평가를 이야기절 밖에서 이루어질 수 있는 것과 그런 절 안에서 이루어질 수 있는 것으로 대별한 다음에, 우선 첫 번째 범주에 속하는 것으로는 서술자가 이야기의 틀에서 완전히 벗어난 자리에서 일반적인 논평을 하는 것과, 그가 사건들이 전개되는 과정에서 그들 사이에 삽입시키는 평가. 그가 한 참여자로서 다른 참여자에게 하는 논평, 말 이외의 행동에 의해서 표현되는 평가 등의 다섯 가지를 들었다. 이들 평가들은 사건의 흐름을 그때그때 중단시킴으로써 듣는 사람의 흥미나 이야기 전체의 긴장감을 높이는 효과도 내고 있었다. (Toolan, 1994, p.2701)

그 다음으로 그는 두 번째 범주에 속하는 것으로 강화어를 비롯하여 비교어, 상관어, 설명어 등의 네 가지를 들었다. 먼저 강화어 안에는 과장적 수식어와 반복적 표현, 관행적 표현, 큰 소리로 말하기, 몸짓 등이 들어가 있었고, 그 다음에 비교어 안에는 지금 일어나고 있는 사건을 상대적이거나 간접적으로 평가할 수 있는 것들, 즉 부정적 표현과 의문문, 명령문, 비교문, 직유 및 은유적 표현 등이 들어가 있었다. 세 번째로 상관어 안에는 하나의 절 안에서 여러 사건들을 동시에 기술하는 통사적 장치들, 즉 'be + V-ing'형의 진행형적 표현과 'V-ing'형의 분사적 표현 등이 들어가 있었으며, 네 번째로 설명어에는 지금 일어나고 있는 사건을 수식하는 데 쓰이는 종속절들, 즉 while이나 although, since, because 등의 접속사가 이끄는 절들이 들어가 있었다. 그가 이상과 같은 '6부 이론'을 제안했을 무렵에 구두적 이야기의 분석과 관련된 몇 가지의 유사한 이론들이 제안되기도 했는데 '이야기 연기이론'이 바로 그들 중 하나이었다. 이름 그대로 이것은 이야기를 하나의 연극처럼 분석되어야 한다는 이론인데, 전통적으로 이야기하기에는 이미 존재하던 이야기를 재구성해서 다시 말하는 것도 들어가 있었기에 이런 발상법 자체를 반드시 현대적인 것으로 볼 수는 없다. 다시 말해서, Hymes나 Goffman과 같은 사회언어학의 선구자들이 처음부터 이야기가 사회언어학적 연구의 좋은 자료가 될 수 있으려면 그것은 마땅히 하나의 연극처럼 다루어져야 한다는 생각을 하고 있었던 것은 너무나 당연한 일이었던 것이다.

그런데 이 이론이 사회언어학자들 사이에서 각광을 받게 된 것은 Wolfson이 1982년에 이것을 새로운 이야기 분석 이론을 제안한 이후이었다. 그녀는 우선 이야기의 연기적 특징으로 직접적인 말과 방백, 반복문, 표현적 소리, 음향효과, 동작과 몸짓, 규약적 역사적 현재형 등의 일곱 가지를 내세웠는데, 이들은 흥미롭게도 두 번째 것과 마지막 것을 제외하고는 모두 Labov의 평가적 기구와 동일한 것이었다. 그런데 그녀가 이들 중 제일 중요한 특징으로 본 것은 마지막 것인 규약적 역사적 현재형이었다. 이야기의 시제를 역사적 과거형으로부터 역사적 현재형으로 바꿈으로써 말하는 사람은 자기의 의견을 개입시킬 수 있고, 이야기의 일정 부분에 주의를 집중시킬 수 있으며, 행동의 흐름을 몇 가지 사건으로 나눌 수 있으니까, 이 특징만큼 이야기를 하나의 연극처럼 만드는 데 결정적인 기능을 수행하는 것은 없다는 것이 그녀의 의견이었다.

그런데 이 특징과 관련해서 그녀가 특별히 강조한 점은 이것은 다른 어느 특징들보다도 사회문화적 변수의 영향을 크게 받는다는 사실이었다. 그녀가 보기에는 구두적 이야기에 있어서 이 장치가 어떻게 쓰이느냐 하는 것은 말하는 사람과 듣는 사람 간에 성이나 나이, 인종, 직업, 신분상의 유사성이 있느냐를 위시하여, 말하는 사람과 듣는 사람이 친구인가, 말하는 사람이 듣는 사람의 태도와 배경을 어떻게 평가하느냐, 회화적 상황이 유도적인가, 이야기 자체가 듣는 사람의 관심과 수준에 맞는 것인가 등의 다섯 가지 기준에 의해서 정해지게 되어있었는데, 이것은 곧 이 장치는 으레 여러 가지의 사회문화적 변수의 영향을 결정적으로 받게 되어있다는 의미였다. (Ibid., p.2699)

이렇게 보자면 Labov의 6부 이론과 Wolfson의 이야기 연기 이론은 최선의 구두적 이야기의 분석법은 결국에 사회문화적 변수의 중요성을 강조하는 것이어야 한다는 공통적 시사점을 드러내고 있다고 볼 수가 있는데, 전자에서는 이런 견해가 이야기의 사건적 구조성보다는 그것에 대한 말하는 사람의 평가가 이야기 분석의 핵심부가 되어야 한다는 식으로 표현되었고, 후자에서는 그것이 구두적 이야기의 연극성은 역사적 현재형이 어떻게 쓰이고 있느냐에서 드러낼 수 있다는 식으로 표현되었다. 이들 두 사람은 결국에 바로 이런 이야기관을 가지고 있었기에 사회언어학적 연구에 있어서 구두적 이야기가 최선의 자료가 될 수 있다고 생각했던 것이다.

제3장
높은 수준의 문화의 창출과 전수

3.1 최고의 문화적 기구인 언어

1) 언어와 문화의 관계

아마도 인간의 특성 중 한 가지가 높은 수준의 문화를 창출하고 그것을 다음 세대에 전수하는 점이라는 것을 가장 확실하게 드러내주고 있는 사실은 바로 그들에게 언어가 있다는 점일 텐데, 그 이유는 어떤 의미로 보아서나 언어만한 문화적 기구는 없기 때문이다. 우리가 인간다움의 제일 두드러진 징표로 때로는 문화를 내세울 수도 있고 아니면 때로는 언어를 내세울 수도 있다는 사실로 미루어 보아서는 언어를 문화 전체와 맞바꿀 수 있을 만한 비중을 가진 것으로 보고 있음이 분명한데, 물론 엄밀하게 따지자면 이런 통념이 맞는 것은 아니다. 언어는 어디까지나 문화의 한 하위기구이거나 구성기구이지 그것의 전부일 수는 없다.

그럼에도 불구하고 우리가 언어에 대해서 이런 식의 의식을 갖게 된 것은 언어에는 크게 다음과 같은 네 가지 특징이 있다는 것을 잘 알고 있기 때문인데, 그중 첫 번째 것은 삶의 도구성이다. 문화가 없는 인간의 삶을 상상도 할 수 없듯이, 언어가 없는 그것도 상상할 수 없을 만큼 의사소통이나 사고의 도구로서의 언어의 기능이 우리의 존재나 삶과 직결되어있다는 것을 우리는 경험을 통해서 잘 알고 있는 것이다. 그중 두 번째 것은 높은 문화에서의 영향성이다. 언어는 한편으로 보면 인간이 삶 자체를 영위하는 데 있어서 가장 긴요하고 유효하게 쓰이는 도구이지만 다른 한편으로 보면 그들이 문화를 발전시키는 데 있어서 기본적인 도구로 쓰이는 것이다.

언어의 두 도구성 중 첫 번째 것에 대한 인식은 우리의 일상적인 경험을 통해서 익히 이루어질 수 있지만 두 번째 것에 대한 인식은 그렇지가 못한데, 그 이유는 물론 일반인들은 대개 문화의 본질이나 실체에 대한 전문적인 지식을 가지고 있지 않기 때문이다. 그런데 18세기의 독일의 철학자인 Herder는 문화와 관련해서 두 가지의 철학적 의견을 내놓았는데, 그중 첫 번째 것은 '한 국민의 문화는 그들의 변별적인 지적 및 정서적 삶에 기초를 두고 있는데, 반면에 그런 삶은 물질적 환경과 조건을 포함한 물리적 요소에 기초를 두고 있다'는 것이었고 그중 두 번째 것은 '문화의 발전에 있어서 주요 도구로 쓰이는 것은 말인데, 이것은 인간의 삶의 자연적이며 필요한 결과이다'는 것이었다. 이런 말만으로도 우리는 그가 당대 최고의 철학자이며 문화학자였음을 익히 알 수가 있다. (Dictionary of Philosophy and Religion, 1996, p.297)

그런데 아무리 전문적인 관심이나 지식이 없는 일반인일지라도 자기의 삶의 방식을 단 한 번이라도 깊게 성찰해보게 되면 문화적 자산이나 기구를 크게 유형적인 것과 무형적인 것으로 대별해 놓고 보았을 때 이들 중 적어도 두 번째 것은 우선 제도나 관습으로서의 형성화 자체가 언어를 매체로 한 것이고 그 다음으로 학습이나 전수도 언어에 의해서 이루어진다는 사실을 어렵지 않게 인정하게 될 것이고, 이런 인식을 근거로 해서 결국에는 문화의 발달에 있어서 주된 도구로 쓰이는 것은 언어라는 결론도 쉽게 얻게 될 것이다. 예컨대 그는 무형적 문화의 자산 중 대표적인 것으로는 한 국민의 가치관이나 신념체계, 사고방식, 풍습, 정치사회적 제도, 법률적 기구 등을 생각할 수 있는데, 이들 중 어느 것도 일종의 언어적 양식으로 표현되어있지 않은 것은 없다는 것을 바로 깨닫게 될 것이다.

그중 세 번째 것은 그것의 높은 능력성이다. 언어의 기능을 일단 의사소통적인 것과 사고적인 것, 예술적인 것 등의 세 가지로 잡고 볼 것 같으면 언어는 결국에 이들이 최고의 효율성을 발휘할 수 있도록 만들어져 있다는 데 이의를 제기할 사람은 별로 없다. 우선 언어는 이렇게 높은 능력성을 익히 발휘할 수 있을 만한 구조적 최적성과 정교성을 가지고 있다. 예컨대 언어는 음운체계와 문법체계가 이른바 이원적 구조체를 이루고 있다는 점에서 다른 신호나 정보체계와는 수준이나 격이 전혀 다른 기구임이 분명하다. 그뿐만 아니라 이것에서는 최대로 4,50만개에 이르는 어휘들이 최소의 정보단위체로서 쓰이고 있다. 거기에다가 이것에는 문법적 기구에 의해서 필요에 따라서 얼마든지 새로운 표현을 만들어낼 수가 있고, 또한 정보전달상 필요한 만큼 새로운 어휘를 그때그때 추가시킬 수가 있다. 우리가 지금의 것과 같은 삶의 공동체를 형성하고 운영하면서 저마다의 수준 높은 문화의 꽃을 피울 수 있는 것은 모두 이렇게 탁월한 의사소통적 기구를 가지고 있기 때문임이 분명하다.

그 다음으로 우리가 오늘날 '지혜인(Homo sapiens)'라는 이름에 걸맞는 종 특이적인 사고력을 갖게 된 것도 언어를 매체로 해서 높은 수준의 사고를 하게 되었기 때문이다. 엄밀히 따지자면 물론 우리의 사고 가운데는 직관이나 예술적 상상, 수리적 조작과 같이 언어와는 아무런 관계가 없는 것도 있다. 그러나 우리는 우리의 일상적인 사고 중 대부분은 언어를 매체로 해서 이루어진다는 것을 우리 스스로의 내성을 통해서 쉽게 확인할 수가 있다. 또한 언어를 매체로 하는 탓으로 우리의 사고는 으레 속도가 빨라지고 정확해진다. 그뿐만 아니라 인지적 절차의 전단계격인 지각적 절차도 많은 경우에는 언어를 매체로 하여 이루어진다. 그러니까 일찍이 행동주의자들이 말했듯이 우리는 '말하는 대로 생각하고 생각하는 대로 말하는' 존재인 셈인데, 두말할 필요도 없이 이런 경우에 있어서의 정보 처리기구로서의 말의 탁월성이 가지게 되는 의미는 거의 절대적임이 분명하다.

세 번째로 우리가 문학이라는 예술의 한 양식을 갖게 된 것도 우리에게 언어가 있기 때문이다. 문학이라는 용어가 학계에서 정식으로 쓰이게 된 것은 200여 년밖에 되지 않지만 그것이 실제로는 언어의 탄생과 함께 시작되었을 것이라는 것은 누구나 어렵지 않게 추리할 수가 있는데, 그 이유는 고고학이나 인류학적 발견을 통해서 그 당시에는 음악이나 회화, 조각, 무용과 같은 다른 양식의 예술이 있었다는 것을 익히 알게 되었기 때문이다. 쉽게 말해서 우리에게는 원래부터 최고의 아름다움을 표현하려는 감정이나 속성이 있었던 것인데, 언어의 탄생으로 자연히 그것이 문학의 형태로도 나타나게 된 것이다. 그러니까 문자적 문학이 생겨나기 전에 구두적 문학이 있었을 것이 거의 확실하다.

다른 문화적 기구와 마찬가지로 문학을 위시한 예술적 기구들도 바꾸어왔다. 예컨대 문학의 양태는 시대에 따라서 크게 고전주의와 낭만주의, 사실주의, 모더니즘, 포스트모더니즘 등의 이름으로 불리게 되었다. 그렇지만 궁극적으로 말해서 문학은 어디까지나 우리의 창조적 상상력이나 심미적 감정을 최선의 예술적 형태로 표현한 것이어야 한다는 점에 있어서는 아무런 변함이 없었다. 예컨대 시에 있어서는 그동안 내내 운율성을 기본으로 한 형식이 더 중요하냐 아니면 주제나 메시지와 같은 내용이 더 중요하냐의 문제가 항상 비평가들 사이에서 논쟁거리가 되어왔었지만,

결국에 언어적으로 아름답지 않은 것은 시가 될 수 없다는 점에 있어서는 이견이 없었다. 이런 의미에서 볼 때 시인은 분명히 일반인들이 가지고 있지 못한 특별한 언어적 능력을 갖춘 사람이다.

그렇지만 이 문제를 거꾸로 생각하자면 시가 이럴 수 있는 것은 그것의 매개체인 언어에는 원래부터 이렇게 될 수 있는 잠재력이 있었기 때문이라고 볼 수도 있다. 우선 언어에서는 원래가 자음이나 모음과 같은 소리들을 일정한 운율성에 맞추어서 단어나 문장으로 조립해내는 표현양식이 쓰이게 되어있기 때문에, 그것이 언제든지 아름다운 운율성을 나타내는 시의 형태로 바뀔 수 있다는 것은 하등 놀라운 일이 아니었다. 그 다음으로 언어에서 쓰이는 문법적 기구는 원래가 몇 가지 규칙과 조작으로 새로운 문장들을 무한히 만들어낼 수 있을 만큼 유능한 기구인 데다가 시인에게는 필요에 따라서 문법적 규칙을 무시할 수 있는 특권까지 부여되어있으니까 그가 새롭게 갖게 된 자기의 느낌이나 생각을 마음껏 말로 표현할 수 있다는 것도 전혀 놀라운 일이 아니었다.

그중 네 번째 것은 그것의 부단한 변화성이다. 언어의 변화성에는 두 가지 놀라운 특징이 있는데, 그중 첫 번째 것은 지금의 기능을 수행하는 데 아무런 지장을 주지 않을 정도로 아주 느리고 쉬지 않고 바뀐다는 점과, 그중 두 번째 것은 더 나은 삶의 도구로서의 기능을 제대로 수행할 수 있게 보다 나은 기구로 꾸준히 발전되어간다는 점이다. 그런데 따지고 보자면 이런 특징들은 우리의 문화를 특징짓는 아주 중요한 특징들이다. 다시 말해서 우리의 문화가 그동안에 이런 식의 변화를 거치지 않았더라면 지금의 것과 같은 높은 수준의 것이 되었을 리가 없다.

그런데 사실은 언어와 문화에서 공통적으로 발견될 수 있는 이런 식의 변화성은 바로 이들이 공통적으로 지니고 있는 또 다른 특징과도 직접적으로 연결되어 있는데, 학습 및 전수성이 바로 그것이다. 개인적으로 보자면 언어와 문화는 어릴 때 일정한 학습절차를 통해서 얻어지게 되어있다. 물론 이와 관련해서 무엇보다 중요한 사실은 이들의 학습은 언어의 학습이 문화의 학습을 으레 이끌어가는 식으로 이루어진다는 점이다. 그러나 사회적으로 볼 것 같으면 이들의 학습절차는 이들이 한 세대에서 다음 세대로 전이되는 일종의 전수절차이기도 하다. 이들이 바로 이런 식으로 이어져가는 한 이들에서는 변화성보다는 상속성이 크게 두드러지게 되어있다. 쉽게 말하자면 이들은 모두가 삶의 궁극적인 도구이기 때문에 그것을 개선하거나 그것의 변화에 부응하기 위해서는 으레 일정한 변화과정을 밟게 되어있는데, 그것에는 속도가 지금의 삶에 지장을 주지 않을 만큼 느려야 한다는 조건이 붙게 되어있는 것이다. 이런 의미에서 보자면 언어와 문화 모두는 일정한 진화과정의 결과물이라고 볼 수가 있다.

2) 언어의 구조적 정교성

20세기에 이르러서 언어학의 발달로 우리는 언어가 우리의 문화적 기구나 자산 중 최고의 것이라는 것을 익히 확인할 수 있는 만큼 그것의 실체에 대해서 많은 것을 알게 되었는데, 그런 발견을 한마디로 집약할 수 있는 말이 바로 '구조(structure)'라는 말이었다. 원래 구조란 Saussure가 일찍이 구조주의라는 언어이론을 내세우면서 현대 언어학의 표지어처럼 쓰이게 된 말인데, 따지고 보자면 그동안에 누구나가 예컨대 기계나 건축물과 같은 물질적 사물에 구조성이 있다는 말은 들어보았지만 언어와 같은 무형적인 것에 그런 것이 있다는 말은 들어본 적이 없었으니까, 그의 언어이론으로 비단 언어학에서뿐만 아니라 인문학 전체에 있어서 일종의 혁명적 변화가 일어나게 된 것은 너무나 당연한 일이었다.

그런데 사실은 모든 구조물이 가지고 있다고 볼 수 없는 특이한 정교성을 가지고 있다는 점이 바로 언어적 구조성의 특징이다. 우선 그의 언어이론의 적자처럼 등장한 음운론에서는 언어의 기본체계 중 하나인 음운체계가 놀라울 만큼 정교하고 복잡한 것임을 발견하게 되었고, 그 후 등장한 통사론에서는 그것과 기능적 짝을 이루게 되는 문법체계도 그것에 못지않게 정교하고 복잡한 것임을 발견하게 되었다. 또한 연이어 등장한 화용론이나 담화분석론에서는 우리가 일상적으로 사용하는 회화도 일정한 원리에 따르는 구조성을 가지고 있음을 발견하게 되었다.

그런데 사실은 언어적 구조성의 진짜 특성은 그 정교성이 우리의 생물학적 조건과 도구적 효율성의 조건에 의해서 제한되어있다는 점이다. 언어는 궁극적으로 말하자면 발성기관과 두뇌의 절묘한 합작품이기에 그것의 구조적 정교성도 이들 두 기관의 생물학적 조건을 벗어날 수가 없다. 우선 언어의 음운체계에서 쓰이는 음소들은 우리의 발성기관에서 쉽게 만들어질 수 있는 소리이어야 되고, 그 다음으로 그것의 어휘조직에서 쓰이는 어휘들은 우리의 두뇌에서 개념화할 수 있는 것이어야 하며, 세 번째로 그것의 문법체계에서 쓰이는 문법적 장치나 규칙들은 우리의 두뇌에서 인지적으로 조작될 수 있는 것이어야 한다.

언어의 구조적 정교성은 또한 도구적 효율성을 최적화해야 한다는 조건에 의해서도 제약을 받는데, 이것은 한마디로 말해서 '최소의 노력으로서 최대의 효과를 거두려는' 일반적 행동의 경제성의 원리가 언어에서도 지켜져야 한다는 조건이다. 예컨대 문법적 범주나 규칙의 수에는 으레 일정한 하한선과 상한선이 있게 마련인데, 우선 그것의 하한선은 필요한 문장이나 표현을 자유롭게 만들어낼 수 있어야 한다는 선이고, 그 다음으로 그것의 상한선은 문법적 조작은 언제나 최대로 단순화되어야 한다는 한계선이다. 이렇게 볼 것 같으면 언어의 구조적 정교성은 언어 특유의 것인 셈이다.

우선 언어의 양대 체계 중의 첫 번째 것인 음운체계의 구조성을 살펴보게 되면 이런 점이 확실해진다. 언어의 음운체계는 자음과 모음과 같은 분절적 음소들과 강세나 억양과 같은 초분절적 음소들로 구성되어있는데, 이들의 종류와 수가 절묘하게 제한되어있다. 예컨대 영어의 경우를 보면 자음체계와 모음체계 모두에 있어서 조음점과 조음법상의 보편성과 개별성이 그대로 드러나 있다고 볼 수가 있는데, 구체적으로 말하자면 이것의 자음체계는 'p, b, t, d, k, g' 등의 폐쇄음과 'S, Z, f, V, ʃ, ʒ, θ, ð' 등의 마찰음, 'm, n, ŋ' 등의 비음, 'r, l' 등의 유음 등 총 24개의 자음으로 이루어져있고, 이것의 모음체계는 'iː , i' 등의 전방모음과 'uː , u' 등의 후방모음, 'ə, ʌ' 등의 중위모음 등 총 12개의 모음으로 구성되어있다. 결국 상대적으로 보았을 때 영어에서 쓰이는 소리의 가짓수는 많은 편에 든다고 볼 수가 있다.

  그에 반하여 영어에서 쓰이는 초분절적 음소에는 강세와 음조의 두 가지가 있는데, 이들 중 특히 영어다움을 드러내고 있는 것이 강세이다. 강세는 한 어휘 내의 음절들의 크기와 세기를 달리하는 장치로서 그 종류에는 제일강세와 제이강세, 약세 등의 세 가지가 있어서 첫 번째로는 이들로서 각 어휘에는 'f'inish'나 'after'noon'에서처럼 특유의 강세형이 생기게 되고, 두 번째로는 이들로써 'c'ontract(명사)' 대 'contr'act(동사)'나 'white h'ouse(보통명사)' 대 'wh'ite house(고유명사)'에서처럼 어휘의 의미나 품사가 바뀌게 된다. 그에 비하여 음조는 표현이나 문장의 운율성을 높이는 데 쓰이는 장치인데, 이것에는 소리의 높낮이가 제일 높은 '1'부터 그것이 제일 낮은 '4'까지의 네 가지가 있는 탓으로 이것에 의해서 결국에는 하나하나의 표현이나 문장은 일정한 억양형을 가질 수 있게 된다.

  자음과 모음에 의해서 만들어지는 음운적 기본 단위는 음절인데, 우선 이것의 종류가 모음 하나만으로 된 것(V)으로부터 하나의 자음이 모음의 앞이나 뒤에 자리한 것(CV, VC, CVC), 그 이상의 자음이 모음과 합쳐진 것(CCVC)에 이르기까지 다양한데, 이들 중 가장 복잡한 형태의 것으로는 세 개의 자음이 앞에 나오고 네 개의 자음이 뒤에 나오는 식의 것을 들 수가 있다(CCCVCCCC). 그런데 의미적 기본단위인 어휘에는 단 하나의 음절로 된 것도 있지만 두 개나 그 이상의 음절로 된 것도 있다. 그러니까 각 어휘의 음운적 구조는 매우 단순할 수도 있고, 의외로 복잡할 수도 있는데, 가장 자주 쓰이는 어휘들은 으레 단음절어이거나 2음절어이다. 언어에 있어서도 경제성의 원칙이 철저하게 지켜지고 있는 것이다.

그런데 지금의 영어에서 쓰이고 있는 어휘의 수는 4~50만 개나 되는데 이들의 음소적 구조성은 모두 다르다. 또한 앞으로 필요하다면 얼마든지 새로운 어휘가 만들어질 수도 있다. 그러니까 이런 사실만으로도 우리는 언어의 음운체계는 최적의 기본단위로써 최고의 효율성을 발휘하는 놀라운 체계라는 것을 알 수가 있다. 그런데 언어에서 쓰이는 표현이나 문장들은 대개가 두 개나 그 이상의 어휘들의 연속체이어서, 그것 하나하나는 으레 일정한 억양형을 나타내게 되어있다. 이런 의미에서 보자면 언어는 가사가 멜로디에 맞추어져 있는 일종의 음악인 셈이다.

그런데 각 표현이나 문장의 억양형은 정서적인 것을 비롯하여 문법적인 것, 정보구조적인 것, 텍스트적인 것, 심리적인 것, 지시적인 것 등 총 여섯 가지의 기능을 수행한다. 그러니까 각 표현이나 문장은 저마다의 억양형을 갖게 됨으로써 말 전체가 단순히 단조로움을 피할 수 있을 뿐만 아니라 화자의 감정이나 생기가 살아있는 말로 바뀌게 되는 셈이다. 이렇게 보자면 인간의 언어가 그의 문화적 기구나 자산 중 최고의 것이라는 것을 확인하기 위해서는 일단 그것의 음운체계를 분석해보기만 해도 된다는 의미가 된다. 다시 말해서 인간의 문화적 기구나 자산 중 언어의 음운체계처럼 생물학적 조건에 부합되면서도 그것의 본래적 기능을 최대로 고효율적으로 수행할 수 있도록 만들어진 것은 없는 것이다. (Crystal,

2018, p.179)

　언어의 양대체계 중 또 하나의 것인 문법체계의 구조성을 분석해봄으로써도 우리는 이런 사실을 익히 확인할 수가 있다. 언어의 문법체계는 크게 어형체계와 통사체계로 나뉠 수가 있는데, 이들은 모두가 생물학적 조건과 기능적 조건을 제대로 충족시킨 것들이다. 먼저 어형체계의 구조성을 살펴볼 것 같으면, 이것에서는 우선 어휘의 품사를 문법적 기능에 따라서 명사와 형용사, 동사, 부사, 대명사, 접속사, 전치사, 감탄사 등의 여덟 가지로 나누고 있는데, 앞의 네 가지는 개념이나 의미를 나타내는 내용어들이고 뒤의 네 가지는 주로 문장연결이나 격표시와 같은 문법적 기능을 수행하는 기능어들인 점이 특이한 점이다. 크게 보자면 언어의 어휘조직은 그것의 대부분을 차지하고 있으면서 개방적인 내용어들과 몇 개의 것으로 한정되어 있으면서 폐쇄적인 기능어들로 이루어져 있는 것이다.

　그 다음으로 내용어들 중 명사와 동사와 기능어 중 대명사는 문법적 기능에 따라서 어형을 바꾸기도 한다. 문법체계에서 쓰이는 문법적 범주에는 성을 비롯하여 수, 인칭, 시제, 태, 상 등의 여섯 가지가 있고, 또한 명사가 나타내는 격에는 주격과 여격, 목적격, 소유격, 호격, 절대격 등의 여섯 가지가 있으니까 궁극적인 의미에서 보자면 문장을 만드는 일은 명사와 동사, 대명사 등의 형태상의 변화, 즉 굴절체계가 책임지고 있다고 볼 수가 있다. 물론 원래 인구어의 일종인 영어는 그동안에 오랜 역사적 과정을 거치면서 완전굴절 언어로부터 비굴절 언어로 탈바꿈한 탓으로 오늘날의 영어의 문법체계를 이렇게 볼 수는 없다. 그렇지만 지금의 영어에서도 아주 부분적으로나마 어휘의 품사를 바꾸는 기능을 하는 파생과 함께 굴절이 어휘의 형태를 바꾸는 두 가지 절차 중 한 가지로 쓰이고 있다.

언어의 문법체계 중 두 번째 것은 통사체계인데, 특히 영어와 같이 굴절체계의 역할이 최소화된 언어에서는 당연히 통사체계가 옛날의 굴절체계의 자리를 차지하게 되어있다는 점이 이것의 첫 번째 특징이다. 다시 말하자면 영어의 통사체계의 중핵에 자리 잡게 된 것이 바로 어순형인데, 그 이유는 굴절형의 탈락으로 명사의 격 표시가 하던 기능을 어순이 담당하게 되었기 때문이었다. 이 세상에 있는 언어의 유형은 어순형에 의해서 분류가 될 수 있을 만큼 어순형은 다양한데, 영어의 그것은 '주어+동사+목적어', 즉 'SVO'이다. 그러니까 영어에서는 예컨대 'the boy'라는 명사가 문두에 쓰이느냐, 아니면 동사 뒤에 쓰이느냐에 따라서 주어도 될 수도 있고 목적어가 될 수도 있는 것이다. 따라서 영어의 문법체계는 자유 언순형 언어의 그것과도 크게 다를 수밖에 없고, 'SOV'형이나 'VSO'형의 언어의 그것과도 크게 다를 수밖에 없는 것이다.

그런데 영어에서 기본적으로 쓰이는 문장에는 목적어가 둘이 쓰이는 문장도 있다. 다시 말해서 영어에서는 흔히 말하는 '5형식'이 다섯 가지의 기본문형으로 설정되어있어서, 결국에는 이들에 어떤 수식절차나 연합절차가 가해지느냐에 따라서 다양한 문자의 형식이 생겨나게 되는 것이다. 예컨대 '5형식'이란 'S+V'를 비롯하여 'S+V+C(보어)', 'S+V+O', 'S+V+O_1+O_2', 'S+V+O+C' 등의 문형을 말하는데, 이들의 구성요소인 명사와 동사에는 형용사나 부사와 같은 수식어가 부가될 수 있고, 또한 이들 단문들은 두 개나 그 이상으로 묶여져서 중문이나 복문이 만들어질 수가 있는 것이다.

그리고 영어의 어순에 관한 한 또 한 가지 중요한 사실은 이들 서술문들은 약간의 어순 상의 변경에 의해서 의문문과 명령문, 감탄문 등으로 각각 바뀌게 된다는 점이다. 우선 영어에서는 기본적으로 주어와 동사 또는 조동사의 순서를 뒤집게 되면 서술문은 의문문으로 바뀌게 되고 (의문사 의문문의 경우에는 의문사를 문두에 내세운 다음에 그렇게 한다.) 주어를 삭제하면 그것은 명령문으로 바뀌게 되며, 또한 문두에 감탄사를 내세우게 되면 그것을 감탄문으로 바뀌게 되니까, 여기에서의 고정된 어순의 역할은 거의 절대적인 것으로 볼 수가 있다.

여기에서 우리는 영어의 문법체계에서 중핵적 자리를 차지하고 있는 이런 문형들의 도형성에 대해서 고찰해 필요가 있는데, 그 이유는 누구나 일단 언어와 사고의 동상적 관계로 보아서 이들의 형식은 우리의 신경학적 내지는 인지적 절차가 그대로 반영된 것이라는 추리를 할 수가 있기 때문이다. 우선 모든 문형은 크게 주부와 술부의 두 부분으로 나뉘어지고 있는데, 이런 형식은 '무엇이 어떻다'나 '누가 어떻게 한다.'와 같은 우리의 기본적 인지 절차를 그대로 반영한 것으로 볼 수가 있다. 그 다음으로 이들에 있어서 술부가 동사 하나인 경우와 그것에 하나의 목적어나 보어가 붙어있는 경우 등으로 세분화가 되는데, 이런 형식에는 동작을 하나의 개념으로 보거나 아니면 '누구에게 무엇을 했다.'라는 식으로 인식하려는 우리의 기본적 인지 절차가 그대로 반영되어있다고 볼 수가 있다.

또한 문장을 기능상으로 분류하게 되면 서술문과 의문문, 명령문, 감탄문 등의 네 종류로 나뉘게 되는데, 이런 사실은 곧 우리는 언어를 기본적으로 어떤 정보를 누군가에게 전달하기 위해서나 어떤 정보를 누군가로부터 얻기 위해서, 누군가에게 어떤 일을 시키기 위해서, 어떤 감정을 나타내기 위해서 사용하고 있다는 것을 의미하게 된다. 언어와 사고의 동상 관계로 미루어 보았을 때는 이런 사실은 결국에 우리의 인지활동의 유형이 크게 진술, 의문, 명령, 감정표시 등의 네 가지의 것으로 나뉘어져 있다는 것을 말해주고 있다고 보았을 때 그 순서가 앞처럼 되어있다는 것은 우리의 인지활동의 양이 앞처럼 분배되어있다는 것을 의미하기도 한다.

그런데 영어의 문장에는 단문만 있는 것이 아니라 중문과 복문도 있는

데, 이런 사실 역시 문장이란 결국에 의미론상으로는 명제적 단위이며 신경학적으로는 인지활동의 단위라는 것을 잘 드러내주고 있다. 먼저 중문이란 두 개 이상의 절이 등위접속사에 의해서 하나로 연결된 문장을 말하는데, 때로는 아무런 접속사도 없이 두 개 이상의 절이 나열되기도 한다. 예컨대 'S$_1$+S$_2$+...'처럼 기술될 수 있는 이런 긴 문장이 자주 쓰이고 있다는 것은 물론 우리의 인지 절차가 이렇게 되어있다는 것을 의미한다. 그런데 등위접속사에는 'and'나 'but'과 같이 두 문장 사이에 나열이나 대비 관계를 설정해주는 것만 있는 것이 아니라 'so'나 'because'같이 그들 간에 인과관계를 설정해주는 것도 있는데, 따지고 보자면 이런 현상도 우리의 인지 절차가 이렇게 되어있기 때문이다.

그에 반하여 복문이란 간단히 'S(S)'처럼 기술될 수 있는 것으로서, 하나의 주절과 하나 이상의 종속절로 이루어져 있는 문장이다. 종속절은 보통 종속접속사와 관계사, 의문사 등에 의해서 유도되며, 기능상으로는 명사절과 형용사절, 부사절 등으로 나뉘어지게 된다. 그런데 이들 종속절 중에서 특별히 주목할 만한 것이 바로 관계사절인데, 그 이유는 이것은 으레 Chomsky가 말하는 삽입절차의 주동자가 되기 때문이다. 우선 관계사절을 유도하는 관계사에는 'who'와 'which', 'what', 'that'과 같은 관계대명사 외에도 관계부사와 관계형용사도 있으니까, 이로써 다양한 종류나 기능의 관계사절이 쓰이고 있음을 알 수가 있다. 거기에다가 관계사절의 용법에는 제한적인 것뿐만 아니라 비제한적인 것도 있다.

그런데 Chomsky가 일찍이 관계사절의 첨가를 삽입(embedding)이라는 이름으로 특별히 강조하고 나선 것은 이것은 언어적 창조성의 좋은 본보기가 될 수 있기 때문이다. 관계사절의 기능에는 명사적인 것과 형용사적인 것, 부사적인 것 등이 있는데 특이한 점은 실제에 있어서는 이중에서 압도적으로 크게 발휘하게 되어있는 것은 바로 형용사적인 것이라는 점이다. 다시 말하자면 영어에서는 'I dislike women who chatter incessantly.(나는 쉴새 없이 수다를 떠는 여자를 싫어한다)'나 'There are times when everyone needs to be alone.(모두가 혼자 있을 필요가 있는 때가 있다)'에서처럼 한 문장 내의 명사 뒤에 붙여져서 하나의 수식절로 쓰이는 관계사절이 대단히 많은 것이다, 그러니까 결국에 이것은 영어에서는 문장 내에 또 하나의 문장을 삽입시킴으로써 의미나 명제적 구조가 더 복잡하고 새로운 문장을 만들어내는 절차가 흔하게 쓰이고 있다는 의미인데, 이는 또한 우리의 인지절차 자체가 이런 식으로 되어있다는 의미일 수도 있다.

또한 영어에서는 동명사와 분사, 부정사와 같은 특이한 준동사형들도 문장이나 절이 나타내는 명제적 의미를 나타내는 데 쓰이고 있는데, 따지고 보자면 이들로써 형식이나 구조상으로는 'S+S+...'나 'S(S)'와 같은 중문이나 복무의 종류가 다양해진 것이고, 의미나 명제 상으로는 단순한 개념들을 복합적인 것으로 묶는 방법이 다양해진 것에 불과하다. 예컨대 'Telling lies is wrong.(거짓말을 하는 것은 나쁘다)'이라는 동명사문의 형식은 'S(S)'라고 볼 수가 있고, 'Other things being equal, the simplest explanation is the best.(다른 것들이 똑같다면 가장 단순한 설명이 최고의 것이다)'라는 분사구문문의 형식은 'S+S'라고 볼 수가 있으며, 또한 'To err is human, to forgive divine.(인간은 잘못을 저지르고 신은 용서를 한다)'이라는 부정사문의 형식은 'S(S)+S(S)'라고 볼 수가 있다. 그러니까 이런 준동사적 표현에도 우리의 인지 절차를 그대로 반영되어있다고 볼 수가 있다.

3.2 문화와 학문

일단 상식적으로 판단했을 때는 인간의 본성 중 한 가지가 높은 수준의 문화를 창출하고 전수하는 것이라는 것을 확인할 방법에는 인류학적인 것과 역사학적인 것, 고고학적인 것 등이 있을 수 있다고 생각할 수가 있는데, 그런 상식과는 다르게 사실은 언어학적인 것이 이들보다 훨씬 더 효율적인 것일 수 있다. 다시 말해서 그동안에 이루어진 문화적 자산이나 기구들은 거의 다가 언어로 표현되어있기 때문에 이들을 연구하는 데는 실물이나 사실을 통한 직접적인 방법 대신에 언어를 통한 간접적인 방법이 쓰일 수 있는데, 지금까지의 인류학이나 역사학, 고고학 등에서 거두어들인 연구업적이 잘 실증하고 있듯이 직접적인 방법은 투자한 시간과 노력에 비해서 얻어진 결과물이 초라하다는 태생적 결점을 지닌 탓으로 언어를 통한 간접적인 방법이 선호될 가능성이 있는 것이다.

인간의 그동안에 이룩한 문화적 자산이나 기구는 일단 건축물이나 예술품, 컴퓨터와 같은 유형적인 것과 종교나 풍습, 정치제도와 같은 무형적인 것으로 나뉠 수가 있는데, 놀랍게도 이들 모두가 그의 언어 안에 언어적으로 표현되어있다. 또한 그것은 가치적 수준에 따라서 사회적 제도나 의식주에 관한 것과 같은 생활적인 것과 예술이나 학술에 관한 것 같은 학예적인 것으로 대별될 수가 있는데, 그래도 모두가 그의 언어 안에 언어적으로 표현되어있다는 점에 있어서는 아무런 차이가 있을 수 없다. 따라서 인간의 문화적 능력이나 업적을 어떻게 정의하거나 분류하든 간에 그것에 대한 연구방법에는 크게 실물이나 사실을 통한 직접적인 방법과 언어적 근거를 통한 간접적인 방법이 있을 수 있다는 우리의 주장에는 큰 문제점이 없다고 볼 수가 있다.

그런데 사실은 우리가 문화의 연구에 언어학적 방법을 쓸 수 있게 된 것은 크게 두 가지 원인 때문인데, 그중 첫 번째 것은 우리의 인지적 속성 중 기본이 되는 것은 범주화나 개념화의 절차라는 점이다. 극단적으로 말하자면 어휘로 표현할 수 없는 것은 아예 존재할 수가 없을 만큼 우리는 모든 사물이나 개념을 어휘화한다. 그러니까 우리가 문화적 자산이나 기구가 새로 생길 적마다 그것을 일정한 어휘로 개념화하게 되는 것은 너무나 당연한 일이었던 것이다. 예컨대 영어에서 'coca-cola(음료의 일종)'나 'cockle stairs(나선계단)' 등의 단어가 이들의 실물의 등장과 함께 생겨나게 되었듯이, 「Parliament Act(의회법)」이나 'parliamentarism(의회주의)' 등의 단어들도 이들 제도의 등장과 함께 생겨나게 된 것은 하등 이상한 일이 아니었던 것이다.

그중 두 번째 것은 문자언어의 발명으로 문화의 발전과정이 시간이나 세대를 초월해서 오래오래 이어져 갈 수 있게 되었다는 점이다. 돌이켜볼 것 같으면 유형적인 것이든지, 무형적인 것이든지 간에 우리의 모든 문화적 자산이나 기구는 그동안에 일정한 발전과정을 밟아왔다고 볼 수가 있는데, 따지고 볼 것 같으면 이런 일이 일어날 수 있었던 것은 한 세대 때 새롭게 등장한 모든 문화적 자산이나 기구는 으레 문자언어로 기록된 상태에서 다음 세대에 전수되게 되어있기 때문이었다. 다시 말해서 우리의 문화가 오늘날의 것과 같은 화려하고 높은 수준의 것으로 되는 데 결정적으로 작용한 것은 바로 세대를 초월하는 누적의 특성이라고 볼 수가 있는데, 우리의 문화가 이런 특성을 갖게 된 것은 우리에게 언어가 있었기 때문이었다. 이래서 결국에 우리의 문화는 언어학적으로 연구할 수 있는 대상이 된 것이다.

이런 의미에서 볼 때 우리의 문화적 자산이나 기구 중 최고의 것은 역시 학문이다. 문화가 원래부터 인간 고유의 것이듯이 학문도 인간 고유의 것인데, 다른 특성으로 보아서도 학문은 우리의 문화를 대표하는 것임이 분명하다. 학문을 일단 어떤 특정 영역이나 분야의 정보나 지식을 체계적으로 획득하고 정리해서 그것에 대한 과학적 평가 및 분석을 통해서 일정한 원리나 이론을 세우거나 아니면 보다 나은 연구방법을 모색하는 것으로 정의하고 보자면, 이것이 궁극적으로 우리 인간만이 가질 수 있는 것이라는 주장에 재론의 여지가 있을 수가 없다. 그런데 학문의 시작 시기는 우리가 문자언어를 갖게 된 때와 똑같은데, 그 이유는 문자언어로 획득한 정보나 지식을 기록해서 다음 세대로 넘겨줄 수 없는 한 학문은 성립될 수가 없기 때문이다.

그런데 우리는 간단한 역사적 고찰만으로도 학문의 발달과정과 문화의 발달과정 사이에는 일종의 병진성이 있었음을 어렵지 않게 확인할 수가 있다. 예컨대 우리가 최초로 학문을 시작했을 때는 그것의 종류에는 철학이나 문학, 논리학, 역사학, 박물학, 천문학 등의 몇 가지밖에 없었다. 그러다가 19세기나 20세기에 들어서서 수학이나 화학, 물리학, 생물학 등의 신학문들이 생겨나면서 인문학보다 자연과학이 학세를 주도하게 되었고, 또한 급격한 사회적 변화와 함께 기존의 인문학이 여러 가지 사회과학이나 인문학적 학문으로 세분화되는 현상도 나타나게 되었다. 또한 19세기 이후에는 급격한 물질문명의 발달과 보조를 맞추어서 기계공학이나 전기공학, 건축공학, 토목학 등의 기술 및 공학적 학문과 의학과 약학, 생리학 등의 의학적 학문이 새로 탄생되기도 했다. 그리고 21세기에 이르러서는 인공지능학을 비롯하여 정보기술학, 우주공학, 인지과학, 유전학 등의 첨단 학문들이 학문의 세계를 이끌어가게 되었다.

이렇게 보자면 오늘날의 우리의 문화의 특징 중 제일 중요한 것은 거의 모든 종류의 지식과 정보가 학문의 형태로 정리되게 되었다는 점일 것이다. 간단히 말하자면 예컨대 미국의 큰 도서관에는 백만 권 이상의 도서가 수장되어있을 정도로 그동안에 우리 인류는 우리의 삶과 주변에 관한 엄청난 양의 정보나 지식을 획득하고 축적한 것인데, 이런 과정에서 제대로 헤아릴 수 없을 만큼 학문의 종류와 수가 늘어난 것이다. 나쁘게 말하자면 우리의 주변에서는 기술과 학문 간의 엄격한 구별이 없어진 지 오래되었다. 그런데 사실은 이런 식으로 그동안에 크게는 우리의 문화 자체이고 작게는 우리의 학문이 발전할 수 있었던 것은 문자언어라는 기록의 수단이 있었기 때문이었다. 물론 문자언어에 의한 학문의 발전은 앞으로도 그대로 계속될 것이다.

1) 철학의 경우

우리의 학문이 바로 우리의 가장 고귀한 문화적 유산일뿐더러 엄밀한 의미에서는 우리의 문화 자체라는 것을 가장 쉽게 확인할 수 있는 방법은 철학의 역사를 살펴보는 것일 텐데, 그 이유는 이른바 학문 중의 학문으로서 학문이 시작한 당시부터 오늘날에 이르기까지 모든 학술적 활동의 중심부에 있었던 것이 이것이기 때문이다. 철학의 어원인 희랍어의 'philosophia'가 원래 '지혜의 사랑'이라는 의미를 지니는 점만으로도 익히 짐작할 수 있듯이 이것에서는 처음부터 인간의 본성으로부터 인간의 사고방식, 학문연구의 방법 등에 이르기까지의 인간의 지적 호기심의 대상이 될 만한 것은 거의 다를 연구의 대상으로 삼아왔었다.

거기에다가 철학은 원래 서양에서만 시작된 것이 아니라 동양과 인도에서도 시작되었으므로 전 세계적인 차원에서 이 학문의 실체나 역사를 파악해본다는 것은 인류 전체의 문화적 발달과정을 살펴보는 일이나 다름이 없다. 그런데 이 문제와 관련된 사실 중 무엇보다도 중요한 것은 이들은 아직까지는 초보적인 비교작업조차도 제대로 시도되지 못했을 정도로 서로 이질적인 것이라는 점이다. 예컨대 일찍이 구본명은 동양철학의 개요를 봉건제도의 발달과정의 틀에 맞추어서 중국봉건제도의 형성과 중국봉건사상의 계보, 중국반봉건사상의 계보 등의 세 부분으로 나누어서 소개하고 있는데, 이런 접근법은 일반적인 서양철학에 대한 접근법과 너무 이질적인 것이다. 그러니까 이들 간의 비교작업이 그동안에 없었던 것은 실제로는 이 일이 무가치적이고 무의미한 일이 되기 십상이기 때문이었던 것이다. (박영식 외, 1991, Ⅰ. P.35)

이렇게 볼 것 같으면 여기에서 우리가 살펴볼 대상은 결국에 서양철학 한가지인데, 이것은 원래 지난 2500여 년이라는 긴 기간 동안에 발달된 것이어서 이것에 대한 백과사전은 으레 열권 내외의 큰 판의 책으로 되어 있을 만큼 그 덩치가 크고 복잡한 것이기 때문에, 사실은 이 일도 생각처럼 쉬운 일이 아니다. 그래도 오직 이 일을 통해서만이 우리는 그동안에 인류는 주로 어떤 지적 탐구를 해왔으며 또한 이 일을 하는 데 주로 어떤 연구법을 사용해왔는가를 보다 확실하게 알 수 있게 되어있으니까 이 일의 가치나 의미가 절대로 하찮은 것은 아니다. 예컨대 일찍부터 대학에서는 신학과 의학, 법률학에 속하는 과목을 제외하고는 모두 철학과에서 다루었다는 사실이나, 아니면 원래 자연철학의 일종이었던 물리학이 현대에 와서 과학이라는 이름으로 변신하여 학문 전체의 모습을 송두리째 바꾸어놓았다는 사실만으로도 우리는 철학의 발달과정을 살펴보는 것은 학문 자체의 발달과정을 살펴보는 것이라는 것을 익히 알 수가 있다. (Mautner, 2005, p.466)

철학의 발달과정을 살펴본다는 것은 곧 철학사를 일별하는 일이 되기 때문에, 그것을 시대 순에 따라서 고대철학과 중세철학, 현대철학 등의 세 가지로 나누어 고찰하는 것이 일반적인 관례이다. 예컨대 일찍이 박영식 등이 편찬한 '철학사상대계'는 모두 두 권으로 되어있는데, 제1권은 제1편: 그리스 중국사상의 해설과 제2편: 인도, 중세사상의 해설, 제3편: 근세사상과 윤리사상 등의 세 부분으로 나뉘었고, 제2권은 제4편: 현대사상의 해설과 제5편: 현대윤리사상, 현대과학철학, 신학의 해설 등의 두 부분으로 나뉘었다.

그러나 이런 역사적 기술법은 그때그때의 대표적 철학자와 그의 사상을 단편적으로 소개하는 것이었기에 철학 전체의 학문적 특징을 파악하기에는 적절하지 못했다. 따라서 여기에서는 우리의 목적에 최대한 이바지할 수 있는 기술법을 독창적으로 개발해서 사용할 수밖에 없게 되었는데, 철학의 학문적 특징을 일단 고전성과 사조성, 대사상가 중심성 등의 세 가지로 잡고서 이들 하나하나에 대해서 심층적이고 종합적인 고찰을 해보는 방법이 바로 그것이다. 물론 여기에서 말하는 우리의 목적이란 작게는 우리의 문화적 자산이나 기구 중 최고의 것은 학문이라는 점을 부각시키는 것이고, 크게는 그동안의 문화의 발전과정에서 주된 도구로 쓰인 것은 바로 언어라는 점을 부각시키는 것이다.

(가) 고전성

일반적으로 학문을 고전적인 것과 현대적인 것으로 대별한다는 사실 하나만으로 보아서도 철학의 첫 번째 특징으로 고전성을 내세우는 것은 너무나 당연한 일인데, 이 특징은 단지 철학은 적어도 2500여 년 전에 시작되었을 만큼 오래되었다는 점만을 말해주고 있는 것이 아니라, 사실은 그 후 오늘날에 태어난 여러 가지 학문에서 그들의 학문적 목표와 모형으로 삼게 된 목표와 모형이 이것에서 이미 설정되었다는 점도 말해주고 있는 것이기에, 결국에 철학을 흔히 학문 중의 학문으로 보는 이유에 해당하는 것으로 볼 수가 있다. 우리는 이 특징 하나만으로도 작게는 우리의 학문적 추구이고 크게는 우리의 문화의 발전이 예전처럼 앞으로도 이어져가리라는 것을 익히 짐작할 수가 있다.

고전은 보통 단순히 오래된 학문이 아니라 영속적인 가치를 지닌 문학이나 철학적 작품을 가리키는 말로 쓰이거나, 아니면 서양 학문의 발상지인 희랍과 로마의 문화나 학문을 총괄적으로 가리키는 말로 쓰이고 있는데, 철학의 경우는 우연인지 필연인지 이들 두 가지 정의를 모두 다 만족시키고 있다. 우선 이것의 근거로 '플라톤주의(Platonism)'라는 술어가 오늘날에도 철학에서는 중요한 학술적 술어의 하나로 쓰이고 있다는 사실을 내세울 수가 있다. 누구나 알고 있듯이 Platon은 일종의 이상주의적 관념론으로서 희랍철학의 출발을 정식으로 가동시킨 철학자였다. 그를 희랍철학의 시조로 볼 수 있다는 것은 그의 '형식이론'이 나오기 이전까지는 철학은 자연에 관한 과학적 이론을 논의하는 학문이거나 소피스트(Sophist)학파가 정치적 승리법을 논의하는 학문이거나 '소크라테스(Socrates)'학파가 윤리적 이론을 논의하는 학문에 불과했기 때문이었다.

그는 철학을 종합적인 형이상학적 이론을 논의하는 자리로 만들 수 있었던 것은 '형식(Forms)'이라는 개념을 설정함으로써 과학적 사실과 윤리학적 가치는 이 세상에 대한 하나의 단일 이론으로 통합될 수 있다는 것을 보여주었기 때문이었다. 특히 그는 오직 연역적이거나 변증법적 방법만을 형식의 실체를 탐구하는 데는 쓰여야 된다는 점을 강조했다. 형식의 개념을 중심으로 한 그의 이론이나 설명은 으레 대화의 양식을 취하고 있었기에, 결국 그의 사상은 총 34개의 대화 안에 수록되게 되었고, 결국에는 이들이 그 후 2500여 년에 걸쳐서 철학의 발전을 이끄는 안내서의 역할을 하게 되었다.

이런 주장의 타당함을 뒷받침할 수 있는 사실 중 첫 번째 것은 3세기경에 일어난 '신플라톤주의'운동은 바로 그의 34개의 대화에 대한 일종의 재평가 작업이나 다름이 없었다는 사실이었다. Plotinus와 Iambichus, Proclus 등이 주도했던 이 운동은 곧이어서 Augustine과 Dionysius학파의 저작에서도 큰 영향을 미치게 되었는데, 그 이유는 이 운동에서는 철학의 목표는 응당 더 높은 실체를 이해하는 데 두어야 한다고 보았기 때문이었다. 다시 말하자면 이것에서는 사회적 내지는 정치적 철학에는 아무런 관심을 보이지 않은 채, 신학과 형이상학, 논리학 등의 문제에 집중적으로 관심을 보였으며, 그 결과 그의 대화 중 중심적 자리를 차지하게 된 것은 'Timaeus'와 'Parmenides'의 두 편이었다. (Ibid., p.419)

이런 주장의 타당성을 뒷받침할 수 있는 사실 중 두 번째 것은 17세기에 이르자 영국의 '캠브리지'에서 이른바 '캠브리지 플라톤주의'가 일어났다는 사실이었다. 물론 이 운동은 크게는 Platon의 철학이고 작게는 신플라톤주의의 부활을 기도한 것이기에, Henry More와 Ralph Cudworth와 같은 지도자들은 신학과 철학의 관계에 대한 논의를 많이 했다. 그런데 이 시기는 바로 현대과학이 화려하게 등장한 때이어서 이들은 신학적 문제를 비교조적이고 이성적인 방법으로 논의할 수 있게 하는 데 주력을 쏟았을 뿐만 아니라 과학적 현상을 형이상학적 방법으로 해석하는 일에도 많은 힘을 쏟았다. 그 결과 Newton은 그의 물리학적 이론에 이들의 철학적 이론의 일부를 반영시키기도 했다. 그리고 이들의 이론은 영국의 낭만주의 시인들과 미국의 초월주의 시인들에게도 깊은 영향을 주게 되었다.

이런 주장의 타당성을 증거할 수 있는 세 번째 사실은 18세기 후반에 이르러서 희랍학 학자들이 원래의 그의 저작에 대한 올바른 해석을 통해서 진정한 플라톤 철학을 되찾으려는 운동을 벌이게 되었다는 사실이었다. 신플라톤주의는 원래 종교나 신학 쪽으로 크게 경도된 것이었기에, 이것을 바로 잡는 것이 철학을 하나의 학문으로서 정상화시키는 지름길이라고 이들은 생각한 것이다. 물론 그의 텍스트를 그 당시의 희랍적 상황에 맞게 제대로 분석하는 것이 곧 그 길이었다. 플라톤의 형이상학적 이론을 모든 철학적 담론의 기본으로 삼으려는 전통은 그 후에도 그대로 계속되어서 오늘날에 이르러서는 '플라톤주의'가 '사실주의'의 대척어로 쓰이게 되었다. 최근에 Alfred Whitehead가 '모든 후속되는 철학은 플라톤에 대한 각주로 이루어졌다.'라고 말할 정도로 그의 철학은 오늘날에 있어서도 중요한 위치를 차지하고 있는 것이다. (Ibid., p.474)

(나) 사조성

철학을 일단 참다운 지식을 획득하는 방법을 탐구하는 학문으로 정의하고 보자면 그것의 긴 역사는 이성주의와 경험주의라는 두 개의 큰 사조가 이것을 이끌어온 역사라고 볼 수가 있다. 물론 이들 두 사조 간에는 일종의 대립성이 있게 되어있어서 한 시대의 철학의 양태는 결국에 이들 중 어느 것이 철학적 논의의 주도권을 잡게 되느냐에 의해서 결정되게 되어있다는 것을 맨 먼저 보여준 것이 바로 희랍 시대 때의 Platon으로부터 Aristoteles에게로의 이행과정이었다. 우선 서양철학의 시조격인 Platon은 철저한 이성주의자였다. 물론 그는 추상적인 이상체인 '형식'에 대해서 알아낸 것을 지식(noesis)으로 보고, 반면에 이 세상의 변화에 대한 신념을 의견(doxa)으로 보는 식으로 모든 철학적 탐구는 형식이라는 이름의 독립적이고, 초월적이며, 본원적인 존재의 설정으로부터 시작된다고 생각했다. 이것이 곧 그의 철학적 이론이 형식의 이론으로 불리게 된 이유이다.

그는 또한 스스로의 실행을 통해서 철학적 논의나 탐구에서는 귀납적이거나 변증법적인 방법이 쓰여야 한다는 점도 보여주었다. 그러나 그는 'Eleatics'에서 지식의 원천으로서 감각이나 경험보다 이성의 역할을 내세운 이래 이런 지식관을 한 번도 바꾼 적이 없다. 그러니까 결국에 그의 이런 이성주의적 지식관은 그의 철학적 생애 전반에 걸쳐서 그의 사고방식의 중핵이 되었던 셈인데, 이 당시만 해도 그 자신을 포함해서 그 누구도 이성주의라는 술어를 사용하지는 않았다. 쉽게 말하자면 지식을 획득하는 데 있어서 이성과 경험 중 어느 것이 주된 역할을 하게 되느냐의 문제가 중요한 철학적 논쟁거리로 등장한 17세기에 이르러서야 이 술어는 정식으로 하나의 철학적 술어의 위상을 갖게 되었던 것이다.

그러나 경험주의라는 대립적인 개념의 설정으로써 결과적으로 이성주의의 실체가 어떤 것인가를 맨 먼저 보여준 것은 그의 제자인 Aristoteles이었다. 물론 사람에 따라서는 그의 철학적 업적을 질이나 양에 있어서 Platon의 것을 익히 능가한다고 볼 정도로 그는 위대한 철학자였다. 예컨대 그의 업적의 영역은 논리학적 영역을 위시하여 (예: Prior Analytics, Posterior Analytics), 물리학적 영역 (예: Physics, De Caelo), 심리학적 및 자연사적 영역 (예: De Anima, Parva Naturalia), 윤리학적 영역 (Magna Moralia, Politics), 형이상학적 영역 (예: Metaphisics, Rhetoric) 등으로 세분될 수 있을 정도로 전방위적이었다. 이런 사실만으로 보아서도 그의 철학은 스승인 Platon의 것을 창조적으로 계승 발전시킨 것임이 분명했다.

그렇지만 철학의 발전에 관한 한 그의 참다운 기여는 이성주의라는 첫 번째 사조에 이어서 경험주의라는 또 하나의 사조를 형성해낸 것이었다. 예컨대 '옥스포드 철학사전'에 의할 것 같으면 'Plato는 참 지식을 형식적이고 선험적이며, 초자연적인 것으로 보았는 데 반하여, 그는 그것은 사고와 언어, 심리적인 것을 포함한 자연적 현상에 대한 세밀한 관찰을 통해서 얻어진다.'라고 보았으니까, 쉽게 말해서 그가 이때 제시한 철학관은 가히 코페르니쿠스적인 것이었던 것이다. 그리고 무엇보다도 중요한 사실은 17세기에 이르러 Galileo의 자연관이 전 학문계를 뒤집기 이전까지 그의 철학관이 대부분 사람들에 의해서 지배적 철학관으로 받아졌다는 점이었다. (Blackburn, 2008, p.24)

그러나 본격적으로 철학이 이성주의자들과 경험주의자들 간의 대결의 장처럼 된 것은 17세기에 Descartes와 Spinoza, Leibniz와 같은 대륙의 사상가들이 이성주의의 화려한 부활을 선도하게 되면서였다. 인간의 모든 지식은 경험에 의해서가 아니라 오로지 인간 고유의 이성의 작동에 의해서만 얻어진다는 이들의 이론은 바로 선험적인 지식과 후천적인 지식 중 어느 것이 더 중요한 것이냐를 놓고서 철학계를 둘로 나누는 계기를 마련하기도 했다. 이런 와중에 등장하는 것이 영국에서의 Locke와 Berkeley, Hume 등이 이끄는 반이성주의 운동, 즉 경험주의 운동이었다. 결국 18세기를 기점으로 해서 일찍이 Platon과 Aristoteles가 설정했던 두 사조의 흐름은 다시 철학의 기본틀로 굳어지게 된 것이다.

그런데 흥미롭게도 이런 대결의 역사를 통해서 철학자들이 깨닫게 된 것은 이들 두 이론 중 어느 것도 이 문제에 대한 궁극적인 정답은 될 수 없다는 사실이었다. 쉽게 말하자면 이때부터 철학계에서는 이성주의자와 경험주의자 모두를 일종의 극단주의자와 온건주의자로 대별시키려는 사람도 나타나고, 더 나아가서는 이들 두 이론을 하나로 통합시키려는 절충주의자도 나타나게 된 것이다. 더 흥미로운 것은 물론 두 이론가들에 의한 '널뛰기'는 오늘날까지도 이어지고 있다는 점이었다. 예컨대 20세기에 와서의 언어학계에서의 Bloomfield와 Chomsky 간의 싸움도 이런 종류의 것이었다.

(다) 대사상가 중심성

서양 철학의 긴 역사가 곧 서양 문화사의 한 축소판일 수 있었던 것은 고대로부터 시작하여 중세를 거쳐서 근현대에 이르기까지 그때그때의 주된 사상을 대변하는 철학자들이 철학을 이끌어왔기 때문이었다. 그러니까 서양철학은 지난 2500여 년 동안에 몇 명의 기라성 같은 대사상가들이 우뚝하게 산봉우리로 솟아있는 큰 산맥의 모습을 띠게 된 것인데, 따지고 보자면 물론 이런 인물 중심성의 특징은 반드시 철학만이 가지고 있는 것이 아니라 모든 학문이나 문화적 자산이 가지고 있는 것이다. 그러나 철학은 그동안 내내 모든 학문의 발전 방향을 선도하는 역할을 해왔기에 대사상가들은 자연히 문화사 전체에 있어서 산봉우리 같은 존재가 되게 마련이었다.

서양의 문화 전체가 그렇듯이 철학도 근대와 현대에 이르러서 비약적으로 발전을 하게 되었는데, 우연인지 필연인지 이때가 되어서는 철학의 영역에서 이런 발전을 주도할 수 있는 대사상가가 등장했다. 예컨대 근대 철학을 이끈 것을 대륙에서의 이성론과 영국에서의 경험론, 독일에서의 관념론 등의 세 가지 이론으로 잡고 보자면, 이들 하나하나에는 으레 그것을 이끌어가는 대사상가들이 있었다. 먼저 이 시기에 이성론을 앞세워서 철학의 위상을 학문 중의 학문의 자리로 회복시킨 사람은 프랑스의 Rene Descartes였었는데, 그의 'Meditationes da Prima Philosophia(제일철학명상)'과 'Prinicipia Philosophia(철학원리)', 'Les Passions de L'ame(영혼의 정열)' 등은 많은 철학자들에게 왜 이른바 이성주의적 '데카르트 철학'만이 최선의 철학일 수 있는가를 익히 보여주게 되었다. 이 시기가 바로 'Cogito. ergo sum.(나는 생각한다. 고로 존재한다)'와 'De omnibus dubitandum est.(모든 것을 의심하라)'와 같은 구호가 유행하던 때였다.

그와 더불어 이 시기에 프랑스의 철학을 이끈 사람으로는 Pascal을 들 수가 있는데, 원래가 수학자 겸 물리학자, 철학자이어서 그런지 그의 철학 이론은 Descartes의 이성론과는 차이가 있었다. 그렇지만 크게 보았을 때 그의 철학이 다분히 이성주의적인 것이었다는 것은 의심할 여지가 없다. 그를 유명하게 만든 것은 'Pens'ees(명상)'라는 저서와 신의 존재에 관한 'Pascal의 내기'설이었다. 그에 반하여 이 시기에 데카르트의 이성론과 같은 철학 이론을 내세운 사람은 네덜란드의 Spinoza였다. 그의 명저인

'Ethica(윤리학)'에서는 인간의 지식을 상상적인 것과 이성적인 것, 직관적인 것의 세 가지로 나누고서 마지막 것을 이중에서 최고 것으로 내세우고 있다. 또한 이 시기에 이성주의 철학의 위상을 높이는 데 크게 기여한 사람은 독일의 Leibniz였다. 그의 명저인 'Monadologie(단자론)'에 따르자면 우주는 무수한 단자로 이루어져 있으며, 지금의 이 세계가 존재할 수 있는 세계 중에서 최선의 것이었다. (박영시 외, 1991, p.751)

대륙에서 Descartes를 위시한 여러 이성주의자들에 의한 이성론이 철학을 이끌어가고 있을 무렵에 영국에서는 Bacon을 비롯한 Hobbes, Locke, Berkeley, Hume 등에 의한 경험론이 철학을 이끌어가고 있었다. 이중에서 특히 경험론의 발전에 결정적 역할을 한 사람은 Locke였는데, 그가 1690년에 낸 'An Essay concerning human understanding(인간오성론)'은 이 당시의 철학자들 사이에서 인간의 오성은 백지(tabula rasa)와 같다는 경험주의적 이론의 원전처럼 받아들여졌다. 그러나 그의 '백지설'은 Berkeley의 '소박한 이상주의론(naive idealism)'에 의해서 한층 힘을 받게 되었다. 1710년에 나온 'The Principles of Human Knowledge(인간지식의 원리)'에서 그는 '존재한다는 것은 지각된다는 것(esse est percipi)'이라는 명언을 남겼다.

18세기에 영국에서 경험론이 일종의 철학적 황금기를 맞이하게 한 사람은 Hume이었다. 흥미롭게도 그 당시에 그를 유명하게 만든 것은 1739년에 나온 'A Treatise of Human Nature(인성론)'과 연이어 나온 'Enquiry concerning human understanding(인간 이해론)'과 같은 철학서가 아니라 1754년에 나온 'History of England(영국사)'였을 정도로 그는 박식한 학자였다. 그래서인지 그는 머지않아서 기본적으로는 철저한 경험주의 철학자이면서도 좁게 보자면 하나의 회의주의자나 세속주의자, 자연주의자이기도 하다는 평가를 받았다. 특히 '이다'의 서술은 '이어야 한다'는 서술일 수 없다는 그의 이론은 뒷날 '흄의 법칙(Hume's Law)'으로 굳어져서 철학자들 사이에서 뜨거운 철학적 논쟁거리가 되어왔다. (Mautner, 2005, p.287)

Hume의 회의론을 드디어 일종의 통합론이나 절충론으로 집대성시킨 사람은 현대철학의 대가인 독일의 Kant였다. 그의 철학은 크게 보자면 그동안에 일종의 대립관계를 보여 온 이성론과 경험론을 하나로 통합시킨 것이었지만, 굳이 따지자면 경험주의적 원리보다는 이성주의적 원리를 더 기본적인 것으로 보는 철학이었다. 그렇지만 무엇보다도 중요한 사실은 그의 철학에는 관념론이라는 제3의 이름이 붙여질 정도로 그의 철학이론은 다분히 비판적이고 독창적인 것이었다. 그의 철학의 독창성은 우리의 지식은 으레 '통합적 선험적(a priori)' 절차에 의해서 얻어진다는 그의 주장만으로도 익히 확인될 수가 있다.

그의 철학을 현대철학의 정상에 자리할 수 있게 한 것은 그 유명한 3대 '비판서'들이었다. 이중 첫 번째 것인 'Kritik der reinen Vernundt, 1781(순수 이성 비판)'에서는 먼저 철학적 논쟁이 독단론이나 회의론에 빠지지 않으려면 기존의 인식론을 인간의 지식은 선천적 이성과 후천적 경험의 통합적 절차에 의해서 획득된다는 식으로 바꾸어야 한다고 그는 내세웠다. 이중 두 번째 것인 'Kritik der praktischen Vernanft, 1788(실천이성비판)에서는 그는 인간의 도덕과 선의 문제와 관련하여 인격의 가치를 언제나 무엇보다도 중요시해야 한다는 인격주의적인 논리를 전개했다. 그리고 이중 세 번째 것인 'Kritik der Urteilskraft, 1790(판단력 비판)'에서는 그는 예술이나 심미적 문제와 관련하여 심미적 판단은 감정에 의해서 이루어지지만 그것의 타당성은 감정이 아니라 선험적 판단원리에 의해서 가려진다고 주장했다. 이렇게 보자면 그의 철학에서는 진리나 지식의 획득절차로부터 시작하여 도덕성의 중요성, 예술적 추구 등에 이르기까지 인간의 문화적 내지는 본성적 특징들을 두루 다루고 있다. 아마도 이것이 그의 철학이 결국에는 인간철학으로 불리게 된 이유일 것이다.

현대에 이르러서도 철학의 세계에서는 쟁쟁한 사상가들이 등장했는데, 예컨대 독일에서는 논리적 단계를 추상적 단계와 변증법적 단계, 사변적 단계 등으로 나눈 Hegel과, 존재와 시간의 문제를 중심으로 해서 실존론적 형이상학 이론을 발전시킨 Heidegger 등이 나왔고, 반면에 영국에서는 분석철학의 대가인 Russell과 공리주의를 주장한 Mill 등이 나왔으며, 미국에서는 실용주의를 내세운 Dewey와 자아와 사회의 문제를 철학적 과제로 다룬 Mead 등이 나왔다. 물론 현대철학의 특징 중 하나는 인식론을 중심으로 한 전통적인 철학에서 크게 벗어난 철학이 등장했다는 점일 텐데, 이런 철학의 대표적인 것으로는 Nietzsche와 Sartre의 실존주의를 위시하여, Wittgenstein의 언어철학, Husserl의 현상학, Ricoeur의 해석학 등을 들 수가 있다.

2) 과학의 경우

우리의 문화에 미친 영향으로 보아서 철학과 대비되어야 할 학문은 과학인데, 안타깝게도 오늘날의 과학의 모습을 앞에서 철학의 모습을 살펴보았듯이 살펴본다는 것은 불가능한 일이다. 그 이유 중 첫 번째 것은 역시 철학은 옛날처럼 아직도 하나의 단일 학문으로 남아있지만 과학은 출발 당시부터 여러 학문으로 나뉘어 있었던 데다가 이들 하나하나가 현대에 이르러서의 눈부신 발전과정을 밟으면서 세분화의 절차를 꾸준히 밟아왔다는 사실이다. 그러니까 단도직입적으로 말해서 철학과 과학을 한 쌍의 대립적인 학문으로 보려는 것 자체가 우리의 문화나 학문을 정신적인 것과 물질적인 것으로 대별하려는 다분히 편의주의적 사고방식에서 나온 것에 지나지 않는다.

그 이유 중 두 번째 것은 지난 100여 년 동안에 과학자들의 연구 모습이 마치 과학의 목적은 자연이나 물질세계에 대한 지식을 얻는 데 있는 것이 아니라 우리의 생활양식을 개선할 수 있는 기술을 개발하는 데 있는 것처럼 여겨질 수 있을 만큼 크게 바뀌었다는 사실이다. 이런 변화는 바로 학문과 기술 간의 구별을 모호하게 만들게 되었고 더 나아가서는 순수이론과 응용이론 간의 구별이나 이론성과 기술성의 구분도 무의미하게 만들었다. 물론 최근에는 그전에는 상상도 할 수 없던 첨단과학들이 우후죽순처럼 생겨나게 되었다. (예: 나노공학, 게놈학, 인공지능학) 이렇게 되다 보니까 결국에는 엄밀한 의미에서는 철학과 대비할 수 있는 것은 과학 전체가 아니라 그중의 한 가지일 수밖에 없다는, 일종의 논리적 모순까지 생겨나게 되었다.

그러나 오늘날의 우리의 문화를 만든 것은 궁극적으로는 과학과 기술이라는 사실을 확인하는 데 가장 빠른 방법 중의 한 가지가 바로 언어학적인 방법으로 과학의 학문적 현황을 살펴보는 것이라는 사실을 부인할 수는 없다. 여기에서 말하는 언어학적이란 오늘날의 과학과 기술의 세계에서 쓰이고 있는 전문적인 술어의 현황을 살펴보는 것인데, 다행히도 쓸 만한 과학사나 과학개론에 관한 책은 구하기 쉽지 않음에도 불구하고, 과학과 기술의 술어를 모아서 해설한 사전들은 그 종류가 다양하다. 오늘날 과학과 기술의 술어에 대한 사전이나, 아니면 과학 전반에 대한 방대한 분량의 백과사전이 여러 종류로 나와 있다는 것은 물론 우리는 지금 분명히 과학의 시대에 살고 있다는 것을 단적으로 드러내는 사실이다.

우리의 목적상 여기에서 우리가 분석의 대상으로 삼은 것은 2003년에 나온 'McGraw-Hill Dictionary of Scientific and Technical terms, 6th edition(맥그로힐 과학 및 기술 술어사전)'인데 이것의 말미에는 과학적 논문에서 쓰이는 기호의 목록과 생명체의 분류법, 1600여 명의 저명한 과학자들의 이름과 신상에 대한 목록 등이 부록으로 붙어있어서, 마치 과학편람처럼 쓰일 수 있는 사전이다. 물론 무엇보다도 중요한 사실은 큰 사전판으로 무려 2324쪽이나 될 정도로 크기가 큰 사전이라는 점이다. 1974에 초판이 나온 이래 여섯 번의 개정판이 나오면서 이것은 이렇게 커진 것이다.

 이 사전을 통해서 우리가 첫 번째로 확인할 수 있는 사실은 그동안에 전문가가 아닌 일반인들은 이른바 과학적 문맹인이 될 수밖에 없을 정도로 과학과 기술이 무섭게 발달되었는데, 과학과 기술의 성격상 필연적인 결과였는지 모르지만, 분화와 창조의 두 절차가 그 발달을 이끌어왔다는 점이다. 예컨대 20세기에 이르러서는 옛날의 생물학으로부터 분자생물학이 따로 떨어져 나왔고, 컴퓨터의 발명으로 컴퓨터 과학이 새로 탄생되게 된 것이다. 이 사전에서 다루어지고 있는 분야는 천문학이나 물리학과 같은 일반적인 분야로부터 공학 음향학이나 해군 건축학과 같은 특수분야에 이르기까지 무려 104가지나 된다.

 이 사전을 통해서 우리가 두 번째로 확인할 수 있는 것은 오늘날에 이르러서는 어떤 의미에서는 인문학과 과학 간의 장벽이 이미 무너졌다는 점이다. 이런 사실의 근거가 될 수 있는 것이 바로 언어학과 심리학이 이들 104가지 영역의 한 가지로 들어있다는 점이다. 예컨대 여기에서는 언어학을 '언어의 구조와 의미, 발달에 대한 연구와 말의 생성절차에 대한 연구'를 하는 학문으로 정의하고 있고, 또한 심리학을 '인간과 동물 모두의 환경과의 관계 속에서의 정신과 행동의 기능을 연구'하는 학문으로 정의하고 있다. 심지어 여기에서는 진화론과 지리학도 과학의 일부로 보고 있다.

 이 사전을 통해서 우리가 세 번째로 확인할 수 있는 것은 현재 과학과 기술의 세계에서 쓰이고 있는 술어는 무려 11만 개나 되고, 이 가운데서 일부는 하나 이상의 정의가 필요한 것이어서 정의로 치자면 그것이 12만 5천 개나 된다는 사실이다. 104가지의 분야에서 11만 개의 술어가 쓰이고 있으니까 어림으로 계산해도 한 분야에서 쓰이고 있는 술어는 평균 1100개나 되는 셈인데, 이것 하나만으로도 우리는 오늘날의 과학이나 기술의 발전 속도가 상상을 초월한 만큼 빠르다는 것을 익히 알 수가 있다. 예컨대 이 사전의 'A'자부의 첫 쪽에는 'a'(전류 단위: 암페어, 10^{-18}를 나타내는 접두사)로부터 'A battery'(전기 튜브의 필라멘트나 가열기에 동력을 공급하는 전지)에 이르기까지 다양한 분야에서 쓰이는 50여 개의 술어가 나와 있다.

이 사전을 통해서 우리가 네 번째로 확인할 수 있는 것은 이것은 사람에 따라서는 과학자를 위해서 만들어진 것이라기보다는 일반인들을 위해서 만들어졌다고 볼 수 있을 정도로 정의나 설명이 쉬운 영어로 되어있다는 사실이다. 편집인의 말을 그대로 빌릴 것 같으면 '영어는 그동안에 점점 더 과학적 연구의 공용어가 되어왔고' 또한 '과학과 기술의 언어를 이해한다는 것은 통상이나 문화의 여러 영역에서뿐만 아니라 우리의 일상적인 생활에 있어서 주요한 일'이 된 것이다. 과학과 기술의 언어는 그동안에 우리 문화에 있어서의 역할만 증대된 것이 아니라, 새로운 과학이나 기술의 등장으로 그것의 폭과 깊이도 증가된 것이다.

3.3 언어와 사고의 관계

아마 언어가 궁극적으로 우리의 문화적 자산이나 기구 중 최고의 것일 뿐만 아니라 다른 문화적 자산이나 기구들을 창출하거나 전수하는 데 최선의 도구로 쓰여 왔다는 사실을 가장 분명하게 입증하고 있는 사실은 바로 언어와 사고는 언제나 동전의 앞뒤면 같은 관계를 유지하고 있다는 사실일 것이다. 그런데 이 문제의 의의와 중요성을 이것을 어느 한 국가나 사회의 차원이 아니라 전 세계적인 차원에서 생각해보았을 때 더욱 뚜렷해진다. 따라서 구체적으로 말하자면 이 문제를 검토하는 데는 크게 행동주의자들이 일찍이 주장했듯이 '우리는 말하는 대로 생각하고 생각하는 대로 말하게 되어있다.'라는 식의 심리학적인 접근법과 일찍이 철학자나 언어학자들이 주장했듯이 '우리의 문화가 서로 다른 것은 우리가 서로 다른 언어를 쓰고 있기 때문이다.'라는 식의 인류학적인 접근법이 쓰일 수 있는 것이다.

1) Humboldt의 세계관의 가설

따지고 보자면 그 옛날의 Platon이나 Aristoteles로부터 시작하여 그 후 Herder나 Leibniz에 이르기까지 유명한 철학자치고서 언어와 사고의 문제를 철학적 과제 중 가장 기본적인 것으로 간주하지 않은 사람은 없었다. 그러나 19세기에 이르러 이 문제에 대한 오랜 논의를 이른바 '세계관의 가설'로써 집약시킨 사람은 독일의 철학자인 Humboldt였다. 그러나 그전까지는 그 누구도 'so leigt in jeder Sprache eine eigenthumliche weltansich.(모든 언어에는 하나 적절한 세계관이 있다)'라는 그의 말 만큼 크게는 언어의 우선성이고 작게는 언어와 사고의 불가분성을 극명하게 표현하지를 않았으니까, 훗날에 그가 언어적 상대성 이론의 시조로 불리게 된 것은 하등 이상한 일이 아니었다.

원래 그는 우리의 존재와 지식의 깊이와 폭을 넓히는 일은 오직 역사적 방법에 의해서만 이루어질 수 있다고 본, 일종의 역사적 인간주의자였다. 그는 예컨대 희랍의 언어와 문화를 깊게 연구하는 것이 곧 인간성의 지적 및 도덕적 다면성을 파악할 수 있는 지름길이라고 생각했고, 심지어

Goethe의 서사시를 하나의 훌륭한 역사라고 보기도 했다. 그런데 그의 고전적 희랍문화에 대한 깊은 관심은 곧이어 일종의 비교인류학적 관심으로 바뀌게 되었는데, 그 이유는 그는 오직 다양한 국가나 인종에 따라서 여러 형태로 변형되어있는 문화적 자료들을 근거로 해서만이 이상적인 원형을 재건할 수 있다고 믿었기 때문이었다.

그런데 무엇보다도 놀라운 것은 그는 처음부터 이런 비교인류학적 작업은 비교언어학적 방법에 의해서만 이루어질 수 있다고 보았다는 점이었다. 그의 언어적 박식함은 그 당시에 그의 철학적 명성의 한 근거가 되기도 했는데, 예컨대 그는 희랍어와 라틴어, 산스크리스트어와 현대적 유럽어들에 대한 해박한 지식을 가지고 있었을 뿐만 아니라 미국의 토착인 언어(예: 멕시코의 아즈텍어)와 말레이폴리네시아어, 중국어 등의 서양 밖의 언어에 대해서도 일정한 지식을 가지고 있었다. 그는 특히 스스로 이들 언어의 구조에 대한 기술에도 전력을 쏟은 나머지, 정규적으로 '베를린 한림원'에 언어학적 논문들을 제출하기도 했다.

그의 특이한 언어우월적 언어철학은 물론 이러한 비교언어학적 언어연구의 결과물이었다. 그의 언어철학의 첫 번째 요점은 바로 언어는 사고의 형성자라는 것이었다. 이런 언어관은 언어를 의사소통의 도구로 보려는 일부 사람들의 사고방식을 일축해버리는 것이었기에 어떤 의미에서는 이것이 그를 훗날에 언어철학의 시조로 보게 만든 근거일 수 있었다. 그의 언어철학의 두 번째 요점은 이 세상에 있는 언어들은 구조적으로 각양각색인데, 바로 이렇기 때문에 이 세상 사람들의 사고방식도 각양각색일 수밖에 없다는 것이었다. 이런 문제와 관련해서 특히 빼놓을 수 없는 사실은 그는 복잡한 문법적 형식과 함께 잘 발달된 굴절체계를 가진 언어는 철학이나 형식과 같은 추상적인 추리작업을 하는 데 매우 유리하다는 생각을 하고 있었다는 점이다. (Williams, 2006, p.424)

그런데 그는 언어와 사고의 불가분성을 설명하면서 두 가지의 새로운 술어를 사용했는데, 따지고 보자면 바로 이런 점 때문에 20세기에 이르러서 Cassirer가 'The Philosophy of Symbolic forms(상징적 형식철학)'에서 그를 언어철학사에 있어서 신기원을 기록한 사람으로 평가하게 된 이유일 것이다. 이들 중 첫 번째 것은 'innere sprachform(내적언어형식)'이었는데, 이것은 쉽게 말해서 외적인 문법적 원리와는 별도로 으레 깊숙한 주관적 세계관과 영혼적 태도까지를 반영하게 되어있는, 개념의 형성절차를 통제하는 형식이었다. 이들 중 두 번째 것은 'energeia(창조적 활동)'이었는데, 간단히 말하자면 이것은 일회용 표현체라는 의미의 'ergon'이라는 술어와 한 쌍의 짝을 이루는 것으로서, 언어의 특성은 바로 유한한 규칙으로써 무한한 표현을 만들어내는 기구라는 점을 드러내기 위해서 쓰인 말이다. 이들 두 개념과 관련해서 언급하지 않을 수 없는 사람이 바로 Chomsky이다. 그의 변형주의적 언어이론에서 핵심적 개념으로 쓰이고 있는 것이 심층구조에 대한 개념과 창조적 생성에 대한 개념이다.

2) Sapir-Whorf의 언어적 상대성의 가설

19세기에 언어와 사고나 문화의 관계에 대해서 그럴싸한 가설을 내세운 사람은 Humboldt라는 철학자였는 데 반하여, 그 후 한 세기가 지난 20세기에 그런 가설을 내세운 사람은 Sapir와 Whorf라는 언어학자들이었다. 그리고 굳이 따지자면 이들 간에는 Humboldt는 한참 이성주의적 철학이 크게 번창하던 때의 독일 철학자였는 데 반하여, Sapir와 Whorf는 한참 구조주의적 언어학이 크게 번창하던 때의 미국언어학자들이라는 차이점도 있다. 또한 굳이 따지자면 이들이 내세운 가설의 이름도 앞엣것은 세계관의 가설로 불리고 뒤엣것은 언어적 상대성의 가설로 불리는 식으로 같지가 않다.

이런 사실에도 불구하고 이들 두 가설을 논의할 때마다 사람들은 으레 그들 간의 역사적 연계성을 첫 번째 논쟁거리로 삼아왔었는데, 그 이유는 물론 이들 모두가 똑같이 언어와 사고나 문화 간의 불가분성을 강조한 가설들이기 때문이다. 그렇지만 이렇게 동일한 주제의 가설이 두 가지나 있게 되었다는 것은 그것의 중요성을 드러내주는 사실일 뿐이지, 그들 간에 반드시 일정한 역사적 연계성이 있다는 의미는 아니다. 그리고 무엇보다도 중요한 사실은 오늘날의 학계에서 이 문제에 관한 가장 권위있는 가설로 받아들여지고 있는 것은 바로 Sapir-Whorf의 가설이라는 점이다.

우선 이 가설의 창시자인 Sapir는 넓게 보자면 20세기 초에 미국에서 미국 특유의 구조주의를 일으킨 Bloomfield의 동료이었지만 좁게 보자면 그 당시에 이른바 미국 인디언어 연구의 황금기를 주도했던 언어인류학자였다. 그는 미국적 언어인류학의 선구자인 Boas의 제자로서, 놀랍게도 Chinook어를 비롯하여 Takelma어, Chasta Casta어, Yana어, 남Paiute어, Nootka어, Sarcee어, Kutchin어, Ingalik어, Hupa어, Navajo어와 같은 다양한 인디언어에 대한 현장연구를 실시하여 이들에 관한 사전과 문법책을 써냈다. 그러니까 그는 원래부터 언어학을 인류학이나 사회언어학의 한 방편으로 사용했던 것이다.

그게 그렇다는 것은 이렇게 광범위한 현장연구를 바탕으로 해서 작게는 미국 민족학청에서 일찍이 총 55가지의 인디언어를 여섯 개의 집단으로 묶었던 분류법의 언어학적 근거를 제공했고, 크게는 훗날에 그의 제자인 Whorf에 의해서 언어적 상대성의 가설로 집약된 것과 같은, 언어와 문화의 불가분성에 대한 특이한 언어사상을 갖게 되었다는 사실로써 익히 증거할 수가 있다. 그의 저서 중 가장 대표적인 것으로는 1921년에 나온 'Language: An Introduction to the Study of Speech(언어: 말 연구개론)'을 꼽을 수 있는데, 여기에서 그는 Bloomfield의 형식주의적 그것과는 전혀 다른 언어관을 펼쳤다. 그는 여기에서 비인구어들의 예를 들면서 언어학의 주된 과제에는 마땅히 언어와 문화의 관계와 언어적 형식의 우아함을 구명하는 일도 들어가야 한다고 주장했다. (Darnell, 1994, p.3655)

이 가설의 주창자로 으레 Sapir와 Whorf를 내세우는 것은 우선 이것에 관한 기본 사상은 Sapir에 의해서 형성되었지만, 그것을 구체적으로 원리라는 이름으로 정리해서 발표한 것은 Yale대학에서의 그의 제자인 Whorf이었다는 역사적 사실 때문이지만, 더 깊게 살펴보자면 이에 관한 Sapir의 발상법은 어휘 수준의 것이었는 데 반하여 Whorf의 것은 문법 수준의 것인 식으로 이들의 발상법 간에는 일정한 차이가 있었기 때문이다. 두말할 필요도 없이 문법이란 두 개 이상의 어휘를 하나로 묶어서 명제적 의미를 나타내는 장치이기 때문에, 한 언어의 특별함은 결국 그것의 어휘체계에서보다는 그것의 문법체계에서 드러나게 되어있다. 따라서 쉽게 말하자면 Sapir의 발상법을 일종의 확대된 것으로 발전시킨 사람이 Whorf이었던 셈이다. 예컨대 '호피어의 문법은 호피문화와 관련성을 지니고 있고, 유럽어들의 문법은 우리 자신의 서구적 내지는 유럽적 문화와 관련성을 지니고 있다.'와 같은 말을 한 점으로 보아서, 그가 이 가설에서 문제를 삼은 것은 어휘가 아니라 문법이었음이 확실하다. (Whorf, 1939, p.73)

그러나 Sapir-Whorf의 가설이 발표된 이후의 연구 경향은 Whorf적인 차원이 아니라 Sapir적인 차원의 것으로 기울었는데, 그 이유는 인디언어에서는 문법체계보다 어휘체계가 크게 발달되어 있어서 대부분의 문법적 범주들(예: 시제, 상)의 의미가 으레 어휘에 의해서 표현되고 있기 때문이었다. 예컨대 나바호(Navajo)어에서는 우선 식물(nanise)이 '연한 식물(chiil)'과 '수목(tsin)', '선인장(hosh)', '이끼(dlaad)', '실난초(tsaaszi)' 등으로 분류되고 있을 뿐만 아니라 어떤 실체의 모양이나 움직임도 으레 어휘에 의해서 표현되고 있었다. 예컨대 선의 모양을 나타내는 데 나바호어에는 'dzigai(멀리 사라져가는 흰 선)', 'adzisgai(멀리 사라져가는 평생선의 집단)', 'hadzisgai(밑에서 수직으로 뻗어가는 흰 선)', 'aheehesgai(동심원을 이루고 있는 두 개 이상의 흰 선)', 'alchinidzigai(한 점에 모아지고 있는 두 개의 흰 선)', 'alnanagah(앞뒤로 오가는 흰 선)' 등이 있었다. (Werner, 1994, p.3659)

그런데 이 가설이 발표된 이후에 나타난 보다 더 본질적인 현상은 바로 이것의 타당성을 놓고서 학자들이 극단론파와 유연론파로 양분되게 되었다는 것이었다. 물론 여기에서의 극단론파란 Sapir와 Whorf의 이론이나 설명을 그대로 맞다고 믿는 사람들이고, 유연론파는 그들의 이론이나 설명은 부분적으로만 맞다고 생각하는 사람들이었다. 유연론자들이 보기에는 서구어와 비서구어를 문법체계 중심으로 비교한다는 것은 실제적으로는 불가능한 일인데, 극단론자들은 이미 결론을 내놓은 상태에서 이 일을 무리하게 강행하고 있었던 것이다. 이들은 결국에 언어와 문화의 불가분성은 어디까지나 상대적인 것이지 절대적인 것일 수 없다고 주장하는 것이었다.

3) 보편성과 개별성

모든 언어에는 보편성과 개별성이 있다. 그런데 19세기에 Humboldt가 내세웠던 세계관의 가설과 20세기에 Sapir와 Whorf가 내세웠던 언어적 상대성의 가설은 둘 다 궁극적인 의미에서 볼 때 언어의 개별성에 초점을 맞춘 이론이었다. 그러니까 극단론자들은 더 말할 나위가 없고 유연론자들도 이 가설을 믿는 한 언어의 개별성이나 특이성에 대해서만 언급을 하게 되어있지 그것의 보편성이나 공통성에 대해서는 언급을 하지 않게 되어있다. 그런데 이런 편향된 언어관은 적어도 지금까지 알려진 세 가지의 언어학적 사실만으로도 정면으로 반박될 수 있다.

그중 첫 번째 것은 Chomsky의 변형주의적 문법이론이다. 그의 문법이론은 20세기 후반에 이르러 많은 학문을 언어학 쪽으로 전향하게 한 혁명적 이론인데, 사실은 이것은 일종의 보편문법 이론이다. 따지고 보자면 일찍이 희랍이나 로마 시대부터 현대에 이르기까지 유수한 문법가나 철학자들은 하나같이 보편문법의 실체를 밝히는 일을 그들의 기본과제로 삼을 만큼의 보편문법의 신봉자였는데, 이런 의미에서 볼 것 같으면 그의 보편문법론은 새삼 새로운 것은 아니다. 그러나 그가 보편문법적 지식을 후천적으로 학습된 것이 아니라 선험적으로 내재되어 있는 것으로 본 점은 선례를 찾을 수 없는 특징이다.

물론 엄밀하게 따지자면 안타깝게도 그가 말하는 보편문법의 실체가 과연 어떤 것인가는 그의 초기이론이 나온 지 50여 년이 지난 오늘날도 분명하지 않다. 그보다 더 놀라운 사실은 물론 최신의 최소주의 이론의 문법모형이 초기이론의 것과는 너무 다르다는 점이다. 예컨대 1960년대의 표준이론에서는 보편문법에는 실질적인 것과 형식적인 것의 두 가지가 있다고 내세우더니, 1980년대의 '원리와 매개변수'이론에서는 보편문법은 몇 가지 문법적 원리로 이루어져 있다고 내세우고, 그 후에 나온 최소주의 이론에서는 어휘부에 철자화라는 파생절차를 적용시켜서 논리적 형식과 음성형식을 얻어내는 것을 그런 문법으로 보고 있다. 특히 이때에 이르러서는 한때 최대로 다양했던 변형규칙이 이동규칙과 합병규칙 등만 남기고 모두 다 사라졌을 정도로 문법 절차가 단순해졌다.

그렇지만 크게 보자면 그는 그동안 내내 그가 내세웠던 이성주의적 언어관의 타당성을 실증하는 데 최선을 다해왔다. 물론 경험주의자들은 그의 이런 '아브덕숀'적 기술방법에 동의하지 않을 것이다. 예컨대 그들은 아마 그가 그렇게 영어라는 단 하나의 언어만을 분석 대상으로 하는 한 그의 이론은 다분히 허구적인 것일 수 있다고 주장할 것이다. 다시 말해서 그들은 다양한 언어를 실제로 비교해서 그들 간의 공통점을 찾는 것만이 보편문법 이론을 내세울 수 있는 유일한 방법이라고 주장할 것이다. 그러나 문제는 Chomsky가 일찍이 지적했듯이 그런 식의 귀납적인 작업은 실제로는 있을 수 없다는 데 있다. 쉽게 말해서 현재로서는 그의 이성주의적 언어이론, 즉 보편문법이론의 타당성을 인정할 수밖에 없다.

그중 두 번째 것은 Greenberg의 보편소 이론이다. 미국에서 구조주의 언어학이 언어학의 과학화라는 기치를 높이 들고 있던 1960년대에 Greenberg는 특이하게도 언어유형론적 연구에 손을 대서 이른바 '그린버그 보편소'로 불리는 총 45가지의 보편적 규칙이나 자질들을 발견하게 되었다. 그가 제일 먼저 연구대상으로 삼은 것은 아프리카 언어였는데, 이 작업을 통해서 그전까지 1000개 이상의 아프리카어들을 수십 가지의 어족으로 분류하던 분류법을 'Afro-Asiatic어족'과 'Niger-Kordofanian어족', 'Nilo-Saharon어족', 'Khoisan어족' 등의 네 가지로 분류하는 것으로 바꿀 수 있었다. 수십 가지로 나뉘었던 어족을 단 네 가지 어족으로 줄일 수 있었다는 것은 곧 1000여 개의 언어 간에는 겉으로 보기보다 훨씬 많은 공통성이나 유사성이 있다는 것을 실증하고 있었다.

아프리카 언어의 분류작업에 이어서 그는 그전까지 이 분야의 완전한 미개지로 남아있던 '뉴기니'와 '남미' 지역의 언어들을 분류하게 되었는데, 이것에서의 연구결과도 많은 사람의 시선을 끌 만한 것이었다. 우선 '뉴기니'와 주변 도서에서 쓰이는 수백 가지의 언어들은 'Austronesian어족'과 'Indo-Pacific어족'으로 묶일 수 있었다. 그 다음으로 '남미'어들에 대해서는 그는 이 언어들은 북미어들과 밀접하게 연결되어 있다는 사실과 이들은 통틀어서 'Eskimo-Aleut어족'과 'Na-Dene어족'. 'Amerind어족' 등의 세 어족으로 분류될 수 있음을 밝혀냈다. 아프리카언어의 경우와 마찬가지로 뉴기니언어 간이나 미국인디언어간에는 두세 개의 어족으로 묶일 수 있을 만큼의 공통성이나 유사성이 있었던 것이다.

 그의 발생론적 연구는 이들로서 끝나지 않고서 드디어 인구어족과 다른 세계적 어족들의 관계를 구명하는 일에까지 뻗쳐나갔다. 그의 연구결과에 따르자면 '인구어족'은 'Euasiatic어족'이라는 큰 어족의 일부이었고, 그밖에 이 어족에 속하는 어족이나 언어에는 'Uralic어족'과 'Altaic어족', 한국어, 일본어, Ainu어, Giyak어, Chukchi-Kamchatkan어족 등이 있었다. 그가 설정한 'Euasiatic어족'은 결국에 일찍이 Illy-Svitych와 Dolgopolsky가 설정했던 'Nostratic어족'과 유사한 것이었는데, 무엇보다도 중요한 사실은 그의 연구로 세계의 여러 곳으로 흩어져있는 많은 언어나 어족 간에는 하나의 대어족으로 묶일 수 있을 만큼의 공동성이나 유사성이 있다는 것이 발견되었다는 점이었다.

 그러나 그의 진짜 관심은 전 세계에서 쓰이고 있는 언어들을 발생론적이거나 진화론적으로 분류하는 데 있는 것이 아니라 보편적 특성들을 근거로 해서 그들을 유형별로 나누는 데 있었다. 이런 작업을 통해서 그는 언어연구의 역사상 최초로 모두 45가지의 보편소와 관련된 규칙을 발견할 수 있었는데, 이들 규칙들은 하나같이 우리의 언어에는 개별성보다는 오히려 보편성이 더 있음을 드러내주는 구체적 증거들이었다. 이런 규칙 중 가장 대표적인 것이 바로 기본적인 어순에 관한 것인데, 사람들은 그 후 이것 하나만으로 그의 유형론적 연구의 독보성과 기여성을 익히 알 수가 있을 만큼 이것은 의미 있는 규칙이었다. 한마디로 말해서 그는 역사상 최초로 기본적 어순을 기준으로 한 언어유형론을 제시하게 된 것이다.

 그는 우선 분석의 객관성을 높이기 위해서 세계의 여러 어족으로부터 뽑은 모두 30가지의 언어를 분석의 대상으로 삼아서, 각각의 언어에서 문장의 기본요소인 주어(S)와 동사(V), 목적어(O) 등의 세 어휘가 어떤 순서로 배열되고 있는지 살펴보았다. 논리적으로는 이들의 배열양식에는 'SOV, SVO, VSO, VOS, OSV, OVS' 등의 여섯 가지가 있을 수 있는데, 그의 조사에서는 첫 번째인 'SOV'와 두 번째인 'SVO'가 가장 흔하게 쓰이고 있는 것으로 나타났다. 이들은 모두가 주어가 동사보다 앞서 쓰이는 양식이었는데, 세 번째 것인 'VSO'가 일부 언어에서는 쓰이고 있는 점으로 미루어 보아서 그것을 절대적인 규칙으로 볼 수는 없었다. 그런데 네 번째에서 여섯 번째까지의 나머지 세 가지 양식은 아예 어느 언어에서나 쓰이고 있지 않았다. 그는 또한 이상과 같은 기본 어순상의 차이는 여타의 어순적 규칙에도 반영되고 있음을 확인했다. 예컨대 'SOV'형의 언어에서는 형용사가 으레 명사의 앞에 놓이는 데 반하여, 'VSO'형의 언어에서는 그들의 순서가 정반대이었다. (Ruhlen, 2004, p.1500)

그중 세 번째 것은 번역 가능성의 이론이다. 엄밀히 말하자면 번역의 문제와 관련해서 역사상 이런 이론을 제시한 사람은 하나도 없으니까 이것을 학술적인 술어로 쓴다는 것 자체가 무리임이 분명하다. 그러나 이 세상의 언어 간에는 상이성보다는 오히려 공통성이 더 많다는 점을 실증하는 데는 인류문화의 역사는 곧 번역의 역사이었다는 사실만 한 것이 있을 수 없는데, 그 이유는 만약에 그와는 정반대의 경우, 즉 언어 간에는 공통성보다는 상이성이 더 큰 경우가 사실이라면 번역이 그동안에 이렇게 성행했을 리가 없기 때문이다. 결국에 일찍이 Kelly가 'The true interpreter: a history of translation theory and practice in the West(참 통역자: 서양번역이론 및 실행역사)'에서 '서구의 문명은 번역가에 의해서 이루어졌다.'라고 한 말은 꼭 과장된 말은 아닐는지도 모른다. (Kelly, 1979.) 번역이란 쉽게 말해서 원래 원천언어로 쓰인 텍스트를 목표언어로 된 텍스트로 바꾸는 작업이기 때문에 두 언어 간의 어족적 거리와 관계없이 완전한 번역이란 있을 수가 없다. 그러니까 지난 이천여 년간의 번역의 역사는 결국에 번역의 목적에 따라서 어떤 식의 등가물을 최선의 번역의 산물로 보느냐에 대한 학자 간의 논쟁의 역사였던 것인데, 특히 이런 논쟁은 이른바 '문학적 번역'이라는 장르가 새로 생겨날 정도로 일찍부터 문학작품을 번역하는 번역가들 사이에서 뜨겁게 벌어졌다. 문학작품은 어느 것이나 저자의 예술적 창작물이기에 번역물이 얼마만큼 원작품의 문체나 예술성을 반영할 수 있느냐가 언제나 문제일 수 있는 것이다.

그러나 엄밀한 의미에서 보자면 굳이 문학적 번역이 아닌 경우라도 번역에는 한 가지 방법만이 있을 수 있는 것은 아니라는 것을 누구나 쉽게 짐작할 수 있는데, 그 이유는 언어는 원래가 정보나 의미의 표현체이고, 또한 성분적으로는 어휘와 문법적 구조체로 구성되어있는 표현체인 이상 정보나 의미를 대상으로 삼느냐, 아니면 표현체를 대상으로 삼느냐에 따라서 그것이 크게 두 가지로 나뉘어질 수 있기 때문이다. 그리고 굳이 따지자면 흔히 번역을 제2의 창작이라고 말할 만큼, 실제에 있어서는 이들 두 가지 목표를 정교하게 절충시킨 방법이 쓰일 수밖에 없다. 다시 말해서 예컨대 과학적 정보를 전달하기 위한 번역의 경우라고 해도 극단적인 직역도 부적절한 것이고 극단적인 의역도 부적절한 것이다.

번역의 방법이나 종류가 다양할 수 있다는 사실은 그동안에 번역학계에서는 번역을 크게 표준적인 것과 제약적인 것으로 대별한 다음에, 후자를 다시 문법적 번역과 어휘적 번역으로 나누는 관행으로 구체화가 되었다. 우선 표준적 번역이란 상황적 자질까지를 고려한 상태에서의 문법과 어휘상의 등가물을 목표언어에 반영시키는 절차이었고, 반면에 제약적 번역은 문법과 어휘 중 어느 한 가지에서의 등가물만을 목표언어에 반영시키는 절차이었다. 물론 표준적 번역이 일반적으로는 바람직하지만, 일종의 약식형인 제약적 번역도 필요에 따라서는 쓰일 수 있었다.

그런데 번역의 종류가 다양할 수 있다는 것은 번역의 목적은 결국에 정보나 의미를 전달하는 데 있어서 전문적인 번역가들이 사용하는 방법과는 크게 다른 방법들을 일상생활에서의 일반인들은 사용하게 되어있다는 것을 의미한다. 이런 사실은 물론 언어 간에는 공통성과 상이성 중 어느 것이 더 크게 존재하느냐의 문제를 이미 넘어선 사실까지를 우리에게 제시해주고 있는데, 언어는 원래가 그것의 일부만으로도 익히 기능할 수 있을 만큼의 다원적 구조체라는 것이 바로 그것이다. 예컨대 일종의 굴절어인 영어는 하나의 교착어인 터키어와는 어휘적으로는 물론이고 문법적으로도 멀리 떨어진 언어이다. 그렇지만 영어를 터키어로 번역하는 일은 의외로 용이할 수가 있다.

우선 전문적인 번역가라면 응당 표준적 번역법을 사용하여 'Our friend's house is in Galata near the bridge.'라는 영어문장을 터키어로는 'Arkadasimizin evi Galatada kopruye yakindir.'처럼 번역할 것이다. 그러나 일상생활에서의 일반인 같으면 이른바 '문법적 번역법'과 '어휘적 번역법' 중 어느 한 가지를 쓸 수도 있을 것이다. 구체적으로는 오직 어순과 영어의 문법적 요소만을 번역하는 문법적 번역법에 의한 번역문은 'Friend-imiz-in house-u Galata-da bridge-e near-dir.'와 같은 것이 되는 데 반하여, 그와는 반대로 오직 영어의 어휘만을 번역하는 어휘적 번역법에 의한 그것은 'Our akadas's ev is in Galata yakin the kopru.'같은 것이 될 테니까 둘 다 쉽게 말해서 50%식 번역문일 따름이다. Catford의 견해로는 이런 식의 불완전 번역법은 외국어 교실에서 유용하게 쓰일 수 있는 것이었다. (Catford, 1994, p.4740)

Sapir-Whorf의 언어적 결정설이나 언어적 상대성의 가설이 미국의 언어학계나 인류학계에서 큰 주목을 받게 되자 이것은 궁극적으로는 인간의 인지구조나 인지절차에 관한 이론이어서 그런지 언어학이 아니라 인지심리학적 접근법에 의한 이것에 대한 반론도 제기되게 되었는데, 이런 것 중 가장 대표적인 것이 바로, 1969년에 나온 Berlin과 Kay에 의한 기본 색채어의 보편성에 대한 이론이었다. 이들의 이론의 요점은 크게 두 가지였는데, 그중 첫 번째 것은 이 세상 모든 언어에서 쓰이는 색채어의 수는 흰색과 검은색으로부터 주황색과 회색까지의 모두 11가지라는 점과 이들의 문화적 진화절차는 아래의 도표처럼 매우 규칙적이라는 점이었다.

| 흰색 검은색 | < | 붉은색 | < | 녹색 노란색 | < | 푸른색 | < | 갈색 | < | 자주색 분홍색 주황색 회색 |

이 도표에 따르자면 한 언어가 모두 11가지의 색채어를 갖게 되는 데는 모두 다섯 번의 진화단계(부등어표)를 차례로 밟게 되어있다. 예컨대 그중 첫 번째 단계는 기본색채어 중의 기본색채어로 볼 수 있는 흰과 검은이라는 두 색채어에 붉은 이라는 세 번째 색채어를 추가시키는 단계이고, 그중 마지막인 다섯 번째 단계는 그전의 일곱 색채어에 자줏빛과 분홍색, 주황색, 회색 등의 네 가지 색채어가 추가되는 단계이었다. 그런데 이들의 이론에서는 이 도표와 관련하여 문화의 기술적 발전도가 높을수록 그것에서 쓰이는 기본색채어의 수는 비례적으로 증가되게 되어있다는 점이 강조되고 있다. (Berlin and Kay, 1969)

3.4 문화와 문자언어

기술적으로 말하자면 문자언어는 어디까지나 음성언어의 한 기록수단에 불과하다. 그러니까 대부분의 언어학자는 20세기 초에 구조주의자들이 내세웠듯이 그전까지의 문자언어의 억압으로부터 음성언어의 원래의 자리를 되찾는 것을 언어학을 과학화시키는 데 있어서 제일 먼저 해야 할 과제라고 생각할 수 있다. 다시 말하자면 이들은 자기네가 언어학에 관한 저서나 논문에서 다루고 있는 문장이나 표현들은 모두가 원래는 음성언어이었던 것을 부득이 문자언어로 표기한 것들이라고 생각하고 있는 것이다. 그러나 무엇보다도 중요한 사실은 이들이 자기네 책이나 논문에서 쓰고 있는 것은 분명히 음성언어가 아니라 문자언어라는 점이다. 더 극단적으로 말하자면 만약에 영어나 프랑스어와 같은 문자언어가 없었더라면 이들은 분명히 저서나 논문을 통해서 저마다의 주장을 펼 수가 없었을 것이다.

이렇게 보자면 결국에 우리는 오늘날 음성언어라는 일차언어 이외에 문자언어라는 이차언어를 갖게 된 셈인데, 이들은 각각의 표현적 특성 때문에 크게 보았을 때는 정보교환이나 의사소통이라는 동일한 기능을 수행하게 되어있지만 엄밀하게 보았을 때는 서로 다른 기능을 수행하게 되어있다. 그런데 심리나 생리학적으로는 한쪽은 일종의 청각적 매체이고 다른 쪽은 일종의 시각적 매체이기 때문에 이들의 기능은 상호충돌적이지 않고서 상호보완적이다. 이런 의미에서 보자면 우리 인간의 역사상 음성언어를 약 5만 년 전에 갖게 된 때를 첫 번째로 우리의 삶이 크게 바뀌게 된 때로 치자면, 약 6000년 전에 문자언어를 갖게 된 때는 분명히 우리의 삶이 두 번째로 크게 바뀌게 된 때인 것이다.

1) 복수 기원설

그런데 음성언어와 마찬가지로 문자언어도 우리의 인성적 특성과 지적 능력의 발현물이다. 더 구체적으로 말하자면 우리는 음성언어의 실체를 통해서 뿐만 아니라 문자언어의 실체를 통해서도 우리의 인성적 특성 중

한 가지가 바로 높은 수준의 문화적 자산이나 기구를 창출하고 전수하는 점이라는 것을 익히 확인할 수 있는 것이다. 문자언어가 이렇게 우리의 기본적 인성과 문화적 욕구의 발현물이라는 것을 확인하는 방법 중 첫 번째 것은 아마 이것의 기원을 살펴보는 것일 것이다. 우선 음성언어의 기원에 대해서는 그동안에 단일기원설이 지배적인 이론으로 받아들여져 왔는 데 반하여 문자언어의 기원에 대해서는 그동안에 단일기원설보다는 오히려 복수기원설이 더 설득력이 있는 것으로 받아들여져 왔는데, 그 이유는 음성언어의 경우와는 달리 문자언어의 경우는 그것의 기원을 입증할 수 있는 고고학적 증거가 발견될 수 있는데, 이런 증거에는 현재까지 확인된 것만으로도 무려 여덟 가지나 되기 때문이다.

그동안에 문자언어의 단일기원설을 내세운 사람 중 대표적인 사람이 바로 Gelb인데, 그의 학설에 따르자면 기원전 3000년 경에 아시아 남서부 지역인 '메소포타미아(mesopotamia)'에서 최초의 문자언어가 발명되었는데, 그 후 5세기에 걸쳐서 문화적 접촉에 의해서 중국을 포함한 여러 주변 지역으로 퍼져나갔다는 것이었다. 그러나 그의 학설은 발표와 동시에 그 타당성이 문제시되었는데, 그것을 정면으로 반박할 수 있는 고고학적 근거가 어렵지 않게 발견될 수 있기 때문이었다. 예컨대 1993년에 중국의 고고학자들은 기원전 5,500년에 쓰인 것으로 추정되는 거북이 껍데기에 쓰인 두 개의 문자가 발견된 것을 비롯하여 모두 네 가지의 반증적 사실들을 발표했다.

그의 단일 기원설에 대한 대안으로 제안된 것이 복수 기원설인데, 이것에서 내세우는 바는 바로 기원전 1500년에서 3000년 사이에 적어도 다음과 같은 여덟 가지의 문자언어들이 서로 다른 지역에서 만들어졌다는 것이었다. a)남부 메소포타미아에서의 수메르 설형문자, 기원전 3200년경, b)이집트의 상형문자, 기원전 3000년경, c)이란 남서부에서의 엘람 조어

(Proto-Elamite)문자, 기원전 3000년경, d)중국의 갑골문자, 기원전 2000년 이나 그 이전, e)서부 인도에서의 인도문자, 기원전 2500년경, g)희랍의 크레타도서에서의 크레타문자, g)시리아 북부에서의 루이(Luwi)상형문자, 기원전 1500년경, h)메소아메리칸(mesoamerican)문자, 기원전 1세기경 (Simpson, 1994, p.5039)

우리는 크게 다음과 같은 세 가지 사실을 통해서 이상과 같은 복수기원설이 궁극적인 의미에서는 문자언어의 문화적 자산이나 기구로서의 특이성을 뒷받침하고 있다는 것을 확인할 수 있는데, 그중 첫 번째 것은 이들 여덟 지역의 대부분이 우리의 문명의 발상지라는 점이다. 예컨대 아시아 남서부의 메소포타미아를 위시하여 이집트, 중국, 인도, 희랍 등에서 우리의 고대문명이 시작되었다는 것은 역사학이나 고고학적으로 이미 잘 실증된 사실이다. 이런 사실은 곧 문자언어가 문명의 도구로서 발명되었다는 것을 의미한다. 다시 말하자면 이런 사실은 문자언어는 원래 한 사회의 생존과 번영에 필수적인 수단, 즉 한 사회에서 획득한 정보나 지식을 전수하고 저장하는 수단으로서 개발되었다는 학설을 익히 뒷받침하고 있기도 하다.

그중 두 번째 것은 의미적 표현체로서의 문자언어와, 음성적 표현체로서의 문자언어의 두 형태 중 역사적으로 앞섰던 것은 전자였다는 점이다. 메소타피아의 수메르 설형문자와 이집트의 상형문자, 중국의 한자문자 등은 모두가 일종의 그림 내지는 의미적 서기 양식의 것이었다. 물론 오늘날에 이르러서는 문자언어하면 으레 음성적 서기양식의 것을 가리키게 되었는데, 이런 사실 역시 문자언어는 결국에 인간의 지력에 의해서 문명의 도구로서 발명되었다는 것을 잘 뒷받침하고 있다. Simpson의 말에 의하자면 원래는 'Homo loquens(언어인)'으로 불리던 인간이 한참 뒤의 문명의 발달과 함께 'Homo scribens(문자인)'으로도 불리게 된 것이다.

(Ibid., p.5038)

그중 세 번째 것은 다른 문화적 자산이나 기구와 마찬가지로 문자언어도 지난 수 천 년 동안에 꾸준히 발전되어왔다는 점이다. 우선 문자언어의 역사는 음성언어의 그것에 비하면 비교도 할 수 없을 만큼 짧다. 일단 음성언어가 시작된 때를 5만 년 전으로 잡고 보면 예컨대 수메르의 설형문자가 발명된 시기인 기원전 3200년, 즉 지금으로부터 5천여 년 전이란 비교적 가까운 과거이다. 그런데 무엇보다도 중요한 사실은 이 기간에 처음에는 다른 보조적 기호를 써서 그림 내지는 의미적 서기 양식의 수수께끼식 단점을 최대로 보완하려고 노력하다가 그 다음에는 아예 그런 옛 약식을 파기하고서 음성적 서기양식을 새로 쓰게 되는 변화를 겪었다는 점이다. 이렇게 보자면 문자언어의 발달의 역사에 있어서는 음성언어와 일정한 대응관계를 갖게 되는 문자언어가 결국은 최선의 문자언어임을 깨닫게 된 것 시기가 그것의 역사를 바꾼 시기였던 셈이다.

2) 상보적 기능

문자언어가 우리의 기본적 인성과 문화적 욕구의 발현물이라는 것을 확인할 수 있는 두 번째 방법은 아마 음성언어와 이 언어 간의 기능적 차이를 살펴보는 것일 것이다. 그런데 이 일을 제대로 하기 위해서는 먼저 이들의 습득절차상의 상이성을 밝혀보아야 할 텐데, 그 이유는 이들의 언어적 특성은 이들의 기능에서보다는 오히려 습득 절차에서 더 확실하게 드러나게 되어있기 때문이다. 한마디로 말해서 문자언어가 결국에는 음성언어보다 문화적 특성을 더 많이 가지고 있다는 것이 습득절차를 통해서 확인될 수 있을 만큼 이들의 습득절차상의 상이성은 크다고 볼 수가 있다.

우선 언어습득의 절차는 으레 습득의 시기와 밀접히 관련되어있는데,

이 점에 있어서 이들은 중요한 차이점을 보이고 있다. 일반적으로 음성언어는 생후 6개월경으로부터 만 4~5세경까지에 습득이 되는 데 반하여 문자언어의 학습은 음성언어의 습득이 일단 완료된 후인 만 7~8세경에 시작이 된다. 그 다음으로 음성언어의 습득은 집에서 엄마를 비롯한 가족들의 도움을 받아가면서 이루어지는 데 반하여 문자언어의 학습은 학교에서 선생의 지도하에서 이루어진다. 특히 학교에서의 문자언어의 학습은 일정한 교재를 가지고서의 읽기와 쓰기라는 새로운 언어기법을 배우는 과정의 일부로 간주가 된다.

그런데 여기에서 특히 주목할 사실은 학교에서 쓰이는 교재의 언어적 수준은 집에서 완습한 언어의 수준보다 높은 수준, 즉 그것에 후속되는 수준이라는 점이다. 그러니까 큰 틀로 보자면 어린이들의 언어습득과정은 취학 전의 것과 취학 후의 것이 일관성 있게 연결되도록 되어 있는 것인데, 취학 후의 것에서 크게 달라지게 되는 점은 문자언어라는 제2의 언어가 여기에 개입되게 된다는 것이다. 구체적으로 말하자면 학교에서의 읽기와 쓰기의 과목을 통해서 어린이들의 언어는 어휘의 수도 크게 늘게 되고 표현법이나 문법의 난이도도 크게 높아지게 되니까, 이때부터는 문자언어가 읽기와 쓰기라는 새로운 언어기법의 학습매체가 될 뿐만 아니라 듣기와 말하기라는 옛 언어기법의 능력을 향상시키는 도구가 되기도 하는 것이다. 다시 말해서 이때부터는 그들의 두뇌가 청각언어와 시각언어를 다 다룰 수 있을 만큼 언어 의존적인 기구로 바뀌게 되는 것이다.

이렇게 볼 것 같으면 언어습득의 문제에 관한 한 항상 가장 기본적인 논쟁거리로 등장하는 과제가 문자언어의 경우에 있어서는 아예 등장할 필요가 없게 된다는 것이 분명해진다. 수 세기에 걸친 내재설 대 학습설 간의 대립현상이 바로 그것이다. 앞에서 이미 언급이 있었듯이 오늘날의 이 논쟁의 현황은 Chomsky에 의한 내재설의 주장으로 내재설이 학습설을 압도하는 식으로 굳어져 있는데, 이런 현황을 항구적인 것으로 보는 사람은 그다지 많지가 않다. 더구나 지금까지의 논쟁의 역사로 보았을 때 이런 대립성의 문제는 언제라도 언어의 차원을 넘어서 다른 인지적 능력이나 지식의 영역으로까지 확대될 가능성까지 있다. 그동안의 철학의 역사가 이성주의와 경험주의가 서로 교차되는 역사였다는 사실이 그것을 익히 증거하고 있다.

그런데 문자언어의 기원이나 실체에 관한 한 이런 문제가 제기될 가능성은 전무하다. 그동안에 Chomsky의 내재이론이 가져온 큰 변화 중 하나가 바로 심리학이나 언어학 등의 학계에서 그전까지의 언어학습이라는 술어 대신에 언어습득이라는 술어가 쓰이게 되었다는 점일 텐데, 문자언어에 관한 한 이런 변화가 일어날 필요도 없고 그럴 가능성도 없다. 다시 말하자면 문자언어는 모방과 반복된 연습 등의 학습적 절차에 의해서 배워진다는 것은 누구에게나 이미 알려진 사실이기에 예나 지금이나 심리학이나 언어학 등의 학계에서 문자언어는 습득이 아니라 학습의 대상이라는 것을 문제시할 리가 없는 것이다. 이런 의미에서 볼 때 우리의 능력이나 지식의 획득절차를 놓고서의 이성주의자와 경험주의자 간의 싸움에서 경험주의 측에서 보란 듯이 내세울 만한 경우가 문자언어의 경우일 수도 있다.

그런데 논리적 순서상 이들 두 언어의 구조상의 차이점을 살펴보는 일이 이들 간의 기능적 차이점을 알아보는 일보다 앞서야 할 것이 분명한데, 그 이유는 심리학적으로 한쪽은 음성을 매체로 한 일종의 청각적 언어인데 반하여 다른 쪽은 문자를 매체로 한 하나의 시각적 언어인 탓으로, 이들 간의 구조적 차이는 문자언어를 음성언어의 기록용 수단으로 보는 식의 일반적인 상식을 훨씬 넘어설 정도로 크기 때문이다. 쉽게 말해서 이들은 각각 서로 다른 매체를 사용한 의사소통체계이기 때문에 저마다의 구조적 특성이 있게 마련인데, 이런 특성들은 모두가 이들의 서로 다른 용도나 기능과 불가분적으로 연결되어있다. 예컨대 탁월한 대화자나 웅변가란 으레 음성언어의 구조적 특성을 최대로 활용할 줄 아는 사람인데 반하여, 우수한 작가나 문필가란 으레 문자언어의 구조적 특성을 최대로 활용할 줄 아는 사람인 것이다.

이들 간의 구조적 차이점 중 첫 번째 것은 어휘와 문법적 수준상의 차이인데, 음성언어에서는 으레 기본적인 수준의 어휘와 문장들이 주로 쓰이는 데 반하여 문자언어에서는 으레 한 차원 높은 수준의 어휘와 문장들이 많이 쓰이고 있다. 더 구체적으로 말하자면 음성언어에서는 2000어 내외의 기본어휘와 단순문이나 중문들이 주로 쓰이고 있는 데 반하여, 문자언어에서는 5000어까지의 기본 어휘 및 그 이상의 전문 어휘들과 복문을 포함한 모든 문장들이 주로 쓰이고 있다. 그런데 이런 차이성은 이들의 습득이나 학습 절차상의 차이에서 비롯되었다고 볼 수도 있는데, 문자언어의 모형들은 대개가 유명한 문학적 작품이거나 논술문이기 때문이다.

이들 간의 구조적 차이 중 두 번째 것은 언어적 표현체로서의 크기와 형식성 상의 차이로서, 우선 음성언어에 의한 것에 비하여 문자언어에 의한 표현체는 훨씬 길다. 그 다음으로 언어적 표현체로서의 짜임새 상이들은 한쪽은 다분히 느슨한 데 반하여 다른 쪽은 다분히 촘촘하다는 식의 차이점을 보인다. 예컨대 음성언에 의한 말에서는 똑같은 문장이나 표현이 되풀이되기도 하고 아니면 문법적으로 불완전한 문장이나 표현이 쓰이기도 하며, 또한 때로는 문장 간의 연결이나 전이관계가 비약적일 수도 있다. 특히 대부분의 말은 독백이 아니라 대화이기 때문에 상대방의 이해를 확인하기 위하여 때로는 'What do you think?'나 'Don't you think so?'와 같은 의문문도 쓰이고, 때로는 'well'이나 'you know', 'you see'와 같은 간투어도 쓰인다. 두말할 필요도 없이 음성언어가 이처럼 구조적으로 느슨할 수 있는 것은 이것은 문자언어는 가질 수 없는 이점들, 예를 들어, 억양이나 강세법을 사용하게 된다든지 또는 일정한 상황 안에서 대화자와 마주한 상태에서 말을 하게 된다는 등의 이점 등을 최대로 활용할 수 있기 때문이다.

그런데도 음성언어에 의한 말의 구조성은 문자언어에 의한 글의 그것보다 떨어지게 되어있는데, 그 이유 중 제일 중요한 것이 바로 글쓰기에서는 으레 일정한 규약이 지켜지게 되어있기 때문이다. 예컨대 글쓰기에서는 문장이나 고유명사의 첫 문자는 으레 대문자로 되어있어야 한다든지, 아니면 문장의 연결이나 마무리에는 콤마나 종결부호가 쓰여야 한다든지, 심지어는 의문문이나 감탄문의 문미에는 의문부호나 감탄부호가 붙어져 있고 인용문에는 따옴표가 붙어져 있어야 된다는 식의 이른바 구두법적 규칙들이 정확히 지켜지게 되어있는데, 따지고 보자면 이런 장치는 결국에 글의 조직성이나 구조성을 강화하기 위한 것이다. 이와 관련하여 특기할 사실은 이런 규약은 말의 화법적인 규약처럼 자연스러운 실습을 통해서 터득되는 것이 아니라 글쓰기에 관한 지식이나 준비의 일부로서 학교에서 학습된다는 점이다.

물론 글쓰기에서 지켜져야 할 규약에는 그밖에 논제의 전개법에 관한 것도 있는데, 이런 것 중 가장 대표적인 것이 바로 단락을 그의 구성단위로 삼을 것과 논제의 전개는 기승전결과 같은 논리적 순서를 밟아야 된다는 것 등이다. 심리학적으로 보았을 때 이런 규약들은 독자의 인지적 이해절차를 가장 효율적인 것으로 만드는 규약들이다. 우선 단락이란 전달하려는 정보나 지식의 양을 그의 두뇌가 한 번에 처리할 수 있을 만큼씩 묶어놓는 장치이다. 따라서 우선 단락을 구성하고 있는 문장들 간에 응집성과 일관성이 있어야 할 것은 너무나 당연한 일이다. 그렇지만 그보다 더 중요한 것은 여러 단락 간의 유기성이다. 결국 이런 장치로 인해서 문자언어로 된 글은 음성언어로 된 말보다 한껏 높은 형식성을 유지하게 되는 셈인데, 이것은 곧 글의 구조성은 말의 구조성보다 훨씬 높다는 말이나 같은 말이다.

　이들 간의 구조적 차이 중 세 번째 것은 문체적 차이이다. 흔히 글의 문체를 논할 때는 구어체와 문어체라는 술어를 쓰는데, 이런 사실은 곧 실제에 있어서는 글에서 구어체도 쓰이고 있다는 것을 방증한다. 그렇지만 일반적으로 보았을 때는 이들은 서로 대척적인 관계에 있다고 볼 수 있을 만큼 서로 다른 특징들을 가지고 있다. 이들 간의 대립성은 크게 두 가지 점에서 드러나 있다고 볼 수 있는데, 이들 중 첫 번째 것은 형식성이다. 보통 구어체는 비형식적 문체를 가리키는 말인 데 반하여 문어체는 형식적 문체를 가리키는 말로 받아들여지고 있는 사실이 익히 말해주고 있듯이, 구어를 구어답게 만드는 것은 역시 낮은 수준의 형식성이고 문어를 문어답게 만드는 것은 높은 수준의 형식성이다.

　문체의 결정 요소에는 크게 어휘와 문장의 두 가지가 있는데, 이들 모두에 있어서 구어와 문어 간에는 일정한 차이를 보이고 있다. 앞에서 이미 언급이 되었듯이 우선 구어에서 쓰이는 어휘는 사용빈도의 순위 상 2000어에서 5000어 사이에 드는 일반 내지는 기본어휘들이다. 그러나 문어에서 쓰이는 어휘에는 이런 수준을 넘어선 것들이 많다. 심지어 어떤 경우에는 일반적이거나 기본적인 어휘를 최대로 피하고서 이른바 예외적이거나 고급적인 어휘를 쓰기도 한다. 그 다음으로 문장상의 차이를 알아볼 것 같으면 구어에 있어서는 누구에게나 아주 익숙되어 있고 문법적으로 복잡하지 않은 단문이나 중문들이 주로 쓰이는 데 반하여, 문어에 있어서는 그들 이외에 별로 익숙되어 있지 않고 문법적으로 복잡한 복문들도 많이 사용된다.

　이들 간의 문체상의 대립성은 두 번째로 장식성에서 드러나게 되어있는데, 쉽게 말해서 이것은 바로 문어를 구어보다 일반적으로 '같은 내용을 더 멋있게 표현한 말'로 인식하게 하는 특성이다. 예컨대 문어에서는 필요에 따라서 은유법이나 과장법, 반복법과 같은 수사법들이 쓰이기도 하고, 더 나아가서는 유명한 작가의 말을 이용하거나 구체적인 실례들을 제시하기도 하는데, 구어의 관점에서 보자면 이런 것들은 모두가 불필요한 장식법일 따름이다. 물론 사람에 따라서는 언어를 정보나 지식 전달의 수단으로 보았을 때는 장식성은 방해물이 된다고 볼 수도 있고 아니면 촉매물이 된다고 볼 수도 있다. 그러나 구어와 문어 간에 이 점에 있어서 일정한 차이를 드러내고 있다는 사실만은 누구도 부인할 수 없다.

　물론 이 특성과 관련해서 그대로 지나칠 수 없는 문제점은 바로 문학과 비문학 간의 구별이다. 그동안에 문체론은 문학이론의 일부로 발달되어 온 사실이 익히 말해주고 있듯이 문체의 문제는 기본적으로 어떤 문학작품이나 작가의 글쓰기적 개별성을 파악하는 수단으로 쓰일 수가 있다. 한마디로 말해서 '문체는 곧 작가이다.'라는 말이 맞을 만큼 모든 작가는 각각 저마다의 특이한 문체를 가지고 있다. 예컨대 똑같이 현대적 미국 작가이면서도 이른바 'Hemingway 문체'는 'Faulkner문체'와 거의 모든 면에서 대조적이다. 또한 문학의 역사는 지금까지 고전주의로부터 낭만주의, 사실주의, 모더니즘, 후기모더니즘 등에 이르기까지 여러 단계를 밟아왔는데, 각 단계 때마다 하나의 주류적 문체가 새로 등장했었다.

　그러나 여기에서 말하는 문어의 범주에는 크게는 문학과 비문학이 모두 들어가 있다고 볼 수가 있지만 엄밀하게 따지자면 문학은 제외되어있다고 볼 수가 있는데, 그 이유는 문학은 어디까지나 하나의 예술적 장르이기 때문이다. 그러니까 구어와 문어 간의 문체상의 차이를 논하면서 굳이 문학의 경우를 증거로 내세우는 것은 공평하지 못한 일이다. 다시 말하자면 여기에서는 비문학의 경우를 보았을 때도 형식성과 장식성 등에 있어서 문어가 구어보다 분명히 앞서있다는 사실이 강조되고 있는 것이다. 때로는 문체는 '의미나 내용을 표현하는 방법'으로 정의되기도 하는데, 이런 정의에 의해서도 문어와 구어 간에는 일정한 차이가 있음을 익히 확인할 수가 있다.

우선 논리적으로 보았을 때는 음성언어와 문자언어 간의 이런 구조적 차이성과 이들 간의 기능적 차이성은 서로 비례관계에 있을 것 같은데, 사실은 반드시 그런 것만은 아니다. 이들 간의 기능적 차이는 부분적으로는 이들 간의 구조적 차이와 그런 관계를 맺고 있겠지만, 전체적으로 보았을 때는 언어적 표현체로서의 이들 간의 본질적 차이, 즉 한쪽은 시공적 제약을 크게 받는 청각적 언어인 데 반하여 다른 쪽은 그것을 초월할 수 있는 시각적 언어라는 차이로부터 비롯되고 있는 것이다. 이론적으로 따졌을 때는 바로 이런 본질적 차이로 인하여 이들 두 언어는 서로 상보적인 기능을 수행할 수도 있고, 아니면 서로 다른 기능을 수행할 수도 있는 것이다.

먼저 이들이 수행하는 상보적인 기능 중 대표적인 것은 시공적 제약으로 음성언어로는 할 수 없는 의사소통이나 정보전달행위를 문자언어가 하게 되는 식의 의사소통적 기능이다. 이런 사실을 통해서 기본적으로는 문자언어의 기능은 음성언어와 마찬가지로 의사소통이나 정보전달이라는 것을 다시 확인할 수가 있고, 더 나아가서는 문자언어는 결국에 음성언어의 한 대행자라는 것을 재차 확인할 수가 있다. 그런데 어떤 의미에서 보자면 이런 상보적 관계가 오늘날에 와서는 우리의 문화의 발달로 말미암아 주부나 주객의 역할이 뒤바뀌는 식으로 바뀌게 되었다고 볼 수도 있다. 옛날에는 문자언어가 음성언어에 대한 일종의 보조적 언어로 기능했을지 모르지만, 오늘날에 이르러서는 이것이 최소한 음성언어와 맞먹거나 아니면 그것보다 더 큰 역할을 하는 언어로 자리 잡게 된 것이다. 편의상 일단 지극히 어렵고 복잡할 수밖에 없는 이들 간의 기능적 비율의 문제를 차치하고 본다고 해도 문자언어의 등장으로 우리가 서로 간에 주고받는 의사소통이나 정보전달의 양이 두 배로 늘게 되었다는 말은 자신있게 할 수가 있다.

　이들이 수행하는 상보적인 기능 중 두 번째 것은 모형과 보존이라는 두 모체적인 역할을 서로 교환하는 것이다. 문자언어가 결국에 의미적 표현체로부터 음성적 표현체로 귀착될 수 있었던 것은 음성언어라는 기본 모형이 있었기 때문이었다. 두 언어 간의 이런 모자관계는 물론 지금이라고 해서 바뀔 리가 없는데, 이것을 가장 비근하게 실증할 수 있는 것이 바로 「소리내 읽기」의 관행이다. 물론 오늘날 특별한 경우가 아니고서는 모든 성인은 초등학교의 저학년 학생처럼 소리 내 읽기를 하지 않고서 「눈으로 읽기」를 한다. 그런데 역사적으로 보았을 때 적어도 5세기경까지는 성인들에 있어서도 소리 내 읽기만이 읽기의 유일한 방법이었다.

　그런데 문자언어가 일단 하나의 제2의 언어로 정착이 된 다음부터는 이것이 음성언어의 원형을 보존하는 기능을 하게 되었다. 음성언어의 특성 중 가장 중요한 것 중의 하나가 변화성인데, 문제는 이 특성에는 순기능적인 면만 있는 것이 아니라 역기능적인 면도 있다는 데 있다. 예컨대 순기능적인 음성언어의 변화는 으레 오랜 기간에 걸쳐서 언어사용자들이 거의 의식을 하지 못할 만큼 조금씩 서서히 일어나서 언어의 구조 자체가 개선되는 결과를 가져오게 되어 있다. 그러나 때로는 정상적인 변화와는 아무 관계 없는, 일부 언어사용자들의 파괴 내지는 일탈행위도 일어날 수가 있는데, 음성언어의 이런 역기능적인 변화를 최대한 막아주는 것이 문자언어이다.

문자언어에 의한 이런 언어보존의 기능은 크게 개인적인 차원과 사회나 국가적 차원에서 수행될 수가 있다. 우선 개인적으로 보았을 때 그가 문자언어를 알고 있다는 것은 음성언어에 대한 기준언어를 알고 있다는 의미가 된다. 예컨대 그는 일상생활에서 말을 할 때 발음이나 문법상의 오류나 일탈을 범할 수가 있는데, 그럴 적마다 그로 하여금 그런 사실을 의식적으로 인식해서 바로 잡게 해주는 것이 그의 문자언어적 지식이다. 또한 그에게는 자기가 알고 있는 문자언어가 자기가 일상적으로 사용하는 음성언어보다 한 수준 높은 것이라는 의식도 있을 것이다. 결국에 이렇게 해서 개인들의 노력이 음성언어 자체의 변화의 폭을 좁히고 그것의 속도를 늦추는 결과를 가져오게 되는 것이다.

일찍이 희랍이나 로마 시대 때부터 한 나라의 지도자나 학자들은 원래 언어에는 시간이 흐르면서 여러 개의 방언으로 분화되는 속성이 있다는 것을 알아차린 나머지 그것을 최대한 막으려는 방책을 고안하고 실행하게 되었는데, 이른바 '표준화' 정책이 바로 그것이었다. 그런데 이들로 하여금 이런 정책을 펼 수 있게 한 것은 결국에 문자언어였다. 다시 말해서 이들의 표준화 노력은 자기네 언어의 기준이 되는 문법책과 사전, 교재 등을 편찬하고 확산시키는 것이었는데, 두말할 필요도 없이 이들에서 쓰인 것은 문자언어였다. 그러니까 음성언어의 일탈이나 변화현상을 문자언어의 보존적 속성을 이용해서 한 사회나 국가적 차원에서 최대로 억지하려는 노력이 바로 표준화운동이었던 셈이다.

그동안의 오랜 표준화 운동은 두 가지의 주목할 사실을 노정시켰는데, 그중 첫 번째 것은 그때그때 이 운동을 주도했거나 가능케 한 사람들은 저명한 문법학자나 작가였다는 사실이었다. 예컨대 인도의 북동지역에서 그 전까지 쉬지 않고 방언화하던 산스크리트어가 4세기에 이르러 하나의 표준어를 갖게 된 것은 Panini가 그 말의 문법을 책으로 정리해냈기 때문이었다. 그의 공로로 인하여 산스크리트어는 힌두교의 성스러운 경전어로 굳어지게 된 것이다. 한편 희랍어의 경우는 한 학자의 노력이 한 언어의 표준화와 현대화 과정에 결정적 역할을 할 수 있다는 것을 잘 보여주는 예이었다. 기원전 14세기로부터 기원전 4세기경까지의 희랍의 문학작품들은 여러 가지의 방언으로 쓰였었는데, 이때에 이르러서 많은 학자와 작가의 노력으로 '아테네 희랍어'를 바탕으로 한 'Koine'이라는 이름의 공통어가 탄생되게 되었다. 그 후 19세기에 와서 작가인 Korais는 이 말에 다양한 문학적인 풍미를 가미해서 'Katharevousa'나 '순수언어'라는 이름의 신표준어를 만들어내게 되었다. 그러나 오늘날의 희랍 작가들은 이것에 다시 음성언어적 요소들을 가미해서 'Demotika'라는 이름의 대중적 희랍어를 쓰고 있다.

그런가 하면 라틴어의 경우는 로마제국의 탄생과 같은 정치적 사건이 한 언어의 표준화 절차를 마무리 짓는 결정적 요인이라는 사실을 잘 드러내주는 사례이었다. 기록에 따르자면 기원전 4세기경까지는 라틴어는 여러 방언의 형태로 나뉘어 있었는데, 이때 '로마제국'이 전 반도를 지배하게 되면서 자연스럽게 로마어가 라틴어의 표준어의 자리를 굳히게 되었다. 그런데 로마어가 라틴어의 표준어로 자리 잡는 데 있어서는 문법학자와 작가들이 기여한 바가 컸었는데, 우선 문법학자인 Donatus와 Priscian은 일찍이 Thrax에 의해서 만들어졌던 희랍어 문법책을 참고로 해서, 희랍어 문법체계와 비슷한 라틴어 문법체계를 완성시켰다. 그리고 작가인 Plautus와 Terence는 유명한 문학작품에서 쓰인 문장들을 모형적 예문으로 제시함으로써 라틴어 문법의 수준을 한 단계 높였다. 그리고 무엇보다도 중요한 사실은 전 유럽이 로마제국의 지배하에 있게 되면서 라틴어는 오랜 세월에 걸쳐서 유럽 여러 나라에서 학술적 국제어로 사용되게 되었다는 점이다.

  그동안의 오랜 표준화 운동이 노정시킨 두 번째 사실은 근대에 이르러서는 여러 근대국가의 탄생과 함께 각국에서의 표준화 운동은 일종의 언어정화 운동으로 발전되어갔다는 것이었다. 이때의 표준화 운동과 관련해서 특별히 주목할 사실은 각국에서는 자기나라의 정체성을 확립하는 데 가장 효과적인 방법이 바로 품격 높은 표준어를 갖는 것이라는 것을 알아차리고서 이 일을 전담하는 '언어 한림원'과 같은 기구를 따로 설정한 점이다. 너무나 당연한 일이겠지만 이것의 효시는 1582년에 이탈리아에서 'Cosino'백작 1세에 의해서 세워진 'Accademia della Crusca(크루스카 한림원)'이었고, 그 뒤를 이은 것이 1635년에 프랑스에서 'Richelieu추기경'에 의해서 설립된 'Academie francaise(불어 한림원)'이었다. 조금 뒤인 1713년에는 스페인에서 'Philip V세' 왕이 '스페인어를 명석하게 하고 정화하며 빛나게 할' 목적으로 'Real Academia Espanol(스페인어 한림원)'을 세웠고 바로 이 무렵에는 독일에서 'Sprach gesellschaften(언어 정화원)'이 설립되기도 했다.

  이후 언어 한림원을 설립하는 풍조는 마치 국가 간에 경쟁을 벌이고 있듯이 여러 나라로 퍼져나갔는데, 그 예가 바로 1786년에 스웨덴에서 'Gustav III세' 왕에 의해서 설립된 '스웨덴어 한림원'과 1830년에 헝가리에서 설립된 '헝가리어 한림원' 등이었다. 이 무렵에는 러시아에도 '러시아어 한림원'이 세워져서 거기에서 표준적인 사전과 문법책이 발간되었다. 한 가지 흥미로운 사실은 이런 풍조는 곧 아랍국가와 같은 유럽 이외의 국가들에까지 전파되었음에도 불구하고 영국과 미국 등은 예외적인 나라로 남아있게 되었다는 점이다. 예컨대 영국에서는 Daniel Defoe와 Jonathan Swift와 같은 저명한 문필가들이 개별적으로 이런 운동을 일으켰고, 미국에서는 Noah Webster와 같은 사전편찬자가 이런 운동에 앞장

섰다. (Haugen, 1994, p.4341)

3) 특수한 기능

문자언어가 그동안에 우리의 문화의 발전에 얼마나 크게 기여했는가 알아보는 데 있어서는 음성언어와 으레 같이 수행하게 되는 상보적 기능을 살펴보는 것보다는 그것만이 독자적으로 수행하게 되는 특수한 기능을 살펴보는 편이 훨씬 낫다고 볼 수가 있는데, 그 이유는 그 가운데는 문화를 보존하는 기능과 그것을 전파하고 전수하는 기능, 문학이나 서예학의 매체나 도구로 쓰이는 기능 등과 같이 우리 문화의 본질적 특성과 직접적으로 관련된 기능들이 들어있기 때문이다. 이것이 수행하는 특수한 기능을 살펴보게 되면 우리는 문자언어 자체가 우리의 문화적 자산이나 기구의 한 가지일 뿐만 아니라 결국에는 우리의 문화 전체가 이것에 의해서 발달되었다는 사실을 쉽게 확인할 수가 있다.

먼저 문자언어는 우리의 문화를 기록해서 오랫동안 보존하는 기능을 수행한다. 우리에게는 원래 과거의 일을 기억하려는 역사적 본능이 있는데, 사실은 우리가 이것을 최대로 활성화시킬 수 있었던 것은 바로 우리가 문자언어를 갖게 된 이후였다. 흔히 우리의 역사를 문자언어에 의한 기록물을 기준으로 해서 선사시대와 구별시키고 있는 것은 너무나 당연한 일이었던 것이다. 두말할 필요도 없이 기록된 역사는 일정한 분석과 평가과정을 거치면서 우리에게 과거의 행적에 대한 높은 긍지와 함께 현재의 삶에 도움을 주는 지혜도 주게 되고 또한 미래의 삶에 대한 방향감을 제시하기도 한다. 그리고 '호모 사피엔스'라는 이름이 익히 드러내주고 있듯이 우리에게는 원래 이 세상에 대한 지식을 획득하려는 본능도 있는데, 따지고 보자면 우리의 문화는 정신적인 것이든지 물질적인 것이든지 간에 이런 지식이 수천 년의 세월에 걸쳐서 누적된 결과일 따름이다.

그런데 무엇보다도 중요한 사실은 이런 지식의 누적작업을 한층 가속화시킨 것이 바로 문자언어라는 점이다. 만약에 한 세대에 획득된 지식이 문자언어에 의해서 제대로 보존되지 않았더라면 그 다음 세대에 가서 그것이 그보다 더 나은 지식으로 발전되지 못했을 것이다.

그 다음으로 문자언어는 한 세대에 창출된 문화를 다음 세대로 전수하는 기능을 수행한다. 지금까지의 역사적 사실만으로 미루어 보아서도 만약에 여러 세대 간에 걸친 전수의 과정을 거치지 않았더라면 우리의 문화가 오늘날의 것처럼 크게 발달했을 리가 없다는 것은 너무나 자명한 사실이다. 이런 사실로 미루어 보아서는 우리가 과거의 일을 기록해서 기억하려는 본능은 그것을 다음 세대에 전수하려는 본능과 겹쳐져 있다고 볼 수도 있으며, 따라서 바로 앞의 기능과 합쳐서 이것을 문화를 보존하고 전수하는 기능으로 부르는 것도 일리가 있는 일일 수가 있다. 그런데 문자언어의 이런 기능으로 인하여 우리의 문화에는 크게 두 가지의 매우 중요한 제도가 생기게 되었는데, 그중 첫 번째는 학교에 관한 제도이다. 오늘날에는 한 국가의 국민에게 필요한 지식은 사회생활을 위한 것이든지 아니면 직업적인 것이든지 간에 으레 긴 기간에 걸친 학교 교육을 통해서 얻어지게 되어있는데, 이렇게 우리 사회에서 학교가 지식 전달의 중심이 될 수 있었던 것은 우리에게 교과서를 만들 수 있는 문자언어가 있었기 때문이었다. 이런 의미에서 보자면 초등학교에 처음으로 입학하자마자 전문가에 의해서 마련된 교과서를 가지고서 읽기와 쓰기부터 배우는 것은 학교 교육의 실체를 가장 상징적으로 드러내주는 일임이 분명하다.

그중 두 번째 것은 학술적 학회에 관한 제도이다. 우리 문화가 결국에는 많은 사람들에 의한 고도의 지적 추구의 결과물임을 고려했을 때 근대에 이르러서 전문가들의 학술적 공동체가 생기게 된 것은 너무나 당연한 일이다. 그런데 이런 학회가 머지않아서 범세계적인 조직으로 발전되면서 각 분야나 영역마다의 학문적 발달이 국가 간의 벽을 넘어서서 세계전체가 공동의 목표를 지향하는 식으로 이루어질 수 있게 되었다. 물론 학문적 정보나 지식의 축적과 교류를 위해서는 공간적 제약을 넘어서는 것보다 더 중요한 것이 시간적 제약을 넘어서는 일인데, 이 두 가지를 모두 가능하게 한 것이 바로 문자언어에 의한 논문이나 학회지, 저서 등이었다. 이렇게 볼 것 같으면 만약에 우리에게 문자언어가 없었더라면 한 학자에 의해서 생산된 정보나 지식이 오늘날처럼 정확하고 빠르게 전 세계에 전파되어서 그 다음 학자로 하여금 그것을 더욱 발전시킬 수 있게 하는 식의 학문의 발달 모형은 생겨나지 못했을 것이다.

세 번째로 문자언어는 예술적 기능도 수행한다. 문자언어의 예술적 기능 중 첫 번째 것은 물론 시나 소설, 연극과 같은 문학을 존재하게 하는 것이다. 앞에서 이미 약간의 언급이 있었듯이 문학은 기본적으로는 최고의 아름다움을 창조하고 즐기려는 인간의 본능의 한 표현체이지만, 이것에서는 아주 높은 수준의 상상력과 감정성, 선율의식, 표현양식 등이 추구되고 있는 점으로 미루어 보아서, 인간의 모든 모습을 다 그려낸 것임이 분명하다. 그런데 이 작업의 도구가 되는 것이 언어인데, 문학적 언어는 으레 일상적 언어보다 표현성과 고상성의 수준이 한 차원 높은 언어이다. 따라서 문학의 첫 번째 기능이 우리의 언어의 수준을 최고로 격상시키는 것이라고 볼 수도 있다.

그런데 언어는 원래가 개념이나 주장을 표현하는 도구이기 때문에, 이것을 매체로 하는 문학은 자연히 작가의 심오한 사상이나 철학을 개진하는 장으로 자리 잡을 수 있게 되었다. 내용이나 주제 상으로 보았을 때 문학의 역사가 처음에는 권선징악과 같은 도덕적 교육을 펴는 것을 목적으로 한 것이었다가 나중에는 인간의 본성을 파헤치는 식의 철학적 문제의 제기를 목적으로 하거나, 아니면 어느 사회의 사회적 문제의 노출이나 고발과 같은 정치적 주장을 펴는 것을 목적으로 하는 것으로 바뀌게 된 것은 바로 그것의 도구가 언어이기 때문이었다. 이렇게 보자면 문학에는 예술적 기능 외에 회화나 음악과 같은 다른 예술들이 수행할 수 없는 기능이 있는 것이 분명한데, 이것은 곧 문학은 예술의 한 가지임과 동시에 문자언어의 특성이 최대로 발휘되는 장이기도 하다는 의미가 된다.

네 번째로 문자언어는 도형적 예술의 소재가 되기도 하는데, 특히 한국과 중국, 일본 등에서는 아주 오래전부터 서예학이라는 이름의 붓글씨에 관한 학문이 시각적 예술의 한 영역으로 발달되게 되었을 만큼 그 기능이 매우 크다. 우선 문자의 서체나 필법이 정서체나 해서체, 초서체 등으로 다양화되었을 뿐만 아니라 때로는 문자로 된 시구들이 이른바 묵화와 함께 한 종이에 쓰이기도 해서 결국에는 서예학이 일종의 종합예술의 장르로 발전되어왔다. 무엇보다도 흥미로운 사실은 이런 나라에서는 서예학이 으레 서도학으로도 불려 왔다는 사실이다. 예술적 기능 외에 붓글씨를 쓰는 목적은 글씨를 미려하게 쓰는 예술이나 기법을 연마하는 데 있는 것이 아니라 높은 수준의 정신적 덕목을 터득하는 데 있다고 본 것이니까, 서예학을 결국에 최고의 도덕적 내지는 교육적 수단으로 삼은 셈이었다.

그렇다고 해서 서양에서는 서예학이 전혀 발달되지 않은 것은 아니었다. 역사학이나 고고학의 일부로서 고대문자를 해독하는 비명학이 일찍부터 발달되어온 사실이 익히 말해주고 있듯이, 서양이나 중동 등에서도 아주 오래전부터 자기네들의 문자언어를 쓰는 서법을 다양한 양식으로 발달시켜왔었다. 크게 보았을 때 다른 학문적 발달과정과 마찬가지로 서양의 서법의 발달도 희랍과 로마 시대 때 개발되었던 문자체 서법이 연설자체와 흘림체로 바뀌는 중간단계를 거친 다음에 현대적인 것으로 정리가 되는 과정을 밟았다고 볼 수가 있는데, 굳이 그 과정의 특징을 찾아보자면 우선 첫 번째 것으로 서양의 알파벳의 서법에는 대문자법과 소문자법의 두 가지가 있어서, 어휘들을 독립적인 문자별로 적는 서법이 오랫동안 쓰여 왔다는 점을 들 수가 있다.

그중 두 번째 것은 처음에는 일부 관리나 학자들이 공적인 문서를 만들거나 문학작품을 복사하는 데 주로 쓰이던 것이 그 후 일반인들이 의사소통의 방편으로 쓰게 되면서 서법의 양식이 크게 달라지게 되었다는 점이다. 이런 대변혁의 기저가 된 사실로는 크게 두 가지를 들 수가 있는데, 그중 첫 번째 것은 개별적 문자를 독립적으로 적어가는 문자체 대신에 어휘를 구성하는 여러 문자를 하나의 연속체로 연결시키는 흘림체가 등장하게 되었다는 사실이었다. 물론 이보다 앞서서 문자를 약간 크고 둥근 모양으로 쓰는 연설자체가 발달되었던 것이 이것의 등장의 촉진제로 작용했었다. 그중 두 번째 것은 8세기에 이르러서 유럽의 '샬르메인(Charlemagne)' 황제가 대문자와 소문자를 같이 합쳐서 쓰는 이원 알파벳 체계를 개발한 사실이었다. 이 서법은 명석성과 미려성을 모두 지니고 있었기에 그 후 '검은 문자' 서법이나 '인본적' 서법 등으로 발전된 끝에 오늘날의 서양의 서법의 표준형으로 자리 잡게 되었다. (Crystal, 2010, p.194)

제4장
자유로운 상징력의 발휘

4.1 기호와 상징

예컨대 상징을 어떤 사물이나 모양으로 의미나 지시물이 전혀 다른 것을 표현하고 있는 것으로 정의하고 보자면, 인간의 본성 중 한 가지가 바로 아주 높은 수준의 상징력을 자유롭게 사용한다는 점이라는 것을 확인하는 데 최선의 방법은 아마 우리의 언어의 실체를 살펴보는 것일 텐데, 그 이유는 그것은 우리가 사용하고 있는 상징체계 중 가장 크고 복잡한 조직성을 가지고 있으면서 우리의 삶에 있어서 가장 중요하면서도 큰 기능을 수행하고 있는 것이기 때문이다. 그런데 사실은 언어와 같은 상징체계의 문제를 본격적으로 다루려면 먼저 기호와 상징 간의 관계를 살펴보아야 하는데 그 이유는 예컨대 기호론자인 Peirce의 이론에 의할 것 같으면 기호(Sign)는 '도상(icon)과 지표(index), 상징(symbol)' 등으로 나뉘어질 수 있기 때문이다. 그는 특히 이와 관련해서 상징을 '일종의 동의된 함의를 지닌 기호'로 정의도 했는데, 이런 사실로 미루어 보아서 기호와 상징 간의 관계에 대해서 우리는 다음과 같은 두 가지 사실을 알 수 있다.

1) 도상성 대 지표성

 그중 첫 번째 것은 아무리 상징이 도상이나 지표보다 차원이 높은 기표라고 해도 역시 이것도 약간의 도상성과 지표성을 지니고 있게 되어있다는 사실이다. 그중 두 번째 것은 예컨대 일찍이 철학자인 Cassirer가 인간을 '상징화의 동물'이라고 정의한 사실이 익히 말해주고 있듯이 우리를 우리답게 만드는 것은 결국에 우리의 높은 상징력일지 몰라도 원래 이 능력은 우리의 삶에서 다양한 형태의 기호를 사용하려는 우리 속성의 일부일 따름이라는 사실이다. 예컨대 우리가 즐겨 쓰는 몸짓언어도 일종의 기호이고, 우리의 주변에서 흔히 볼 수 있는 교통신호나 안내도 같은 것도 일종의 기호이며, 수학이나 논리학 등에서 쓰이는 기호들도 일종의 기호다. 그러니까 우리가 일상적으로 사용하고 있는 기호 가운데는 상징보다는 도상이나 지표가 더 많다고 볼 수도 있다.

 이런 의미에서 보자면 우선 일찍이 Saussure가 자기의 언어이론을 상징이론이라고 부르지 않고서 기호이론이라고 부른 것이 결코 무리한 일이 아니었음을 쉽게 알 수가 있다. 그런데 그의 기호이론을 훗날 '기호학이론'으로까지 발전시킨 Barthes의 경우에서와는 다르게, 적어도 그의 경우에 있어서의 기호는 분명히 언어적 기호를 가리키는 말이었다. 예컨대 그가 언어적 기호의 제일 큰 특성으로 기표와 기의 간의 자의성을 내세우면서, 그 증거로 '황소'를 놓고서 프랑스어로 'bœuf'라고 부르는 데 반하여 독일어로는 'Ochs'라고 부르는 사례를 들었다.

 그러니까 Peirce의 분류법에 따르자면 그가 말하는 기호란 도상이나 지표를 가리키는 말이 아니고 상징을 가리키는 말이었던 것인데, 이렇게 한 이유는 아마 첫 번째로는 어차피 기호의 범주 내에 상징이 들어가게 되어있기 때문에 기호라는 용어를 씀으로써 그의 언어이론의 일반성이 더 고양된다고 보았기 때문이고, 두 번째로는 굳이 따지자면 이렇게 해야

만 언어의 두 측면 중 기의적인 측면보다는 기표적인 측면을 연구하는 것을 앞으로의 언어학의 주된 과제로 삼아야 한다는 점이 더욱 확실하게 부각될 수 있다고 생각했기 때문이었을 것이다. 예컨대 어휘를 의미의 문제는 완전히 제외한 채 오직 발음상의 표현체로서만 다루게 되면 그것은 일종의 기호처럼 다루어질 것이 확실하다.

그런데 사실은 그가 그 당시에 상징이라는 말을 굳이 회피한 것은 전통적으로 그것은 기호가 나타내는 의미와는 크게 다른 의미를 나타내왔다는 사실을 익히 알고 있었기 때문이었을 수도 있다. Reese의 철학사전에 의할 것 같으면 상징이라는 말은 일찍이 희랍어의 'symbolon(증거, 표시)'에서 유래된 이래 두 개의 이질적 영역에서 두 가지의 전혀 다른 의미를 나타내왔는데, 그중 첫 번째 것은 종교의 영역에서 초월적 실체에 대한 지각적 표현체를 가리키는 것이었고(예: 기독교의 십자가), 그중 두 번째 것은 과학이나 논리학의 영역에서 추상적인 기호를 가리키는 것이었다. (예: +, - 등의 기호)

그렇지만 역사적으로 보자면 상징이라는 말을 가장 전문가답게 사용해 온 사람들은 역시 철학자들이었다. 이들의 생각으로는 인간의 본성 중 매우 중요한 것이 바로 널리 상징을 사용한다는 점이었던 것이다. 예컨대 미국의 철학자인 Urban은 상징은 종교와 예술 분야에서 자주 쓰이게 마련인데 그 이유는 기호와는 달리 이것은 우리로 하여금 실체를 깊게 침투했거나 초월한 것을 볼 수 있게 하기 때문이었다. 그런가 하면 독일의 철학자인 Cassier는 상징은 과학적인 것과 종교적인 것으로 대별될 수 있는데, 이들 간에는 신화와 종교에서 쓰이는 것은 집중성이 강한 데 반하여 과학에서 쓰이는 것은 확대성이 강하다는 식의 차이가 있다고 보았다.

또한 독일의 신학자인 Tillich는 신학적 논의의 모든 것은 결국에 종교에서 쓰이는 상징들의 중요성과 특수성을 인정하는 것으로 귀결된다고 보면서, 종교적 상징의 특징은 바로 그것이 가리키는 실체에 직접적으로 참여한다는 점이라고 생각했다. 예컨대 그의 이론에 있어서는 신에 대한 기본적 상징이 되고 있는 것이 '주(Lord)'와 '아버지(Father)'라는 두 낱말이었다. 그는 흥미롭게도 상징은 저마다 하나의 생애를 가지고 있어서 일정한 기간이 지나면 그것은 그 기능이 쇠약해진 나머지 최종적 진리의 대행자로서의 기능을 더는 수행할 수 없게 되며, 바로 이때가 새로운 상징을 필요로 하는 시기라고 보았다.

그런가 하면 미국의 철학자인 Goodman은 심미론의 핵심적 과제는 으레 예술에서 쓰이고 있는 상징들의 특징을 구명해내는 것이어야 된다고 보면서, 자기의 의견으로는 예술적 상징의 특징에는 크게 밀도성과 충만성, 예증성, 다원적 및 복합적 지시성 등의 다섯 가지가 있다고 주장했다. 특히 어휘의 상징성과 관련해서는 영국의 철학자인 Russell은 어류는 불완전한 상징이어서 일정한 기술에 의해서 으레 대치될 수 있는 것이라고 정의했고, 상징을 기호의 일종으로 분류했던 Peirce는 명사와 명제를 각각 주사적 상징과 조작적 상징으로 정의했다. 더 나아가서 미국의 철학자인 Langer는 기호와 달리 상징은 오직 인간만이 쓸 수 있는 것이라는 점을 강조하면서, 그것을 사전적 의미를 지니는 표현체적 상징과 미완성성을 특징으로 하는 예술적 상징으로 대별했다. (Reese, 1996, p.751)

이렇게 볼 것 같으면 우선 그동안의 여러 철학자의 이론이나 정의가 십인십색인 식으로 갈라질 만큼 상징은 다분히 다기능적이고 고차원적인 표현체임이 분명한데, 그렇다고 해서 이들의 이론이나 정의에 아예 합의점이 없었던 것은 아니었다고 볼 수가 있다. 이런 합의점 중 첫 번째 것은 상징은 오직 우리 인간만이 만들어 사용할 수 있는 것인 데다가, 그동안에 이것이 우리의 문화의 발전에 미친 영향이 대단히 큰 점으로 미루어 보아서, 우리에게 이것을 자유롭게 만들어 사용할 수 있는 능력, 즉 고도의 상징력이 있다는 것은 우리의 본성의 일부로 익히 볼 수가 있다는 점이었다.

2) 언어적 상징 대 비언어적 상징

그중 두 번째 것은 그동안에 우리가 사용해 온 상징은 크게 언어적인 것과 비언어적인 것으로 대별될 수 있는데, 비언어적인 것 중 가장 대표적인 것이 종교적인 것과 예술적인 것 등이라는 점이었다. 일단 상징을 이렇게 분류해놓고 볼 것 같으면 이들 간에는 다음과 같은 두 가지의 큰 차이점들이 있음을 쉽게 발견할 수가 있다. 첫 번째로 이들은 기능적 부하량 상의 큰 차이성을 드러내고 있다. 물론 누구나 종교나 예술이 우리의 삶과 문화의 중핵적 영역의 일부라는 사실을 부인할 수는 없다. 그렇지만 우리의 삶과 문화에 있어서 기본적인 도구로 쓰이는 것은 언어이다. 따라서 종교나 예술의 기능을 언어의 기능과 비교할 수는 없다. 아무리 종교나 예술적 상징이 수행하는 기능의 크기가 크다고 해도 언어적 상징이 수행하는 기능의 그것만큼 클 수는 없다.

두 번째로, 이들은 암시하거나 나타내는 의미의 성격에 있어서 일정한 차이성을 드러내고 있다. 두말할 필요도 없이 언어적 상징이 대표하는 의미는 개념적이거나 상념적인 것이니까 일단 그것은 객관적이고 명시적인 것이라고 볼 수가 있다. 그러나 예술적 상징이 나타내는 의미는 일단 개념적으로 쉽게 표현될 수 없는 것이니까, 그것은 다분히 주관적이고 초월성이 강한 것이라고 볼 수가 있다. 일찍이 Langer가 예술적 상징의 의미적 특징으로 미완성성을 내세운 데 반하여, Goodman은 정반대로 밀도성과 충만성을 그런 특징으로 내세운 점으로 미루어 보아서도, 결국에 예술적 상징의 의미를 객관적으로 해석하는 일이 누구에게나 결코 안이한 일이 아님이 분명하다.

그런데 사실은 상징을 우리가 즐겨 쓰는 기본적인 이유는 우리에게는 원래 기호가 태생적으로 지닌 표현력의 한계성을 극복하려는 욕심이 있기 때문이다. 따라서 어떤 종류의 상징이든지 양면이 있게 마련인 것이다. 그런데 만약에 이들 중 긍정적인 면이 더 크게 작용되지 않는다면 상징이 그 기능을 제대로 수행할 리가 없을 텐데 이런 점을 보다 확실하게 드러내고 있는 상징이 바로 언어적 상징이다. 다시 말하자면 만약에 언어가 상징의 한 집합체나 복합체가 아니었더라면 그것은 분명히 오늘날에 있어서와 같이 우리의 삶과 문화에 있어서 중추적 도구로 쓰일 수가 없었을 것이다.

언어가 상징의 한 집합체나 복합체라는 것은 그것의 조직이나 기능과 관련된 다음과 같은 세 가지 사실을 통해서 익히 확인될 수가 있다. 이들 중 첫 번째 것은 언어의 구성요소 중 최소의 것인 어휘가 실제에 있어서는 일종의 상징이라는 사실이다. Saussure는 일찍이 어휘가 일종의 기호라는 사실을 입증하는 근거로 기표와 기의 간에 아무런 연관성이 없는 점, 즉 기표의 자의성을 제시했었고, 또한 Peirce는 일찍이 상징의 의미적 고차원성에 착안하여 그것에 대한 정의를 '동의된 함의를 지닌 기호'처럼 내리기도 했는데, 아쉽게도 이들은 언어 전체나 아니면 언어 자체가 일종의 상징이라는 말은 하지 않았다.

그러나 이들이 언어의 구성요소 중 기본이 되는 것은 어휘라는 사실을 몰랐을 리가 없다. 따라서 좋게 말하자면 이들은 어휘의 상징성을 내세우는 일은 곧 언어 자체의 상징성을 내세우는 일이 된다고 생각했을 것이다. 이런 의미에서 볼 때 우리는 일단 이들의 기호론이나 상징론을 언어적 상징론의 효시로 볼 수가 있을 것이다. 그런데 우리의 종 특이적 상징력의 특성에 관한 한 가장 직접적이고 강력한 증거가 될 수 있는 것이 바로 어휘조직의 실체이다. 우리가 구사하는 상징력이 얼마나 크게 우리의 삶과 문화에 영향을 주고 있는가를 확인하는 데는 굳이 언어의 다른 체계를 살펴볼 필요 없이 우선 어휘조직의 특징들을 살펴보는 것만으로도 충분할 수가 있다.

우선 각 언어에서 쓰이는 어휘량의 방대함으로 미루어 보아서 누구나 일단은 적어도 우리가 삶을 영위하고 문화를 발전시키는 데 필요하고 충분한 만큼의 대단한 크기의 상징력이 발휘되었음을 익히 확인할 수 있다. 언어 전체로 보았을 때는 우리말이나 영어와 같은 언어에서는 40만이나 50만까지 되는 어휘가 쓰이고 있고, 개인적으로 보았을 때는 수천에서 수만까지의 어휘가 쓰이고 있으니까, 생리학이나 인지과학적 기준 중 어떤 기준으로 보아서도 우리의 어휘조직이 대단한 크기의 것임이 확실하다. 물론 이런 숫자는 언어 전체로 보아서는 수천 년에 걸친 축적과정의 결과이고 개인적으로 보아서는 수십 년에 걸친 습득작업의 결과이다. 쉽게 말해서 우리의 언어가 가지고 있는 어휘들은 지금까지의 우리의 삶과 문화의 총체나 다름이 없는 것이다.

두 번째로 우리는 어휘의 기능적 조직성으로 미루어 보아서 우리의 상징력은 결국에는 우리의 지각이나 인지작용을 최대로 원활하게 하는 양식으로 발휘되고 있음을 익히 확인할 수가 있다. 우리의 어휘는 크게는 이른바 8품사별로 나뉠 수 있는데, 이들의 수적 분포는 이들 중 명사와 동사가 압도적으로 많은 수를 차지하고 있고 그들에 뒤이어 형용사와 부사가 그 다음으로 많은 수를 차지하고 있으며, 그 밖의 품사들은 아주 적은 수를 차지하고 있는 식으로 되어있다. 그리고 더 중요한 사실은 명사와 동사, 형용사, 부사 등의 내용어들은 필요에 따라서 그 숫자가 늘어날 수 있는 데 반하여, 나머지 품사의 기능어들은 그것이 고정되어있다는 점이다. 그러니까 우리의 상징력은 개념의 수를 증가시키는 데 주로 쓰이고 있다고 볼 수가 있다.

세 번째로 우리는 대부분의 어휘의 경우 표현체와 의미의 관계가 1대1이 아니라 1대 다수인 식으로 되어있는 점으로 미루어 보아서, 우리의 상징력은 다른 인지력들과 함께 항상 동태적으로 발휘되고 있음을 익히 확인할 수 있다. 우선 인지작용상 하나의 표현체로서 여러 개의 의미를 나타내게 한다는 것 자체가 크게 경제적인 일일 수가 있다. 그런데 한 어휘가 나타내는 여러 의미 간의 관련성으로 미루어 보았을 때 이런 결과는 연상력이나 추상력, 인과적 추리력, 은유력 등의 다른 인지력들과 상징력이 같이 작용한 데서 비롯되었다는 것을 익히 추리해볼 수가 있다.

예컨대 고대영어 때 '통'을 나타내던 영어의 'body'는 오늘날에 이르러서 주된 의미인 '몸, 신체'를 비롯하여 이것에서 영역이 대상이 약간씩 바뀌거나 확대되어나간 나머지 생겨난 '몸통'과 '주요부', '군대의 주력', '입체', '덩어리', '사람', '단체', '연설문의 본체', '밀도' 등의 부차적 의미를 나타내고 있는데, 이들 열 가지의 의미 간에는 개념이나 의미적 지질상의 유사성이나 공통성이 있다는 것은 곧 우리로 하여금 첫 번째로 이런 다의성의 현상은 오랜 세월에 걸쳐서 단계적으로 이룩된 것이라는 점과 두 번째로 이런 의미적 확대절차를 유발시킨 것은 연상력이나 은유력 등의 다른 인지력과 같이 작동한 상징력이리라는 점을 익히 추리할 수 있게 한다.

네 번째로 우리는 어휘의 형식, 즉 음운적 구조가 하나나 그 이상의 음절의 연속체인 데다가, 가장 사용의 빈도가 높은 어휘는 음절의 수가 하나나 둘로 제한되어있는 점으로 미루어 보아서, 언어적 상징에 있어서도 다른 기호나 상징에서와 마찬가지로 상징은 형식과 의미 모두에 있어서 우선 다루기 쉬어야 한다는 원칙이 잘 지켜지고 있음을 알 수가 있다. 음절의 구조에는 모음 하나로 된 것으로부터 그 앞이나 뒤에 하나나 그 이상의 자음이 붙어있는 것까지 있는 데다가, 어휘를 구성하는 데는 하나나 그 이상의 음절들이 필요하니까, 어휘의 음운적 형식은 크게 다양화되어있을 수밖에 없다. 이런 현상은 의사소통적 도구 상 장점과 단점을 모두 지니고 있게 되어있는데, 그중 장점은 어휘를 만드는 방법이 최대로 다기화될 수 있다는 점이고, 그중 단점은 만약에 다음절 어휘가 지나치게 많이 만들어졌을 경우에는 의사소통의 비용이나 노력이 비경제적으로 많이 든다는 점이었다.

그런데 지혜롭게도 우리는 이 문제를 의사소통상 기본적이거나 자주 쓰이는 어휘를 으레 단일음절어이거나 2음절어로 만듦으로써 간단히 해결했다. 예컨대 영어의 경우 대부분의 기본어휘들은 단일음절이거나 2음절인 데 반하여 (예: go, come, he, baby, mother, eat, sleep, brig, small, tree, wind, cold, sick, need, want), 세 음절 이상으로 된 다음절어들은 전문적인 어휘이거나 사용빈도가 낮은 어휘들이다. (예: demoralization, demonstrate, laureate, enforcement, mortification, plausibility) 이런 현상과 관련하여 빼놓을 수 없는 사실은 단일이거나 2음절어인 기본어휘들은 대개가 의미가 하나 이상인 다의어들인 데 반하여, 다음절어인 전문어들은 거의 다가 의미가 오직 하나뿐인 단일 의미어라는 점이다.

다섯 번째로 우리는 어휘적 상징체계에서는 접사첨가와 굴절이라는 두 가지의 특이한 형태적 조작절차가 쓰이고 이음을 확인할 수가 있다. 이것은 어휘의 어근이나 기저형에 접두사나 접미사를 첨가시켜서 그것의 의미나 품사를 바꾸거나 아니면 일정한 문법적 기능을 수행하는 절차로서, 이로써 어휘는 생산성과 기능성을 크게 증진시킬 수가 있다. 예컨대 'play'라는 어근에 하나의 파생적 접미사인 '-er'를 붙이게 되면 동사가 명사로 바뀌면서 의미도 '연주하다'에서 '연주자'로 바뀌게 되며(player), 그것에 다시 하나의 굴절적 접미사인 '-s'를 붙이게 되면 그 의미가 '연주자들'로 바뀌게 된다.(players)

물론 이런 접사첨가 절차는 영어와 같은 굴절언어에서는 굴절적 절차와 파생적 절차로 나뉠 수 있다. 우선 파생적 접사는 새로운 어휘를 만드는 데 쓰이지만 굴절적 접사는 수나 격, 인칭, 시제, 상 등과 같은 문법적 개념이나 범주를 표시하는 데 쓰이니까, 언어 전체의 기능으로 보았을 때는 앞의 절차보다는 뒤의 절차가 훨씬 더 중요한 기능을 수행하고 있는 셈이다. 물론 영어에는 대명사인 'I'나 'he'는 먼저 수에 의해서 각각 'we'나 'they'로 바뀌게 되고, 그 다음에 격에 의해서 각각 'me'나 'my'와 'us'나 'our'로 바뀌게 되는 식으로 어근 자체가 굴절하는 경우도 있다. 그러니까 결국에 영어에서는 접사첨가 절차와는 별도로 굴절절차가 쓰이고 있다고 볼 수가 있는데, 이들 간에는 전자는 어휘형성 절차인 데 반하여 후자는 문법적 절차라는 큰 차이가 있다.

언어가 상징의 한 집합체나 복합체라는 것은 두 번째로 언어의 기본구조체인 문법체계가 하나의 상징체계라는 사실에 의해서 익히 확인될 수가 있다. 간단히 말해서 문법을 두 개나 그 이상의 어휘로써 하나의 문장을 만들어내는 장치인데, 문장은 우리가 일상적으로 사용하는 언어에서 으레 표현의 기본단위로 쓰이고 있어서, 보통 어휘체계보다는 문법체계가 언어의 핵심적 체계로 간주되고 있다. 그런데 무엇보다도 놀라운 사실은 따지고 보자면 문법체계도 엄연한 하나의 상징체계라는 점이다. 어떤 의미에서 보자면 이 사실이 어휘체계가 하나의 상징체계라는 사실보다도 훨씬 더 중요할 수 있는데, 그 이유는 일단 이렇게 보면 누구라도 쉽게 언어전체가 하나의 상징체계라는 결론을 얻게 되기 때문이다.

그런데 사실은 이런 결론은 문법체계의 실체를 살펴보게 되면 당장 얻을 수 있는 것인데, 일찍부터 문법학자들은 문법을 어형론과 통사론의 두 영역으로 나누어서 연구해왔다는 사실이 이런 주장의 가장 비근한 근거가 될 수가 있다. 어형론은 어휘의 형태적 변화상을 살펴보는 영역이기에 이것에 관한 연구 없이 통사론을 연구한다는 것은 논리적으로 맞지 않는 일이다. 문법체계는 결국에 어형체계와 통사체계의 한 연립체이기 때문에 이들 중 어느 한 가지만을 연구한다는 것은 실제로는 불가능한 일인 것이다.

그런데 언어를 하나의 상징체계로 보는 입장에서 볼 것 같으면 일부 어휘는 상징화 절차를 두 번 밟게 되어있다고 볼 수가 있는데, 그중 첫 번째 것은 하나의 형태로써 일정한 개념이나 대상을 가리키는 절차이고, 그중 두 번째 것은 그것이 약간의 변형을 거치면서 일정한 문법적 기능을 나타내게 되는 절차이다. 예컨대 영어의 대명사인 'I'는 일차적으로는 '나'라는 실체를 언어적 형태로 나타내는 상징화 절차를 밟은 어휘이고 이차적으로는 주격이라는 문법적 기능을 나타내는 상징화 절차를 밟은 어휘라고 볼 수가 있다. 이런 식의 이차적 상징화의 기능은 '있다, 이다' 등의 의미를 나타내는 'be' 동사의 경우에 더욱 분명해진다. 영어에서는 우선 'be' 동사는 'have' 동사와 마찬가지로 기능에 따라서 변형을 한다. 예컨대 또한 'He has been living in Seoul since 1960.(그들은 1960년부터 서울에서 살고 있다)'에서는 'been'이 하나의 조동사로 쓰이고 있다. 또한 이것은 'I am', 'you/we/they are', 'he/she/it is'처럼 주어에 따라서 바뀐다. 그러니까 영어에서는 우선 하나의 주동사로서도 'be'는 2차적 상징화 절차를 밟은 셈이 되는 것이다.

그런데 영어의 'be'는 시제를 나타내는데 하나의 주동사로 쓰이기도 한다. 구체적으로 말하자면 이 동사는 'been'과 같은 과거분사형으로 바뀌어서 조동사인 'have' 동사와 함께 완료형들을 만들어내게 된다. 그런데 이런 완료형은 상태의 계속성이나 경험과 같은 특수한 의미를 나타내기도 한다. 예컨대 'He has been a teacher since 1980.'는 '그는 1980년부터 줄곧 교편을 잡아왔다.'라는 의미가 되고, 'I have often been in Tokyo.'

는 '나는 자주 동경에 가본 적이 있다.'라는 의미가 된다. 영어에서의 'been'이라는 과거분사형은 완료형의 일부로서만 쓰이지 독립적으로는 쓰일 수가 없는, 일종의 특수한 동사이다.

문법을 예컨대 어형체계와 통사체계의 두 조직체로 된 구조체로 치자면 영어와 같이 굴절언어의 특성이 이미 많이 사라진 언어에서는 역시 통사체계가 그 기능의 큰 부분을 담당하게 되어있다. 이른바 정형형과 비정형형 간의 차이성을 일단 인정한다고 해도 역시 언어에서는 어순이라는 통사체계가 문법적 기능의 제일 큰 몫을 수행하게 되어있다는 사실을 비교적 쉽게 확인할 수 있는 언어가 바로 영어이다. 우선 영어에서는 문장이 기능에 따라서 서술문과 의문문, 명령문, 감탄문 등으로 나뉘게 되는데, 이들을 가르는 기본적인 기준은 어순이다. 그 다음으로 영어의 서술문의 기본 형태에는 크게 다섯 가지가 있다고 볼 수가 있는데, 이들을 서로 구별시켜주고 있는 것도 역시 어순이다.

영어에서는 물론 중문이나 복문에서처럼 두 개나 그 이상의 문장들이 하나의 더 큰 문장으로 묶여져 있는 경우도 많은데, 이때에 주된 연결사로 쓰이는 것은 접속사나 관계사와 같은 기능어들이지만 여기에서도 어순은 역시 결정적인 문법적 기능을 수행하게 된다. 예컨대 동일한 두 구성문을 등위접속사로 연결해서 하나의 중문을 만드는 경우에도 어느 것을 앞에 두느냐에 따라서 의미는 크게 달라지게 된다. (예: He slept for an hour, and went to walk. vs He went to work, and slept for an hour.) 또한 주절에 하나의 종속절이 따라있는 복문의 경우에는 종속절이 주절의 앞이나 뒤에 나타날 수 있는데, 그것이 앞에 나타나는 것이 일반적인 관례이다. (예: If it is fine, I'll go. vs I'll go if it is fine.)

그러나 영어의 복문에서 이런 식의 나열법에 못지않게 한 문장 내의 명사 뒤에 수식절을 부가시키는 삽입법도 많이 쓰이고 있는데, 이런 경우에는 으레 여러 가지의 관계사들이 연결사로 쓰이게 된다. 그런데 이런 구문에 있어서의 첫 번째 특징은 관계사절의 자리가 선행사 뒤로 고정되어 있다는 점이다. (예: Anyone who wants to come is welcome. This is the cutest baby that I have ever seen.) 그리고 영어의 관계사문에는 선행사가 아예 없는 것, 즉 그것이 관계사에 이미 포함되어있다고 볼 수 있는 것도 많다. (예: That is what he wants. We camped where we could get enough water.) 또한 영어의 이른바 비제한적 관계사문에서는 앞의 절 전체가 선행사가 되기도 한다. (They all like him, which shows that he is a kind man.)

언어가 하나의 상징적 집합체나 복합체라는 것은 세 번째로 두 개 이상의 어휘로 이루어진 어구나 표현들 중 일부가 일종의 상징으로 쓰이고 있다는 사실에 의해서 익히 확인될 수 있다. 우선 언어적 어휘는 모두가 일차적으로 상징화 절차를 밟은 것이니까 두 개 이상의 이들이 하나로 결합되어서 하나의 상징으로 바뀌게 된다는 것은 곧 이들은 2차적인 상징화 절차를 밟았다는 의미가 된다. 앞에서 살펴보았듯이 많은 어휘들은 문법체계에 참여하면서 2차적 상징화 절차를 밟게 되어 있으니까, 결국에 어휘의 2차적 상징화 절차는 꼭 문법체계에 참여하는 경우에만 일어나는 것이 아닌 셈이 된다.

어휘체계의 특성 중 가장 중요한 것 중의 하나가 바로 두 개나 그 이상의 어휘로써 하나의 새 어휘를 만들어내는 절차, 즉 복합화 절차가 폭넓게 쓰이고 있다는 점인데, 여기에서 무엇보다도 중요한 점은 이렇게 생겨난 복합어의 의미가 구성어휘의 의미의 단순한 합산체가 아니라는 의미에서, 이 절차는 하나의 상징화 절차로 볼 수가 있다는 점이다. 물론 넓은 의미에서 볼 것 같으면 이런 복합화 절차가 실제에 있어서는 얼마나 널리 쓰이고 있는가를 가장 실증적으로 보여주고 있는 것은 바로 우리

언어에는 관용구가 의외로 많이 쓰이고 있다는 점일 것이다. 예컨대 영어의 'kick'이라는 동사에서 생겨난 관용구에는 관용성의 극단을 보여주는 'kick the bucket(죽다)'를 비롯하여 'kick in the pants(teeth)(비참한 패배)', 'kick up a row(duet, shindy)(소동을 일으키다)', 'have no kicks left in one (더 할 기력이 없다)' 등이 있는데, 넓게 보자면 이들은 모두가 복합화 절차에 의해서 생겨난 것들이다.

그러나 우리의 어휘체계 내에는 굳이 관용구의 범주에 들지는 않으면서 그것과의 경계선상에서 마치 하나의 개별어처럼 쓰이고 있는 복합어들이 대단히 많은데, 이들의 대부분도 사실은 2차적 상징화의 절차를 거친 것들이다. 예컨대 영어에서의 'bread and butter'는 더 이상 '끼니 때 먹는 버터를 바른 빵'을 의미하지 않고서 '생계나 생계의 수단 등'을 의미하게 되었는데, 이렇게 하면서 차차 'quarrel one's bread and butter(밥줄을 잃을 짓을 하다)'나 'a bread and butter education (직업교육)', 'a bread and butter letter(감사편지)'와 같은 표현들도 생겨나게 되었다.

그렇다고 해서 'bread'와 같은 하나의 기본어휘가 다른 어휘와 합쳐져서 하나의 복합어를 만들어낼 때마다 2차적 상징화 절차를 밟는 것은 아니다. 복합어가 상징화 절차를 밟지 않는다는 것은 곧 구성어휘들이 각각의 원의를 그대로 유지한다는 말이나 같은 말인데, 이런 사실은 예컨대 'bread-winner'의 의미가 우선 두 번째 단어를 사람으로 보게 되면 '집안의 밥벌이하는 사람'으로 되고, 그 다음에는 그것을 도구나 기술로 보게 되면 '생계'로 되는 점으로써도 익히 확인될 수가 있다. 이런 의미에서 이 복합어는 'bread and butter'와 좋은 대조를 이루고 있다고 볼 수가 있다.

또한 'bread'에 의해서 만들어지는 복합어의 대부분은 구조적으로는 복합화 절차의 기본형인 '명사+명사'의 구조로 되어 있으면서 의미상으로는 두 명사의 의미를 그대로 합친 것이라는 점을 고려하면 복합화 절차에 있어서의 2차적 상징화 절차는 다분히 예외적인 절차일 것이라는 추측을 쉽게 할 수가 있다. 예컨대 'bread-box(빵상자)'와 'bread corn(빵을 만드는 곡식)', 'bread crumb(빵가루)', 'bread knife(빵 칼)', 'bread stick(막대모양의 빵)' 등의 복합어는 복합화란 결국에 두 명사의 의미를 논리에 맞게 합치는 절차라는 사실만을 뚜렷이 증거하고 있다. 그리고 명사적 복합어의 기본 구조에서는 중간에 접속사인 'and'가 들어가게 되어있지 않다는 점도 이들을 통해서 익히 확인할 수가 있다. 이런 면으로 볼 것 같으면 'bread and butter'는 하나의 예외적인 복합어인 셈인데, 그래서인지 여기에서의 'and'는 으레 최소형인 'n'으로 발음되고 있다.

　너무나 당연한 일이겠지만 언어에서는 일부 어구뿐만 아니라 일부 문장도 2차적 상징화 절차를 밟게 되어있는데, 그 이유는 의사소통에서 기본적인 표현 단위가 되고 있는 것은 문장이기 때문이다. 일차적으로는 물론 2차적 상징화 절차를 마친 어구들이 문장의 일부로서 쓰이게 된 것을 이런 범주에 넣을 수가 있다. 예컨대 'He sells cars to earn this bread and butter.(그는 생계를 위하여 차를 판다)'라는 문장은 2차적 상징화 절차를 거친 것으로 볼 수가 있다. 그리고 'It rained cats and dogs yesterday.(어저께 비가 억수로 왔다.)'처럼 일정한 문장 내에서만 쓰일 수 있는 어구도 있다.

　그러나 언어에서 쓰이는 문장 가운데는 그 전체가 2차적 상징화 절차를 밟은 것도 적지 않게 있는데, 그런 것 중 가장 대표적인 것이 속담이나 관용문이다. 예컨대 영어에서는 원래부터 'spill the beans(비밀을 누설하다)'는 관용구가 있으니까 'He spilt the beans.(그는 비밀을 누설시켰다)'라는 문장은 그것의 확대형이라고 볼 수가 있다. 그렇지만 'Every bean has its black.(어떤 사람에게나 결점은 있다.)'나 'He knows how many beans make five.(그는 지혜롭다)'와 같은 표현은 으레 하나의 속담처럼 쓰이고 있는 것들이다. 하물며 'Easy come, easy go(쉬 더운 방이 쉬 식는다)'나 'A rolling stone gathers no moss.(구르는 돌에는 이끼가 끼지 않는다.)', 'It never rains but pours.(비가 왔다 하면 폭우다)'와 같은 익숙한 속담들의 경우는 더 말할 나위가 없다.

4.2 상징적 집합체로서의 어휘조직

1) 일곱 가지 특징

우리의 언어가 우리의 삶을 유지하고 문화를 발전시키는 데 있어서 기본적인 도구로 쓰일 수 있는 것은 바로 이것이 하나의 정교한 상징적 집합체나 조직체이기 때문인데, 이런 사실을 통해서 우리가 제일 먼저 확인할 수 있는 것은 우리의 본성 중 한 가지가 자유롭고 고차원적인 상징력의 발휘라는 점이다. 우리 언어의 어휘조직을 일단 이런 시각에서 볼 것 같으면 그것에서 우리는 기본성을 비롯하여 편리성, 방대성, 조직성, 다의성, 생산성, 이원성 등의 일곱 가지 특징을 발견할 수가 있다. 이들 하나하나의 실상을 자세히 파악하다 보면 아무리 오늘날에 이르러서는 문법조직을 언어의 중핵부로 보게 되었다고 해도 우리의 상징력이 최대로 발휘되어있는 곳은 역시 어휘 조직이라는 사실을 다시 한번 확인할 수가 있다.

(가) 기본성

따지고 보자면 어휘는 으레 우리의 언어조직에 있어서 기본단위가 되고 있다는 사실만큼 궁극적으로 우리의 언어 전체가 상징의 한 집합체나 조직체라는 사실을 확실하게 증거하고 있는 것은 없다고 볼 수가 있는데,

그 이유는 어휘는 어느 것이든지 간에 하나의 상징이기 때문이다. 예컨대 '책'이라는 사물에 영어로 'book'이라는 이름을 붙여놓거나, 아니면 '사랑'이라는 개념에 'love'라는 이름을 붙여놓는 식으로 우리에게는 사실적인 것으로부터 추상적인 것에 이르기까지의 모든 지각적 내지는 인지적 대상을 언어로 표현하는 본성, 즉 상징화하는 본성이 있다. 우리의 언어가 정보교환이나 의사소통의 기본 도구인 이상, 어휘가 우리의 언어조직에서 기본단위로 쓰이게 되는 것은 너무나 당연한 일인데, 그 이유는 어휘는 정보나 개념의 표현체이기 때문이다. 이런 사실은 우선 어릴 때의 우리의 언어습득절차를 살펴보게 되면 쉽게 확인될 수가 있다. 심리학적으로 보자면 개념의 획득을 선행적 절차로 볼 수 있을지 모르지만 언어학적으로 보자면 언어습득은 결국에 개별적인 어휘의 습득으로부터 시작되게 되어있다. 그러니까 우리는 아주 어려서부터 상징화 작업을 시작하게 되는 것이다. 쉽게 말해서 우리는 누구나가 아주 어려서부터 이름붙이기의 명수가 되는 셈이다.

그밖에 어휘는 우리의 지식 축적이나 인지적 활동에 있어서 기본적 단위로 쓰이고 있기도 하다. 우리의 종 특이적 특성은 많은 양의 지식을 가지고 있다는 점과 탁월한 인지력을 구사할 수 있다는 점일 텐데, 따지고 보자면 어휘가 정보나 개념의 기본단위로 쓰이기 때문에 이런 일이 가능한 것이다. 심리학적으로 말하자면 우리의 장기기억부 중 제일 중요한 부분이 바로 어휘와 함께 이들의 의미나 개념이 저장되어있는 의미적 기억부이고, 또한 우리의 인지적 조작의 대부분은 어휘나 이들의 연속체인 문장을 가지고서 수행되게 된다. 이런 의미에서 볼 때 우리는 분명히 '상징화의 동물'인 셈이다.

(나) 편리성

상징은 예컨대 Saussure의 기호에 대한 정의에 의할 것 같으면 표기와 표의의 두 부분으로 이루어져 있다고 볼 수 있어서, 언어적 상징으로서의 어휘의 편의성도 이들 두 측면에서 고찰될 수 있다. 먼저 이것의 형식상의 편리성, 즉 이것의 표기체로서의 편의성을 살펴볼 것 같으면 각 언어에서 이미 정해져 있는 일정한 수의 음소들을 가장 발음하기 쉬운 양태로 배열한 것이 바로 어휘이니까 어휘를 만드는 데 가장 우선적으로 고려한 기준이나 원칙은 편리성임이 분명하다. 발음상의 편리성을 이렇게 우선적인 고려사항으로 내세웠다는 것을 가장 단적으로 실증하고 있는 사실은 자주 쓰는 기본적인 어휘들은 거의 다가 단음절어이거나 2음절어라는 사실이다. (예: go, eat, body, know) 그리고 그 밖의 다음절어들도 대부분의 경우 음절의 수가 세 개나 네 개를 넘어가지 않는데, 이것 역시 발음상의 편리성을 고려한 결과일 것임이 분명하다. (예: scrutiny, understand, demigod, rapidly)

　그 다음으로 이것의 의미나 개념상의 편리성, 즉 이것의 표의체로서의 편의성을 살펴볼 것 같으면 우선 이론상으로는 하나의 독립된 의미나 개념으로 인지될 수 있는 것은 모두 어휘로 만들어졌다고 볼 수가 있고, 그 다음으로 현실적으로는 우리의 지적 조작이나 의사소통을 아무런 지장 없이 할 수 있게 할 만큼의 의미나 개념들은 모두 어휘로 만들어졌다고 볼 수가 있다. 일부 심리학자들이 일찍이 익히 어휘화될 수 없는 개념은 더 이상 개념일 수가 없다고 내세운 바가 있는데, 이런 말로 미루어 보아서도 우리가 삶을 영위하거나 문화를 발전시키는 데 필요로 하는 의미나 개념들은 모두 다 이미 어휘화가 되어있음이 분명하다.

　이렇게 볼 것 같으면 우리의 언어적 상징화 작업은 일차적으로는 우리의 삶과 문화를 유지하고 발전시키는 데 크게 이바지할 뿐만 아니라 더 나아가서는 이런 일들을 보다 편리하고 경제적으로 이룰 수 있게 하는 것임이 확실한데, 여기에서 구체적인 사례를 하나 들어보게 되면 이런 주장이 더욱 실감이 나게 된다. 예컨대 New York Times의 2019년 2월 15일 자의 독자란에는 'Amazon' 회사가 뉴욕으로의 이전 계획을 취소한 데 대한 몇몇 사람들의 의견이 실렸는데 그 제목이 'Amazon to New York Fuhgeddaboudit!(뉴욕으로의 아마존. 그 일은 잊어주세요)'처럼 되어있다.

여기에서 주목을 끄는 것은 물론 'Forget about it!'라는 상투문을 특이하게 어휘화시킨 두 번째 말이다. 이 말은 우선 원래는 하나의 문장이었던 것을 하나의 어휘로 집약시켰다는 점과 그 다음으로는 원문으로의 복원이 가능한 범위 내에서 발음을 최대로 약화시켜놓았다는 점에서, 편집자가 오직 이 자리를 위하여 독창적으로 만들어낸 것임을 누구나 쉽게 판단할 수가 있다. 그렇다면 그가 이렇게 한 의도나 동기는 무엇이었을까를 추리해보는 것이 여기에서의 남은 과제인데, 아마도 편집자는 이 취소에 대한 여러 사람의 '시원섭섭한' 반응의 감정적 복잡성을 나타내기 위해서 이렇게 했을 것이다.

사실 말을 할 때는 몇 개의 어휘로 하나의 문장은 이루어진 호흡적 단위별로 나뉘게 되어있지 어휘별로 나뉘게 되어있지 않아서 그런지, 문장이 하나의 어휘처럼 쓰이는 경우도 적지 않다. (예: forget-me-not(물망초), pay-as-you-go(현금지불의)) 그러니까 굳이 따지자면 이 예의 특이함은 발음의 약화 현상에서만 드러나 있을 뿐, 조어적 규칙에 어긋난 것은 아닌 셈이다. 이런 의미에서 볼 때 이 예가 증거하고 있는 가장 중요한 사실은 때로는 감정상의 뉘앙스까지 표현하게 될 만큼 어휘는 아주 자유롭고도 편리하게 쓰일 수 있다는 점이다.

(다) 방대성

우리 언어의 어휘조직이 세 번째 특징으로 꼽을 수 있는 것은 개인적으로는 수천 개이고 언어 전체로는 수십만에 이를 만큼 어휘의 수가 대단히 많다는 점, 즉 조직의 방대성인데, 이론상으로는 이것이 익히 우리 언어의 장점이 아니라 오히려 단점이 될 수도 있을 텐데, 일단 여기에서는 이것을 장점의 한 가지로 보는 입장을 취하기로 한다. 간단히 말하자면 우리는 그동안에 삶을 영위하고 문화를 발달시키는 데 모자람이 없을 만큼 어휘의 수를 마음껏 늘릴 수 있었던 것인데, 이와 관련해서 무엇보다도 중요한 사실은 지금이 이 숫자는 앞으로 더 증가될 수도 있다는 점이다. 이런 의미에서 볼 때 일찍이 Chomsky는 우리의 언어적 능력의 위대함은 정해진 규칙으로써 무한히 많은 문장을 만들어낼 수 있는 데 있다고 주장한 바가 있었는데, 이제는 이 말을 그것은 필요하다면 얼마든지 그 수를 늘릴 수 있는 방대한 어휘력이라고 고쳐야 할지도 모른다.

우리의 어휘조직이 나쁘게 말하자면 필요 이상이어서 크게 남아도는 정도로 방대하고 좋게 말하자면 생각한 것이나 말하고자 하는 바를 모두 표현할 수 있을 만큼 넉넉하다는 것은 곧 우리의 어휘 가운데는 동의어나 유사어가 대단히 많다는 사실로써 익히 실증될 수가 있다. 흔히 '시소러스(Thesaurus)'로 불리는 동의어 사전을 뒤져볼 것 같으면 아주 특별한 전문어나 학술어를 제외하고는 일상적으로 쓰이는 어휘들은 거의 모두가 여러 개의 동의어들을 가지고 있다는 사실을 쉽게 확인할 수가 있는데, 여기에서는 편의상 기본어 중의 하나로 볼 수 있는 'pick(쪼다)'이라는 동사의 경우와 이것보다는 난이도가 크게 높아서 결과적으로는 사용빈도가 훨씬 낮은 어휘 중의 하나인 'phlegmatic(점액질의, 냉담한)'이라는 형용사의 경우를 살펴보기로 한다. (Chamber's Thesaurus, 1987)

'Chamber의 시소러스'에서는 동사인 'pick'의 동의어로서 'break into'를 위시하여 'break open, choose, collect, crack, cull, cut, decide on, elect, embrace, espouse, fix upon, foment, gather, harvest, incite, instigate, opt for, pluck, prise, provoke, pull, screen, select, settle on, sift out, single out, start' 등의 28개의 동사나 동사구가 제시되어있고, 또한 형용사인 'phlegmatic'의 동의어로서는 'apathetic'을 비롯하여 'bovine, cold, dull, frigid, heavy, impassive, imperturbable, indifferent, lethargic, listless, lymphatic, matter-of-fact, nonchalant, placid, sluggish, stoical, stolid, unconcerned, undemonstrative, unemotional' 등의 총 21개의 형용사나 형용사구가 제시되어있다.

이 두 목록을 보면 일단 누구나가 어휘의 총화체격인 어휘조직은 절대로 매 의미나 개념마다 단 하나의 어휘만이 설정되어있는 식의 다분히 경제적이고 논리적인 조직체가 아님을 당장 알 수가 있는데, 무엇보다도 인상적인 점은 동의어나 유사어의 가짓수가 각각 무려 28개와 21개나 된다는 점일 것이다. 일반적인 상식이나 상상을 초월하는 이런 사실을 통해서 우리는 크게 두 가지 추리를 할 수가 있는데, 그중 첫 번째 것은 역시 어휘조직의 방대성에 대한 것이다. 간단히 말해서 한 개인의 어휘량이 어휘마다 20여 개의 동의어를 가지고 있을 만큼 방대하지는 않겠지만, 적어도 어떤 의미나 개념을 몇 가지 대용적인 어휘로 나타낼 수 있을 만큼 그것이 여유로운 것임은 분명한 것이다.

그중 두 번째 것은 동의어나 유사어에 대한 정의는 지극히 엄격할 수도 있고 비교적 느슨할 수도 있기에, 학자에 따라서는 어휘조직의 방대성을 놓고서 자기 나름의 긍정적이거나 아니면 부정적인 해석을 할 수가 있다는 사실이다. 우선 그는 일부의 의미론자의 주장대로 모든 어휘는 그것만의 특이한 의미나 개념을 나타내게 되어있기 때문에 동의어의 존재 자체를 인정하지 않을 수가 있다. 또한 그는 긴 세월에 걸친 어휘조직의 발달 과정으로 보았을 때 중복적이거나 잉여적인 어휘가 부분적으로 있게 되는 것은 너무나 당연한 현상이라고 볼 수도 있다. 그러니까 결국 이런 사람은 어휘조직의 방대성을 긍정적인 특징이 아니라 부정적인 특징으로 보려고 하는 것이다.

(라) 조직성

어휘는 본디 음성적 형식이 의미적 개념을 나타내는 것이기에 적어도 이론상으로는 어휘조직의 조직성을 검토하는 방법에도 응당 형식을 기준으로 한 것과 의미를 기준으로 한 것의 두 가지가 있을 수 있겠지만, 실제에 있어서는 오늘날에 이르기까지 어떤 어휘론자도 첫 번째 방법에 따라서 이런 연구를 시도해본 적이 없는 사실로 미루어 보아서 우리에게 남겨진 방법은 두 번째 것뿐이라는 것을 익히 알 수가 있다. 다시 말해서 우리는 일단 대부분의 사전들이 발음을 기준으로 해서 어휘를 분류하고 있는 것은 오직 사용자의 편리를 위한 조치일 뿐, 각 개인의 머리 안에 저장되어있는 어휘들이 사전식으로 조직되어있다거나, 아니면 언어의 체계상 어휘들이 사전처럼 조직되어있다고는 생각하지 않게 마련인 것이다.

그런데 흥미롭게도 그동안에 어휘론자 중에는 어휘란 궁극적으로 의미적 표현체이기 때문에 개별적으로 분산되어있지 않고서 의미상 관련성이 있거나 아니면 유사한 것들끼리 묶여있을 것이라는 생각을 해온 사람이 있었는데 이른바 '어휘의 장'이나 '의미의 장'의 이론을 내세워온 사람들이 바로 그들이다. 특히 최근에 이르러서 장 이론의 타당성이 심리언어학이나 인류학, 신경과학 등의 분야에서 실증되면서, 많은 사람이 마치 이것만이 어휘조직의 조직성을 증거하는 유일한 이론인 것처럼 받아들이게 되었는데, 실제에 있어서는 그와 동시에 어휘적 장에 관한 연구가 생각만큼 쉽게 이루어질 수 없다는 사실도 알려지게 되었다.

바꾸어 말하자면 그동안에 어휘적 장 이론가들이 발견해낸 제일 중요한 사실은 바로 이 연구는 크게 계열적인 차원과 통사적인 차원에서 이루어질 수 있다는 것이었는데, 만약에 이런 식의 2차원적인 연구가 미리 설정한 목표에 맞게 성공적으로 이루어지려면 어휘론은 물론이요 심지어 통사론까지도 깊숙이 다루어져야 한다는 것은 너무나 뻔한 일이었던 것이다. 예컨대 계열적 차원의 어휘적 장의 현상은 결국에는 8품사 중 어느 품사의 경우에도 발견될 수가 있는데, 그래도 이것을 가장 쉽게 확인할 수 있는 것은 역시 생각대로 명사와 동사, 형용사 등의 세 품사의 경우이었다. 그런데 여기에서 으레 문제가 되는 것은 바로 관용구를 어떻게 처리하느냐의 문제이었다.

그런데 사실은 우선 계열적인 차원에서 어휘적 장의 현상을 연구하는 데 부딪히게 되는 첫 번째 과제는 제대로 된 개념의 영역을 설정하는 일이었는데, 이 일은 결국에 우리의 지식체계나 인지절차와 직접적으로 관련되어있어서 결코 만만할 일일 수가 없었다. 굳이 심리학자나 철학자들의 이론에 의지하지 않고서 우리의 상식만으로도 우리의 지식체계에 들어있는 개념들은 맨 위의 추상적인 것으로부터 맨 밑의 구상적인 것에 이르는 식의 일종의 위계적 조직체를 이루고 있을 것이라는 것을 익히 짐작할 수가 있는데, 이런 위계적 조직체 중 어느 계층을 기준으로 삼느냐에 따라서 개념의 영역은 달라지게 되는 것이었다. 예컨대 우리는 일반적으로 개념의 영역을 설정할 때는 'book'이나 'fruit' 등의 사물을 나타내는 명사적 영역이나 'warm'이나 'cold' 등의 온도를 나타내는 형용사적 영역, 'go'나 'run' 등의 이동을 나타내는 동사적 영역처럼 각 개념적 위계조직 중 중간의 계층의 것을 선택한다. 그렇지만 각 개념적 위계조직에는 몇 개의 상층도 있고 몇 개의 하층도 있을 수 있는 이상 개념의 영역을 설정하는 데 단 하나의 기준만이 쓰일 리는 없다.

그다음으로 통사적 차원에서 어휘적 장의 현상을 밝히는 데 마주치게 되는 첫 번째 과제는 연어 관계의 수준이나 범위를 정하는 일이었다. 연어 관계를 크게 기본적인 문법 내지는 의미적 규칙에 따른 것과 그것에서 벗어난 것으로 나누고 보았을 때, 다루기 만만한 것은 물론 첫 번째 범주에 속하는 것들이었다. 예컨대 'book'이라는 명사의 언어적 표현 중 기본적인 것으로는 이것이 주어로 쓰인 문장이나 (예: His book is rather readable/interesting.), 또는 이것이 목적어로 쓰인 문장 등 (예: Have you read the book through?) 등을 들 수가 있다. 그러나 만약에 이들만으로 분석을 마치게 되면 'According to his book, this project is bound to fail.' 'She wrote the book in this field.'와 같은 특수한 언어적 표현들은 연구에서 제외시킨 결과가 된다.

이렇게 보자면 어휘적 장이론의 미래가 일찍이 창안자인 Trier가 생각한 것만큼 순탄한 것만은 아니라는 것은 의심할 여지가 없다. 그렇지만 현재로서는 이것만큼 어휘는 으레 일정한 조직을 유지하고 있게 되어있다는 것을 실증하고 있는 이론도 없다. 특히 Lutzeler의 의견에 의할 것 같으면 최근에 새롭게 주목을 받게 된 인지언어학의 선구자는 바로 이 이론이고, 또한 '자연언어는 동태적 장의 힘에 의해서 존재하고 변화하게 되어있다.'라는 사실을 명시적으로 실증하고 있는 것도 바로 이 이론이다. 결국에 우리는 지금의 이 이론만으로도 어휘조직의 중요한 특징 중의 한 가지가 바로 조직성이라는 사실을 익히 확인할 수가 있다. (Lutzeler, 2006, p.81)

(마) 다의성

그동안에 어휘론에서 꾸준히 왕좌적 자리를 지켜온 것이 바로 다의성에 관한 연구였는데, 이런 사실 하나만으로도 다의성이 어휘조직의 가장 중요한 특징의 하나라는 것을 익히 알 수가 있다. 우선 이 특징은 바로 예컨대 수학이나 논리학에서 쓰이는 상징과 언어적 상징, 즉 어휘 사이에는 공통점보다는 상이점이 더 크게 있음을 단적으로 드러내주고 있다. 다시 말해서 하나의 어휘가 한 가지가 아니라 여러 가지의 의미를 나타낸다는 것 자체가 상징치고는 일반적으로는 절대로 가질 수 없는 특징일 것이다. 예컨대 '3'이라는 숫자가 '셋'이라는 의미 이외를 나타내는 기호라면 이것은 더 이상 기호일 수가 없을 것이다.

논리적으로 보았을 때는 어휘의 다의성에는 한편으로는 장점일 수도 있으면서 다른 한편으로는 단점일 수도 있다는 식으로 양면성이 있는데, 이 특징의 이런 특성을 제대로 이해하는 데 도움이 되는 사실은 바로 이것은 인위적인 조작에 의해서 만들어진 결과가 아니라 언어의 자연적인 발달과정에 의해서 생겨난 결과라는 점이다. 다시 말하자면 어떤 어휘가 처음으로 생겨났을 당시에는 단 한 가지의 의미를 나타냈었는데, 그 후 이것이 오랜 기간에 걸쳐서 여러 가지 상황이나 문맥에서 쓰이게 되면서, 제2나 제3의 의미를 나타내게 된 결과가 이른바 다의성인 것이니까, 굳이 따지자면 이것은 우리의 언어적 상징화 절차의 태생적 속성인 셈이다.

아마 영어의 어휘 중 가장 다의성이 높은 것 중의 하나가 'go'라는 동사일 텐데, 영한사전에서는 우선 이것의 의미를 20가지로 나누고 있지만 이들은 동작별로 1)가다와 2)떠나가다, 3)도달하다, 4)(어떤 곳에) 놓이다, 5)(어떤 상태로) 되다/이다, 6)움직이다 등의 여섯 가지로 나누어질 수가 있는 점으로 미루어 보아서, 한 가지 의미가 유추작용이나 연상작용에 의해서 그 다음 의미로 바뀌게 되는 절차가 여러 번 되풀이 된 결과 결국에는 그 의미의 가짓수가 20가지로 늘게 되었을 것이라고 익히 추리할 수가 있다. 물론 이런 기본 동사는 쓰이는 상황이 대단히 많기 때문에 'go out'나 'go against'와 같은 가지각색의 관용구들을 만들어내기도 했다. (Donga's Prime English-Korean Dictionary, p.1059)

그런데 사실은 어휘론에서는 으레 다의성의 특징을 두 가지 측면 중 오직 부정적인 측면에서만 검토해왔었는데, 그 이유는 이른바 의미적 중의성의 문제가 이것에서 유발된다고 판단되었기 때문이었을 것이다. 이 특징을 검토할 때 같이 검토되는 현상이 바로 'pale(창백한)' 대 'pail(통)'과 같은 동음이의어의 현상과, 'meal₁(끼니)' 대 'meal₂(곡식)'과 같은 동음이원어의 현상이라는 사실이 이런 추리를 익히 정당화시키고 있다. 특히 일부 사전에서는 예컨대 어휘항목을 따로 해서 'meal₁(끼니)'의 고대 영어 때의 어원은 'melo'이었고 'meal₂'의 그것은 'mæl'이었다는 사실을 밝히기까지 하는데, 역설적으로 이런 해설은 어휘조직은 어느 한때의 인위적인 조작에 의해서 만들어진 것이 아니라 오랜 세월에 걸친 자연적인 발달과정의 결과였다는 사실만을 웅변적으로 증거할 따름이다.

또한 긍정적인 측면에서 볼 것 같으면 이 특징을 굳이 중의성의 문제와 연결시키는 대신에 문맥성의 조건과 연결시키는 것이 합리적인 것 같다. 쉽게 말하자면 어느 어휘론자도 그동안에 이런 특징으로 인하여 의사소통에 적지 않은 지장을 받게 되었다는 주장은 한 적이 없는데, 그것은 곧 어휘는 반드시 일정한 상황이나 문맥 내에서 쓰이게 되어있기 때문에 이미 어휘 스스로가 중의성의 문제를 해결하고 있다는 말이나 같은 말이었다. 예컨대 다음과 같은 문장들에서의 'go'의 의미를 정확히 파악하는 데는 그것의 사서적 의미가 몇 가지가 나열되어있는가를 참고해 볼 필요도 없는데, 그 이유는 이들의 의미는 이미 각각의 문맥에 의해서 결정되어있는 것이나 다름이 없기 때문이다. 1)He went home.(그는 집에 갔다) 2)The pain has gone now.(고통은 이제 사라졌다) 3)The clock does not go well.(시계가 잘 안 간다) 4)Thus goes the bible.(성경에 그렇게 되어있다) 이렇게 보자면 다의성으로 인하여 우리의 언어 자체가 결국에는 훨씬 더 유능해진 셈이다.

(바) 생산성

우리 언어의 어휘조직의 여섯 번째 특징으로는 문법조직이나 음운조직에는 아예 없는 개방성, 즉 생산성을 지니고 있다는 점을 들 수가 있는데, 따지고 보자면 이 특징만큼 우리는 원래부터 최대한으로 상징력을 구사하려는 속성을 가지고 있다는 사실을 드러내주고 있는 것도 없다. 물론 필요에 따라서 새롭게 어휘를 만들어내는 절차, 즉 조어의 절차가 없는 것은 아니다. 예컨대 어떤 전문이나 학술영역에서든지 간에 새로운 대상이나 개념을 발견한 순간에 바로 그에 상응하는 어휘를 만들어내게 되는데, 이런 일이 가능한 것은 어휘조직에서는 조어의 절차가 마음대로 쓰일 수 있기 때문이다. 예컨대 원자번호 19이고 기호 K로 표시되는 칼륨의 학술명칭은 'potassium'인데, 이 명칭이 만들어지기 이전에 이미 'pot(단지)'라는 명사와 'ash(재)'라는 명사가 복합되어 만들어진 'potash(잿물)'와 그것의 변형어인 'potass'가 있었다. 그러니까 새로운 원소가 발견되면서 기존의 어휘를 재활용하는 조어절차에 의해서 그것에 정식 이름이 붙여지게 된 것이다.

그런데 어휘조직을 생산성이 매우 높은 조직으로 만드는 데 있어서 조어절차보다도 훨씬 더 크게 기여하는 절차는 바로 파생적 접사부가의 절차이다. 영어에서는 원래 라틴어로부터 유래된 많은 종류의 접두사와 접미사가 쓰이고 있는데, 이 중에서 앞엣것은 의미를 바꾸는 기능을 하고 뒤엣것은 품사를 바꾸는 기능을 하는 탓으로, 이들 두 가지가 같이 쓰이는 경우까지를 포함하면 명사나 동사의 수를 증가시키는 데 이들이 기여하는 바는 대단히 크다. 아울러 특기할 사실은 의미가 다양한 데다가 그 절차가 용이해서인지 거의 만능접사처럼 쓰이는 접사가 적지 않게 있다는 점이다.

예컨대 영어에서 가장 널리 쓰이는 접두사인 're-'는 의미가 '다시'를 비롯하여 '반대로', '원상으로', '새로' 등으로 다양화되어있어서 그런지 'readjust', 'recapture', 'reenter'의 경우처럼 접두사임이 분명한 모습으로 쓰이기도 하지만 'resist'나 'remain', 'resign'의 경우처럼 어근의 일부처럼 쓰이기도 한다. 그런데 're-'와 같은 접두사는 이렇게 광범위하게 쓰이다보니까 진짜 접두사와 유사 접두사가 뒤섞이는 혼돈을 가져오기도 했다. 다시 말해서 엄격한 의미에서는 위의 예에서 어근의 일부처럼 쓰이는 're-'는 접두사로 볼 수가 없는데, 많은 사용자는 이런 차이를 인지하지 못하게 되는 것이다.

또한 접미사의 주된 기능은 품사를 바꾸는 것이어서 그런지, 접두사는 어근에 또 하나의 어휘를 추가시키는 식으로만 쓰이는 데 반하여, 이것은 원래의 언근으로부터 여러 개의 어휘가 도출되는 식으로 쓰이고 있다. 예컨대 'refute(반박하다)'라는 동사에 '-er'을 붙이면 'refuter(반박인)'라는 행위자를 가리키는 명사가 도출되고, '-tive'와 '-able'을 붙이면 각각 'refutative(반증의)'와 'refutable(반박할 수 있는)'이라는 형용사가 도출되며, 또한 '-tion'과 '-al'을 붙이면 각각 'refutation(반박)'과 'refutal(반박)'이라는 추상명사가 도출된다.

(사) 2원성

우리 언어의 어휘조직의 일곱 번째 특징으로 들 수 있는 것은 그 기능이 의미적인 것과 문법적인 것으로 이원화되어있다는 점이다. 굳이 따지자면 물론 이들 중 기본이 되는 것은 의미적인 것이라고 볼 수가 있겠지만, 우선 각 어휘는 태어날 당시부터 품사를 지니고 있다는 점으로 미루어 보아서도 문법적 기능도 결코 부차적인 것이 아님이 분명하다. 어차피 문장은 여러 어휘에 의해서 만들어지는 하나의 구조체인 데다가, 그것에서는 으레 시제를 위시하여 상, 법, 태, 인칭, 수 등의 문법적 범주들이 밝혀져 있게 되어있기 때문에, 어떤 의미에서는 문장을 만드는 기능도 어휘가 도맡고 있다고 볼 수도 있다.

어휘조직을 하나의 상징체계로 보았을 때는 이들 두 기능 중 어느 것이 더 중요한 것인가를 따지는 것 자체가 무의미해지는데, 왜냐하면 하나의 상징체치고는 어휘보다 한 차원 높은 것이 바로 문장이기 때문이다. 일단 언어를 일차적인 차원의 것과 이차적 차원의 것의 이원적 상징체계로 보게 되면 어휘가 그들 모두에 있어서 기본적인 단위나 요소로 쓰이고 있다는 것은 더 이상 검토할 여지가 있을 수 없는 사실이지만, 굳이 따지자면 이차적인 차원의 상징체계에서의 그것의 역할이 일차적인 차원의 상징체계에서의 그것보다 한 차원 높은 수준의 것이라는 것도 역시 분명한 사실인 것이다.

어휘조직이 수행하는 문법적 기능이 그것이 수행하는 의미적 기능보다 한 차원 높은 수준의 것이라는 것은 우선 굴절체계는 일종의 전 언어적 체계라는 사실에 의해서 익히 확인될 수가 있다. 어근에 접사를 부가시키는 파생체계는 언어 전체가 아니라 특정한 어휘에만 적용된다. 그러나 굴절체계는 예컨대 명사의 어미에 '-s, -es'를 부가시키면 복수형이 되고, 또한 그것을 동사의 어미에 부가시키면 주어가 3인칭 단수이고 시제가 현재형임을 나타내는 식으로 언어 전체에 걸쳐서 일종의 일반적인 규칙처럼 작동된다. 더 나아가서 동사의 형태는 예컨대 'abide(현재형)'로부터 'abode, abided(과거형)', 'abided(과거분사형)'로 바뀌는 식으로 의미나 기능에 따라 으레 바뀌게 되는데, 이런 규칙 역시 굴절체계와 파생체계 간의 차이점을 잘 보여주는 한 사례이다.

영어에서 쓰이는 문법적 규칙 중 가장 근간적인 것 중의 하나가 바로 일치의 규칙인데, 사실은 이것만큼 어휘조직이 수행하는 문법적 기능이 그것의 의미적 기능보다 한 차원 높은 수준의 것이라는 것을 잘 드러내주고 있는 것도 없다. 우선 주어인 대명사와 'be'동사는 예컨대 'I, am'과 'You, are', 'He/she/it is'나 'We, are'와 'You, are', 'They, are', 'I, was'와 'You, were', 'He/she/it, was', 'They, were'처럼 인칭이나 시제에 따라서 항상 일치하고 있어야 한다. 또한 완료시제를 나타내는 데 있어서는 'have'동사가 하나의 조동사로 쓰이면서 'have+과거분사'와 같은 일종의 복합동사형이 쓰이고 있는데, 특히 미래완료형에서는 'will/shall'과 같은 또 하나의 조동사가 거기에 추가되어서 그것이 'will/shall+have+과거분사'처럼 더 길어지기도 하니까, 어떤 의미로 보아서도 시제형만큼 어휘조직이 수행하는 문법적 기능은 그것의 의미적 기능보다 한 차원 위의 것이라는 것을 단적으로 드러내주고 있는 것은 없다고 볼 수가 있다. (예: They will have arrived by now.<그들은 지금쯤 이미 도착했을 것이다>)

2) 복합어

우리의 어휘조직의 특징 중 한 가지는 두 개나 그 이상의 어휘를 연결시켜서 복합어를 만들어내는 절차를 아주 자유롭게 씀으로써 결과적으로는 이래서 어휘의 수가 크게 늘어나게 되었다는 점일 텐데, 이 절차에는 크게 두 가지의 특징이 있는 점으로 미루어 보아서 이것 역시 어휘 조직은 궁극적으로 일종의 상징적 체계라는 사실을 익히 증거하고 있다고 볼 수가 있다. 이중 첫 번째 것은 복합어의 대부분이 두 어휘를 하나로 연결시킨 2어복합어라는 점이다. 물론 'honest-to-God(진짜)'와 같은 3어복합어나 심지어는 'pay-as-you-see television(유료 텔레비전)'와 같은 5어복합어도 전혀 없는 것은 아니다.

그렇지만 진짜로 복합화 절차의 위력을 드러내주고 있는 경우는 2어복합어의 경우이다. 예컨대 바로 앞에서 든 5어복합어는 으레 'pay-TV'와 같은 2어복합어로 줄여질 수가 있다. 그런데 그보다 중요한 사실은 지불이나 임금과 관련된 개념들은 대개가 'pay+명사'의 형식을 가진 2어복합어로 표현되고 있다는 점이다. 'pay-back(환불)'을 비롯하여 'pay-bill(급여명세서)', 'pay-book(지불장부)', 'pay-box(계산대)', 'pay-check(급료)', 'pay claim(임금인상요구)', 'pay-day(봉급날)', 'pay-envelope(봉급봉투)', 'pay grade(증여등급)', 'pay list/pay roll(임금대장)', 'pay load(유료하중)', 'pay master(경리부장)', 'pay slip(급여명세서)', 'pay tone(요금추가지시의 신호)', 'pay wing(투수의 공 던지는 팔)' 등이 구체적인 예들이다.

이중 두 번째 것은 2어복합어의 형식은 '명사+명사'와 '형용사+명사', '동사+명사', '동사+부사'처럼 다양화되어있지만, 이들 중 가장 널리 쓰이는 것은 앞에 제시된 예가 익히 실증하고 있듯이 첫 번째 것이라는 점이다. 우선 이것은 2어복합어도 궁극적으로는 하나의 명사라는 사실을 잘 드러내고 있고, 그 다음으로는 좁게 보았을 때는 2어복합어 절차에서도 수식구조나 목적어구조와 같은 통사적 절차들이 쓰이고 있지만, 넓게 보았을 때는 2어복합어 절차에서 기본적인 기준이 되고 있는 것은 두 어휘 간의 의미적 연관성이라는 사실을 잘 드러내고 있다.

그런데 사실은 2어복합어는 구성형식만 다양화되어있는 것이 아니라 문법적 기능도 다양화되어있다. 우선 2어복합어는 주로 하나의 명사처럼 쓰인다는 사실은 부인할 수 없다. 그러나 예컨대 'roll-neck(sweater)<터틀넥>'와 'red-brick(university)<빨간 벽돌의>', 'go-go(dancer)<고고의>', 'high-rise(block)<고층의>' 등에서는 다양한 형식의 2어복합어들이 하나의 형용사처럼 쓰이고 있다. 또한 'look-it(보아라)'은 명령문에서 하나의 동사처럼 쓰이기도 하고, 'army-fashion(군대스타일)'이나 'dead pan(무표정한 얼굴)' 등은 하나의 부사처럼 쓰이기도 한다. (Barer, 2006, p.724)

이렇게 볼 것 같으면 복합화 절차가 결국에는 정보전달이나 의사소통 체계로서의 언어의 기능을 강화시키는 데 크게 기여하고 있다는 사실이 분명해진다. 비교적 길이가 짧은 2어복합어가 그것의 대부분이 되고 또한 그들의 대부분이 문법적 기능이나 용도가 제일 큰 개념표현의 역할, 즉 명사의 역할을 수행하게 된다는 것은 곧 복합화 절차는 궁극적으로 의사소통이라는 언어의 기본적 기능을 강화시키기 위해서 생겨난 것임을 극명하게 실증하고 있다. 복합화 절차에 관한 이런 사실은 결국에 우리의 언어가 왜 최선의 상징체계로 간주될 수 있는가에 대한 해답의 일부가 될 수 있다고 볼 수가 있다.

3) 관용어구

영어를 포함한 많은 언어에서는 으레 다양한 종류의 관용구 사전들이 쓰이고 있을 만큼 우리의 언어에서는 관용구들이 많이 쓰이고 있으니까, 우리의 어휘구조의 특징 중 한 가지로 관용구가 많이 쓰인다는 점을 든다는 것은 너무나 당연한 일이다. 그렇지만 일단 이것을 '형식이나 의미상 불규칙성을 지닌, 여러 어휘로 이루어진 규약적 표현'처럼이나 아니면 더 간단하게 '구성어휘들의 의미로부터 추리될 수 없는 의미를 나타내는 어구'처럼 정의해놓고 본다고 해도, 복합어와 이것을 정확히 구분하는 일은 누구에게나 결코 쉬운 일이 아니다.

그러나 언어를 하나의 상징적 체계로 보는 입장에서 볼 것 같으면 이것과 일반적인 복합어 사이에는 공통점도 있고 차이점도 있다는 것이 당장 드러난다. 우선 이들 간의 공통점은 모두가 언어의 정보교환이나 의사소통적 기능을 제고시키려다 보니까 생겨난 것들이라는 점이다. 다시 말하자면 우리의 언어에서는 수많은 복합어에 의해서 수많은 새로운 개념을 간단히·어구로 표현할 수 있게 되었듯이 수많은 관용구에 의해서 수많은 새로운 의미나 개념들을 간단히 어구로 나타낼 수 있게 되었으니까, 결국에 이들은 동일한 목적에 공동으로 참여하고 있다고 볼 수가 있다. 다시 말해서 우리의 언어는 이들이 기여한 만큼 더 유용하고 편리해진 것이 확실하다.

그러나 이들 간에는 중요한 차이점도 있는데, 이런 점은 상징화 절차의 차원이나 수준에서 쉽게 발견될 수가 있다. 복합화 절차란 간단히 말해서 의미상으로 인접되어있는 두 개의 상징들을 합쳐서 제3의 상징을 만들어 내는 절차이다. 따라서 이것은 기본적으로 어떤 대상이나 개념을 어휘로 표현하는 데 쓰이는 상징화 절차보다 더 단순한 것이라고 볼 수가 있다. 그러나 관용구는 단순한 합산적 절차가 아니라 두 개의 상징으로써 새로운 의미나 개념을 표현하는 창조적 절차이다. 굳이 문자기호로 나타내본다면 복합화 절차는 'A+B→AB'처럼 표현될 수 있는 데 반하여 관용화 절차는 'A+B→C'처럼 표현될 수가 있으니까, 이것에서의 상징화 절차는 차원이나 수준이 전혀 다른 것임이 분명하다.

예컨대 'kick(차다, 차기)'이라는 어휘로부터는 'kick back(반등, 상납)'이나 'kick ball(킥볼)', 'kick off(개시)' 등의 다양한 복합어가 만들어졌지만, 이들의 의미는 모두가 축어격인 'kick'의 의미가 기본이 된 것들이다. 그렇지만 'kick the bucket(죽다)'라는 관용구의 의미는 축어인 'kick'의 의미로부터는 추리도 할 수 없을 만큼 동떨어진 것이다. 그렇다고 해서 그것이 목적어로 쓰인 'bucket(물통)'과 의미상으로 어떤 관련성이 있는 것도 아니다. 거기에다가 이 명사에는 정관사인 'the'가 붙어있기까지 하다. 또한 이것에서는 '타동사+목적어'라는 문법적 규칙이 지켜지고 있다. 결국에 이것은 복합어가 아니라 한 문장의 술부인 셈이다.

그런데 이것이 하나의 관용구라는 것을 익히 드러내주고 있는 것은 바로 이것이 가지고 있는 특이한 문법적 고정성이다. 예컨대 'Fred kicked the bucket.'는 정문이지만 그것을 수동화한 'The bucket was kicked by Fred.'나 또는 그것을 전도문화한 'It was the bucket that Fred kicked.'는 비문이다. 그러나 'There'll be no bucket-kicking.'과 같은 변형문은 얼마든지 정문의 범주 내에 들어갈 수 있는 것이다. 이와 대조적으로 'you're pulling my leg.(너는 나를 괴롭히고 있다)'로부터 'I'm used to having my leg pulled.(나는 괴롭힘을 당하는 데 익숙하다)'와 같은 변형문이 만들어질 수가 있다. 결국에 각각의 관용구는 저마다의 특이한 문법적 고정성을 지니고 있는 셈이다. (Ayto, 2006, p.519)

그런데 복합어와는 다르게 관용구는 기존의 어휘로써 새로운 의미나 개념을 창출해내는 다분히 고차원적인 상징화 절차에 의해서 만들어진 것이라는 것을 잘 드러내주는 사실은 그 기능이 동사적인 것으로부터 명사적인 것, 형용사적인 것, 부사적인 것에 이르기까지 전 품사적으로 고르게 분포되어있다는 점이다. Ayto의 논문에 따를 것 같으면 영어의 관용구에는 'He threw in the towel.(그는 포기했다)'와 같은 동사적인 것만 있는 것이 아니라 'monkey business(부정한 행위)'와 같은 명사적인 것과, 'wet behind the ears(경험이 없는)'와 같은 형용사적인 것, 'from A to Z(완전히)'와 같은 부사적인 것, 'over and above(추가해서)'와 같은 전치사적인 것 등이 있는데, 이런 사실로 미루어 보아서도 언어의 정보전달이나 의사소통의 기능을 촉진하는 데 있어서 관용구의 기여하는 바가 복합어의 기여하는 바와는 질적으로 다르다는 것을 익히 알 수가 있다. (Ibid., p.520)

4) 약어

우리의 언어가 일종의 다면적인 상징적 체계라는 것을 익히 드러내주는 사실은 두문자어나 약어가 이에 관한 사전이 따로 나와 있을 정도로 많이 쓰이고 있다는 점이다. 오늘날 영어의 약어사전 중 가장 널리 알려진 것은 Thomson, Gale에서 나온 'Acronyms, Initialism & Abbreviations Dictionary(두문자어, 첫 문자어 및 약어사전)'인데, 이 사전은 우선 2007

년에 38판이 나올 정도로 무려 40년이라는 긴 역사를 가진 것이라는 점과 큰 백과사전판으로 모두 네 권으로 이루어졌을 만큼 방대한 크기의 것이라는 점 등으로 보았을 때 약어 현상에 관한 연구에 있어서 유일한 길잡이와 같은 역할을 해온 것임이 분명하다.

우선 이 사전의 서문에서는 약어현상에 관한 두 가지의 중요한 사실을 밝혀놓고 있는데, 그중 첫 번째 것은 두문자어와 유사한 약어의 사용은 기본적으로 언어사용을 한층 더 편리하고 빠르게 할 뿐만 아니라 특히 오늘날과 같은 고도의 기술사회의 필요에 잘 부응하는 일이라는 점이다. 그런데 무엇보다도 흥미로운 사실은 일단 약어적 언어를 제2의 언어로 정의하고 보았을 때, 최근에 이르러서의 그 크기의 빠른 증가로 인하여 이제는 불필요한 추리나 오역을 익히 회피할 수 있는 권위 있는 약어사전의 출현이 어느 때보다도 필요하게 되었다는 것을 강조한 점이다. 이렇게 보자면 여기에서는 최근에 와서 약어가 대량으로 쓰이게 되었다는 것은 단지 축복일 수만은 없다는 점을 지적하고 있는 셈이다.

그중 두 번째 것은 넓게 보았을 때는 물론 약어라는 기본 술어로 이들 모두를 망라하게 되었지만, 좁게 보았을 때는 두문자어와 첫 문자어, 약어 등의 구별이 지켜질 수 있다는 것을 명시한 점이다. 예컨대 여기에서는 두문자어를 복합어의 첫 문자나 첫 부분으로 만들어진 낱말인데, 그 특징은 발음을 문자별이 아니라 그 전체를 하나의 낱말처럼 하게 된다는 점이라고 정의했다. (예: RADER<Radio Detection and Ranging, LASER<Light Amplication by Simulated Emission of Radiation>) 쉽게 말해서 네 개나 다섯 개로 된 복합어를 하나의 단어로 축약시킨 것이 두문자어인 것이다.

그 다음으로 여기에서는 첫 문자어를 발음을 하나의 단어처럼이 아니라 문자별로 하게 되는 점에서 두문자어와 구별이 되는 것으로 정의했다. 예컨대 'PO(Post Office)'는 두 개의 문자별로 발음되고, 'RPM(Revolution

Per Minute)는 세 개의 모자별로 발음이 되니까, 이것은 일반적으로 두문자어보다는 길이가 짧다는 특징도 지니고 있다고 볼 수가 있다. 세 번째로 여기에서는 약어를 이상의 두 절차에 따르지 낳고서 한 어휘나 여러 어휘를 짧은 형태로 고친 것으로 정의했다. 이것의 비근한 예가 될 수 있는 것이 'APR(April)'이나 'PhD(Doctor of Philosophy)', 'BCSTG(Broadcasting)', 'DR(Doctor)' 같은 것이라는 점으로 미루어 보아서, 이것이 세 가지 중 가장 널리 쓰이는 것임이 분명하다. (Romaniuk, 2007, Part1, p.ix)

그런데 오늘날에 이르러서의 약어현상이 가져온 제일 큰 문제점은 바로 각 분야에서의 약어사용의 선호로 그 수가 급격히 증가하면서 결국에는 약어와 원어의 관계가 더 이상 1:1인식이 아니고 1:복수인 식으로 바뀌게 되었다는 점이다. 원래 약어현상이란 긴 복합어를 짧은 단일어로 고쳐 쓰는 현상이니까 결국 이것도 최대로 경제적으로 언어를 사용하려는 우리의 본성으로부터 비롯된 아주 자연스러운 현상이다. 그렇지만 약어와 원어와의 관계가 일단 1:복수인 식으로 바뀌게 되면 상황은 우리의 본성이나 의도와는 정반대적으로 전개되었다고 볼 수가 있다. 물론 이것도 일종의 다의성이나 중의성의 문제이기 때문에 어휘의 의미적 애매성의 문제와 마찬가지로 궁극적으로는 상황이나 문맥에 의해서 으레 해결되게 되어있다. 그렇지만 이렇게 해서 약어사전을 수시로 이용하게 될 만큼의 역기능을 감당해야 하는 부담이 새로 생기게 된 것은 틀림이 없는 사실이다. 예컨대 교학사에서 나온 작은 영어약어사전에서는 'AD'가 대변하는 원어와 의미로 아래와 같은 16가지를 들고 있는데, 이것 하나만으로도 우리는 약어현상의 양면성을 익히 읽을 수가 있다. (영어약어사전, 2000, p.11)

1. (스페인어) Action Democr'atica 민주 행동당

2. (영어) active duty <군> 현역

3. (영어) addict of a drug 마약 사용자

4. (영어) aerodrome 비행장

5. (영어) agent discount <항공> 대리점 할인통화

6. (영어) air defense 방공

7. (영어) analog dise 종래의 레코드의 총칭

8. (영어) airworthiness directive 내공성 개선통보

9. (영어) analog-to-digital <컴퓨터> 아날로그에서 디지털로

10. (영어) art director 광고선전 작업의 감독, 미술감독

11. (영어) assistant director 조연출

12. (영어) assured destruction <군> 학증파괴 전략

13. (영어) automated design 자동설계

14. (영어) automatic deposition 현금자동 예입기

15. (영어) average deviation 평균편차

16. (영어) drug addict 마약 상용자. addict attorney (지방검사)의 약어인 DA와의 혼돈을 막기 위해서 머리글자가 도치되어있음

4.3 문법의 상징성

1) 어순

간단히 말하자면 하나의 문장을 만드는 데 쓰이는 장치가 바로 문법인데, 이것은 우선 언어를 의사소통의 한 도구로 보는 입장에서 볼 것 같으면 규약성을 제일 큰 특징으로 가지고 있다고 볼 수가 있지만 언어를 일단 하나의 상징체계로 보는 입장에서 볼 것 같으면 상징성을 제일 큰 특

징으로 가지고 있다고 볼 수가 있다. 물론 문법을 하나의 상징체계로 볼 때의 상징성은 어휘조직을 하나의 상징체계로 볼 때의 그것과 같은 것일 수가 없다. 예컨대 영어에서 'meet'라는 동사로써 '만나다'라는 동작의 의미나 개념을 나타내는 경우의 상징성의 의미는 이 동사가 'I met him unexpectedly.(나는 그를 예기치 않게 만났다)'라는 문장의 술어로 쓰이는 경우의 그것과 같을 수가 있다.

위의 문장에서 이 동사가 수행하고 있는 기능은 간단히 말해서 'S+V+O'와 같은 어순형에서 두 번째 요소인 'V'의 자리를 유지하면서 결국에는 이런 어순형이 만들어질 수 있게 하는 것인데, 이것은 곧 적어도 우리가 언어를 창출할 때 발휘하는 상징력에는 어휘를 만들어낼 때의 것과 문법적 규칙을 만들어낼 때의 것의 두 가지가 있다는 것을 의미한다. 그런데 어순형을 만들어낼 때 쓰이는 상징적 절차는 몇 개의 어휘로써 하나의 구조체를 만들어내는 절차이기 때문에 이때 발휘하는 상징력의 성격은 다분히 인지적이고 조작적인 것일 것이라는 추리를 익히 할 수가 있다. 다시 말하자면 우리는 문법적 상징력은 어휘적 상징력보다 수준이나 차원이 높은 것일 것이라는 추리를 익히 할 수가 있다.

그런데 사실은 어순을 문법적 장치 중 가장 기본적인 것으로 삼은 것 자체가 문법적 상징력도 우리 특유의 인지력의 일부임을 잘 드러내주고 있다. 우선 이 세상에 대한 인식의 기본 단위를 개념이 아니라 명제로 잡은 것부터가 우리만의 특이한 인지적 속성이다. 그다음으로는 하나의 명제를 하나의 명제와 하나의 동사나, 아니면 하나의 명사와 하나의 동사 더하기 하나의 명사로 이루어진 것으로 보는 것 자체가 우리만의 특이한 인지적 속성이다. 물론 영어의 기본 문형에는 동사가 목적어를 둘 거느리고 있는 것도 있는데, 이런 사실로 미루어 볼 것 같으면 우리의 인지적 양식에서는 하나의 동사가 최대로 논항을 세 개까지 가질 수 있게 되어있는 셈이다.

어순적 규칙에는 기본적인 문형과 관련된 것 이외에 수식어의 첨가절차를 규제하는 것도 있는데, 기본적으로 보자면 수식적 절차를 명사를 수어로 삼는 경우와 동사를 수어로 삼는 경우의 두 가지로 잡는 것부터가 우리의 생득적 인지적 속성으로부터 나온 것임이 분명하다. 예컨대 'scholar(학자)'라는 명사에는 우선 의무적으로 'a/the'와 같은 관사가 붙어 있게 되어있지만, 수의적으로는 'a great scholar'나 'a poor scholar'에서처럼 하나의 형용사가 그 앞에 붙여질 수도 있다. 그런가 하면 'meet'라는 동사 뒤에는 'I met him unexpectedly.'나 'We met on the street.(우리는 거리에서 만났다)'에서처럼 하나의 부사나 부사구가 따를 수가 있다.

어순적 규칙에는 중문과 복문에 관한 것도 있는데, 이것의 기본이 되는 것이 바로 'S$_1$+S$_2$'과 'S$_1$(S$_2$)' 등의 두 가지 규칙이다. 예컨대 중문의 경우에는 으레 'My brother went, but I did not.(내 동생은 갔지만 나는 안 갔다.)'에서처럼 연결사로 등위접속사가 쓰이게 되어있다. 그렇지만 그보다 더 중요한 사실은 주절과 등위절의 순서가 논리적 서순성이나 시간적 선후성을 지키게 되어있다는 점이다. 그 다음으로 복문의 경우에는 'If you have finished your work, you can go home.(일을 마쳤으면 귀가할 수 있다)'에서처럼 종속절 앞에 종속 접속사가 쓰이게 되어있다. 그렇지만 이것에서도 종속절이 주절보다 앞서게 되어있으니까, 여기에서도 두 사건 간의 논리적 서순성이 지켜지고 있다고 볼 수가 있다. 물론 'I shall tell him if he comes.(그가 오면 말하겠다)'에서처럼 종속절이 주절의 앞이 아니라 뒤에 나타나는 경우도 있다. 그러나 이런 경우는 어디까지나 예외적인 경우로서, 우리의 인지유형의 유연성을 증거하고 있을 따름이다.

그러나 복문에는 어순적 구조상 주절 내에 또 하나의 절이 삽입되어있는 구조, 즉 '$S_1(S_2)$'와 구조를 가지고 있는 것도 있는데. 이것 역시 궁극적으로는 우리의 인지절차의 특이성을 잘 드러내고 있다고 볼 수가 있다. 쉽게 말하자면 이것을 통해서 우리는 우리의 인지절차에는 두 개의 개념이나 명제를 선형화하는 절차만 있는 것이 아니라 하나의 명제적 구조 내에 또 하나의 명제를 삽입시키는 절차도 있다는 것을 익히 확인할 수가 있는 것이다. 예컨대 하나의 종속접속사인 'whether'는 'whether he comes or not, the result will be the same.(그가 오든 안 오든 결과는 같을 것이다)'에서처럼 하나의 복문에서 종속절을 이끌기도 하지만, 'He asked whether he could help.(그는 자신이 도울 수 있나를 물었다)'에서처럼 하나의 단순문에서 목적절을 이끌기도 한다. 그러니까 복문의 종류에는 'S_1+S_2'적인 것과 '$S_1(S_2)$'적인 것의 두 가지가 있는 셈이다.

그런데 영어에서 가장 다양하고 자주 쓰이는 복문은 관계사문인데, 이것의 구조야말로 전형적인 '$S_1(S_2)$'식의 삽입구조이다. 그러니까 우리의 인지절차의 고차원성은 바로 관계사문의 현상을 통해서 잘 살펴볼 수가 있다고 볼 수가 있다. 우선 관계절을 이끄는 관계사로는 'who, which, that'으로부터 'when, where, why, how'에 이르기까지의 의문사 모두가 쓰이는데, 기능적으로 보았을 때는 모든 관계사절은 선행사라는 명사를 수식하는 일종의 형용사절이다. 그 다음으로 이것의 꾸밈을 받는 명사를 선행사로 부르는 사실을 익히 알 수 있듯이 이들은 모두가 명사 뒤에 나타난다. 예컨대 'My friend has a dog which(that) barks loudly at everybody.(내 친구는 누구에게나 마구 짖는 개를 가지고 있다)'에서는 'a dog'가 선행사가 되고 있고, 'The winter is the season when(in which) we ski. (겨울은 우리가 스키를 타는 계절이다)'에서는 'the season'이 선행사가 되고 있다.

그런데 관계사문에는 몇 가지 변형형도 있다. 우선 경우에 따라서는 수의적으로 관계사가 생략될 수도 있는데, 'I am not the man(that) I was.(나는 옛날의 내가 아니다)'에서의 'that'이 바로 그런 관계대명사이다. 그 다음으로는 거꾸로 선행사가 생략될 수도 있는데, 예컨대 'That is what I want.(그것이 내가 원하는 것이다)'에서는 'what'이 'the thing that'을 대신하고 있다고 볼 수가 있다. 마지막으로는 때로는 앞에 나온 문장 전체가 관계사절의 선행사가 될 수도 있는데, 'We reached the village, when it began to rain.(우리들이 마을에 도착했을 때 비가 내리기 시작했다)'에서의 'when절'이 그런 식으로 쓰인 경우이다.

그런데 문법적 상징력을 이상과 같이 우리의 생득적 인지력의 일부로 보다 보면 그것의 전체가 아니라 부분만을 살펴보는 오류를 범하는 결과를 가져오게 마련인데, 그 이유는 우선 서술문 'S+V'나 'S+V+O'처럼 문형화한 것부터가 사실은 우리의 생득적 인지력이 아니라 일종의 사회문화적 규약성의 발로로 볼 수 있는 데다가, 서술문 이외의 문형, 즉 의문문이나 명령문, 감탄문 등의 문형들은 분명히 우리의 생득적 인지양식과는 아무런 관계가 없는 것들이기 때문이다. 언어유형론을 본격적으로 연구한 Greenberg의 학설 중 제일 유명한 것이 바로 이른바 여섯 가지의 기본 어순이론인데, 이것에 따를 것 같으면 'SOV'와 'SVO', 'VSO', 'OVS', 'OSV' 등의 언어유형 중 가장 빈도가 높게 쓰이고 있는 것이 'SOV'이고, 영어가 속하는 'SVO'는 그 뒤를 잇고 있다. 아무튼 이런 사실만으로도 우리는 영어의 기본 어순이 우리의 생득적 인지력의 반영체가 아니라 사회문화적 규약의 한 가지라는 것을 익히 알 수가 있다.

문형의 기본이 되는 서술문의 경우가 이럴진대 하물며 이것에서 파생되어 나온 의문문이나 명령문, 감탄문 등의 경우는 더 말할 나위가 없다. 예컨대 영어에 있어서는 의문문을 만드는 규칙이 기본적으로는 주어와 동사의 순서를 뒤집는 것이지만 의문사나 조동사의 사용과 함께 여러 가지로 다양화되어있는데, 따지고 보자면 이런 규칙들은 우리의 생득적 인지양식과는 아무런 관련성이 없다. 구체적으로 말해서 'Is he a new student?'와 'Does French differ from English in many respects?', 'Which do you think is the best plan?', 'Will you please stop talking?', 'Have you got your ticket?', 'Didn't he go there?' 등의 다양한 의문문들을 규제하는 규칙들은 우리의 생득적 인지양식과는 별 관계가 없는, 일종의 사회문화적 규약임이 분명하다.

2) 품사

어순이 문법적 장치 중 제일 기본적인 것으로 작동할 수 있게 하는 것은 더욱더 근원적으로 생각했을 때는 결국에 어휘들이 문법적 기능에 따라서 품사별로 분류되어 있기 때문이다. 그러니까 논리적으로 따지자면 문형이 생겨나기 전에 품사제도가 먼저 만들어졌던가, 아니면 최소한 이들 두 절차가 동시에 일어났어야 할 텐데, 서양의 문법체계의 발달사로 미루어 보았을 때는 후자의 경우는 일종의 상상적 가능성을 언급하고 있는 것에 지나지 않는다. 일종의 완전굴절 언어였던 고전 희랍어를 대상으로 한 것이어서 그랬는지, 기원전 2세기에 Dionysius Thrax가 만든 문법체계는 굴절과 통사, 의미 등의 세 가지 기준에 의해서 만들어진 8품사제의 원활한 작동을 위한 것이었다.

그런데 사실은 그때의 것이나 오늘날의 것이나 간에 8품사제 자체가 문법적 상징절차에는 우리의 생득적 인지절차가 반영된 면과 사회문화적 규약성이 반영된 면의 두 면이 있음을 잘 보여주고 있다. 예컨대 일찍이 Thrax의 문법에서는 어휘를 명사를 비롯하여 동사, 분사, 관사, 대명사, 전치사, 부사, 접속사 등의 여덟 가지 품사로 나누었는데, 우선 이것에서는 관사와 분사를 독립시킨 점이 특이하다. 그런데 모두 여덟 가지 중 이들 두 가지와 전치사가 우리의 생득적 인지절차와는 별 관계가 없는 것이라고 볼 수가 있다. 다시 말하자면 이것은 곧 그의 품사제에 있어서 기본적 축으로 쓰인 것은 굴절적 형식이라는 의미인데, 궁극적으로는 굴절적 형식은 어휘의 문법적 기능을 표시하는 규약적인 기호일 뿐이다.

그 후 이 8품사제는 Latin어 문법에서도 그대로 받아들여졌고, 그 후 영어를 위시한 여러 현대어에서 자국어의 문법이 필요하게 되자 그것을 모형으로 해서 문법을 만들게 되었는데, 이러다 보니까 이 과정에서 자연히 자국어가 더는 굴절언어가 아니라는 사실이 거의 반영되지 않았다는 점이었다. 영문법의 경우를 살펴보자면 새롭게 형용사와 감탄사가 옛것에서의 분사와 관사 대신에 들어갔을 뿐이었다. 그러니까 일단은 여기에서는 의도적으로 8품사제라는 이름을 전수했다고 볼 수가 있는데, 그보다 더 중요한 사실은 품사설정의 기준이 어형적인 것이 아니고 기능적인 것으로 바뀌었다는 점이었다.

물론 이치상 의미나 기능적 기준으로 어휘를 나눈다는 것은 이것에 우리의 인지적 양태가 최대로 반영되게 되었다는 의미일 수가 있다. 예컨대 관사 대신에 형용사를 여기에 집어넣은 것은 어떤 사물의 개념을 설정하려고 할 때는 그것의 속성을 같이 밝히려고 하는 우리의 인지적 양태의 일부를 그대로 반영한 것으로 볼 수 있고, 또한 분사 대신에 감탄사를 여기에 포함시킨 것은 감격이나 감탄이라는 우리의 본능적 인지적 양태의 일부를 그대로 반영한 것으로 볼 수가 있다. 그리고 굳이 따지자면 관사와 분사가 여기에서 완전히 제거된 것이 아니라 각각 형용사와 동사의 일부로 살아남게 되었으니까, 이만큼 이 제도는 인지적으로 더 확대된 것이라고 볼 수도 있다.

그렇지만 일찍이 Priscian이 Latin어 나름의 8품사제를 만들 때 첫 번째로는 Latin어에는 관사가 없으니까 그것 대신에 감탄사를 집어넣음으로써 결국에는 8품사제라는 원래의 이름을 그대로 유지시켰고, 두 번째로는 원래는 전치사의 위치가 부사의 그것 바로 앞이었던 것을 부사 다음에 전치사가 오는 식으로 바꾸었다는 사실을 회고한다면, 그 후에 있었던 현대어에 맞는 8품사제로의 개선작업도 결국에는 다분히 인위적인 것이었다는 것을 익히 알 수가 있다. 다시 말해서 서양의 8품사제는 처음부터 일종의 사회문화적 규약이었던 셈인데, 그 근거로는 예컨대 전치사라는 품사는 보편적이거나 범언어적인 품사가 아니라는 점이나, 또는 품사적으로 대명사를 일반적인 명사와 독립시킨 것도 사실은 언어적 특성이 아니라 우리의 사회적 삶의 특성을 근거로 한 것이라는 점 등을 내세울 수가 있다. (Anward, 2006, p.629)

영어는 언어유형적으로는 으레 'SVO'어로 분류되지만, 일부 문법이론가들은 일찍부터 동사인 'V'의 목적어는 하나일 수도 있고, 둘일 수도 있다는 데 착안하여, 영어의 기본문형으로 'S+V'와 'S+V+C', 'S+V+O', 'S+V+O_1+O_2', 'S+V+O+C' 등의 다섯 가지를 내세우고 있는데, 이런 사실은 곧 우리에게 결국에 적어도 영어의 품사제에 있어서는 우선 동사가 자동사와 타동사로 다시 나뉘어야 한다는 점을 말해주고 있다. 그런데 흥미롭게도 아주 오래전부터 이런 사실을 사전편찬자들이 먼저 알고 있었다. 예컨대 일반적인 영한사전에서도 'meet'라는 동사의 기능을 하나로 보지 않고서 '타동사'로서의 그것과 '자동사'로서의 그것 두 가지로 보고 있다. (예: <타동사> Where does this road meet the highway?<이 도로는 어디에서 고속도로와 만납니까?>, <자동사>: This belt won't meet round my waist.<이 혁대는 내 허리에 모자란다>)

그런데 문제는 실제로 이 동사의 통사적 특징들을 살펴보게 되면 이정도의 2분법적 분류도 별 의미가 없다는 사실이 드러나는 데 있다. 예컨대 최근에 Hanks가 연구한 바에 의할 것 같으면 'John이 Sally를 만났다.'라는 사실은 크게 1)John met Sally.와 2)Sally met John., 3)John and Sally met., 4)John and Sally met each other., 5)John and Sally met with each other. 등의 다섯 가지 문장으로 표현될 수가 있다는 것인데, 이런 사실은 'meet'나 'see', 'fight'와 같은 이른바 '상호동사'의 양태를 설명하는 데는 자동사 대 타동사식의 2문법이 무의미하다는 점을 잘 드러내주고 있다. (Hanks, 2006, p.114)

전통적인 문법이론에 따라서 이들 표현 간의 차이점을 설명하자면 우선 1)과 2)에서는 'meet'가 타동사로 쓰이고 있는 데 반하여 3)에서는 그것이 자동사로 쓰이고 있으니까, 일단 여기까지에서는 자동사 대 타동사식의 2분법이 의미 있는 것으로 작동되고 있다고 볼 수가 있다. 그런데 4)와 5)에서는 목적어로 'each other'라는 상호대명사가 쓰이고 있는 탓으로 'meet'를 자동사와 타동사 중 어느 것으로 보느냐가 아무 의미가 없어진다. 더구나 5)에서는 그 동사에 'with'라는 전치사가 부가되어 있으니까 타동사가 자동사로 전환되는 현상이 일어나고 있다고 볼 수도 있다. 그러니까 굳이 따지자면 4)와 5)에서는 이 동사가 자동사로 쓰이고 있는 셈이다.

그렇다면 여기에서 아직 제대로 설명되고 있지 않는 점은 크게는 3)과 4) 및 5) 간의 통사적 차이점이고, 작게는 4)와 5) 간의 그것이라고 볼 수가 있다. 물론 이들이 의미상으로는 3)은 '존과 샐리는 만났다.'이고 4)와 5)는 '존과 샐리는 서로 만났다.'로 표현될 수 있을 만큼의 차이점을 보이고 있다는 것을 부인할 수가 없다. 그런데 문제는 '서로'라는 상호대명사의 개념을 가지고서는 4)와 5) 간의 의미적 차이는 밝혀질 수가 없다는 데 있다. 결국 이렇게 보자면 일찍부터 문법이론가들은 자동사 대 타동사 식의 2분법적 분류법은 동사의 다양한 양태를 설명하는 데는 크게 모자란다는 것을 익히 알고서, 이런 한계성을 극복하는 한 방편으로서

'상호동사'라는 새로운 범주를 설정했던 것인데, 문제는 그들이 이런 해결책이 완전한 것은 아닌 데 있던 것이다. 그러나 우리의 입장에서 볼 것 같으면 이 예만큼 어순이나 품사제에 관한 문법적 규칙들은 결국에 우리의 생득적 인지절차의 반영물이 아니라 한 나라의 사회문화적 규약의 한가지라는 사실을 극명하게 보여주고 있는 것도 없다.

3) 준동사

영어에서는 분사와 동명사, 부정사 등의 세 가지 준동사가 쓰이고 있는데, 이들은 기능적으로 네 가지 내용어들이 수행하는 기능, 즉 명사와 동사, 형용사, 부사의 기능을 수행하게 되기 때문에 의미전달이나 표현의 양식을 다양화하고 화려하게 하는 데 이들만큼 크게 기여하고 있는 것은 없다고 볼 수 있다. 그런데 사실은 모든 문법적 제도나 규칙들은 우리의 생득적 인지양태의 반영물이 아니라 한 나라의 사회문화적 규약의 한 가지라는 사실을 이들만큼 분명하게 실증하고 있는 것도 없다. 다시 말해서 앞에서 살펴본 어순이나 품사제에서는 별로 발견될 수 없는 인위성이 이들에게서는 아주 쉽게 발견될 수 있는 것이다.

(가) 분사

먼저 순서에 따라서 분사의 경우를 살펴볼 것 같으면, 기본적으로 이것은 동사에 '-ing'이나 '-ed'를 첨가시켜서 하나의 형용사처럼 기능하게 한 일종의 일차적 문법장치이지만, 실제에 있어서는 이것은 분사구문법이라는 일종의 의미상의 복문화 절차를 발전시킨 하나의 2차적 문법장치이다. 예컨대 'an interesting book(재미있는 책)'에서는 원래는 동사였던 것이 어미에 '-ing'이 붙여져서 하나의 형용사처럼 쓰이고 있고, 'a retired officer(은퇴장교)'에서는 원래는 동사였던 것이 어미에 '-ed'가 붙여져서 하나의 형용사처럼 쓰이고 있으니까, 간단히 말해서 이들 분사들은 수식구조를 만드는 데 기본이 되는 수식어의 수를 늘리는 데 크게 기여하고 있는 것이다. 이런 분사형용사들은 때로는 'a hard-working man(열심히 일하는 사람)'이나 'a blue-eyed girl(파란 눈의 소녀)'에서처럼 부사나 전치사, 다른 형용사들을 앞이나 뒤에 첨가시켜서 일종의 복합어를 만들어 내기도 하므로, 이들이 수식구조의 다양화에 기여하고 있는 바는 대단히 크다고 볼 수가 있다.

그러나 분사구문법에 있어서는 이들 분사가 형용사적 기능이 아니라 동사적 기능을 수행하게 되기 때문에, 의미나 기능상으로는 이들은 두 개의 절을 하나로 연결시키는 절차, 즉 복문화 절차를 크게 간편화시키는 역할을 수행하게 된다. 일반적인 복문화 절차에서와는 달리 이 구문법에서의 분사 부분에는 주어가 표시되지 않는다. 물론 여기에서는 기본적으로 접속사도 쓰이지 않는다. 그러니까 형식적으로 따지자면 여기에서의 분사 부분은 하나의 문장이 아니라 주절을 수식하는 하나의 분사구인 셈이다. 그래서 우선 그 위치가 문두나 문미, 문중 등으로 다양화될 수가 있다. 그러나 그 용법은 시간과 원인, 이유, 조건, 양보, 부대 상황 등의 표시와 같이, 일반적인 부사절의 그것과 다를 바가 없다.

이런 형식 및 의미상의 이상과 같은 특징 때문에 분사구문법은 정보전달이나 의사소통의 효율성을 고양시키는 데 크게 이바지하게 되는데, 굳이 그 기여성을 한 어휘로 집약하자면 표현법의 다양화라고 할 수가 있다. 예컨대 'Living in a remote village, I rarely have visitors.(한적한 마을에 살고 있어서 나는 거의 손님이 없다)'나 'Thus, plagued by poverty and general poor health, O'Casey passed childhood on the streets of Dublin.(이처럼 질병과 일반적인 불건강에 시달린 상태에서 오케이지는 어린 시절을 더블린거리에서 보냈다.)'에서 익히 볼 수 있듯이 분사구문법에 의해서 영어의 표현법은 최대로 다양화되고 미려화될 수 있게 된 것이다. (大塚, 中鳥, 1983, p.832)

(나) 동명사

동명사의 기본형은 동사에 일종의 접미사인 '-ing'을 붙인 것이기에 형식상으로는 이것과 바로 앞에서 살펴본 현재분사 사이에는 아무런 차이점이 없다. 그렇지만 기능에 있어서는 이것은 이름 그대로 동사가 하나의 명사처럼 쓰이는 데 반하여 현재분사는 동사가 하나의 형용사처럼 쓰이는 식으로 이들 간에는 커다란 차이점이 있다. 또한 역사적으로 살펴볼 것 같으면 이것에 붙여지는 '-ing'이나 '-ung'은 한 가지로 수렴된 것인데 반하여, 현재분사에 붙여지는 그것은 고대 영어 때의 '-ende'가 변형된 것이니까, 이들의 형식이 같다고 해서 기능이나 양태까지 같을 수는 없다는 것은 너무나 분명하다. 그렇지만 실제에서는 형식이 같으므로 이들을 서로 구분하기가 어려운 경우도 많다.

동명사는 명사적 특징과 동사적 특징을 모두 가지고 있는데, 먼저 이것의 어형상의 명사적 특징으로는 첫 번째로 'goings to and fro(동요)'에서처럼 복수형이 될 수 있다는 점과 두 번째로 'reading for reading's sake(독서를 위한 독서)'에서처럼 소유격형을 가질 수 있다는 점, 세 번째로 'That is a singing.(그것도 일종의 노래이다)'에서처럼 관사를 취할 수 있다는 점을 들 수가 있다. 그런데 어떤 의미에서는 이것의 명사적 특징 중 더 중요한 것이 바로 기능상의 특징인데, 이것은 일반적인 명사가 수행하는 기능, 즉 하나의 문장에서 주어나 목적어, 보어로 쓰이는 기능을 수행하게 된다는 것이 바로 그것이다. 예컨대 'Telling lies is wrong.(거짓말하는 것은 나쁘다)'와 'I remember seeing her.(그녀를 본 기억이 난다)', 'His favorite pastime is playing practical joker.(그가 즐기는 오락은 짓궂은 장난을 치는 것이다)'에서는 동명사가 각각 주어와 목적어, 보어가 되고 있다.

그런데 분사구문은 주로 일종의 'S₁+S₂'형의 복문화 절차로 쓰이게 되는 탓으로 표현양식의 다양화나 미려화에 기여하는 면에 있어서는 동명사가 현재분사보다 훨씬 더 큰 역할을 하고 있다고 볼 수가 있다. 우선 동명사는 응당 일반적인 명사와 마찬가지로 전치사의 목적어로 쓰이게 되는데, 바로 이런 명사적 특징 때문에 이것은 'On seeing me, he ran away.(나를 보자 그가 달아났다)'와 같은 일종의 'S₁+S₂'형의 복문을 만드는 데도 쓰이지만 'He was surprised at finding her absent(그녀의 결석에 그는 놀랐다)'와 같은 일종의 'S₁(S₂)'형의 복문을 만드는 데도 쓰일 수가 있다.

더 나아가서 동명사는 일반적인 명사처럼 수식어를 가질 수 있어서 주절의 주어와 주어가 다른 동명사절도 만들어질 수가 있다. 예컨대 'I don't like his(him) coming here so often.(그가 여기에 자주 오는 것을 나는 좋아하지 않는다)'에서는 동명사절의 주어가 두 가지 형식으로 표시될 수 있다. 그런데 동명사절의 이런 장점으로 인하여 분사구문과 이것과의 명확한 구분이 어려워지는 경우도 있다. 예컨대 'After writing a letter, she went out for a walk.(편지를 쓴 다음에 그녀는 산책을 나갔다)'라는 문장에서는 하나의 동명사절이 쓰이고 있는 것이 확실하지만, 그 기능이나 위치가 'Walking along the street, I met an old friend of mine.(길을 걷다가 오랜 친구를 만났다)'에서의 분사절의 그것과 유사하다. (Ibid., p.496)

(다) 부정사

영어의 표현력을 오늘날의 것처럼 제고시키는 데 앞에서 살펴본 분사와 동명사와 함께 크게 기여한 준동사에는 부정사도 있는데, 이것의 기본

형식은 'to+동사'이지만, 지각동사와 사역동사의 목적어 뒤에서나 'had better'나 'cannot but'과 같은 관용사적 동사 뒤에서는 이른바 'to없는 부정사'가 쓰이기도 한다. 그런데 이것도 궁극적으로는 일종의 동사인 탓으로 경우에 따라서는 수동태와 완료형, 진행형 등의 형식을 취할 수 있다. 그러니까 예컨대 'write'라는 동사로 만들 수 있는 부정사에는 'to write'를 비롯하여 'to be written', 'to be writing', 'to have written', 'to have been writing', 'to have been written' 등이 있을 수 있다.

그런데 부정사가 영어의 표현력을 오늘날의 것처럼 신장시키는 데 큰 역할을 할 수 있는 것은 그것의 형식에 다양성이 있기 때문이 아니라 그것의 기능에 다양성이 있기 때문이다. 동명사와 비교해보았을 때 동명사는 명사적 기능을 주로 수행하는 데 반하여, 이것은 기본적인 명사적 기능은 물론이고 형용사적 기능과 부사적 기능까지도 수행하게 되니까, 기능의 다양성으로 보아서는 이것은 세 가지 준동사 중 으뜸의 자리에 있다고 볼 수도 있다. 먼저 이들 세 가지 기능 중 가장 핵심적인 것으로 볼 수 있는 명사적 기능을 살펴볼 것 같으면, 이것은 한 문장에서 주어나 목적어, 보어 등이 될 수가 있다.

예컨대 'To err is human, to forgive, divine(인간은 오류를 범하고 신은 용서를 한다)'에서는 부정사가 이 문장의 주어로 쓰이고 있고, 'To see him is to love him.(그를 보는 것은 그를 사랑하는 것이다)'에서는 그것이 이 문장의 주어와 보어로 쓰이고 있으며, 'She would like to travel around that way.(그녀는 그런 식으로 돌아다니고 싶어 한다)'에서는 그것이 동사의 목적어로 쓰이고 있다. 주어나 보어로 쓰일 때는 이것이 나타내는 의미는 동명사가 나타내는 것과 같다고 볼 수가 있는 데 반하여, 목적어로 쓰일 때는 이것이 나타내는 의미는 동명사보다 구체성이나 개별성이 강하다. 예컨대 'I like swimming. It's hot today.(수영을 하고 싶다. 오늘은

덥다.)'에서의 수영은 추상적인 것이고, 'I want to swim in this river.(나는 이 강에서 수영하고 싶다)'에서의 수영은 구체적인 것이다.

그 다음으로 이것이 형용사적 기능을 수행하는 경우를 살펴볼 것 같으면, 'a house to sell(팔 집)'이나 'water to drink(마실 물)'에서처럼 이것은 반드시 하나의 명사 뒤에 나타나야 한다는 의무적 규칙이 있다. 그러니까 이것의 형용사적 용법에서는 으레 앞에 나와 있는 명사가 이것의 목적어가 되고 있는 셈인데, 'time to die(죽을 시간)'에서와 같이 그것이 이것의 부사가 되는 경우도 있다. 또한 'The house is to let. (그 집은 셋집이다)'에서처럼 목적어인 명사와 이것 사이에 'be'동사가 삽입되는 경우도 있다.

세 번째로 이것이 부사적 기능을 수행하는 경우를 살펴보자면, 우선 그 위치가 형용사를 수식하는 경우를 제외하고는 문두나 문미로 정해져 있다. 물론 형용사를 수식하는 경우에는 이것은 'The book is difficult to understand.(그 책은 이해하기 어렵다)'에서처럼 형용사 바로 뒤에 선다. 그러나 목적이나 결과, 조건 등의 의미를 나타내는 경우에는 이것은 'I got up early to get the first train.(첫 기차를 타기 위하여 일찍 일어난다)'와 'His father lived long to be ninety.(그의 아버지는 오래 살아서 90이 되었다)', 'To be effective, a poem must be beautiful.(효과적이기 위해서는 시는 아름다워야 한다)'에서처럼 문장의 끝이나 앞에 선다. 특히 이것은 문장 전체에 대해서 조건이나 양보를 나타내기도 하는데 'To tell the truth, I can't agree with him. (사실인즉 나는 그의 말에 동의할 수 없다)'에서처럼 그 위치가 문두로 고정되어있다. 이런 부정사는 보통 독립이나 절대 부정사로 불리고 있는 데다가 관용구처럼 그 종류가 제한되어있다. (Ibid., p.581)

그런데 사실은 다음과 같은 몇 가지 형식상의 특이성을 통해서 동명사보다도 이것이 훨씬 더 큰 기여를 하고 있다는 것을 더 확실하게 확인할 수가 있다. 첫 번째로 이것은 필요에 따라서는 'for+명사'와 같은 구를 앞에 붙여서 주어를 명시할 수가 있다. 예컨대 'She is looking for someone to travel with.(그녀는 같이 여행할 사람을 찾고 있다)'와 'Their hope was for Mary to become a pianist.(그들의 희망은 메리가 피아니스트가 되는 것이다)'에서는 부정사에 각각의 주어가 명시되어있다.

두 번째로 이것이 'know'와 'teach', 'tell', 'show' 등의 목적어가 될 경우에는 '의문사+부정사'의 형식을 갖게 된다. 그 외에 'How to live is the most important thing in life.(어떻게 사느냐가 인생에서 제일 중요한 일이다)'와 'I had no idea which way to go.(나는 어느 길로 가야 할지 몰랐다)' 등에서도 의문사가 부정사에 동반되고 있다. 세 번째로 일부 확장된 부정사들은 관용구처럼 널리 쓰이고 있는데, 'in order to~'와 'enough to~', 'so as to~', 'so…as to~', 'too…to~' 등이 바로 그들이다. (예: You hair is so long as to touch the floor.<네 머리는 마루에 닿을 만큼 길다>, You are too young to travel alone.<너는 혼자 여행하기에는 너무 어리다>)

4) 문법적 범주

영어가 현대에 이르러 고대영어와 중세영어 때 가지고 있던 대부분의 굴절체계를 상실하게 된 것은 사실이지만, 그래도 이것에는 원래 굴절언어에서 문법체계를 유지하는 데 쓰이던 중요한 장치 중 하나인 문법범주들은 크게 단순화된 형태로나마 그대로 남아있다고 볼 수가 있다. 예컨대 원래 격에는 주격을 비롯하여 소유격, 목적격, 여격, 호격, 탈격 등의 일곱 가지가 있었는데, 오늘날의 영어에 남아있는 것은 주격과 소유격, 목적격 등 세 가지뿐이다. 다시 말하자면 원래 문법범주에는 성을 위시하여 수, 인칭, 시제, 상, 태, 격 등의 무려 일곱 가지가 있어 왔었는데, 오늘날에서도 이들 일곱 가지는 단순화된 형태로 그대로 살아남아 있는 것이다.

그런데 문법적 범주에 관한 한 무엇보다도 중요한 사실은 이들은 반드시 개별적으로가 아니라 이른바 일치나 지배의 규칙에 맞추어서 몇 가지들이 함께 조화를 이루는 식으로 작동하게 되어있다는 점이다. 예컨대 한 문장의 동사는 으레 인칭과 수에 있어서 주어인 명사와 일치하고 있어야 하는데, 'we-are'나 'I-am', 'he/she/it-is'와 같은 인칭대명사와 'be+동사' 간에서는 더 말할 나위가 없고 'Mom works hard.'와 'The students work hard.', 'John works hard.'와 같은 비인칭대명사와 일반동사 간에 있어서도 일치의 규칙이 엄격히 지켜지고 있다. 그러니까 문법범주는 한 문장의 문법성이나 정문성을 담보해주는 한 셋의 규칙인 셈이다.

그런데 일단 문법을 일종의 상징적 체계로 보고서, 여기에 발휘된 상징력이 우리의 인지적 양태를 근거로 한 것인가 아니면 한 사회에서 사회문화적 규약을 만들려는 성향에서 비롯된 것인가를 밝히려는 입장에서 볼 것 같으면, 전자보다는 후자의 경우가 훨씬 개연성이 크다는 추리를 뒷받침하는 데는 문법적 범주만한 것도 없다. 우선 비교적 단순해 보이는 수에 관한 문법적 범주도 따지고 볼 것 같으면 인위성이나 규약성이 인지성보다 더 크게 반영된 것임을 쉽게 확인할 수가 있다. 우선 사물들의 이름인 명사를 단수와 복수의 두 형태로 구분하는 것은 우리의 인지적 양태를 그대로 반영한 것이라고 볼 수가 있다. 그러나 고대영어 때는 수의 체계가 2분법이 아니라 단수와 양수, 복수 등으로 된 일종의 3분법이었다는 사실을 상기한다면 결국에는 이것도 일종의 문법적 규약이라는 결론에 누구나 쉽게 도달하게 된다.

또한 문법적 범주 중 문장의 구조성과 각 구성소의 기능을 그대로 반영하고 있는 것이 바로 격 체계인데, 이것의 발전과정을 살펴보게 되면 이것에서도 인위성이나 규약성이 크게 작용했음을 쉽게 알 수가 있다. 예컨대 오늘날의 영어의 3격 체계의 원형체계로 볼 수 있는 주격과 소유격,

목적격, 여격, 호격, 탈격 등의 7격 체계도 따지고 보자면 다분히 인위적인 것임을 쉽게 알 수가 있는데, 그 근거가 될 수 있는 사실은 바로 최근에 격문법 이론을 개발한 Fillmore가 가장 보편적인 격체계는 동작주격과 도구격, 여격, 결과격, 위치격, 목적격 등으로 이루어진 것이라고 선언한 사실이다. 우연의 일치인지 격의 수가 일곱 개인 것은 옛날의 것과 똑같지만 그 내용은 크게 다른데, 이것은 곧 격의 종류를 정하는 것도 결국에는 다분히 규약적인 작업임을 익히 실증하고 있다. (Fillmore, 1968)

4.4 수사법의 상징성

일찍이 희랍 때부터 서양에서는 줄곧 수사학을 문법과 별도이면서 그것보다 한 차원 상위의 학문으로 설정해왔는데, 일단 수사학을 설득이나 의사소통 시에 유용하게 쓰일 수 있는 좋은 수사법들을 연구하는 학문으로 정의하고 보자면 이것 하나만으로도 우리는 누구나가 특정한 경우나 필요에 따라서 다양한 수사적 표현을 사용하고 있음을 익히 알 수가 있다. 물론 기본적으로는 수사적 표현에 쓰이는 수사법들도 일반적인 표현에 쓰이는 문법적 규칙과 마찬가지로 우리의 생득적인 인지적 양태의 한 반영물일 것이다. 그러나 궁극적으로는 문법적 규칙이 그렇듯이 수사법도 사회문화적 규범의 일종이다. 그러니까 언어체계를 만드는 데 발휘되는 상징력의 성격에 생득적 인지성보다는 사회문화적 규약성이 더 강하게 드러나 있다는 것은 몇 가지 수사적 표현을 통해서도 쉽게 확인될 수가 있는 셈이다.

1) 은유법

우선 수사학자 모두가 일찍부터 인정하고 있듯이 수사법의 간판스타는 역시 은유법이기에 아마 이것의 실체를 파악해보는 것이 위의 주장을 가장 쉽게 실증할 수 있는 방법 중의 한 가지가 될 것이다. 예컨대 'She is my sunshine.(그녀는 나의 햇빛이다)'에서처럼 은유법은 한 사물의 속성을 다른 사물의 그것으로 표현하는 일종의 비유법이다. 그런데 이것의 형식이나 논리상의 특징은 비유법에 으레 쓰이게 되어있다는 'as'나 'like'와 같은 전치사나 접속사가 쓰이지 않는다는 점이다. 그러니까 이것은 형식이나 논리적으로는 맞지 않는 일종의 논리적 비약법인 셈인데, 문제는 바로 앞의 예문이 'like'라는 전치사가 쓰이고 있는 'She makes me happy like sunshine.(그녀는 햇빛처럼 나를 행복하게 한다)'와 같은 직유문보다 수준이 한 단계 높은 표현으로 받아들여지고 있다는 점이다.

그런데 사실은 우리의 인지적 양태 중 가장 기본적인 것 중의 한 가지가 바로 동일하거나 유사한 속성을 근거로 삼아서 두 사물을 하나의 범주로 묶어내는 일이다. 물론 때로는 정반대로 두 사물 간의 차이점을 찾아내어서 그들이 서로 다른 범주에 속한다는 사실을 다시금 확인하기도 하는데, 이들 모두를 비유법으로 치자면 첫 번째 경우인 긍정적 비유법이 두 번째 경우인 부정적 비유법보다 훨씬 많이 쓰이고 있다는 점이 이 인지적 양태의 특징이다. 그렇다면 아직 심리학적으로 제대로 대답되지 않고 있는 사실은 왜 형식상으로는 더 확실한 예컨대 'He is as brave as a lion.(그는 사자처럼 용감하다)'라는 비유문이 형식상으로 모순적인 'He is a lion.(그는 사자다)'이라는 비유문보다 못한가 하는 이유이다.

결국에 이것에 대한 설명에서는 수사학적 이론이나 사실을 원용할 수밖에 없는데, 단도직입적으로 말해서 수사학에서는 일찍부터 은유법을 언어적 표현력을 최고의 경지까지 이르게 하는 최상의 수단으로 평가해왔었다. 다시 말해서 수사학자들은 놀랍게도 일찍부터 언어적 사실을 통해서 사자가 아닌 '그'를 사자라고 말하는 것이 그의 용맹성을 주장하는 표현법 중 최고의 것임을 확인할 수 있었던 것이다. 이들은 특히 은유적 표현들은 으레 언어에 있어서는 독창성이나 창조성이 얼마나 중요한 요소로 작용하는가를 익히 드러내주고 있다는 점을 강조했다. 틀림없이 이들은 시인을 위시한 대부분의 작가들은 언제나 아름답고 새로운 은유문들을 많이 사용하고 있다는 사실에 주목했을 것이다.

그런데 진정한 의미에서 은유법의 위력을 활용하고 있는 사람들은 시인과 같은 문인들이 아니라 일반인이라고 볼 수가 있는데, 그 근거로 내세울 수 있는 사실이 바로 우리의 일상적인 언어생활에서도 'Paris is the heart of France.(파리는 프랑스의 심장이다)'와 같은 은유문이나 'All nature smiled.(만물이 미소 지었다)'와 같은 의인문, 'John loves Shakespeare.(존은 셰익스피어의 연극을 좋아한다)'와 같은 환유문 등이 쉽게 발견할 수 있다는 점이다. 이것은 곧 은유법은 이미 우리의 정상적인 표현법의 일종으로 자리 잡고 있다는 것을 의미하는데, 더 나아가서 이것은 곧 시인뿐만 아니라 일반인들도 정보전달이나 의사소통의 효율을 높이기 위해서는 이따금씩 은유법과 같은 고차원적인 표현법을 사용해야 한다는 것을 잘 알고 있다는 것을 실증하고 있다고 볼 수가 있다.

이런 사실로 미루어 보았을 때는 아마 많은 언어학자들은 일단 은유법을 우리의 인지양태의 반영물로 보려고 할지도 모른다. 예컨대 1880년대에 이른바 개념적 내지는 인지영역적 은유이론을 근거로 내세워서 새롭게 인지언어학이나 인지의미론을 활성화시켰던 Lakoff는 우리의 머리 안에는 우리의 경험을 통해서 만들어진 일정한 수의 '제1위적 은유'들이 들어있어서, 이들이 바로 우리의 언어생활에서 많은 은유문의 원천으로 작용하고 있다고 주장했었다. 그의 이론에 따르자면 우리의 머리 안에 'Knowing is seeing.(아는 것은 보는 것이다)'라는 하나의 제1위적 은유가 이미 자리 잡고 있는 탓으로, 일상생활에서 'The truth is clear.(그 진리는 명백하다)'나 'He was blinded by love.(그는 사랑으로 눈이 멀었다)', 'I see what you mean.(네가 의미하는 바를 알겠어)'와 같은 은유적 표현들이 아주 자유롭게 쓰일 수 있다는 것이었다. (Coulson, 2006, p.33)

그런데 사실은 그의 은유이론에서 특별히 주목할 것은 제1위적 은유와 그것으로부터 파생된 은유문 간의 주종적 관계가 아니라 제1위적 은유들은 으레 우리의 일상적인 경험을 통해서 만들어지게 된다고 본 점이다. 우선 우리의 일상적인 경험들은 모두가 일정한 사회문화적 상황 내에서 이루어지게 되어있다. 또한 하나의 사회문화적 상황은 일정한 규약이나 규범에 의해서 만들어진다. 따라서 우리의 신체적 내지는 지각적 경험들은 기존의 사회문화적 규범을 새롭게 익히는 행위라고 볼 수가 있다. 이런 의미에서 보자면 기본적으로 그는 하나의 내재주의자가 아니라 하나의 경험주의자임이 분명하며, 그러므로 만약에 그에게 은유법에는 사회문화적 규약성과 생득적 인지성 중 어느 것이 더 크게 반영되어 있다고 보느냐라는 질문을 던진다면, 틀림없이 그는 그것에는 사회문화적 규약성이 많이 드러나 있다고 대답할 것이다. 이렇게 볼 것 같으면 그의 은유이론을 은유법의 상징성에 관한 우리의 입장을 익히 뒷받침하고 있는 것으로 보아도 무방할 것이다.

2) 반복법

비교적 널리 쓰이는 수사법 중 빼놓을 수 없는 것이 바로 같은 말을 되풀이하는 반복법인데, 은유법처럼 언어의 표현력을 한 차원 높인 것은 아니지만 이것은 결국에 의사소통 시에 상대방에게 중요한 정보를 특별히 부각시키려는 일종의 강조법이기에, 일단은 은유법보다 우리의 본능적 특성을 더 잘 반영하고 있는 것이라고 볼 수가 있다. 물론 은유법과 마찬가지로 이것도 시인들이 즐겨 쓰는 일종의 문학적 기법이다. 또한 굳이 따지자면 정형시의 후렴에서는 으레 반복문이 쓰이고 있는 점으로 미루어 보아서는 은유법의 사용은 선택적인 데 반하여 이것의 사용은 의무적이라고 볼 수가 있다.

엄밀한 의미에서 보자면 시에서 반복법이 자주 쓰이는 이유는 우리의 일상언어에서 그것이 자주 쓰이는 이유와 같지가 않다. 시에서도 물론 반복법은 일종의 강조법으로 쓰이고 있겠지만, 시는 원래가 일종의 운율적 구조체이기에 그것에서의 반복법은 일종의 운율법임이 분명하다. 동일한 운율이 되풀이되면 정서적 희열감이 생기게 된다는 것을 시인들은 잘 알고 있는 것이다. 그러나 우리의 일상언어에서의 그것은 정서적 희열감과는 별 관계가 없다. 다시 말해서 우리의 일상언어에서는 반복법이 가장 효율적인 강조법으로 쓰이고 있는 것이다.

반복법을 이처럼 우리의 본능적 특성을 그대로 반영한 것으로 보게 되면, 이것은 분명히 수사법을 만드는 데 쓰인 상징력이 우리의 인지적 양태에 뿌리를 내린 것인가 아니면 우리의 사회문화적 규약성에 근거를 둔 것인가에 대한 질문을 놓고서 지금까지의 우리의 입장에 대해서 일종의 반증적 근거가 될 수도 있다. 그렇지만 일단 우리의 일상언어에서 실제로 쓰이고 있는 반복법의 형태나 종류를 살펴보게 되면 이런 일차적인 판단은 잘못된 것이라는 것을 당장 깨닫게 된다. 다시 말해서 어떤 단어나 문장을 강조하기 위해서 큰소리로 그것을 말하는 것과 그런 목적으로 하나의 반복법을 사용하는 것과의 사이에는 일정한 차이점이 있는 것이다.

반복법의 종류에는 우선 동일한 소리를 격식에 맞게 반복하는 것과 같은 단어나 어구를 반복하는 것, 절이나 문장을 반복하는 것 등의 세 가지가 있는데 이들 중 어느 것도 우리의 본능적 특성과 직접적으로 관련되어 있지는 않다. 예컨대 시에서 주로 쓰일 소리의 반복법에는 두운법이나 각운법, 동음반복법, 연속두운법 등이 있는데, 이들은 모두가 인위적으로 만들어진 것들이다. 그리고 무엇보다도 중요한 사실은 소리의 반복법들은 어느 것이든지 간에 표현의 운율성을 제고시키기 위한 것이지 의미나 메시지를 돋보이게 하려는 강조법은 아니라는 점이다.

그에 비하여 단어나 구를 반복하는 반복법은 수사학에서는 일찍부터 그 종류를 열 가지가 넘게 설정할 정도로 그 종류나 형태가 다양한데, 일단 이런 사실을 통해서 우리는 반복법의 주된 기능은 어떤 의미나 메시지를 강조하는 것이라는 것을 익히 확인할 수가 있다. 그리고 우리가 반복법을 일단 일종의 강조법으로 보는 한, 그것을 본능에 근거한 기법으로 보아야 한다는 주장을 가장 쉽게 펼칠 수 있는 예가 바로 이 어구적 반복법이다. 그런데 피상적으로는 가장 자연발생적이고 본능적인 것처럼 보이는 이 반복법도 실제에 있어서 다분히 기교적이고 규범적인 것임이 바로 드러난다.

물론 어구적 반복법 중 가장 기본적인 것은 바로 같은 어휘나 어구를 되풀이하는 것, 즉 동어 반복법인데, 시나 희곡 등에서는 'O, horror, horror, horror(오 공포, 공포, 공포)'처럼 반복의 회수가 예외적으로 증가될 수도 있지만, 우리의 일상언어에서는 'My lord is not my lord.(내 주는 내 주가 아니다)'나 'Yet at that day Memmius was Memmius.(그러나 그날 멤미우스는 멤미우스였다.)'에서처럼 그 회수가 두 번으로 한정되어 있다는 것이 이 반복법의 특징이다. 전체 대신에 그것의 한 부분인 단어나 어구를 반복의 대상으로 삼은 것과 회수를 두 번으로 한정한 것부터가 최소의 노력으로 최대의 효과를 올리려는 경제성의 원리가 여기에서도 작동되고 있음을 잘 실증하고 있다.

동어 반복법이 한 변형형으로 볼 수 있는 것이 유어 반복법인데, 이것은 반복이 가져오는 지루함을 피하면서도 동시에 표현의 다양성을 높이는 방법이기에 어떤 의미에서는 동어 반복법보다 수사성이 더 큰 반복법이라고 볼 수가 있다. 예컨대 'to build and edify their habitation and dwelling.(그들이 거처와 집을 짓고 건조하기 위하여)'에서처럼 이 표현법은 중복적으로 쓰일 수도 있다. 또한 동어반복의 수사성을 높이기 위해서는 같은 어휘를 연속적으로 반복하지 않고서, 그들 사이에 다른 어구를 삽입시키기도 하는데, 이것을 보통 격어구 반복법이라고 부른다. 예컨대 'I might, unhappy word, O, I might.(나는 할지도 몰라요, 불행한 짓을, 오 나는 할지도 몰라요)'에서처럼 이 반복법으로는 반복법을 앞부분과 뒷부분이 대칭을 이룰 수 있을 만큼 길게 만들 수가 있다.

그리고 동어 반복법에는 이른바 '반전 반복법'이라는 것도 있는데, 이것의 특징은 'I wasted time, and now doth time waste me.(나는 시간을 낭비했고 지금은 시간이 나를 낭비한다)'에서처럼 주어와 목적어의 자리를 뒤집어서 두 개의 대립문이 하나의 짝을 이루고 있도록 하는 점이다. 또한 동어 반복법 중 수사적 기교성이 한껏 높게 발휘된 것으로는 수구결구 반복법이라는 것도 있는데, 이것의 특징은 'Most true that I feel the pains of love, Most true I am captive unto love.(정말로 나는 사랑의 고통을 느끼고 있으며, 정말로 나는 사랑의 포로이다)'에서처럼 두 가지 반복되는 어구가 각각 앞과 뒤에서 쓰인다는 점이다. 이에 반하여 동어 반복법 중 수사적 기교성이 비교적 낮은 것도 있는데 어형변화 반복법이라는 것이 바로 그것이다. 예컨대 'Society is no comfort to one not sociable.(사회는 사교적이지 않은 사람에게는 편한 곳이 아니다)'에서는 반복어의 어형이 서로 다르다. (大塚, 中島, 1983, p.1052)

어구적 반복법만큼은 물론 자주 쓰이지는 않아도, 어차피 의사소통 시 표현의 기본 단위가 되는 것은 절이나 문장인 이상, 반복법의 기본형으로 쓰이고 있는 것이 문장 반복법이다. 이것에는 크게 네 가지가 있는데, 그

중 첫 번째 것은 동일절 반복법으로서 'So down he fell, and forth his life did breath,…So down he fell, as an huge rockie clift.(그렇게 그는 쓰러졌고, 그의 삶은 숨을 뱉었고, 그렇게 그는 쓰러졌다. 커다란 바위의 낭떠러지처럼)'에서처럼 동일한 절의 두 번 반복으로써 그 의미가 특별히 강조되고 있는 것이 이것의 특징이다.

그중 두 번째 것은 유사절 반복법인데, 이것은 동일한 절이 여러 번 되풀이 되는 데서 오는 지루함을 피할 수 있는 장점을 지니고 있다. 예컨대 'That he is mad, 'tis true: 'tis true, 'tis pity.(그가 미친 것은 사실이고 사실이며, 안 된 일이다)'에서는 같은 말을 세 번 되풀이하는 단점을 해결하기 위해서 마지막절로는 그것을 약간 변형시킨 일종의 유사절이 쓰이고 있다. 그중 세 번째 것은 동의절 반복법으로서, 첫 번째 절과 형식은 전혀 다르면서 의미는 같은 절이 반복되는 방법이다. 그러니까 유사절 반복법과는 달리 이것에서는 반복의 권태스러움은 거의 없는 셈이다. 예컨대 'We sinned; we acted unjustly. (우리는 죄를 지었다. 우리는 부당하게 행동을 했다)'에서의 두 번째 절은 첫 번째 것의 반복문이라기보다는 그것의 해설문에 가깝다.

그중 네 번째 것은 의문문 반복법인데, 이것의 특징은 동일한 의문문이 아니라 서로 다른 의문문들이 연속적으로 쓰임으로서, 첫 번째로 쓰인 의문문의 의미가 크게 강조되고 있다는 점이다. 원래 우리의 의문문 가운데는 형식은 의문문이면서 기능은 감정적 강조문이나 감탄문과 똑같은 것이 있으니까, 따지고 보자면 이런 이른바 수사적 의문문들의 강점을 최대로 활용한 것이 바로 이 반복법인 셈이다. 예컨대 'What shall I do the while? where bide? how live?(그동안 나는 무엇을 할 것인가? 어디서 살 것인가? 어떻게 살 것인가)'에서의 두 번째와 세 번째 의문문은 모두가 의문사와 동사만 있는 축약문으로 되어있는데, 이런 사실만으로도 이것

이 일종의 최고의 강조문이라는 것을 쉽게 알아차릴 수 있다. (Ibid., p.1053)

3) 반어법

수사학에서 그동안에 은유법과 함께 한편으로는 가장 인간적이면서도 다른 한편으로는 가장 난해한 수사법으로 간주되어온 것이 바로 반어법인데, 수사법의 발달에 쓰인 상징절차가 우리의 생득적인 인지양태에 근거한 것이냐, 아니면 우리의 사회문화적 규약성을 반영한 것이냐의 문제를 검토하는 데 있어서는 은유법보다 더 확실한 증거로 쓰일 수 있는 것이 바로 이것이다. 우리에게는 생득적으로 두 사물 간의 같음이나 다름을 그들의 속성에 의해서 가려내려는 경향이 있다는 사실을 고려한다면 은유법은 우리의 생득적인 인지양태의 반영물이라고 볼 수도 있다.

그러나 반어법의 경우는 그런 추리를 아예 할 필요가 없는데, 그 이유는 아직까지는 어떤 심리학적 이론에서도 우리의 기본적인 인지양태의 한가지로 비논리적이거나 반논리적인 인지법을 보고 있지는 않기 때문이다. 예컨대 아직까지는 어느 심리학자도 일기가 아주 불순한 날에 'What an awful day!(요란한 날이군)'이라고 말하는 대신에 'What a lovely day! (멋진 날이군)'이라고 말하는 것을 우리의 정상적인 인지양태나 언어행위라고 주장하지는 않을 것이다. 그러니까 일단은 그들도 반어법을 우리의 사회문화적 규약성에 의해서 생겨난 것으로 볼 것이다.

반어법이 결국에 우리의 사회문화적 규약이나 규범의 일종이라는 것을 익히 뒷받침하고 있는 사실 중 첫 번째 것은 반어문은 으레 상대방이 이것은 하나의 반어문이라는 사실을 쉽게 알아차릴 수 있는 상황에서만 쓰인다는 점이다. 다시 말해서 좋은 날씨를 기대하던 것과는 정반대로 비가 많이 내리고 있는 경우에만 앞에서 예로 든 것과 같은 반어문을 화자가 쓰게 되는데, 그 이유는 그는 상대방이 자기가 반어문을 쓰고 있다는 사실을 잘 알고 있다고 확신하기 때문이다. 물론 그는 상대방을 반어법이란 개인이 말하고자 하는 바를 가장 효과적으로 나타낼 방법 중 한 가지라는 것을 익히 알고 있다는 것도 잘 숙지하고 있다.

　이런 사실 중 두 번째 것은 반어법은 비꼼이나 빈정댐을 주목적으로 하는 풍자법과 구별이 되고 있다는 점이다. 물론 어떤 사실을 사실 그대로 말하지 않고서 정반대로 말하는 것은 일종의 비평적 행위임이 분명하다. 반어법은 대개가 어떤 사물이나 사실의 긍정적인 측면이 아니라 부정적인 측면을 드러내기 위해서 쓰이게 된다는 사실이 이 점을 익히 증거하고 있다. 그래서 일부 수사학자들은 반어법을 풍자법의 일종으로 간주하는 것이 마땅한 일이라고 주장하기도 하는데, 이런 주장은 결국에 반어법의 사용자에게는 원래 무언가를 비판하거나 풍자할 의도가 전혀 없게 되어있다는 사실을 간과한 데서 나온, 잘못된 주장이다.

　이런 사실 중 세 번째 것은 반어법은 많은 경우에 유머감을 고양시키는 수단으로 쓰이고 있다는 점이다. 원래부터 우리는 웃음이나 유머가 정보 전달이나 의사소통 시에 아주 유용한 '윤활유'의 역할을 하게 된다는 것을 잘 알고 있는 데다가, 부조화스러운 두 가지 극단적인 사실이 대비되면 으레 웃음이나 유머가 빚어지게 된다는 것도 잘 알고 있는 탓으로, 반어법을 유머법의 일종으로 받아들이게 되는 것은 너무나 당연한 일이다. 우선 반어법을 사용하는 사람이 이런 엉뚱한 의도에서 반어법을 사용할 수도 있다. 그런데 따지고 보자면 이런 의도를 갖게 되는 것은 상대방에게도 자기와 마찬가지로 일정한 수준의 유머감각이 있다는 것을 잘 알고 있기 때문이다. 실제로 많은 경우에 있어서 반어문을 사용하는 사람 얼굴에는 으레 가벼운 미소가 띠어지게 된다.

　이런 의미에서 볼 때 반어법의 수사적 효율성은 과장법의 그것과 유사하다고 볼 수가 있다. 예컨대 할 일이 많다는 의미를 'I have a heap of work to do.(내가 할 일은 산더미 같다)'라는 표현을 썼다면 그는 여기에서 과장법을 쓰고 있다고 볼 수가 있는데, 그에게 상대방을 속일 의도가 전혀 없다는 의미에서 이런 경우는 그가 반어법을 사용하는 경우와 크게 다르지 않다. 그리고 많은 경우에 과장문 자체에 이미 비현실성이나 모순성이 들어있어서 그런지, 이것을 듣는 측에서는 이것을 듣는 순간 웃음을 자아내게 된다.

또한 실제로 쓰이는 수사적 표현 가운데는 은유법과 반어법이 같이 쓰인 것처럼 보이는 것들도 적지 않게 있는데, 이런 표현 중 한 가지가 바로 수학 시험을 잘못 본 친구를 놓고서 두 사람 간의 대화 안에 나오는 'He is a bear at mathematics.(그는 수학의 달인이야)'와 같은 말이다. 우선 그를 곰으로 비교했다는 의미에서 이것은 일종의 은유문이다. 그 다음으로 사실을 정반대로 표현했다는 의미에서 이것은 일종의 반어문이다. 그리고 무엇보다도 중요한 사실은 아마 이들 두 사람은 서로 웃는 낯으로 이 말을 주고받았을 것이라는 점이다. 수사법의 궁극적인 기능은 정보전달이나 의사소통의 효율성을 최대로 높이는 것이니까, 하나의 표현 안에서 몇 가지 것들이 복합적으로 쓰일 수가 있는 것이다.

제5장
탁월한 인지력의 구사

5.1 일반적 인지력과 문장 생성력 간의 관계

1) 인지력 연구의 역사

우리가 언어적 활동이나 언어적 사실을 통해서 우리의 본성에 대해서 네 번째로 알 수 있는 것은 우리는 언제나 우리 특유의 탁월한 인지력을 구사한다는 점이다. 인류학에서는 일찍이 현세인을 '호모 사피엔스(Homo sapiens)'로 명명했었는데. 라틴어인 이것을 우리말로 번역을 하자면 '지혜로운 인간'처럼 될 테니까 이 이름을 통해서 인류학자들은 일찍부터 인간의 제일 중요한 특징으로 높은 지력을 가지고 있는 점을 들었다는 것을 익히 확인할 수가 있다. 그러니까 일단 여기에서 우리가 가지고 있는 지력을 지각력과 대비되는 인지력으로 보자면, 그들은 일찍부터 오늘날의 우리가 우리일 수 있는 것은 우리에게는 탁월한 인지력이 있기 때문이라고 생각했던 것이다.

그런데 이런 생각이 백번 맞는 것이라는 것을 가장 쉽게 확인할 방법 중의 한 가지가 바로 지금까지의 언어학적 연구를 통해서 알게 된 우리의 언어의 구조성이나 작동원리 등에 관한 사실들을 다시 한번 살펴보는 것이다. 단도직입적으로 말해서 그동안의 놀라운 언어학적 연구로 우리는 오늘날 우리의 언어는 우리의 탁월한 인지력에 의해서 만들어졌다는 것과 이것은 누구나가 아주 어릴 적에 배운 다음에는 평생에 걸쳐서 아주 유용하고 효율성 있게 사용할 수 있게 되어있다는 것을 알게 되었는데, 따지고 보자면 이것만큼 우리로 하여금 오늘날의 우리가 우리일 수 있는 것은 결국에 우리에게는 탁월한 인지력이 있기 때문이라는 주장을 자신 있게 할 수 있게 하는 근거도 없다.

우리가 여기에서 이런 언어학 편향적인 주장을 할 수 있는 것은 최근에 인지심리학을 위시하여, 인지 인류학, 인지과학 등과 같은 학문들이 새롭게 등장하면서 우리의 인지력이나 인지적 양상에 대해서 많은 사실을 알게 되었는데, 안타깝게도 이런 사실들은 최근에 급속도로 발달한 언어학에서 거두어들인 사실만큼 의미 있고 심층적이며 포괄적인 것이 되지 못하기 때문이다. 우선 1980년대에 새로운 연구법과 문화이론을 앞세우면서 일종의 첨단과학적 인류학으로 등장한 인지 인류학이 실제로는 어떤 것인가를 살펴보게 되면 이런 사실이 분명해진다. 좋게 말하자면 이것은 이제야말로 인지적 혁명을 인류학에서도 일으킬 수 있다는 인류학자들의 자신감에서 생겨난 것인데, 실제로 이들이 한 일은 언어학적 연구법과 인지과학적 인지이론을 인간의 문화적 유형이나 의식구조와 같은 전통적인 과제를 연구하는 데 원용한 것에 지나지 않았다.

특히 눈에 띄는 점은 이것에서는 Carmella 등의 말대로 '발달된 언어학적 연구법을 언어뿐만 아니라 문화적 현상의 전반을 연구하는 데 사용하게 된 점'이었다. 원래부터 인류학에서는 언어를 문화의 중핵부로 보아왔었는데, 최근의 언어학의 눈부신 발달을 계기로 해서 인류학자들은 이런 전통을 한 단계 높은 수준에서 이어갈 수 있게 된 것이다. 이런 의미에서 볼 때 인지 인류학에서 첫 번째 연구과제로 범주화가 자리 잡게 된 것은 너무나 당연한 일이었다. 이것에서는 언어에 익히 제시되어있는 대로의 분류화나 범주화의 자연적 체계를 구명하기 위해서 예컨대 언어학에서 개발된 의미적 자질이론을 가지고서 친척관계에 대한 분류작업이나 색채어에 대한 분류작업을 집중적으로 수행했다. (Carmella, etc, 2000, p.133)

범주화의 구조성에 대한 연구가 진행되면서 자연히 그 다음 과제로 등장하게 된 것이 바로 문화적 지식의 구조성에 대한 연구이었는데, 이것에서는 인지심리학과 인지과학에서 개발된 개념이나 이론들이 많이 원용되었다. 여기에서는 우선 지식의 조직성을 설명하는 데 있어서 인지심리학에서 개발된 기억이론을 그대로 받아들였는데, 이 이론만으로는 '공유한 정신적 구조체'의 실체를 제대로 설명할 수 없었다. 그래서 여기에서는 그런 구조체를 문화적 지식으로 정의하고서 이른바 문화적 모형이론을 제안하기에 이르렀다. 그런데 여기에서 특기할 사항은 한 사회의 문화적 모형을 연구하는 데 주된 자료로 쓰인 것은 바로 언어였다는 점이다. 예컨대 1987년에 Quinn과 Holland는 'Cultural Models in Language and Thought(언어와 사고에 있어서의 문화적 모형)'이라는 책에서 각 제보자가 결혼에 대한 설명에서 주로 쓰는 언어적 개념들은 공유성과 영속성, 상호이득성, 융화성, 어려움, 노력, 성공이나 실패, 모험성 등의 여덟 가지라고 내세웠었다.

인간의 인지력이나 인지적 문제에 관한 연구의 본산지는 역시 인지심리학인데, 이것의 발달에 언어학이 기여한 점은 직접적이고 구체적이기까지 하다. 20세기에 이르러서는 정보이론이나 컴퓨터 공학, 언어학 등의 발달로 인지적 혁명이 일어나게 되었는데, 이것의 영향을 제일 크게 받은 학문이 바로 인지심리학과 인지과학이었다. 이와 관련하여 여기에서 언급하지 않을 수 없는 사실은 적어도 1970년대까지만 해도 심리학계를 주도하고 있던 것은 행동심리학이었다는 점이다. 그러니까 인지적 혁명의 발생으로 행동심리학의 시대로부터 인지심리학의 시대로의 이행이 아주 자연스럽고 빠르게 이루어질 수 있었던 것이다.

2) Chomsky의 문법이론

그런데 공교롭게도 이 시기에 등장한 Chomsky의 변형생성 문법에서는 원래가 이것은 그 전까지 언어학계를 이끌어가고 있던 구조언어학의 한계성을 극복하기 위해서 태어난 것이어서 그런지, 처음부터 구조언어학에서 일종의 자매학문처럼 대접하던 행동심리학의 허구성을 공격하면서 그것의 경험주의적 언어습득이론에서 내세우던 대안격인 내재적 언어습득장치 이론을 소개하는데 전력을 기울였다. 물론 그동안에 경험주의적 언어습득 이론이 차지하던 자리에 내재주의적 언어습득 이론이 새로 들어서게 되었으니까, 우선 이것부터가 일종의 혁명적 사건이었다. 엄밀히 말하자면 예나 그때나 언어습득이나 언어사용의 문제는 언어학이 아니라 심리학의 과제이었으니까, 이번에 언어학이 심리학의 영역을 침범한 셈이 된 것이다.

그러나 사실은 이것은 영역침범이 아니라 산파적 도움이었는데, 그 이유는 이로써 인지심리학은 정식으로 심리학계의 주도권을 장악할 수 있게 되었기 때문이었다. 예컨대 Boring의 견해에 따를 것 같으면 21세기 초에 이르러서는 인지심리학의 연구영역은 그 안에 '기억을 위시하여, 지각, 주의, 유형인식, 의식, 신경과학, 지식의 표현, 인지적 발달, 언어, 사고, 인간 및 인공지능' 등이 들어가게 될 만큼 넓어졌지만, 이들 하나하나가 궁극적으로는 인간의 정신구조와 관련된 것이어서 그런지 이들 중 어느 것에 있어서도 확실한 이론을 내세울 수 있을 만큼 연구가 진척되지는 못했었다. (Solo and Maclin, 2000, p.150)

특히 이 가운데서 언어는 다른 과제와 어망처럼 밀접하게 연결되어있다는 의미에서 일종의 핵심적인 과제임이 분명한데, 그동안의 자기네들의 실력으로 보아서 그것의 구조성이나 습득절차에 대한 하나의 독자적인 이론을 내세운다는 것은 불가능에 가까운 일이었다. 이런 처지에 던져진 Chomsky의 밧줄은 이들을 신천지의 세계로 올라갈 수 있게 하는 귀중한 밧줄이었다. 우선 심리학의 역사상 누구도 그만큼 논리정연하고 강력하게 행동주의적 학습이론을 비판한 적이 없었으니까, 그것만으로도 자기네 심리학을 새로 세우는 데 있어서 그들은 이미 백만의 대군을 지원받은 것이나 다름이 없었다. 이 당시에 그의 내재주의적 언어습득이론이 인지심리학 측에 준 충격이 얼마나 컸는가 하는 것은 그것을 중심으로 해서 언어습득의 문제점만을 따로 집중적으로 연구하려는 일종의 학제적 학문이 새롭게 탄생되었다는 사실로써 익히 짐작할 수가 있다. 1960년대에 등장한 심리언어학이 바로 그것이다.

물론 현대적 인지심리학의 아버지로 불리는 Neisser는 1967년에 나온 기념비적인 'Cognitive Psychology(인지심리학)'에서 이것의 주제로 '정보를 선택하고, 저장하며, 회복하며, 연결하며, 출력하며, 조작하는 일' 등을 내세움으로써, 이것의 특색을 드러내는 데 분명히 컴퓨터적인 은유법을 썼었다. 그러니까 그는 여기에서 새로운 인지심리학에서 주된 원천학문으로 기능할 학문은 정보이론과 컴퓨터과학임을 선언한 셈이다. 그러니까 이때의 인지심리학자들은 Solo 등의 표현을 그대로 빌리자면 '기계는 인간의 사고를 흉내 낼 수 있으며, 컴퓨터는 인간의 정신과 같은 규칙과 절차에 의해서 작동될 수 있다.'라는 사실에 크게 흥분할 수밖에 없었던 것이다. (Ibid., p.152)

그런데 Chomsky의 언어학적 기여와 관련해서 여기에서 잊어서는 안 될 사실로는 크게 두 가지가 있는데, 그중 첫 번째 것은 역시 정보이론이나 컴퓨터 과학에서는 새로운 연구법이나 연구모형을 제시할 수는 있을지 모르지만 새로운 언어철학을 제시할 수 없다는 점이다. 이에 반하여 Chomsky가 궁극적으로 제시해준 것은 언어철학이었다. 다시 말해서 그는 그들에게 언어적 지식이 후천적으로 학습된 것이 아니라 선험적으로 내재된 점으로 미루어 보아서, 인지심리학 측에서도 이제는 인간의 다른 기본적인 지식이나 지력도 결국에는 선험적으로 내재된 것이 아닌가 하는 추리를 한 번쯤은 해보아야 한다는 암시를 한 것이다.

그중 두 번째 것은 그는 처음부터 인간의 머리 안에서의 인지절차는 컴퓨터에서의 연산처리 절차와 같을 것이라는 생각을 하고 있었다는 점이다. 그러니까 뒤집어볼 것 같으면 앞으로 인지심리학이 첨단과학적 학문의 일원으로 낄 수 있으려면 그것에서 활용해야 할 연구모형이나 연구법은 마땅히 정보이론이나 컴퓨터과학에서 개발된 것이어야 한다고 그는 생각했던 것이다. 물론 그의 이런 생각은 언어분석의 결과에 근거하고 있었다. 예컨대 그는 모든 문법적 지식은 일련의 형식상의 규칙들로 표현될 수 있는데, 이런 규칙들은 으레 일정한 원리에 따라서 엄격하게 운영되게 되어있다고 내세웠었는데, 이런 주장은 곧 문법적 지식은 결국에 컴퓨터처럼 조작되고 있다는 말과 같은 말이었다.

그런데 따지고 보자면 아마 그는 인지적 혁명이 일어날 당시에 그것을 주도한 주요 인물의 한 사람이었다는 사실만큼 그의 인지관이 결국에 컴퓨터적인 것이라는 것을 직접적으로 실증하고 있는 것도 없을 것이다. 예컨대 인지적 혁명의 선언일로 볼 수 있는 날이 바로 1956년에 MIT대학교에서 정보통신 이론에 관한 학술대회가 열린 날일 텐데, 여기에서 주요 논문을 발표한 사람들이 언어학자인 그와 심리학자인 Bruner와 Miller, 그리고 컴퓨터 과학자인 Newell과 Simon이었다 특히 그의 논문은 인간의 정신적 구조성이나 작동원리의 가장 구체적인 반영체로 볼 수 있는 언어의 실체에 대한 것이었기에, 당연히 동석한 심리학자나 컴퓨터과학자들의 특별한 주목을 끌게 되었다.

인지심리학 다음으로 살펴볼 학문은 인지적 혁명의 여파로 그것과 거의 동시에 새롭게 태어난 인지과학인데, 이것의 제일 두드러진 특징은 이것은 처음부터 일종의 학제적 학문으로 출발했다는 점이다. 이것은 쉽게 말해서 인간의 정신의 본성을 이해한다는 공동의 목표를 내세우고서, 심리학자를 위시하여 컴퓨터 과학자, 언어학자, 인류학자, 신경과학자, 철학자와 같은 다양한 분야의 학자들에 의해서 만들어진 학문인데, 굳이 따지자면 1979년에 Dallas에서 첫 총회가 열린 날이 이것의 출발일이었고, 매년에 열리는 학회에서 발표된 논문을 모은 'Cognitive science(인지과학)'이라는 학술지를 발간하는 것이 이것의 첫 번째 구체적인 학술활동이었다.

그런데 이것의 특징으로는 크게 두 가지를 들 수가 있는데, 그중 첫 번째 것은 겉으로 내건 이름은 분명히 현대적 내지는 첨단과학적인 것이지만 이것이 내건 목표는 인간정신의 본성의 이해라는 다분히 고전적인 것이라는 점이다. 그러니까 옛날에는 철학이 단독으로 담당하던 연구를 이제부터는 몇 가지 첨단과학들이 공동으로 담당하겠다는 것이니까, 이들은 이것으로써 모든 학문의 근원인 인간학을 새로운 패러다임으로 다시 시작하겠다는 것이나 다름이 없는 일이었다. 굳이 따지자면 이로써 이들은 인지심리학도 궁극적인 의미에서는 일종의 인간학이어야 된다는 것을 인정한 셈이다.

그중 두 번째 것은 이것을 통해서 인간의 인지력이나 인지적 현상을 제대로 연구하기 위해서는 거의 범학문적이라 할 만큼의 많은 종류의 학문들의 참여가 필요하다는 사실이 밝혀지게 되면서, 역설적으로 그들 가운데서의 언어학의 위치는 더욱 뚜렷해졌다는 점이다. 예컨대 1999년에 나온 'The MIT Encyclopedia of the Cognitive Science.(MIT인지과학 백과사전)'에는 총 471개의 논문들이 실렸는데, 이것에서는 서문으로 철학에 관한 것과 심리학에 관한 것, 신경과학에 관한 것, 컴퓨터 지능에 관한 것, 언어학 및 언어에 관한 것, 문화 및 인지, 진화에 관한 것 등의 다섯 가지가 게재되어있다. 그러니까 인지과학의 출범 이래 그것의 발전에 핵심적인 역할을 해온 것이 언어학이라는 사실을 참여자들 모두가 익히 인정하고 있는 것이다.

그런데 실제로 여기에서 쓰인 언어학적 서문의 내용을 살펴보게 되면 이 점이 더욱 분명해진다. 이 글의 목적은 물론 어떻게 인지과학의 발전에 언어학이 기여하게 되어있는가를 밝히는 것이었다. 그러나 무엇보다도 중요한 사실은 이 서문에서 구체적으로 소개되고 있는 것은 언어이론은 바로 Chomsky의 변형생성 이론이라는 점이었다. 그러니까 이 글을 쓴 Chierchia는 위의 질문에 대해서 언어는 인지적 활동의 결과물이기 때문이라는 식의 막연한 대답을 내놓는 것보다는 Chomsky의 언어이론과 그것에 의한 언어분석의 예를 제시하는 것이 훨씬 더 의미 있고 효과적이라는 판단을 한 것인데, 그러다 보니까 자연히 인지과학의 출범과 발전에 있어서의 그의 특별한 기여를 부각시키는 결과가 되고 말았다.

그가 여기에서 집중적으로 소개하고 있는 것은 Chomsky의 이성주의적 언어이론의 두 가지 기둥이라 할 수 있는 것은 언어능력과 언어수행의 구분과 내재적 언어습득이론이었는데, 이들을 소개하는 과정에서 특별히 강조된 점이 바로 언어적 행위의 규칙성과 언어적 지식의 특수성이었다. 언어학자답게 자기의 설명에 그는 구체적인 예제를 곁들이고 있는데, 1) John promised Bill to wash him.(존은 빌에게 씻어줄 것을 약속했다)와 2)John promised Bill to wash himself.(존은 빌에게 씻을 것을 약속했다), 3)John persuaded Bill to wash him.(존은 빌에게 자기를 씻어주도록 설득했다), 4) John persuaded Bill to wash himself.(존은 빌에게 씻도록 설득했다) 등의 문장을 비교하는 것이 그것이었다.

여기에서는 일단 구조적으로는 똑같으면서도 'promise'와 'persuade'라는 두 동사의 특징에 따라서 목적어 자리에 있는 명사의 기능이 달라진다는 것을 보여줌으로써 언어적 규칙성은 결국에 일반적인 의미에서의 규칙성과는 전혀 다르다는 점을 설명하고 있다. 참고로 이들 간의 차이점을 살펴볼 것 같으면 우선 1)에서의 'him'은 'Bill'을 가리키고 있지 'John'을 가리키고 있지가 않다. 그래서 그것이 'John'을 가리키게 하려면 2)에서처럼 'himself'라는 재귀대명사를 쓰게 마련이다. 그에 반하여 3)에서의 'him'은 'Bill'이 아니라 'John'을 가리키고 있다. 따라서 그것이 'Bill'을 가리키게 하려면 4)에서처럼 'him' 자리에 'himself'라는 재귀대명사를 쓰게 마련이다.

Chomsky의 언어이론에 있어서는 물론 언어적 지식의 특수성을 설명하다 보면 으레 논의는 그의 내재적 언어습득이론의 소개로 이어지게 되어 있었다. 그는 특히 이른바 '자극 결핍성의 이론'을 내세워서 이에 맞서서 제안된 경험주의적 '연결주의적 접근법'의 부당성을 지적하였다. 이 자리에서 그는 역사적으로 보았을 때 내주주의 대 경험주의 간의 싸움은 아주 오래되고 끈질긴 것이라는 사실을 고려할 때, Chomsky가 제안한 이번 학설의 의의는 대단히 큰 것임이 분명하다고 주장했다. 이 글의 마지막을 'Chomsky의 말대로 언어는 인간의 고도의 인지적 능력의 첫 번째 반영체인 것 같다.'라는 말로 마무리하고 있는 점으로 미루어 보아서 *그가 열렬한 Chomsky 학파의 일원임을 익히 알 수가 있다.* (Chierchia, 1999, p.CViii)

그런데 이제까지의 논조로 보아서는 누구라도 일단은 Chomsky를 일반적인 인지주의자로 간주하려고 할지도 모르겠는데, 사실은 그는 특이한 인지주의자이다. 아마 일찍이 인지적 혁명을 일으킨 사람 중의 하나임에도 불구하고 그가 그 후 내내 인지주의자로 불리지 않는 이유는 바로 처음부터 그는 내재주의적 언어습득 이론을 자기의 언어이론의 기본 뿌리로 삼았기 때문이었을 것이다. 앞에서 이미 말이 나왔듯이 의도적으로 그는 처음부터 언어습득의 문제를 중심으로 해서, 해묵은 내재주의 대 경험주의 간의 싸움을 다시 시작하고 나섰는데, 이것은 곧 대부분의 인지주의자들이 그동안에 마치 하나의 금기사항처럼 여겨온 문제를 일부러 문제시하고 나선 아주 대담한 일이었다. 물론 그들은 지혜롭게도 과거의 역사로 보아서 이 싸움은 마지막에는 으레 무승부로 끝날 가능성이 큰 싸움이기에, 이것과는 아예 일정한 거리를 두는 것이 자기네들의 학문의 출범이나 발전에 도움이 되겠다고 판단했던 것이다.

그러니까 Chomsky의 이런 접근법은 일종의 역발상법적인 것이었다고 볼 수가 있는데, 그가 일으킨 이번 싸움의 결과야 어떻든 간에, 이로써 그는 자기는 결코 일반적인 인지주의자의 일원이 아니라는 사실을 만천하에 선언한 셈이 된 것이다. 편의상 그를 일단 여기에서는 내재주의적 언어습득론자로 부르고 볼 것 같으면 그가 내세우는 바는 크게 두 가지로 요약될 수가 있었는데, 그 중 첫 번째 것은 우리의 문법적 원리나 규칙에 관한 지식은 우리의 일반적인 지식과 별개의 것이라는 점이었고, 그 중 두 번째 것은 그런 지식은 우리의 후천적 학습이나 경험에 의해서 얻어지는 것이 아니라 우리가 태어날 때 이미 몸 안에 지닌 것이라는 점이었다.

그러니까 일단 외견상으로는 그가 이번에 인지주의자들에게 정면으로 도전장을 낸 것은 아닌 것처럼 보일 수도 있는데, 그 이유는 여기에서 그가 언급하고 있는 것은 분명히 일반적인 인지력이나 지식이 아니라 언어라는 이름의 특정한 영역의 인지력이나 지식이기 때문이다. 그러나 이런 해석은 어디까지나 아예 이런 싸움에 말려 들어가고 싶지 않은, 인지주의자들의 아전인수적인 해석일 따름이다. 그렇지만 그의 진의를 파악하는 일은 아마 언어적 지력이나 지식의 일반적 지력이나 지식과의 관계는 그렇게 일도양단식으로 간단히 설정될 수는 없다는 것을 인정하는 데서부터 출발될 수 있을 것이다.

우선 Chomsky는 여기에서 일찍이 Descartes나 Humboldt가 그랬듯이 우리의 언어적 지력이나 지식을 인간의 지력이나 지식 중 가장 중요한 것으로 볼 수 있는 한, 이것이 어떻게 습득되느냐 하는 문제를 논의하다 보면 자연히 인간의 본성에 대한 문제도 해결될 수 있다고 보고 있다. 그러니까 18세기에 이성주의 철학자들이 그랬듯이 그도 이번에 자기는 분명히 하나의 이성주의자임을 선언한 것인 셈인데, 이런 마당에서 그가 언급하고 있는 지력이나 지식은 어디까지나 언어적인 것이지 일반적인 것은 아니라는 식의 논법은 떳떳한 반론법이 될 수가 없다. 간단히 말해서 그는 내심으로는 인간의 모든 지력이나 지식은 내재적인 것이라고 주장하고 싶지만, 그랬다가는 지금으로서는 많은 인지주의자들로부터 큰 반발이 일어날 것이 뻔하니까, 그런 소동을 일단 피하기 위해서 논의를 철저하게 언어적 지력이나 지식에 대한 것으로 제한한 것이다.

이런 그의 의도는 그가 내세우는 증거의 특수함을 통해서도 익히 읽혀질 수 있다. 그는 우선 언어의 종특이성을 그의 논의의 시발점으로 삼았다. 인간과 동물을 구별시켜주는 것이 언어인 이상, 현명한 인간학자들이 언어적 능력을 인간의 능력 중 가장 귀중한 능력으로 보려는 것은 너무나 당연한 일이라는 주장이었다. 그 다음으로 그는 언어적 능력의 내재성을 증거하고 있는 근거 중 첫 번째 것으로 습득과정의 자연성과 보편성을 들었다. 언어의 종류와 습득환경은 가지가지임에도 불구하고 이 세상에 태어난 모든 어린이는 거의 같은 기간 내에 거의 같은 과정을 거치면서 각자의 모국어를 습득하게 된다는 것은 이른바 보편문법이라는 언어적 지식이 선험적으로 내재되어 있다는 증거라는 것이었다.

세 번째로 그는 언어적 능력의 내재성을 증거하고 있는 근거 중 두 번째 것으로 이른바 자극의 결핍성의 현상을 내세웠다. 간단히 말해서 그동안에 행동주의자들이 제안했던 자극 대 반응의 모형의 허구성을 들춰냄으로써 결국에는 A와 B 중 A가 아니니까 B일 수밖에 없다는 식의 논리법으로 자기 이론의 타당성을 주장할 수 있었던 것이니까, 이것은 일종의 반증법적 증거이었던 셈이다. 그리고 이 현상과 직접적으로 관련된 것이 바로 창조성의 현상이었다. 그가 보기에는 어린이들이 언어습득 시 얻는 자극은 구체적으로 어떤 문장을 만들어내는 기능을 하는 것이 아니라 이미 내재되어있던 문법적 지식을 일깨우는 기능을 하게 된다는 것을 가장 단적으로 실증하는 사실은 그들의 문장 중 많은 것은 모방적인 것이 아니라 독창적인 것이라는 점이었다.

3) 연결주의 이론

그런데 마치 내재주의자와 경험주의자 간의 싸움은 일종의 널뛰기라는 것을 보여주려고 하듯이, 그의 내재이론이 한참 큰 세력을 얻어가고 있을 무렵인 1986년에 Rumelhart와 McClelland가 중심이 된 젊은 신경과학자들은 'Parallel Distributed Processing : Explorations in the microstructure of cognition(병렬분배처리: 미시적 인지구조에 대한 탐구)'라는 기념비적 논문을 발표했는데, 이것은 곧 '연결주의(connectionism)'라는 신경험주의적 학습이론의 출현을 알리는 선언문과 같은 것이었다. 어차피 이 시기는 인간의 정신구조나 인지작용에 관한 연구에는 으레 인공지능이나 컴퓨터 과학에서 개발된 이론이나 모형을 적용시키는 것이 학문적 대세를 이루는 때이었으므로, 행동주의자들이 내세우던 경험주의적 학습이론을 대신할 수 있는 새로운 경험주의적 학습이론이 필요했던 것인데, 이런 수요를

연결주의자들이 채워주게 된 것이다.(Rumelhart and McClelland, 1986)

그런데 우선 이 이론은 그동안에 안이하게 인공지능이나 컴퓨터공학적 이론이나 모형을 원용하는 것을 인간의 정신이나 인지작용에 대한 연구를 새롭게 과학화하는 유일한 길로 여겼던 이른바 컴퓨터적 정신이론가들에 대한 커다란 도전이었다. Chomsky의 변형생성주의적 언어학에서 언어의 처리절차를 일련의 규칙에 의한 상징적 표현체들의 연산절차로 간주했듯이, 이들은 인간의 정신작용을 명시적 규칙의 지배하에 각각의 인지적 작업을 수행하는 여러 하위체계가 밀접히 상호 교섭하는 복잡한 절차로 간주했었다. 특히 이들은 인간의 정신작용에서 인지적 조작의 기본단위가 되는 것은 유사 언어적인 상징체라고 보았었다. 그래서 이런 정신이론을 흔히들 상징적 표현체와 연산절차의 이론으로 불러왔었다.

간단히 말하자면 그러니까 이 무렵에 새롭게 인지주의자들이 내세운 컴퓨터적 정신이론은 Chomsky가 이 시기에 들고 나온 언어이론과 유사한 것이었다고 볼 수가 있는데, 이것에 대한 하나의 역발상이나 안티테제처럼 등장한 것이 바로 연결주의적 정신이론이었다. 컴퓨터적 정신이론에서는 인지적 조직체를 통사적으로 구조화된 여러 상징체의 저장소로 보면서, 인지적 절차를 명시적이고, 미리 정해진 규칙에 의해서 이들 상징체가 상호교섭해가는 절차로 간주했었다. 원래 Chomsky가 인지적 혁명의 주동자 중 한 사람이었다는 것을 고려해본다면, 많은 인지주의자들이 이런 식의 정신관을 갖게 되는 것은 너무나 당연한 결과였다고 볼 수가 있다.

이에 반하여 연결주의자들은 우선 인지적 구조체를 수많은 기본단위와 절점으로 구성된 하나의 망상조직으로 보았으며 따라서 모든 정보처리는 망상조직 내에서의 정보가 입력된 여러 단위의 분배적이며 병력적인 작동에 의해서 이루어진다고 보았다. 이런 인지적 구조체에는 물론 다양한 형태의 상징체나 통사적 조직체들이 미리 설정되어 있을 필요가 없었다. 그러니까 이 모형에 있어서는 인지적 조작이나 정보처리의 결과나 내용을 알기 위해서는 내적 단위들의 활동유형을 수학적으로 분석해내면 되었다. 무엇보다도 중요한 점은 내적 단위들은 분배적이며 병력적으로 작동되게 되어있다는 발상법 자체가 신경과학자들의 동의를 받기가 쉬웠다는 점이었다.

너무나 당연한 일이었지만 연결주의 이론의 등장으로 철학계와 심리학계는 이것을 지지하는 파와 반대하는 파로 갈라지게 되었다. 예컨대 Churchland는 신경과학적으로 보았을 때는 언어학에서 설정해놓은 개념체계는 기껏했자 언어기반적인 것에 불과하니까, 이제부터는 인지과학이나 심리학에서도 그것을 그대로 받아들이는 대신에 연결주의적 인지관에 입각한 새로운 개념체계를 만들어내야 한다고 주장하고 나섰다. 그런가 하면 Dretske와 같은 사람은 그보다 더 적극적인 방안을 제안하기도 했는데, '정보의미론'이라는 이름의 연결주의적 언어이론을 지난날의 통사론 중심의 언어이론 대신으로 내세워야 한다고 주장한 것이 바로 그것이었다.

그러자 Fodor와 Pylyshyn과 같은 심리학자는 우리의 인지절차에서 기본적 원리로 작동하게 되어있는 것이 '체계성'인데, 연결주의적 이론으로는 이것이 제대로 설명될 수 없다고 주장하고 나섰다. 이들은 예컨대 'John loves Mary.'라는 문장이 표현하는 사건적 상태는 'Mary loves John.'이라는 문장이 표현하는 그것과 밀접하게 연결되어있음이 분명한데, 연결주의 이론에서는 원래부터 문장을 구성소의 구조체로 보지 않는 탓에 이런 체계성을 구명하려고 하지 않는다고 비판했다. 결국에 이렇게 해서 인지적 구조체의 기본요소를 상징체나 통사적 구조체로 보느냐 아니면 망상조직내의 단순한 내적 단위로 보느냐의 싸움은 승자 없는 싸움

으로 전락하고 말았다.(Ramsey, 1999)

그런데 우연인지 필연인지 정신관이나 인지관을 놓고서의 이상과 같은 대립의 현상은 곧바로 우리의 지력이나 지식의 획득절차를 놓고서 경험주의자 대 내재주의자 간의 해묵은 논쟁을 재연시키는 결과를 낳게 되었다. 추측건대 사태가 이렇게 전개되도록 하는 데 결정적인 역할을 한 것은 Chomsky이었을 것이다. 앞에서 이미 누차 언급이 있었듯이 그는 내재주의적 언어습득이론을 제안함으로써 결국에는 언어학을 위시한 모든 인간의 본성에 관한 학문들의 궁극적인 과제는 경험주의와 내재주의 중 어느 것이 타당한 이론인가를 구명하는 것이라고 만천하에 선언한 셈이 되었다. 물론 더 엄밀히 따지자면 그의 선언은 곧 내재주의자의 승리의 선언이었다.

그러나 경험주의자들의 입장에서 보자면 그의 선언은 일방적인 강변에 불과했는데, 문제는 그동안에 써온 행동주의 이론으로는 그가 자기 선언의 근거로 삼고 있는 내재적 언어습득이론을 반박할 수 없다는 데 있었다. 특히 문제가 되는 점은 Chomsky의 컴퓨터적 인지관을 이론적으로 익히 무력화시킬 수 있을 만한 신 인지지론이 아직 개발되지 못했다는 점이었다. 그러니까 이런 의미에서 보자면 연결주의자들이 일차적으로 노린 점은 Chomsky의 내재주의적 언어 습득이론의 허구성을 들춰냄과 동시에 경험주의적 언어습득이론의 타당성을 드러내는 것이었다고 볼 수가 있다. 20세기에 들어서서의 대부분의 심리학자들의 일차적인 관심은 이른바 과학적인 학습이론과 학습법의 개발에 있었던 점을 고려한다면 연결주의자들이 이번에 이런 책략을 쓰게 된 것은 너무나 당연한 일이었다고 볼 수가 있다.

이들이 이번에 택한 책략은 쉽게 말해서 일종의 정면 공격법이었다. Chomsky의 언어습득이론의 요점은 문법적 지식은 결국에 문장생성과 관련된 원리나 규칙에 관한 지식인데, 이것은 후천적으로 학습된 것이 아니라 선험적으로 내재되어있는 것이었으니까, 그들로서는 일단 그렇게 미리 내재된 문법적 원리나 규칙 같은 것은 없다는 것을 실증하게 되면 되는 것이었다. 연결주의자들이 구체적으로 학습의 대상으로 삼은 것은 크게 규칙형과 불규칙형으로 나뉠 수 있는 과거 시제의 영어 동사들이었다. 전통문법이나 Chomsky의 문법에서는 물론 이들의 학습절차를 먼저 규칙형들은 원형에 '-ed'를 붙이는 식의 문법지식을 따로 배우거나 선험적으로 지니고 있음으로써 배워지고, 그 다음으로 불규칙형들은 반복된 연습이나 예외적 규칙의 적용에 의해서 배워진다고 보았다.

그에 반하여 Rumelhart와 McClelland와 같은 연결주의자들은 이들 과거형 동사는 미리 설정한 신경망의 활성화 유형을 계속적으로 반복함으로써 익히 학습될 수 있음을 실제적으로 실증해보였다. 연결주의적 학습 모형에서는 간단히 말해서 신경망의 기본단위들에 서로 다른 숫자로 된 벡터와 텐서가 미리 부여되어 있어서, 이들이 활성화되었을 때 만들어내는 유형은 각각 달라지게 되어있었다. 그러니까 이것에서의 연산절차는 연결주의적 연산절차로 불릴 만큼 특이한 것이었는데, 무엇보다도 중요한 사실은 이런 절차야말로 언어적 규칙도 귀납적이고, 통계적 추리법에 의해서 익히 학습될 수 있다는 것을 실증하는 것이었다.

그런데 사실은 우리의 주제에 관한 한 언어습득의 절차에 관한 문제는 기껏 해봤자 2차적인 문제에 지나지 않는다. 따라서 일단 그것에 대한 해답을 아직도 내재주의적 이론과 경험주의적 이론이 팽팽한 평행선을 긋고 있다는 식으로 얼버무려놓고 보자면, 우리의 주제와 직결되어있는 문제에 대한 우리의 태도를 정하기만 하면 된다. 논리적으로 보았을 때, 언어가 어떻게 습득되느냐의 문제에 대해서는 일종의 중립적인 태도를 취할 수가 있지만, 언어적 지식을 일반적인 지식과 별도의 것으로 볼 것이냐 아니면 일반적인 지식의 일부이거나 그것과 같은 것으로 볼 것이냐의 문제에 대해서는 쉽게 말해서 Chomsky의 견해에 동의하느냐 아니면 반대하느냐는 식으로 양자택일적인 태도 결정을 할 수밖에 없다. 물론 이 문제를 놓고서도 연결주의자들은 반 Chomsky적인 입장을 취해왔으니까, 이 결정은 결국은 연결주의자들의 견해에 동의하느냐 아니면 반대하느냐는 식의 결정이라고 볼 수도 있다.

단도직입적으로 말해서 이 문제에 대해서 우리가 여기에서 택한 태도는 일반적인 인지주의자들이 택하는 태도이다. 다시 말하자면 우리는 일단 여기에서 언어적 지식도 일반적인 지식의 일부이거나 그것과 같은 것으로 보려는 연결주의자들의 견해를 맞는 것으로 보기로 하는 것이다. 겉으로는 언어와 학습이라는 주제를 내걸었지만 실제로는 일반적 지식 대 언어적 지식 간의 관계를 놓고서의 Piaget와 Chomsky의 대토론이 결국에는 무승부로 끝났다는 사실이 익히 실증하고 있듯이, 이 문제에는 정답은 없다. 아마 Chomsky 주의자들의 눈에는 이런 식의 우리의 결정은 과학적인 근거에 의한 것이 아니라 편의주의적인 것처럼 보일 수도 있을 것이다. 그러나 지금으로서는 누구도 연결주의자들의 인지관을 옛날의 Piaget의 그것을 그렇게 할 수 없듯이 비과학적인 것이라고 폄하할 수는 없을 것이다.

그런데 우리의 이런 결정에는 커다란 조건이 하나 붙어있는데, 그것은 바로 인지적 조작의 단위를 기본적 신경 단위가 아니라 상징체와 통사적 구조체로 본다는 것이다. 이런 조건은 결국에 Chomsky의 인지관과 연결주의자의 인지관을 혼합시킨 결과를 가져오기 때문에, 이런 생각은 아직까지는 아무런 과학적 근거도 없이 오직 편의주의적인 발상법에서만 나온 것이라고 비판을 받을지도 모른다. 그렇지만 아직까지 아무도 이런 인지관을 주장한 적이 없다고 해서 반드시 비과학적인 것이라고 단정할 수는 없다. 그 이유는 언어학에서 익히 실증되었듯이 우리의 사고의 단위는 분명히 어휘와 문장이기 때문이다.(Piattelli-Palmarini,1980)

5.2 언어산출의 체계성과 문법부의 중심성

1) 언어산출의 체계성

언어는 쉽게 말해서 전달하고자 하는 의미를 소리로 나타낸 표현체이다. 그런데 우리가 전달하려는 의미에는 개념적인 것만 있는 것이 아니라 명제적인 것도 있다. 그리고 개념적 의미는 어휘로 나타내는 데 반하여 명제적 의미는 문장으로 나타내기 때문에 결과적으로 언어적 표현체에는 어휘와 문장이라는 두 가지가 있는 셈이 된다. 물론 이 가운데서 우리의 인지적 활동상이나 능력의 참 모습을 보여주고 있는 것은 문장인데, 그 이유는 우선 문장은 그 종류가 다양한 데다 그것이 생성되는 절차는 으레 규칙 지배적이면서도 창조적이기 때문이다. 언어가 정보전달이나 의사소통의 최고의 도구일 수 있는 것은 결국에 그것에는 최선의 문법이 있기 때문이다.

언어 산출의 과정을 이렇게 거시적으로 보게 되면 언어를 통해서 우리의 본성 중 중요한 부분이 바로 인지력을 탁월하게 구사하는 점이라는 것을 확인하는 방법에는 거시적으로 언어 산출의 전 과정을 살펴보는 방법과 미시적으로 문법부에서의 문장 생성의 절차만을 살펴보는 방법의 두 가지가 있을 수 있음을 쉽게 알 수가 있다. 그런데 우선 첫 번째 방법에 의할 것 같으면 우리의 인지적 활동에는 크게 두 가지 특징이 있는데 그 중 첫 번째 것은 그것의 체계성이라는 점을 익히 확인할 수가 있다. 언어 산출의 과정이 체계적이라는 것은 우선 논리적으로 보았을 때 그것에 참여하는 부위가 여럿이라는 것을 전제하고 있다. 다시 말해서 이 특성은 언어를 생성하는 데는 우리의 인지적 능력과 지각적 능력이 모두 쓰이게 된다는 의미일 수도 있다.

참고삼아 여기에서 언어 산출의 체계도를 하나 그려볼 것 같으면, 이것은 크게 전언부와 문법부, 음운부의 세 부분으로 이루어져 있다고 볼 수가 있다. 우선 이들의 작동요령을 놓고서 이른바 '모듈이론'을 내세우는 사람들은 그동안에 이들 부분들은 동시에 병렬적으로 작동하게 되어있다고 주장해왔지만, 여기에서는 그와는 반대의 견해, 즉 이들은 순차적으로 작동하게 되어있다는 견해를 맞는 것으로 보기로 한다. 구체적으로 한 문장의 산출단계를 살펴볼 것 같으면, 이것의 제1 단계는 전언부에서 말하고자 하는 메시지가 정해지는 단계이다. 일단 거의 모든 메시지는 문장의 형태를 갖게 되므로 이 단계는 산출하려는 문장의 의미적 내용이 정해지는 단계인 셈이다.

이것의 제2 단계는 정해진 의미에 따라서 문법부가 작동하는 단계인데, 이 단계에서 하는 일은 크게 세 가지로 나누어질 수가 있다. 이중 첫 번째 것은 필요한 어휘를 선택하는 작업이고, 이중 두 번째 것은 선택된 어휘로 하나의 문장을 만들어내는 작업이며, 이중 세 번째 것은 문장 내에서의 어휘들의 어형을 결정짓는 작업이다. 굳이 이들 간의 순서를 따져보자면 첫 번째 단계와 나머지 두 단계는 차례대로가 아니라 거의 동시에 이루어진다고 볼 수도 있다. 물론 제2 단계에서 수행되는 세 가지 작업 중 제일 중요한 것은 문장을 만들어내는 작업이다. 이런 의미에서 보자면 제2 단계의 작업이 이루어지는 부분을 문법부로 부르는 것은 너무나 당연한 일이다.

이것의 제3 단계는 제2 단계에서 만들어진 문장을 음운부에서 음성적인 형태로 바꾸는 단계이다. 음성적인 형태로 바꾼다는 것은 쉽게 말해서 실제로 쓰이는 말로 조음해낸다는 의미이다. 따라서 이 단계에서는 하나의 전체적 운율형을 정하는 일로부터 몇 개의 어휘를 하나의 음성적 흐름으로 묶는 일이나, 문장 내에 적당한 휴지를 넣는 일에 이르기까지의 다양한 음율적 작업이 이루어진다. 그런데 한 가지 특기할 사실은 이 단계에서는 입이라는 발성기관에서 문장을 조음해내는 일만 하는 것이 아니라 귀라는 청각기관에서 그것을 감청하는 일도 하게 된다는 점이다. 결국에 이렇게 해서 발음상의 오류를 대부분 바로잡을 수 있는 것이다.

우리의 주제가 인지력의 탁월성을 확인하는 것인 이상, 언어 산출의 체계도를 이상과 같이 그려놓고 보자면 우리는 크게 두 가지 질문에 마주하게 되어있는데, 그중 첫 번째 것은 과연 전언부에서의 제1 단계 작업과 음운부에서의 제3 단계 작업까지도 문법부에서의 제2 단계 작업처럼 인지적인 작업으로 볼 수 있느냐 하는 것이다. 이것에 대한 대답은 인지라는 술어를 좁은 의미에서 쓰느냐 아니면 넓은 의미에서 쓰느냐에 따라서 달라질 수가 있다. 먼저 넓은 의미에서는 인지란 모든 지식이나 정보의 획득과 처리 시에 작동되는 정신적 활동을 의미하게 되는데, 이런 입장에서 보자면 음운부에서의 작업은 문제시될지 모르지만 전언부에서의 그것은 문제시될 수가 없다. 왜냐하면 말하고자 하는 메시지를 정하는 일은 분명히 인지적 작업의 일종이기 때문이다.

그 다음으로 좁은 의미에서는 인지란 상징체의 획득과 조작 시에 작동되는 정신적 활동을 가리키게 되는데, 이런 입장에서 볼 것 같으면 오직 문법부에서만 인지력은 쓰이게 되어있지, 나머지 두 부분에서는 그것이 쓰이게 되어있지 않다. 그런데 우리는 여기에서 인지라는 말을 음운부에서의 작업마저도 인지적인 것으로 보는 식으로 특별히 확대된 의미로 쓰기로 하겠는데, 그 이유는 언어 산출은 일종의 합목적적 활동이기에 문장을 소리의 형태로 바꾸는 작업에서도 화자의 의도나 의미적 내용이 개입되게 되어있기 때문이다. 예컨대 똑같은 문장이라도 화가 났을 때의 말과 그렇지 않을 때의 그것은 여러 가지 면에서 달라지게 마련이다.

여기에서 우리가 마주하게 될 두 번째 질문은 과연 이상과 같은 일련의 복잡한 인지적 작업들이 우리의 정보전달이나 의사소통에 지장을 주지 않을 만큼 빠르고 효율적으로 이루어질 수 있겠느냐일 텐데, 이것에 대한 대답은 이미 정상적으로 언어생활을 하고 있는 사람이라면 누구에게나 알려진 셈이나 마찬가지이다. 이런 의미에서 보자면 우리의 인지력의 탁월성은 인지작업의 체계성이 아니라 오히려 그것의 신속성에서 찾을 수가 있는 셈인데, 흥미롭게도 지금까지의 인지심리학자들의 연구결과들이 이 점을 익히 실증하고 있다. 예컨대 최근에 발표된 Bock의 논문에 의할 것 같으면 언어 산출의 작업을 일단 문법적 부호화 작업과 음운적 부호화 작업의 두 가지로 나누어질 수가 있는데, 첫 번째 것은 정상적으로는 2초 이내에 이루어지고, 두 번째 것은 일 초에 네 개의 어휘들이 발음되는 식으로 두 가지 모두가 대단히 빠른 절차라는 점이 공통된 특징이었다.

참고로 먼저 문법적 부호화 작업의 양태를 좀 더 구체적으로 살펴볼 것 같으면, 이 작업에서는 우선 이것이 사실은 생각만큼 쉬운 일이 아님을 실증하는 증거를 드러내고 있다. 이 작업이 정상적으로는 2초 내에 이루어지고 있는 것은 틀림이 없는 사실이지만, 말하는 시간의 절반이 휴지를 하거나 헛기침을 하는 데 쓰임으로써 결국에는 실제로 말하는 데는 쓰이고 있지 않다는 것도 틀림이 없는 사실이었다. 다시 말하자면 화자는 으레 일 분에 3번에서 12번에 걸쳐서 휴지나 헛기침 등을 하는 셈이니까, 이로써 이 작업은 언제나 일정한 양의 인지적 준비 작업이 필요할 만큼 복잡한 작업임을 익히 알 수가 있었다. 특히 이런 사실로 미루어 보았을 때 문법적 부호화 작업에 있어서는 문법적 문장을 만드는 능력뿐만 아니라 말의 상황적 적정성을 판단하는 능력도 쓰이게 됨이 분명했었다. 이렇게 일종의 전인적인 작업임에도 불구하고 보통 20개 이내의 어휘로 구성된 문장의 문법적 부호화 작업이 정상적으로는 으레 2초 내에 이루어질 수 있는 것은 이것의 핵심절차가 바로 어휘 선택의 절차이기 때문이었다. 인지심리학에서는 어휘적 항목을 정하는 일을 '레마(lemma)', 즉 표제어를 정하는 일로 보고 있는데, 그 이유는 여기에서는 우리의 정신적 어휘부를 구성하고 있는 것은 수많은 표제어들이어서, 이 중의 어느 하나가 선택되게 되면 그것에 관한 의미적 정보뿐만 아니라 모든 어형 및 통사적 정보들도 같이 얻어지게 된다고 보고 있기 때문이다. 심리학에서는 그러니까 우리에게는 일종의 어휘문법이 들어있다고 보고 있는 것이다.

논리적으로 따졌을 때 정상적으로는 하나의 문장이나 표현의 문법적 부호화 작업을 마치는데 단 2초밖에 걸리지 않는다는 말은 곧 쉽게 말해서 적절한 어휘를 선택하는 일이 이 작업의 전부나 다름이 없다는 말이나 마찬가지인데, 이렇게 될 수 있는 것은 물론 우리의 정신적 어휘부를 구성하고 있는 어휘들의 실체가 원래부터 그렇게 만들어져 있기 때문이다. 구체적으로 말하자면 하나의 선택된 어휘나 레마는 이것이 다른 어휘와 어떻게 연결될 수 있는가에 대한 정보를 모두 가지고 있는데, 이런 정보에는 이 어휘의 문법적 품사에 관한 것은 물론이고 예컨대 명사라면 물질 대 가산이나 단수 대 복수 등의 자질이고 동사라면 타동사 대 자동사 등의 자질에 관한 정보가 들어가 있다.

그런데 무엇보다도 놀라운 사실은 문법적 부호화 작업에는 여러 어휘를 하나의 문장이나 표현으로 연결시키는 통사적 작업뿐만 아니라 이들 하나하나가 적절한 어형을 갖도록 하는 어형적 작업도 들어있는데, 이런 작업은 예컨대 'A razor cuts.'와 'Scissors cut.' 등의 예로써 익히 알 수 있듯이 각 어휘의 개별적인 작업이 아니라 문장이나 표현 전체에 걸친 작업이라는 특징을 가지고 있다. 그러니까 누구라도 일단은 이런 류의 일치나 어형과 관련된 정보는 개별적인 어휘에 입력되어 있는 것이 아니라 이른바 문법적 일치나 범주에 관한 정보로서 따로 저장되어 있을 것이라는 추리를 할 수가 있다. 또한 앞의 예에 나오는 'cut'은 과거형과 과거분사형이 모두 현재형과 동일한 하나의 불규칙 동사인데, 이런 불규칙 동사가 영어에는 상당히 많기까지 하기 때문에 이들에 대한 정보가 어디에 입력되어 있는가도 문제가 될 수 있다. 그러나 현재로서 분명한 것은 이런 어형적 작업도 통사적 작업과 함께 2초 내에 이루어진다는 사실이다.

문법적 부호화 작업에 이어서 수행되는 것이 음운적 부호화 작업인데, 이것 역시 일 초에 네 개의 낱말이 처리되는 식으로 빠르고 자연스럽게 이루어진다. 우선 이 작업의 청사진이라 할 수 있는 각 어휘의 음운조직에 대한 기본적 표현체는 원래부터 선택된 어휘가 가지고 있었던 것으로 볼 수가 있다. 그러니까 이 두 번째 부호화 작업이 이렇게 빠르게 이루어질 수 있는 기본적인 동력은 어휘 자체에 이미 마련되어 있는 셈이다. 구체적으로 말하자면 어휘가 가지고 있는 음운적 표현체는 음운화하기가 쉽게 미리 음절이나 운율적 구조체별로 나뉘어 있으리라 추측할 수도 있다. 그런데 최근에 연구된 바에 의할 것 같으면 언어적 운율을 산출하는 데 소요되는 근육의 움직임의 정교성은 인체의 다른 어느 근육의 기계적 수행에서도 찾아볼 수 없을 만큼 특이한 것이다. 그렇지만 누구에게 있어서나 이따금 발음상의 오류가 있게 되어있다는 사실도 그것에 못지않게 중요한 사실이다. 이런 의미에서 보아서도 언어 산출 작업이 이렇게 빠르고 자연스럽게 이루어진다는 것은 이것의 상당한 부분이 일정한 훈련의 과정의 결과임을 익히 실증하고 있다.

2) 문법부의 중심성

언어 산출의 체계도를 이상과 같이 일단 세 부분으로 이루어진 것으로 그리고 보면 Chomsky와 같은 통사론자들이 내세우는 통사론 기반적 언어이론이 인지심리학적으로도 역시 맞는 이론이라는 것을 당장 알 수가 있다. 간단히 말하자면 이 정도의 체계도만으로도 우리는 언어 산출 과정의 바로 중심부에 있는 것이 문법부라는 것을 익히 확인할 수가 있는데, 특히 언어적 사실을 통해서 우리의 인지력의 탁월함을 확인하려는 우리의 입장에서 볼 것 같으면 이 사실이 의미하는 바는 대단히 크다고 볼 수가 있다. 이런 체계도는 결국 우리의 목적을 위해서는 거시적으로 언어 산출 절차를 살펴보는 것보다는 미시적으로 그것을 살펴보는 것이 더 맞는 일이라는 것을 확실하게 말해주고 있는 것이다.

앞에서 이미 살펴본 대로 문법부는 쉽게 말해서 하나의 명제적 의미를 문장으로 나타내는 일, 즉 하나의 문장을 생성해내는 일을 하는 곳인데, 문장은 으레 일정한 문법적 규칙에 의해서 만들어진다. 그런데 인지심리학적으로 보았을 때는 문장 생성 시에 작동되는 문법적 규칙들은 일종의 지식이다. 따라서 인지심리학적으로는 이런 사실 하나만으로써 문장을 생성하는 일이 일종의 인지적 활동이라는 것을 익히 알 수가 있다. 그런데 이와 관련해서 한 가지 흥미로운 사실은 인지심리학에서는 일찍부터 인지에 대한 광의적인 것과 협의적인 것의 두 가지 정의 중 두 번째 것을 더 의미 있는 것으로 여겨왔다는 점이다. 그러니까 여기에서는 언어라는 상징체를 조작하는 활동을 우리의 인지적 활동 중 가장 수준이 높은 것으로 간주했던 것인데, 이것은 곧 여기에서는 문법부에서 수행되는 인지적 활동, 즉 문장 생성적 활동을 가장 수준이 높은 것으로 여겨왔다는 말이나 같은 말이다.

그런데 인지심리학자들이 그 동안에 미처 정답을 얻지 못한 채 남겨놓은 질문 중 한 가지는 문법적 규칙에 대한 지식을 어휘적 지식과는 별도로 존재하는 것으로 보느냐, 아니면 어휘적 지식의 일부로 존재하는 것으로 보느냐 하는 것이었다. 통사론자들은 물론 어휘론과 통사론은 별개의 영역일 뿐만 아니라, 굳이 따지자면 후자가 전자보다 훨씬 더 중요한 영역이라고 보고 있는데, 이것은 곧 그들은 문법적 지식을 어휘적 지식보다 한 수준 높은 것으로 보고 있다는 말이나 같은 말이다. 그럼에도 불구하고 인지심리학에서는 통사론자들의 이론을 선뜻 받아들이지 않는 것은 심리학적으로는 문장 생성과정을 어휘부를 구성하고 있는 어휘들은 저마다 통사적 정보를 가지고 있는 탓으로 하나의 어휘가 선택되면 자동적으로 그것의 연어관계가 정해져서 그 다음 어휘가 선택되는 식으로 볼 수도 있기 때문이었다.

(가) 인지적 일반성

그렇지만 우리는 여기에서 굳이 통사론자들의 언어이론을 원용하지 않고서도 문법부에서 만들어지는 문장에는 다음과 같은 세 가지 특징이 있다는 사실만으로도 문법적 지식이 별도로 존재한다는 주장을 익히 할 수가 있다. 이런 특징 중 첫 번째 것은 기본적 문형이나 문장의 여러 종류는 기능적으로나 구조적으로 우리의 일반적인 인지적 활동의 유형들이 그대로 복사된 것이라는 점이다. 편의상 여기에서는 이것을 인지적 일반성의 특징으로 명명하고 보자면, 우선 크게 다섯 가지로 나뉘어 있는 서술문의 기본 문형의 구조에 이것이 가장 잘 드러나 있다고 볼 수가 있다.

예컨대 전통적으로 영어의 문형에는 이른바 'S+V'와 'S+V+C', 'S+V+O', 'S+V+O_1+O_2', 'S+V+O+C' 등의 다섯 가지가 있는 것으로 알려져 왔는데, 따지고 보자면 이들은 영미인들이 이 세상에 있는 사물이나 거기에서 일어나고 있는 일들을 인지하는 방식에 지나지 않는다. 우선 이들은 그들은 기본적으로 'S(주제)+P(술어)'식, 즉 '무엇이 어떻다'라는 식으로 사물을 인지한다는 것을 보여주고 있다. 그러니까 논리학자들이 내세우고 있듯이 우리는 항상 명제적으로 이 세상을 파악하고 있는 것이다. 명제적 인지방식이 보편적이라는 것은 영어로는 'A is ill.'처럼 표현되는 것이 독일어와 프랑스어로는 각각 'A ist krank.'와 'A est malade.'처럼 표현되는 사실로써 익히 알 수가 있다.(大塚·中島, 1983, p.965)

그 다음으로 이들은 영미인들은 사물의 상태나 동작의 양태를 술어부의 수어격인 동사의 자동사성이나 타동사성에 의해서 구별하고 있음을 보여주고 있다. 물론 더 엄밀히 따지자면 목적어(O)의 유무 외에 보어(C)의 유무도 술어부를 구별하는 기준으로 쓰이고 있다. 예컨대 제1 문형에서의 동사는 완전자동사로 분류되고, 제2 문형에서의 그것은 불완전자동사로 분류되는 한편 제3 문형과 제4 문형에서의 동사는 완전타동사로 분류되고, 제5 문형에서의 그것은 불완전타동사로 분류되고 있는 점이 그것의 가장 확실한 근거이다. 그런데 사실은 제2 문형에서 보어 자리에 쓰일 수 있는 것에는 명사나 형용사뿐만 아니라 부사도 들어간다. (예: Mary is here.) 이와 마찬가지로 제5 문형에서의 보어 자리에는 부사구가 들어갈 수가 있다. (예: I put the plate on the table.) 그러니까 목적어와 보어 간에는 앞엣것은 그의 개념이 엄격한 데 반하여 뒤엣것의 그것은 느슨한 식으로 차이가 있는 셈이다. 그렇지만 이런 문형들의 존재를 통해서 우리는 결국에 영미인들을 위시한 우리 모두의 명제적 인지방식이 다분히 동사 중심적이라는 것을 익히 확인할 수가 있다.

그 다음으로 영어의 문장에는 두 개나 그 이상의 문장들이 하나로 연결되어서 이른바 중문이나 복문의 형태를 이루고 있는 것도 있는데, 이런 사실을 통해서 우리는 우리의 기본적인 인지절차에는 바로 두 개나 그 이상의 명제들을 가지고서 하나의 더 큰 구조체를 만들어내는 절차도 있다는 것을 쉽게 확인할 수가 있다. 우선 인지심리학적으로 보았을 때 개별적인 개념들을 하나의 문장적 틀로 묶는 절차보다 두 개나 그 이상의 명제들을 하나의 구조체로 묶는 절차가 한 차원 상위의 절차일 것이 분명하다. 거기에다가 굳이 따지자면 앞의 절차는 형식 기저적인 데 반하여 뒤의 절차는 의미나 내용 기저적이다. 따라서 크게 보았을 때는 앞의 절차는 다분히 폐쇄적이고 기계적인 데 반하여 뒤의 절차는 다분히 개방적이고 창의적인 것으로 볼 수가 있으므로, 이들 간에는 인지절차의 복잡성이나 인지적 처리의 부하상 상당한 차이가 있을 것으로 익히 추리될 수가 있다.

그런데 우리의 인지절차에 관한 한 중문이나 복문의 현상을 통해서 우리가 첫 번째로 추리할 수 있는 것은 우리의 머리에서는 으레 두 개나 그 이상의 인지적 소사건을 선형적으로 나열시켜서 하나의 인지적 대사건을 만들어내는 책략이 쓰이고 있다는 점이다. 이것은 쉽게 말해서 한 번에 하나가 아니라 두 개나 그 이상의 인지적 작업을 동시에 하는 책략이다. 따라서 이렇게 함으로써 우선 인지적 작업의 효율성이 크게 제고될 것이다. 그러나 그보다 더 중요한 사실은 인지적 소사건간의 관계는 으레 대조성이나 인과성, 선후성, 조건성과 같은 일련의 논리적 원리에 따르게 되어있어서, 결과적으로는 인지적 대사건을 가장 빠르게 조작할 수 있게 되어있다는 점이다. 결국 이래서 우리에게는 탁월한 인지력이 있다고 말할 수 있는 것이다.

구체적으로 여기에서 몇 가지 예를 들어볼 것 같으면 우선 실제에 있어서는 이런 논리적 원리들이 으레 일정한 접속사나 그것에 상응하는 부사 등에 의해서 밝혀져 있게 되어있다는 점을 쉽게 확인할 수가 있다. 먼저 가장 널리 쓰이는 'and'의 경우를 살펴볼 것 같으면 이것의 의미에는 '그리고'를 비롯하여 '그래서', '그러면', '하면서' 등이 있는데, 이것은 곧 우리의 인지적 책략에는 두 가지 사건을 논리적으로 연결시켜서 하나의 큰 사건을 만들어내는 것도 있다는 것을 의미한다. 그런데 중문 가운데는 접속사가 생략된 것도 많은 점으로 미루어 보아서 두 절을 묶고 있는 것 그들 간의 논리적 연관성이지 접속사가 아님을 익히 알 수가 있다.

예컨대 'Hurry up, and you will be in time.(서두르면 제 시간에 도착할 것이다.)'와 'Hurry up, or you will be late.(서두르지 않으면 늦을 것이다.)' 에서는 일단 두 가지 서로 다른 접속사가 서로 간의 의미를 가르고 있는 것처럼 보인다. 그러나 경우에 따라서는 접속사 없이 위의 말들을 'Hurry up; you will be late.'처럼 말할 수도 있는 점으로 보아서 두 절을 연결시키고 있는 것은 그들의 의미간의 논리성임을 익히 알 수가 있다. 그런데도 영어에서는 and나 if, though, or 같은 일차적 접속사 외에도 다른 품사로부터 전용된 이차적 접속사들이 꽤 많이 쓰이고 있는 점으로 미루어 보아서 두 개의 소사건을 하나의 큰 사건으로 결합시키는 절차가 우리의 인지절차 중 얼마나 중요하고 널리 쓰이는 절차인가 하는 것을 쉽게 알 수가 있다. 이런 이차적 접속사에는 명사가 전용된 the moment와 부사가 전용된 now(that), 동사가 전용된 provided, 전치사가 전용된 for 등이 있다.

두 개의 인지적 소사건으로써 하나의 인지적 대사건을 만들어내는 절차에는 나열의 절차 다음으로 한 사건 내에 다른 사건을 집어넣는 삽입의 절차도 있다. 영어에서 쓰이는 삽입의 절차에는 크게 보아서 두 가지가 있는데 그중 첫 번째 것은 한 문장의 주어나 목적어의 자리에 하나의 절을 사용하는 것이다. 예컨대 'I don't think it will rain.(비는 안 오리라고 생각한다.)'에서는 동사의 목적어 자리에 하나의 절이 쓰이고 있는데, 'We are thinking of going to Hawaii during the summer vacation.(여름방학에 하와이를 갈 생각이다.)'에서는 'of'의 목적어로서 하나의 절에 상응하는 동명사가 쓰이고 있으며, 'I didn't think to find you here.(너를 여기에서 만날 줄 몰랐다.)'에서는 하나의 절에 상응하는 부정사가 동사의 목적어로 쓰이고 있다.

이런 삽입절차와 관련하여 특별히 주목할 사실은 하나의 문장 안에서 주어나 목적어로 쓰이는 절 가운데는 'who'나 'where', 'what', 'how', 'why'와 같은 의문사들이 이끄는 것들이 많다는 점이다. 이들 다섯 의문사들은 어떤 사건의 내용 중 가장 핵심적 정보를 이끌어내는 말이라는 점을 고려하면, 형식상으로 이런 절들은 하나의 주문에 삽입된 삽입문처럼 보일지 몰라도 실제에 있어서는 이들이 주문처럼 기능하고 있다고 볼 수가 있다. 의사소통은 결국에 어떤 사건을 이해하는 데 기본이 되는 정보를 교환하는 행위인 이상, 이런 형식의 문장들이 많이 쓰이게 되는 것은 너무나 당연한 일일는지 모른다. (예: Say when I should stop.<그만 받고 싶을 때 말해주어요.>, He told me how to make it.<그는 그것을 만드는 방법을 말해주었다.>, Whose idea do you believe it is?<그것은 누구의 발상이라고 믿니?>)

영어에서 자주 쓰이는 삽입의 절차 중 두 번째 것은 하나의 명사나 대명사 뒤에 하나의 관계사절을 위치시키는 절차인데, 이것의 기능은 예컨대 'a clever man'에서의 'clever'와 같은 하나의 수식어나 부가어의 기능일 뿐이지만 실제에 있어서는 이것은 하나의 문장의 형식을 취하고 있기 때문에 정보전달에 있어서 수식어 대 피수식어의 주객관계가 뒤바뀌게 마련이다. 이 절차에 의해서 문장의 구조가 단층적인 것으로부터 2층적인 것으로 바뀌게 되므로 문장이나 표현의 형태를 다양화 내지는 정교화하는 데 이것이 기여하는 바는 대단히 크다고 볼 수가 있다. 그런데 흥미롭게도 관계사절을 유도하는 관계사에는 who와 which, what, that 등의 관계대명사만 있는 것이 아니라 when과 where, why, how 등의 관계부사도 있다. 그러니까 결국에 관계사절을 유도하는 것은 다섯 가지의 의문사 모두인 셈인데, 이것은 곧 수식적 삽입의 절차도 어떤 사건을 이해하는 데 핵심이 되는 정보를 상대방에게 제공하는 방편으로 쓰인다는 의미이다. (예: My friend has two brothers who are older than I.<내 친구에게는 나보다 연상인 두 형제가 있다.>, Now is the time when we have to make a decision.<지금이야말로 우리가 결단을 내려야 할 때이다.>, That is the reason why I was late.<그것이 내가 지각한 이유이다.>)

(나) 문법적 지식의 특수성

문법적 지식을 별도로 존재하는 것으로 보려는 우리의 주장을 뒷받침하고 있는 사실 중 두 번째 것은 그것에서는 그것 나름의 특수성도 익히 찾아볼 수 있다는 점이다. 이런 사실은 그러니까 문법적 지식은 어휘적 지식의 일부가 아닐 뿐만 아니라 일반적 지식의 일부도 될 수 없다는 것을 입증하는 근거인데, 따지고 보자면 Chomsky와 같은 통사론자들이 통사론 기저적 언어관은 물론이고 더 나아가서는 내재주의적 언어습득이론을 내세우게 된 것도 바로 이런 사실 때문이다. 다시 말해서 이들은 변형문을 위시한 모든 문장을 생성해내는 규칙들은 모두가 문법적 지식의 표현체라고 생각했던 것이다.

문법적 지식의 투수성이라는 말을 굳이 Chomsky처럼 최대로 넓은 의미에서 사용하지 않는다 해도, 다음과 같은 몇 가지 증거를 근거로 내세우는 것만으로도 우리는 문법적 지식 가운데는 일반적인 지식과는 분명히 아무런 관련성이 없는 것이 있음을 익히 확인할 수가 있다. 이런 증거 중 첫 번째 것은 영어에서는 'it'와 'there', 'do'와 같은 허사들이 작게는 문장의 구조성과 다양성이고 크게는 의사소통의 효율성을 제고하는 데 큰 역할을 담당하고 있다는 사실이다. 문자 그대로 허사란 그것 자체에는 아무런 의미를 지니고 있지 않으면서 하나의 문장 내에서 일정한 자리를 차지함으로써 문법적 기능을 수행하게 되는 말이다. 그래서 이들에게는 일찍부터 가(형식)주어나 대동사와 같은 별명이 붙여져 왔다.

우선 이들 중 'it'의 용법을 살펴봄으로써 우리는 이들이 얼마나 다양하고 중요한 역할을 담당하고 있는가를 익히 확인할 수가 있다. 'it'의 역할 중 첫 번째 것은 날씨나 시간을 나타내는 문장에서 주어의 역할을 하는 것이다. (예: It looks like snow.<눈이 올 듯하다.>, It is four o'clock.<지금 네 시다.>, It is dark here.<여기는 어둡다.>) 그것의 두 번째 것은 무의미한 목적어로 쓰이는 것이다. (예: Let's walk it.<걸어가자.>, We footed it back to home.<우리는 집까지 걸어서 돌아왔다.>) 그중 세 번째 것은 문두에 나와 있는 형식상의 주어로서 후속되는 동명사구나 부정사구, that 절을 대신하는 것이다. (예: It is important to choose good friends.<좋은 친구를 고르는 것은 중요하다.>, It is strange that he says so.<그가 그렇게 말하는 것은 이상하다.>, It is no use trying.<해보았자 헛수고다.>)

그중 네 번째 것은 목적어 자리에 나타나 있는 형식상의 목적어로서, 후속되는 부정사구나 동명사구, that절을 대신하는 것이다. (예: She found it cheerful having her meals in her room.<그녀는 자기 방에서 식사를 하는 것이 즐거운 일이라는 것을 알게 되었다.>, I think it necessary that you should do it at once.<너는 그것을 즉각 할 필요가 있다고 생각한다.>) 그중 다섯째 것은 문장의 주어나 목적어, 부사 등을 앞에 내세워서 이들이 특별히 강조되는 하나의 강조문을 만들어내는 것이다. (예: It is I that(who) am to blame.<질책받을 사람은 나야.>, It was wine, not water, that you drank.<네가 마신 것은 물이 아니라 포도주였어.>, It was on Friday that Mrs. Smith came.<스미스 부인이 온 것은 금요일이었어요.>) (동아 영한사전(5판), p.1343)

그 다음으로 'there'의 용법을 살펴볼 것 같으면 'be'동사를 술어로 하고 그 뒤에 진짜 주어와 위치를 나타내는 부사구가 나타나는 존재문의 가주어로 쓰이는 것이 첫 번째이며 주된 용법이다. (예: There's a book on the table.<테이블 위에 책이 한 권 있다.>) 이런 존재문에서는 위치를 나타내는 부사구가 명시되지 않을 수도 있다. (예: There will be a hot meal ready.<더운 식사가 준비될 것입니다.>) 이것의 두 번째 용법은 'be'동사 대신에 'seem'이나 'appear', 'come', 'live' 등과 같은 자동사를 술어로 한 존재문의 가주어로 쓰이는 것이다. (예: There seems to be some misunderstanding between us.<우리 사이에는 오해가 있는 듯하다.>)

이것의 세 번째 용법은 한 문장에서 하나의 목적어처럼 쓰이고 있는 동명사절이나 부정사절의 주어로 쓰이는 것이다. (예: I don't doubt your word about there being something wrong.<어딘가 잘못이 있다는 네 말을 의심하지 않는다.>, We don't want there to be another war.<우리는 또 전쟁이 일어나기를 원치 않는다.>) 이것의 네 번째 용법은 'there is no + V-ing'과 같은, 형식의 일종의 관용적 부정문을 만드는 것이다.(예: If war breaks out, there's no knowing how many people will be killed.<만약에 전쟁이 나면 얼마나 많은 사람이 죽을지 알 수가 없다.>) (Ibid, p. 2576)

세 번째로 허사로서의 'do'의 용법을 살펴볼 것 같으면, 우선 이것의 허사로서의 기능은 조동사로서의 그것과 구별하기가 어렵기 때문에, 우선은 이것을 과연 앞의 두 허사와 같은 범주에 넣을 수 있겠느냐와 같은 기본적인 질문부터 던져질 수 있다. 그렇지만 사실은 이것이 하나의 조동사로 쓰인다는 것 자체가 문법적 지식의 특수성을 증거하는 사실일 수 있기 때문에, 여기에서는 이것도 허사의 한 가지로 보기로 한다. 하나의 허사로서의 'do'용법 중 첫 번째 것은 하나의 긍정문의 본동사 앞에 추가되어서 하나의 강조문을 만들어내는 것이다. (예: I do think it's a pity.<정말 딱하게 생각한다.>) 이것은 결국은 이 문장을 강조문으로 만드는 데 쓰인 장치이기에, 언제나 강한 강세를 받게 되어있다.

이것의 용법의 두 번째 것은 명령문의 본동사 앞, 즉 문두에 추가되어서 일종의 강조된 명령문을 만들어내는 것이다. (예: Do come to see me again.<꼭 다시 찾아오십쇼>, Do be quiet.<제발 조용히 하십쇼>) 이것의 용법 중 세 번째 것은 부정의 의미를 나타내는 부사와 함께 부정문의 문두에 쓰임으로써, 일종의 강조된 부정문을 만들어내는 것이다. (예: Never did I see such a fool.<저런 바보는 본 적이 없다.>, In vain did he try hard.<그는 열심히 해왔지만 허사였다.>) 이것의 용법 중 네 번째 것은 하나의 대동사로서 앞에 나온 동사의 반복을 피하기 위하여 쓰이는 것이다. (예: If you want to see her, do it now.<그녀를 만나고 싶으면 지금 만나라.>) 이때 이것의 목적어는 'it' 외에 'so'와 'that'도 쓰일 수 있다. (예: He was asked to leave the room, but he refused to do so.<그는 방에서 나가달라고 요구를 받았지만 거부했다.>) (Ibid, p.711)

문법적 지식의 특수성을 실증하고 있다고 볼 수 있는 두 번째 사실로는 영어의 문장 가운데는 이른바 인상 절차에 의해서 만들어진 것들이 적지 않게 있다는 점을 들 수가 있다. 인상의 절차란 Chomsky를 위시한 변형주의자들이 일찍이 변형주의의 타당성을 익히 입증할 수 있는 근거로 내세웠던 것으로서, 이것에는 크게 내포문의 주어가 주절의 주어 자리로 이동되는 것과 그것이 주절의 목적어의 자리로 이동되는 것의 두 가지가 있다고 볼 수가 있다. 이중에서 먼저 주어 인상의 절차를 살펴볼 것 같으면 예컨대 'It happened that John found a solution.(존은 우연히 해결책을 찾았다.)'라는 문장은 'John happened to find a solution'처럼 고쳐질 수가 있는데, 이런 변형은 가주어인 'it' 자리로 내포절의 주어인 'John'이 이동된 것으로 볼 수가 있다. 그런데 이런 식의 인상 변형을 허용하는 동사나 형용사에는 'happen' 이외에 'seem'과 'appear', 'certain', 'likely', 'sure' 등이 있는데, 이런 점으로 미루어 보아서 변형 절차 중 많은 것은 동사의 성격이나 의미와 깊게 관련되어 있다는 것을 익히 알 수가 있다.

그 다음으로 목적어 인상의 절차를 살펴볼 것 같으면 예컨대 'He believes Bacon to be the real author.(그는 베이컨을 진짜 저자라고 믿는다.)'라는 문장은 'He believes [NP [N it] [S [NP Bacon] be the real author.]]'와 같은 기저 구저에 'it'을 'Bacon'으로 대치하는 변형절차를 적용함으로써 만들어진 것으로 볼 수가 있다. 아니면 더 간단하게 그 기저 구조를 'He believes Bacon [t to be the real author.]'인 것으로 설정해서 원래는 't(흔적)'의 위치에 있던 'Bacon'이 목적어 위치로 상승되었다고 볼 수도 있다. 주어 인상의 경우와는 다르게 목적어 인상의 경우에는 의미역 준거의 위반 여부가 문제가 되므로 논쟁의 여지가 많지만 일단 여기에서는 이것도 인상절차의 한 가지로 보기로 한다.(大塚·中島, 1983, p.1006)

그런데 사실은 목적어 인상에는 'tough 이동'이라는 이름으로 불리는 특이한 것도 있다. 이 변형절차는 주로 'easy, difficult, hard, tough, impossible, (un)interesting, amusing' 등의 형용사나 'joy, delight, pleasure, a bitch, a breeze, a cinch' 등의 명사가 술부에 쓰이고 있는 문장에서만 적용되는 것이어서, 그 이름도 이런 식의 것으로 정해졌다. 간단히 말해서 이것은 내포문에 있는 목적어가 원래 'it'가 차지하고 있던 주문의 주어 자리로 인상되는 절차인데, 예를 들어보자면 'it is easy to please John.(존을 기쁘게 하는 것은 쉽다.)'라는 문장에서 'John is easy to please.'라는 문장이 만들어지는 절차를 가리킨다. 이 변형절차의 특이함은 'John is easy to teach.(존은 가르치기 쉽다.)'와 술부에서의 보어로 'easy' 대신에 'eager'가 쓰이고 있는 'John is eager to teach.(존은 가르치고 싶어 한다.)'를 대비시켜봄으로써 쉽게 확인될 수 있다.

문법적 지식의 투수성을 증거하고 있다고 볼 수 있는 세 번째 사실로는 의문사 이동 규칙의 특이함을 들 수가 있다. 예컨대 'who'라는 의문사가 쓰일 수 있는 문장에는 1) 'John ignores that Mary saw who.(존은 메리가 누구를 보았는지를 무시해버린다)'와 2) 'John ignores who Mary saw t.(존은 메리가 누구를 보았는지를 무시해버린다)', 3) 'Who does John ignores that Mary saw t.(존은 메리가 누구를 보았는지를 무시해버리니?)' 등의 세 가지가 있는데, 우선 이 가운데서 1)은 정문으로 쓰일 수 없는 것이니까 논의의 당상이 될 수가 없다.

그렇지만 1)도 예컨대 상대방이 'John ignores that Mary saw Tom.'이라고 한 말을 확인하기 위해서 일종의 반향 의문문처럼 사용되었을 경우에는 하나의 정문으로 볼 수가 있다. 왜냐하면 이 경우에는 이 말은 상대방이 사용한 말에서 단지 'Tom'을 'who'로 바꾼 것에 지나지 않는 것이기 때문이다. 그런데 무엇보다도 중요한 사실은 1)은 2)와 3)의 기저문이라고 볼 수가 있다는 점인데, 그 이유는 2)와 3)에서 't(흔적)'로 표시되어 있는 자리가 바로 1)에서 'who'가 위치하고 있는 자리이기 때문이다.

그러니까 결국 우선 2)는 원래는 삽입문에서 목적어 자리에 있던 'who'가 의문사 이동의 규칙에 의해서 문두로 이동이 된 나머지 1)에서의 보문사인 'that'와 교대된 것으로 볼 수가 있고, 그 다음으로 3)은 모문이 서술문에서 의문문으로 바뀜에 따라서 그것이 모문의 문두까지 이동된 것으로 볼 수가 있다. 그렇다면 3)에 있어서는 'who'가 삽입문과 모문이라는 두 개의 문장을 뛰어넘는 변형을 한 셈이 되는데, 이런 현상을 놓고서 두 가지 해석이 나올 수가 있다. 그중 첫 번째 것은 3)을 1)에서 일단 2)로 바뀌고, 그 다음에 다시 2)가 3)으로 바뀌는 식으로 모두 두 번에 걸친 의문사 이동의 결과로 보는 것이고, 그중 두 번째 것은 그것을 단 한 번의 1)에서 3)으로의 의문사 이동의 결과로 보는 것이다.

이렇게 두 가지 의견이 나올 수 있는 것은 쉽게 말해서 일찍이

Chomsky 등은 이동은 한 번에 하나의 문장 이상을 넘어설 수 없다는 조건, 즉 이른바 하위 인접조건을 이동변형에 관한 중요한 원리로 내세웠기 때문이다. 물론 이 조건에 어긋나지 않는 것은 오직 첫 번째 해석뿐이다. 그렇지만 분명히 언어 처리상으로 더 자연스러운 것은 두 번째 해석이다. 우리의 입장에서 볼 때 무엇보다 중요한 사실은 실제로 3)과 같은 의문문이 존재한다는 사실이고, 이런 현상은 우리의 일반적 지식으로는 제대로 설명될 수 없다는 점이다. 또한 3)은 정문인 데 반하여 *'What did John believe the claim that Tom saw?'와 같은 문장은 비문이라는 사실도 우리의 일반적인 지식으로는 제대로 설명될 수 없다.(Chierchia, 1999, P.XCiX)

(다) 문장생성 절차의 창조성

문법적 지식을 별도로 존재하는 것으로 보려는 우리의 입장을 익히 뒷받침하고 있는 사실 중 세 번째 것은 문장생성의 절차는 다분히 창조적이라는 점이다. 문장생성의 절차가 규칙이나 원리 지배적이라는 사실은 자칫 우리로 하여금 그것은 으레 기계적인 것이기에 결국에 그것에 의해서 생성된 문장의 형태도 당연히 판에 박은 듯이 단순할 것이라는 추리를 하게 할지도 모르는데, 사실은 이런 추리와는 정반대적인 현상이 일어나고 있다. 일찍이 Chomsky는 우리 언어의 종특이성을 내세우면서 그것의 근거로 문장생성 절차의 창조성을 들었는데, 우리 스스로의 언어 활동상을 살펴보는 것만으로도 그의 주장이 맞다는 것을 쉽게 확인할 수 있는 것이다. 한정된 수의 규칙으로써 무한정한 문장을 만들어낼 수 있는 것은 우리 언어뿐이라는 것이 그의 주장이었는데, 따지고 볼 것 같으면 여기에서의 '무한정한'이라는 말은 '창조적'이라는 말과 같은 말이다.

문장생성의 절차가 창조적이라는 것은 크게 두 가지 측면에서 검토될 수가 있는데, 그중 첫 번째 것은 규칙 조작적 측면이다. Chomsky의 언어이론에서는 일찍부터 우리 언어가 창조적일 수 있는 것은 바로 이것에는 하나의 규칙을 여러 번 반복적으로 적용시킬 수 있는 특성, 즉 규칙의 순환성이라는 특성이 있기 때문이라고 내세웠었다. 바로 이런 특성 때문에 적어도 이론상으로는 무한정 길고 복잡한 문장이 생겨날 수 있는데, 이런 주장을 쉽게 뒷받침하고 있는 사실이 예컨대 'The boy saw the dog.'라는 단문은 목적어로 쓰인 'the dog' 뒤나 아니면 주어로 쓰인 'the boy' 뒤에 수식의 기능을 하는 관계사절을 부가시킴으로써 일종의 복문을 만들어낼 수가 있는데, 이런 식의 관계사절 부가의 절차는 몇 번이고 되풀이될 수 있기 때문에 결과적으로는 아래와 같이 점점 더 길고 복잡한 문장들이 만들어질 수 있다는 점이다.

(1) 가. The boy saw the dog.
　　나. The boy saw the dog that bit the cat.
　　다. The boy saw the dog that bit the cat that ate the mouse.
　　라. The boy saw the dog that bit the cat that ate the mouse that stole the cheese.
(2) 가. The boy that the teacher called on saw the dog.
　　나. The boy that the teacher that the principal hates called on saw the dog.

우선 일찍이 Chierchia는 이들을 가지고서 관계사절의 이른바 우방향 부가 절차와 중앙삽입 절차 간의 언어처리상의 차이점을 논의했었는데, 그것의 요지는 (1)의 '라'는 부가절차가 세 번이나 반복된 것임에도 불구하고 이해에 별 어려움이 없는 문장인 데 반하여, (2)의 '나'는 그것이 두 번밖에 반복되지 않은 것임에도 불구하고 이해가 거의 불가능하다는 것이었다. 그는 이런 차이는 심리학적으로는 문장 해부의 절차이고, 언어학적으로는 의미해석의 절차상의 차이에서 비롯된다고 보았다. 간단히 말하자면 그는 이런 예를 통해서 문법규칙의 순환적 적용은 으레 일정한 심리적 제약을 받게 되어있다는 점을 확인할 수 있다고 본 것이다.(Ibid, p.CVii)

그런데 그의 주장과는 달리 사실은 (1)의 '라'도 하나의 정상적인 문장으로는 볼 수가 없는데, 그 이유는 이것도 예컨대 (1)의 '나'에 비하여 언어처리의 자연성을 적지 않게 일탈하고 있는 것이기 때문이다. 그러니까 결국 이것도 그가 문법적 규칙의 순환성을 보여주기 위하여 만들어낸 것이지 실제로 흔히 쓰일 수 있는 것은 아닌 셈이다. 이런 사실로 보았을 때 아무리 문법적 규칙의 순환성의 원리가 중요하다 해도 언어처리의 효율성이나 자연성의 원리의 지배 하에서 그것은 으레 작동하게 되어 있다는 것을 우리는 익히 알 수가 있다.

문장생성 절차의 창조성을 검토할 수 있는 두 번째 측면은 수사학적 측면이다. 우선 우리의 언어활동에서 발견될 수 있는 가장 놀라운 사실은 우리는 언제나 나름대로의 최적의 문장을 사용하려고 하는데, 이런 문장은 크게 유일성과 수사성이라는 두 가지 특징을 지니고 있다는 점이다. 먼저 유일성이란 쉽게 말해서 어떤 상황하에서 한 번 사용한 문장은 다시 쓰일 가능성이 거의 없다는 점을 지적하고 있는 말이니까, 이것은 창조성과 동의어나 다름이 없는 말이다. 아마 바로 앞에서 살펴본 여러 가지 예문 중 유일성이 없는 것은 (1)의 '가'뿐일 것이다. 틀림없이 이것도 일정한 상황이 제시되면 유일성이 있는 것으로 즉각 바뀔 것이다.

여기에서 응당 우리는 Chomsky가 내세우는 문장생성의 창조성이라는 말을 재해석할 필요성을 느끼게 마련인데, 그 이유는 문장은 결국에 정보나 의미적 표현체이기에 그것이 유일하다고 말할 때는 으레 그것의 문법적 내지는 구조적 유일성이 아니라 그것의 명제적 내지는 의미적 유일성을 가리키고 있기 때문이다. 너무나 진부한 사실이지만 한 문장의 의미는 그것을 구성하는 어휘들의 의미와 그것의 문법적 의미가 하나로 합쳐진 것이다. 그러니까 엄밀한 의미에서 보자면 어떤 문장이 유일하다는 말은 곧 그것의 어휘적 측면을 빼놓은 상태에서 쓰일 수 없는 것이다. 그리고 이와 관련해서 결코 무시할 수 없는 사실은 우리가 가지고 있는 어휘적 지식은 예컨대 미국의 고등학생이 평균 4,5000어를 알고 있을 정도로 방대하다는 점이다. 결국 이렇게 보자면 우리가 언어를 창조적으로 사용할 수 있는 것은 우리에게 문법적 규칙을 순환적으로 사용할 능력이 있기 때문만이 아니라, 방대한 어휘적 지식이 있기 때문인 것이 분명해진다.

우리가 사용하는 문장들은 그 다음으로 수사성이 높다는 특징도 가지고 있다. 여기에서 말하는 수사성이란 문법성과 대립되는 것으로서, 문장의 창조성의 하한선을 결정짓는 것이 문법성인 데 반하여 그것의 상한선을 결정짓는 것이 바로 이 특성이다. 그리고 이것은 일종의 전인적인 특성이어서, 이것에서는 으레 우리의 좌뇌적인 능력과 우뇌적인 능력이 모두 발휘되게 마련이다. 우리의 좌뇌에서는 분석이나 연산과 같은 인지적 작업을 주로 담당하는 데 반하여 우리의 우뇌에서는 상상이나 감정적 작업을 주도 담당한다는 사실을 고려한다면 우리의 언어활동에서 수사성이 높게 관련된다는 것은 너무나 자연스럽고 당연한 일일는지도 모른다.

일단 여기에서 수사를 언어의 의사소통적 기능을 극대화시키는 방편으로 정의하고 보자면 우리가 사용하는 언어는 으레 일정한 수사성을 지니고 있을 것이라는 것은 누구나 쉽게 추리할 수 있는 일인데, 지금까지의 수사학이나 인지심리학 등에서의 연구로 이미 알려진 바에 의할 것 같으면 언어적 수사성은 크게 생물학적 자연성과 형식적 균제성, 운율적 미려성, 표현적 참신성 등의 네 가지 특징으로 표출되고 있다. 먼저 생물학적 자연성이란 우리의 언어활동은 언제나 우리의 뇌조직의 자연적인 작동 절차를 따라야 한다는 특징, 즉 그것은 언제나 우리의 뇌조직의 한계성을 넘어서지 않는다는 특징인데, 이것에 의할 것 같으면 앞에 예시된 (1)의 '라'나 (2)의 '나'가 왜 실제로는 있을 수 없는 문장인가가 당장 드러난다.

그 다음으로 형식적 균제성이란 언어는 일차적으로 형식상으로 균형이 잘 잡힌 것이어야 한다는 특징을 가리키는 말인데, 형식상으로 구조가 지나치게 복잡하거나 주어부와 술어부 간의 균형이 깨진 문장들은 언어 산출이나 이해 시에 으레 특별한 인지적 노력이 든다는 점을 고려한다면 이런 특징도 일종의 자연적 특징이라고 볼 수가 있다. 다시 앞에 예시된 예문으로 돌아가자면 (1)의 '라'나 (2)의 '나'가 일종의 부적절한 문장으로 평가될 수밖에 없는 이유로 이들은 모두가 형식적 균제성을 유지하고 있지 않다는 점을 들 수가 있다. 그에 반하여 이들 중 형식적 균제성의 특징을 모형적으로 보여주고 있는 것은 기본문격인 (1)의 '가'이다. 그러니까 예컨대 그것이 'The boy that the teacher called on saw the dog that bit the cat.'처럼 확대된 것도 이 면으로 보아서는 익히 권장될만한 문장일 것이다.

세 번째로, 운율적 미려성이란 언어에서는 언제나 음성이나 운율상의 아름다움이 최대로 유지되고 있어야 한다는 특징을 가리키는 말인데, 따지고 보자면 이것의 중요성이 언어사용의 첫 번째 기준으로 내세워지고 있는 언어가 바로 시와 같은 운문이다. 그렇지만 사실은 이런 원칙은 일반적인 언어에서도 최대로 지켜지고 있다고 볼 수가 있는데, 그 이유는 신기하게도 시인이 아닌 일반인들도 운율적으로 미려한 말이 곧 정보전달이 잘 되는 훌륭한 말이라는 것을 익히 알고 있기 때문이다. 다시 앞의 예문으로 돌아가자면 우선 (1)의 '라'와 (2)의 '나'는 우선 한 문장에 하나의 문강세를 가진 정상적인 운율형으로는 발음될 수 없는 것이기에 운율적으로 미려한 문장으로 볼 수가 없다. 그렇지만 이들의 기본문격인 (1)의 '가'는 그런 문장으로 간주될 수가 있다. 이것에서는 같은 정관사가 두 번 되풀이되고 있는 데다가 앞뒤의 두 명사의 단일 음절적 음성구조가 유사하고, 동사의 음성구조마저 비슷하므로 크게는 앞부분과 뒷부분이 비슷한 하나의 운율적 반복형이 형성되어있다고 볼 수가 있다. 물론 이것의 억양형은 뒷 명사가 문강세를 받게 되어있는, 하나의 표준적인 것이 될 것이다.

네 번째이며 마지막으로 표현적 참신성이란 표현법이 새로운 것일수록 정보적 전달력이 크게 제고되며 상대방의 주의력을 더 쉽게 포착할 수 있다는 특징을 가리키는 말인데, 이것의 중요성은 참신성이란 결국에 독창성이나 창조성과 같은 의미의 단어라는 점이 잘 말해주고 있다고 볼 수가 있다. 특히 수사학에서는 은유법을 위시한 다양한 수사법이 적절하게 쓰인 표현들을 참신성이 있는 표현으로 보고 있다. 그러니까 Chomsky가 말하는 문장생성 절차의 창조성은 그것의 일부에 불과했던 셈이다. 예컨대 'Life is just a bowl of cherries.(인생은 한 사발의 체리일 따름이다.)'와 같은 은유문은 문법적 절차와는 아무런 관계가 없는 것이다.

5.3 문법적 규칙의 정교성

언어적 현상을 근거로 해서 우리의 본성을 특징짓는 특징 중 한 가지가 탁월한 인지력을 구사하는 점이라는 것을 확인하는 방법에는 크게 보았을 때 언어적 능력을 거시적으로 분석하는 방법과 그것을 미시적으로 분석하는 방법의 두 가지가 있다고 볼 수가 있는데, 이들 중 역시 과학적 설득력을 더 가지고 있는 것은 미시적인 분석법이다. 더 극단적으로 말하자면 거시적인 분석법은 미시적인 분석법을 위한 하나의 준비적 방법이라고 볼 수도 있는데, 이런 주장의 근거로 내세울 만한 사실이 바로 앞에서의 문법적 지식의 세 가지 특이성에 대한 논의는 다분히 추상적인 차원에서의 논의에 불과하다는 한계성을 지니고 있기에, 결국에 그것에 더욱 구체적인 차원에서의 논의가 보완되었을 때만 그것이 과학적 설득력을 갖게 된다는 사실이다.

언어적 지식이나 능력을 미시적으로 분석한다는 것은 바꾸어 말해서 문법적 규칙의 정교성을 확인하는 것이다. 그런데 신기하게도 지금까지의 고전적 전통문법 시대로부터 현대적 변형생성 문법시대에 이르기까지의 긴 문법 연구의 역사는 문법적 규칙의 특징은 역시 정교한 형식성이라는 점을 드러내주었는데, 두말할 필요도 없이 문법적 규칙에 이런 특징이 있다는 것은 우리의 인지적 조작력이 대단히 탁월하다는 것을 단적으로 실증해주는 근거일 수가 있다. 문법적 규칙이 더할 나위 없이 정교하다는 말은 그것은 더할 나위 없이 복잡하다는 말로 바뀔 수가 있는데, 아쉽게도 그동안까지는 어느 문법이론에서도 그 원인에 대한 논의는 없었다. 굳이 따지자면 Chomsky가 이런 우리의 문법적 지식은 보편적인 것이고 내재된 것이라고 강조하고 나선 것이 그것의 전부나 다름이 없었다. 그러나 우리의 입장에서 보자면 결국에 문법적 규칙이 이렇게 복잡한 것은 문법적 지식은 인지적 일반성과 문법적 특수성, 문장생성 절차의 창조성이라는 세 가지 특징을 가지고 있기 때문이라고 해석할 수가 있다.

1) 수동화 절차에 관한 규칙들

일단 큰 의미에서는 1957년에 Chomsky의 첫 주요 저서인 'Syntactic structures(통사적 구조)'가 출간됨으로써 문법 연구의 긴 역사는 변형생성 문법의 시대에 들어섰다고 치자면, 구체적으로 이것의 시작을 알린 것은 그 안에서의 수동화 변형에 대한 그의 새로운 기술이었다. 흥미롭게도 다양한 변형 현상 중 특별히 그의 관심을 끈 것은 수동화 변형이었던 것인데, 사실은 예컨대 'He played the cello.(그는 첼로를 연주했다.)'라는 능동문에서 'The cello was played by him.(첼로는 그에 의해서 연주되었다.)'라는 수동문이 만들어질 수 있다는 사실은 전통문법에서도 이미 하나의 중요한 문법적 현상으로 지적되었었다. 그러니까 그는 지혜롭게도 문장의 구조나 형식에 관한 한 가장 대표적인 현상으로 이미 알려진 것을 자기의 새로운 문법이론을 내세우는 데 자료로 삼은 것이다.

그러니까 그는 수동화 변형은 아래에 제시되어있는 것처럼 명료하게 형식화될 수 있다는 사실을 최대로 자기 목적을 위하여 활용했던 셈이었는데, 사실은 이렇게 크게 보자면 이 변형은 주어의 후치와 그것에의 'by'의 부가, 목적어의 전치, 동사의 'be'+그것의 과거분사형으로의 변형 등의 네 가지 조작에 의해서 이루어진다는 것을 전통문법에서는 그의 같은 기호법이 아닌 일종의 설명법으로 설명했었다. 그의 입장에서 볼 것 같으면 결국에 수동화 변형이야말로 문법적 지식은 일종의 직관적 지식이라는 점과 문법은 규칙들의 한 셋이라는 점을 실증하는 데 최적의 사례였던 것이다.

NP, Aux,   V,   NP,   X
1,   2,   3,   4,   5
4, 2+be+En, 3,   4,   5

그런데 문제는 수동화 변형에는 이상과 같은 표준적인 구조변화가 일어나지 않는 경우도 많다는 데 있었다. 이런 문제 중 첫 번째 것은 이 변형은 무조건 타동사가 술어로 쓰이는 'S+V+O'형의 문장에 적용되는 것은 아니라는 점이다. 다시 말하자면 타동사 가운데는 수동화 변형을 허락하지 않는 것도 있다는 말인데, 이런 타동사 중 대표적인 것으로 내세울 수 있는 것이 'resemble'과 'cost', 'weigh', 'hold'와 같은 것들이다.

예컨대 'Mary resembles John.(메리는 존을 닮았다.)'은 정문이나 *'John is resembled by Mary.'는 비문이며, 또한 'The book cost ten dollars.(그 책의 정가는 십 불이다.)'는 정문이나 *'Ten dollars were cost by the book.'은 비문이다.

그중 두 번째 것은 타동사 가운데는 이른바 중간동사나 능격동사로 불리는 것도 있다는 점이다. 이들의 특징은 능동문의 형식으로 수동문도 만들어지게 된다는 점으로서, 예컨대 'cook'이라는 동사는 'John cooked the goose.(존은 기러기를 요리했다.)'에서처럼 하나의 타동사로 쓰일 수도 있지만, 'The goose cooked.(기러기는 요리되었다.)'에서처럼 하나의 자동사로 쓰일 수도 있으며, 또한 마찬가지로 'paint'라는 동사는 'John painted the floor.(존은 바닥을 페인트칠했다.)'와 'The floor painted easily.(바닥은 쉽게 페인트칠되었다.)'에서처럼 두 가지로 쓰일 수가 있다. 그런데 이런 능격 동사의 문제가 생각보다 분석하기 쉽지 않다는 것은 'The key opened the door.(열쇠로 문이 열렸다.)'에서처럼 주어 위치에 동작주 대신에 도구적 명사가 자리하는 경우도 있다는 사실과 'The clothes were hanging on the line.(옷들은 빨랫줄에 널려있었다.)'라는 말을 'The clothes were hung on the line.'처럼 말할 수도 있다는 사실이었다.(Roberts, 1994, p.2962)

그중 세 번째 것은 수동문에는 굳이 동작주를 나태는 'by+명사'구를 필요로 하지 않는 것도 대단히 많다는 점인데, 이것은 곧 수동문은 크게 동작을 나타내는 것과 상태를 나타내는 것의 두 가지로 나뉘어질 수 있다는 의미일 수가 있다. 예컨대 'He was killed in an accident.(그는 사고로 죽었다.)'에서는 'by+명사'구가 없음으로써 자동적으로 여기에서의 초점은 그의 상태를 나타내는 데 가 있게 되어있다. 따라서 이런 수동문에서는 크게 의도적으로 이런 구를 생략하는 경우와 그 일이 불가능해서 그렇게 된 경우의 두 가지가 있는 셈이다. 아마 'John was taught French.(존은 프랑스어를 교육받았다.)'에서는 문맥이나 상황에 의해서 누가 동작인인가는 자동적으로 드러나게 되어있을 것이다.(大塚·中島, 1983, p.844)

그중 네 번째 것은 수동문에는 동사 뒤에 나타나는 명사구의 전치사로 'by' 이외에 'with'와 'to', 'in' 등이 쓰이는 것도 있다는 점이다. 이런 전치사들은 으레 동작 수동문이 아니라 상태 수동문에서 쓰인다. 예컨대 'The mountains are covered with snow.(산들은 눈으로 덮여 있다.)'와 'The streets were crowded with people.(거리는 사람으로 붐볐다.)'는 물론이고, 'The news was not known to them.(그 뉴스는 그들에게 알려지지 않았다.)'와 'The whole building was destroyed in [by] the fire.(건물 전체가 화재로 부서졌다.)' 등도 모두 일종의 상태 수동문들이다.(동아 영한사전 (5판), p.2786)

그중 다섯 번째 것은 능동문의 타동사가 직접목적어와 간접목적어를 거느리고 있는 경우, 즉 그것이 'S+V+O$_1$+O$_2$'와 같은 구조를 가지고 있는 경우에는 두 개의 목적어 중 어느 것이 주어가 되느냐에 따라서 두 가지 수동문이 만들어질 수 있다는 점이다. 예컨대 'My uncle gave me the watch.(삼촌이 내게 그 시계를 주셨다.)'라는 능동문으로부터 'I was given the watch by my uncle.'과 'The watch was given (to) me by my uncle.' 등의 두 가지 수동문이 만들어질 수 있다. 그러나 이런 특권은 소수의 타동사에만 주어져 있어서, 예컨대 'Mother made me a doll.(어머니는 내게 인형을 만들어주었다.)'로부터는 'A doll was made (for) me by Mother.'라는 수동문은 만들어질 수 있지만 'I was made a doll by Mother.'와 같은 수동문은 만들어질 수 없다.(Ibid, p.2786)

그중 여섯 번째 것은 능동문에서의 타동사가 '자동사+전치사'나 또는 '타동사+목적어+전치사'와 같은 동사구의 형식을 취하고 있을 경우에도 수동화 변형은 동일한 절차를 밟게 된다는 점이다. 예컨대 'Nobody listened to his warnings.(아무도 그의 경고에 귀를 기울이지 않았다.)'로부터는 'His warnings were listened to by nobody.'와 같은 수동문이 만들어질 수 있고, 또한 'They lost sight of the ship in the fog.(그들은 안개 속에서 그 배를 놓쳐버렸다.)'로부터는 'The ship was lost sight of in the fog.'와 같은 수동문이 생겨날 수 있다.(Ibid, p.2786)

그중 일곱 번째 것은 일부 감정을 나타내는 동사는 수동문의 구조에서만 쓰이는 식으로, 수동문적인 표현 가운데는 관용화된 것도 적지 않게 있다는 점이다. 예컨대 'I was surprised at the news.(나는 그 뉴스에 놀랐다.)'와 'Everybody is supposed to know the law.(누구나 그 법을 알게 되어있다.)', 'She was satisfied with the result.(그녀는 결과에 만족했다.)'에서의 동사형은 능동형에서 도출된 것이 아니라 그 자체로서 관용화된 것임이 분명하다. 그중 여덟 번째 것은 일부 동사의 경우에 있어서는 'there'와 'it'와 같은 형식적 주어가 수동문의 주어로 쓰일 수 있다는 점이다. 예컨대 'They believe there to be a monster in Loch Ness.(그들은 록네쓰에는 괴물이 있다고 믿는다.)'라는 능동문으로부터는 'There is believed to be a monster in Loch Ness.'와 'It is believed (that) there is a monster in Loch Ness.'라는 두 가지 수동문이 만들어질 수 있다.(大塚·中島, 1983, p.843)

그중 아홉 번째 것은 일부 동사의 경우에 있어서는 수동문으로부터 이른바 수동명사형이 만들어질 수가 있는데, 그 형식이 하나가 아니라 세 가지일 수도 있다는 점이다. 예컨대 'The city was destroyed by the enemy.(그 도시는 적에 의해서 파괴되었다.)'라는 수동문으로부터는 'the destruction of the city by the enemy.'와 'the enemy's destruction of the city', 'the city's destruction by the enemy.' 등의 세 가지 명사형이 만들어질 수가 있다. 두 번째와 세 번째 것에서는 모두 핵 명사 앞에 소유격의 명사가 나타나 있는데, 이들의 기능적 의미는 목적어 대 동작주 식으로 서로 같지가 않다.

그중 열 번째이며 마지막 것은 표준적인 수동문의 변이형으로서 조동사인 'be' 대신에 'get'가 쓰이는 이른바 'get 수동문'이 꽤 널리 쓰이고 있다는 점이다. 원래 'get'는 '되다'나 '손에 넣다'라는 의미를 나타내는 하나의 동작 동사이어서 그런지, 이 수동문은 보통 'The treasure got found by the skin divers.(그 보물은 스킨다이버에 의해서 발견되었다.)'에서처럼 구조는 'be 수동문'과 동일하면서도 의미상으로는 어느 상태나 동작의 갑작스러움이나 돌발성을 나타내는 식의 차이를 보이고 있다. 그러나 'Get your watch mended.(시계를 고쳐달라고 해라.)'라는 말 대신에 *'Be your watch mended.'라는 말이 쓰일 수 없다는 사실이나, 'I got my arm broken.(나는 팔이 부러졌다.)'과 'I want to get my work finished by noon.(내 일을 정오까지 마치고 싶다.)라는 말이 각각 *'I was my arm broken.'과 *'I want to be my work finished by noon.'로 바꾸어질 수 없다는 사실로 미루어 보아서는 이 수동문은 용법상으로도 'be 수동문'과 일정한 차이를 드러내고 있음이 분명하다.

이상과 같은 검토를 통해서 우리는 수동화 변형과 같은 가장 대표적인 변형절차도 실제에 있어서는 극단적으로 말하자면 한두 가지의 기본적인 규칙의 설정으로는 완전히 설명될 수 없을 만큼 복잡하고 다양한 절차라는 것을 확인할 수가 있었다. 이런 사실은 일차적으로는 우리에게 문법을 형식적 규칙이 한 셋으로 정의하면서 문법연구의 역사상 최고의 과학적인 문법기술의 모형으로 자처하고 나섰던 변형생성 문법마저도 아직은 미완성의 문법으로 남아있다는 것을 가르쳐주고 있다. 앞에서 살펴본 것과 같이 적어도 열 가지의 현상들을 형식적 규칙의 형태로 분석하고 있지 못하는 한, 그동안에 거기에서 내세운 수동화 변형에 대한 분석법은 불완전한 것으로 평가받을 수밖에 없는 것이다.

이런 사실은 이차적으로는 우리에게 다시 한번 우리의 문법적 지식의 특이함을 인식하게 한다. 우선 앞에서 살펴본 예외적 현상들은 문법적 체계와 의미적 체계는 서로 밀접하게 연결되어 있는데 아직까지는 이중에서 특히 의미적 체계를 형식화하는 일은 생각만큼 쉬운 일이 아니라는 사실을 우리로 하여금 익히 깨닫게 했다. 그러나 아직까지 규칙화나 형식화가 제대로 되어있지 않다고 해서 그런 사실 자체가 없어지는 것은 아니다. 그리고 이와 관련해서 무엇보다도 중요한 사실은 영국이나 미국의 정상적인 토박이들은 이런 수동문들을 필요에 따라 사용하는 데 아무런 어려움을 느끼지 않는다는 점이다. 이것은 곧 그들은 이미 수동화 변형에 관한 온갖 문법적 지식을 다 가지고 있다는 것을 의미한다. 또한 이것은 그들에게는 아주 높은 수준의 인지적 조작능력이 있다는 것을 의미하기도 한다.

2) 흔적이론

1980년대에 이르러서 Chomsky는 'Lectures on Government and Binding(지배와 결속이론)'이라는 책을 내게 되는데, 이로써 그의 언어 연구는 변형생성의 이론의 시기를 지나서 원리와 매개 변항의 이론의 시기에 들어서게 되었다. 쉽게 말해서 이때쯤이 되자 그는 지혜롭게도 변형현상과 관련된 규칙 찾기의 한계성이나 무모함을 깨달은 나머지, 보편 문법은 어떤 원리들에 의해서 작동되는가를 구명하는 것이 곧 문법연구의 궁극적인 과제가 되어야 한다고 선언하고 나선 것이다. 그가 그의 책에서 밝힌 바에 의할 것 같으면 이런 원리에는 X′이론과 Θ이론, 격이론, 지배이론, 한계이론, 결속이론, 통제이론 등의 일곱 가지 이론과 투사원리와 완전해석의 원리, 인가의 원리 등의 세 가지 원리가 들어가 있었다. 특히 그는 여기에서 이들 중 가장 중추적인 역할을 수행하는 것으로 책 이름에 나와 있는 대로 지배이론과 결속이론을 내세웠었는데, 이런 이유로 이 시기는 '지배와 결속이론'의 시기로 불리게 되었다.(原口·中村, 1998, p.320)

그런데 더 본질적인 차원에서 보자면 이 시기를 흔적이론의 시기로 부르는 것이 더 적절할 수가 있는데, 그 이유는 지배이론과 결속이론은 결국에 흔적이론의 타당성을 입증하는 데 동원되는 이론들이기 때문이다. 먼저 이런 생각의 타당성은 Chomsky와 그의 동료들이 일찍이 흔적이론의 중요성을 놓고서 그것을 제안하게 된 동기가 변형문법의 근본적인 변혁에 있다고 내세운 사실 한 가지에 의해서 익히 확인될 수가 있었다. 쉽게 말해서 그는 그동안에 다다익선 식으로 최대로 확장된 변형의 개념을 이동규칙 하나만 남기는 식으로 변형문법의 모습을 통째로 바꾸기 위해서는, 어떤 요소가 이동을 하면 그것은 원래의 자리에 흔적(e, 또는 t)을 남기게 되고, 그 흔적은 반드시 이동해간 요소와 동일한 지표를 갖게 된다는 이론, 즉 흔적이론이 새로 도입되어야 한다고 생각했던 것이다.

여기에서의 'e'라는 기호는 공범주(empty category)의 첫 문자이고, 't'라는 기호는 흔적(trace)의 첫 문자이니까 넓은 의미에서는 서로 같은 것이라고 볼 수가 있다. 그러니까 우선 큰 의미에서는 흔적이론을 공범주 이론이라고 불러도 무방하다. 그런데 무엇보다도 중요한 사실은 우선 이 이론의 출현으로 문법적 기술 양식이 크게 바뀌게 되었다는 점이다. 예컨대 'John seems to have hit the dog.(존이 그 개를 때린 것처럼 보인다.)'라는 문장이 하나의 인상절차에 의해서 만들어진 것이라는 사실을 '[S [NP e] seems [S John to have hit the dog.]]'이나 아니면 '[S Johni [S [NP ei] to have hit the dog]]'과 같은 기술에 의해서 밝혀질 수가 있다.(原口·

中村, 1998, p.726)

그렇다면 결국에 지배이론과 결속이론이 흔적이론의 두 기둥과 같은 이론이라는 말은 곧 이들이 공범주 이론에서 두 기둥이 되는 이론이라는 말로 바뀔 수가 있는데, 그게 그렇다는 것은 이 무렵에 세워진 공범주에 대한 정의나 개념의 내용을 살펴보게 되면 쉽게 알 수가 있다. 이름 그대로 공범주란 음성적 내용을 가지고 있지 않은 범주인데, 그동안의 연구로 명사구적 공범주에는 크게 대명사적 대용사인 'PRO'와 공대명사류인 'pro', 대용사인 명사구 흔적, 변항인 의문사 흔적 등의 네 가지가 있음이 밝혀졌다.

그런데 이들 네 가지 공범주 중 'PRO'를 제외한 나머지 세 가지는 일정한 명사구와 대응관계를 갖게 되어있는데, 이런 대응관계를 규제하는 데 적용되는 것이 바로 결속이론과 지배이론이다. 우선 결속이론은 대용사인 'PRO'와 대명사류인 'pro', 의문사의 흔적인 지시표현구 등의 선행사가 어떤 영역에 있어야 하는가를 규정하는 이론이고, 지배이론은 명사구 흔적과 의문사 흔적에 부과되는 조건을 명시하는 이론이다. 예컨대 결속이론의 내용은 대용사는 그의 지배범주의 내부에서 결속되어있어야 하는 데 반하여, 대명사류는 그의 지배범주의 내부에서 자유로워야 하며, 지시표현구는 항상 자유로워야 한다는 식으로 요약될 수가 있고, 또한 지배이론의 내용은 α와 β가 동일한 최대 투사범주 내에 있으면서 이들 사이에 아무런 장벽이 끼어있지 않으면 α는 β를 지배하고 있다고 볼 수가 있다는 식으로 요약될 수가 있다.(Ibid, p.318)

그런데 어떻게 보자면 너무나 당연한 일이었겠지만 Chomsky와 그의 동료들이 공범주 이론이나 흔적이론을 내세우게 된 것은 이렇게 함으로써 그전까지는 제대로 구명되지 않았던 언어적 현상들을 통합적으로 구명할 수가 있기 때문이었다. 이런 사례 중 첫 번째로 꼽을 수 있는 것은

'want + to' 형식의 문장과 그것의 축약형인 'wanna' 형식의 문장간의 통사적 행태상의 차이이다. 우선 공범주 이론에 의할 것 같으면 'want'나 'try' 와 같은 타동사 뒤에 부정사가 오게 되는 문장은 부정사 앞에는 대명사적 대용사인 'PRO'가 위치하고 있다고 본다. 예컨대 'I want to leave.'와 'I tried to leave.'는 각각 'I want [PRO to leave].'와 'I tried [PRO to leave].' 처럼 기술된다. 그런데 이런 'PRO'는 부정사뿐만 아니라 동명사의 주어의 위치에도 나타난다는 특징을 가지고 있다. 그리고 이런 경우에 있어서 어떤 것이 의미상의 주어가 되는가 하는 것은 으레 통제이론에서 다루어진다.(Ibid, p.540)

그런데 이런 기술법의 타당성을 실증하고 있는 것이 바로 'want+to' 형식의 문장과 그것의 축약형인 'wanna' 형식의 문장 간의 통사적 특권 상의 차이점이다. 예컨대 'You want to see Bill.'이라는 말은 'You wanna see Bill.'로 고쳐질 수 있는데, 이런 경우를 놓고서는 미국의 구어에서는 자주 'want to'는 'wanna'처럼 줄여서 발음되게 된다는 식의 설명을 하면 된다. 여기에서 이와 동일한 현상으로 'going to'가 'gonna'로 대치되는 것을 들 수도 있다. 그러나 'You want John to see Bill.'을 *'You wanna John see Bill.'로 고쳐질 수 없다는 사실 앞에서는 이런 식의 설명은 설득력을 잃게 마련이다. 앞엣것에서는 부정사의 주어격인 'John'이 그 앞에 자리하고 있으니까 문법적 규칙을 어기고 있지 않은 데 반하여, 뒤엣것에서는 부정사의 표지어인 'to'가 나타나 있지 않으니까 문법적 규칙을 어기고 있는 것이다.

'want to'와 'wanna' 간의 통사적 특권 상의 차이점은 의문사문에서 더욱 뚜렷이 드러난다. 예컨대 'Who do you want to see t?'라는 말은 'Who do you wanna see t?'라는 말로 고쳐질 수가 있다. 구조적으로 보았을 때 의문사인 'who'가 부정사의 목적어 자리에서 문두로 이동한 것이 이들

의문문이니까, 두 번째 문장이라고 해서 문법적 규칙을 어기고 있는 것은 아닌 것이다. 그러나 의문사인 'who'는 'who do you want t to see Bill?'에서처럼 부정사의 주어의 자리에서 문두로 이동해갈 수도 있는데, 이런 의문사문이 *'Who do you wanna see Bill?'처럼 고쳐질 수는 없다. 이렇게 고쳐질 수 없다는 것은 물론 *'Who do you wanna t see Bill?'처럼 기술될 수 없다는 말이나 같은 말이다. 그러니까 결국은 'wanna'가 쓰이는 의문사문에는 'who'가 부정사의 목적어로 쓰이는 경우와 그것이 주어로 쓰이는 경우의 두 가지 중 오직 첫 번째 것만이 있을 수 있다는 말이 된다.(大塚·中島, 1983, p.1259)

흔적이론의 위력이 가장 크게 발휘된 곳은 의문사 이동에 대한 기술법이라고 볼 수가 있는데, 그 이유는 이것의 한 작동 조건으로서 개발된 하위인접 조건에 의해서 그동안까지 다양한 이름 밑에서 다루어지던 여러 현상을 보다 통합적이고 체계적으로 설명할 수 있게 되었기 때문이다. 우선 'Who did you give the book to t?'와 같은 기술법의 등장으로 의문사 의문문을 만들기 위하여 의문사가 이동할 경우에는 그것의 원위치에 흔적을 남기게 된다는 생각이 새로운 문법법 발상법으로 쉽게 자리 잡게 되었다. 그리고 머지않아서 이런 발상법은 'What did you tell John [that Mary thought [that Bill ate t]]?'에서처럼 하나의 복문에서의 의문사 의문문이 만들어지는 절차를 보여주는 데 있어서도 유용하게 쓰일 수 있었다. (原口·中村, 1992, p.211)

그러나 의문사 이동 절차는 생각보다 까다로운 절차이어서 그것에 대한 연구가 활발해지면서 흔적이론의 적용조건도 밝혀지게 되었는데, 이른바 '하위인접 조건'이라는 것이 바로 그것이었다. 이 조건은 간단히 말해서 어떤 성분의 이동은 한 번에 두 개의 명사구나 문장을 넘어설 수 없다는 것으로서, 이것에 따르자면 'What did you tell John that Mary thought that Bill ate?'는 의문사 이동이 세 번에 걸쳐서 순환적으로 일어난 결과로 분석이 된다. 그런데 이 조건의 가치는 그 안에 복합명사구 제약이나 문주어 제약, wh섬 조건, 주어 조건 등과 같이 다양하게 불리던 것을 이것 하나로 통합할 수 있게 되었다는 점이었다.

예컨대 그동안에는 우선 복합명사구 제약의 규칙을 어기고 있는 탓에 비문으로 낙인이 찍히는 예로는 *'CP whati did [IP John believe [NP the claim [CP ti that [IP Tom saw ti]]]]]?'를 들고 있었고, 그 다음으로 문주어 제약을 어긴 탓에 비문이 된 예로는 *'I wonder [CP whati [IP [NP [CP ti that [IP John will eat ti]]] is likely]].'를 내세우고 있었으며, 세 번째로 wh섬 조건을 위반하고 있는 탓에 비문이 된 예로는 *'CP whati do [IP you wonder [CP when [IP John ate ti]]]]?'를 들고 있었고 마지막으로 주어 조건의 규칙을 어긴 탓으로 비문이 된 예로는 *'CP Whati did [IP [NP your interest in ti] surprise John]]?'을 들고 있었다. 그러나 이제는 그 이유를 의문사가 한 번에 두 개나 그 이상의 명사구나 문장을 넘어서고 있기 때문인 것으로 통일할 수가 있게 되었다.(Ibid, p.665)

그런데 흥미롭게도 일찍이 Chomsky는 주제화 변형도 의문사 이동 변형의 한 가지로 보려고 했다. 예컨대 그는 'This book, I really like.'라는 주제화문은 1) 'S´[Top This book] [S´[comp] [S I really like what]]]'와 2) [S´ [Top This book] [S´ [comp what] [S I really like t]]]', 3) '[S´ [Top This book] [S´[comp] [S I really like t]]]'와 같은 세 가지 단계에 의해서 생겨나게 된다 보았다. 더 나아가서 그는 'This book, I really like it'나 'John, Mary really loves him.'과 같은 좌측전위현상도 동일한 절차로 분석될 수 있다고 주장했다. 그러나 주제화 변형을 이처럼 의문사 이동변형의 한 가지로 보는 것 자체에도 논리상의 무리가 있고, 또한 전위문을 주제화문과 같은 것으로 보는 것에도 논리상의 무리가 있음이 분명하

다.(Ibid, p.720)

3) 최소주의 이론

1995년에 'The minimalism program(최소주의 이론)'이 출간됨으로써 Chomsky의 언어연구는 드디어 최소주의 이론의 시대에 들어섰다고 볼 수가 있는데, 간단히 말해서 이 시대는 지난 4,50년에 걸친 변형생성문법에 관한 연구를 하나의 이론 밑에서 총정리한 시대이었다. 그렇다면 그의 언어이론의 막강한 영향력으로 보아서 사람들의 첫 번째 관심은 당연히 그가 이런 총정리 작업을 어떤 식으로 하게 되었느냐에 가게 마련인데, 이것에 대한 대답은 최소주의라는 술어에 나와 있는 것이나 다름이 없었다. 최소주의란 기본적인 의미에서 보자면 무슨 일에 있어서나 최소의 노력으로 최대의 효과를 얻으려는 우리의 본성을 나타내는 술어이다. 그러니까 그는 이 시기에 이르러서 언어적 연구도 마땅히 최소주의의 원리에 맞도록 크게 조정되어야 한다고 생각하게 된 것이다.

그가 이번에 이룩한 변혁 중 제일 중요한 것은 역시 문법의 모형을 근본적으로 바꾼 것이었다. 간단히 말해서 그는 그동안까지 그의 언어사상의 기본으로 내세워왔던 심층구조와 표층구조라는 두 개의 기본적인 표현체를 모두 없애버리는 용단을 내렸는데, 그 이유는 그래야만 문장 도출의 절차가 획기적으로 단순해지기 때문이었다. 이번에 제안된 문법모형에 따르자면 문장의 생성절차는 어휘의 집합체인 배번집합에 문자화(spell-out)라 불리는 연산적 절차를 가해서 필요한 음성층위와 논리층위를 얻게 되는 절차라는 것이었다. 적어도 이론상으로는 이번의 문법모형은 과거의 것과 비교할 수 없을 만큼 단순화된 것이다.

그 다음으로는 이상과 같은 단순화된 문법모형의 작동이론으로 자질점검이론을 제안하게 되었는데, 자질이란 원래가 어휘들이 가지고 있는 음성적 및 의미적, 형식적 특징을 가리키는 말이기에, 이들의 적합성을 점검하는 것을 문장생성의 기본 절차로 삼는다는 것은 그것을 최소주의적인 것으로 만들겠다는 말이나 같은 말이었다. 예컨대 그는 형식적 자질의 유형으로 a) 범주적 자질과 b) ∅-자질, c) 격자질 d) 강자질 등의 네 가지를 들고서, 그 예로서 'We build airplanes.'라는 문장을 구성하고 있는 세 개의 어휘들의 고유와 선택적 자질들을 다음과 같이 기술했다. 우선 이들의 고유자질로는 'we'에 부여된 [1인칭]과 'airplanes'에 부여된 '3인칭' 및 '-인간, 'I'에 부여된 [명사적 격] 등을 들었고, 이들의 선택적 자질로는 두 개의 명사에 부여된 [복수]와 'build'에 부여된 [∅ 자질]을 들었다. 이런 의미에서 볼 때 문장 도출의 절차는 결국 매 단계에 있어서 자질 불일치 현상을 점검하는 절차이었다. 그러니까 이런 작업은 으레 경제적인 작업일 수밖에 없다.(Chomsky, 1995, p.279)

세 번째로는 이동변형 절차에 대한 제약과 원리를 체계화했다. 다양했던 변형 절차들이 이동변형 한 가지로 집약이 된 이상, 이것이 유효하게 쓰이려면 이것에 제약사항이나 원리 등이 명시되어 있어야만 했던 것이다. 예컨대 그는 형식적 자질을 설정하는 자리에서 시재소인 'T'와 보문소인 'C', 한정소인 'D', 일치소인 'Agr' 등의 특별한 네 가지의 기능 범주들을 설정하기도 했는데, 따지고 보자면 그 이유는 이들은 모두가 이동변형 시 문제가 되는 것들이었다. 그는 또한 이동은 반드시 마지막 수단으로서만 수행되어야 한다는 원리를 내세우기도 했다. 그리고 그는 이번에 흔적이라는 개념 대신에 복사(copy)라는 개념을 도입할 것을 제안하기도 했다. 또한 그는 문장 산출 과정에서 쓰이는 가장 단순한 연산적 조작을 '병합(merge)'으로 보기도 했다.

그런데 우리는 여기에서 그가 2015년에 나온 '20주년 기념판'의 서문에서 밝힌 바를 특별히 주목하지 않을 수가 없는데, 그 이유는 이 서문자체가 지난 20년에 걸친 최소주의 이론의 발전과 미래의 전망에 대한 일종의 자기평가나 다름이 없기 때문이다. 이중 첫 번째 것은 그가 'Minimalist Program(MP)'는 원래가 하나의 '이론'이 아니라 하나의 '프로그램'으로서 출발했다는 점을 회상시키면서 'MP는 이음새 없는 추구의 연속체이어서 그것은 오늘날 흔히 일반 생물 언어학 프로그램으로 불리는 것이 1950년대에 모습을 갖추기 시작하기 이전의 생성문법의 기원으로까지 거슬러 올라간다.'라고 말한 대목이다.

이중 두 번째 것은 그의 책의 첫 판이 출판된 해부터 오늘날에 이르기 이른바 'Strong Minimalist Thesis: SMT(강성 최소주의 주제)'의 한 가지로서 오직 언어에서만 적용되는 최소 연산의 원리가 존재하느냐의 문제가 집중적으로 다루어져 왔는데, 그가 이런 방향으로의 연구의 정당성을 뒷받침할 수 있는 근거로서 아래와 같은 두 가지 예를 제시한 대목이다. 이런 예 중 첫 번째 것은 'Which book did John read?(존은 어느 책을 읽었느냐?)'라는 의문사 문장으로서, 이런 문장은 그동안 내내 '흔적이론'이나 '이동변현'의 타당성, 즉 이런 문장은 동사의 목적어가 원위치에서 문두로 전치됨으로써 생겨난 것이라는 주장을 하는 데 으레 내세워졌던 일종의 '변형 이론의 보도'같은 문장이었다. 여기에서는 그 이론의 이름이 '복사이론'으로 달라진 것이 특이한 점이었다.

이런 예 중 두 번째 것은 'Instinctively, eagles that fly swim.(본능적으로 나르는 독수리는 수영을 한다.)'와 'Can eagles that fly swim?(나르는 독수리는 수영을 할 수 있니?)'라는 문장으로서, 이들은 바로 1950년대 이래 하나의 수수께끼가 되어왔던 '규칙의 구조 의존성'을 익히 실증할 수 있는 예라고 우선 그는 주장했다. 여기에서의 문두의 부사나 조동사는 모두가 선형적으로 근접한 동사 'fly'와 관련성을 가지고 있는 것이 아니라 선형적으로는 멀지만 구조적으로는 근접한 동사 'swim'과 관련성을 가지고 있다는 사실로 미루어 보아서, '생물학적으로 결정된 내적 체계는 'SMT'의 이론대로 선형적 순서보다는 구조적 거리를 우선시하는 듯하다.'라고 그는 결론을 내렸다.(Chomsky, 2015, p.X)

그런데 의심할 여지 없이 그가 이 서문에서 쓴 'MP는 이음새 없는 추구의 연속체'라는 말은 자기 미화의 변으로서였겠지만, 사실은 이 말만큼 정직하게 최소주의 이론은 결국에 새로운 이론이 아니라 그 전까지 내세워진 원리와 매개변인의 이론을 나쁘게 말하자면 되풀이하는 이론이고 좋게 말하자면 재해석하는 이론에 불과하다는 사실을 지적하고 있는 것도 없다. 다시 말하자면 실제로 그의 책의 내용을 살펴보게 되면 이 말은 자기 미화의 변으로서가 아니라 자기 정당화의 변으로서 쓰였다는 것을 익히 알 수가 있다. 이런 판단이 크게 틀린 것이 아니라는 것을 실증하고 있는 사실이 바로 이 책의 첫 장의 제목이 'The theory of principles and parameters(원리와 매개변인이론)'으로 되어있다는 것일 것이다.

그런데 우리의 입장에서 볼 것 같으면 최소주의 이론을 놓고서의 '이음새 없는 추구의 연속체'라는 그의 말이 특별히 중요한 의미를 갖게 마련인데, 그 이유는 이 말은 그전에 다루어지던 언어자료들이 이번에 또 다시 다루어질 수 있다는 사실을 암시하고 있다고 볼 수도 있기 때문이다. 우리의 목적은 앞에서 이미 밝혔듯이 문법적 규칙의 정교성이나 복잡성을 근거로 해서 우리의 인지적 조작력의 탁월함을 구명하는 것이니까, 만약에 예전에 다루어진 언어자료들이 다시 분석과 검토의 대상이 된다면 이런 분석과 검토는 우리에게는 큰 도움이 될 리가 없다.

우선 이런 우리의 주장을 뒷받침할 수 있는 사실로는 제1장에서 취급된 언어자료들이 대부분 이미 1980년대부터 반복적으로 다루어졌던 것들이라는 점을 들 수가 있다. 이 장의 핵심부라 할 수 있는 제3절(연산체계)에서는 당연히 지배와 결속이론들의 요점이 적절한 예문의 분석을 곁들여서 논의되고 있는데, 여기에 나오는 예문과 기술법들이 이미 이들 이론이 소개될 때 쓰였던 것들이다. 우선 눈에 띄는 것들이 바로 공범주 'PRO'의 개념을 설명하기 위하여 보여준 'John expected [e to hurt himself.](존은 자기가 다치리라고 기대했다.)'와 'it is common [e to hurt oneself.(스스로 다치는 것은 보통이다.)'와 같은 것들이다. 여기에서의 'e'가 'PRO'라는 것을 실증하는 예로서 내세워진 'it is convenient for us [for others to do the hard work.](남들이 힘든 일을 하는 것은 우리에게는 편리한 일이다.)'라는 문장도 크게 생소한 문장은 아니다.

공범주 'PRO'에 이어서 공범주 't(흔적)'에 대한 설명을 하는 자리에 제시된 예문들도 다분히 친숙한 감을 줄 수 있는 것들인데 그 이유는 결국에는 여기에서도 'expect'동사문에 대한 검토가 지속적으로 이루어지기 때문이다. 우선 'I wonder [who John expected [e to hurt himself.]](존은 누가 스스로를 다치게 될 것이라고 기대했는지 궁금하다.)'는 일종의 의문사문이고, 'John was expected [e to hurt himself.](존은 스스로를 다치게 될 것이라고 기대되었다.)'는 일종의 수동문인 식으로, 이동변형에 있어서의 't(흔적)' 설정의 필요성이 강조될 때 으레 제시되던 예들이다. (Chomsky 2015, p.32)

선행사가 흔적을 결속하는 현상에 대한 검토는 상호대명사가 이 동사의 목적어로 쓰이는 경우로까지 이어져갔다. 예컨대 'They expected [each other to hurt themselves.](그들은 서로가 스스로를 다치게 될 것이라고 기대했다.)'에서는 일차적으로는 'they'가 'each other'를 결속하게 되고, 이차적으로는 'each other'가 재귀사를 결속하게 된다고 보았다. 그런데 흥미롭게도 여기에서는 바로 앞에서 검토한 수동문을 놓고서 지난날의 분석법과는 전혀 다른 제2의 분석법, 즉 점검이론 분석법을 제안하고 있기도 하다. 쉽게 말해서 그는 새로 내세워진 점검이론의 타당성을 이 예문의 분석을 통해서 실증하고 있는 것이다.

이 분석법의 특징은 'was'를 'be'라는 연계사가 '과거, 3인칭, 단수'와 같은 굴절적 자질점검을 받기 위하여 굴절 위치에 인상되는 절차를 거친 결과로 본다는 점으로서, 그렇게 되면 결국에 이 수동문은 'John was e_2 expected [e_1 to hurt himself.]'와 같이 두 개의 흔적을 가진 구조를 가진 것으로 분석될 수 있다. 여기에서의 'e_2'는 'be'나 'was'의 흔적이고, 'e_1'은 'himself'를 결속하는 'John'의 흔적인 셈이다. 이런 식으로 보자면 'wonder'도 '현재, 1인칭, 단수'라는 자질을 가진 하나의 굴절된 동사이기 때문에 앞에서 살펴본 예문의 분석법도 'I wonder e_1[who John expected [e_2 to hurt himself.]]'처럼 고쳐질 수가 있었다.(Ibid, p.33)

'it'나 'there'와 같은 허사가 주어나 목적어로 쓰이는 문장들에 대한 검토는 변형문법 이론이 시작된 당시부터 큰 주제의 일부가 되어온 탓이어서 그런지 이 자리에서도 'there' 허사문에 대한 '융합허사법'이라는 이름의 제2의 분석법이 제안되고 있다. 원래가 허사에는 의미가 있을 수 없으므로 논리형식에는 허사가 존재할 수가 없다. 그러니까 일단 예컨대 'there'는 S-구조에서 논리형식으로 사상되는 과정에 삭제된다고 보면 되는데, 이렇게 되면 논리형식에서는 ∅-자질을 가진 요소들은 삭제될 수 없다는 '복원성 조건'을 어기는 결과가 되어버린다. 다시 말하자면 'There is a man in the room.'과 'There are men in the room.'간의 차이가 익히 보여주고 있듯이, 허사는 굴절 동사와 일치를 이루는 식의 일종의 ∅-자질을 가지고 있음이 분명하다.

그렇다면 '융합허사법'이라는 새로운 분석법을 도입할 수밖에 없게 되는데, 간단히 말해서 이것은 [there, a man]이나 [there, men]과 같은, 허사와 관련명사구로 이루어진 구조체를 새로 설정하는 분석법이다. 이 구조체는 일종의 이동절차에 의해서 'there'의 위치로 'a man'이나 'men'이 이동하게 된다는 발상법을 형식화한 것인데, 이때의 이동은 대치절차로 볼 수도 있고 아니면 부가절차로 볼 수도 있다. 이 분석법에 의할 것 같으면 'There is a man in the room.'은 '[there, a man] is t in the room.'처럼 기술되게 되는데, 여기에서의 't'는 'a man'의 흔적이다. 그러니까 쉽게 말하자면 이 분석법에서는 S-구조에 나와 있는 앞의 문장에 상응하는 구조로부터 논리형식에서는 뒤엣것과 같은 구조를 도출하게 된다고 보는 것이다.(Ibid, p.60)

그런데 원래 허사는 S-구조에서는 논항의 위치를 차지하기 때문에 논리형식에서의 융합된 허사를 형성하기 위한 이동은 자연히 일종의 논항이동이 되어야 한다. 그러므로 응당 이 이동에 있어서의 관련 명사구와 그것의 흔적 간의 관계는 논항이 동시에 준수해야 할 조건들을 제대로 충족시키고 있어야 한다. 이렇게 볼 것 같으면 결국에 *'there seems that a man is in the room.'이나 *'there seems that John saw a man.', *'there was thought that [pictures of a man were on sale.]'과 같은 문장이 왜 비문인가 하는 이유가 저절로 드러나는 셈이다. 다시 말해서 이들에 있어서는 논리형식에서의 [there, a man]과 같은 구조체의 설정이 불가능한 것이다.

또한 이 분석법에 의할 것 같으면 종전까지 가시성 개념을 기반으로 한 격분석법이 틀린 것이 아님을 다시 확인할 수가 있다. 예컨대 옛 이론에 의할 것 같으면 'I believe [there is a man here.]'와 'I believe [there to be a man here.]'는 정문인 데 반하여 *'I tried [there to be a man here.]'는 비문인 것은 첫 번째 것에서는 'there'가 주격을 지니고 있고, 두 번째 것에서는 그것이 목적격을 지니는 데 반하여 세 번째 것에서는 그것이 아무런 격을 가지고 있지 않기 때문이었다. 그러나 이 분석법에 의할 것 같으면 이들 간의 차이는 이들을 'I believe [[EA there, a man] is t here.]'와 'I believe [[EA there, a man] to be t here.]', *'I tried [[EA there, a man] to be t here.]'처럼 분석함으로써 더욱 뚜렷이 드러나게 되어 있었다.(Ibid, p.61)

5.4 언어 수행과 인지작용

Chomsky의 동료인 Lasnik은 일찍이 변형생성 문법에 관한 연구가 드디어 최소주의 이론의 시기에 들어서게 된 사실을 놓고서 이 문법은 결국에 1950년대의 모형으로 회귀하게 되었다고 평가한 바가 있는데, 그의 평가와는 아무런 관련 없이 오늘날에 이르러서 결국에는 이 문법은 전통문법과 하나의 중요한 공통점을 가지고 있음을 드러내게 되었다고 볼 수가 있는데, 분석과 검토의 대상인 자료가 인위적으로 만들어진 문장들이라는 것이 바로 그것이다. 우선 이들 두 문법에서는 똑같이 개별적인 문장들을 언어의 기본적인 단위로 간주했는데, 화용론자나 담화분석론자의 입장에서 볼 것 같으면 이런 언어관 자체가 문제점이 될 수가 있었다.

1) 개별문장의 문제성

그런데 이들의 입장에서 볼 것 같으면 이보다 더 큰 문제점이 될 수 있는 것이 바로 언어자료의 정통성의 문제이었다. 예컨대 이들로서는 분석자의 일정한 목적을 위하여 인위적으로 만들어진 문장들을 진짜 문장으로 볼 수는 없었다. 특히 이 점에 있어서는 전통문법보다 한 단계 앞서 있는 것이 변형생성문법이었다. 예컨대 전통문법에서는 특별히 예외적이거나 아름다운 문장들을 유명한 작가의 작품으로부터 인용하는 것을 관행으로 여겨왔다. 또한 여기에서 제시된 예문들은 으레 일반인들의 학습을 위한 모형의 역할도 담당하게 되어있었다. 그에 반하여 변형생성문법에서는 처음부터 말로는 자연언어의 실체를 과학적으로 파악한다고 하면서 실제로는 분석자가 그의 주제나 의도에 맞게 문장들을 만들어 쓰는 것이 그의 과제의 일부가 되어버렸다. 그런데 이러다 보니까 여기에서는 이른바 정문과 비문을 대비시키는 것이 일종의 신 전통으로 자리 잡게 되었다. 물론 이와 관련하여 무엇보다도 중요한 사실은 예컨대 바로 앞에서 검토한 예문을 다시 인용해볼 것 같으면 'I believe there to be a man here.'라는 정문과 *'I tried there to be a man here.'라는 비문 모두가 분석자 스스로가 일정한 의도로 만들어낸 것이라는 점이다.

그런데 사실은 변형생성문법자들의 이런 언어자료관은 이들의 특별한 언어 내지는 문법관에 기저하고 있다는 데 그 특이성이 있었다. 앞에서 누차 강조했듯이 Chomsky는 처음부터 언어능력과 언어수행을 엄격히 구별하는 것을 과학적 문법연구자가 마땅히 해야 할 첫 번째 일이라고 내세우고 나섰고, 머지않아서 그는 여기에서 한 걸음 더 나아가서 이른바 'I-언어'와 'E-언어'를 엄격히 구분하는 일을 그가 마땅히 해야 할 첫 번째 일이라고 주장하고 나섰다. 그의 주장을 다시 풀이하자면 원래 문법적으로 맞는 문장을 생성해내는 능력이나 지식은 우리의 몸 안에 내재되어 있는데, 그것을 제대로 언어적 분석과 기술의 방식에 의해서 밝혀내는 것이 곧 변형생성문법의 궁극적인 과제라는 것이었다. 물론 이런 문장들이 일정한 상황 내에서 실제로 쓰이는 경우에는 다른 인지적 작용들이 개입되기 마련인데, 이런 문제는 이 문법의 정당한 과제가 될 수 없다는 것이 그의 지론이었다. 그러니까 그는 처음부터 문법 연구자의 과제를 최소화하는 지혜를 발휘했던 셈이다.

Chomsky는 또한 처음부터 우리의 문법적 능력이나 지식은 우리의 일반적인 지력이나 지식과 무관하다는 점도 강조하고 나섰는데, 이 점 역시 그동안에 대부분의 인지심리학자들이 가지고 있던 생각과는 크게 다른 발상법이었다. 결국에 어휘는 개념적 표현체이고 문장은 명제적 표현체라는 점을 고려한다면 이런 발상법은 우리의 일반적인 상식으로부터는 크게 벗어난 것이었다. 앞에서 살펴본 예로 다시 돌아가 볼 것 같으면 일반적인 인지심리학자의 입장에서 보자면 분명히 'I believe there to be a man here.(여기에 사람이 있다고 나는 믿는다.)'는 논리적으로 말이 되는 문장인 데 반하여 *'I tried to there to a man here.(여기에 사람이 있도록 나는 애썼다.)'는 그렇지가 못하니까, 굳이 이들간의 차이를 문법적 규칙상의 차이로 볼 필요가 없을 것 같은데, 그의 생각은 달랐다.

　Chomsky는 세 번째로 처음부터 언어는 결국에 의사소통의 도구가 아니라는 점도 강조하고 나섰는데, 이런 주장 역시 그동안에 대부분의 인류문화학자나 인지심리학들이 가지고 있던 생각과는 정반대적인 것이었다. 우리의 일상적인 의사소통의 대부분이 으레 언어에 의해서 이루어진다는 사실을 고려한다면, 이런 발상법은 물론 우리의 일반적인 상식과도 크게 동떨어진 것이다. 그러나 그는 틀림없이 그렇다면 왜 예컨대 똑같은 '네가 말을 잘 들으리라고 나는 기대해.'라는 말을 'I expect your obedience.'와 'I expect that you will obey.'와 같이 서로 다른 형식으로 말하게 되었는지를 제대로 설명할 수 없을 것이라고 반박할 것이다. 굳이 또 하나의 예를 들자면 그는 틀림없이 그렇다면 왜 '당신을 만나고 싶어 하는 사람이 있어요.'라는 말을 'A man wants to see you.'와 'There is a man (who) wants to see you.'과 같은 서로 다른 문장으로 말하게 되는지 제대로 설명할 수 없을 것이라고 반박할 것이다.

　편의상 일단 이상과 같은 Chomsky류의 문법적 능력 내지는 지식관을 협의의 문법적 능력 내지는 지식관으로 정의하고 볼 것 같으면, 이런 정의가 보다 명식적으로 내려져 있는 곳이 바로 그가 2016년에 낸 'What kind of creature are we?(우리는 어떤 존재인가?)'라는 책의 끝부분이다.

이 책의 서문에서 Bilgrami가 익히 지적하고 있듯이 길이는 작은 판으로 총 168쪽밖에 되지 않을 만큼 짧으면서도 그 내용은 이론언어학과 인지과학, 과학철학, 과학사, 진화생물학, 지식이론, 언어 및 정신철학, 도덕 및 정치철학, 인간교육론 등을 망라할 정도로 다양하고 깊다. 한마디로 말해서 그가 지난 4,50년 동안에 내세워온 이성주의적 언어관을 철학적이고 범학문적인 차원에서 합리화한 것이 이 책인 셈이다.

그런 의미에서 볼 때 'The mysteries of nature: how deeply hidden?(자연의 신비: 얼마나 깊게 감추어져 있는가?)'라는 제목이 붙어져 있는 모두 네 개의 장 중 마지막 장의 끝부분에 나와 있는 아래와 같은 말은 그의 이성주의적 언어 내지는 문법관의 정수라고 볼 수가 있다. 그런데 놀랍게도 이 책의 결론과도 같은 이 말에서는 바로 앞에서 살펴본 그의 언어 내지 문법관의 세 가지 특징이 구체적으로 언급되고 있다. 굳이 이것 나름의 특이함을 찾자면 그 특유의 자기자랑과 자신감이 이것에서도 제대로 넘쳐나고 있다는 점일 것이다.(Chomsky, 2016, p.125)

또한, 마음에 새겨둘 가치가 있는 더 낮은 수준의 신비도 있다. 인간에 대한 특별한 관심의 한 가지는 그의 인지적 능력의 진화이다. 이 주제를 놓고서 진화생물학자인 리처드 리원틴은 증거가 적어도 현대과학에서 이해되는 술어로는 접근이 불가능한 것이기에 우리가 배울 수 있는 것은 거의 없다고 강력히 주장했다. 언어를 두고 말하자면 이 점과 관련해서 두 가지 기본적인 질문이 있을 수 있다. 첫 번째 것은, 우리의 인지적 및 감각 운동적 체계에 의해서 해석될 수 있는 무한한 범위의 위계적으로 구조된 표현체들을 구성해내는 능력의 진화이고, 두 번째 것은 이런 연산절차에 참여하는 어림으로 낱말과 같은 원자적 요소들의 진화이다. 이들 두 가지 모두에 있어서 그 능력들은 인간에게 특이한 것 같고, 아마 언어에 특이한 것 같다. 이들 능력들은 이들이 따르는 자연법칙들과는 별개의 것으로서 최근의 연구가 익히 드러내고 있듯이 다분히 심대한 결과를 가져올는지도 모른다.

두말할 필요도 없이 여기에서 우리가 이처럼 그의 특이한 문법적 능력 내지는 지식관을 살펴보는 것은 언어적 사실이나 현상들을 통해서 우리의 본성의 일부가 바로 우리는 탁월한 인지력을 가지고 있는 점이라는 것을 실증하는 데 도움을 받기 위해서이다. 따라서 우리는 Chomsky가 제기했던 문제점, 즉 우리의 인지적 능력이 진화과정의 결과인가 아닌가나, 더 나아가서는 이것을 신비주의적인 견해에서 검토해야 하는가의 문제 등에는 아예 관심을 가질 필요가 없다. 그러니까 쉽게 말해서 그의 이런 특이한 문법적 능력 내지는 지식관에는 크게 세 가지 문제점이 있음을 지적해두는 것이 우리의 목적에 맞는 일이다. 바꾸어 말하자면 문법적 능력 내지는 지식관에는 협의 것만 있을 수 있는 것이 아니라 광의의 것도 있을 수 있다는 것을 밝히는 것이 우리의 목적에 맞는 일인 것이다.

2) 상황적 적절성

이들 중 첫 번째 것은 사회언어학자인 Hymes가 일찍이 지적하고 나섰듯이 Chomsky가 말하는 언어적 능력은 진정한 의미에서의 언어적 능력의 일부에 불과하다는 점이다. 그의 이론대로 언어를 일단 의사소통의 도구로 볼 것 같으면 아무리 문법적으로 맞는 문장일지라도 일정한 상황하에서 언어사용자의 의사소통의 목적에 맞게 쓰이지 않는 한 그것을 하나의 정문으로 볼 수는 없는 것이다. 문장의 기능에 관한 한 문법적 완전성보다는 오히려 상황적 적절성이 더 중요하다는 것을 단적으로 드러내 주고 있는 이론이 바로 일찍이 Austin이 내세운 화행론, 즉 언어를 의미나 개념의 표현체가 아니라 행동의 유발자로 보려는 이론인데, 이런 입장에서 볼 것 같으면 문장의 생명이나 다름없는 것은 분명히 그것을 사용하는 사람의 성실성과 그것이 쓰이는 상황이나 문맥이다.

이들 중 두 번째 것은 우리의 의사소통 행위는 으레 대화의 형식을 취하게 되어있어서, 일단 개별적인 문장이 그것으로부터 축출되게 되면 그것의 실체는 결코 제대로 밝혀질 수 없게 되어있다는 점이다. 그런데 이런 진실의 정곡을 찌르고 있는 이론이 일찍이 화용론의 원조격인 Grice가 제안한 협력성의 이론이다. 이 이론의 구체적인 실행 강령으로 볼 수 있는 네 가지의 회화적 격률은 우리가 지켜야 할 언어적 규칙에는 문법적 규칙 이외에 화용적 규칙이 따로 있음을 익히 실증하고 있다. 예컨대 그가 제안한 네 가지 격률은 양에 관한 것과 질에 관한 것, 관련성에 관한 것, 태도에 관한 것 등인데, 실제에서는 이들이 서로 상충하는 경우나 이들 중 어느 한 가지가 지켜지지 않는 경우가 있을 수 있는 것은 사실이지만 대체적으로는 이들이 어느 두 사람 간의 성공적인 대화의 기본적인 작동원리처럼 작용하고 있음을 익히 확인할 수가 있다.

그런데 화용론의 영역에서는 Grice의 협력성의 원리보다 어떤 의미에서는 한 차원 위의 이론이 제안되기도 했는데, Leech의 정중성의 이론이 바로 그것이다. 정중성이란 쉽게 말해서 모든 행동은 모름지기 상대방의 입장을 최대로 고려한 상태에서 행해져야 한다는, 일종의 도덕적 덕목인데, 그가 보기에는 이 덕목이 두 사람이 대화를 나누는 경우에도 최고의 작동원리로 쓰이고 있었다. 그러니까 Grice의 격률들은 성공적인 대화를 위한 최소한의 준수사항인 데 반하여 Leech의 격률들은 최대한의 준수사항이었던 셈인데, 그게 그렇다는 것은 그의 격률에는 요령의 격률과 관대성 격률, 찬동성 격률, 겸손의 격률, 일치의 격률, 동정성 격률 등의 여섯 가지가 있다는 사실로써 익히 알 수가 있다.

이들 중 세 번째 것은 우리가 대화 시에 사용하는 문장 가운데는 비문법적이거나 불완전한 것들이 의외로 많다는 점이다. May가 최근에 'Pragmatics: Overview(화용론 개관)'라는 논문에서 지적한 바에 따를 것 같으면 의사소통에 있어서의 Chomsky가 내세우는 식의 엄격한 규칙의 준수는 일종의 환상에 불과한데, 항상은 아닐지라도 대부분의 경우 여기에서 쓰이는 문장들은 바르게 이해되고 있다는 것이다. 그는 이와 관련하여 일찍이 프랑스의 철학자인 Ranciere가 언어적 오해를 상대방의 의도 중 일부를 잘못 이해하는 '단순한 오해(malentendu)'와 상대방의 의도 자체를 전혀 파악할 수 없는 '심층적 오해(mesentente)'의 두 가지로 나누었다는 사실을 언급하면서 그럼에도 불구하고 신기하게도 우리가 다른 사람과의 의사소통에 지장을 갖는 일은 아주 드물다는 점을 지적했다.(May, 2006, p.52)

그런데 사실은 이런 사실은 하등 신기하게 여길 것이 못 되는데, 이것은 곧 우리에게는 작게는 불완전한 문장을 안전한 것으로 바로잡을 수 있는 문법적 능력과 크게는 상대방의 의도나 의미하는 바를 추리해낼 수 있는 추리력이 있다는 것을 익히 방증하고 있기 때문이다. 예컨대 대화 시 화자가 저지르는 오류에는 크게 발음상의 것과 어휘나 어형상의 것, 문법적 규칙상의 것 등이 있을 텐데, 청자는 그의 언어력에 의해서 이들을 접하는 순간 바로 바로잡는다. 심리적 원리로 보았을 때는 아마도 상대방의 말에 오류가 있다는 것을 인지하는 절차와 그것을 교정하는 절차는 거의 동시에 일어날 것이다. 그에게는 물론 그 나름의 일정한 언어력뿐만 아니라 논리적 추리력도 있다. 따라서 설사 상대방의 말에 불완전하거나 문법적으로 맞지 않는 부분이 있다손 치더라도 그의 의도나 그것의 뜻을 이해하는 데는 별 지장이 없다.

최근에 이르러서 화용론의 영역에서 Grice의 이론의 대안으로 등장한 것이 Sperber와 Wilson이 제안한 관련성의 이론인데, 따지고 보자면 이것은 우리의 의사소통 행위가 으레 원활하게 이루어질 수 있는 것은 우리에게는 우리 특유의 탁월한 논리적 추리력이 있기 때문이라는 것을 실증하려는 이론에 불과하다. 엄밀히 말하자면 이 이론에서 노리는 바는 신

Grice 이론을 만들어내려는 것이 아니라 그동안에 언어학계를 주도해오던 Chomsky류의 이성주의적 통사론의 한계성을 노출시키려는 것이었다. 예컨대 이것에서는 Chomsky의 우리에게는 우리 특유의 문법적 능력이나 지식이 내재되어있다는 식의 주장에 맞서서 '인간에게는 말과 기타 의사소통적 행위를 포함한, 모든 입력되는 자극의 관련성을 극대화시킬 수 있는, 생물학적으로 뿌리가 내려져 있는 능력이 부여되어있다.'라는 식의 주장을 내놓았었다.(Yus, 2006, p.512)

물론 여기에서 문제로 삼은 것은 의사소통 시에는 비문법적이거나 불완전한 문장들이 생각보다 많이 쓰인다는 점이 아니라 하나의 문장에 대한 해석이 설사 그것이 문법적으로 아무런 하자가 없는 것일지라도 Chomsky의 생각처럼 단 한 가지만 있을 수 있는 것이 아니라 여러 가지가 있을 수 있다는 점이었다. 만약에 한 문장에 대한 해석이 단 한 가지만 있을 수 있다면, 그런 모형은 기껏 해봤자 일종의 기계적이고 기호적인 모형일 뿐일 텐데, 우리의 것은 그런 것과는 전혀 다른, 매 문장의 올바른 해석을 위하여 우리의 생득적인 추리력이 십분 발휘되는 일종의 추리적인 모형이라는 것이 이 이론의 요지였다. 더 구체적으로 말하자면 의사소통을 여기에서는 화자는 으레 상대방의 추리절차에 제일 크게 도움을 줄 수 있는 자료를 제공하고, 청자는 그것을 출발점이나 근거로 하고, 자기의 기억체계나 추리력을 최대로 활성화해서 상대방의 말의 의미나 의도를 제대로 해석해내는 식의, 두 사람 간의 긴밀한 협조행위로 보았었다.

이 이론에서는 그러니까 결국에 이런 화용적 능력을 문법적 능력과 별도의 것이면서 그것보다 한 차원 상위의 능력으로 본 것인데, 그렇다면 우리의 입장에서 볼 때 마땅히 던져보아야 할 질문이 바로 이런 화용적 능력은 우리의 일반적인 인지력과는 어떤 관계를 맺고 있다고 보아야 하느냐일 것이다. Sperber와 Wilson의 이것에 대한 대답은 두말할 필요도 없이 이들 간에는 아무런 관계가 없다는 것일 것이다. 예컨대 여기에서는 우리의 뇌 조직에는 화용적 모듈이 따로 존재하고 있다고 보기까지 한다. 그러나 이런 언어지상주의적인 견해는 궁극적인 의미에서 볼 때 Chomsky의 문법적 능력관의 한 복사품에 불과하다. 특히 이들이 말하는 추리력은 반드시 언어를 사용할 때만 쓰이는 것이 아니라는 사실을 감안한다면 이들의 견해와 정반대의 것이 맞을 가능성이 높다. 또한 추리절차에 있어서 으레 병렬적으로 활성화되게 되어있는 것이 바로 기억부로부터 관련된 지식이나 정보를 찾아내는 일인데, 기억부에 들어있는 지식이나 정보를 색출하는 작업은 일반적인 인지작업이지 언어 특수적인 인지작업은 아니다.

우리의 입장에서 볼 것 같으면 응당 이런 질문은 다른 화용적 이론들을 놓고서도 던져져야 할 텐데, 결론부터 말하자면 이것에 대한 응답도 동일한 것일 수밖에 없다. 우선 Austin의 화행론에서는 하나의 발화는 으레 언표적인 효과뿐만 아니라 전언표적인 효과와 비언표적인 효과를 가져오게 되어있는데, 이들 세 가지 중 가장 중요한 역할을 수행하는 것을 비언표적 효과라고 보고 있다. 그런데 여기에서 말하는 비언표적 효과란 이름 그대로 발화의 의미나 내용과는 직접적으로 관계가 없이 화자의 의도나 청자의 해석력에 의해서 생겨나는 효과이다. 따라서 의문문이나 서술문으로 명령문을 대신하는 경우에서처럼 모든 문장은 반드시 적절한 상황이나 문맥 안에서 사용하게 되어있다는 것을 전제하고 있다.

그렇다면 그 자신의 말처럼 이 이론에서는 '전체적 상황에서 언어 전체를 연구'하지 않는 한 발화의 비언표적 효과는 알아낼 수 없다고 보고 있는 것인데, 이런 견해와 관련해서 우리의 입장에서 던져보아 할 질문은 바로 이런 비언표적 효과를 알아내는 능력이 과연 우리의 일반적인 지력의 일부인가 아니면 언어특수적인 지식의 일종인가 일 것이다. 앞에서와 마찬가지로 이것에 대한 우리의 응답은 이런 능력은 우리의 일반적인 지력의 일부라는 것이다. 예컨대 'Could you close that window?(그 창문을 닫을 수 있습니까?)'라는 의문문이 던져졌을 경우 이것이 자기에게 그럴 수 있는 능력이 있다는 판단하에서 하나의 명령문으로 쓰이고 있다는 것을 알아차릴 수 있는 능력을 언어특수적인 능력으로 볼 수는 없는 것이다.

특히 화행론의 등장으로 이상과 같은 간접화행문에 대한 연구가 활발해졌는데, 그 이유는 이것만큼 발화적 효과 중 가장 중요한 것이 비언표적이라는 Austin의 이론의 타당성을 단적으로 실증하고 있는 것은 없기 때문이다. 앞의 예처럼 간접적인 의문문이나 서술문으로 상대방에게 요구나 명령을 내리는 경우는 대단히 흔한데, 'Close the window.(창문을 닫아라.)'라는 명령문 대신에 'It's rather cold here.(여기는 조금 춥다.)'나 'Could you close the window?(창문을 닫을 수 있니?)'와 같은 서술문이나 의문문을 사용하는 것이 그 좋은 예이다. 그 밖에 초청에 대한 거절의 의사를 간접적인 표현으로 나타내는 것도 이것의 한 좋은 예이다. 예컨대 많은 사람들은 'Do you want to come to a movie?(영화 보러 가겠어요?)'라는 초청문에 대해서 'No.(아니요.)'와 같은 직접적인 거절문을 사용하기보다는 'I have to wash my hair.(나는 머리를 감아야 해요.)'나 'I'd love to, but my mother's coming to dinner tonight.(가고는 싶지만 오늘 저녁에는 어머니가 저녁 들러 오셔요.)'와 같은 간접적인 거절문을 사용하기를 선호한다.(Allan, 1994, p.1655)

그 다음으로 언어학계에 화용론의 출발을 알린 Grice의 협력성의 원리의 내용을 살펴볼 것 같으면 우선 협력성이라는 개념부터가 다분히 일반적인 지력이나 지식력의 범주 내에 있는 것임에 주목하게 마련이다. 간단히 말해서 그는 언어의 실체는 개별적인 문장이 아니라 어느 두 사람이 만들어내는 담화나 회화에서만 찾을 수 있다는 생각에서 성공적인 회화의 조건으로서 네 가지 격률을 제안했었는데, 이런 의미에서 볼 때 그는 최초의 회화 분석론자라고 볼 수도 있다. 그런데 회화분석론에서 이미 밝혀졌듯이 그리고 우리 스스로의 경험에 의해서 익히 알고 있듯이 회화 때 지키는 규칙들은 거의 다가 언어 특수적인 것이 아니라 일반적 사리나 지식에 기반한 것들이다.

3) 회화적 규칙

회화적 규칙 중 제일 중요한 것이 바로 차례 지키기의 규칙인데, 회화에서는 으레 화자로서의 차례가 교대로 지켜져야 한다는 이런 규칙은 일종의 상식에 준하는 규칙이다. 이에 못지않게 중요한 규칙은 전체적인 말의 흐름의 원활성과 회화에서의 참여의 공평성, 상대방에 대한 예의성 등을 확보하기 위하여 가장 적절한 대목에서 화자 교대가 이루어져야 한다는 규칙인데, 따지고 보자면 이것 역시 우리의 일반적인 지력이나 지식력에 기반한 것이다. 또한 많은 경우에 회화는 질문 대 응답이나 초청 대 수락과 같은, 이른바 입접성 짝말의 연쇄체로 되어있는데, 회화는 원래가 의사소통이나 정보교환의 방편으로 쓰이게 되어있다는 점을 고려한다면 이것 역시 우리의 일반적인 지력이나 지혜의 발로의 결과로 보는 것이 맞는 일이다. 그리고 대부분의 회화에 있어서는 화자가 적절한 자리에서 이른바 보수문을 사용하게 되어 있는데, 이것 역시 우리의 일반적인 지력이나 지혜의 발로의 결과로 보는 것이 맞는 일이다. 왜냐하면 보수문이란 자기의 말의 요지를 재강조하거나 아니면 상대방의 이해를 확인 내지는 바로잡아주기 위하여 쓰이는 말이기 때문이다. 이렇게 보자면 이상과 같은 회화적 규칙들은 하나같이 Grice가 말하는 협력성의 원리에 기저하고 있는 것들이다.

물론 그는 이런 규칙과는 아무런 관계가 없는 네 가지 격률을 협력성의 원리의 구현방안으로 제안했었다. 그런데 따지고 보자면 이들 모두가 우리의 일반적인 지력이나 지혜로부터 비롯된 것이지, 언어특수적인 지식의 일부는 아니다. 예컨대 이들 중 첫 번째 것으로 내세워진 양에 관한 격률에 따르자면 화자는 청자에게 꼭 필요한 양의 정보만을 제공하게 되어있다. 그리고 그 다음 것으로 내세워진 질에 관한 격률에 따를 것 같으면 화자는 참된 것이라고 믿는 것만을 말하게 되어있다. 또한 세 번째 것으로 내세워진 관련성에 관한 격률에 의할 것 같으면 화자는 지금 나누고 있는 대화의 내용과 관련성이 있는 말만을 말하게 되어있다. 그리고 네 번째 것으로 내세워진 태도에 관한 격률에 따를 것 같으면 화자는 말을 상대방이 잘 알아들을 수 있는 방식으로, 즉 최대한 명료하게 하게 되어있다. 그러니까 이들은 우선 앞에서 살펴본 회화적 규칙들보다 한 차원 더 추상적이고 일반적인 규칙들인 셈이다. 그러나 무엇보다도 중요한 사실은 결국에는 이들도 우리의 일반적인 지력이나 지혜의 일부라는 점이다.

세 번째로, Leech의 정중성의 이론의 내용을 살펴볼 것 같으면 우선 정중성이라는 개념부터가 우리의 일반적인 사회적 규범이나 도덕률과 관련된 것이지, 언어 특이적 자질을 나타내는 것은 아니다. 그러니까 우리의 일반적인 도덕률이 보편성과 타당성을 익히 드러내고 있듯이, 이것에서 내세우는 여섯 가지 격률도 보편성과 타당성을 익히 드러내고 있다고 볼 수가 있다. 구체적으로 말하자면 여기에서 내세우는 여섯 가지 격률의 명칭부터가 요령이나 관대성, 찬동성, 겸손, 일치, 동정성과 같이 도덕적 행위의 특질을 가리키는 것이지, 언어 특이적 자질을 가리키는 것은 아니다. 따라서 이들 하나하나의 내용도 예컨대 요령의 격률의 내용이 '타인에의 경비를 최소화하고 타인에의 이익을 극대화하라'는 것과 같이 언어 특이적 자질과는 아무런 관련성이 없게 되어있다. 이런 격률을 지키는 것은 우리의 일반적인 지력이나 지혜의 힘을 통해서라는 것은 우리 스스로의 경험만으로도 쉽게 알아차릴 수 있다.

이렇게 볼 것 같으면 언어적 사실이나 현상을 통해서 탁월한 인지력의 구사가 우리의 본성의 일부임을 확인하려는 우리의 기도는 언어적 사실이나 현상을 언어사용상의 사실이나 현상으로 잡았을 때만 성공적인 것일 수 있다는 사실이 분명해진다. Chomsky가 볼 때는 예컨대 'That's all there is to it.'와 같이 문법적으로 완전한 문장을 만들어내는 인지력이 있는 것이 놀라울 일일는지 모르지만, 우리의 입장에서 볼 것 같으면 그런 문장을 적절한 상황에서 유용하게 쓸 수 있는 인지력이 있다는 것이 놀라운 일인 것이다. 성공적인 의사소통에 있어서는 언어적 수단뿐만 아니라 비언어적 수단들도 동원된다는 점을 고려한다면 우리의 언어사용은 우리의 인지적 노력만이 아니라 우리의 모든 능력, 즉 전인적 노력의 결과라고 보는 것이 맞는 일일는지도 모른다.

제6장
창조적 은유력의 사용

6.1 은유의 편재성

 일반적으로 우리는 한 문장이나 표현의 의미에는 자의적 의미 이외에 은유적 의미가 따로 있다고 생각을 한다. 그리고 우리는 으레 은유적 의미는 표준적인 의미로부터 크게 벗어난 것이기에 이것을 제대로 찾아내는 일은 쉽지 않은 일이라고 생각을 한다. 또한 우리는 보통 은유는 고도의 아름다움이나 진리를 표현하는 표현법이기에 시와 같은 문학작품에서 주로 쓰이는 것이지 우리의 일상적인 언어에서는 별로 쓰이지 않는 것이라고 생각을 한다. 마지막으로 우리는 은유는 일종의 창조적 표현법이기 때문에 이것에 의해서 언어의 표현적 수준은 으레 크게 높아지게 된다고 생각을 한다.
 이상과 같은 우리의 은유에 대한 통념들이 시사하는 바는 크게 두 가지라고 볼 수가 있는데, 그중 첫 번째 것은 은유는 실제에 있어서는 우리의 주변에 널리 퍼져있다는 점, 즉 은유의 편재성이고, 그중 두 번째 것은 따라서 은유력은 언어적 사실이나 현상만을 통해서 보더라도 우리의 본성의 일부를 이루고 있다고 보는 것이 맞는 일이라는 점이다. 먼저 이들 중 첫 번째 것인 은유의 편재성에 대해서 논의해볼 것 같으면, 우선 은유의 첫 번째 특성으로서 수사성이나 시적 효과성을 내세우지 않고서 편재성을 내세운다는 것부터가 지금까지의 전통과는 거리가 먼 견해이다. 일찍이 희랍에서 수사학이 생긴 이래 은유법을 최고의 수사법으로 간주하는 전통은 아무런 변함없이 이어져 내려오고 있다는 점만으로 미루어 보아서도 은유의 첫 번째 특성으로서, 편재성을 내세우는 것은 다분히 파격적이고 주관적인 견해임이 분명하다.

1) 협의의 은유와 광의의 은유

이렇게 반전통적인 우리의 견해를 합리화할 수 있는 방법 중 하나는 일단 은유의 개념을 크게 협의의 것과 광의의 것으로 대별한 다음에 전통적으로는 은유의 개념을 협의로 잡아왔지만, 따지고 보자면 그것에는 얼마든지 광의의 것도 있을 수 있다는 식의 주장을 펴는 것이다. 물론 여기에서 무엇보다도 중요한 일은 이런 주장을 구체적으로 뒷받침할 수 있는 사례들을 제시하는 것이다. 예컨대 여기에서는 우리가 일상적으로 사용하는 표현 가운데는 'The trees weep sap.(그 나무들은 수액을 내뿜는다)'나 'All nature smiled.(온 천지가 미소 지었다)'와 같은 의인법적인 것들이 많을 뿐만 아니라 'He has the eye of a painter.(그는 화가의 소질이 있다)'나 'The eyes are the windows of the mind.(눈은 정신의 창이다)'와 같은 인체화법적인 것들도 많다는 점을 지적할 수가 있다.

또한 여기에서는 문학작품이 아닌 글이나 말 가운데서도 예컨대 유명한 요리사였던 Chase가 사용했던 'Food builds big bridges.(음식은 큰 다리를 만든다)'나, 흔히 쓰이는 속담인 'Better be the head of a dog than the tail of a lion.(사자의 꼬리보다 개의 머리가 되는 것이 낫다)'과 같은 표현들을 어렵지 않게 발견할 수 있다는 사실을 지적할 수 있을 것이다. 그리고 엄밀하게 분석해볼 것 같으면 예컨대 'There has been some backlash against claims that locally grown foods and plant-based productive have a smaller environmental footprint.(지역에서 자란 음식과 식물기저적 생산품은 더 적은 환경적 발자취를 남긴다는 주장에 대해서 약간의 등 채찍질이 있어왔다.)'에서의 'backlash'와 'footprint'처럼 우리가 일상적으로 쓰는 단어에는 은유어가 적지 않게 섞여 있다는 사실을 지적할 수도 있다. (Time, 2019년 6월 19일자, p.11, p.56)

2) 일상적인 은유사용

그 다음으로 은유력은 우리의 본성의 일부로 간주되는 것이 옳은 일이라는 견해의 정당성 여부를 살펴볼 것 같으면, 우리는 여기에서 크게 다음과 같은 세 가지 사실들을 그것의 정당성을 뒷받침하고 있는 사실로 내세울 수가 있다. 이들 중 첫 번째 것은 역시 알게 모르게 우리는 일상적인 언어생활에서 은유어나 은유적 표현들을 많이 쓰고 있다는 사실이다. 예컨대 바로 앞에서 살펴보았듯이 'head'나 'eye', 'hand', 'heart', 'body'와 같은 우리의 신체적 부위명들은 온갖 표현에서 아주 유용한 은유어로 쓰이고 있고, 또한 그와는 반대로 'sun'이나 'mountain', 'sea', 'tree', 'wind', 'road'와 같은 우리 주변의 자연환경의 구성어들도 많은 표현에서 아주 유용한 은유어로 쓰이고 있다. 따지고 보자면 간단한 사전적 조사만으로도 익히 실증될 수 있듯이 이른바 기본어라 불리는 낱말치고서 은유어로 전의되지 않은 것은 하나도 없다는 사실만큼 은유어나 은유적 표현들이 우리의 일상적인 언어에서 얼마나 널리 쓰이고 있는가를 실증하고 있는 것도 없다. 은유력이 우리의 본성의 일부로 자리 잡고 있지 않는 한 은유어들이 이렇게 널리 쓰일 리가 없다.

그중 두 번째 것은 일찍이 시나 희곡과 같은 문학적 장르들이 우리의 예술적 본능을 작동시키는 주요 수단의 한 가지로 자리 잡은 이래 오늘날에 이르기까지 유명한 시인이나 작가치고서 은유법을 최고의 문학적 표현법으로 구상하지 않은 사람은 없다는 사실이다. 쉽게 말해서 유명한 작가들은 모두가 은유의 천재들이다. 그러나 너무나 당연한 말이 되겠지만 만약에 독자인 일반 사람들에게 문학작품에 나와 있는 은유의 아름다움이나 의미들을 제대로 감상할 수 있는 능력이 없다면 작가들이 자기네들의 작품에서 굳이 은유를 많이 사용할 리가 없다. 그러니까 그들은 은유력이 그들만의 특별한 재능이 아니라 우리 모두의 본성의 일부라는 것을 익히 알고 있었던 것이다.

3) 유추력으로서의 은유력

그중 세 번째 것은 은유력을 두 사물 간의 유사성을 찾는 힘, 즉 일종의 유추력으로 볼 수가 있는데, 이런 능력을 우리는 아주 어려서부터 즐겨 드러내고 있다는 사실이다. 은유를 일단 유추력이나 유비력에 의해서 만들어진 것으로 보게 되면 직유와 이것 간의 구분이 사라지게 되니까, 실제에 있어서는 직유도 은유 못지않게 널리 쓰이고 있다는 사실을 고려한다면 결국에 유추력이 우리의 언어생활에 있어서 얼마나 중요한 심리적 원동력으로 쓰이게 되는가가 저절로 밝혀지게 마련이다. 그런데 심리학적 이론에 의할 것 같으면 우리의 정신 작용의 두 가지 기둥에 비유될 수 있는 것이 바로 논리적 추리력과 상상력인데, 상상력의 일부이면서 그것의 기초가 되는 것이 바로 유추력이다. 이렇게 보자면 시나 소설과 같은 문학 작품에서 은유가 많이 쓰이는 것이 하등 이상한 일이 아닌 셈이다.

그런데 유추력이 궁극적으로는 상상력의 기초 내지는 일부라는 것을 가장 극명하게 실증하고 있는 사실은 이들의 목적이 똑같이 최고의 진리와 아름다움을 드러내려는 것이라는 점이다. 일찍이 Aristotle은 시론에서 은유를 '유추에 의해서 어떤 사물에 다른 것에 속하는 이름을 붙이는 것' 이라고 정의한 바가 있었는데, 유명한 문학작품에서는 으레 마치 이런 정의는 바로 은유에 대한 긴 논쟁에 하나의 종지부를 찍는 것이라는 것을 실증하고 있는 듯한 예들이 많이 쓰이고 있다. 어떤 의미로 보아서나 그런 것 중 가장 대표적인 것으로 볼 수 있는 것이 아래에 제시되어있는 Shakespeare의 4대 비극 중의 하나인 'Macbeth(맥베스)'의 제5막, 제5장에서의 19행으로부터 28행까지의 글이다. 이 대목이 특별히 유명해진 것은 미국의 소설가 Faulkner가 'The Sound and the fury(소음과 분노)'라는 제목의 소설을 썼기 때문인지도 모른다. 그러나 반드시 그와 같은 대소설가가 아닌 사람들도 단 한 번의 읽기만으로 최고의 문학적 은유로서의 이 글의 가치를 당장 알아차릴 수 있다.

> Life's but a walking shadow, a poor player
> That struts and frets his hour upon the stage
> And then is heard no more. It is a tale
> Told by an idiot, full of sound and fury
> Signifying nothing
> (인생은 한낱 걸어 다니는 그림자일 뿐, 무대에서 자기시간을 거들먹거리며 보내다가 더 이상 들리지 않는 가엾은 연기자. 그것은 바보가 전하는 하나의 이야기로서, 아무런 의미도 없는 소음과 분노로 가득 차 있다.)

이 글에서는 인생은 크게 무대에서의 연기자의 연기와 바보가 이야기하는 이야기의 두 가지로 비유하고 있으니까, 이것은 하나의 단순형 은유라기보다는 일종의 복합형 은유라고 볼 수가 있다. 그런데 이 글의 특징은 이들 두 은유가 서로 별도의 것이 아니라 상보적으로 서로 엉켜서 하나의 통일된 구조체를 이루고 있다는 점이다. 그리고 이 글에서는 은유란 궁극적으로 '인생'과 같은 추상적이고 난해한 개념을 '연기'나 '이야기'와 같은 구체적이고 알기 쉬운 개념으로 바꾸어주는 절차라는 사실이 잘 실증되고 있다. 또한 이것에서는 은유란 일종의 창작물인데, 이런 창작물을 만들어내는 것은 작가의 기발한 상상력이라는 사실이 익히 드러나 있다. 마지막으로 이것에서는 은유란 결국에 독자의 마음에 아름다운 심상을 일으키게 하는 장치라는 사실이 잘 실증되어있다.

그런데 이 글이 누구에게나 하나의 최고의 명문으로 받아들여질 수 있는 것은 우리의 속담이나 잠언 가운데는 'Life is a stage.(인생은 무대이다)'나 'Life is a drama.(인생은 연극이다)', 'Life is a journey.(인생은 여행이다)', 'Life is but an empty dream.(인생은 한낱 꿈이다)', 'Life is a pilgrimage.(인생은 순례이다)'와 같은 것들이 많기 때문이라고 볼 수도 있다. 그러니까 이런 사실을 통해서 우리에게는 원래 크게 보자면 일종의 유추력이고, 작게 보자면 추상적인 것을 구체적으로 바꾸어서 이해하려는 성향이 있음을 확인할 수가 있다. 이런 의미에서 보아서도 은유력의 구사는 우리의 본성의 일부라고 볼 수가 있다.

은유의 특성을 일단 이상과 같은 두 가지로 잡고 볼 것 같으면 우리는 결국에 이런 류의 토의에서 으레 하나의 미해결 문제로 남겨지게 마련인 문제와 맞닥뜨리게 된다. 은유력을 넓은 의미로서의 인지력의 일부로 볼 것인가 아니면 그것과 별개이면서 그것과는 일종의 대척적인 관계를 유지하고 있는 것으로 볼 것인가의 문제가 바로 그것이다. 두말할 필요도 없이 이 문제는 언어적 사실이나 현상을 통해서 인간의 본성을 탐구하려는 우리의 목적과 직접적으로 관련된 문제이다. 따라서 학리상의 옳고 그름을 떠나서 이 자리에서 이것에 대한 우리의 입장을 밝히는 것이 사리에 맞는 일이다.

단도직입적으로 말해서 이 문제에 관한 우리의 입장은 은유력은 인지력과 별도인 것이라는 것인데, 이런 입장을 뒷받침할 수 있는 사실로서 다음과 같은 네 가지 사실은 들 수가 있다. 그중 첫 번째 것은 언어적 형식이나 표현법으로 미루어 보았을 때 인지력은 짧고 단순한 문장뿐만 아니라 다양하고 복잡한 문장들을 만들어내는데 동원되는 데 반하여 은유력은 개별적인 어휘를 은유어로 바꾸거나 아니면 'A는 B이다.'와 같은 하나의 서술문을 만드는 데 동원된다는 사실이다. 인지력을 예컨대 'It is certain that John will win the race.'와 같은 문장을 생성하는 경우에서처럼 복잡하고 연쇄적인 인지적 조작이나 연산절차를 수행하는 능력으로 보자면, 은유력은 예컨대 'Time is money.'라는 은유문의 경우에서처럼 두 가지 개념 간의 유사성을 찾아내는 능력이니까 이들이 서로 별개의 능력이라는 것은 너무나 분명하다.

이들 간의 대비성을 알기 위해 한쪽은 이른바 '디지털적인 능력'인 데 반하여, 다른 쪽은 '아날로그적'인 능력이라고 말하는 식으로 나타낼 수도 있다. 또한 심리학적인 술어를 써서 그것을 한쪽은 논리적 추리력인 데 반하여 다른 쪽은 연상력이나 상상력이라고 말하는 식으로 나타낼 수도 있다. 그러니까 컴퓨터공학자나 언어학자의 입장에서 볼 것 같으면 인간의 인지적 능력을 논하는 자리에서 은유력의 문제를 제기한다는 것 자체가 무의미한 일인 것이다. 특히 이들의 입장에서 보자면, 'Time is money.(시간은 돈이다)'와 같은 은유문의 의미를 제대로 파악하려고 하는 것 자체가 표준적인 인지적 작업과는 아무런 관련성이 없는 일이다.

그중 두 번째 것은 인지력으로는 으레 복잡한 인지적 연산이나 조작법을 일련의 규칙이나 원리의 설정에 의해서 일반화 내지는 추상화시킬 수 있는 데 반하여, 은유력으로는 그런 추상화 작업이 불가능하다는 사실이다. 다시 말하자면 인지력은 규칙의 조작 능력인 데 반하여 은유력은 일회성의 상상력의 발휘능력인 것이다. 먼저 인지력은 궁극적으로는 규칙이나 원리를 설정하거나 찾아내는 일에 동원되는 것이어서, 크게 보았을 때 인지적 작업은 분석적인 것과 통합적인 것의 두 가지로 나뉠 수가 있다. 이들은 각각 귀납적인 작업과 연역적인 작업으로 불리기도 하는데, 무엇보다도 중요한 사실은 이들 두 가지가 동시에 쓰이는 이른바 분석적 통합방법이 쓰일 수도 있다는 점이다. 언어적 표현체는 거의 다가 논리적 표현체라는 사실을 고려한다면 우리의 언어적 지식의 대부분이 우리의 특이한 인지력에 의해서 획득된 것임이 분명하다.

이에 반하여 은유력은 둘이나 그 이상의 개념 간의 논리성이나 규칙성을 발견하는 데 동원되는 것이 아니라 두 사물 간의 유사성을 발견하는데 동원되는 것이다. 그러니까 우선 이것의 작동절차에는 분석 대 통합식의 두 가지가 있을 수 있는 것이 아니라 통합이라는 단 한 가지만이 있을 수 있다고 볼 수가 있다. 그리고 이런 통합적 절차는 으레 즉흥적이거나 순발적으로 일어나는 것이지, 인지력의 경우에서처럼 지속적으로나 숙려적으로는 일어나지 않게 되어있다. 또한 인지력은 거의 독립적이거나 자율적으로 작동되는 데 반하여 은유력은 지각력의 도움 밑에서나 그것과 함께 작동되게 되어있다. 극단적으로 말하자면 그러니까 은유력은 지각력의 일부라고 볼 수도 있다.

4) 은유의 창조성

그중 세 번째 것은 인지력에 의해서는 으레 규약적이거나 관용적인 문장들이 만들어지는 데 반하여, 은유력에 의해서는 으레 창조적이거나 참신한 문장들이 만들어진다는 점이다. 우리가 일상적으로 쓰는 문장이나 표현들은 아무리 처음으로 사용하고 구조적으로 복잡한 문장이라고 해도 기존의 동일한 규칙들이 되풀이해서 적용되어서 만들어졌다는 의미에서 창조적인 문장이라고 볼 수는 없다. 그렇지만 은유문들은 이른바 죽은 은유문이 아닌 한은 하나같이 처음으로 쓰이는 것이다. 그런데 은유문들은 아름다운 심상을 일으키느냐 그렇지 못하느냐에 따라서 좋은 것과 나쁜 것으로 나뉠 수도 있다. 그러나 일반적인 비은유문들은 문법적으로 맞는 한은 모두가 같은 수준의 정문이다.

그중 네 번째이며 마지막인 것은 우리가 일상적으로 사용하는 언어는 대부분이 문법적인 규칙의 조작, 즉 일반적인 인지의 조작에 의해서 만들어진 것이라는 사실만으로도 익히 추리할 수 있듯이, 우리의 일상적인 지적 활동의 대부분이 인지력에 의해서 이루어지는 가운데 은유력은 일종의 장식적 내지는 보조적 능력으로 그것의 일부에 참여하게 된다는 점이다. 예컨대 일단 우리의 기억력을 인지적 능력의 일부로 간주할 것 같으면 우리의 지식이나 지적 활동의 대부분이 일반적인 인지력에 의해서 이루어진 것이라는 의미가 되니까, 결국에 우리가 '호모 사피엔스'로 불리게 된 것은 우리에게 일반적인 인지력이 있기 때문이었던 것이다. 그런데 흥미롭게도 은유력이 일종의 이차적 내지는 장식적 능력으로 우리의 지적 활동에 참여하게 되었던 것이다. 그러니까 인지력과 은유력을 한 짝의 대비적 능력으로 보는 것은 어디까지나 지적 조작의 유형 상 그렇다는 것이지, 기능의 크기나 작업의 부하량이 비슷하다는 말은 결코 아니다.

이렇게 볼 것 같으면 결국에 은유력을 인지력과는 전혀 별개의 것으로 보는 것이 우리의 상식에 맞는 일인 것 같은데, 사실은 이런 식의 구별이나 판단은 결론과 전제를 뒤섞는 일종의 순환 논리적 모순을 저지르는 일이라고 볼 수도 있다. 쉽게 말하자면 이런 비교는 이들 두 능력은 서로 독립적이면서 별개의 것이라는 전제가 먼저 설정되어 있지 않은 한 아예 시작될 수가 없는 것이다. 그러니까 누구나 이 문제를 놓고서 우리의 것과 정반대적인 입장을 취하려고 한다면 간단히 우리의 전제와 정반대적인 전제를 설정하기만 하면 되는 것이다. 이들 두 능력을 서로 별개의 것이 아니라 예컨대 인지력이라는 큰 범주 안에 같이 들어가 있는 것으로 보는 것이 바로 그런 전제이다.

그런데 최근에 이르러 이 문제에 대해서 우리의 입장과는 정반대적인 입장을 취하는 사람이 나타나게 되었는데, 언어학에서 Langacker 등과 함께 인지언어학이나 인지의미론이라는 이름의 새 분야를 개척한 Lakoff가 바로 그런 사람이다. 그가 1980년에 Johnson과 함께 낸 'Metaphors we live by.(일상언어로서의 은유)'라는 책은 우리로 하여금 우리의 언어생활이나 사고에 있어서의 은유의 중핵적인 역할을 다시 한번 깨닫게 되는 기념비적인 책이었는데, 여기에서 이들이 내세운 것이 개념적 은유이론이었다. 우리의 인지체계에는 예컨대 '아는 것은 보는 것이다.(Knowing is seeing)'와 같은 개념적 은유들이 많이 자리하고 있어서, 이들이 우리의 언어나 사고에 있어서 으레 원천 내지는 기초적인 지식으로 작용하게 되어있다는 것이 이 이론의 요지인데, 큰 의미에서 보자면 이것은 은유를 영역이 서로 다른 두 가지 개념을 하나로 혼합하는 절차로 보는 일종의 개념적 사상이론이었다. (Lakoff and Johnson, 1980)

여기에서 이들은 이런 개념적 은유들이 우리의 언어나 사고에 있어서 으레 원천적 지식으로 작용하게 된다는 것을 실증할 수 있는 근거로서 예컨대 'Knowing is seeing'이라는 원천지식이 'The truth is clear.(진리는 명백하다)'와 'He was blinded by love.(그는 사랑으로 눈이 멀었다)', 'His writing is opaque(그의 글은 불명료하다)', 'I see what you mean.(네가 의미하는 바를 알겠어)'와 같은 여러 가지 표현으로 구체화되었다는 사실을 들었다. 우선 이런 예들 만으로써도 우리는 우리의 인지나 지식체계에 들어있는 기본적인 개념의 일부가 은유적인 형태의 것임을 익히 알 수가 있다.

그런데 이들이 여기에서 내세운 개념적 은유에는 앞에서 살펴본 아는 것에 관한 것 이외에 'Desire is hunger.(욕망은 배고픔이다)'와 'Hope is Light.(희망은 빛이다)', 'Love is a journey.(사랑은 여행이다)', 'More is up.(증가는 상승이다)' 등도 있는데, 이들이 이런 위상을 뒷받침하는 사실로는 으레 구체적인 표현들을 들고 있다. 예컨대 '사랑은 여행이다.'라는 원천지식과 관련해서는 'We've come a long way together.(우리는 같이 긴 길을 걸어왔다)'와 'Their marriage is going off-track.(그들의 결혼은 탈선하고 있다)', 'We're just spinning our wheels.(우리는 이제 막 바퀴를 굴리고 있을 따름이다)'와 같은 예문들이 제시되고 있다.

그런데 사실은 그의 개념적 은유이론을 굳이 은유력을 인지력 내에 포함시키는 이론으로 보지 않을 수도 있는데, 그 이유는 그가 개념적 은유들은 으레 우리의 구체적인 경험을 통해서 얻어지게 된다는 점을 그의 이론의 가장 핵심적인 부분으로 내세웠기 때문이다. 쉽게 말해서 그는, 우리의 지식은 모두가 우리의 일상적인 경험을 통해서 얻어진다는, 하나의 경험주의자였던 셈인데, 그렇다면 여기에서 묻지 않을 수 없는 질문은 개념적 은유를 유발시키는 경험에서 작동되는 것은 인지력과 은유력 중 어느 것이냐 하는 것이다. 이것에 대한 우리의 상식적인 대답은 '그것은 틀림없이 은유력일 것이다'이다. 그러니까 결과로만 보았을 때는 그가 말하는 개념적 은유는 일종의 인지적 지식이나 개념처럼 보일지 몰라도, 획득적 과정상으로 보았을 때는 그것은 은유력에 의해서 만들어진 것임이 분명하다. 이렇게 따지자면 그러니까 그의 이론에서는 은유력은 인지력과 어떤 관계에 있느냐와 같은 문제는 아예 문제로 삼고 있지 않다고 볼 수도 있다. (Coulson, 2006, p.34)

6.2 어휘적 다의성과 관용구

아마 우리의 삶에서 은유력이 우리의 본성적 능력의 한 가지로서 얼마나 자유분방하게 작동되고 있는가를 가장 빠르고 실증적으로 확인할 수 있는 방법 중 하나는 어휘적 다의성과 관용구의 현상을 살펴보는 것일 것이다. 어휘론에서는 으레 우리의 어휘의 특성으로서 다의성과 동의성을 들고 있는데, 굳이 따지자면 이들 중 우리 언어의 본질적 특성과 직접적으로 연결되어있는 것은 다의성이다. 간단히 말해서 다의성이란 하나의 낱말이 하나 이상의 의미들을 나타내는 것이니까, 따지고 보자면 이것처럼 직접적으로 언어를 가장 경제적이면서 유능한 표현의 도구로 만들려는 우리의 의도가 적나라하게 드러나고 있는 곳도 없다고 볼 수가 있다.

그런데 사실은 관용구를 많이 만들어 사용하는 것도 이와 같은 우리의 원래의 의도의 발현의 결과이다. 예컨대 'smell a rat(눈치 채다)'처럼 두 개나 그 이상의 낱말로써 이들의 원래의 의미와는 직접적으로 관련이 없는 의미를 나타내는 것이 곧 관용구이니까, 결국에는 이것은 어휘와 문장에 이은 제3의 표현체로서 기능하게 되어있다. 흔히들 관용구들은 어느 한 언어사회의 특이한 문화적 소산이기 때문에 다른 문화권에 살던 사람에게는 응당 적지 않은 부담이 된다고 말하기도 한다. 그러나 특별한 부담이 되든지 그렇지 않든 간에 관용구를 제대로 배우지 않는 한 한 언어를 제대로 배웠다고 말할 수 없다는 것은 이미 널리 알려진 사실이다. 그런데 놀랍게도 이런 관용구들은 그 대부분이 다의화된 어휘의 의미와 마찬가지로 은유적 절차에 의해서 만들어진 것들이다.

1) 명사

여기에서는 먼저 어휘적 다의성과 관용구의 현상을 살펴보기 위해서 네 가지 내용어 중 숫자가 많고 기능이 큰 명사와 동사, 형용사 등의 세 가지 품사를 분석의 대상으로 삼겠는데, 우선 명사로는 우리의 신체 부위의 한 가지인 'hand'를 택하기도 한다. 학습용으로 널리 쓰이는 영한사전 중의 한 가지인 '두산동아'의 영한사전에 따를 것 같으면 이 낱말의 품사에 명사뿐만 아니라 동사와 형용사도 있는데, 이런 식의 어휘적 기능의 복수화 현상은 기본어휘의 경우에는 으레 일어나게 되어있는 현상이라고 볼 수가 있다. 그러나 의미적 기능의 크기만으로 보았을 때도 명사가 이 낱말의 기본적인 품사임이 확실하다. 그러니까 일단 어휘적 다의화 과정을 밟는 어느 시점에서 이것의 품사에는 동사나(예: 1.건네주다, 2.손을 잡고 돕다, 3. 돛을 접다, 4. 손으로 조작하다) 형용사(예: 1.손의, 2.수제의, 3.손에 씌우는, 4.수동식의)와 같은 부차적 품사가 추가되게 되었을 것이라고 익히 추리할 수가 있다.

그런데 흥미롭게도 이 사전에서는 이 단어와 같은 대표적인 다의어의 경우에는 어휘의 색깔을 눈에 잘 띄게 적색으로 한 다음에 그 밑에 일종의 약식 '의미적 계보도'를 그려 놓아가지고서 '손'이라는 기본의미에서 첫 번째로는 '손에 의한 노동력'을 가리키는 '일손'과 '손길'이라는 의미가 갈라져 나오고, 두 번째로는 '손으로 갖는 것'을 가리키는 '소유'와 '관리'라는 의미가 갈라져 나오며, 세 번째로는 '손의 재주'를 가리키는 '솜씨'와 '수완'이라는 의미가 갈라져 나온 사실을 밝히고 있다. 물론 이런 의미적 계보도를 역사언어학적으로 제대로 고증된 것으로는 볼 수는 없다. 그렇지만 이것이 적어도 어휘적 다의성은 결국에 오랜 세월에 걸친 일련의 유추절차의 결과물이라는 것을 익히 드러내주고 있는 것임에는 의심할 여지가 없다.

여기에 제시되어있는 이 단어의 의미에는 18가지가 있는데, 그중 1번이 '손'이고 그중 18번이 '감촉'인 점으로 미루어 보아서 우선 이들의 순서가 비록 정확하게 일사불란한 것은 되지 못할지언정 일종의 기능적 상대성에 따라서 정해져 있음을 알 수가 있다. 그런데 우리는 이 목록을 통해서 그보다 더 중요한 사실을 알 수가 있는데, 어휘적 다의화 절차에 쓰이는 유추작용에는 크게 전의적인 것과 은유적인 것의 두 가지가 있다고 볼 수 있다는 것이 바로 그것이다. 이들 두 유추작용 간에는 물론 전의적 유추작용은 한 개념의 범주나 외연을 그것의 속성이나 영향 등에 따라서 확대해나가는 데 작동되는 것인 데 반하여, 은유적 유추작용은 한 개념의 범주를 또 하나의 개념범주와 사상시키는 데 작동되는 것인 식으로 일정한 차이가 있다. 달리 말하자면 앞엣것은 일종의 일차원적인 작용인 데 반하여 뒤엣것은 일종의 이차원적인 작용인 것이다.

이런 의미에서 볼 때 이 목록에 나와 있는 18가지의 의미를 이런 식으로 양분해보는 일도 의미 있는 일일 텐데 우선 그들은 1.손, 2.손모양의 것: 바나나 송이, 시계의 바늘, 3.일손, 일꾼, 4.수완, 능력, 5.소유, 관리, 6.일하는 방식, 자세, 7.손길, 조력, 8.방면, 9.필적, 서체, 10.서명, 11.박수갈채, 12.악수, 13.뼘, 손바닥의 폭, 14.(카드)가진 패, 한판, 경기자, 15.(축구)핸들링, 16.(테니스)서브권, 17.(로마법)부권, 18.감촉처럼 되어있는 탓으로 실제에서는 이 일이 생각만큼 쉽지는 않다는 것을 쉽게 알 수가 있다. 솔직히 말할 것 같으면 이 목록은 어휘적 다의화 현상에 작용되는 유추작용을 전의적인 것과 은유적인 것으로 나누는 발상법 자체의 학리적 타당성을 제대로 뒷받침하기는커녕, 그것을 의심하게까지 한다고 볼 수도 있다.

그렇다고 해서 이런 식의 분류작업이 아예 불가능한 것은 아닌데, 그것의 한 예가 바로 이중 9번과 10번, 11번, 12번, 15번, 18번의 의미들을 전의적 유추작용에 의한 것으로 보고, 2번과 3번, 4번, 5번, 6번, 7번, 8번, 14번, 16번, 17번의 의미들을 은유적 유추작용에 의한 것으로 보는 것이다. 이런 분류작업만으로도 우리는 크게 두 가지 의미 있는 사실을 알 수가 있는데, 그중 첫 번째 것은 첫 번째 부류에는 모두 7가지의 의미들이 들어가 있고, 두 번째 부류에는 모두 10가지의 의미들이 들어가 있다는 점인데, 이 사실로 미루어 보아서 우리는 어휘적 다의화 절차에 있어서는 으레 은유적 유추작용이 전의적 유추작용보다 더 크게 작동되게 되어있다는 것을 익히 추정할 수가 있다.

그중 두 번째 것은 번호나 서순 상 앞자리를 차지하고 있는 의미들은 대개가 두 번째 부류에 속해있는 데 반하여 번호나 서순 상 뒷자리를 차지하고 있는 의미들은 거의 다가 첫 번째 부류에 속해있다는 사실인데, 이것 역시 어휘적 다의화 과정에 있어서는 으레 은유적 유추작용이 전의적 유추작용보다 더 큰 역할을 하게 되어있다는 우리의 추리를 크게 뒷받침하고 있다고 볼 수가 있다. 왜냐하면 이런 목록에서는 의미적 항목들이 사용빈도나 기능의 크기에 따라서 배열되게 되어있기 때문이다. 다시 말할 것 같으면 이런 류의 목록에서는 으레 사용의 빈도나 기능의 크기가 클수록 앞번호를 부여받을 확률이 높게 마련인 것이다.

그런데 여기에서는 이 낱말의 이런 의미적 목록에 이어서 이것에 의해서 만들어진 관용구들도 열거되어있는데, 우선 놀라운 것은 어림으로 잡아서도 이들에 관한 설명의 분량이 이 낱말의 의미적 목록에 관한 것의 세 배 정도가 될 만큼 그 가짓수가 많다는 점이다. 이것은 물론 어휘와 어구나 문장에 이은 제3의 언어형식으로서의 관용구의 기능적 크기가 얼마나 크고 중요한가를 잘 드러내주는 사실이다. 그런데 우리의 입장에서 볼 것 같으면 그보다 훨씬 더 중요한 사실은 이런 관용구의 대부분이 은유적 유추작용에 의해서 만들어진 것들이라는 점이다. 그러니까 단도직입적으로 말하자면 이 낱말 하나와 관련된 관용구의 현황을 파악해보는 것만으로도 우리는 자유로운 은유력의 사용이 결국에 우리의 본성의 일부라는 사실을 익히 확인할 수 있는 것이다.

이 자리에서는 우리의 목적상 여기에 나와 있는 관용구 중 은유성이 상대적으로 높다고 판단되는 것 중 가장 대표적인 것들만을 골라서 살펴보기로 하겠는데, 'a bird in the hand.(확실한 소유물)'과 'bite the hand that feeds one.(은혜를 원수로 갚다)', 'decline(refuse) a man's hand.(남자의 청혼을 거절하다)', 'do a hand's turn(최소의 노력을 하다)', 'from hand to mouth.(하루살이 살림으로)', 'get out of hand(걷잡을 수 없게 되다.)', 'hand and(in) glove (with)(절친한 사이로)', 'have clean hands(결백하다)', 'have one's hands full(몹시 바쁘다)', 'keep hands off(간섭하지 않다)', 'lift(raise) a hand(노력하다)', 'make a hand(이익을 얻다)', 'off hand(즉시)', 'on all hands(on every hand)(사방팔방으로)', 'overplay one's hand(자기의 능력 이상의 것을 하려고 하다)', 'show one's hand(생각을 털어놓다)', 'strike hands(계약을 맺다)', 'take one's life in one's own hands(위험한 짓을 하다)', 'the iron hand in the velvet glove.(외유내강)', 'wait on(serve) a person hand and foot(알뜰히 시중을 들다)', 'with a heavy hand(서투르게)', 'with one hand(tied)behind one's back(간단하게)' 등이 바로 그들이다.

2) 동사

네 가지 내용어 중 두 번째 것인 동사로는 사용의 빈도나 기능의 크기로 보아서 가장 기본적인 것의 하나로 볼 수 있는 'go'를 분석의 대상으로 택하기로 하겠는데, 우선 이 사전에 따를 것 같으면 이것의 품사에는 동사 이외에 명사와 형용사 등이 있다. 앞에서 살펴본 'hand'의 품사에는 명사와 동사, 형용사 등이 있다는 사실과 합쳐보았을 때, 내용어의 기능적 서순성은 대략 명사, 동사, 형용사, 부사처럼 된다는 점과, 어휘의 품사는 통사론이나 어휘론에서 내세우는 것처럼 절대적인 것이 아니라는 점 등을 익히 알아차릴 수 있다. 예컨대 'go'의 명사적 의미에는 1.가기, 떠남, 2.정력, 3.유행, 4,시도, 5.차례, 6.한 잔, 7.난처한 일, 8.성공, 결정 등이 있고 이것의 형용사적 의미에는 1.순조로운이 있는데, 여기에서 특별히 눈에 띄는 점은 명사적 의미의 종류가 의외로 많다는 점이다.

그런데 사실은 이 낱말의 품사는 세 개가 아니라 네 개로 보아야 마땅한데, 그 이유는 원래는 하나의 자동사이었던 이 낱말이 머지않아서 하나의 타동사로도 쓰이게 되었기 때문이다. 먼저 이것의 자동사적 의미의 종류를 살펴볼 것 같으면, 흥미롭게도 그 수가 19이어서 앞에서 논의된 'hand'의 그것(18)과 크게 다르지 않다. 그런데 더 흥미롭게도 대략 1.가다 와 2.떠나가다, 3.작동하다, 4.행동을 개시하다, 5.(소문 등이)퍼지다, 6.이르다, 미치다, 7.진행되다, 8.놓이다, 9.포함되다, 10.팔리다, 11.주어지다, 12.도움이 되다, 13.의지하다, 14.잘못되다, 썩다, 15.입장을 취하다, 16.(어떤 상태에)있다, 17.~이라고 씌어있다, 18.잘 어울리다, 19.(충동적으로)하다.처럼 되어있는 이들 19가지의 의미의 분포나 구성 내용이 'hand'의 것과 유사하기까지 하다.

이들은 'hand'의 경우에서처럼 두 가지 형태의 유추작용, 즉 전의적 유추작용에 의한 것 대 은유적 유추작용에 의한 식의 양분법에 따라 분류해 볼 것 같으면 그 결과는 첫 번째 부류에는 2번과 3번, 4번, 5번, 6번, 7번, 8번, 9번 등의 모두 여덟 가지가 들어가는 데 반하여, 두 번째 부류에는 10번과 11번, 12번, 13번, 14번, 15번, 16번, 17번, 18번 등의 모두 열 가지가 들어가 있는 것처럼 된다. 'hand'의 경우에는 그 비율이 7대 10으로 나왔으니까 이것에서도 그런 상대성은 그대로 유지되고 있다고 볼 수가 있는데, 한 가지 특이한 점은 이것에서는 이런 양분법이 이미 전반부 대 후반부 식으로 질서 있게 이루어져 있다는 점이다.

여기에서는 자동사로서의 의미에 이어서 타동사로서의 의미가 나열되어있는데 이런 의미에는 1.참다, 견디다와 2.지불하다, 걸다 3.(시계가 몇 시를)치다 4.먹다, 마시다 5.~라고 말하다 6.나아가다 7.말다 8.생산하다 9.역할을 하다 등의 아홉 가지가 있다. 그런데 무엇보다도 흥미로운 사실은 이들 중 6번만이 전의적 유추작용에 의한 것으로 판단되고 나머지 여덟 가지는 은유적 유추작용에 의한 것으로 판단된다는 점이다. 그리고 타동사로서의 이것의 의미는 가짓수가 자동사로서의 그것의 절반 정도라는 점도 흥미로운 사실이다. 이런 사실로 미루어 보아서 우리는 첫 번째로 기본형인 자동사로부터 일종의 이차형인 타동사가 갈라져 나온 것은 이 어휘의 발달과정 상 비교적 늦게 일어난 일이라는 것과, 두 번째로 어휘적 다의화를 이끄는 주된 유추작용은 은유적인 것이라는 것 등을 익히 추리해볼 수가 있다.

'hand'의 경우와 마찬가지로 이 동사에 있어서도 이상과 같은 개별어로서의 의미적 목록 다음에는 관용구에 대한 설명이 뒤따르고 있는데, 우선 눈에 띄는 점은 'hand'의 경우와 마찬가지로 그 분량이 의미적 목록의 것의 약 2.5배 정도가 된다는 사실이다. 그런데 어떤 의미로는 그보다 더 중요한 사실은 영어는 원래가 '동사+불변사'의 형식에 의한 관용구가 많기로 유명한 언어인데, 그 특징이 바로 여기에서도 그대로 드러나 있다는 점이다. 예컨대 'go about(돌아다니다)'와 'go against(반대하다)', 'go at(달려들다)', 'go through(통과하다)', 'go under(가라앉다)' 등이 이른바 이어 동사적 관용구들이다.

그러나 여기에는 이어 동사적 관용구보다 더 긴 관용구도 적지 않게 제시되어있는데, 'Don't go there(그것에 대해서는 말하지 마라)'와 'go a long way(쓸모가 있다)', 'go along with you(저리가라, 그만해라)', 'go down for the count(참패하다)', 'go for nothing(아무 소용도 없다)', 'go one better(한 수 높다)', 'it goes without saying(말할 나위 없이)', 'what has gone of-(어찌 되었는가)' 등이 바로 그런 것들이다. 크게 보았을 때는 물론 이 동사의 이어 동사적 관용구의 경우를 통해서도 관용구가 만들어지는 데 있어서는 은유적 유추력이 으레 원동력으로 작동되게 되어있음을 익히 확인할 수가 있다. 그러나 이런 사실이 더 확실하게 실증될 수 있는 경우는 그보다 더 긴 관용구의 경우이다.

그런데 이 점과 관련해서 특별히 주목할 만한 사실은 이 낱말을 하나의 명사로 해서 만들어진 관용구치고서 은유성이 강하게 나타나 있지 않은 것은 없다는 점이다. 예컨대 여기에서는 명사로서의 이것의 의미로 1.가기 2.정력 3.유행 4.기회 5.차례 6.한 모금 7.난처한 사태 8.성공 9.시합 등을 내세우고 있으니까, 우연의 일치인지 1 대 8식의 전의적 유추작용에 의한 것과 은유적 유추작용에 의한 것 간의 비율이 이것의 타동사로서의 의미의 경우와 똑같다고 볼 수도 있다. 우선 이런 사실은 이것의 형용사로서의 의미에는 '순조로운'이라는 단 한 가지만이 있다는 사실과 좋은 대조가 된다.

그런데 이런 은유적 유추작용의 압도성은 이 명사에 의해서 만들어진 관용구들에 있어서 보다 뚜렷하게 드러나 있다. 여기에는 모두 17가지의 이런 관용구들이 제시되어있는데, 이들에게는 흥미롭게도 높은 수준의 은유성만이 드러나 있는 것이 아니라 약간의 유희성마저 드러나 있다. 'all(quite) the go(크게 유행하여)'를 비롯하여 'at one go(단숨에)', 'come and go(변천)', 'from the word go(처음부터)', 'full of go(원기 왕성하고)', 'have a go(at)(해보다)', 'Here's (what) a go.(야단났군)', 'It is a go.(결정되었다)', 'It's a queer(rum, jolly) go.(곤란하게 됐다)' 'It's no go.(이젠 글렀다)', 'make a go of it.(성공하다)', 'off the go(한숨 돌리고)', 'on the go(아주 바쁜)' 등이 바로 이런 관용구들이다.

3) 형용사

네 가지 내용어 중 세 번째 것인 형용사로는 사용의 빈도나 기능의 크기로 보아서 가장 기본적인 것의 하나로 볼 수 있는 'good'을 분석의 대상으로 삼기로 하겠는데, 우선 이 사전에 따를 것 같으면 이것의 품사에는 형용사 이외에 감탄사와 부사, 명사 등도 있어서, 여기에서도 기본 어휘의 제일 큰 특징이 바로 다의성과 다기능성이라는 사실을 익히 확인할 수가 있다. 그렇지만 이것과 앞에서 살펴본 'hand'나 'go'와의 큰 차이점은 어림잡아 이들의 것의 3분의 1정도밖에 되지 않을 정도로 의미적 설명의 분량이 적다는 점이다. 이런 사실로 미루어 보아서도 네 가지 내용어의 기본이 되는 것은 명사와 동사라는 것을 쉽게 확인할 수가 있다;

우선 이것의 의미로는 다음과 같은 모두 14가지가 열거되어있는데, 이런 점으로 미루어 보아서 어떤 사물의 속성을 나타내는 형용사도 실물을 나타내는 명사와 마찬가지로 오랜 기간에 걸쳐서 일정한 다의화 과정을 밟아왔다는 것을 익히 알 수가 있다. 기본적인 것인 1.좋은 을 비롯하여 2.품질이 좋은 3.최상의 4.(날씨가)맑은 5.풍부한 6.행복한 7.친절한 8.선량한 9.낙관적인 10.충분한 11.신용할 수 있는 12.튼튼한 13.유익한 14.유능한 등이 바로 그 14가지인데 크게 보았을 때는 이들은 1. 좋은 과 2.친절한 3.잘하는 4.충분한 등의 네 가지 범주로 묶여질 수가 있다. 이런 분류법은 일종의 의미적 계보도인 셈인데, 이렇게 함으로써 명사나 동사의 경우에서와 마찬가지로 이것에서도 어휘적 다의화 과정에 있어서는 전의적 유추작용보다는 은유적 유추작용이 더 크게 작용했다는 점이 뚜렷이 드러날 수가 있다.

명사나 동사의 경우와 마찬가지로 이 품사의 경우에도 기본적 의미에 대한 설명 다음에는 바로 관용구에 대한 설명이 이어지고 있는데, 우연의 일치인지 그 분량이 명사나 동사의 경우처럼 이런 기본적 의미에 대한 것의 약 3배 정도가 되고 있다. 그러니까 이런 사실을 통해서 우선 관용구가 많이 만들어져서 쓰인다는 것은 일종의 범품사적 특징이라는 것을 익히 확인할 수 있는데, 그보다 더 중요한 사실은 이 품사에 의해서 만들어진 관용구들의 의미가 명사나 동사에 의해서 만들어진 관용구들의 그것과 다를 바 없이 다분히 은유적인 것이라는 점이다. 다시 말하자면 여기에서도 우리는 관용구들은 결국에 전의적 유추작용이 아니라 은유적 유추작용에 의해서 만들어진다는 사실을 쉽게 확인할 수 있는 것이다.

이런 관용구의 구체적인 예들로는 'a good deal (a good few)(많은)'을 비롯하여 'a good while(한참)', 'all in good time(때가 되면)', '(all)well and good(할 수 없지)', 'as good as a play(gold)(얌전한)', 'be good enough to do(아무쪼록 해주십쇼)', 'good and (대단히)' 'good and proper(철저히)', 'good for nothing(쓸모없는 사람)', 'Good for you(잘한다)', 'good old(그리운)', 'good things of this world(이 세상의 쾌락)', 'keep good(견디다)', 'make good(보충하다)', 'That's a good one.(거짓말 마라)', 'have it good.(즐겁게 시간을 보내다)' 등이 있다.

하나의 명사로서의 이것의 의미로는 1.이익, 친절 2.선, 미덕 3.선량한 사람들 4.좋은 일 5.(복수)상품 등의 다섯 가지가 제시되어있는데, 이들 중 1과 2는 형용사로서의 의미 중 한 가지로 발달되었던 것이고, 3과 4는 원래 영어에 있는 'the+형용사⇒명사'라는 규칙이 구체화된 것이며, 5는 'goods'라는 하나의 독립된 명사로 이미 굳혀진 것이니까, 의미상으로는 형용사로서의 것에 특별히 추가된 것은 없다고 볼 수가 있다. 적어도 의미에 있어서는 형용사와 명사 간에 별 차이가 없다는 것은 다음과 같은 명사적 관용구들이 잘 드러내주고 있다, 예컨대 'be after(up to) no good(쓸모가 없다)'와 'come to good(좋은 결과를 맺다)', 'do good(착한 일을 하다)', 'for good (and all)(영원히)', 'for good on evil(ill)(좋든 나쁘든)',

'for the good of(~을 위하여)', 'in good with(평판이 좋은)', 'That's no good.(소용없다)' 등의 의미를 살펴보게 되면 그런 점이 분명해진다.

4) 부사

네 가지 내용어 중 네 번째 것인 부사로는 시간을 나타내는 부사 중 가장 대표적인 것인 'now'를 분석의 대상으로 삼겠는데, 다행히도 우선 이를 통해서도 모든 어휘는 다의화 과정을 밟게 마련이라는 우리의 추리를 뒷받침할 수 있을 만한 사실을 익히 발견할 수가 있다. 원래 부사는 기능상 동사나 형용사, 부사를 수식하는 낱말인 탓으로 그 종류도 'there'나 'always'와 같이 본래적인 것으로부터 형용사에 '-ly'와 '-wise'와 같은 접미사를 붙여서 만들어진 것에 이르기까지 대단히 많다. 그런데 굳이 따지자면 이것의 제일 큰 특징은 네 가지 내용어 중 다의성의 폭이 제일 좁은 것이라는 점이다. 그러니까 우리의 목적상 제일 먼저 여기에서 해야 할 일은 그 폭이 얼마나 좁은가를 알아보는 것이었다. 그래서 여기에서는 예컨대 'very'나 'enough'와 같은 부사 대신에 'now'를 분석의 대상으로 삼기로 한 것이다.

흥미롭게도 이 사전에 따를 것 같으면 이 낱말의 품사에는 부사 이외에 형용사와 명사, 접속사 등도 있는데, 이런 사실로 미루어 보아서 이것이 사용빈도의 수가 꽤 많은 기본어 중의 하나임을 익히 알 수가 있다. 그런데 품사의 종류가 넷이나 되는 점과는 좋은 대조를 이루고 있는 것은 의미의 가짓수가 이외로 적다는 점이다. 예컨대 이것에 대한 설명의 분량은 'go'에 대한 것의 $\frac{1}{7}$ 정도밖에 되지 않는데, 이것 하나만으로도 왜 일반적으로 부사를 네 가지 내용어 중 마지막 것으로 보고 있는가를 쉽게 알 수가 있다.

그런데 사실은 우선 부사로서의 이것의 의미에는 네 가지밖에 없는 데다가, 이들 간의 차이도 그렇게 뚜렷하지도 않다. 예컨대 이 사전에는 1.지금을 비롯하여 2.즉시 3.방금 4.한데 등이 이것의 의미로 제시되어있는데, 이중 4번은 부사로서의 의미라기보다는 접속사로서의 의미로 볼 수 있으니까, 그 가짓수는 셋으로 줄어드는 셈이다. 그런데 이들 세 가지 의미들도 엄밀한 의미에서 보자면 서로 비슷비슷한 것들이다. 그러니까 이것 하나만으로도 우리는 부사에서의 다의성은 폭은 명사나 동사에서의 그것과는 비교도 할 수 없을 정도로 좁다는 것을 익히 확인할 수 있는 것이다.

그래서인지 이것에 의해서 만들어진 관용구의 수도 몇 가지밖에 되지 않는다. 예컨대 'come now(자자, 저런)'와 'every now and then(now and again)(때때로)', 'now or never(다시 업는 기회다)', 'Really now!(now really!)(설마!)', 'by now(지금쯤은)', 'for now(당분간)', 'from now on(앞으로는)', 'now that~(이니까)' 등이 바로 그들인데, 흥미롭게도 이 가운데는 일종의 감탄사처럼 쓰일 수 있는 것도 있다. 물론 이들 중 마지막 것은 이것의 품사가 부사에서 접속사로 바뀐 것의 예이고, 그 앞의 세 가지는 그것이 명사로 바뀐 것의 예들이다.

6.3 인지력과의 상보적 관계

1) 인지적 절차의 재해석

20세기 후반에 이르러서 인간에 관한 연구는 이른바 인지 과학적 혁명을 겪게 되었는데, 간단히 말하자면 철학자를 위시한 여러 관련학자들은 이 혁명으로 '호모 사피엔스'라는 이름에 걸맞게 우리 인간의 제일 중요한 특성은 바로 탁월한 지력을 가지고 있는 점이라는 사실을 확인하는데 전에 없던 자신감과 능력을 갖추고서 매진할 수 있게 되었다. 아마도 이런 혁명의 위력이 얼마나 대단한 것인가를 단적으로 보여준 것이 1999년에 나온 'MIT인지과학사전'일 텐데, 여기에는 철학과 심리학, 신경과학, 컴퓨터 지능학, 언어학, 문화학 등의 분야에서 활동하는 전문가들에 의한 논문들이 모두 471개나 실려 있다.

한마디로 말해서 이 사전은 지금까지 인간의 지력에 관한 여러 분야의 연구실적들을 자랑삼아 한데 모아놓은 것인데, 사실은 이것은 이 혁명의 위력뿐만 아니라 그것의 한계성도 같이 보여주는 일종의 학문적 자화상 같은 것이다. 그런데 우리의 입장에서 볼 것 같으면 이것은 안타깝게도 진정한 의미에서 인지혁명은 아직도 일어나지 않았다라는 주장을 익히 할 수 있게 할 만큼의 역설적인 책일 따름인데, 그 이유는 간단히 말해서 오늘날의 학계에서는 여전히 인지작용과 은유작용 간의 관계설정 작업이 제대로 이루어지지 않고 있다는 사실을 그대로 드러내고 있기 때문이다.

물론 이 사전의 편집자들은 여기에는 'Metaphor'와 'Metaphor and culture'라는 두 개의 은유에 대한 논문이 들어있다는 사실을 앞세워서, 우리의 주장에 동의하지 않을 것이다. 이들은 틀림없이 인지문제를 다루는 데 있어서는 은유와 관련된 언급은 아예 하지 않는 것이 지금까지의 관례였다는 사실을 고려한다면, 여기에 두 개의 은유에 관한 논문을 집어넣었다는 것이 그런 관례를 그들이 처음으로 깼다는 의미일 수가 있다고 내세울 것이다. 다시 말하자면 그들은 여기에는 은유작용은 인지작용의 일부라는 그들의 입장이 이미 밝혀져 있는 셈이니까 이 문제에 대해서 의도적으로 아무런 입장을 밝히지 않거나 아니면 이들 두 작용은 서로 간에 아무런 관계가 없는 것들이라는 식의 입장을 내세우던 과거에 비한다면 지금의 그들의 입장은 분명히 진일보한 것이라는 주장을 펼칠 것이다.

  그러나 안타깝게도 그들이 이 문제에 대해서 이런 식으로 주장할 것이라는 추리는 어디까지나 우선 우리 나름의 아전인수적이고 주관적인 것일 뿐으로서, 그들 자신의 이 문제에 대한 명시적인 언급은 어디에서도 발견될 수 없다. 우선 총 471개의 논문 중 2개만이 은유에 대한 것이라는 점이 문제가 될 수 있다. 그들은 아마도 이런 정도의 변화만으로도 그들의 입장은 충분히 밝혀진 것이나 다름이 없다고 생각할지도 모르지만, 469개 대 2개라는 비율은 나쁘게 말하자면 그들에게는 처음부터 이 문제에 대한 입장을 교묘하게 감추려는 의도가 있었지 않았는가 하고 의심하게 하기에 딱 맞는 비율이다. 그러니까 쉽게 말하자면 은유에 대한 논문을 2개 포함시키는 것은 여기에서는 이런 류의 책에서는 으레 그런 논문을 전혀 포함시키지 않던 지난날의 전통이 그대로 이어지고 있다는 것을 드러내주는 사실에 불과하다.

  그런데 일단 이들 두 논문의 내용을 살펴보게 되면 우리의 이런 판단이 잘못된 것이 아님을 쉽게 알 수가 있다. 우선 이들은 길이가 '1000어에서 1500어 사이'이어야 한다는 편집방침에 맞추어진 분야 소개적 논문치고도 아주 짧은 논문들이다. 그러니까 좋게 말하자면 예컨대 각 분야의 학제적 발전성의 전망을 최대로 밝힌다와 같은 이 책의 서문에 밝혀놓은 편집자들의 의도를 반영하기에는 턱없이 그 길이가 짧다고 볼 수 있다. 그런데 이들의 내용을 살펴보게 되면 이들의 저자들에게는 처음부터 자기 분야의 현황을 사실 그대로 소개하는 것 이외의 문제에는 별로 관심이 없었음을 익히 확인할 수 있다.

  먼저 이들 중 첫 번째 것인 Glucksberg에 의한 'Metaphor'라는 논문은 제목 그대로 은유에 관한 연구의 역사와 현황을 간략하게 소개하는 것을 목적으로 한 글이다. 은유는 원래가 대단히 난해하면서도 중요한 언어적 표현법이어서 그런지 이런 종류의 글은 으레 은유에 대한 다양한 정의들을 소개하는 데 대부분의 지면을 할애하게 되어있는데, 이것이라고 해서 예외일 리는 없었다. 특히 이것의 끝부분에서는 추상성이 비교적 강한 은유적 사고와 표현이 만 2세경의 어린이들에게서 발견되는 점으로 미루어 보아서 은유가 일찍부터 유추적 추리절차의 주요 도구로 쓰이게 된다는 것을 익히 알 수 있다는 것을 강조하고 있다. 또한 이것보다 한 단락 앞에서는 '은유의 진가를 특별히 확인할 수 있는 영역으로는 과학과 정서, 인성적 특성, 정치학 등을 들 수 있다.'와 같은 말을 하고 있는데, 이것은 곧 그는 은유에 관한 연구의 전망을 대단히 긍정적으로 보고 있다는 것을 단적으로 드러내주는 말이었다.

그런데 문제는 이 책의 편집자들이 말하는 학제적 발전성은 이런 식의 것일 수는 없다는 데 있다. 틀림없이 이 책은 지난 25년에 걸친 인지과학의 발전상을 널리 알리고 점검하는 것을 주된 목적으로 한 것이기에 편집자들이 생각하는 학제적 발전성은 그들 안에 인지과학의 발전을 주도적으로 주도했거나, 아니면 그것에 직접적으로 참여했던 학문들 간의 것을 의미하지, 일반적이거나 범학문적 차원에서의 것을 의미하지는 않았을 것이다. 그런데 이것에서는 '과학과 정서, 인성적 특성, 정치학 등'과 같이 일반적이거나 범학문적 차원에서의 학문들을 은유 연구가 앞으로 학제적 발전을 이룩할 수 있는 영역으로 보고 있다. (Glucksberg, 1999, P.536)

그 다음으로 이들 중 두 번째 것인 Quinn에 의한 'Metaphor and Culture'라는 논문은 첫 번째 것과는 성격이 약간 다른 논문이다. 제목 그대로 이것은 은유와 문화의 관계를 소개한 글이니까, 첫 번째 것에 따르는 일종의 각론에 해당하는 것이라고 볼 수가 있다. 그런데 이것은 간단히 말해서 그가 그동안에 내세워오던바, 즉 'Cognitive anthropology(인지 인류학)'의 출범의 필요성을 개진한 논문으로서, 이것에서는 앞으로의 은유 연구의 학제적 발전성과 같은 문제에 대해서는 아예 관심 자체를 보이지 않고 있다. 그러니까 이것은 결국에 이 책의 편집자의 의도로부터는 크게 벗어난 논문인 셈이다.

그가 여기에서 내세우는 인지 인류학적 접근법은 쉽게 말해서 제3의 접근법으로 볼 수 있는 것인데, 그 이유는 이것은 그동안에 있었던 인류학적 접근법과 언어학적 접근법을 하나로 통합시킨 것이기 때문이다. 그런데 사실은 여기에서 그가 이런 제3의 접근법의 필요성을 강조하고 나선 것은 그동안의 두 접근법에서는 은유와 문화의 관계를 특별히 따로 논의할 가치가 없는 것으로 간주해왔기 때문이었다. 그러니까 그동안에는 이 문제를 전혀 다른 시각에서 본격적으로 다루려는 언어이론이나 접근법은 하나도 없었던 셈인데, 이런 의미에서는 그의 접근법은 세 번째가 아니라 첫 번째 접근법으로 보는 것이 마땅한 일일는지도 모른다. 좀 더 구체적으로 말하자면 이론상 이 문제는 인류학에서도 다루어질 수가 있고 언어학에서도 다루어질 수가 있는 것인데, 우선 인류학에서는 그동안에 이 문제를 다른 기호와 마찬가지로 한 사회의 은유에는 으레 그것의 문화적 특징이 반영되게 되어 있다는 입장에서 다루어왔다. 그래서 이것에서는 문학적 비평이론이나 기호이론, 구조주의이론 등을 원용해서 은유의 의미를 해석하는 일을 은유와 문화의 관계를 구명하는 일로 간주해왔었다. 그러니까 이것에서는 새로 등장한 여러 가지의 은유이론들을 인류학의 발전의 도구로 사용했던 것이다.

이런 의미에서는 언어학에서 그동안에 이 문제를 다루어온 자세도 인류학에서의 그것과 대동소이했다. 최근에 이르러 은유의 문제가 언어학에서뿐만 아니라 인지심리학에서 새롭게 각광을 받게 된 것은 바로 Lakoff와 그의 동료들이 이른바 '개념적 은유이론'을 내세우게 되면서부터였는데, 아쉽게도 이 이론에서도 은유의 문화적 상대성이나 은유와 문화 간의 불가분적인 관련성과 같은 문제는 전혀 다루어지지 않았다. 예컨대 Lakoff과 Turner는 'More than cool reason: A field guide to poetic metaphor(냉정한 이성 이상의 것: 시적 은유 연구법)'라는 책에서 '은유는 우리로 하여금 다른 사고방식으로는 할 수 없는 방법으로 우리 자신과 우리의 세계를 이해할 수 있게 한다.'와 같은 말을 했는데, 이런 말은 분명히 은유의 보편성이나 중요성을 강조한 말이지, 은유와 문화 간의 불가분적인 관련성을 강조한 말은 아니었다.(Lakoff and Turner, 1989, p.Xi)

그동안의 인류학과 언어학에서의 이 문제에 대한 입장이 이랬던 만큼, 그가 이제 은유에 대한 제3의 연구 분야, 즉 인지 인류학의 출범의 필요성을 역설하고 나선 것은 하등 놀라운 일이 아니었다. 그의 말을 그대로 빌리자면 인지 인류학은 '은유의 기저에 깔린 문화적 지식은 마땅히 독립적으로 연구되어야 한다.'라는 입장을 내세우는 학문이니까, 언젠가에 가서 이것이 하나의 신학문으로서의 기본적인 틀을 갖추게 된다면 은유 연구에 새로운 지평선이 열리게 될 것이 분명했다. 그러나 이런 희망은 일단 접어둔 채 그는 여기에서 이런 식의 문화기저적 은유 연구의 타당성의 근거로 다음과 같은 두 가지 사실을 들고 있다.

그중 첫 번째 것은 은유는 두 경험적 영역 간의 유추 절차에 의해서 만들어지는데, 많은 경우에는 이런 은유형성 과정이 문화적으로나 역사적으로 특이한 사건임에도 불구하고, 일정한 시일이 지나면서 그것은 우리의 인지나 사고조직 내에 표준적인 언어표현의 일부로 굳어져 버린다는 점이었다. 그러니까 한 은유의 의미를 제대로 해석하기 위해서는 그것의 형성과정에 대한 문화적 및 역사적 고찰이 으레 필요하게 된다는 것이었다. 그중 두 번째 것은 은유가 일상적인 언어에서 쓰이는 경우에는 의사소통의 효율을 높이는 것이 그런 선택의 궁극적인 목적이기 때문에, 은유는 으레 문화적 지식이 공유되고 있다고 판단되는 것에 제한되게 되어있다는 점이었다.

 흥미롭게도 이 글의 마지막 부분에서 그는 자기가 내세우는 인지 인류학적 접근법이 얼마나 그럴싸한 것인가를 보여주기 위해서 하나의 실례를 제시하고 있는데, 미국인들 사이에서 널리 쓰이고 있는 결혼에 관한 은유가 바로 그것이다. 그가 연구한 바에 따르자면 미국인들이 즐겨 사용하는 은유에는 첫 번째로 '결혼을 하나의 계속되는 여행'으로 보는 것과 두 번째로 '그것을 일종의 오래가는 물질'로 보는 것, 세 번째로 '그것을 든든히 거머쥔 소유물'로 보는 등의 세 가지가 있는데, 이들에게서 쓰이고 있는 은유물들은 하나같이 '영속성'의 개념을 나타내고 있는 것들이었다. 이런 점으로 미루어 보아서 영속성이야말로 미국인들의 결혼관의 기저가 되는 특성이었고, 이런 은유들은 따라서 그들의 '이상화된 결혼의 문화적 모형'이 어떤 것인가를 가장 극명하게 보여주는 것들이었다. (Quinn, 1999, p.538)

 이상과 같이 이 사전에 실린 두 개의 은유에 대한 논문의 실체가 인지과학계에 일종의 혁명을 일으키는 일과는 아무런 관련성이 없는 것으로 밝혀졌다는 것은 역설적으로 앞으로 이 학계에 진정한 의미에서의 혁명을 일으킬 방법은 인지작용이나 인지절차에 대한 지금까지의 고정적인 개념을 바꾸는 것이라는 사실을 우리에게 가르쳐주고 있다. 다시 말해서 이들 두 논문의 실체는 이 학계에서 앞으로 '콜럼버스의 달걀'과 같은 역발상법이 적용될 가능성이 충분히 있다는 것을 우리에게 보여주고 있는 것이다.

 이런 혁명을 Kuhn이 말하는 '패러다임의 추이'로 볼 수도 있을 텐데, 이런 일에서 무엇보다도 중요한 점은 물론 혁명이나 추이의 성공이 담보되어야 한다는 점이다. 이런 점을 최대로 고려한 방안이 바로 일단 인지절차를 협의의 것과 광의의 것으로 나누는 것이다. 협의의 인지절차란 인지의 개념을 그동안에 누구나가 생각해오던 대로 가급적 좁게 잡은 상태에서의 것이고, 광의의 인지절차란 그것을 그 안에는 은유의 개념도 들어가는 식으로 가급적 넓게 잡은 상태에서의 것이다. 그러니까 이들 간에는 앞엣것은 현재의 것인 데 반하여 뒤엣것은 미래의 것이라는 차이점이 있는 것이다.

　이론상으로 따졌을 때는 이렇게 인지절차의 개념을 두 가지로 나누게 되면, 두 가지가 특별한 충돌 없이 공존하는 시기, 즉 일종의 과도기적 시기를 지나서야 현재의 것으로부터 미래의 것으로의 완전한 전향 작업이 이루어지는 시기가 오게 마련이다. 물론 이런 구도에서는 과도기적 시기가 얼마나 길어질 것인가가 제일 중요한 변수로 작용할 수가 있다. 그렇지만 이런 구도의 제일 장점은 추이나 변화의 충격이 최소화될 수 있고, 그것의 성공 확률이 높아질 수 있다는 점이다. 설사 과도기적 시기가 예상외로 오래간다고 해도 그 개념을 둘로 나눈다는 것은 전통적인 패러다임의 결정적인 단점을 한 번에 노출시키는 새로운 발상법임이 분명하다.

　두말할 필요도 없이 여기에서 제일 큰 문제가 될 수 있는 것은 바로 광의의 인지절차에 있어서의 인지작용과 은유작용 간의 기능상의 비율이다. 단도직입적으로 말해서 여기에서 우리가 다분히 이상적이면서도 현실적인 것으로 생각하는 비율은 인지작용이 주된 기능을 수행하는 상태에서 은유작용이 일종의 보조적 기능을 수행하게 되는 식의 비율이지, 예컨대 50 대 50식의 비율은 결코 아니다. 굳이 수치로 나타내자면 그 비율을 90 대 10이거나, 더 나아가서는 95 대 5로 잡을 수도 있을 텐데, 이런 경우마저도 그것을 100:0으로 잡을 때와는 그 의미가 전혀 다르다. 물론 아직은 그 누구도 이런 비율을 제대로 정하는 방법을 개발한 적이 없다.

2) 사실적인 근거

(가) 언어적 사실

다행히도 우리는 인지절차의 개념을 그동안의 협의적인 것으로부터 그것에 은유절차도 포함시키는 식의 다분히 광의적인 것으로 바꾸는 것만이 앞으로 인지과학계에 하나의 혁명이 일어나도록 하는 유일한 길이라는 것을 실증할 수 있는 사실들을 몇 가지 발견할 수가 있는데, 그중 첫 번째 것은 앞에서 이미 논의한 바와 같은 편재성이라는 은유의 특징이 실제로 쓰인 언어자료의 분석을 통해서 다시 한번 익히 확인될 수 있다는 점이다. 아쉽게도 아직은 언어학자나 심리학자가 우리의 일상언어야 말로 우리의 언어적 활동에서는 으레 인지작용과 은유작용이 같이 작동되게 되어있다는 사실을 가장 확실하게 확인할 수 있는 자리라는 말을 한 적이 없었다. 그러니까 아래와 같은 예문을 가지고서의 여기에서의 우리의 시행은 그런 시도의 효시일 수가 있다.

> What of a deal that also curbs Iran's missile programme and restraints it in the region? As Mr. Trump seems to realize, biting everything off in one go is unrealistic. A new deal cannot solve all the problems posed by Iran or normalise ties with America after decades of enmity. It may not even lift all America's sanctions. Neither did the first agreement. But, it done right, a deal would put Iran's nuclear programme back in a box, making it easier to tackle all those problems without causing a war.
> (이란의 미사일 프로그램을 억제하면서 그 지역에 그것을 제약시키는 하나의 협정은 어떻겠는가? 트럼프 대통령이 인식하고 있는 것처럼 보이듯이 단 한 번에 모든 것을 물어 뗀다는 것은 현실적이지 않다. 하나의 새 협정이 이란에 의해서 제기된 모든 문제를 해결하거나 수십 년의 적대관계 후에 미국과의 관계를 정상화할 수는 없다. 그것은 심지어 미국의 모든 제재를

풀지 않을는지도 모른다. 첫 번째 합의도 그렇게 하지 못했다. 그러나 제대로만 이루어진다면 하나의 협정은 이란의 핵 프로그램을 하나의 상자 속에 집어넣을 것이며, 전쟁을 일으키지 않으면서 이들 모든 문제를 다루는 일을 더 쉽게 만들 것이다.)

이 글은 2019년 6월 29일자의 'The Economist'의 '지도자'란에 실린 'How to contain Iran(이란을 견제하는 방법)'이라는 제목의 논설의 마지막 단락이다. 이것은 총 12개의 단락으로 이루어진 한 긴 논설의 결론부인 셈인데, 그래서인지 총 여덟 줄밖에 되지 않을 만큼 짧다는 점이 우선 눈에 띈다. 그런데 놀랍게도 이렇게 짧은 단락 안에 은유문이 두 개나 쓰이고 있다. 그중 첫 번째 것은 세 번째 줄에 나오는 'biting everything off in one go'인데, 이것은 'bite off(물어 떼다)'라는 은유적 동사와 'in one go(한번에)'라는 은유적 전치사구가 하나로 합쳐져서 만들어진 것이다. 이것이 의미하는 바는 하나의 협정으로 모든 문제가 해결되는 것은 아니라는 것일 텐데, 여기에서는 때로는 은유와 같은 간접적인 표현이 직접적인 표현보다 더 효과적인 것일 수 있다는 것을 잘 보여주고 있다.

그중 두 번째 것은 일곱 번째 줄에 나오는 'a deal would put Iran's nuclear programme back in a box.'인데 이것도 사실은 'put back(다시 집어넣다)'라는 은유적 동사구와 'in a box(상자 속에)'라는 은유적 전치사구의 두 부분으로 이루어진 표현이다. 이것이 의미하는 바는 하나의 협정은 이란의 핵 프로그램을 다시 동결시키게 되리라는 것일 텐데, 원래 '상자'는 누구에게나 어떤 사물을 가장 편리하고 안전하게 보관하는 용기의 심상을 떠올리게 하는 것이어서 그런지, 이것 역시 때로는 은유적인 표현이 직접적인 표현보다 더 좋을 수 있다는 것을 익히 실증하고 있다.

그런데 이 짧은 단락에서도 우리는 우리가 일상적으로 사용하는 어휘 중 많은 것들은 일정한 은유화 과정을 이미 거쳤거나 아니면 은유적인 의미로 쓰이고 있다는 사실을 쉽게 확인할 수가 있다. 먼저 이 단락의 주제어격인 'deal'이 사실은 고대 영어 때는 '나누다'의 의미로 쓰이던 동사가 일정한 은유화 과정을 거치면서 '거래', '취급', '협정', '분배', '밀약' 등의 의미를 나타내는 명사로도 쓰이게 된 것이다. 이렇게 품사전환이 이루어진 다음에는 'a great deal(많이)'나 'new deal(재출발)', 'no deal(싫어)', 'That's a deal.(그것으로 결정 짓자)' 등의 다양한 관용구가 생겨나게 되었다.

또한 이것의 넷째 줄에는 'ties'라는 명사도 나오는데, 이것도 'deal'과 마찬가지로 원래는 동사였던 것이 뒷날에 명사로도 쓰이게 되는 식의 일정한 다품사화 절차를 밟은 것이다. 예컨대 고대영어 때는 이것은 끈이나 새끼 등으로 어떤 물건을 '묶다'나 '매다'의 의미를 나타내는 하나의 타동사였었는데, 얼마 뒤에는 '묶이다'의 의미를 나타내는 하나의 자동사로도 쓰이게 되더니, 드디어 이것은 '끈'이나 '매듭', '유대', '방해물' 등의 의미를 나타내는 하나의 명사로도 쓰이게 되었다. 일종의 기본동사여서 그런지 이것은 곧 'my tongue is tied(말할 수 없다)'나 'get tied up(결혼하다)', 'play off the tie(결승시합을 하다)', 'ties of blood(혈연)' 등의 다양한 관용구를 만들어내기도 했다.

그 다음에 이것의 다섯째 줄에서는 'sanctions'라는 명사도 쓰이고 있는데, 이것은 앞의 두 명사와는 전혀 다른 역사를 가진 낱말이다. 영어의 어휘에는 원래 라틴어로부터 전수되거나 차용된 것이 대단히 많은데 그 중의 하나가 '신성하게 함'의 의미를 가진 이 명사이었다. 그러니까 지금도 자주 쓰이는 'sanctify(거룩하게 하다)'와 'sanctity(신성)', 'sanctuary(신성한 장소)' 등이 이것과 동일한 어근을 가진 명사인 셈이다. 일종의 교회용 어휘로 쓰이기 시작한 이것은 머지않아서 의미적 변화과정을 거치면서 일반어휘로서의 자리를 굳히게 되었다. 이런 변화과정을 이것의 의미는 크게 세 가지로 분화가 되었는데, 그중 첫 번째 것은 '재가'나 '허용'이었고, 그중 두 번째 것은 '도덕적 내지는 사회적 구속력'이었으며, 그중 세 번째 것은 '법령 및 규칙위반에 대한 제재'이었다. 특히 이 세 번째 의미가 특수화한 것이 바로 보통 복수의 형태로서 국제법을 위반한 국가에 대해서 수 개국이 공통으로 가하는 '제재조치'였다. 이런 제재는 보통 'economic sanctions(경제적 제재)'와 'military sanctions(군사적 제재)' 등의 두 가지로 나뉘었다.

이상과 같은 명사에 이어서 동사의 경우를 살펴볼 것 같으면, 이중 첫 번째 것은 이 단락의 첫줄에 나오는 'curb'이다. 이 낱말은 원래 '구부리다'라는 의미가 있던 라틴어에서 유래된 하나의 명사로서, 이것의 기본적 의미는 '재갈'과 '고삐'와 같이 구체적인 것이었는데 뒤에 가서 그것에 '구속'과 '억제' 등의 추상적인 의미가 추가되게 되었다. 그런데 마치 어휘의 다의화 과정에는 으레 특수화의 사례도 들어가게 되어있다는 것을 실증하려는 듯이, 현재에 이르러서는 명사로서의 이것의 의미에는 '(말의 뒷발에 생기는)비절후종'과 '(우물 위의)정자 태', '(인도와 차도 사이의)연석', '(증권)장외시장' 등이 추가되게 되었다. 또한 이 어휘는 머지않아서 '명사에서 동사'로 바뀌는 일반적인 다의화 절차에 따라서 '재갈을 물리다'와 '억제하다', '연석을 깔다', '꾸짖다', '우물태를 만들다' 등의 의미를 나타내는 타동사로도 쓰이게 되었다.

이중 두 번째 것은 이것의 다섯 번째 줄에 나오는 'lift'인데 이것은 고대영어 때 '하늘'을 의미하는 명사로부터 유래된 것으로서의 이것의 특징은 '일단 타동사로부터 자동사가 파생된 다음에 마지막에 가서 그것에서 명사가 파생되는' 식의 다품사화 과정을 밟은 것이라는 점이다. 또한 타동사로서의 이것의 의미에는 '올리라'를 비롯하여 '철폐하다', '향상시키다', '소리를 높이다', '훔치다', '공중수송하다', '캐내다', '공을 쳐올리다', '부채를 지불하다', '포화의 목표를 바꾸다', '주름살을 없애다' 등이 있는가 하면, 자동사로서의 이것의 의미에는 '열리다'와 '들어 올리다', '비나 안개 등이 걷히다', '기분이 고조되다', '이륙하다', '마루가 부풀어 오르다' 등이 있는 점으로 미루어 보아서 이것이 그동안에 전 방위적인 다의화 과정을 밟은 것임을 익히 알 수가 있다. 그래서인지 이것의 명사적 의미도 '올림'을 위시하여 '승진', '상승거리', '상승력', '중량', '차에 태워줌', '감정의 고조', '승강기', '훔치기', '토지의 융기', '공수' 등으로 다양화되어있다. 물론 이것에 의해서는 'lift a finger(노력하다)'와 'lift one's hand(맹세하다)', 'lift(up) one's head(두각을 나타내다)', 'on the lift(병상에 누워서)' 등과 같은 관용구들도 만들어지고 있다.

이중 세 번째 것은 이것의 마지막 줄에 나오는 'tackle'인데, 이것은 중세영어 때 '배의 삭구'를 가리키던 명사가 일정한 다의화 과정을 거치면서 그대로 현대영어 때까지 이어져 온 것이다. 그런데 흥미롭게도 이것은 의미변화에는 원래 특수화적인 것이 아니라 일반화적인 것도 있다는 것을 잘 드러내주고 있다. 사전에는 명사로서의 이것의 의미로 '연장, 도구'를 위시하여 '고패', '녹로', '삭구, 도르래', '(럭비와 축구에서의)태클', '(미식추구에서의)엔드와 가드 사이의 전위' 등의 다섯 가지가 나열되어있는데, 여기에서 첫 번째로 눈에 띄는 점은 '삭구'라는 이것의 원래 의미는 세 번째 자리로 밀려 내려오고서 첫 번째 자리에는 일반적인 의미에서의 '연장, 도구'가 들어서게 되었다는 점이다. 여기에서 두 번째로 눈에 띄는 점은 이것이 축구에서 쓰이는 전문용어로 특수화되었다는 점이다.

그런데 이런 일반화적 의미변화의 현상은 이것이 뒷날에 명사로부터 타동사와 자동사가 차례로 파생되는 식의 다품사화 과정을 밟게 되면서 더욱 분명해졌다. 사전에는 타동사로서의 이것의 의미로 '(문제를)다루다'를 비롯하여 '논쟁하다', '마구를 달다', '태클하다', '붙잡다', '도르레로 고정시키다' 등의 여섯 가지가 나열되어 있는데 이들 중 첫 번째 것과 두 번째 것 다섯 번째 것 등의 세 가지가 일반적인 의미의 것들이다. 자동사로서의 이것의 의미에는 '태클하다'와 '다루다' 등의 두 가지가 있는데, 이들은 모두 원래의 '삭구'나 '도구'와는 특별히 관련성이 없는 것들이다.

(나) 인지적 조작법의 상반성

일찍이 Aristoteles가 최초의 것을 내린 이래 은유에 대한 정의는 여러 사람에 의해서 쉬지 않고 새롭게 내려져 왔다는 사실은 쉽게 말해서 이것의 실체는 하나의 정의로 드러날 수 있을 만큼 단순한 것이 아니라는 것을 웅변적으로 실증하고 있는 사실이라고 볼 수가 있다. 그런데 흥미롭게도 은유문과 비은유문을 구분하는 일은 누구에게나 통사론에서 정문과 비문을 구분하는 일만큼 쉬운 일이다. 이것은 곧 누구나가 은유문을 만들거나 이해하는 데 쓰이는 인지적 조작법은 비은유문을 만들거나 이해하는 데 쓰이는 그것과는 판이하다는 것을 잘 알고 있다는 말이다.

예컨대 20세기 초에 이른바 일상 언어학적 언어철학 이론으로 언어학계와 철학계에 새로운 바람을 일으킨 Wittgenstein이 한 말 가운데는 'Meaning is use.(의미는 용법이다)'와 'Language is a game with exact rules.(언어는 정확한 규칙을 가진 게임이다)' 등이 있는데, 놀랍게도 대부분 사람들은 이들 두 문장을 처음 마주한 순간 앞엣것은 비은유문인 데 반하여 뒤엣것은 은유문이라는 사실을 알아차리게 된다. 물론 그의 심오하면서도 새로운 언어관이 하나의 문장의 형식으로 농축되어있다는 의미에서 두 문장 모두가 일종의 철학적 선언문과 같은 문장들이다. 그러니까 굳이 따지자면 두 문장 모두가 진의를 제대로 파악하기가 쉽지 않은 난해문인 셈이다.

그렇다면 그들은 어떻게 거의 즉각적으로 이들 간에는 비은유문 대 은유문 식의 중요한 차이점이 있다는 것을 알아차릴 수 있는 것일까? 단도 직입적으로 말해서 그들이 이럴 수 있는 것은 그들은 그 동안의 저마다의 은유문에 대한 경험을 통해서 은유문은 기본적으로 추상적인 개념을 구체적인 사물의 특성에 빗대서 설명하는 것이라는 사실을 알게 되었기 때문이다. 이들 두 문장의 경우를 놓고 말하자면 그들은 앞 문장에서의 'use'는 하나의 추상명사인 데 반하여 뒷 문장에서의 'game'은 하나의 구상명사인 이상, 은유문으로서의 자격을 갖춘 것은 뒷문장뿐이라는 것을 너무나 잘 알고 있는 것이다.

그런데 사실은 은유문과 비은유문, 즉 일상문 사이에는 심리학적으로나 언어학적으로 더욱 전문적인 분석이 필요할 정도의 큰 차이가 있는데, 그중 첫 번째 것은 형식상의 차이이다. 예컨대 Mautner가 편집한 'Dictionary of Philosophy(철학사전)'에서는 은유를 설명하면서 'the river of time(시간의 강)'과 'A mighty fortress is our God.(힘센 요새는 우리의 신이다)', 'A woman is a rose.(여자는 장미이다)' 등의 세 가지 예들을 제시하고 있는데, 이것을 통해서 우리는 우선 은유는 크게 하나의 문장이 은유적으로 쓰이고 있는 것과 하나의 어휘가 은유적으로 쓰이고 있는 것으로 대별될 수 있음을 알 수가 있다. 이들 중 기본이 되는 것은 역시 은유문인데 이것의 기본형식은 'A is B'와 같이 연계사가 두 개의 명사를 연결시키는 형식이다. 이런 의미에서 보자면 Shakespeare의 'Hamlet'에 나오는 'Brevity is the soul of wit.(간결은 재치의 정수이다)'라는 명언의 산 증거물이 바로 은유문인 셈이다. (Mautner, 2005, p.387)

그에 반하여 은유어의 구조적 환경이나 제약을 논하는 것은 무의미한 일인데, 그 이유는 명사와 동사, 형용사 등의 세 가지 품사의 어휘들이 으레 은유어가 될 수 있는 만큼 결국에는 통사적으로 이들 세 품사가 쓰일 수 있는 곳이라면 어디에서나 은유어가 쓰일 수 있다고 볼 수 있어서

이다. 예컨대 'the river of time'에서는 '명사+전치사구'라는 구조에서 명사가 은유로 쓰인 셈이 되고, 'I see what you wanted.'에서는 '주어+동사+목적절'이라는 구조에서 동사가 은유로 쓰인 셈이 된다. Shakespeare의 'Hamlet'에서는 그가 'take up arms against a sea of troubles.(고뇌의 바다에 대해서 무기를 들 것)'을 숙고하는 장면이 나오는데 이런 표현에서는 명사와 동사 모두가 은유어들로 쓰이고 있다고 볼 수가 있다.

은유문의 구조나 형식에 이렇게 특이한 제약성이 있는 것과 큰 대조를 이루고 있는 것이 비은유문의 구조나 형식이다. 쉽게 말하자면 통사론에서 말하는 문법규칙의 순환성이 살아있는 한 비은유문의 구조나 형식에는 아무런 제약이 없는 것이나 마찬가지이다. 특히 은유문의 경우에는 음성언어와 문자언어 간에 아무런 차이가 없는 데 반하여 비은유문의 경우에는 그 차이가 대단히 크다. 그 이유는 물론 심리학적으로 보았을 때 음성언어를 이해하는 데 쓰이는 청각적 인지절차는 문자언어를 이해하는 데 쓰이는 시각적 인지차와 적지 않게 다르기 때문이다. 이래에 제시된 예는 Blackburn이 편집한 'Oxford Dictionary of Philosophy(옥스포드 철학사전)'에서의 은유에 대한 해설의 일부분인데, 이 문장의 길이는 이 사전 나름의 줄로 무려 열 줄이나 될 정도로 길다.

> Philosophical problems include deciding how the border between literal and metaphorical meaning is to be drawn. (Nietzsche, for example, thought that literal truth was merely dead or fossilized metaphor), understanding how we interpret metaphors with the speed and certainty which we often manage, and deciding whether metaphors can themselves be vehicles of understanding, or whether they should be regarded only as sign-posts to literal truth and falsities about the subject matter. (Blackburn, 2008, p.231)
> (은유와 관련된)철학적 문제에는 자의적 의미와 은유적 의미 간의 경계는 어떻게 그어져야 하는가를 결정짓는 것과 (예컨대 니체는 자의적 진리는

단지 죽었거나 화석화된 은유일 따름이라고 생각했었다.), 우리는 어떻게 은유를 자주 유지되는 속도와 확신을 가지고서 해석하게 되는가를 이해하는 것, 그리고 은유가 자체로서 이해의 매체가 될 수 있는가나 아니면 그것은 단지 주제에 관한 자의적 진리와 거짓에 대한 푯말로서만 간주되어야 하는가를 결정짓는 것이 포함된다.)

이 문장이 이처럼 길어진 것은 '주어+타동사+목적어'라는 기본문형의 목적어 자리에 세 개의 동명사절이 쓰이게 되었기 때문이다. 그런데 이들 동명사절 자체들이 '타동사+의문사절'의 구조를 가지고 있다. 그러니까 쉽게 표현하자면 여기에서는 하나의 문장 안에 다른 문장을 내포시키는 절차가 두 번이나 되풀이되고 있는 것이다. 이렇게 긴 문장은 물론 문자언어에서 쓰인 것치고서도 다분히 예외적인 것이다. 그럼에도 불구하고 이것을 이해하는 일은 예컨대 이것 안에 들어있는 'Nietzsche, for example, thought that literal truth was merely dead or fossilized metaphor.'라는 단문을 이해하는 일과 크게 다르지가 않다. 이것이 바로 문법의 힘이다.

은유문과 비은유문 간에는 구조나 형식상에 차이에 이어서 인지적 조작법 상의 차이도 있다. 물론 이론상으로 보았을 때는 누구나 일단 이들 간의 구조나 형식상의 차이가 이들 간의 인지적 조작법상 차이로 연장되어있을 가능성이 크다고 생각할 것이다. 예컨대 누구라도 은유문은 그 구조나 형식이 단순하니까 그것에서 쓰이는 인지적 조작법도 응당 단순할 것인 데 반하여 비은유문은 그 구조나 형식이 복잡하니까 그것에서 쓰이는 인지적 조작법도 으레 복잡할 것이라고 생각하게 될 것이다. 그러나 이런 생각에서는 우선 은유문과 비은유문에서 쓰이는 인지적 조작법들이 심리학적으로 동질적인 것이 아니라 이질적인 것이라는 것을 인정하지 않는 잘못을 저지르고 있다.

그런데 더 근본적인 문제는 이들 간의 이질성이 예컨대 아날로그적인 것 대 디지털적인 것으로 표현될 수 있을 만큼 크다는 데 있다. 앞에서 살펴본 Wittgenstein의 명언들을 여기에서 다시 예로 들어볼 것 같으면 'Meaning is use.'라는 비은유문을 해석하는 데 쓰이는 인지적 조작법과 'Language is a game with exact rules.'라는 은유문을 해석하는 데 쓰이는 그것 간에는 쉽게 말해서 인지적 연산법 대 심상적 비유법식의 큰 차이가 있는 것이다. 우연히 여기에서는 은유문이 비은유문보다 더 복잡한 형식을 갖게 되었는데, 은유문쪽을 'Language is a game.'으로 고쳐놓고 보면 비교가 한결 쉬워진다.

비은유문이란 일종의 명제적 표현체이다. 따라서 이것을 해석하는 일은 으레 논리적 규칙에 따라서 명제적 진위를 가리는 일로 귀결된다. 언어적 표현체는 어떤 것이든지 간에 결국에는 모두가 의미적 표현체이다. 따라서 비은유문에 있어서 명제적 진위를 가리는 일은 그것의 의미적 내용을 파악하는 일과 동시에 이루어지기 마련이다. 예컨대 'Meaning is use.'라는 문장이 참말인지 거짓말인지를 구별하는 일은 으레 '의미는 용법이다.'라는 형태로의 의미적 번역작업과 동시에나 아니면 이런 작업 뒤에 이루어진다. 물론 Wittgenstein의 이 말이 유명해진 것은 이것은 '형식에 의해서 의미는 으레 정해진다.'라는 전통적 의미관에 정면으로 반기를 드는 말이었기 때문이었다. 또한 이것은 다분히 파격적인 말이기에 예컨대 'Language expresses thought.(언어는 생각을 나타낸다)'와 같은 일상적인 말보다 진의를 파악하기가 어려운 말이라고 볼 수도 있다. 그래도 사람들이 이것을 하나의 참말로 인정하게 되는 것은 결국에 '의미는 용법이다.'라는 식의 번역작업이 가능하기 때문이다.

비은유문에 있어서의 인지적 조작은 궁극적으로 정확하게 그것의 의미를 알아내는 일을 목적으로 하고 있다는 것을 가장 웅변적으로 실증하고 있는 것은 언어학자나 철학자들은 일찍부터 중의성의 문제를 해결하는 것을 언어학의 중요한 과제로 삼아왔다는 사실이다. 예컨대 Chomsky는 오직 자기식의 통사적 분석법만이 'Visiting relatives can be a nuisance.(친척을 방문하는 것은 귀찮은 일일 수 있다./방문한 친척은 귀찮은 일일 수 있다.)'라는 문장의 두 가지 의미 중 어느 것이 맞는 것인가를 알아낼 수 있는 유일한 방법이라고 주장했었다.

바로 이 점에 있어서 비은유문과 은유문 사이의 큰 차이가 드러난다. 비은유문에서 언제나 생명으로 여기는 의미의 문제가 은유문에서는 일종의 이차적인 문제로 밀려나고, 그 자리에는 일종의 심상의 문제가 자리하게 된다. 더 구체적으로 말하자면 은유문에서는 중의성이 '필요악'의 현상으로 간주된다. 예컨대 'Language is a game.'이라는 문장에서 중요한 것은 흑백적인 진리치가 아니라 참신한 비유성이다. 굳이 따지자면 이 문장은 의미하는 바가 참이 아니기 때문에 비은유문의 기준에 의할 것 같으면 일종의 비문이다. 그러나 이것과 같은 하나의 은유문에서는 의미의 모호성이 비은유문은 절대로 가질 수 없는, 제일 큰 장점일 수가 있다.

그런데 의미의 문제에 관한 한 은유문은 역설적 진리를 가르쳐주고 있다고 볼 수가 있다. 그런 진리 중 첫 번째 것은 우리가 사용하는 언어적 개념 가운데는 하나의 정의나 서술로써는 정확히 그 의미가 파악될 수 없는 것들이 많다는 사실이다. Ogden과 I.A.Richards가 일찍이 사용했던 용어를 빌릴 것 같으면, 'Meaning is use.'라는 말은 '의미의 의미'에 대한 설명의 일부분일 따름인 것이다. 그런 진리 중 두 번째 것은 비은유문으로는 제대로 나타낼 수 없는 의미가 은유문에 의해서는 익히 표현될 수 있다는 사실이다. 예컨대 Shakespeare가 사용한 'Juliet is the sun.(줄리엣은 태양이다.)'이라는 은유문은 비은유문의 기준에 의하자면 일종의 비문이다. 그러나 이것이 의미하는 바를 하나의 비은유문으로 나타낼 수는 없다.

　그런 진리 중 세 번째 것은 많은 경우에 있어서 의미는 비은유문에 의해서보다 은유문에 의해서 더 빠르고 정확히 전달될 수 있다는 사실이다. 바로 앞에든 예를 다시 거론해볼 것 같으면 Romeo의 눈에는 Juliet이 어떤 모습으로 비쳤는가를 이 은유문보다 더 빠르고 정확하게 나타내주는 문장은 없을 것이다. 우선 은유적 인지절차는 으레 즉각적이고 최고로 단순한 것인 데 반하여, 비은유적 인지절차는 으레 숙려적이고 복합적인 것이기에 정보전달의 속도가 같을 수가 없다. 그 다음으로 비은유적 인지절차에서는 으레 추상적인 개념이나 지식들이 지적 조작의 기본단위가 되는 데 반하여, 은유적 인지절차에서는 보통 추상적인 개념과 구상적인 사물들의 이름이 한 짝을 이룬 상태에서 지적 조작이 이루어지기 때문에 정보전달의 속도가 같을 수가 없다. 언제나 추상적인 개념의 의미를 파악하기보다는 우리에게 친숙한 사물들의 속성을 파악하기가 훨씬 쉬운 것이다.

　세 번째로 비은유적 인지절차에서는 으레 지적 내지는 정보적인 절차가 그것의 전부가 되는 데 반하여, 은유적 인지절차에서는 심상적인 절차와 지적 절차가 같이 작동된다. 여기에서 특히 주목할 점은 이들 간의 관계가 수평적인 것이 아니라 심상적인 절차가 지적 절차를 유도하는 식으로 되어있다는 점이다. 은유이론에서는 그동안에 'A is B'에서의 'A'와 'B' 간의 관계를 앞엣것은 'tenor(방향, 진로)'로 부르는 한편 뒤엣것은 'vehicle(매체, 수단)'로 부르는 식으로 다분히 수평적인 것으로 보아왔는데, 이런 잘못된 견해는 'B'의 자리에는 으레 구상어들이 쓰이게 되어있어서, 그런 것들은 언제나 전 인지절차를 주도하는 일정한 심상작용을 유발시키게 되어있다는 사실을 간과한 데서 비롯된 것이었다.

　그러니까 예컨대 'Language is a game.'이라는 은유문에서는 방향어인

'Language'와 매체어인 'game'이 인지절차에 있어서 수평적으로 작동하고 있는 것이 아니라 그것이 뒤엣것이 앞엣것을 이끌어가는 식으로 되어 있다고 보려는 것이 우리의 견해인 셈인데, 이런 견해는 그동안에 은유이론에서 놓쳤던 중요한 은유의 특성 중 하나인 인지절차의 역동성을 새롭게 부각시키는 결과도 가져온다. 이 은유문을 접하게 된 독자는 틀림없이 두 번째 낱말인 'game'을 인지하는 순간에 그의 머리 안에 '체스'나 '야구' 등에 관한 일정한 심상을 불어 일으키게 될 것이고 그렇게 되면 결국에 그것이 여기에서의 전 인지절차를 역동적으로 주도하게 될 것이다. 심상적용이 곧 은유의 힘인 것이다.

네 번째로 심상작용에는 으레 일정한 정서가 수반되게 되어있는 탓으로 은유문의 인지절차에는 결국에 다소간의 심상작용뿐만 아니라 정서작용도 참여하게 된다. 심상작용이란 과거에 일정한 지각적 경험을 통해서 갖게 된 심상을 다시 회상하는 것이니까, 심리학적으로 보았을 때 심상을 경험할 때 느꼈던 정서가 그것과 같이 되살아나는 것은 너무나 당연한 일인 것이다. 예컨대 'Juliet is the sun.'이라는 은유문을 접하게 되면 누구라도 즐겁고 화사한 감정을 갖게 마련인데, 그 이유는 최초로 태양을 볼 때의 그의 감정은 즐겁고 화사한 상태에 있었기 때문이다. 이렇게 보자면 은유문의 인지절차에는 인지작용과 심상작용, 정서작용 등이 모두 작동된다고 볼 수가 있다. 아마 이 점이 비은유문보다 은유문이 더 빠르고 더 큰 정보전달력을 갖게 되는 근본적인 이유일 것이다.

3) 비은유문과 은유문의 조화성

우리의 언어가 결국에 지금의 것처럼 훌륭한 의사소통의 도구나 높은 수준의 자기표현의 도구일 수 있는 것은 이것에서는 으레 비은유문과 은유문이 조화롭게 쓰이고 있기 때문이다. 이들 두 종류의 문장들은 어떤 의미로 보아서도 서로 대척적이고 이질적인 것들이다. 그리고 이들은 기능적 크기에 있어서도 비은유문인 것이 압도적으로 크고, 은유문의 것은 비은유문의 것과는 비교도 안 될 정도로 작은 식으로 큰 차이를 보이고 있다. 일찍이 Lakoff와 Turner가 책 이름으로 내세웠듯이 언어에서는 '냉정한 이성뿐만 아니라 그 이상의 것'도 작동하게 되어있다. 그렇지만 그 말이 의사소통이나 자기표현의 기능을 주무적으로 담당하는 것은 이성에 의해서 작동되는 비은유문들이고, 이성 이상의 것에 의해서 작동되는 은유문들의 기능을 그런 비은유문들이 하는 일을 돕는 것이라는 사실을 뒤집는 것은 아니다.

그런데 사실은 흥미롭게도 비은유문과 은유문 사이에 최고의 조화성이 유지될 수 있는 것은 기능적으로 상위의 자리를 차지하고 있는 비은유문 측에서 특별한 원리나 고려사항을 잘 준수하고 있기 때문이 아니라 기능상 보조적 자리에 있는 은유문 측에서 일정한 제약이나 협조 사항을 잘 준수하고 있기 때문이다. 어떤 의미에서는 이 점이 바로 우리 언어에서만 발견할 수 있는 신비스러운 특징인 셈인데, 그 이유는 다른 어떤 기구나 제도에 있어서도 이처럼 양방적인 것이 아니라 일방적인 방식으로 두 구성부 간에 높은 수준의 조화성이 유지되고 있는 경우를 쉽게 발견할 수가 없기 때문이다.

은유문 측에서 잘 준수하고 있는 제약이나 협조사항 중 첫 번째 것은 출현의 빈도나 자리를 최적화하는 것이다. Aristoteles의 말대로라면, 은유문과 같은 높은 차원의 문장을 마음대로 쓸 수 있는 능력은 '천재성의 표시'일 수도 있고, 또한 언어학자의 말대로라면 그런 능력은 곧 언어사용자의 '언어적 능력의 성숙성'을 드러내는 징표일 수도 있는데, 사실은 이런 능력의 생명에 해당하는 것이 바로 이런 문장의 사용의 빈도나 위치를 최적화하는 능력이다. 그런데 굳이 따지자면 우리에게는 이들 두 평가 중 두 번째 것이 더 그럴싸하게 느껴지는데, 그 증거로 내세울 수 있는 사실이 정상적인 대부분의 언어사용자들은 으레 은유문이 어느 정도로 쓰였을 경우가 곧 그것이 알맞게 쓰인 경우라는 것을 직감으로 알게 된다는 점이다.

구체적인 예로는 앞에서 이미 분석해본 '이란을 견제하는 방법'이라는 논설문의 마지막 단락의 경우를 들 수가 있는데, 이것에서 은유문이 쓰인 비율은 총 여덟 개의 문장들이 여섯 개의 비은유문 대 두 개의 은유문으로 나누어져 있으니까 대략 25% 정도라고 볼 수가 있다. 그런데 아마 대부분의 독자가 이 단락을 읽고서 첫 번째로 느끼는 것은 이것에서는 은유문의 사용빈도에 관한 일종의 표준적인 기준이 제시되고 있다는 점일 것이다. 물론 여기에서의 25%는 어디까지나 상한선을 가리키는 것이지 하한선을 가리키는 것은 아니다. 이 글 전체를 살펴볼 것 같으면 이 글에는 이 정도로 은유문이 쓰인 단락도 몇 개 있지만 은유문이 하나도 쓰이고 있지 않은 것도 많다. 그러니까 이 글 전체로 보아서는 은유문이 사용된 비율이 25% 이하일 것임이 분명하다. 그렇다고 해서 이 글에서는 적정한 분량의 은유문이 쓰이고 있으며 바로 그 점이 이 글을 좋은 글로 만든 요인 중 하나라는 사실이 바뀌는 것은 아니다.

그리고 여기에서 무엇보다도 중요한 사실은 이 단락에서 이들 두 개의 은유문들이 최고의 수사적 효율성을 발휘하게 된 것은 각각이 저마다 문맥상 제일 적절한 자리에서 쓰였기 때문이라는 점이다. 예컨대 이들 중 첫 번째 것은 이 단락의 시작 부분에서 이 단락의 서론처럼 쓰이고 있다. 이 은유문에 의해서 결국에는 하나의 협정으로 모든 문제가 해결될 것을 기대할 수는 없다는 것이 하나의 전제처럼 제시되고 있다. 그에 반하여 이들 중 두 번째 것은 이 단락의 종결 부분에서 이 단락의 결론처럼 쓰이고 있다. 아무리 그렇다고 해도 전쟁을 치르지 않고서 이 문제를 다룰 수 있는 유일한 길은 하나의 잘된 협정으로 '이란의 핵 프로그램'을 일단 억제하는 것뿐이라는 점이 이 은유문에 의해서 분명히 밝혀져 있다.

은유문 측에서 잘 준수하고 있는 제약이나 협조사항 중 두 번째 것은 의미적 해석 작업을 지나친 단계까지 몰고 가지 않는 것이다. 은유문은 원래가 자의적 의미와는 적지 않게 다른 의미를 노리고서 만들어진 것이다. 따라서 은유문 하나하나가 좋게 말하자면 하나의 시이고, 나쁘게 말하자면 하나의 애매문인 셈인데, 바로 여기에 많은 은유문 해석자들이 쉽게 빠져들어 갈 수 있는 함정이 있다. 그 함정은 바로 과도한 의미적 해석이다. 그리고 더욱 놀라운 것은 많은 사람들은 이 점을 하나의 함정으로 보지 않고서 그것을 거꾸로 즐기고 있다는 사실이다.

그런데 흥미롭게도 Steinhart와 Kittay는 최근에 'metaphor(은유)'라는 글에서 의미해석의 난삽성으로 보았을 때 지금까지 제안된 생략적 직유 이론과 추상화 이론, 유추성 이론 중 제일 타당성이 높다고 볼 수 있는 것은 '유추성 이론'인데, 바로 이 이론이 '컴퓨터적으로 실증 가능한 은유 이론'을 모색하는 사람들이 가장 선호하는 이론임이 드러났다고 주장하고 나섰다. 이들의 은유관을 일단 맞는 것으로 본다고 해도, 이것에서는 인간과 컴퓨터를 구별하지 않는 오류와 은유적 의미는 궁극적으로는 인지적 연산절차에 의해서 구명되지 않는다는 사실을 간과한 오류를 범하고 있음을 알 수가 있다. (Steinhart and Kittay, 1994, p.2456)

그런데 사실은 이들의 은유관이 지닌 제일 큰 약점은 그동안 내내 누구나 그래왔듯이 은유문에 관한 문제들을 하나의 문맥적 내지는 상황적 환경 내에서가 아니라 오직 그것만 가지고서 검토했다는 점일 것이다. 이글에서는 일찍이 Socrates가 자기 제자의 고민을 설명하는 말로써 쓴 'Theaetetus is giving birth to an idea.(테아이테토스는 새로운 아이디어를 낳고 있다)'라는 은유문과 Shakespeare의 'Romeo and Juliet'에 나오는

'Juliet is the sun.(줄리엣은 태양이다)'라는 은유문을 집중적으로 분석하고 있는데, 이들 모두를 하나의 문맥이나 상황에서 완전히 축출해낸 하나의 독립적인 문장으로 다루고 있다.

거기에 더해서 이 글에서는 과도하리만큼 엄격한 논리적 분석법만이 '의미적으로 이미 이탈된' 은유문의 의미를 제대로 파악할 수 있는 길임이 강조되고 있다. 예컨대 Socrates가 사용한 은유문과 관련해서는 남자인 Theaetetus를 아기를 낳는 주인공으로 본 것부터가 비논리적이라는 점을 부각시키고 있고, Shakespeare가 사용한 은유문과 관련해서는 논리적으로 분석하자면 이 말의 의미는 곧 '로미오의 세계는 줄리엣의 둘레를 회전한다.'는 것이라는 말을 하고 있다. 여기에서의 이런 예들이 우리에게 가르쳐주고 있는 점은 '과유불급'의 진리이다. 쉽게 말하자면 그러니까 언어분석자는 마땅히 한 문장의 의미는 '명제적 의미+상황적 의미'식으로 구성되어있다고 보아야 하는 것이다. 은유적 의미에 관한 한 지나친 논리적 분석은 모자란 논리적 분석보다 오히려 못하다는 것을 잘 가르쳐주고 있는 것이다. 그러니까 Socrates의 것은 '테아이테토스는 새로운 아이디어를 산출하고 있다'처럼 해석하고, Shakespeare의 것은 '줄리엣은 태양이다.'처럼 해석하면 그만인 것이다.

그런데 너무나 자명한 진리이지만 모든 언어적 표현들은 반드시 일정한 상황이나 문맥 내에서 쓰이게 되어있기 때문에 그것의 의미해석은 으레 그것을 독립적으로 축출해낸 상태에서가 아니라 그것이 일정한 상황이나 문맥 안에 들어가 있는 상태에서 하는 것이 논리적으로 맞는 일이다. 즉, 이들은 우리에게 특히 비은유문의 경우보다는 은유문의 경우에 이런 특징이 최대로 활용되고 있다고 볼 수가 있는데 그 이유는 은유문은 어느 것이든지 간에 결국은 하나의 애매문이기 때문이다.

은유문을 사용하는 사람은 두말할 필요도 없이 누구나가 적어도 두 가지 사실을 의식적으로나 아니면 무의식적으로 명심한 상태에서 그것을 사용한다고 볼 수 있는데, 그 중 첫 번째 것은 의사소통이나 정보전달의 목적상 은유문은 반드시 비은유문과 일정한 조화를 이루고 있어야 한다는 것이고, 그중 두 번째 것은 은유문의 직접적인 상황이나 문맥이 되는 것은 언제나 비은유문이라는 것이다. 그런데 은유문에 대한 이런 인식은 은유문을 사용하는 사람만이 가지고 있는 것이 아니라 그것을 해석하는 사람도 가지고 있다. 굳이 따지자면 이런 인식은, 곧 은유에 대한 일반사람들의 지식의 기저가 되는 부분이다.

　이런 인식이 있는 한 은유의 사용자와 해석자 모두가 은유문에 대한 과도한 분석이나 해석은 대부분은 지극히 무의미한 일일 뿐만 아니라 때로는 다분히 해로운 일이라는 것을 잘 알고 있다. 그러니까 이들은 은유 이론가들이 그동안에 해오던 관행은 어디까지나 그들만의 일이었다는 것을 잘 알고 있는 것이다. 이들은 우선 그것의 중의성이나 애매성은 으레 그것이 쓰인 상황이나 문맥에 의해서 해소되게 되어있는 이상, 그것을 굳이 애매문으로 볼 필요가 없다고 생각할 것이다. 그리고 이들은 은유문이 하나의 시가 되기 위해서는 화면 전체를 그림으로 꽉 채우는 것보다는 그것의 둘레를 여백으로 남겨두는 편이 낫다고 생각할 것이다.

　은유문 측에서 잘 준수하고 있는 제약이나 협조사항 중 세 번째 것은 은유의 참신성을 유지하는 것이다. 은유문의 사용자와 해석자들은 은유란 결국에 언어의 일반적인 표현력의 한계성을 뛰어넘는 수단이기에 자연히 그것의 생명에 해당하는 것이 바로 참신성이라는 것을 잘 알고 있다. 이런 의미에서 볼 때 은유문은 꽃나무와 같아서 일정한 세월이 지나면 생명력을 잃고서 시들게 마련이다. 이렇게 된 은유를 보통 죽은 은유, 즉 사유라고 부르는데, 여기에는 일정한 예외성이 있다는 데 은유의 오묘한 특이성이 있다.

시공의 한계성을 뛰어넘은 은유문들은 대개가 유명한 시인이나 작가들에 의해서 만들어진 것들인데, 이들이 이렇게 될 수 있는 것은 첫 번째로는 그것이 은유하는 바가 감히 '천재적'인 것이라고 말할 수 있을 만큼 심오하기 때문이고, 두 번째로는 그것이 쓰인 자리가 고전의 반열에 오를 수 있을 만큼의 유명한 작품이었기 때문이다. 이런 유명한 은유문들은 자주 일종의 격언이나 잠언처럼 쓰이기도 하는데, 그 이유는 우선 그것의 형식이 격언의 것과 비슷한 데다가 그 내용도 격언의 것처럼 다분히 교육적인 것이기 때문이다. 이런 점으로 보아서도 은유문은 결국에 언어적 표현력의 수준을 한 차원 격상시킨 것이라는 것을 익히 알 수가 있다.

Steinhart와 Kittay의 글에서는 은유의 첫 번째 특징은 바로 '참신하고 놀라운 데까지 언어 사용의 공간'을 넓히는 데 있다는 것을 실증한 예로서 Melville이 일찍이 그의 소설 'Moby Dick'에서 사용했던 'He slept off the fumes of vanity.(그는 허영의 연무를 잠으로써 없앴다.)'라는 은유문이 제시되어있는데, 이들의 주장대로 이것은 '앎'을 '빛'이라는 말로 표현하는 규약적 은유문과도 크게 다르고, '전기'를 '조류'라는 말로 표현하는 사유문과도 크게 다르다. 그러니까 쉽게 말해서 이것으로써 이들은 은유문 가운데는 시간이 흘러도 은유력을 잃지 않는 것이 얼마든지 있을 수 있다는 것을 익히 보여준 것이다. (Ibid., p.2452)

그런데 예외적인 은유문과 관련해서 한 가지 명심할 것은 시인이나 작가와 같은 원작자 자신도 어느 한 곳에서 한번 쓰인 은유문을 다른 곳에서 다시 사용하는 법은 없다는 점이다. 예컨대 Shakespeare의 'Juliet'에 관한 은유문도 실제로 쓰인 곳은 단 한 곳뿐이고, Melville의 '허영'에 관한 은유문이 실제로 쓰인 곳도 단 한 곳뿐이다. 이런 의미에서 보자면 은유문의 진짜 특성을 나타내는 데는 참신성보다는 일회성이라는 말이 쓰이는 것이 더 적절할지도 모른다. 이런 의미로 보아서도 은유문은 한 그루의 꽃나무와 같은 것이다. 그러니까 결국에 시공을 초월한 예외적인 은유문이란 하나의 인용문처럼 타인에 의해서 몇 번이고 재사용된 것인 셈이다.

Melville의 것과 같은 예외적인 은유문에 있어서도 그것의 생명이 되는 것은 으레 참신성이고, 일반적인 은유문에 있어서도 그것의 생명이 되는 것은 으레 참신성인데, 그 이유는 모든 은유문의 궁극적인 기능은 앞뒤의 비은유문들의 기능, 즉 그것이 쓰인 글이나 말 전체의 기능을 한층 강화하는 것이기 때문이다. 물론 이런 사실은 Shakespeare나 Melville과 같은 대문호에게만 잘 알려진 것이 아니라 '이란을 견제하는 방법'에 대한 논설문을 쓴 필자에게도 잘 알려져 있다. 다시 말해서 이 논설문의 필자도 자기가 사용한 은유문들이 앞으로 예외적인 은유문의 반열에 오를 확률은 거의 없을지라도, 훌륭한 은유문으로 불리기에 모자람이 없는 것들이라는 것은 잘 알고 있었을 것이다.

6.4 은유의 창조성

하나의 사물을 다른 사물처럼 말하는 것을 은유로 치자면 은유력은 분명히 하나의 사물을 그것 자체대로 말하는 논리력과는 전혀 다른 능력이다. 그러니까 일단 언어적 사실에 의해서 익히 드러났듯이 논리력과 은유력이라는 두 가지의 이질적인 능력이 상호보완적으로 작동하고 있다는 점이 바로 우리 인간의 인지적 활동의 제일 두드러진 특징인 셈이다. 여기에서 당연히 제기될 수 있는 문제는 그렇다면 이들 중 어느 것을 과연 보다 더 기본적인 것으로 볼 수 있느냐 일 텐데, 이것에 대한 대답은 물론 언어적으로나 심리학적으로 보았을 때 누구도 논리력의 중심성이나 우위성을 부정할 수는 없다는 것일 것이다.

그런데 흥미롭게도 철학자 중에는 이 문제를 놓고서 이런 상식적이고 전통적인 사고방식에 정면으로 반기를 들고 나선 사람도 있었는데, 그중 가장 대표적인 사람이 바로 그 유명한 'Also sprach Zarathustra(차라투스트라는 이렇게 말했다)'라는 책을 낸 19세기의 독일철학자 Nietzsche였다. 예컨대 1873년에 나온 'Über Wahrheit und Lüge im außermoralischen Sinn.(그들의 초도덕적 의미에 있어서의 참과 거짓에 대해서)'라는 논문에서 그는 '우리가 나무와 색깔, 눈, 꽃 등에 관해서 말을 할 때는 그들 사물 자체에 대해서 무언가를 안다고 믿는다. 그러나 우리는 그들 사물의 은유를 가지고 있을 뿐인데, 이들 은유들은 조금도 원래의 본질과는 대응하지 않는다.'라고 주장하였는데, 이런 말은 곧 우리 언어의 원형은 개념적이거나 논리적인 것이 아니라 은유적인 것이었다는 말이나 같은 말이었다. (Sage, 1994, p.2460)

언어의 본질에 관한 문제를 놓고서 상식적이고 전통적인 사고방식을 갖는 것이 맞는 일인가 아니면 니체식의 반전통적인 사고방식을 갖는 것이 맞는 일인가 식의 논쟁을 여기에서 새삼스럽게 벌이는 것은 우리의 목적상 무의미한 일임이 분명하다. 그의 이런 발상법은 지금도 하나의 파격적이고 역발상법인 발상법으로 남아있을 뿐으로서, 오늘날의 철학자나 언어학자 중 그것을 하나의 언어이론으로 받아들이는 사람은 하나도 없다. 그런데 은유에 관한 그의 주장은 우리에게 두 가지의 매우 중요한 시사점을 제공하고 있다고 볼 수가 있는데, 그중 첫 번째 것은 우리의 인지작용의 동반자나 아니면 그것의 유발자가 되는 것은 지각작용이라는 점이다. 지각작용이란 원래가 우리가 자연의 현상을 인식하는 데 작동되는 것인데 그는 흥미롭게도 그것을 다분히 은유적인 것으로 보았다. 이것은 곧 우리의 기본적인 개념이나 지식은 언제나 일정한 지각작용을 통해서 얻어지게 되어있다는 말이나 같은 말이다.

그중 두 번째 것은 우리가 개념이나 지식을 갖게 되는 과정을 크게 일정한 지각작용을 통해서 어떤 사물에 대한 은유를 갖게 되는 단계와 그런 은유를 일정한 인지작용을 통해서 개념이나 범주로 바꾸는 단계로 나누고 보았을 때, 이들 두 단계 모두가 다분히 우리 특유의 창조력이 발휘되는 단계라는 점이다. 그가 든 예를 다시 인용해보자면, 어떤 사람이 '꽃'을 처음에 지각하고서 나름대로의 하나의 은유를 갖게 되는 절차도 다분히 창조적인 절차일 것이고, 그 다음으로 그가 그 은유를 일정한 개념이나 범주로 바꾸는 절차도 다분히 창조적인 절차일 것이다. 이들 절차가 창조적인 이상 그 결과가 '원래의 본질과는 대응할 수가' 없는 것은 너무나 당연한 일인 것이다.

1) 창조성의 정의

우리의 오늘날까지의 문화사를 살펴보게 되면 누구나 쉽게 우리 인간의 본성 중 가장 중요한 것이 바로 새로운 것을 만들어내려는 성향과 능력, 즉 창조성이라는 것을 익히 알아차릴 수 있는데, 따지고 보자면 우리의 특성이 바로 '호모 사피엔스'의 '사피엔스', 즉 지력에 있는 한 너무나 당연한 일이라고 볼 수가 있다. 다시 말하자면 우리 인간은 그 동안에 특유의 높은 지력을 가지고서 한시도 쉬지 않고 온갖 유형무형의 새로운 것들을 만들어 온 것이다. 흔히들 우리의 창조성을 과학적 창조성과 예술적 창조성으로 나누기도 하는데, 이런 양분법은 물론 지금까지의 역사상 위대한 창작가들은 으레 과학과 예술의 두 분야에서 태어났다는 사실과 맞아 떨어지는 것이다.

그런데 사실은 창조란 '무'에서 '유'를 만들어내는 것이 아니라 이미 있는 것들을 가지고서 새로운 것을 만들어내는 행위이다. 따라서 창조에는 으레 어느 개인의 기발한 상상력과 특이한 몰두력이 동원이 된다. 이런 의미에서 볼 때 우리가 이미 있던 어휘와 문법을 가지고서 은유라는 제3의 표현법을 만들어내게 된 것은 하등 놀라운 일이 아니다. 그런데 은유가 우리의 언어적 창조물이라는 것을 무엇보다도 확실하게 증거하고 있는 것은 참신성이다. 은유란 두 가지 서로 다른 개념적 영역들을 하나로 연결시키는 장치인데, 이들 영역 간의 거리는 적어도 하나의 은유가 만들어지기 전까지는 멀대로 먼 것이었다는 데 그 특징이 있다. 그러니까 결국에 은유에 의해서 두 개념적 영역 간에는 새로운 통로가 생겨나게 되는 것이다. 논리적으로 보았을 때도 참신한 것은 으레 새로 창조된 것일 것임이 분명하다.

　은유를 이렇게 일단 우리의 본성의 일부인 창조성으로부터 비롯된 것으로 보게 되면, 우리의 창조성은 크게 천재적인 것과 일반적인 것의 두 가지로 나누어질 수 있다는 것을 익히 알아차릴 수 있다. 천재적 창조성이란 우선 문자 그대로 Einstein이나 Michelangelo, Shakespeare 등과 같은 천재들만이 가지고 있는 품성이다. 그리고 우리의 문화사나 문명사의 모습이 이런 천재들의 창조성의 발로에 의해서 적지 않게 달라지게 되었다는 것도 부인할 수 없는 사실이다. 물론 엄밀한 의미에서 보자면 우리의 역사에 빛나는 수많은 과학자나 예술가들을 모두 다 천재로 볼 수 있는 것은 아니다. 그러니까 여기에서는 천재라는 말이 비범하거나 특출한 능력을 갖춘 사람 정도로 느슨하게 쓰인 셈이다.

　그에 반하여 일반적 창조성은 특출한 과학자나 예술가가 아닌 일반인들이 지닌 품성이다. 이렇게 천재적 창조성과 일반적 창조성을 한 짝의 대립적인 개념으로 잡고 보면 이들 간의 대립성은 발휘자의 신분에서 보다는 오히려 그것의 수준이나 차원에서 더 크게 드러나게 되어있다는 것을 쉽게 알 수가 있다. 예컨대 어떤 의미로 보아서도 Einstein이 상대성의 이론을 발견하는 데 발휘된 창조성을 어느 요리사가 새로운 요리법을 발견하는 데 발휘된 그것과를 동일시할 수는 없다. 그러니까 사람에 따라서는 그것의 수준이나 차원이 감히 비교할 수도 없을 정도로 큰 것을 창조성이라는 동일한 개념으로 보는 것 자체가 불합리한 일이라고 말할 수가 있을 것이다. 그러나 이런 사람들의 이런 견해는 틀림없이 창조성은 우리 인간 모두의 본성의 일부라는 사실을 상기하는 순간에 바뀌게 될 것이다.

그런데 사실은 은유만큼 이런 분류법의 타당성을 가장 직재적으로 드러내주고 있는 것도 없다. 은유는 우선 그 흔적을 제대로 추적해내기가 무척 어려울 정도로 우리의 언어 내에 깊숙이 침투되어있다. 예컨대 'sail'로써 '배'를 나타내는 제유법이나, 아니면 'crown'으로써 '임금'을 나타내는 환유법은 이미 오래전부터 표준적인 어법의 일부로 자리 잡고 있고, 'Waves of passion overcame him.(정열의 파도가 그를 덮쳤다)'와 같은 은유적 표현들은 우리의 일상적인 언어에서도 널리 쓰이게 된 나머지 그것이 은유인지 아닌지를 묻는 것 자체가 무의미해져버렸다. 그러니까 우리는 은유적 현상을 통해서 우선 창조성을 발휘하거나 이해하는 것은 시인과 같은 일부 특별한 사람만의 능력이 아니라 일반인 모두의 능력이라는 것을 쉽게 확인할 수가 있는 것이다.

그런데 훌륭한 시인이나 작가치고서 아름다운 은유문을 새로 만들어 사용하지 않는 사람이 없다. 다시 말하자면 이들은 은유문이야말로 자기네의 천재적 창조성을 표출할 수 있는 최선의 기구라는 것을 익히 알고서 그것을 언제나 최대로 활용하는데, 이러다 보니까 심지어는 그것을 가지고서 특이한 시의 '양식'을 만들어내는 사람까지 나타났다. 예컨대 Gibbs Jr.는 최근에 'Metaphors'라는 글에서 아래와 같은 Schwartz의 시를 '익숙한 은유적 표현체인 속담들을 비꼬아서 묵은 지혜의 진주들의 의미를 창조적으로 통찰할 수 있게 한 것'으로 소개하고 있는데, 여기에서는 은유법이 교묘하게 반어법과 풍자법, 모호법 등과 뒤엉켜있어서, 이것은 결국에 수사법이 일반적인 표현법의 한계성을 얼마나 효과적으로 극복할 수 있는가를 단적으로 보여주는 한 좋은 예가 되고 있다. (Gibbs.Jr., 2011, p.117)

Proverbs from Purgatory

A bird in the hand makes waste.
It's like killing one bird with two stones.
Two heads are better than none.
A friend in need is worth two in the bush.
A stitch in time is only skin deep.
Two many cooks spoil the child.
I'll have him eating out of my lap.
Let's burn that bridge when we get to it.
A friend in need opens a can of worms.
Don't cross your chickens before they hatch.
He's just a chip of the old tooth.
(연옥으로부터의 속담들
수중의 한 마리 새는 낭비를 가져온다.
그것은 두 개의 돌로써 한 마리 새를 죽이는 것과 같다.
두 머리는 하나도 없는 것보다 낫다.
필요할 때의 친구 한 명은 숲속에 있는 두 명과 같다.
제때의 한 바늘은 가죽 한 꺼풀의 깊이일 따름이다.
너무 많은 요리사는 아이를 버릇없게 만든다.
나는 그를 내 무릎 밖에서 식사를 하도록 할 것이다.
우리가 목적지에 도달하면 그 다리를 불태우자.
필요할 때의 친구는 벌레 통의 뚜껑을 연다.
그들이 부화하기 전에는 네 병아리에 횡선을 긋지 말라.

그는 단지 오래된 이의 한 조각일 따름이다.)

창조성은 원래가 누구에게나 정확히 정의하기 어려운 개념인데, 흥미롭게도 이 글에서는 세 가지 은유문으로써 그 과제가 쉽게 수행될 수 있다고 보았다. 이 글의 필자는 그러니까 여기에서 은유는 곧 일반적인 언어의 표현력의 한계성을 극복하는 데 쓰일 수 있는 최선의 기구라는 것과 그것은 또한 창조성 표출의 최고의 기구라는 것을 이런 식으로 표현한 것이다. 그들 중 첫 번째 것은 '생각하는 것은 지각하는 것이다.'인데, 이것으로써 우리는 모든 창조적 사고의 기저가 되는 것은 다른 사고에서와 마찬가지로 필요한 정보를 감지해내는 지각작용이라는 것을 알 수가 있다. (예: I see what you mean.<네가 의미하는 바를 알겠어.>)

그들 중 두 번째 것은 '생각하는 것은 움직이는 것이다.'인데 우리는 이것에 의해서 창조적 사고는 다른 사고와 마찬가지로 일정한 목표에 도달하기 위해서 작동되는, 일련의 정신적 활동이나 상태의 서순체라는 것을 알 수가 있다. (예: If I can get around this obstacle, we will reach the solution soon.<만약 내가 이 장애물을 극복할 수 있다면 우리는 곧 해결에 이르게 될 것이다.>) 그들 중 세 번째 것은 '생각하는 것은 대상을 조작하는 것이다.'인데, 이것으로써 우리는 창조적 사고는 다른 사고와 마찬가지로 새로운 아이디어들을 찾고 평가해서 더 응집적인 전체로 그들을 조립해나가는 절차라는 것을 알 수가 있다. (예: If we can just find this piece, we will figure out it fits into the complete product.<만약에 우리가 이 마지막 조각을 찾을 수만 있다면, 우리는 그것으로써 완전한 제조물이 만들어지는 절차를 알아내게 될 것이다.>) (Ibid., p.113)

과학과 예술은 목적이나 양식 등에 있어서 서로 판이하게 다른 활동이어서 그런지, 많은 사람들은 과학적 창조력과 예술적 창조력은 서로 유사하거나 같은 것일 수 없다는 생각을 가지고 있었다. 그런데 흥미롭게도 이 글에서는 창조적 사고의 특징을 일단 이상과 같은 세 가지 은유로 파악하고 보면, 이들을 서로 다른 것으로가 아니라 유사하거나 동일한 것으로 보는 것이 맞다는 것을 알아차리게 된다고 주장하고 있다. 더 집약적으로 말하자면 여기에서는 과학자가 과학적 발견을 하게 될 때 밟게 되는 사고절차와 예술가가 예술작품을 만들어낼 때 밟게 되는 사고절차는 모두가 한 지식의 영역에 속하는 개념을 다른 지식의 영역에 속하는 개념으로써 설명하는 절차, 즉 은유적 사고절차라는 견해를 내세우고 있다.

예컨대 어느 시인이 '창조적 글쓰기는 금을 캐는 것이다.'라는 은유로써 시의 개념을 포착하려고 했다면, 그의 이런 사고방식은 과학자들이 전기를 하나의 유체로 보거나 아니면 원자를 부유하는 물체로 보고, 정신을 기계로 보면서 갖게 되는 사고방식과 하등 다른 바가 없다고 여기에서는 보고 있다. 물론 시인의 은유적 사고절차는 그것을 바탕으로 한 구체적인 시를 씀으로써 귀결이 되지만, 과학자의 그런 사고절차는 새로운 연구방법이나 발명품을 개발하는 과정의 출발점이 될 뿐이다. 그렇지만 시인과 과학자 모두가 결국에는 은유적 사고절차에 의해서 저마다의 창조력을 발휘하고 있다는 것은 부인할 수 없는 사실이다.

2) 시적 은유

우선 창조성이 우리의 본성의 일부인 한 그것이 과학자나 시인과 같은 특출한 사고력이나 언어적 표현력을 가지고 있는 사람에 의해서만 발휘되고 있는 것이 아니라, 사고력이나 언어적 표현력에 있어서 특별히 특출하지 않은 일반 사람들에 의해서도 발휘되고 있는 것이라는 것은 의심할 여지가 없다. 그러나 이것이 모든 창조성이 같은 차원이나 같은 수준의 것이라는 것을 의미하는 것은 아니다. 그런데 흥미롭게도 우리는 은유에 대해서도 똑같은 말을 할 수가 있다. 지금까지 알려진 언어적 사실만으로도 우리는 은유가 시인과 같이 특출한 상상력이나 표현력을 가진 사람에 의해서만 쓰이는 것이 아니라 그렇지 않은 일반사람들에 의해서도 쓰이고 있다는 것을 알 수가 있는데, 이것이 곧 모든 은유가 같은 차원이나 같은 수준의 것이라는 것을 의미하지는 않는다.

그런데 일단 창조성은 으레 은유적 형태로 발휘되게 된다는 사실을 상기한다면 그들 간에 이런 공통성이 있다는 것은 너무나 당연한 일이라는 것을 당장 알아차릴 수가 있다. 다시 말하자면, 우리는 어느 시인이 만든 은유가 아주 높은 수준의 것인 것은 그에게는 원래 아주 높은 수준의 창조력이 있기 때문이라고 말할 수도 있고, 아니면 거꾸로 일반사람들이 만든 은유가 시인이 만든 것만 못한 것은 그들의 창조력이 시인의 것만큼 아주 높은 수준의 것이 아니어서라고 말할 수도 있는 것이다. 물론 이런 인과관계적 설명법은 과학적 이론이나 발명품의 경우에도 똑같이 쓰일 수 있다.

그런데 이런 식으로 일단 창조성과 은유간의 관계를 인과관계적인 것으로 보게 되면 은유야말로 바로 창조성의 특성에 관한 토의의 마지막 과제, 즉 그것의 한계성의 문제를 깊게 검토할 수 있는 최적의 실체라는 것을 알아차리게 된다. 우리의 창조성을 과학적인 것과 예술적인 것으로 대별하는 관례에 따르자면 그것의 특성도 과학적인 경우와 예술적인 경우로 나누어서 검토하는 것이 마땅한 일이다. 그런데 우리의 창조성에는 과연 어떤 한계성도 없는 것일까와 같은 궁극적인 질문과 마주하게 되는 경우에는 이런 구분이 무의미해져 버리는데, 그 이유는 결국 이런 질문에 대한 답변은 다분히 상상적이거나 가정적인 것일 수밖에 없기 때문이다.

그런데 사실은 이것에 대한 진짜 이유는 과학적 창조성의 한계성을 검토하는 일은 현재까지의 과학 발달의 역사나 양태로 보았을 때 불가능한 일인 데 반하여 예술적 창조성의 한계성을 검토하는 일은 오늘날까지의 예술의 발달의 역사나 모습으로 보았을 때 반드시 불가능한 일은 아니기 때문이다. 더 구체적으로 말하자면 과학의 세계로부터는 대표적이면서 다루기 쉬운 영역이나 분야를 가려내기가 어려운 데 반하여, 예술의 세계로부터는 문학의 한 장르인 시를 그런 영역이나 분야로 가려낼 수 있기 때문이다 그러니까 현재로서는 시를 대상으로 해서 과학적 창조성의 한계성과 예술적 창조성의 한계성을 한꺼번에 검토해보는 것이 우리가 할 수 있는 유일한 일인 것이다.

이런 선택은 물론 시는 창조성과 은유는 비유적으로 말해서 동전의 앞뒤 면처럼 같이 붙어있는 것들이라는 것을 익히 드러내주고 있는 것이기에, 우리의 목적상 최적의 선택이라고 볼 수가 있다. 일찍이 Roman Jakobson이 주장했듯이 원래 소설에서는 직유가 선호되는 데 반하여 시에서는 은유가 선호된다. 그뿐만 아니라 시적 은유하면 으레 우리가 사용하는 은유 중 제일 높은 수준의 은유를 가리키게 된다는 사실로 익히 알 수 있듯이, 시에서 쓰이는 은유는 하나같이 시인의 예술적 천재성을 드러내주고 있는 것이다. 그러니까 시야말로 창조성과 은유 간의 인과성을 확인할 수 있는 최적의 실체인 셈이다.

그런데 여기에서 한 걸음 더 나아가서 시는 특히 창조성의 한계성을 비교적 간단하게 검토해볼 수 있는 실체이기도 한데, 그 이유는 시적 은유 가운데는 직접적으로 은유의 한계성이고 간접적으로는 창조성의 한계성을 드러내주는 것들이 적지 않게 있기 때문이다. 예컨대 Steer은 최근에 발표한 'Metaphor: Stylistic approaches(은유: 문체적 접근법)'이라는 글에서 한 문학작품의 문체적 특징은 어떤 은유가 얼마만큼 쓰이고 있느냐에 의해 결정될 수 있다는 주장을 펴면서 그것을 실증할 수 있는 예로서 John Donne의 'To Mr. Rowland Woodward.(로랜드 우드워드씨에게)'라는 시의 일부와 Ezra Pound의 'In a station of the metro(지하철역에서)'라는 시의 일부를 제시하고 있는데, 흥미롭게도 이들은 모두가 은유의 한계성을 단적으로 드러내주는 것들이다. (Steer, 2006, p.56)

우선 John Donne은 17세기의 영국의 유명한 형이상학적 서정시인으로 널리 알려져 있는데, 여기에 제시되어있는 그의 한 시의 몇 줄만으로도 그의 서정시의 특이성은 남녀 간의 사랑의 순수함을 묘사하는 데 형이상학적 발상법이나 표현법이 주로 쓰이고 있다는 데 있을 뿐만 아니라 은유적 발상법이나 표현법이 많이 쓰이고 있는 데 있다는 것을 어렵지 않게 알아차릴 수 있다. 그도 역시 최고의 시적 표현법은 은유라는 것을 잘 알고 있었던 것이다. 다시 말하자면 그러니까 이 몇 줄만으로도 우리는 그의 시의 특징은 대담한 은유적 기상들이 많이 쓰이고 있다는 점이라는 것을 익히 알 수 있는 것이다.

그런데 여기에서 특별히 주목할 만한 점은 Steer 자신도 먼저 '일부 문체론자들은 여기에 제시된 은유를 은유로 볼 수 없다.'라고 주장하고 나설 가능성이 충분히 있다는 것을 지적하고 있다는 점이다. 그러니까 이것을 추천한 본인부터가 과연 은유의 한계성은 어디까지인가에 대해서는 자신만만한 대답을 내놓을 수 없다는 것을 솔직히 인정하고 있는 셈이다. 그는 여기에서 이들은 아마 이런 주장의 근거로 이런 식의 두 개념적 영역의 비교에서는 으레 그들 간의 유사상보다는 차이성이 더 돋보이게 되어있다는 점을 내세울 것이라는 말과, 이들은 아마 이런 식의 비교에는 유추나 아니면 논의라는 이름이 붙여지는 것이 마땅한 일이라고 주장할 것이라는 말을 하고 있다.

그러나 그가 보기에는 일부 문체론자들의 이런 의견은 여기에 제시되어있는 은유에는 분명히 '두 영역 간의 심층적 사상'이 존재하고 있다는 사실을 간과한 데서 비롯된 것에 지나지 않았다. 다시 말하자면 그가 보기에는 이런 은유야말로 수준이나 차원이 높은 은유에서는 으레 두 영역

간의 사상절차가 표피적인 수준에서가 아니라 심층적인 수준에서 일어나게 되어있다는 것을 웅변적으로 실증하고 있는 한 좋은 예이었다. 그의 생각으로는 이 예를 통해서 은유의 개념은 경우에 따라서 극단적인 한계까지 확대될 수 있다는 점과 은유가 최고의 시적 표현법으로 기능할 수 있는 것은 바로 이 특성 때문이라는 것을 익히 확인할 수 있었다.

> Like one who in her third widowhood doth professe.
> Her selfe a Nunne, tyed to retirednesse,
> So affects my Muse, now, a chaste fallownesse.
> (그녀의 세 번째 과부 신세 때 스스로를 수녀라고 선언하고서 은퇴생활에 들어간 사람처럼 그렇게 내 詩神에 영향을 주어서 지금은 童貞의 휴한지가 되었다.)

그 다음으로 Ezra Pound는 20세기에 낭만주의에 반기를 들고 일어난 이미지즘을 선두에서 이끌었던 시인인데, 여기에 제시되어있는 그의 한 시의 몇 줄만으로도 이른바 사상주의적 시의 특징을 익히 알아볼 수가 있다. 한마디로 말해서 여러 가지 면에서 John Donne의 시의 대척점에 서 있는 것이 바로 이 시인인데, 이들 간의 한 가지 공통점은 은유가 주된 시적 표현법으로 쓰이고 있다는 점이다. 그런데 이들이 여기에서 보여주고 있는 제일 중요한 점은 은유는 크게 개념중심적인 것과 심상중심적인 것으로 대별될 수 있다는 것이다.

그런데 모든 심상은 원래가 지각작용에 의해서 얻어지게 되어있다. 특히 우리는 보통 은유를 통해서 인지작용의 기저나 출발점이 되는 것이 바로 지각작용이라는 것을 가장 쉽게 확인할 수가 있는데, 이런 의미에서 볼 때 은유의 실체를 파악하는 데 큰 도움을 줄 수 있는 것이 바로 사상주의적 시이다. 사상주의적 시에서는 으레 시인의 기본과제로 남달리 활발하고 예리하게 지각활동을 전개하는 것을 내세우는데, 심지어 이런 시에서는 서로 다른 감각적 양태들이 하나로 통합되는 절차, 즉 공감각적 지각절차가 쓰이기도 한다. (예: loud colors, dark sound)

그런데 이 시에서 쓰이고 있는 은유는 청중 속의 얼굴들을 검은 가지 위의 꽃잎으로 본 것이니까 여기에서는 일단 공감각적 지각절차가 쓰이고 있는 것이 아니라 일상적인 단일 감각적 지각절차가 쓰이고 있다고 볼 수가 있다. 그렇지만 Steen 자신이 익히 인정하고 있듯이 사람에 따라서는 이 은유를 하나의 은유로 볼 수 없다는 의견도 가질 수가 있는데, 그 이유는 얼굴의 환영이라는 개념영역과 꽃잎이라는 개념영역은 서로에게서 상사성을 찾아보기가 쉽지 않을 만큼 멀리 떨어져 있는 것들이기 때문이다.

그러나 그의 견해에 따를 것 같으면 이런 의심이나 애매성에 대해서 바로 앞에서 살펴본 John Donne의 시에서의 경우보다 이 경우가 훨씬 해명하기가 쉬운데, 그 이유는 앞의 경우에 있어서는 분명히 두 개념 간의 유사성을 심층적인 분석을 통해서만 발견할 수 있는 데 반하여 이 경우에 있어서는 그런 것을 표피적인 분석만으로도 익히 발견할 수 있기 때문이었다. 굳이 따지자면 이 경우에 있어서는 분명히 마음에 떠올리는 두 개의 조상을 비교하고 있는 것이니까, 이미 그들 간에는 일종의 연상작용이 일어날 수 있을 만큼의 형태상의 유사성이 있음을 전제하고 있는 셈이었다.

>The apparition of these faces in the crowd:
>Petals on a wet, black bough
>(군중 속의 이들 얼굴들의 환영:
>어느 한 젖고 깜한 가지 위에 있는 꽃잎들)

이들 두 시에서 쓰인 은유들은 분명히 은유의 한계성을 검증할 수 있는 다분히 예외적인 것이다. 간단히 말해서 이들을 통해서 누구나 시적 은유는 결국에 우리의 일상적인 은유의 개념을 얼마든지 초월할 수 있는 것이라는 것을 쉽게 알아차릴 수가 있다. 그리고 이들을 통해서 누구나가 시적 아름다움을 표현하는 데 있어서는 역시 은유만한 것이 있을 수 없다는 것도 익히 확인할 수 있다. 그리고 무엇보다도 중요한 것은 이들을 통해서 누구나가 시적 은유는 어느 것이든지 간에 이 세상에 둘도 있을 수 없는 그 시인의 유일한 창작품임을 확인할 수가 있다는 점이다.

그런데 우리의 입장에서 볼 것 같으면 이들을 통해서 우리가 확인할 수 있는 사실 중 제일 중요한 것은 역시 은유에는 한계성이 있을 수 없다는 점일 텐데, 그 이유는 이것은 곧 우리의 창조력에는 한계성이 있을 수 없다는 말일 수 있기 때문이다. 일단 예술적 창조성은 더 말할 나위가 없이 과학적 창조성까지도 으레 은유적 형태로 발휘가 된다는 사실을 상기한다면, 우리의 창조성에는 어떤 한계성도 없다는 것을 실증하는 데 이 이상의 산 증거는 있을 수가 없다는 것을 누구라도 쉽게 인정하게 마련이다. 앞으로도 시인들은 한시도 쉬지 않고서 새로운 은유를 만들어내게 될 것이고, 과학자들은 한시도 쉬지 않고서 새로운 발명품들을 만들어내게 될 것이다.

제7장
최고의 예술성의 표출

7.1 예술성 표출의 매체로서의 언어

우리의 본성의 일부인 창조성은 크게 예술과 과학의 두 분야에서 발휘되게 되어있어서인지, 우리는 아주 일찍부터 다방면으로 높은 수준의 예술품을 만들어냄과 동시에 다양한 형태의 예술적 활동을 즐겨왔다. 그런데 사실은 우리의 예술적 활동의 역사가 이렇게 길어서인지, 예술에 대한 정확한 정의를 내리는 일만큼 그것의 종류나 장르를 제대로 가르는 일도 쉽지가 않은데, 현재로서 정당한 예술의 종류로 인정되고 있는 것만으로도 문학을 비롯하여 회화, 조각, 음악, 연극, 무용, 건축, 사진, 영화, 비디오 등을 들 수가 있다. 그동안에 이렇게 다양한 종류의 예술이 발달하여 왔다는 것은 곧 예술성이 우리의 본성의 일부라는 것을 가장 명시적으로 드러내 주는 사실일 수가 있다.

그런데 여기에서는 논의상의 차례를 부득이 매기다 보니까 예술성이 우리의 본성의 여섯 가지 특성 중 마지막 것으로 정해지게 되었는데, 사실은 이런 결정이 크게 부당한 것일 수가 있다. 예컨대 Carroll은 예술의 정의를 검토하는 글에서 예술품을 가려내는 기준으로서 아래와 같은 열 가지를 내세우고 있는데, 이들은 예술성은 어떤 의미에서는 분명히 사회성이나 문화성, 상징성, 인지력, 은유력과 같은 다른 다섯 가지의 특성보다 상위의 것일 수 있음을 익히 증거하고 있다. 특히 우리는 이들을 통해서 지력은 물론이고 정서와 상상력도 우리의 예술성의 기저적 자질로 보아야 한다는 것을 익히 알 수가 있는데, 이런 의미에서 보자면 예술성을 우리의 본성의 일부가 아니라 총체로 보는 것이 맞는 일일는지도 모른다.(Carroll, 2006, p.301)

(1) 그것은 긍정적 심미적 자질을 지니고 있다.
(2) 그것은 정서를 표현한다.
(3) 그것은 지적으로 도전적이다.
(4) 그것은 복잡하고 응집적이다.
(5) 그것은 복잡한 의미를 표현할 수 있는 능력을 가지고 있다.
(6) 그것은 어느 한 개인의 견해를 드러낸다.
(7) 그것은 상상력을 원초적으로 동원한 것이다.
(8) 그것은 기술의 산물이다.
(9) 그것은 어느 기정의 예술형식에 속한다.
(10) 그것은 하나의 예술품이 될 의도를 가지고서 만들어진 것이다.

1) 문학의 위상

시나 희곡, 소설과 같이 언어를 매체로 해서 만들어진 예술품을 문학으로 치자면, 이것이 예술의 세계에서 차지하는 위상은 단연 절대적인 것이라고 볼 수가 있다. 일찍이 Platon이나 Aristoteles, Horace와 같은 희랍의 철학자들은 예술품의 특성을 논함에 있어서는 하나같이 시와 그림을 비교했었는데, 이것만으로써 우리는 시와 그림은 예술의 종류 중 가장 오래되고 친숙한 것임을 익히 짐작할 수가 있다. 또한 Aristoteles는 그의 '시론'에서 비극의 기능은 연민과 공포를 정화함으로써 정서력을 발달시키는 것이라고 주장한 바가 있었는데, 이것을 통해서 우리는 문학이 최초의 예술적 활동 중 한 가지였다는 사실과 함께, 모든 예술적 활동이 노리는 것은 결국에 지력의 발달이 아니라 정서력의 발달이라는 사실을 익히 확인할 수가 있다.

그런데 사실은 누구라도 일단 우리와 언어 간의 불가분적인 관계를 다시 한번 살펴보게 되면 문학이 예술의 세계에서 절대적인 위상을 차지하게 된 것이 하등 이상한 일이 아니라는 것을 어렵지 않게 추리할 수가 있다. 어떤 의미로 보아서나 언어는 우리가 마음대로 구사할 수 있는 최고의 표현 수단이고 표현 기구이다. 물론 그것의 기본적인 기능이 한 사회의 구성원 상호 간의 원활한 의사소통이나 정보교환이라는 것은 의심할 여지가 없다. 그러나 그것이 수행하는 기능 중 어떤 의미에서는 그것보다 더 중요한 것이 바로 개인의 감정이나 지식, 의지 등을 표현하는 기능이다. 예컨대 우리 인간의 정신작용을 크게 지적인 것과 정서적인 것, 의지적인 것의 세 가지로 나누고 보자면, 언어는 이들 모두에 있어서 언제나 최고로 효율적인 표현 수단으로 쓰이게 되어있는 것이다.

그 이유는 물론 너무나 명백하다. 한마디로 말해서 언어가 그렇게 쓰일 수 있는 것은 그것이 하나의 최고의 표현 수단이 가지고 있어야 할 형식적 특징들을 모두 가지고 있기 때문이다. 기능적으로 말하자면 최고의 수단이란 응당 최소의 노력으로 최대의 효과를 거둘 수 있는 것일 텐데, 이런 의미에서 볼 때 언어가 결국에 우리의 최고의 표현 수단으로 불리기에 조금도 모자람이 없는 것이라는 것은 의심할 여지가 없다. 우선 언어는 어휘라는 이름의 상징의 집합체인데, 그것의 크기가 우리의 표현적 기능을 수행하는 데 아무런 지장을 주지 않을 만큼 크다. 그 다음으로 이들 상징은 가장 쉽고 자연스럽게 다루어질 수 있는 음성으로 되어있다.

세 번째로 실제로 우리가 일상적으로 사용하고 있는 어휘들의 의미를 분석해보면, 이들이 우리의 정신작용이 정상적으로 작동함에 있어서 편리한 도구로 쓰이는 데 부족함이 없게 되어있다는 것을 쉽게 알 수가 있다.

우리가 늘 쓰는 어휘 가운데는 우선 우리가 지각한 바를 개념화한 명사와 동사가 많다. 그러니까 쉽게 말해서 우리는 저마다 우리의 정신작용의 첫 번째 부분인 지적 활동을 충분히 뒷받침할 수 있을 만한 양의 명사와 동사를 가지고 있는 것이다. 그 다음으로 우리의 어휘 가운데는 우리의 감정이나 정서 상태를 나타내는 형용사나 부사, 명사도 많다. 예컨대 우리의 비애를 나타내는 데는 영어의 경우 'sorrow'나 'grief', 'sadness' 등의 명사도 쓰일 수가 있고, 아니면 'sorrow'나 'grieve', 'sadden' 등의 동사도 쓰일 수가 있으며, 또한 'sorrowful'이나 'grievous' 등의 형용사도 쓰일 수가 있고, 더 나아가서는 'grievously'나 'sorrowfully', 'sadly' 등의 부사도 쓰일 수가 있다. 그러니까 우리는 우리의 정신작용의 두 번째 부분인 정서활동을 충분히 뒷받침할 수 있을 만큼의 형용사나 부사, 명사를 가지고 있음을 알 수가 있다.

세 번째로 우리의 어휘 가운데는 우리의 의지나 의향성을 나타내는 동사나 명사, 부사 등도 많다. 물론 엄밀히 따지자면 세 가지 서법 중 어떤 사건이나 상황을 사실대로 말하는 직설법이 우리의 의지나 의향성을 나타내는 서법이라고 볼 수가 있다. 그러나 어휘적 차원에서 보자면 'will'과 같은 조동사를 위시하여 'decide'나 'promise', 'swear', 'intend'와 같은 동사, 'yes'나 'no'와 같은 부사, 'decision'이나 'intention', 'vow'와 같은 명사 등이 이런 목적으로 쓰이고 있다고 볼 수가 있다. 때로는 'absolutely'나 'sure'와 같은 부사도 일종의 의지어로 쓰이는 점으로 미루어 보아서 우리는 우리의 정신작용의 세 번째인 의지활동을 충분히 뒷받침할 수 있을 만큼의 어휘를 가지고 있음을 알 수가 있다.

그 다음으로 언어는 문법이라는 이름의 문장조립법을 가지고 있는데, 통사론자들의 주장대로 이것은 유한한 규칙으로써 무한한 문장들을 창조해낼 수 있는 놀라운 장치이다. 우리는 우선 문법의 힘으로 우리의 지적 활동의 폭과 효율성을 크게 늘릴 수가 있다. 예컨대 언어에서는 단일 명제적 표현체인 단문뿐만 아니라 둘 이상의 명제적 표현체인 중문이나 복문도 쓰일 수 있기 때문에 한 번에 조작할 수 있는 지적 단위가 최대로 커질 수 있을 뿐만 아니라 여러 개념이나 명제 간의 논리 관계가 더 빠르고 명쾌하게 분석될 수 있다. 그뿐만 아니라 이런 문법의 힘에 의해서 우리의 정서적 활동과 의지적 활동의 폭과 효율성도 크게 증진되게 되어 있다.

예컨대 Pope는 일찍이 'Ode on solitude(고독 송)'이라는 시에서 'Thus let me live, unseen, unknown:/ Thus unlamented let me die;/ Steal from the world, and not a stone/ Tell where I lie.(이렇게 나로 하여금 보이지 않고 알려지지 않은 채 살게 해다오/이렇게 나로 하여금 슬퍼하는 사람 없이 죽게 해다오./이 세상으로부터 몰래 사라져서, 비석이/내가 어디에 누워있는지를 말해주지 않도록 해다오.)'처럼 고독을 노래했었는데, 여기에 쓰인 네 개의 시행들은 하나의 긴 중문처럼 되어있다. 물론 이 가운데는 시인에게는 문법적 규칙을 어길 수 있는 특권이 부여되어있음을 드러내주는 부분도 있다. 그렇지만 크게 보았을 때는 이것 역시 시인들은 원래가 천재적 언어의 연금술사들임을 익히 드러내주고 있는 시이다.

그런데 문학의 매체로서의 언어의 특징을 논의하는 자리에서 반드시 짚고 넘어가야 할 사실은 언어의 2양태성이다. 언어의 양태에는 음성적인 것과 문자적인 것의 두 가지가 있다는 것은 그것을 매체로 한 문학의 발달에 가장 큰 영향을 준 요소라고 볼 수가 있는데, 그 이유는 그것은 곧 다른 예술과는 달리 문학에서만은 매체가 하나가 아니라 둘이라는 의미일 수 있기 때문이다. 물론 굳이 따지자면 문자언어는 음성언어의 한 기록 수단일 따름이고, 그 역사도 음성언어의 역사와는 비교도 할 수 없을 만큼 짧다. 그러니까 어떤 의미에서는 이들 두 언어를 동일 수준의 매체로 보는 것 자체가 비합리적인 견해일 수도 있다.

그러나 문자언어는 일종의 시각적 매체이기 때문에 하나의 청각적 매체인 음성언어가 하지 못하는 기능을 수행하게 마련이다. 그런데 소설의 발달과정을 살펴보게 되면 이것이 근대에 이르러 시와 나란히 서거나 아니면 시보다 더 화려한 자리를 차지하게 된 것은 문자언어가 그것의 주된 매체로 쓰이게 되면서부터였다는 사실을 익히 알 수가 있다. 더 구체적으로 말하자면 18세기에 이르러서 소설은 드디어 시의 기세를 누르고서 현대 세계의 주요 문학적 표현수단으로 자리 잡게 되었는데, 그 근거로 내세울 수 있는 사실이 바로 1740년에 나온 Samuel Richardson의 'Pamela'가 이 세계에서 최초의 '베스트셀러'로서 널리 읽히게 되었다는 것이다.

그런데 이 소설은 서간체 소설이라는 새로운 장르의 모형이 되기도 했는데, 그 후 1748년에 나온 'Clarissa'가 그의 최고의 걸작 겸 최초의 비극적 소설로 평가된 사실로 미루어 보아서, 그가 18세기에 이르러서 영국의 소설을 세계적인 수준의 문학으로 끌어올리는 데 향도적 역할을 한 작가라는 것을 익히 알 수가 있다. 같은 시기에 'Tom Jones'라는 기념비적인 걸작을 쓴 Fielding이 1741년에 그의 소설을 패러디한 'Life of Mrs. Shamela Andrews'와, Cervantes의 작법을 그대로 모방했다고 해서 영국의 최초의 희극적 소설로 평가되는 'Joseph Andrews'를 낸 사실만으로도 그가 영국의 소설의 발전에 얼마나 결정적인 역할을 수행했는가를 익히 알아차릴 수 있다.

그런데 사실은 그의 'Pamela'가 최초의 베스트셀러가 될 수 있었던 것은 그것이 그 당시에 누구나 쉽게 구해서 읽을 수 있는 책의 형태로 출판

되었기 때문이었다. 또한 그가 개발한 서간체 소설이라는 장르도 이름 그대로 소설은 원래가 문자언어를 매개로 한 것이라는 점을 전제로 해서 만들어진 장르였다. 그리고 전통적 로맨스가 최초로 현대적 소설의 형태로 발전된 것으로 볼 수 있는 Cervantes의 'Don Quixote'도 문자언어에 의해서 쓰인 것이었고, 이것을 모방해서 쓰인 Fielding의 'Joseph Andrews'도 결국은 문자언어에 의해서 쓰인 것이었다.(Frye, et al, 1985, p.316)

문학의 위상을 논하는 자리에서 또 한 가지 짚고 넘어가야 할 사실은 예술에는 언어가 일종의 2차적 매체로 쓰이게 되는 것도 있다는 점인데, 연극과 영화, 음악 등이 바로 그런 것들이다. 사실은 문학의 기본 장르 중 하나가 연극이다. 쉽게 말하자면 연극은 시나 소설과 다른 바 없는 일종의 꾸며진 이야기인데, 그 특이성은 이야기의 전개가 주로 등장인물 간의 대화에 의해서 이루어진다는 점과, 이야기는 으레 일정한 관객 앞에서 사실적인 행동으로 연출되게 되어있다는 점이다. 그러니까 연극에서는 일차적 매체로 행동이 쓰이고 있는 셈이다. 그러나 Shakespeare의 작품이 잘 드러내주고 있듯이 연극은 일단 각본으로 변형되어서 연극으로 연출되지 않고서 그대로 하나의 문학작품으로 감상될 수도 있다. 이런 의미에서 볼 때 연극은 문학적 연극과 연출적 연극으로 나뉘는 것이 맞는 일일는지도 모른다. 물론 연극에는 말이 전혀 쓰이지 않는 무언극이라는 것도 있다. 그러나 그것의 각본은 틀림없이 언어로 쓰였을 것이다.

영화는 쉽게 말해서 필름이라는 매체를 이용해서 어떤 이야기를 영상화한 것이다. 따라서 기록영화를 제외한 이것의 대부분이 일종의 꾸며진 이야기라는 것은 더 말할 나위가 없다. 그리고 이것에서는 연극에서처럼 이야기의 전개가 주로 등장인물 간의 대화나 일련의 사건에 대해서 진행되게 되어있다. 물론 영화에서는 음악이 일종의 제2의 매체로 사용되기도 한다. 이른바 음악영화가 그런 것이다. 그런데 연극에서와는 다르게 영화에서 일차적 매체로 쓰이는 것은 영상이고 2차적 매체로 쓰이는 것은 언어이다. 이렇게 보자면 영화에서 쓰이는 음악은 일종의 제3의 매체인 셈이다. 흔히 영화를 하나의 종합예술로 보는 데는 다 그만한 이유가 있는 것이다.

연극이나 영화에 있어서의 언어의 역할에 비한다면 음악에서의 그것은 비교도 할 수 없을 만큼 미미한 것이다. 우선 음악을 크게 기악과 성악으로 대별해놓고 보자면 이 문제는 오직 성악의 분야에서만 문제가 될 만큼 제한적인 것이다. 그런데 성악에서 쓰이는 가사는 대개가 아름다운 시이다. 그러니까 기악과는 다르게 성악은 음악과 시의 한 합성체인 셈이다. 그런데 음악과 시의 합성체의 정수가 바로 오페라, 즉 가극인데, 이름 그대로라면 이것은 노래와 무용으로써 연출되는 하나의 연극이다. 이런 의미에서 보자면 영화뿐만 아니라 오페라도 일종의 종합예술로 보는 것이 마땅한 일이다.

이렇게 보자면 오늘날까지 우리의 문화나 문명의 발달을 이끌어온 주요 예술적 활동 중 언어를 주요 내지는 2차적 매체로 사용하지 않은 것은 회화를 비롯하여 조각, 무용, 건축, 사진, 비디오 등뿐이라고 볼 수가 있다. 언어가 그동안에 연극이나 영화, 음악 등에 있어서 일종의 2차적 매체로 쓰여 왔다는 사실을 그것이 문학에서 일차적 매체로 쓰여 왔다는 사실과 합산해놓고 보자면 예술의 발달에 있어서 언어가 얼마나 큰 역할을 담당해왔는가를 저절로 깨달을 수가 있다. 이것은 곧 지금까지 언어가 우리의 본성의 일부인 예술성을 발휘하는 데 주요 도구로 쓰여 왔다는 의미일 수도 있다. 이런 의미로 보아서도 그동안에 우리를 우리답게 만든 것은 역시 언어인 것이다.

2) 문학 발달의 역사

이름 그대로 문학이란 언어가 매체가 되어서 만들어진 예술품인데, 사실은 그동안에 이것은 시와 희곡, 소설 등의 세 가지 독자적인 형식의 예술품으로 나뉘어서 발달하여왔다. 그러니까 굳이 따지자면 매체가 동일하다는 점을 빼놓고는 서로 다른 형식의 세 가지 예술들이 일찍부터 발달하여왔던 것인데, 이 점 역시 회화나 음악과 같은 다른 예술에서는 쉽게 찾아볼 수 없는 문학만의 특이성이라고 볼 수가 있다. 물론 문학이 예술의 세계에서 일찍부터 절대적 위상을 고수할 수 있었던 것은 바로 이런 특이성 때문이라고 생각할 수도 있다. 그러나 이 점을 통해서 우리가 알아차릴 수 있는 사실 중 제일 중요한 것은 역시 예술성은 우리의 본성의 일부인 이상 그것의 표출은 전방향적이었다는 것이다.

문학 발달의 역사와 관련해서 누구나 제일 먼저 궁금해하는 것은 이들 세 가지 형식들이 어떤 순서대로 시작되었는가 일 텐데, 지금까지 알려진 것은 시와 희곡은 문자언어가 쓰이기 이전의 선사시대 때 거의 같이 시작되었지만 소설은 그 후 한참 뒤에 문자언어가 널리 쓰이게 되면서 시작되었다는 것 정도이다. 그런데 이런 사실은 우리로 하여금 예술은 일차적으로는 예술성을 발휘하는 수단이지만 이차적으로는 즐거움을 얻는 수단이기도 하다는 것을 익히 깨닫게 한다. 그리고 이런 사실을 통해서 우리는 예술은 우리 고유의 심미감을 고양시켜서 정서나 감정 작용이 활발해지도록 하는 것이라는 것을 알 수 있게 된다.

그런데 일단 구체적으로 이들 하나하나의 발상의 역사를 살펴보게 되면 우리는 예술에 관하여 또 하나의 중요한 사실을 발견하게 되는데, 예술은 원래 일종의 복합적 형태로 출발했었다는 것이 바로 그것이다. 이런 사실을 아마도 가장 확실하게 뒷받침하고 있는 것이 시나 운문의 역사일 것이다. 오늘날 대부분의 문학이론가들이 내세우고 있는 바는 시가 언제쯤에 이르러 우리의 최초의 문학적 형식으로 자리 잡게 되었는가를 확실히 말할 수는 없지만, 그것이 종족적 의식의 일부로서 노래와 춤과 같이 쓰였을 것이라는 것은 자신 있게 말할 수 있다는 것인데, 이렇게 보자면 시가 문학의 최초의 형식으로 자리 잡게 된 것은 시 자체의 특성 때문이라기보다는 종합성이라는 우리의 예술성 표출의 특성 때문이라고 보는 것이 맞는 일인 듯하다.

(가) 시의 역사

그런데 우리의 예술성은 으레 종합적이거나 복합적인 양태로 표출되게 되어있다는 것을 구체적으로 실증하고 있는 것이 바로 시의 발달의 역사이다. 오늘날 시는 크게 서사시와 극적 시, 서정시 등의 세 가지 유형으로 대별되고 있는데, 여기에서 특별히 주목할 사실은 이들의 탄생 순서가 이처럼 되어있다는 점이다. 일찍부터 희랍에서는 종교적 의식의 일부로서나 특별한 역사적 내지는 영웅적 사건이 일어났을 때 시인들이 대중 앞에서 구두로 긴 시를 읊는 전통이 있어 왔는데, 이런 시 가운데는 'epos'로 불리던 즉흥시가 많았다. 그런데 이런 즉흥시는 반드시 일정한 운율법과 형용어법을 지키고 있었는데, 따지고 보자면 이것이 바로 훗날 Homer가 '호머식 찬가'나 'Iliad'와 'Odyssey'와 같은 대서사시에 쓴 시형의 원형이었던 셈이다. (Frye, et al, 1985, p.171)

서사시에 이어서 두 번째로 등장한 시는 극적 시인데, 이 말은 문자 그대로 시가 하나의 연극을 이루고 있는 경우를 가리키는 말이다. 연극은 원래 시와는 별도로 발달된 장르라는 점을 고려한다면 쉽게 말해서 극적 시란 연극과 시라는 두 가지 장르가 하나로 합성된 것이라고 볼 수가 있다. 그런데 연극은 일찍부터 서사시와 함께 신을 경배하거나 영웅을 환영하는 행위와 같은 공동체적 의식의 일부로서 발달된 것이었다. 그러니까 우선 극적 시가 일찍부터 발달한 것은 종합성이라는 우리의 예술성 표출의 특성을 잘 드러낸 것이라고 볼 수가 있다.

그런데 극적 시라는 용어가 하나의 복합어처럼 되어있어서인지 오늘날에 와서는 그것이 협의와 광의의 두 가지 의미로 쓰이게 되었다. 우선 협의로는 이것은 이른바 '극적 독백'을 가리키는 말이었다. 극적 독백은 그러니까 시의 형태를 갖춘 독백인 셈인데, 극적 반어법이라는 수사법이 따로 생겨날 정도로 반어법을 효과적으로 사용하는 것이 이것의 특징이다. 그에 반하여 광의로는 이것은 연극에서 주로 쓰이는 시형인 무운시를 가리키거나 아니면 연극에서 쓰이는 서정시 등을 가리키는 말이었다. 연극 전체가 무운시에 의해서 이루어진 예로는 Shakespeare의 작품들을 들 수가 있는데, 이들은 흔히 극적 시의 어순을 뒤집은 용어인 시적 연극으로 불리기도 한다. 또한 공연용이 아니라 읽을거리로 쓰인 연극을 서재극이라고 하는데, 이것도 넓은 의미에서는 일종의 시적 연극으로 볼 수가 있다.

서사시와 극적 시에 이어서 세 번째로 등장한 시는 서정시인데, 이것은 우선 길이가 짧으면서 이야깃거리 대신에 음성이나 영상적 심상들이 내용이 되고 있다는 점에서 앞의 두 시와는 크게 대조가 된다. 그래서인지 이것은 일찍이 희랍 때 이들과 거의 동시에 태어났는데도 그 후 아주 오랫동안 이들에 가려서 일종의 소수적 장르로 남아있어야만 했다. 그러나 이 시의 진짜 특징은 처음부터 이것은 '리라(lyre)'라는 일종의 수금에 맞추어서 노래로 불렸다는 점일 텐데, 그 이유는 이것은 곧 문학과 음악은 원래 일종의 종합적 예술의 모습을 지니고 있었음을 드러내주고 있기 때문이다.

서정시(lyric)의 정체를 파악하는 데 그 이름이 바로 이때 사용한 악기의 이름에서 유래했다는 사실만큼 도움이 되는 것도 없을 것이다. 서사시나 극적 시와는 다르게 서정시는 으레 하나의 악기로 연주되는 음악의 가사로서 읊어졌기 때문에, 운율성과 정서성이 제일 중요한 요소로 작용하게 되는 것은 너무나 당연한 일이었다. 또한 이것은 으레 합창이 아니라 독창의 형식으로 읊어지게 되어있기 때문에 이것에서는 자연히 시인의 주관성이 크게 드러나게 되어있었다. 그리고 무엇보다도 중요한 것은 서사시나 극적 시에 비하여 이것에서는 시인이 창조성을 더 많이 발휘해야 한다는 점이었다. 서사시나 극적 시는 결국에 이미 널리 알려진 사건이나 이야깃거리를 시적 형식으로 다시 이야기하는 것인 데 반하여, 이 시는 시인이 그의 상상력에 의해서 창조해낸 이야깃거리를 말해주는 것이다. 아마도 바로 이런 이유 때문에 최근에 Holman과 Harmon은 '문학편람'에서 서정시의 제일 중요한 요소로 운율성과 정서성 대신에 상상성을 내세우게 되었을 것이다.(Holman and Harmon, 1986, p.284)

그런데 지난 2천여 년에 걸친 이들 세 가지 시의 장르의 역사는 오늘날에 이르러 시 하면 으레 서정시를 가리키게 될 정도의 일종의 역전의 역사였다. 그동안에 이렇게 서정시의 위상이 크게는 문학의 주된 장르로 인정받을 만큼 높아지게 된 것은 결국에 첫 번째로는 그것의 본래적 속성 때문이었고, 두 번째로는 기라성처럼 등장한 많은 서정 시인들의 눈부신 활약 때문이었다. 우선 서정시는 형식상으로 보아서 우리의 본성의 일부인 예술성을 표출하기에 딱 맞는 시이다. 서정시의 형식적 특징 중 제일 중요한 것이 바로 노래에서처럼 일정한 형식적 규약에 따라서 높은 수준의 운율성과 리듬성이 담보되게 되어있다는 점인데 우리의 예술성의 일차적인 표출 방식은 소리에 의해서 감정이나 정서 수준을 한껏 고양화시키는 것이라는 것은 이미 널리 알려진 사실이다.

서정시의 형식적 특징 중 두 번째 것은 언어적 표현양식 중 가장 농축된 것이라는 점이다. 시에서는 일정한 운율적 틀 안에 하고자 하는 말을 압축해서 집어넣어야 하므로, 결국에 이것에서는 으레 Milton의 말대로

'단순하고 감각적이며 감동적인' 언어만이 쓰이게 되어있다. 서정 시인들은 누구나가 우리의 심미감을 최고로 고조시킬 수 있는 언어는 구체적이고 직접적으로 우리의 감성을 자극하는 언어라는 것을 잘 알고 있다. 서정시의 형식적 특징 중 세 번째 것은 은유를 비롯하여 제유와 환유와 같은 수준 높은 수사법들이 풍성하게 쓰이고 있다는 점이다. 이런 수사적 표현들은 물론 모두가 시인들이 새롭게 창조해낸 것들이다. 유명한 서정시에서는 으레 참신하면서도 아름다운 은유문들이 많이 쓰이고 있는데, 이런 의미에서도 훌륭한 서정 시인들은 모두가 언어적 마술사인 셈이다.

 그다음으로 서정시는 주제 상으로 보아서 우리의 예술성을 표출하기에 매우 적절한 시이다. 서정시의 내용상의 특징 중 첫 번째 것은 이것은 거의 다가 아름다운 심상의 연쇄체로 되어있다는 점이다. 우리의 심미의식을 즉각적으로 각성 내지는 고취시키는 데는 아름다운 심상만한 것이 없다. 이 시의 내용상의 특징 중 두 번째 것은 이것에 제시되는 세상이나 이야깃거리는 모두가 상상적인 것이라는 점이다. 서정 시인들은 시의 궁극적인 목적은 독자에게 즐거움을 주는 것이라는 것을 잘 알고 있다. 그래서 이들이 상상해낸 세상이나 이야깃거리는 거의 다가 신기하고 재미있는 것들이다.

 서정시의 주제 상 특징 중 세 번째 것은 이것에서는 으레 희로애락과 같은 우리의 기본적인 정서가 다루어지고 있다는 점이다. 굳이 따지자면 이것에서 다루어지는 정서는 대개가 고독이나 비애, 고통과 같은 부정적인 것들인데, 그 이유는 일찍이 Aristoteles가 간파했듯이 긍정적 정서보다 이들이 시적 희열을 느끼기에 더 적절한 것이기 때문인지도 모른다. 그런데 여기에 특별한 예외가 없는 것은 아닌데, 남녀 간의 사랑이 바로 그것이다. 물론 사랑은 좁은 의미로는 일종의 특별한 정서라고 볼 수도 있지만 넓은 의미로는 하나의 사건이라고 볼 수도 있어서, 그 안에서는 희로

애락과 같은 기본적 정서가 모두 표출될 수가 있다. 그래서인지 서정시의 주제 중 단연코 으뜸의 자리를 지키고 있는 것이 사랑이다.

그런데 서정시가 일찍이 서사시나 극적 시가 차지했던 자리를 차지하게 되는 데 결정적인 요인으로 작용한 것은 바로 18세기와 19세기에 이르러서 문학적 사조가 고전주의로부터 낭만주의로 바뀌면서 유명한 시인들이 주제와 형식 모두에 있어서 낭만주의에 걸맞은 주옥같은 서정시들을 이 세상에 내놓게 되었다는 사실이었다. 물론 엄밀히 따지자면 Shakespeare를 비롯하여 Sidney, Spenser, Daniel와 같은 대시인들이 많은 양의 서정시를 경쟁적으로 내놓았던 16세기를 '영국에서 최초로 서정시가 전성기를 누렸던' 시기로 보아야 마땅할 것이다.

그러나 영국에서 서정시가 황금기를 누리게 된 것은 17세기에 Milton 같은 대시인이 'Paradise Lost(실락원)'라는 기념비적인 서정시를 발표한 것을 기점으로 해서, 18세기에 Wordsworth와 Coleridge, Burns, Byron, Scott, Shelley, Keats와 같은 국민 시인격인 시인들이 서정시를 낭만주의 운동의 주된 수단으로 사용하게 되면서부터였다. 특히 Scott과 Byron, Shelly, Keats 등은 서정시의 형식을 새로운 차원의 것으로 발전시키는데 커다란 기여를 했는데, 결과적으로는 이들의 활약으로 인하여 이때부터는 사람들이 서정시를 주된 시형으로 받아들이게 되었다.(Holman and Harmon, 1986, p.283)

(나) 희곡의 역사

시와 마찬가지로 연극 또는 희곡도 희랍의 종교적 의식으로부터 시작되었다. 예컨대 희랍의 연극은 술의 신인 'Dionysus(디오니소스)'에 바치는 의식으로부터 태어난 것이었는데, 흥미롭게도 이때에 이미 그것은 희극과 비극으로 나뉘어서, 전자는 주제가 풍요로움인 데 반하여 후자의 그것은 삶과 죽음인 식으로 이들은 처음부터 서로 간 일정한 차별성을 보였다. 처음부터 연극은 이렇게 희극과 비극의 두 가지 장르로 나뉘어서 시작된 이상, 이들이 그 후 내내 저마다의 독립된 발달의 과정을 밟게 되는 것은 너무나 당연한 일이었다.

먼저 희극의 역사를 살펴볼 것 같으면 'comedy'라는 이것의 영어 이름은 희랍어의 'komoidia'로부터 유래된 것인데, 이것은 '술을 마시고 흥청거린다'라는 의미의 'komos'와 '노래하다'라는 의미의 'aeidien'이 하나로 합성된 것이었다. 그러니까 우선 이것은 처음부터 일종의 가볍고 흥겨운 성격이면서 이야기가 으레 '해피엔딩'으로 끝나는 연극으로서 출발된 것임을 익히 알 수가 있다. 특히 이때의 구 희극은 고대의 남근숭배 의식의 일부로 간주될 수 있을 만큼의 원시적 야비성을 지니고 있었는데, 시간이 흐르면서 이런 경박성이나 야비성 대신에 높은 품위성과 심각성이 이것의 특징으로 자리 잡게 되었다. 이런 구 희극의 진수라 할 수 있는 것이 바로 Aristophanes의 작품들이었다.

그런데 기원전 6세기경에 희랍의 구 희극은 이른바 신 희극으로 전환하게 되었는데, 이런 전환의 주역으로 활동한 사람이 바로 Menander였다. 그의 공로 중 첫 번째 것은 풍자법이 희극의 주요 요소가 되도록 한 점이었다. 원래 풍자란 쉽게 말해서 주로 재치나 반어법, 빈정거림과 같은 기법을 써서 인간의 악덕이나 바보짓을 조롱하거나 힐책하는 행위라는 점을 고려한다면, 희극의 발전에 그가 기여한 바는 이정표적인 것이었다는 것을 쉽게 알아차릴 수가 있다. 우선 재치나 반어법, 빈정거림 등은 모두가 언어적 수사법이다. 그러니까 신 희극 시대에 이르러서는 어떤 형태의 것이든 간에 연극의 주된 매개체는 언어라는 것이 분명해진 것이다. 그 다음으로 이때에 와서 웃음을 자아내는 것을 희극의 일차적 목적으로 치자면 그것의 이차적 목적은 관객들을 교육하거나 계몽하는 것이라는 것이 분명해진 것이다.

그 후 로마시대에 이르러서는 희극이 더욱더 규약화된 형태로 발달되어서, 드디어 고전적 희극이 탄생되게 되었는데, 이 일을 해낸 사람이 바로 Plautus와 Terence였다. 이들이 자기네 희극의 기본 모형으로 삼은 것은 물론 Menander의 희극이었다. 그러나 그것을 가지고서 오늘날의 희극과 비슷한 일종의 희극의 표준형을 만들어낸 것은 이들이었다. 영국의 경우, 엘리자베스 여왕 때 연극이 시와 함께 문학의 황금기를 이루어내게 되는데, 이때 영국의 희극의 모형이 되었던 것이 바로 이들의 로마식 희극이었다. 다른 문물이나 학문 발전의 역사와 마찬가지로 희극 발전의 역사도 희랍 때 시작된 것이 로마 때 크게 발전되어서 그것이 다시 유럽의 여러 현대 국가로 전수되게 되는 식의 궤적을 밟은 것이다.

영어로 'tragedy'로 일컫는 비극의 희랍어 어원은 'tragoidia'인데, 이것은 '염소'라는 의미의 'tragos'와 '노래한다'라는 의미의 'aeidien'이 하나로 합쳐진 것이었다. 우선 비극이라는 말이 염소라는 낱말에서 유래된 것은 디오니소스 신의 죽음과 부활을 기념하는 의식에서는 으레 염소를 제물이나 희생양으로 바치게 되어있기 때문이었다. 그런데 이 의식에서는 디오니소스 신을 찬양하는 노래를 영창하게 되어있었는데, 이것의 특징에는 크게 이것은 지도자와 합창단 간의 대화적 형식으로 되어있었다는 점과, 이것 전체는 하나의 긴 이야기를 이루고 있었다는 점의 두 가지가 있었다. 이런 점은 물론 서정시는 악기를 수반한 독창의 형식을 취했었다는 점과 좋은 대조가 된다. 그리고 이런 사실을 통해서 출발 당시에는 음악과 무용, 문학 등이 일종의 종합적 장르를 이루고 있었음을 쉽게 알아차릴 수가 있다.

그런데 희극에 비하여 비극이 크게 차이가 나는 점은 유독 이 장르에 있어서는 기원전 5,6세기경에 Aeschylus와 Sophocles, Euripides와 같은 대작가들이 태어났다는 점이었다. 이들은 저마다 고전적 비극의 형식을 발달시키는 데 결정적 기여를 하였다고 볼 수가 있는데, 그 근거로 내세울 수 있는 사실이 바로 원래는 Thespis의 고안대로 비극에서는 합창단과의 대화를 이끌어가는 단 한 명의 배우만이 필요하게 되어있었던 것을 Aeschylus는 제2의 배우가 필요하도록 그 형식을 바꾸었고, 또한 Sophocles는 제3의 배우가 필요하도록 그 형식을 다시 바꾸었다는 사실이다. 이 무렵에 이미 Aristoteles같은 철학자마저 비극을 연극의 본령으로 보았던 사실로 미루어 보아서, 희랍에서 이 시기에 이들과 같은 대 비극작가들이 나온 것은 너무나 당연한 일이었는지 모른다.

희랍의 고전적 비극의 모형은 그대로 로마로 전수되었는데, 로마제국의 멸망과 함께 유럽에서는 중세 연극이라는 이름의 새로운 비극이 태어나게 되었다. 중세연극이 로마에서 발달하는 과정에는 크게 세 가지 이정표적인 사건이 일어났었는데, 그중 첫 번째 것은 기원후 일세기 경에 스토익 철학자인 Seneca가 아홉 개의 라틴어로 된 비극을 발표한 일이었다. 보통 세네카 비극으로 불리는 이 작품들은 희랍의 Euripides의 비극을 모형으로 한 것인데, 역사상 처음으로 연출 대신에 낭송을 위해서 쓰인 것이라는 점과(그래서 이들을 자주 세네카의 서재극이라고 부르고 있다.) 뒷날 르네상스 극작가들에게 큰 영향을 미친 것이라는 점이 이것의 큰 특징이었다.

그중 두 번째 것은 기원전 6세기경에 남부 이탈리아에서 무언극이라는 대중용 희극이 발달한 일이었다. 이것에서는 일상생활의 사건들이 춤과 모방적 몸짓, 재치 있는 대화 등에 의해서 묘사되었는데, 아쉽게도 이것은 연극으로서의 수준이 점점 낮아지고 공연자의 사회적 수준도 같이 낮아지는 식의 내리막길을 걷게 되었다. 그렇지만 훗날에 여러 형태의 연극에서 희극적 정신이 보존되게 한 것은 바로 이것이었다. 예컨대 이것의 희극적 요소는 중세 때의 추리극이나 막간극, 손짓극 등에 그대로 전수되었었다. 그리고 크게 보았을 때는 바로 이것이 현대에 등장한 짧은 희가극이나 팬터마임의 원형이라고 볼 수가 있다.

그중 세 번째 것은 9세기경에 기독교 교회의 의식의 일부로서 새로운 연극의 형식이 태어난 일이었다. 이것은 처음부터 예수 그리스도의 탄생과 죽음을 기념하는 의식의 일부로서 출발했기에 기독교를 국교로 삼은 나라에서 이것이 연극의 부활을 이끄는 원동력의 역할을 하게 된 것은 너무나 당연한 일이었다. 이것은 특히 14세기와 15세기에 크게 번창하여 그 열기는 르네상스 때까지 이어져갔는데, 그러다 보니까 자연히 이것으로부터 추리나 사시극과 기적극, 교훈극 등이 새로 탄생되게 되었다. 이런 의미에서 볼 때 기독교 교회는 연극의 발달에도 대단히 큰 기여를 했다고 볼 수 있다.

14세기에서 16세기 사이에 유럽에 일어난 르네상스는 이름 그대로 희랍과 로마의 문예를 다시 부흥시키는 운동이었기에 이때에는 당연히 고전적 연극의 부흥도 그것의 일부가 되었다. 이때의 연극적 문예부흥은 주로 희랍과 로마의 고전적 연극들을 번역하고 모방하는 형태를 취하게 되었는데, 이때의 연극은 첫 번째로는 학교나 법정과 같은 공적 기관에서 공연이 되었다는 특징과 두 번째로는 그것에는 으레 연극 비평가들의 전문적인 조언과 비평이 수반되었다는 특징을 지니고 있었다. 물론 문예부흥기에는 '신곡(The Divine Comedy)'이라는 불후의 명작을 쓴 Dante와 고전극의 대가였던 Virgil이 크게 활약한 시기이기도 하다.

16세기에 영국에서는 '엘리자베스 연극'이 문학의 한 주요 장르로 자리잡게 되는데, 이것의 모형이 되었던 것이 바로 대륙에서 번창했던 르네상스 연극이었다. 그러나 이때의 연극들은 일종의 향토적이고 절충적인 형태의 것들이었는데, 그 이유는 이 나라 고유의 민속연극으로 이어져 오던 무언극이나 칼춤극 등이 모방된 르네상스 연극과 합쳐졌기 때문이었다. 그리고 이때의 연극과 관련하여 무엇보다도 중요한 사실은 Shakespeare와 같은 천재적 작가와 그 외의 여러 유능한 극작가들이 이때에 활약했다는 점이었다. 틀림없이 이들의 활약으로 엘리자베스 연극은 애국적 역사극과 냉혈의 비극, 궁정 희극, 낭만적 희극, 전원극, 풍자극 등의 다양한 장르로 발전될 수 있었을 것이다.

그런데 17세기 전반에 이르자 영국의 연극은 점점 퇴폐적 경향으로 치닫다가 드디어 청교도들이 극장을 폐쇄시키는 경지에까지 다다르게 되었는데, 다행히도 이것은 17세기 후반인 왕정복고 시기에 다시 화려하게 부활이 되었다. 이런 부활이 가능했던 것은 일찍부터 Ben Jonson같은 특출한 고전적 작가가 고전적 규칙을 준수할 것을 주장해왔기 때문이었다. 그러나 정식으로 궁정의 보호하에 번창하게 되는 무렵의 영국의 연극은 신고전주의적인 특성보다는 오히려 영국 고유의 특성을 더 많이 띠게 되었다. 이때부터 복고 희극을 비롯하여 영웅극, 감상적 희극, 가정적 비극 등이 영국 연극의 주류를 이루게 된 것이 그 증거이었다. 그 후 19세기의 초기에는 통속극과 장관극이 크게 유행하면서 많은 극작가들이 상연하기에 적절한 문학적 연극을 쓰게 되었고, 또한 19세기의 말기에는 드디어 전통적인 시적 비극이나 희극 대신에 대화의 기법을 주로 쓰면서 인간성과 사회에 관한 새로운 의견과 문제점 등을 주제로 다루는 진지한 연극이 크게 번창하게 되었는데, 이런 사실들 역시 현대에 이르러서 영국의 연극이 나름대로의 독자적 길을 걷게 되었다는 하나의 증거이었다.(Ibid, p.155)

(다) 소설의 역사

소설이 영국뿐만 아니라 현대사회 전반에 있어서 선두적인 문학적 장르로 자리 잡게 된 것은 18세기 이후인데, 사실은 이것의 역사도 시나 희곡의 그것만큼 오래되었다. 인류학자인 Leakey는 일찍이 이야기하기는 틀림없이 언어가 의사소통의 기능을 수행하기 시작한 기원전 4만 년 전쯤에 시작되었을 것이라고 주장했었는데, 이때의 이야깃거리는 아마도 주로 과거의 영웅이나 신들의 업적에 관한 것들이었을 테니까, 결국에 소설의 역사는 서사시의 그것만큼 오래되었을 것이라고 익히 추리할 수가 있다. 많은 사회에서 오늘날까지 민간설화가 민속무용이나 민속가요, 민속연극 등과 같이 전수되어 오는 것도 이런 추리의 한 근거일 수 있을 것이다.

그런데 현대소설의 정체를 파악하는 데는 영어의 'novel'이라는 이름이 이탈리아어의 'novella'로부터 유래했다는 사실을 아는 것만큼 큰 도움을 주는 것은 없을 텐데, 그 이유는 이로써 현대소설의 뿌리가 무엇인가가 일단 밝혀진 것이나 다름이 없게 되었기 때문이다. 14세기에 나온 Boccaccio의 'Decameron'이 바로 가장 대표적인 이탈리아의 'novella'인데, 이것은 새롭고 흥미진진하면서 도덕적 교훈을 지닌 짧은 이야기들의 집합체이었다. 그런데 18세기에 소설이 지금과 같은 위상을 차지하게 되면서 영국에서는 이것이 'novel'이라는 이름 대신에 'romance'라는 이름으로 불리기도 했는데, 이 이름은 프랑스어의 'roman'에서 유래했다는 사실을 고려한다면 이것의 뿌리는 하나가 아니었음을 익히 짐작할 수가 있다.

그러나 엄밀하게 따지자면 시와 희곡의 역사가 일찍이 고대의 희랍에서 시작되었듯이 소설의 역사도 일찍이 고대의 희랍에서 시작되었다고 보는 것이 맞는 일이다. 예컨대 기원전 2세기에는 Aristides이 'Mileutus'라는 자기 고향에 관한 이야기들을 묶어서 'Milestaka'라는 제목의 이야기책을 만들었고, 또한 기원후 3세기경에는 Longus가 'Daphnis and Chloe'라는 제목의 역사상 최초의 소설을 쓰기도 했다. 그리고 로마 시대에 와서는 Apuleius가 희랍의 소설을 번역하여 'Golden Ass'라는 라틴어로 된 소설을 출판하기도 했고, 또한 Petronius가 네로 시대의 삶과 풍습을 묘사한 'Satyricon'이란 이야기책을 내기도 했다.(Ibid, p.337)

이렇게 보자면 18세기에 영국에서 소설이 문학의 선두적 장르로 자리 잡을 수 있었던 것은 희랍과 로마의 고전적 소설을 비롯하여 그 무렵에 전 유럽에서 새로 등장한 다양한 형태의 소설들을 그것의 모형이나 참고 자로 삼았기 때문이라는 것이 분명해진다. 그러나 엄밀히 따지자면 18세기의 영국의 소설은 오래전부터 자라고 있던 영국 자체의 문학적 뿌리가 하나의 어엿한 나무로 성장된 것이라고 보는 것이 맞는 일인데, 그 근거로 내세울 만한 사실로는 이미 14세기에 Chaucer는 'Troilus and Criseyde'와 'The Canterbury Tales'와 같은 주옥같은 토착적 형태의 소설을 써냈다는 것과, 그 후에는 예컨대 16세기에는 Lyly의 'Euphues'와 Sidney의 'Arcadia' 등에 의해서 고전소설처럼 전수되던 6세기의 아서왕에 관한 이야기가 부활하게 되고 17세기에는 Bunyan의 'Pilgrim's Progress' 등에 의해서 도덕적 소설이 다시 유행하게 되었으며, 18세기에는 Defoe의 'Robinson Crusoe'와 Swift의 'Gulliver's Travels' 등에 의해서 연대기적 소설이 큰 인기를 얻게 되는 식으로 토착적 소설의 전통이 쉬지 않고 이어져갔다는 것 등을 들 수가 있다.(Ibid, p.338)

그러나 대부분의 문학이론가들은 Swift의 작품이 나온 지 14년 후인 1740년을 현대적 영국소설이 정식으로 시작된 해로 보는데, 그 이유는 바로 그 해에 Samuel Richardson의 'Pamala, or Virtue Reward'가 나왔기 때문이었다. 그는 이것 외에 'Clarissa Harlow'와 'Sir Charles Grandison' 등도 썼는데, 이들로써 그는 우선 서간체 소설의 모형을 제시한 셈이 되었다. 그러나 이들 중 그를 영국소설의 시조로 만들어준 것은 맨 먼저 쓴 'Pamela'이었는데, 이것이 워낙 인기 있는 작품으로 받아들여지다 보니까, 그 후 Fielding이 'Joseph Andrews'라는 제목의, 그것을 풍자한 소설을 쓰게 되었기 때문이었다. 1760년에는 Sterne의 'Tristram Shandy'가 나왔는데, 이것은 이야기 중심의 전통에서 벗어나 심리학적 이론에 따른 심리묘사법이 최초로 시도되었다는 점에서 특기할만한 작품이었다.

  18세기에 전성기를 맞이했던 영국의 소설은 19세기와 20세기에는 현대소설의 다양한 장르를 모두 선보이는 일종의 황금기에 들어서게 되었다. 예컨대 19세기의 초기에는 Jane Austin의 풍습소설과 Scott의 역사소설이 영국의 소설을 이끌어가더니, 곧이어 Dickens와 Thackeray, Trollope 등이 멜로드라마적 구성법을 적용한 소설들을 풍성하게 내놓음으로써 그것은 드디어 일종의 황금기에 진입하게 되었다. 이 무렵에 Thomas Handy와 George Eliot이 자연주의 소설의 선구자로 나서기도 했다. 그 후 20세기에는 영국의 소설은 인간의 심리문제가 주제가 되는 식의 대변신을 하게 되는 이 일에 주역으로 등장한 작가가 바로 Virginia Woolf를 비롯하여 Dorothy Richardson, Conrad, D.H.Lawrence, A.Huxley, George Owell, James Joyce 등이 있었다. 특히 1922년에 나온 James Joyce의 'Ulysses'는 이른바 '의식의 흐름'의 기법을 도입한 가장 현대적인 소설이었다.(Ibid, p.338)

7.2 시의 예술성

  언어를 매체로 해서 만들어진 예술품을 문학으로 치자면, 언어적 특성으로 보아서나 아니면 예술품으로서의 특성으로 보아서나, 문학의 장르 중 가장 대표적인 것이 바로 시라는 것은 누구나 쉽게 인정할 수가 있다. 그리고 앞에서 이미 살펴보았듯이 운문적 표현체인 시는 원래가 서사시와 극적 시, 서정시 등의 세 가지 형태로 나뉘어서 시작되었는데, 오늘날에 이르러서는 시 하면 으레 서정시를 가리키게 될 만큼 서정시의 위상이 높아졌다. 그러니까 시의 예술성을 살펴보는 데는 우선 그 대상이 서정시가 되어야 한다는 것은 너무나 당연한 일이다.

우리가 우리의 본성의 일부로 가지고 있는 예술성의 특성에는 아름다움의 추구나 정서 상태의 고양, 상상력의 고취 등이 있는데, 이런 예술적 특성들이 적나라하게 드러나 있는 곳이 바로 서정시다. 그런데 서정시는 우리의 예술성의 특성 중 가장 인간적인 것으로 볼 수 있는 특성도 잘 드러내 주고 있는데, 그것은 각 양식별로가 아니라 두 개나 그 이상의 양식들이 하나로 합쳐진 양태, 즉 일종의 종합적인 양태로 발휘가 되게 되어있다는 점이 그것이다. 그러니까 일찍이 희랍에서 서정시가 가금의 반주에 맞추어서 노래로 불렸다는 것은 우리의 예술적 활동은 처음부터 우리의 삶의 일부였다는 것을 익히 드러내 주는 증거인 것이다.

그리고 언어는 으레 문학의 매체가 됨과 동시에 그것의 실체가 되게 되어있는 만큼 문학에서 쓰이고 있는 언어는 그 자체가 일종의 예술품인 셈인데, 이런 의미에서 보아서도 성정시가 시의 예술성을 알아보는 데는 검토의 주된 대상이 되는 것이 맞는 일이다. 쉽게 말해서 서정시에서 쓰이고 있는 문장이나 표현 하나하나는 저마다 아름답고 정교한 예술품이란 어떤 것인가 잘 보여주고 있다. 물론 시에서만 쓰이는 시어가 따로 있기도 하고 시인은 시적 허용법을 최대로 구사하기도 하니까, 시인에게는 일종의 언어적 특권이 미리 부여되어있다고 볼 수도 있다. 그러나 시인이 시적 언어라는 아름다운 예술품을 만들어낼 수 있는 것은 그의 예술적 천재성 때문이지 이런 특권 때문은 아니다. 이런 사실을 구체적으로 확인할 수 있는 자리가 곧 서정시이다.

1) 운율적 형식

서정시가 하나의 예술품일 수 있는 것은 우선 나름대로 독특한 표현형식을 가지고 있기 때문인데, 시적 형식의 제일 중요한 특징은 그것은 으레 일정한 운율적 규칙에 따라서 정해지게 되어있다는 점이다. 예컨대 서정시는 일반적으로 송시와 찬가, 단시, 담시, 시가, 비가 등으로 분류되는데, 여기에서 주로 쓰이는 기준은 운율적 형식과 주제, 태도 등이다. 그런데 서정시의 운율적 형식에 관한 한 가장 특이한 점은 그것은 거의 다가 각운법에 의해서 정해진다는 점이다. 그러니까 전문적인 입장에서 보자면 각운법에 의해서 서정시를 분류하는 것이 훨씬 더 합리적이다. 이런 점은 어떤 장르의 예술품에 있어서나 주제보다는 역시 형식이 중요하다는 것을 잘 보여주고 있다.

이름 그대로 각운법이란 둘이나 그 이상의 시행의 마지막 소리를 같거나 유사하도록 하는 기법인데, 이것에 대응하는 기법으로는 유운법과 두운법을 들 수가 있다. 유운법은 예컨대 'brave'와 'vain' 사이에서처럼 모음만을 일치하도록 하는 기법이고, 두운법은 예컨대 'Care killed the cat.'에서처럼 각 단어의 첫소리를 일치시키는 기법이다. 그러니까 시인들은 일찍부터 같은 소리가 일정한 유형에 맞추어서 반복되는 데서 운율감이 생기고, 결국에 그것에서 얻는 즐거움이 시적 즐거움 중 가장 기본적인 것이라는 것을 잘 알고 있었던 것이다. 그래서인지 오늘날에도 대부분의 시인은 각운법뿐만 아니라 유운법과 두운법도 즐겨 사용한다.

그런데 각운법이 시행을 가르는 기준기법으로 자리 잡은 것은 현대에 이르러서였다. 고대 희랍의 시나 라틴어 시에는 각운법이 없었고, 고대나 중세 때의 영국 시에서도 주된 기법으로 쓰인 것은 각운법이 아니라 두운법이었다. 이런 사실로 미루어 보아서 각운법이 영시에 있어서 지금의 위상을 차지할 수 있었던 것은 원래 일종의 통합적 언어이었던 것이 일종의 분석적 언어로 바뀌게 되었기 때문이라는 것을 쉽게 추리할 수가 있다.

그리고 또 한 가지 각운법과 관련해서 유의해야 할 사실은 그것이 기준기법으로 자리 잡은 이후에도 일부 시인들은 그것의 경직된 정형성에 반발한 나머지 일종의 대체적 내지는 변이적 각운법을 쓰게 되었다는 점이다. 이런 변이적 각운법들은 보통 경사 각운법이나 유사 각운법, 탈 각운법, 범각운법 등의 이름으로 불리고 있다.

하나의 시는 으레 하나나 둘 이상의 연으로 이루어져 있고, 또한 하나의 연은 으레 넷 이상의 시행으로 이루어져 있는 이상, 어느 한 시행에서 어떤 각운법이 쓰이고 있느냐 하는 것은 응당 연을 단위로 해서 알아보게 되어있다. 쉽게 말하자면 그러니까 각운법이란 하나의 연에서 쓰이고 있는 각운적 유형인 셈이어서, 각운법의 분류도 우선 일차적으로는 '발라드 연(ballad stanza)'이나 '스펜서 연(Spenserian stanza)'처럼 연을 기준으로 해서 하게 되어있다. 예컨대 발라드 연에서는 모두 네 개의 시행 중에서 두 번째와 네 번째 시행이 각운을 이루고 있게 있으며, 스펜서식 연은 각운법상 'ababbcc'와 같은 구조를 갖게 되어있다.

그런데 여기에서 스펜서 연의 구조적 특징을 좀 더 자세히 살펴보게 되면, 영국의 서정시가 얼마나 엄격한 정형시적인 전통을 가지고 있었는가를 익히 헤아려 볼 수가 있다. 이 연은 1590년에 Edmund Spenser가 'The Faerie Queen(아름다운 여왕)'에서 사용했던 것으로서, 이것의 특징으로는 이것을 구성하고 있는 모두 아홉 개의 시행 중 처음 여덟 개는 운율형이 약강 5보격이고 나머지 아홉 번째 것은 그것이 약강 6보격이라는 점과, 'ababbcc'와 같은 특이한 각운법적 구조를 가지고 있다는 점을 들 수가 있다.

그런데 사실은 스펜서 연의 진짜 특징은 이것은 뒷날 하나의 아름다운 시형으로서의 모형이 된 나머지, 19세기에 이르기까지 유명한 시인들에 의해서 면면히 애용되었다는 점이다. 예컨대 Burns는 이 연을 'The

Cotter's Saturday Night'에서 사용해서 그것의 진가를 다시 한번 확인시켜 주었고, 그 후 Shelley는 'The Revolt of Islam'과 'Adonais'에서 이것의 진가를 보여주었으며, 또한 Keats와 Byron은 각각 'The Eve of St. Agnes' 와 'Childe Harold'에서 이것의 진가를 드러내 주었다. 그리고 Tennyson의 'The Lotos-Eaters'도 부분적으로나마 이것을 사용했다. 무슨 이유에서인지 이 연의 전통이 20세기에 이르러서는 단절이 되었다. 그러나 이 연의 역사가 영국 시의 역사의 일부라는 것은 의심할 여지가 없다. (Ibid, p.479)

아마도 영국 시의 가장 중요한 특징 중 하나가 하나의 시형이 오랫동안 이어지는 전통을 지켜간다는 점이라는 것을 확인할 수 있는 사례 중 가장 대표적인 것이 바로 일찍이 '스코틀랜드'의 '제임스 1세(James I)' 왕에 의해서 '군주 각운법(Rhyme Royal)'이 창안된 이래 이것은 현대에 이르기까지 유명한 시인들에 의해서 꾸준히 애용되어왔다는 사실일 것이다. 이 각운법이 쓰이는 연은 우선 모두 일곱 개의 시행으로 이루어진 것인데, 이것의 특징으로는 각운법상 이것은 'ababbcc'와 같은 구조로 되어있으면서, 각 시행의 운율형이 약강 5보격이라는 점을 들 수가 있다. 예외적으로 이것에서는 일곱 번째 행이 약강 6보격의 운율형으로 되어있을 수도 있는데, 전체적으로 보았을 때는 누구나 이것이 시행의 수가 일곱에서 아홉으로 는 점을 제외하고는 스펜서 각운법의 원형일 수도 있겠다는 생각을 가질 수가 있다.

그리고 이 각운법과 관련해서 무엇보다도 중요한 사실은 이것은 14세기의 Chaucer로부터 20세기의 W.H. Auden에 이르기까지, 수많은 유명한 시인들에 의해서 애용됐다는 점이다. 예컨대 Chaucer는 이 각운법을 가장 영국적인 각운법으로 받아들인 나머지 'The Parlement of Foules'를 비롯하여 'The man of Law's Tale', 'the Clerk's Tale', 'Troilus and Criseyde' 등의 설화시들에서 이것을 사용했다. 이런 전통은 그 뒤 Lydgate의 시로부터 Hoccleve, Dunbar, Skelton, Wyatt, Shakespeare, Wordsworth, Morris, W.Auden, John Masefield의 시에 이르기까지 쉬지 않고 이어져갔다. 특히 여러 가지 의미에서 가장 대표적인 현대 영국 시인으로 꼽히는 Auden은 'Letter to Lord Byron'과 'The Shield of Achilles'와 같은 주옥같은 시를 이 각운법으로 썼다.(Ibid, p.433)

  서정시의 시형은 기본적으로 각운법에 의해서 만들어지게 되어있다는 점을 드러내기 위해서나, 아니면 영국시의 가장 중요한 특징은 오래된 전통을 다양하게 이어가는 것이라는 점을 드러내기 위해서 반드시 살펴보아야 할 시형이 바로 '소네트(sonnet)'이다. 이것은 모두 14개의 시행으로 된 단시인데, 우선 약강 5보격이 이것의 기본 운율법이다. 그런데 흥미롭게도 이것은 보통 '이탈리아 소네트'와 '셰익스피어 소네트'의 두 가지로 양분되는데, 그 이유는 전자는 'abbaabba'와 같은 각운 구조를 가진 8행 부와 'cdecde'나 'cdcdcd'와 같은 각운 구조를 가진 6행 부로 구성되어 있는 데 반하여, 후자는 세 개의 4행 부와 한 개의 2행 부로 구성되어 있는 데다가 각운 구조도 'abab cdcd efef gg'처럼 되어있는 식으로 서로 간에 적지 않은 차이를 보이고 있기 때문이다. 물론 이들에 있어서는 이야기의 전개법도 이런 운율적 구조의 차이에 맞추어서 달라지게 되어있다.

  그런데 이 시형과 관련해서 더욱 흥미로운 사실은 실제로 영국의 저명한 시인에 의해서 쓰인 것은 이상과 같은 두 기본형의 변이형들이라는 점이다. 가장 유명한 변이형에는 '스펜서 소네트'와 '밀턴(Milton) 소네트'의 두 가지가 있는데, 전자에서는 'abab bcbc cdcd ee'와 같은 각운 구조가 쓰이는 데 반하여 후자에서는 이탈리아 소네트를 8행 부와 6행 부 간의 휴지를 제거하는 식의 각운 구조가 쓰이게 되어있었다. 그뿐만 아니라 일부 시인은 두 기본형을 서로 섞는 변이형도 사용했는데, 예컨대 Yeats의 'Leda and the Swan'는 두 개의 셰익스피어식 4행 부에 한 개의 이탈리아식 6행 부를 후속시키는 식의 소네트였고, Wordsworth의 'Mutability'는 이탈리아식 8행 부의 각운법을 'abbaacca'처럼 변이시킨 식의 소네트였다.(Frye, et al, p.437)

그런데 영국 서정시의 운율적 시형을 검토해보는 데 있어서는 소네트의 경우와 동일한 이유로 살펴보아야 할 것이 바로 무운시(blank verse)이다. 이름 그대로 아무런 각운법이 쓰이지 않는다는 점이 이 시형의 특징인데, 어떤 의미에서는 분명히 이것만한 장점이 있을 수 없기에, 많은 시인들이 일찍부터 이것을 긴 극적 이야기나 철학적 이야기, 역사적 이야기를 하는데 즐겨 사용했다. 영국 무운시의 기본적인 운율형은 각운 없는 약강 5보격인데, 이것은 1547년 이전에 Surrey경인 Henry Howard가 희랍의 Virgil의 'Aeneid'를 번역하면서 사용한 것으로 알려져 있는데, Virgil의 시의 운율형은 각운 없는 장단 6보격이었다는 점을 상기한다면 이것이 영국의 토착적인 운율감을 기저로 한 하나의 창작품이었음을 당장 알아차릴 수 있다.

그런데 이것의 장점이 마음에 들어서인지 이후 10여 년 뒤인 1561년에는 'Gorboduc'이라는 연극 시에서 Thomas Sackville과 Thomas Norton이 이것을 사용한 것이 계기가 되면서 이런 형의 무운시는 가장 영국적인 시형의 하나로 굳어지게 되었다. 그 후 1576년에는 Gascoigne이 'Steel Glass'라는 풍자적인 교훈시에서 이런 무운시법을 사용함으로써 이것의 전통은 계속해서 이어져가게 되었는데, 역시 그 후 1590년대에 영국의 서정시가 무운시의 전성기를 맞이할 수 있게 한 것은 Marlowe와 Shakespeare라는 두 대시인이었다. 그리고 이런 무운시의 전통은 드디어 1667년에 Milton의 불후의 대서사시인 'Paradise Lost(실락원)'이 출현됨으로써 일종의 정점에 이르게 되었으며, 그 후 이것은 18세기에는 Wordsworth와 Tennyson, Browning 등의 작품에 의해서 일종의 황금기를 맞게 되었다. 물론 가장 놀라운 사실은 현대인 20세기에 이르러서 Yeats 와 Ezra Pound, T.S. Eliot, Robert Frost, Wallace Stevens와 같은 내로라하는 대시인들이 하나같이 품위 있고 주옥같은 무운시들을 쓰게 되었다는 점이다.(Holman and Harmon, 1986, p.60)

2) 언어적 기법

서정시가 하나의 예술품일 수 있는 것은 시 전체나 그것을 구성하고 있는 시행들이 저마다 언어적 예술성을 띠고 있기 때문인데, 이 사실을 누구보다도 잘 알고 있는 사람은 시인 자신이다. 다시 말하자면 이들은 누구나가 자기가 언어적 예술가임을 항상 명심하고 있는 탓으로 시를 쓸 때는 항상 무엇을 표현하느냐보다 그것을 어떻게 표현하느냐에 더 많은 신경을 쓰게 마련이다. 그런데 사실은 이들은 여기에서의 어떻게라는 말은 결국에 어떻게 아름답게라는 말을 의미한다는 것을 잘 알고 있다. 이런 의미에서 보자면 시에서 각운법과 같은 운율적 형식을 지키는 것은 독자에게 정서적 즐거움을 주는 기능과 아름다운 표현법을 만드는 데 도움을 주는 기능을 같이 수행하고 있는 셈이다.

그런데 아마도 시적 표현의 예술성에 관한 한 무엇보다도 중요한 사실은 시적 표현들은 쉽게 말해서 시인들의 타고난 능력과 후천적 노력이 공동으로 만들어낸 것이라는 점일 것이다. 우선 시인들이 낱말 하나를 고르거나 문장 하나를 완성시키는 데 들이는 노력의 질과 양이 일반인들이 말할 때 들이는 그것과는 감히 비교도 할 수 없을 만큼 높고 많다는 것은 더 말할 나위가 없다. 그러나 만약에 이들이 언어를 천재적으로 다룰 수 있는 재능을 타고나지 않았다면 탁월한 예술품이 만들어졌을 리가 없다. 이런 의미에서 볼 때 이들은 분명히 천재적인 언어의 연금술사인 것이다.

그런데 일반적인 언어와 비해서 시적 언어는 몇 가지 눈에 띄는 특징을 가지고 있는데, 그중 첫 번째 것은 그것은 최대로 짧고 농축된 언어라는 점이다. 시적 언어가 최대로 짧고 집약된 것일 수밖에 없는 것은 일정한 틀이나 형식적 제약을 받게 되어있기 때문이라고 볼 수도 있고, 또 다르게 보자면 그렇게 해야지 의미가 제대로 전달될 수 있기 때문이라고 볼 수도 있다. 그중 두 번째 것은 문법적 구조가 비교적 단순하다는 점이다. 문법적으로 복잡한 문장일수록 우선 그 길이가 길어지고 독자에게 심적 부담을 주게 되어 있으니까 시적 언어로는 적합하지 않은 것이다. 아마도 하나의 독립절에 하나의 의존절이 후속되는 구조, 즉 산열문의 구조가 도미문의 구조보다 선호되는 것도 가급적이면 독자에게 문법적 부담을 주지 않으려는 의도에서 나왔을 것이다.

그중 세 번째로는 일반적인 개념이나 지식을 나타내는 추상어보다는 구체적인 심상을 불러일으키기에 알맞은 구상어들이 많이 쓰인다는 점이다. 그중 네 번째 것은 경우에 따라서는 문법적 규칙을 어길 수도 있다는 점이다. 물론 일찍부터 이것은 시인에게만 주어진 일종의 특권인 셈인데, 시인들은 문법적 규칙의 일탈은 으레 회복이 어렵지 않게 될 수 있는 범위 내에서만 일어날 수 있다는 점을 잘 인식하고 있다. 그중 다섯 번째 것은 그것은 어느 한 시인의 창작품이라는 점이다. 예술품의 생명은 바로 창조성이라는 것을 시적 언어는 웅변적으로 드러내고 있는 것이다.

그런데 사실은 이상과 같은 다섯 가지 특징과는 전혀 다른 차원에서 시적 언어가 일반적인 언어와 확연히 구별되는 점은 이것에서는 은유법을 위시하여 과장법, 반복법, 반어법, 풍자법 등과 같은 이미 표현력상의 가치가 잘 증명된 수사법들이 널리 쓰이고 있다는 것이다. 일찍이 희랍인들은 수사학을 문법학이나 논리학보다 한 단계 상위의 학문으로 보았었는데, 이런 견해를 실제로 실천하고 있는 사람들이 바로 시인인 것이다.

군이 따지자면 희랍 사람들은 수사학을 일종의 설득학으로 본 나머지 수사법을 가장 효과적인 설득의 기법으로 간주했지 탁월한 문학적 기법으로 보지는 않았었다. 그렇지만 시인들이 보기에는 수사법이야말로 최고 수준의 시적 표현법이었던 것이다.

우선 예나 지금이나 거의 누구나가 수사법 중 으뜸이 되는 것으로는 은유법을 치는데 특별히 아름답고 의미가 심오한 시를 쓰는 시인일수록 으레 은유법을 주된 시적 기법으로 사용한다. 은유법은 일종의 유추법인데, 이것은 결국에 실패한 사람을 'washout'로 부르는 식으로 추상적인 지식이나 개념을 구체적인 사물로써 대체하는 기법이기에 이것은 으레 우리의 인지절차를 심상적인 절차로 바꾸는 기능을 수행하게 되어있다. 그런데 시인들은 누구나가 시에서 주된 정신작용으로 작동되어야 하는 것은 정서적 내지는 심상적 절차라는 것을 잘 알고 있다. 틀림없이 바로 이 점이 시인들이 은유법을 즐겨 사용하게 되는 이유일 것이다.

시인들이 즐겨 쓰는 은유법 중 가장 대표적인 것은 역시 의인법이다. 그들이 보기에는 시간에 따른 자연의 움직임도 우리 인간의 삶의 일부분이고, 진리의 모습도 우리 인간의 마음에 내재되어 있는 미의식과 도덕률의 그것과 닮은 것이기에, 모든 것을 우리가 가장 잘 아는 우리 자신처럼 묘사하는 것이 최선의 묘사법인 것이다. 여기에서 실례로 살펴볼 것은 Wordsworth의 두 시인데, 그중 첫 번째 것은 'It is a beauteous evening, calm and free.(아름다운 저녁이다. 고요하고 자유로운)'라는 시의 일부분으로서, 이것에서는 때나 시간을 한 생명체로 보고 있다. 특히 이 시의 압권은 거룩한 시간을 수녀가 기도하는 시간으로 묘사한 부분이다. 이 문장은 물론 하나의 전형적인 직유문이다.

It is a beauteous evening, calm and free;

The holy time is quiet as a nun
Breathless with adoration
(아름다운 저녁이다. 고요하고 자유로운;
거룩한 시간은 경배로운 숨을 멈춘 수녀처럼 조용하다.)

그중 두 번째 것은 'My heart leaps up when I behold(내가 볼 때에는 가슴이 뛴다)'라 시의 한 연인데, 이것에서는 자연을 가장 숭고한 경외의 대상으로까지 보고 있다. 무지개를 아름다움의 극치로 보고 있는 점으로 미루어 보아서 그는 결국에 가장 숭고한 것과 가장 아름다운 것은 결국에 같은 것이라는 생각을 하고 있음이 분명하다. 그런데 여기에서는 '어린이는 어른의 아버지이다.'라는 유명한 명언도 쓰이고 있다. 이것을 통해서 우리는 원래의 본성을 순수하게 지니고 있는 어린이가 곧 우리의 실체라는 그의 인간관을 익히 알 수가 있다. 그리고 이것은 누구도 흉내 낼 수 없는 하나의 전형적인 은유문이다.

My heart leaps up when I behold
A rainbow in the sky:
So is it when my life began;
So be it when I shall grow old,
Or let me die!
The Child is Father of the Man;
And I could wish my days to be
Bound each to each by natural piety.
(하늘의 무지개를 볼 때는
내 가슴은 뛴다.
내 삶이 시작되었을 때 그랬었고
어른이 된 지금도 그렇다.
내가 늙었을 때도 그랬으면 좋겠다.

아니면 죽게 해다오.
어린이는 어른의 아버지이다.
그리고 나의 날들이 자연에 대한 경외로 서로 묶이기를 원한다.)

  서정시에서는 두 번째로 과장법도 자주 쓰이는데, 시적 과장법의 특징은 직유법이나 은유법을 과장의 수단으로 삼는다는 점이다. 물론 넓은 의미에서 볼 것 같으면 과장법은 때로는 일종의 반어법이나 풍자법처럼 쓰일 수도 있고, 더 나아가서는 유머를 유발시키는 방편일 수도 있을 만큼 다목적인 기법이라는 점이 이것의 진짜 특징일 수도 있다. 그러나 과장법의 성패는 역시 일차적으로 어떤 사물의 속성을 어떻게 과장하느냐에 달려있다. 이런 의미에서 볼 때 시에서는 으레 직유법이나 은유법이 과장법의 수단으로 쓰이고 있다는 것은 시사하는 바가 매우 크다고 볼 수가 있다.

  아래에 제시된 예는 Shakespeare의 'Othello'의 제1막, 제3장에 나오는 구절인데, 이것에서는 슬픔의 크기가 큰 저수지의 담긴 물에 비유되고 있는데, 창의성이나 과장성으로 보아서 이것은 아마도 과장법에 있어서는 직유법이나 은유법이 얼마나 효과적인 방편일 수 있는가를 가장 직접적으로 보여주는 실례 중 하나일 것이다.

    My particular grief
    Is of so flood-gate and o'bearing nature
    That it engluts and swallows other sorrows
    And it is still itself.
    (내 특별한 비애는
    너무나 수문과 위압적인 자연과 같기 때문에
    그것은 다른 슬픔들을 막고 삼켜버리며
    그러고도 그것은 여전히 그대로이다.)

서정시에서는 세 번째로 반복법이 널리 쓰이고 있는데, 반복법이 시 전체에 운율성과 정서성을 높이는 가장 기본적인 기법이면서도 그것의 주제나 의미를 가장 쉽게 강조할 수 있는 기법이라는 사실을 고려한다면 이것은 너무나 당연한 현상이다. 어떤 것을 반복하느냐에 따라서 음성 반복법과 어휘 반복법, 문장 반복법 등으로 나누어질 수 있는데, 굳이 따지자면 이들 중 가장 반복의 효과를 크게 거둘 수 있는 것은 역시 문장 반복법이다. 또한 동일한 반복의 단조로움을 피하기 위해서 시인들은 그것의 일부를 바꾼, 변이적 문장 반복법을 쓰기도 한다. 이런 면으로 보아서도 서정시는 음악과 하나의 이질 동상체처럼 많이 닮았다는 것을 쉽게 알 수가 있다.

반복법 중 최고의 것은 문장 반복법인데, 시에서 실제로 널리 쓰이는 것은 변이적인 것이라는 것을 구체적으로 확인할 수 있는 한 예가 바로 앞에서 살펴본 Wordsworth의 두 번째 시이다. 이 연을 전반부와 후반부로 나누고 보았을 때 이중 전반부는 세 개의 변이 동일문과 한 개의 별개문으로 이루어져 있으니까, 이것은 반복법의 위력을 최대로 활용한 시라고 볼 수가 있다. 이들 반복문의 구조는 주절 뒤에 when으로 유도되는 종속절이 따르는, '주절+when절'처럼 되어있다. 그런데 이들 세 반복문 중 반복성이 특별히 강조되고 있는 것은 두 번째와 세 번째이다. 이들에서는 'So is it'와 'So be it'와 같은 동일한 술어 전도문들이 주절로서 두 번 되풀이되고 있다.

서정시에서는 네 번째로 반어법도 즐겨 쓰이고 있는데 이것은 실제로는 비난을 하면서 말로는 거꾸로 칭찬한다고 말하는 식의 일종의 간접적 표현법이기 때문에 정보전달의 효율을 높이는 데 쓰이는 하나의 특이한 기법이라는 장점도 가지고 있지만, 상황적 적절성의 제약을 언제나 크게 받게 되어있다는 단점도 가지고 있다. 그러나 '소크라테스식 반어법'이라는 반어법이 소크라테스 때 이미 널리 쓰이고 있었던 점으로 미루어 보아서 이것이 아주 일찍부터 시인이나 철학자들이 즐겨 쓰는 수사법의 한 가지로 자리 잡았다는 것은 의심할 여지가 없다.

    Shakespeare의 'Julius Caesar'의 제3막, 제2장에서는 Caesar의 죽음을 놓고서 Antony가 아래와 같은 명연설을 하고 있는데, 이것의 끝말이 바로 대표적인 반어문으로 되어있다. 아무리 Brutus가 'Not that I loved Caesar less, but that I loved Rome more.(나는 시저를 덜 사랑한 것이 아니라 로마를 더 사랑했다.)'라는 명연설로써 변명한다고 해도 그가 시저를 죽인 배신자인 것은 틀림이 없는 사실이었다. 그러니까 Antony가 그를 '명예로운 사람'이라고 말한 것은 분명히 '불명예로운 사람'이라는 말을 거꾸로 말한 것에 지나지 않는다.

> He was my friend, faithful and just to me:
> But Brutus says he was ambitious;
> And Brutus is an honourable man
> (그는 내 친구였고, 나에게 충실하고 공정했다.
> 그러나 브루투스는 그는 야망에 차 있었다고 말한다.
> 그리고 브루투스는 명예로운 사람이다.)

    서정시에서는 다섯 번째로 풍자법도 널리 쓰이고 있는데, 비꼬고 빈정댄다는 점으로 보아서는 이것은 분명히 반어법과 비슷하다고 볼 수가 있지만 그 대상이 사회적 제도나 인간의 우직함 등과 같이 차원이 높은 것들이기 때문에, 희랍 때부터 많은 시인들은 이것을 반어법보다는 수준이 한 단계 높은 수사법으로 활용해왔다. 풍자시라는 독특한 장르가 영국에서도 일찍부터 발달되었다는 사실은 시인들이 이 수사법을 대단히 유용한 수사법으로 여겨왔다는 것을 익히 증명하고 있다. 영국의 풍자시에 관한 한 제1인자는 역시 'I'll publish, right or wrong: Fools are my theme, let satire be my song.(맞든지 틀리든지 나는 출판할 것이다. 바보들이 나의 주제이고, 풍자가 내 노래가 되게 할 것이다.)'와 같은 선언을 했던 Byron이다. 1809년에 발표한 'English Bards and Scotch Reviewers(영국 시인과 스코틀랜드 평론가)'라는 그의 시에는 아래와 같은 짧은 연이 들어있는데, 어떤 의미로 보아서나 이것은 하나의 전형적인 풍자시이다.

> Each country Book-club bows the knee to Baal,
> And, hurling lawful Genius from the throne,
> Erects a shrine and idol of its own
> (각 나라마다에서 애서회는 사신에 무릎을 꿇고 절을 하고
> 정당한 천재를 왕좌에서 끌어내리고서
> 자체의 사원과 우상을 세운다.)

3) 시적 상상력

일찍이 Bacon은 우리 인간의 세 가지 기본적인 정신 능력으로서 역사의 기저가 되는 기억력과 시의 기저가 되는 상상력, 철학의 기저가 되는 이성 등의 세 가지를 내세운 바가 있었는데, 따지고 볼 것 같으면 시뿐만 아니라 그것을 위시한 모든 문학적 장르의 기저가 되는 것은 작가의 상상력이다. 왜냐하면 결국에 모든 문학적 작품은 작가의 상상력에 의해서 만들어진 가공적 이야깃거리이기 때문이다. 다시 말하자면 작가의 상상력에 의해서 만들어진 것이기 때문에 모든 문학작품들은 창조적 예술품일 수 있으니까, 상상력은 문학의 생명력이나 다름이 없는 것이다.

그런데 흥미롭게도 이런 '상상이론'이 일찍이 Aristoteles가 내세웠던 '자연의 모방이론'에 대한 하나의 반대이론으로 굳게 자리 잡는 데 결정적인 역할을 한 것이 19세기 초에 Wordsworth와 Coleridge와 같은 낭만주의 시인들이 주장하고 나선 신시 이론이었다. 이들은 상상을 단순히 이성

과 반대되는 것일 뿐만 아니라 '그 자체의 미적 세계를 구축해내는' 다분히 정서적이고 생생한 심상적 절차로 보았었다. 그러니까 이들은 시에서 읊어지는 이야깃거리는 단순히 독자에게 즐거움을 줄 수 있는 것일 뿐만 아니라 전체적으로 아름다움에 대한 느낌을 고양시켜줄 수 있는 것이어야 한다고 보았던 것이다.

 Wordsworth의 크게는 그의 신시 이론의 정수이면서 작게는 그 나름의 시 작성 절차를 잘 보여주고 있는 것이 바로 'I wandered lonely as a cloud.(나는 구름처럼 외롭게 유랑했다.)'라는 시의 일부분인 아래와 같은 연인데, 이것을 통해서 우리는 첫 번째로 시를 쓰는 일은 자연 속에서 시인의 상상력을 한껏 자유롭게 펼치는 일이라는 사실과, 두 번째로 시인은 언제나 이런 상상 절차를 통해서 다른 데서는 감히 찾아볼 수 없는 최고의 희열을 경험하게 된다는 사실을 익히 알아차릴 수가 있다. '내 가슴은 수선화와 함께 춤을 춘다.'라는 마지막 시행이 그가 말하는 시인만이 느끼는 최고의 희열이 어떤 것인가를 잘 말해주고 있다.

> A poet could not but be gay,
> In such a jocund company.
> I gazed – and gazed – but little thought
> What wealth to me the show had brought;
> For oft, when on my couch I lie
> In vacant or in pensive mood,
> They flash upon that inward eye
> which is the bliss of solitude;
> And then my heart with pleasure fills,
> And dances with the daffodils.
> (이런 유쾌한 어울림 안에서는
> 시인은 즐거울 수밖에 없다.

나는 바라보고 또 바라보았다. 이 광경이
어떤 재화를 나에게 가져다주었는지에 대한 생각은 거의 없이
자주 내가 텅 빈 기분이나 생각에 빠진 기분으로
침대에 누워있을 때는 그들은 고독의 축복인
그 내적 눈에 번쩍인다.
그러면 내 가슴은 기쁨으로 채워지고,
수선화와 함께 춤을 춘다.)

그와는 대조적으로 Coleridge는 시인의 상상력은 결국에 누구도 만들어 낼 수 없는 이야깃거리를 만들어낼 수 있게 한다는 사실을 실례를 통해서 보여주었는데, 1816년에 발표된 'Kubla Khan, a vision in a dream(쿠브라 칸, 꿈에서 본 광경)'이라는 시가 바로 그것이다. 이 상상적 이야기의 무대는 아세아의 한 해안에 세워진 'Xanadu' 왕국이고, 주인공은 'Kubla Khan' 왕인데, 어떻게 이 왕이 '희귀한 장치의 기적'으로 볼 수 있는 거대한 희열의 돔을 짓고서, '선조들이 전쟁을 예언하는 큰 소요'를 진압한 다음에 거기에서 꿀의 이슬을 먹고 천국의 우유를 마시게 되었는가에 대한 설명이 이것의 줄거리이다.

무엇보다도 놀라운 것은 물론 이 왕의 왕다운 모습이나 얼음으로 된 거대한 희열의 돔의 구조, 이 지역의 숲이나 강의 성스러움 등으로 보았을 때 이것은 하나의 오래된 신화로 보기에 조금도 모자람이 없다는 점이다. 또한 이 시에서는 태초적 세계의 신비성과 위엄성이 잘 묘사되어 있을 뿐만 아니라 자연의 아름다움과 웅장함도 잘 묘사되어 있어서, 이것을 통해서 누구나가 지금의 세상과 대조가 되는 하나의 이상향이 어떤 것인가를 익히 상상해 볼 수가 있다. 또한 이 시에 나오는 이야기는 일종의 꿈속의 이야기, 즉 주인공이 달콤한 꿈을 꾸다가 'Porlock에서 온 사람에 의해서 깨어나는' 것으로 끝이 나는 식으로 되어있다. 그러니까 이 시는

미완성의 아름다움이 언제나 우리가 희구하는 최고의 아름다움이라는 것을 잘 보여주고 있는 것이다. 이 시의 이야기의 신비성과 신화다움은 아래와 같은 한 연을 통해서도 익히 알아볼 수가 있다.

> A damsel with a dulcimer
> In a vision once I saw.
> It was an Abyssiian maid,
> And on her dulcimer she played.
> Singing of Mount Abora.
> (타악기를 가지고 있는 한 소녀를
> 나는 한때 환상 속에서 보았다.
> 그것은 심연에 사는 한 처녀였는데
> 그녀는 타악기를 연주했다.
> 아보라산에 대한 노래를 부르며.)

'Kubla Khan'에서 그가 읊은 상상의 나라는 어린이들이 동화책에서 나올만한 것인 데 반하여, 'The Rime of the Ancient Mariner(늙은 뱃사람의 노래)'에서 그가 읊은 상상의 바다는 마치 인생의 고통과 지혜를 상징하고 있는 듯한 일종의 사실적인 바다이다. 물론 현실이 아니라 꿈에서 본 세계라는 점에서는 이들 두 시 사이에 아무런 차이가 없지만 허구성이나 가공성에서는 이것이 앞엣것보다 훨씬 못하다. 그러나 시적 가치 면에서는 이것을 앞엣것보다 한 수준 높은 것이라고 볼 수도 있는데, 그 이유는 첫 번째로는 이것에서는 풍랑을 맞은 배의 모습을 'As idle as a painted ship upon a painted ocean(그려진 대양 위의 그려진 배처럼 한가한)'처럼 묘사하는 식으로 최고의 수사적 표현법들이 쓰이고 있기 때문이고, 그 다음으로는 주인공인 이 노인을 'A sadder and a wiser man, he rose the morrow morn(다음날 아침에 그는 더 슬프고 더 현명한 사람으로 깨어난 사람)'으로 묘사하는 식으로 악마를 이긴 선인이 지니고 있을 인성이 어떤 것인가를 잘 보여주고 있기 때문이다.

그렇지만 이 시에서 읊어진 이야기 안에는 옛이야기에 대한 독자의 호기심과 흥미를 충분히 불러일으킬 수만큼의 사건들이 들어있다. 우선 이 시의 구조는 '길고 잿빛의 수염과 번뜩이는 눈을 가진' 한 늙은 뱃사람이 같이 미지의 대해를 항해한 또 다른 늙은 사람이 겪은 힘든 경험을 결혼식장에 온 한 하객에게 이야기해주는 식으로 되어있으니까 이것에서는 명장의 무용담이나 탐험가의 견문록 등을 모두 모여 듣던 이야기 말하기의 옛 전통이 되살아난 셈이나 마찬가지이다. 그리고 이 시에서는 배가 망망한 대양의 한 가운데서 조난을 해서 뱃사람들이 깊은 곳은 썩은 나머지 '진흙투성이의 것들만이 기어 다니는 진흙투성이의 바다에서' 혹독한 갈증에 시달리는 명장면을 비롯하여 악마를 쫓아내기 위해서 불사조를 화살로 잡는 장면, 에메랄드처럼 푸른 얼음덩이가 떠내려오는 장면, '신의 머리처럼 휘황찬란한 태양'이 떠오르는 장면, 찬란한 별과 함께 뿔이 난 달이 지옥의 끝에 걸려있는 장면, 아무 소리 없이 무거운 침묵만이 음악처럼 가슴에 가라앉는 장면 등이 파노라마처럼 펼쳐져 있다. 그러니까 이 시는 제2의 Homer의 'Odyssey'라고 해도 크게 틀리지 않는 하나의 웅장한 서사시인 셈이다.

그리고 앞에서 이미 말이 나왔듯이 이 시는 일종의 교훈시이기도 한데, 기적극이나 교훈극 등을 통해서 도덕적 교육을 수행하는 관행은 일찍이 희랍이나 로마 때부터 시작된 점이라는 것을 고려한다면 이 시는 서구의 고전적 문학의 전통을 그대로 이어가는 시임이 분명하다. 이것을 하나의 교훈시로 볼 수 있는 근거 중 가장 확실한 것이 바로 한때 고통으로 무감각과 인사불성의 상태에 있었던 이 노인이 잠에서 깨어나면서 아래의 연에 서술되어 있는 것과 같은 도덕률과 진리를 깨닫게 되었다는 사실일 것이다. 이것은 또한 반복법의 묘미를 보여주는 일종의 2행시라고 볼 수가 있다.

>He prayeth well, who loves well
>Both man and bird and beast.
>He prayeth best, who loves best
>All things both great and small.
>(인간과 새와 짐승 모두를
>잘 사랑하는 사람은 기도를 잘하는 사람이다.
>크고 작은 모든 것들을 최고로 사랑하는 사람은
>기도를 최고로 잘하는 사람이다.)

4) 시적 지혜와 진리

시는 하나의 예술품인 이상 독자의 심미감을 최대한 제고시키는 것이 그것의 첫 번째 목적이어야 한다는 것을 시인들은 누구나 잘 알고 있고, 또한 그들은 독자들은 누구나가 정서적인 즐거움을 얻으려고 시를 읽는 이상 그것의 두 번째 목적은 응당 독자에게 일정한 기쁨을 주는 것이어야 한다는 것도 익히 알고 있다. 그러나 그들은 놀랍게도 진선미는 예술가들이 궁극적으로 표현하려고 하는 세 가지의 개별적 대상이 아니라 하나로 통합된 형태로 추구되어야 할 대상이라는 것을 잘 알고 있다. 쉽게 말해서 그들은 가장 착하거나 참된 것은 언제나 가장 아름답게 되어있다는 것을 익히 알고 있는 것이다.

그런데 시인들은 그들이 시에서 쓰는 표현만큼 진리를 나타내는 데 더 적절한 표현은 있을 수 없다는 자부심도 가지고 있다. 우선 모든 진리는 으레 언어로 표현되게 되어있는데, 그런 표현의 생명은 간명성과 정확성이라는 것을 그들은 익히 알고 있다. 무엇보다도 중요한 사실은 그들은 특별히 예리한 통찰력과 특별히 예민한 감성을 가지고 있는 데다가 자기네들의 언어적 구사력도 천재적인 것이기에, 이 세상에서 자기들만큼 진리를 나타내는 데 알맞은 적격자는 있을 수 없다는 자긍심도 가지고 있다는 점이다. 그래서인지 일찍이 희랍이나 로마 때부터 시인들은 모두가 진리의 전달자이고 미래의 예언자임을 자처해오고 있다.

그런데 시인들은 인생의 예언자나 선각자의 임무는 마땅히 독자들에게 삶의 지혜를 가르쳐주는 것이라는 것도 잘 알고 있다. 이들은 풍자법을 가지고서 인간의 바보스러움과 잘못됨을 직접 꾸짖기도 하지만, 반어법이나 은유법을 갖고서 참되거나 착하고 아름답게 사는 것이 인생을 가장 슬기롭게 사는 것이라는 것을 암시하기도 한다. 그런데 시인들이 제공하는 인생의 지혜에 관한 한 절대로 빼놓을 수 없는 사실은 바로 그들은 으레 자신들의 삶이나 모습을 사실 그대로 보여주는 것을 독자들에게 지혜를 가르쳐주는 최선의 방편으로 삼는다는 점이다. 이것이 가능한 것은 물론 그들의 삶은 일반인들의 삶과는 크게 동떨어져 있거나 뚜렷히 대조를 이룰 수 있는 삶이기 때문이다.

아래에 제시된 시는 Shelley가 1821년에 쓴 'A Defence of Poetry(시의 변론)'라는 시 중 한 연인데, 여기에서는 다른 데서는 감히 상상할 수도 없는 숭고한 일을 하는 사람이 바로 시인이라는 사실이 밝혀져 있다. 특히 마지막 시행에서 시인을 'the unacknowledged legislators of the world(이 세상의 인정되지 않은 입법자)'로 정의한 사실로 미루어 보아서 그는 자신을 철학자보다 더 고고한 진리의 수호자이며 지혜의 전파자로 보고 있음이 분명하다. 또한 그는 여기에서 시인을 미래를 내다보는 고귀한 예언자로 보고 있기도 한데, 이로써 그는 결국에 시인의 삶과 모습은 일반인들이 진리를 깨닫거나 지혜를 얻는데 있어서 하나의 표본이나 거울처럼 쓰일 수 있는 것이라는 사실을 선포한 셈이나 마찬가지이다.

Poets are the hierophants of an unapprehended inspiration; the mirrors of the gigantic shadows which futurity casts upon the present; the words which express what they understand not; the trumpets which sing to battle, and feel not what they inspire; the influence which is moved not, but moves. Poets are the unacknowledged legislators of the world.
(시인은 이해되지 않은 영감의 해설자이다. 미래가 현재에 던지는 거대한 그림자의 거울이다. 그들이 이해하지 않는 것을 나타내는 낱말이다. 전투를 노래하고 그들이 고무한 것을 느끼지 않는 나팔 소리이다. 움직여지는 것이 아니라 움직이는 영향이다. 시인은 이 세상의 인정되지 않은 입법자이다.)

시인들은 실제로 진리나 지혜를 읊기도 하는데, 이들이 읊은 이런 진리나 지혜 중 적지 않은 것들은 속담이나 잠언처럼 인용되기도 한다. 이런 예 중 대표적인 것이 바로 앞에서 살펴본 Coleridge의 시이다. 이것에서의 기도는 곧 사랑이고 사랑은 곧 기도라는 식의 기도와 사랑에 대한 정의와 최고의 사랑은 어떤 것인가에 대한 해설은 다른 어느 곳에서도 찾아볼 수 없는 것들이어서 우리의 일상생활에서 속담이나 잠언처럼 쓰일 수 있는 진리이며 지혜이다. 특히 그는 시에서 진리는 곧 지혜라는 사실을 깨닫게 하는 명언들을 많이 했는데, 'Work without hope draws nectar in a sieve, And hope without an object cannot live.(희망이 없는 일은 화밀을 체로 거르는 것이고, 대상이 없는 희망은 살아남을 수 없다.)'나 'In politics, what begins in fear usually ends in folly.(정치에 있어서는 공포로 시작된 것이 보통 바보짓으로 끝난다.)'와 같은 것들이 바로 그런 것들이다.

그런데 그의 명언 가운데서 유일하게 예외적인 것이 바로 Shakespeare 개인에 대한 숭배에 가까운 평가인데, 어떻게 보면 시적 과장법의 한 전범이며 그의 작품에 대한 하나의 과대평가처럼 보일 수도 있는 이것이 불후의 명언으로 많은 사람들의 가슴에 새겨지게 된 것은 기본적으로는 그의 작품의 문학적 가치와 사상이 여기에 평가된 대로 '헤아릴 수 없을 만큼 깊고 넓은 것'이기 때문이고, 실제적으로는 그의 작품을 읽은 사람이라면 누구라도 이 평가의 정당함을 아무런 주저 없이 인정하게 되기 때문이다. 누구라도 아래와 같은 평가 하나만으로도 그가 영국이 낳은 세계적인 대문호임을 익히 알 수 있다.

> Shakespeare…is of no age…nor of any religion, or party or profession. The body and substance of his works came out of the unfathomable depths of his own oceanic mind.
> (셰익스피어는 시대를 초월하고 어느 종교나 정당이나 직업도 초월한다. 그의 작품들의 실체와 재질은 그 자신의 대양 같은 마음의 헤아릴 수 없이 깊은 곳으로부터 나온 것이다.)

이런 평가에 걸맞게 Shakespeare의 작품들은 어느 것이나 간에 주옥같은 진리와 지혜로 가득 차 있다. 그의 소네트 54번에는 'O! how much more doth beauty beauteous seem/ By that sweet ornament which truth doth give!(오! 진리가 주는 그 달콤한 장식에 의해서 얼마나 더 아름다움은 더 아름답게 보이는가!)'라는 명언이 나오는데, 아마도 그는 이런 문학관이나 심미관을 가지고서 작품들을 썼기에 이들 모두가 진리와 지혜로 가득 차는 결과가 나왔을 것이다. 그렇지만 아래에 제시된 것과 같은 일종의 철학적 견해가 'Hamlet'의 제2막, 제2절에 나와 있는 점으로 미루어 보아서는, 그런 결과는 그는 원래 누구도 가진 적이 없는 심오한 인간관을 가지고 있었기 때문에 나왔다고 보는 것이 맞는 일인 듯하다.

> It goes so heavily with my disposition that this goodly frame, the earth, seems to me a sterile promontory; this most excellent canopy, the air, look you, this brave o'erhanging firmament, this majestical roof fretted with golden fire, why, it appears no other thing to me but a foul and pestilent congregation of

vapours, .What a piece of work is a man! How noble in reason! how infinite in faculty! in form, in moving, how express and admirable! in action how like an angel! in apprehension how like a god! the beauty of the world! the paragon of animals! And yet, to me, what is this quintessence of dust? man delights not me; nor woman neither, though, by your smiling, you seem to say so.

(이 훌륭한 틀, 즉 지구는 나에게는 하나의 불모의 융기로 보인다는 생각이 내 의향에 무겁게 자리 잡고 있다. 보아요 이 가장 우수한 천 개, 황금빛 불로 뒤덮인 이 웅장한 지붕은 왠지 나에게는 더럽고 해로운 수증기의 한 모듬으로밖에 보이지 않는다. 인간은 얼마나 놀라운 작품인가! 이성에 있어서 얼마나 고상한가! 기능에 있어서 얼마나 무한한가! 형태에 있어서 움직임에 있어서 얼마나 표현적이고 경이로운가! 행동에 있어서 얼마나 천사다운가! 사려에 있어서 얼마나 신다운가! 이 세계의 아름다움이여! 동물의 전형이여! 그러나 나에게는 이 먼지의 정수는 무엇인가? 인간은 나를 즐겁게 하지 않는다. 여자도 즐겁게 하지 않는다. 비록 네 웃음으로 보아서 너는 그렇다고 말하고 있는 듯이 보이지만.)

7.3 희곡의 예술성

똑같이 언어에 의해서 만들어진 예술품이면서도 희곡은 우선 으레 일정한 무대 위에서 실연되도록 되어있다는 점에서 시나 소설과 크게 구별이 된다. 그러니까 희곡은 기술적으로는 문학과는 별도의 예술적 활동인 연극을 가리킬 수도 있고, 아니면 그것의 각본을 가리킬 수도 있는데, 흥미롭게도 희랍이나 로마 때는 이것은 일종의 문학으로서가 아니라 독립적인 연극으로서 존재가치를 인정받았었는 데 반하여, 현대에 이르러서는 굳이 연출을 전제하지 않는 희곡이 다수 쓰이게 되는 식으로 문학으로서의 존재가치가 더 커지게 되었다.

그러나 희곡은 문학의 자매 장르인 시나 소설과 공통적인 요소도 지니고 있는데, 우선 시와 이것 간의 불가분적인 관계를 단적으로 드러내주는 실례가 바로 극적 시이다. 쉽게 말해서 극적 시는 연극적 형식과 기법을 최대로 활용한 시이니까, 이것은 곧 희곡과 시는 하나로 합쳐질 수 있다는 산 증거인 셈이다. 또한 일찍부터 긴 이야기를 시로 읊는 서사시가 크게 유행했던 점으로 미루어 보아서는 희곡과 시를 하나로 통합하려는 관행은 예술의 자연발생적 발전 양태였음이 분명하다. 이런 의미에서 볼 때 '극적 시에 대한 대화'라는 글에서 T.S.Eliot이 '어떤 위대한 시가 극적이 아닌가? Homer나 Dante보다 더 극적인 사람은 누구인가?'라는 질문을 던진 것은 하등 놀라운 일이 아니다.

그 다음으로 이것과 소설 간의 관계를 알아보자면 둘에는 작가가 그의 상상력에 의해서 만들어낸 일종의 허구적 이야기라는 공통점이 있다. 그리고 굳이 따지자면 감정이나 정서적 즐거움보다는 '스토리텔링'의 지적 즐거움을 추구하는 것을 궁극적인 목적으로 삼는다는 점에 있어서도 이들 간에는 아무런 차이가 없다고 볼 수가 있다. 물론 이 점에 있어서는 이것은 서사시와도 크게 다른 바가 없다. 그리고 많은 경우에 있어서 독자에게 도덕적 가치를 제시하거나 계몽적 각성을 촉구하는 것을 이야기 전달의 목적으로 삼는다는 점에서도 이들 간에는 별 차이가 없다고 볼 수가 있다.

1) 연극이론의 발달

희곡의 예술성을 논하면서 문학이 시작된 이래 이것이 문학적 장르 중 한편으로는 가장 오래된 장르인 시와 대등한 장르로 자리 잡으면서 또 다른 한편으로는 그것보다 더 기본적인 장르로 발달해왔다는 사실만큼 중요한 의미가 있는 것은 없다. 앞에서 이미 말이 나왔듯이 우리의 예술은 어떤 것이며 그것은 어떻게 발달하였는가와 같은 질문에 대한 한 해답으로서 우리의 예술적 활동은 원래 우리의 삶의 필수 부분이었다는 점을 익히 확인시켜줄 수 있는 것은 시가 아니라 희곡이다. 예컨대 신기하게도 희곡은 희극과 비극의 두 가지로 나뉘어 시작되었는데, 둘 다가 그 당시에 공동체 마을의 종교적 의식이었던 주신제의 주요 행사이었다. 그런데 희곡의 역사와 관련해서 무엇보다도 중요한 사실은 비극에서는 반드시 주신 합창이 불리게 되어있었다는 점이다. 그런데 이 합창은 지도자와 청중이 같이 엮어내는 하나의 운율적 이야기이었다. 그러니까 희곡은 일찍부터 일종의 종합적 예술 활동으로 시작되었던 셈이다.

(가) Aristoteles

이처럼 일종의 종합적 예술 활동으로 시작된 탓이어서 그런지, 이것에 대한 이론적 논의는 예술 자체에 대한 이론적 논의의 성격을 띠게 되었다. 희곡에 대한 이론적 논의 중 가장 오래되었으면서도 가장 권위 있는 것은 물론 Aristoteles에 의한 것이다. 편의상 예술이론의 발달과정을 모방이론으로부터 시작하여 표현이론을 거쳐서 표상이론에 이르는 식으로 잡고 보자면, 역사상 예술에 대한 이론적 논의를 제일 먼저 시작한 사람은 바로 Aristoteles였다는 것이 당장 드러난다. 기원전 3세기경에 나온 그의 '시론'은 그동안 내내 문학이론의 원전으로서의 역할을 충실히 해왔는데, 특히 이것에서 제안된 '모방(imitation)'과 '정화(catharsis)', '비극적 결함(hamatia)' 등에 대한 올바른 개념적 정의가 오늘날까지도 비극이론의 중심적 논쟁거리가 되고 있는 점으로 미루어 보아서는 결국에 이것만큼 문학이론의 역사는 고전이론의 재해석이나 변화의 역사라는 것을 직제적으로 실증하고 있는 것은 없는 것 같다.

그런데 이 책의 제일 큰 특징은 이름은 '시론'으로 되어있지만 실제로 다루어지고 있는 것은 시로부터 희극과 비극에 이르기까지의 문학 전반이라는 점이다. 그런데 이 책 전체를 통해서 강조되고 있는 것은 바로 쉽게 말해서 문학을 위시한 모든 예술은 인간의 행동을 모방한 것이라는 '모방이론'이다. 그는 흥미롭게도 행동하는 인간을 모방하려는 심성은 우리의 본성의 일부인데, 결국에 이런 본성은 문학이나 음악과 같은 예술적 활동을 통해서 드러나게 되어있다고 보았던 것이다. 그런데 그의 이런 예술이론 중 눈여겨볼 점에는 서사시를 모두 다섯 가지로 분류된 예술 활동 중 으뜸의 것으로 내세웠다는 점과 이들 간의 구별은 크게 매체와 대상, 모방의 양태 등의 세 가지 요소에 의해서 이루어진다고 본 점이다. 예컨대 일단 아래와 같은 그의 설명을 검토해보면 누구나 당연히 왜 그의 예술이론에서는 회화라는 장르가 제외되어있는가라는 질문을 던져볼 텐데, 그 다음 설명에서는 예술적 매체에 '색채와 형식'의 매체도 포함시키고 있는 점으로 미루어 보아서는 그가 그런 오류를 범하지 않았음이 분명하다.(Aristotle, p.938)

> 서사시와 비극, 희극, 주신시, 대부분의 피리와 수금에 한 음악 등은 모두 일반적인 개념에 있어서 모방의 양태들이다. 그러나 이들은 매체와 대상, 모방의 양식이나 양태라는 세 가지 면에 있어서 서로 차이가 난다.

그런데 이름을 시론에서 비극론으로 바꾸는 것이 마땅하다고 생각될 정도로 이 책에서 실제로 제일 많이 논의되고 있는 것은 비극의 특징들이다. 먼저 그는 '서사시의 모든 요소들은 비극에서 발견되지만, 비극의 모든 요소가 서사시에서 발견되지는 않는다'라고 말할 정도로 비극을 최고의 문학의 장르로 보았는데, 이것은 곧 그가 '희곡을 서사시보다 더 크고 더 높은 예술의 형태'로 보았다는 말이나 마찬가지이다. 물론 그는 이 자리에서 희극이 역사적으로는 비극과 같이 태어났지만 문학적 가치에 있어서는 비극보다 한 단계 밑이라는 것도 확실하게 밝혔다. 그 다음으로 그는 플롯과 인물, 어법, 사려, 광경, 노래 등의 비극의 6대 요소들에 관해서 상세하게 설명했는데, 여기에서의 이런 설명은 오늘날까지도 '비극이론'의 원산지로 간주되고 있을 정도로 권위 있는 것이었다.

이 가운데서 그가 특별히 그 중요성을 강조하고 나선 것은 사건의 연쇄체인 플롯이었는데, 그 이유는 '비극은 사람이 아니라 행동과 삶의 모방이기' 때문이었다. 그는 인물을 플롯 다음의 두 번째 중요한 요소로 내세우면서, 그동안의 일부 시인들이 훌륭한 비극을 쓰지 못한 것은 바로 그들은 인물을 플롯에 앞세우는 잘못을 저질렀기 때문으로 보았다. 또한 그는 사려와 어법을 각각 플롯과 인물에 이은 세 번째와 네 번째 요소로 내세웠는데, 그 이유는 '비극에서의 가장 강력한 정서적 흥미의 요소인 상황의 뒤집음과 장면의 인식 등은 플롯의 부분들이지', 사려와 어법에 의해서 이룩되는 것은 아니기 때문이었다.(Ibid, p.939)

그의 책에서 또 한 가지 특별히 눈에 띄는 점은 순서상으로는 여섯 가지 요소 중 네 번째 것으로 내세우면서도, 설명의 분량에서는 플롯 다음으로 많은 양을 차지하고 있는 것이 어법이라는 점이다. 우선 문법에 관한 책이 아니면서도 이것에서는 언어의 조직과 품사의 정의 등이 자세히 논의되고 있다는 점이 특이한데, 아마도 이렇게 된 것은 서사시와 비극을 위시한 모든 문학작품은 언어를 매개로 한 예술품이라는 것을 그가 잘 알고 있기 때문이었을 것이다. 물론 언어를 '문자와 음절, 연결사, 명사, 동사, 굴절이나 격, 문장이구' 등으로 구성된 것으로 보는 식으로, 그의 언어나 어법에 관한 설명은 쉽게 말해서 희랍시대의 것에 지나지 않는다. 그렇지만 문학을 논하는 자리에서 그가 언어에 대해서 이렇게 전문적인 논의를 했다는 것은 훗날 문학이론가들이 새로운 문학 이론을 발전시키는데 적지 않게 영향을 준 사실 중 한 가지였다.

이런 의미에서 볼 때 그의 어법에 관한 설명 중 문학이론가들의 특별한 관심을 끌기에 족한 점은 크게 두 가지라고 볼 수가 있는데, 그중 첫 번째 것은 은유법의 종류와 실례 등이 자세히 논의되고 있다는 점이다. 그는 우선 은유의 종류로 전이에 의한 것과 유추에 의한 것 등의 두 가지를 내세우고서, 전이에 의한 것을 다시 유로부터 종으로의 것과 종에서 유로의 것, 종에서 종으로의 것 등의 세 가지로 나누었다. 이들 중 첫 번째 것의 예로서 'There lies my ship.(거기에 내 배가 누워있다)'와 같은 문장을 들었는데, 그 이유는 배가 정박하고 있는 것은 '누워있음'이라는 유의 한 종으로 간주할 수 있기 때문이었다. 또한 그는 유추에 의한 은유의 예로서 인생에서의 노년을 하루의 저녁에 비유하는 문장들을 들었다. 다시 말해서 저녁을 '하루의 노년'으로 표현하거나 노년을 '인생의 저녁'으로 표현하는 것이 이것의 구체적인 예들이었다.

그중 두 번째 것은 문체적 완성의 요체는 명백성인데, 이를 확보하기 위해서는 시인들은 으레 '장식적 어휘'를 알맞게 만들어 써야 한다고 내세운 점이다. 장식적 어휘는 크게 시인 자신이 새롭게 조어한 것과 이미 있던 것의 일부를 변경한 것의 두 가지로 나누어질 수 있는데, 그의 생각으로는 이들 중 두 번째 것을 많이 만들어내는 것이 바람직하였다. 그 이유는 두 번째 장식어에는 한 어휘의 모음을 더 긴 모음으로 바꾸거나 아니면 한 음절을 새로 추가시킨 것과 정반대로 한 어휘의 일부를 제거시킨 것의 두 가지가 있는데, 어느 쪽이 되었든 간에 신어를 조어해 쓰는 것보다는 더 쉽고 또한 문장의 명백성을 높이는 데 더 기여하기 때문이었다. 그는 특히 시인에게는 원래 마음대로 이런 작업을 할 수 있는 '면허'가 부여되어 있다는 점을 강조했다.(Ibid, p.946)

(나) Ben Jonson

Elizabeth 1세가 여왕으로 있던 16세기는 영국에서 이른바 '엘리자베스 연극'이 전 문학계를 이끄는 식의 연극 중흥의 시기였는데, 이런 변화가 이때 일어날 수 있었던 것은 물론 Shakespeare를 위시한 유능한 극작가들이 역사극이나 유혈비극, 궁정희극, 낭만적 희극, 전원극과 같은 다양한 장르의 희곡들을 써냈기 때문이었다. 그런데 이런 극작가 중 특기할만한 사람이 바로 Ben Jonson이었다. 그는 보통 이때 태어난 영국 최초의 위대한 시인 겸 비평가로 알려져 있는데, 사실은 그는 신고전주의적 연극이론을 널리 전파한 당대 최고의 연극이론가였고, 또한 'Everyman in his Humour'나 'Volpone'과 같은 사실적 희극과 'Sejanus'나 'Alchemist'와 같은 고전주의적 비극을 직접 써낸 극작가였다. 그러니까 그는 영국에서 엘리자베스 연극 시대를 주도해간 연극 전문가였던 셈이다.

17세기에서 18세기까지의 왕정복고시대에 영국에서 등장했던 신고전주의는 쉽게 말해서 모든 문학의 양식은 마땅히 감정이나 상상보다는 이성과 질서를 존중하는 쪽으로 바뀌어야 한다고 본 이론이어서, 고전주의부터 일단 크게 이탈한 문학을 다시 옛날의 것으로 회귀시키자는 이론이었다. 이 이론에서는 크게 바르고 품위 있는 시어의 사용과 구도에 있어서의 통일성과 조화성의 유지, 주제를 인간문제로 제한해서 목적을 인간을 즐겁게 하고 교육할 수 있도록 하는 것 등의 세 가지가 강조되었는데, 그러다 보니까 흥미롭게도 연극의 분야에서는 1) 행동은 모두가 응집적이고 전체적이어야 하고, 2) 시간은 12시간이나 단 하루로 제한되어 있어야 하며, 3) 장소는 한 곳만으로 제한되고 나머지는 보고적 형식을 취해야 한다는 식의 규약이 새로 제정되기도 했다.

특히 신고전주의 시대에는 전통적인 시와 연극 이외에 수필과 서간문, 풍자극, 익살극 등이 크게 번창하게 되었는데, 크게 보았을 때 이렇게 된 배경에는 문학을 단순히 즐거움의 수단만이 아니라 도덕적 교육의 수단으로도 보려고 한 문인들의 생각이 깔려있었다. 아마도 이것의 한 산 증거가 바로 그가 1607년에 발표한 'Volpone'의 앞부분에는 또 하나의 문학적 작품으로 볼 수 있는 '헌정의 서간문'이 실려 있다는 사실일 것이다. 이것에서는 하나의 시인으로서 그가 지켰던 기본적인 원칙이나 태도 등이 밝혀져 있는데, 그중 첫 번째 것은 '훌륭한 인간이 먼저 되어있지 않고는 훌륭한 시인이 될 수 없다'라는 식의 자기 나름의 고전주의적 시론이었다. 특히 그는 지난날의 극적 시나 무대 시에서 '상스럽고 신성 모독적인' 표현이 많이 쓰였던 사실을 크게 개탄했다. 그가 보기에는 이런 관행은 신과 인간에 대한 무례이었다.

그중 두 번째 것은 비평가들의 건전한 비평이 곧 연극발전의 원동력임을 강조하면서, 독자나 비평가들에게 자기가 작품을 쓸 때 지켰던 원칙들을 가감 없이 인정해줄 것을 간청하는 식의 자기 나름의 고전주의적 비평론이었다. 그는 우선 작품을 쓸 때 자기가 한편으로는 오래된 형식과 장면적 태도를 최대한 감소시키면서 다른 한편으로는 '용이성과 예의성, 순진성'의 원칙을 고수하면서 시의 주된 목적인 '삶의 최선의 이치를 독자에게 알린다'라는 목적을 달성하기에 최선을 다했다는 사실을 고백하면서, 비평가들이 작품분석을 통해서 이런 사실을 확인해 달라고 요청했다. 그 다음으로 그는 그들에게 희극 시인의 기본역할은 '정의를 모방하고 인생의 교훈을 제공하며, 언어의 순수성을 고양하고 부드러운 정서를 진작시키는 것'이라는 것을 항상 유념할 것을 당부하기도 했다.(Jonson, 1607, p.958)

(다) David Hume

흥미롭게도 18세기에 영국에서 경험주의 철학의 부활을 이끌었던 Hume은 그의 명저인 'Inquiry Concerning Human understanding(인간 이해에 대한 탐문)'에서 보였던 인간의 심성에 대한 깊은 통찰력을 비극에 대한 새로운 이론을 내세우는 데 발휘하기도 했다. 그가 나름대로 새로운 비극이론을 들고 나선 것은 바로 1757년에 발표한 'Of tragedy(비극론)'에서였는데, 이 이론의 특징으로는 다음과 같은 세 가지를 들 수 있었다. 첫 번째로 이것은 역사상 처음으로 청중의 심리적 반응을 기준으로 한 비극에 대한 정의였고, 두 번째로 이것은 일찍이 명시적으로 표현한 바는 없지만 실제에 있어서는 Aristoteles가 내세웠던 '정화이론'을 심리학적으로 확대시킨 것이었으며, 세 번째로 이것은 희곡에서뿐만 아니라 회화에서 일어나는 심리적 반응도 같이 다루었다는 의미에서 일종의 '예술론'으로 볼 수가 있었다.

이 글은 형식상으로는 하나의 수필처럼 되어있지만, 그 내용에서는 대략 인간의 심성을 관찰한 부분으로부터 시작하여 웅변의 효능에 관한 부분을 거쳐서 비극의 원리와 기법에 관한 부분에 이르는 식으로 일정한 구조성을 지니고 있다. 먼저 인간의 심성을 관찰한 부분에서는 첫 번째로는 '자체로서 불쾌하고 불안한 슬픔과 공포, 근심, 여타 감정 등으로부터 잘된 비극의 관객들이 받는 희열감은 설명하기 어려운 감정인 듯하다.'라는 첫 문장을 통해서, 이 글 전체의 목적이 밝혀져 있고, 두 번째로는 일찍이 시와 회화에 대한 해명에서 프랑스의 Du Bos 경이 '인간의 심성 중 맥없고 나른한 권태만큼 불쾌한 것은 없다.'라고 한 말의 타당성이 재차 강조되고 있다.(Hume, 1757, p.974)

두 번째로 웅변의 효능에 관한 부분에서는 옛날에는 Cicero의 명연설들이 익히 실증했듯이 웅변이라는 수단으로써 권태나 우울증의 문제를 해결하려고 했지만, 흥미 없는 주제를 놓고서의 웅변의 힘은 즐거움이 원하는 만큼의 절반도 되지 않을 뿐만 아니라, 마음을 상상이나 표현의 아름다움을 전혀 느낄 수 없는 절대적 정막과 무관심의 상태로 만들어버리는 한계성을 지니고 있다는 점이 지적되고 있다. 그러니까 그는 웅변에 의해서 유발된 모든 정념이 회화와 연극에 의해서 유발된 정념만큼 고도로 유쾌한 것일 수 있으려면 웅변가는 청중의 깊은 동정심과 슬픔을 먼저 얻어내야 한다는 점을 특히 강조했던 것이다.

세 번째로 비극의 원리와 기법에 관한 부분에서는 먼저 비극이 웅변보다 이 면에 있어서 유리한 점은 이것에서는 으레 웅변이 가지고 있는 여러 가지 장점에 더해서 그 자체가 유쾌함이 담보된 행위인 모방을 주요 기법으로 삼는다는 점이라는 것이 밝혀진 다음에, 그다음으로 바로 그래서 오직 비극에 있어서만이 '모든 느낌이 하나의 통일되고 강력한 즐거움으로 전환'될 수 있다는 점이 강조되고 있다. 다시 말해서 그는 '비극에 있어서는 슬픔을 약화시킴으로써 뿐만 아니라 새로운 감정을 주입시킴으로써도 격정을 순화시키게 된다'라는 점을 비극의 제일 큰 특징으로 내세웠던 것이다.(Ibid, p.975)

이 세 번째 부분의 마지막 부분이 곧 이 글 전체의 결론부가 되는 셈인데, 그가 여기에서 내세우고 있는 것은 그 나름의 예술이론이다. 쉽게 말하자면 그는 자기가 내세운 비극의 원리나 기법 비극에서만 적용되는 것이 아니라 음악이나 회화 같은 다른 예술에서도 공통으로 적용되는 것이라는 점을 강조한 것인데, 한 가지 특이한 점은 그것을 다시 크게 두 가지로 요약했다는 점이다. 그중 첫 번째 것은 모든 정서를 고양시킨다는 의미에서 볼 때 예술의 구조에는 겉으로 보기와는 다르게 통일성이 있다는 것이었다. '제시된 대상이 일정한 감동을 주게 되면, 이런 종속적 동작은 바로 지배적 동작으로 전환이 되면서 즐거움을 우리에게 주게 된다'는 것이었다.

그중 두 번째 것은 모든 예술의 궁극적인 목적은 마음에 즐거움을 주는 것이라는 것이었다. 예컨대 그는 '상상의 힘과 표현의 힘, 수의 힘, 모방의 매력 등은 모두가 그 자체로서 우리 마음에 즐거움을 가져다준다.'라고 주장하고 있다. 이렇게 보자면 결국에 '시인과 웅변가, 음악가가 슬픔과 분노, 정열 등을 자극함으로써 우리에게 가져다주는 즐거움은 처음에 보이는 것처럼 특별하거나 역설적인 것이 아니다'나 '자연히 사실적인 대상의 출현에 의해서 유발된 감정은 고통스러운 것이다. 그러나 정교한 기교에 의해서 유연해지고 고양되게 되면 그것은 최고의 오락을 가져다주게 될 것이다.'와 같은 말들에 그의 예술론의 정수가 담겨 있다고 볼 수 있다.(Ibid, p.975)

(라) Oliver Goldsmith

Hume과 동시대인이면서 그와 크게 대조적인 점은 물론 그는 1766년에 'The Vicar of Wakefield'를 발표한 것을 시작으로 해서 1768년과 1770년, 1773년에 차례로 'The Good-natured man'과 'Deserted Village', 'She stoops to Conquer'를 발표하는 식으로 당대 최고의 극작가로서의 업적을 남긴 사람이라는 점이다. 그러니까 그가 나름대로 연극이론을 가지게 되는 것은 너무나 당연한 일인데, 그의 관심이 주로 좋은 희극을 쓰는 데 있었기에 그것은 자연히 자기 특유의 희극이론이 되게 마련이었다. 다시 말해서 Hume은 그 당시에 자기 나름의 비극이론을 펴낸 데 반하여 그는 자기 나름의 희극이론을 펴게 된 것이다.

그런데 흥미롭게도 그가 극작가로서 활동하던 시기는 왕정복고시대 때까지 번창했던 태도적 희극에 맞서서 이른바, 감상적 희극이 새로 등장한 때였는데, 쉽게 말해서 이들 두 희극은 전통 대 반전통이나 아니면 구식 대 신식의 특징을 띠고 있는 것들이기에 극작가와 일반인 모두가 적지 않게 가치 판단의 혼란을 겪게 마련이었다. 그러나 그는 하나의 신고전주의자답게 이런 혼란은 전통을 더 단단하게 유지하게 되면 저절로 해소된다고 보았다. 그가 자기의 이런 의견을 개진한 자리가 바로 1773년에 나온 'A Comparison between Laughing and Sentimental Comedy(웃는 희극과 감상적 희극의 비교)'라는 글이었다.

그런데 사람에 따라서는 그를 고집 센 전통주의자라기보다는 전통과 반전통을 하나로 융합시킨 하나의 절충주의자로 보는 것이 맞는 일이라고 주장할 수도 있는데, 그 이유는 그의 마지막 작품인 'She stoops to Conquer'에서는 감상적 희극의 요소들도 일부 발견될 수 있기 때문이었다. 그러나 보다 엄밀한 의미에 보자면 이런 사실은 그도 시세에 따라서 보다 인기 있고 개선된 희극을 쓰기 위해서 부단히 노력했다는 증거일 수는 있지만, 그가 절충주의자로 변신했음을 드러내는 증거일 수는 없었다. 그게 그렇다는 것은 이 글의 내용을 분석해봄으로써 쉽게 드러난다. 그가 이 글을 쓰게 된 목적은 결국에 마지막에 가서 '예술은 한 번 잃어버리면 되찾기 힘든 것이다.'라는 그의 걱정을 널리 알리려는 데 있었던 것이다.

이 글에서 그는 먼저 크게 보았을 때는 일찍이 Aristoteles가 세웠던 비극과 희극 간의 구별선이 18세기에 이르기까지 그대로 유지되고 있는 것이 분명하지만, 자세히 보았을 때는 그것을 무너트리려는 움직임이 있는 것도 사실인데, '감상적 희극'이라는 이름의 신 희극으로 전통적인 '웃는 희극'을 대치시키려는 움직임이 바로 그것이라는 것을 예리하게 지적하고 나섰다. 예컨대 Aristoteles의 정의에 따를 것 같으면 비극에서는 으레 위대한 인물의 번민과 재앙을 다루게 되어있는 데 반하여 희극에서는 언제나 하층 인간의 약점을 다루게 되어있었으니까, 연극은 그동안 내내 두 개의 서로 다른 장르가 평행선을 긋듯이 따로따로 발달해온 것이 사실이었다.

그러니까 그가 보기에는 이런 전통적 권위에 맞서서 '희극에서 개인의 악덕 대신에 미덕이나 아니면 인간의 잘못 대신에 번민을 다루려는' 움직임이 일어난 것은 희극의 발달에 새로운 활력소를 불어넣는 계기가 마련되었다는 의미에서 일단 환영할만한 일이라고 보는 것이 맞는 일이었다. 그러나 문제는 감상적 희극에는 적어도 다음과 같은 두 가지 문제점이 있다는 데 있었다. 그중 첫 번째 것은 희극의 목적이 관객에게 웃음이나 즐거움을 주는 것으로부터 그들을 교육하거나 계몽하는 것으로 180도 바뀐다는 것이었다. 그의 말을 그대로 빌리자면 이렇게 되면 '희극은 진정으로 애처로울 수 있는 능력은 없으면서도 우리의 정열을 건드리려는' 오류를 범하게 되는 것이었다. (Goldsmith, 1773, p.977)

그중 두 번째 것은 감상적 희극에는 관객의 반응에 따라서 쉽게 변모하고 수정될 수 있는 여유가 없다는 점이었다. 기본적으로 우는 희극을 만드는 일은 곧 웃는 비극을 만드는 일만큼 어렵고 제한적일 수밖에 없는 것이기에, 감상적 희극에서 변화성이나 다양성을 기대하기란 거의 불가능에 가까운 일이었다. 그리고 관객은 누구나 간에 희극에서의 우는 장면을 통해서 얻게 되는 즐거움이 비극에서의 우는 장면을 통해서 얻게 되는 그것과 질적으로 다르다는 것을 모를 수가 없다. 그러니까 이들은 감상적 희극의 경직성에 바로 염증을 느끼게 마련인 것이다.

물론 그렇다고 해서 감상적 희극에 장점이 전혀 없는 것은 아닌데, 다른 연극과 비교했을 때 가장 쓰기가 쉬운 연극이라는 점이 바로 그것이다. 그런데 그의 말을 그대로 빌리자면 '주인공을 리본으로 꾸미거나 여자 주인공에 관직을 하나 준 다음에 풍미 없는 대화가 그들의 입에서 오가도록 하면' 이런 희극은 바로 만들어지게 되어있으니까, 그는 여기에서 이것을 일종의 반어법적인 장점으로 내세우고 있는 것이 분명하다. 다시 말하자면 그는 여기에서 갑자기 감상적 희극이 성행하게 된 까닭을 비꼬고 있는 셈인데, 이 글의 마지막 단락에 '현재로서 유머는 무대에서 떠나고 있는 것 같다. 그래서 우리의 희극 연기자들에게 남겨진 일은 좋은 옷을 입거나 노래를 부르는 것밖에 없게 될 것이다.'와 같은 말이 나와 있는 사실이 그 점을 잘 실증하고 있다.(Ibid, p.978)

(마) Samuel T. Coleridge

19세기에는 영국의 전 문단이 낭만주의의 풍조에 휩싸이게 되는데, 이 운동을 이끈 주요 시인 중 한 사람이 바로 Coleridge이었다. 그를 유명하게 한 것은 1798년에 Wordsworth와 함께 낸 'Lyrical Ballads'였으니까, 그의 주된 활동은 시인으로서의 활동이라는 것은 재론할 여지가 없다. 그러나 엄밀한 의미에서 볼 것 같으면 그 당시에 그의 이름은 한 시인으로서의 활동으로 보다는 하나의 문학 비평가로서의 활동으로 더 많이 알려지게 되었는데, 이것의 근거로는 그가 그 당시에 내린 극작가로서의 Shakespeare에 대한 평가는 오늘날까지도 그런 유의 평가 중 최고의 것으로 인정되고 있다는 사실을 들 수가 있다. 그는 물론 Shakespeare를 연극의 구조성과 기교성을 최고 수준까지 제고시킨 점이나 언어적 묘사력이나 표현력을 최대로 확대시킨 점 등으로 미루어 보아서, 역사상 둘도 없는 천재적 극작가로 평가했다.

그런데 그가 이렇게 할 수 있었던 것은 그가 그 나름의 특이한 비극관을 가지고 있었기 때문이었는데, 이것의 한 산 증거가 될 만한 것이 바로 1818년에 나온 'Progress of the Drama'라는 글이었다. 한마디로 요약할 것 같으면 이 글은 그 당시에 프랑스의 비평가들이 새롭게 들고나온 비극 이론을 정면으로 반박한 글이었는데, 이 논쟁의 기점에 자리하고 있는 것은 물론 일찍이 Aristoteles가 내세웠던 모방이론이었다. 다시 말하자면 어떤 것이 진정한 의미에서의 최고의 비극인가를 판단하는 궁극적인 기준은 Aristoteles의 모방이론이어야 한다는 점에서는 서로 간에 아무런 의견 차이를 보이지 않지만, 이 이론에는 모방이라는 개념이 자칫 잘못하면 지나치게 확대될 수 있다는 취약점이 있다는 것이 이 글의 요지였다.

흥미롭게도 이 글에서 그는 그전에는 아무도 사용한 적이 없는 새로운 기준을 모방의 적절성을 판단하는 기준으로 내세웠는데, '환상'과 '망상' 간의 구분을 엄격히 지키는 것이 바로 그것이었다. 영어로는 각각 'illusion'과 'delusion'으로 불리는 이들 두 개념은 표면적으로는 어떤 사실을 일시적으로 잘못 인식한다는 점에서는 서로 간에 유사성이 있는 것처럼 보일지라도 앞엣것은 심층적으로는 개인의 사고나 생각은 바뀌지 않으면서 감각적으로만 착각을 일으키는 현상을 가리키는 데 반하여, 뒤엣것은 착각으로 인하여 그의 사고나 생각 자체까지 바뀌게 되는 현상을 가리키는 식으로 서로 간에 큰 차이점이 있었다.(Coleridge, 1818, p.992)

그가 보기에는 Aristoteles가 원래 내세웠던 모방이란 관객들의 마음 안에 사실이나 자연이 허용하는 한의 환상을 일으키게 하는 행위이어서 '관객으로 하여금 일시적으로 절반의 진리를 인식하게 하는 것이 곧 무대에서의 연출'이었다. 예를 들어 말하자면 숲을 그린 그림을 감상할 때 그는 그것이 숲 자체는 아니라는 판단력을 잃지 않으면서 그것에 대한 환상을 일정하게 갖게 되는 것이 바로 이른바 '무대 환상'이었다. 그런데 안타깝게도 일부 비평가들은 훌륭한 비극에서는 모방은 마땅히 이런 기본적인 경계선을 넘어설 수 있어야 한다는 주장을 펴게 되었는데, 이런 극단적 이론에서는 바로 환상을 망상과 혼동하는 오류를 범하고 있는 것이었다. 그가 보기에는 위대한 비극에서는 언제나 모방의 경계선이 제대로 지켜지고 있었다.

이 글의 마지막 부분에서는 그가 역시 자기의 장기를 살려서 Shakespeare에 대한 극찬론을 다시 펴고 있는데, 놀랍게도 이 자리에서 그는 모방의 본래적 경계선을 허물지 않으면서도 '연극을 암송과 표현 간의 제3의 것'으로 만들어냈다는 의미에서 그의 연극이 희랍의 연극보다 더 훌륭하다는 주장을 펴고 있다. 구체적으로 그는 그의 연극의 특징으로 '자연으로의 더 위대한 동화'와 '더 광대한 힘의 영역', '더 많은 진리', '더 풍부한 감정', '더 진실된 정서적 언어' 등을 들기도 했다. 아마도 그의 Shakespeare에 대한 평가의 백미는 '희랍의 계획에서는 사람은 극작가보다는 시인이 더 쉽게 될 수 있지만, 우리의 계획에서는 사람은 시인보다는 극작가가 더 쉽게 될 수 있다.'라는 이 마지막 부분의 마지막 문장일 것이다.

(바) George Meredith

19세기 말에서 20세기 초 사이의 빅토리아 여왕 시절에는 Dickens나 Thackeray와 같은 유명한 소설가와 Tennyson이나 Browning과 같은 유명한 시인들의 활약으로 영국의 문학이 일종의 대 도약기를 맞이하게 되었는데, 이때 등장한 소설가 중의 한 사람이 George Meredith이었다. 1879년에 나온 'The Egoist'는 그를 한 번에 당대 최고의 소설가의 반열에 올려 놓았다. 그러나 그보다 2년 전에 실시한 'The idea of the Comedy and the uses of the Comic Spirit(희극의 개념과 희극정신의 사용)'이라는 그의 강연은 영국에서 이른바 'high comedy(높은 희극)'라는 술어와 함께 새로운 희극 전성기가 일어나는 계기를 마련한 사실로 미루어 보아서는 그가 영국의 연극 발전에 기여한 바도 결코 미미한 것이 아니었음을 익히 알 수가 있다.

'높은 희극'이라는 이 술어는 이름 그대로 그동안까지 성행해오던 'low comedy(낮은 희극)'에 대한 하나의 대조어로서 만들어진 것인데, 그의 연설의 마지막 말로 'thoughtful laughter(사려 깊은 웃음)'라는 표현이 쓰인 것을 표지어처럼 기억한다는 의미에서 그것을 일단 사려 깊은 웃음을 자아내는 희극이라고 정의할 수 있을 것이다. 그런데 그가 이 시기에 이런 일종의 신 희극운동을 제창하고 나선 것은 크게 두 가지 의미에서 영국의 연극 발달사에 큰 영향을 끼쳤다고 볼 수 있는데, 그중 첫 번째 것은 이로써 시나 소설의 세력에 밀려서 퇴색되어가던 연극의 위상을 다시 회복시킬 수 있는 전기가 마련되었다는 것이고, 그중 두 번째 것은 프랑스의 연극을 무조건 모방하려던 풍조에 쐐기를 박으면서 일종의 독자적 연극 운동의 필요성을 각성시켰다는 것이었다.

그런데 일단 그의 강연의 내용을 자세히 살펴볼 것 같으면 우선 그가 내세우는 '높은 희극'은 그동안에 성행하던 '낮은 희극'과는 너무 거리가 있는 것이어서, 결국에 누구나가 그는 여기에서 일찍이 Ben Jonson이나 Goldsmith에 의해서 제창되었던 희극 개선 운동을 주기적으로 되풀이하고 있다는 인상을 받기가 쉽다. 쉽게 말하자면 이 강연은 우리로 하여금 희극은 태생적으로 저질화될 소지를 지닌 것이기에, 그것을 어떻게 최소화하느냐가 언제나 희극론의 주제가 될 수밖에 없다는 것을 깨닫게 하고 있는 것이다. 더 구체적으로 말하자면 이 강연을 통해서 우리는 희극의 생명체인 웃음은 반드시 저속하게만 만들어질 수 있는 것이 아니라 품위 있게 만들어질 수도 있는데, 이들 중 두 번째 것이 바로 앞으로의 희극이 지향하는 바라는 것을 계몽하는 것이 비평가의 임무라는 것을 다시 한번 인식하게 되는 것이다.

이 강연의 요지를 짧게 정리해놓은 것이 'An Essay on Comedy(희곡론)'라는 글인데, 이것은 크게 종전까지의 희극을 비판적으로 분석한 부분과 앞으로 지향해야 할 희극의 특징, 즉 그가 내세우는 높은 희극의 특성을 소개하는 부분으로 이루어져 있다. 흥미롭게도 그는 그 당시의 희극의 현황에 대한 비판을 예외적으로 특출한 극작가의 작품에 대한 칭찬을 통해서 하고 있다. 쉽게 말하자면 그는 일종의 '반사적 비판법'을 사용했던 것인데, 여기에서 반사적 작품으로 내세운 것이 Moliere의 희극과 Congreve의 희극이었다. 그가 보기에는 그 당시에는 프랑스의 희극들을 '부패한 형태'로 수입하는 것이 영국의 희극을 타락시키는 원인의 하나였기에, 프랑스에는 Moliere과 같은 훌륭한 극작가 있음을 알리는 것이 무엇보다도 중요한 일이었다.

쉽게 말하자면 그러니까 기존 희극의 현황은 이들 두 극작가에 대한 칭찬을 거꾸로 해석하면 쉽게 파악될 수가 있었다. 우선 Moliere에 대해서는 그가 '그의 희극에서는 인생에 대한 어떤 수치스러운 반성도 요구하지 않는다. 첫 번째로 그것은 심오하게 착상된 것이기에 불순할 수가 없다. 어떤 서술에도 숙고가 수반된다. 인간은 죄악에 대해서 그토록 예리한 채찍을 휘두르지 않으며, 그의 완전한 극기는 동요되지 않는다.'라고 평가하고 있고, 또한 Congreve에 대해서는 'Congreve의 'Way of the world(세상의 길)'는 우리의 다른 희극들과 그 자신의 것들에 대한 유일한 예외인데, 그것은 글의 놀라운 탁월성과 Millament의 인물 때문이다. 이 연극에는 이 세상이 움직이는 데 대한 뻔한 생각 외의 어떤 생각도 들어있지 않다.'라고 평가하고 있으니까, 이들에게서 언급된 장점들이 전혀 없는 점이 바로 다른 희극들의 문제점이었던 것이다.(Meredith, 1877, p.994)

그다음으로 그는 높은 희극의 특성에 관해서는 크게 세 가지를 주장하고 있는데, 그중 첫 번째 것은 훌륭한 희극이 탄생하기 위해서는 그것을 제대로 받아들이고 즐길 수 있는 상태로 사회가 개선되어야 한다는 것이었다. 그가 '적절한 정도의 지적 활동이 없는' 사회에서는 높은 희극이 발달될 수 없다는 말과 '그저 어지럽기만 한 공동체와 격정적 정서의 시대의 반야만성은 위대한 희극 시인을 배척한다.'라는 말 등을 한 점으로 미루어 보아서, 훌륭한 희극이 태어나는 첫 번째 조건으로 사회 자체가 '교양 있는 남녀로 이루어진 사회'로 바뀔 것을 내세운 것이 분명하다.

그중 두 번째 것은 훌륭한 극작가가 배출되지 않는 한 훌륭한 희극은 태생될 수 없다는 것이었다. 그는 우선 '웃음으로써 마음을 건들고 불 지르는 데는 쾌활함 이상의 것이 요구되는데, 그것은 가장 정교한 미묘성을 가진 능력이다.'와 같은 말을 함으로써 훌륭한 희극 시인에게는 응당 천부적 자질이 있어야 한다는 점을 강조하였다. 그다음으로 그는 '그가 다루는 자료는 염색공의 놀라운 솜씨를 보여줄 수 있어야 한다.'와 같은 말을 함으로써 극작가에게는 으레 관객에게 침투하는 능력이 있어야 한다는 점을 강조했다. 다시 말해서 그는 극작가는 '인생은 희극이 아니라 야릇하게 그것이 다른 것들과 혼합된 것'이라는 것을 익히 보여줄 수 있어야 한다고 본 것이다.

그중 세 번째 것은 이런 의미에서 볼 때 우리는 오직 높은 희극만을 훌륭한 희극으로 볼 수밖에 없는데, 이것은 곧 Landor가 일찍이 내렸던 '진정한 유머와 진짜 기지는 건전하고 널찍하며, 그래서 항상 중후한 마음으로부터 나온다.'와 같은 유머와 기지에 대한 정의가 틀린 것이 아님을 익히 실증할 수 있는 희극이었다. 특히 그는 앞으로 높은 희극의 시대를 맞이하려면 먼저 관객들이 희극의 생명은 그것의 아이디어에 있음을 깊이 인식해야 하는데, 그러려면 그들은 '눈에 보이지 않는 종달새의 노래에 귀 기울이려면 그 새부터 사랑해야 하듯이, 희극의 시신의 높은 비행에 참여하는 데 있어서는 순수한 희극 자체를 따뜻하게 사랑해야 한다'라고 주장했다. 또한 이 글의 마지막에 나오는 그의 '한 국가의 문명에 대한 좋은 테스트는 희극적 아이디어와 희극의 번창 여부를 알아보는 것이다'라는 말이 그의 긍정적 희극관을 단적으로 드러내고 있다.

(사) Northrop Frye

1957년에 나온 그의 'Anatomy of criticism'으로 Northrop Frye는 20세기가 낳은 최고의 문학비평가 중 한 사람으로 우뚝 솟게 되었는데, 문학

비평가로서 그의 특색 중 첫 번째 것은 역시 언제나 Shakespeare를 역사상 최고의 문호로 평가한다는 점이었다. 그런데 더 구체적으로 말할 것 같으면 그의 특색 중 최고의 것은 왜 Shakespeare를 역사상 둘도 없는 대문호로 보아야 하는가에 대해서 자기 나름의 특이한 연극이론을 내세우게 되었다는 점이었다. 그가 1948년에 낸 'English Institute Essays'에는 'The Argument of Comedy(희극론)'이라는 비평문이 들어있는데, 바로 이것에 그의 연극이론의 요지가 잘 드러나 있다.

이 글은 간단히 말해서 그가 희랍 시대로부터의 희극의 역사를 자기 방식과 이론대로 풀이한 글인데, 여기서 그가 구체적으로 주장하고 있는 것은 크게 문학적 희극의 특징에 관한 것과 Shakespeare의 문학적 천재성에 관한 것 등의 두 가지라고 볼 수가 있다. 먼저 이들 중 첫 번째 것인 그의 희극이론의 내용을 살펴볼 것 같으면, 놀랍게도 그는 일찍이 희랍에서 탄생된 '신 희극'이 그때그때 여러 가지의 수정이나 변형과정을 거치면서도 그대로 이어져 온 점으로 미루어 보아서, 희극은 우선 그동안에 그것과는 대칭적인 것인 비극보다 훨씬 더 중요한 역할을 수행해왔을 뿐만 아니라 문학 전체의 흐름을 이끌어온 것이 분명하다고 생각했다. 아마도 희극을 이렇게 가장 우월적인 문학 장르로 본 사람은 오직 그뿐이었을 것이다.

지금까지의 우리의 문학의 역사는 곧 희극의 역사였다는 사실을 드러내기 위해서는 먼저 희랍 시대 때 구 희극에 이어서 탄생된 신 희극의 정체를 파악해야만 했는데, 그의 생각으로는 일찍이 자기의 희극이론과 그대로 일치한다는 이유에서 Aristoteles가 최고의 희극으로 인정했다는 사실과, 이른바 '희극적 오이디푸스(Oedipus) 상황'의 해결을 주제로 삼았다는 사실이 바로 이것을 뒷날에 문학의 역사를 이끄는 장르로 만든 두 가지 큰 이유이었다. 그리고 굳이 따지자면 이것에서의 행동은 '환상적인 것이 아니라 개연적인 것으로 되고, 신화와 로망스로부터 사실주의 쪽으로 이동하는 경향을 가지고 있다는 점이 이것을 이렇게 만들었던 근본적인 이유일 수도 있었다.

돌이켜보자면 이런 식의 것을 신 희극의 원형으로 삼은 사람에는 Plautus와 Terence, Menander 등이 있었는데, Aristophanes에 의해서 쓰인 11개의 구 희극은 그렇지 못한 데 비하여, 20여 개나 되는 이들의 작품이 오늘날까지도 전수되는 점으로 미루어 보아서는 신 희극을 크게는 문학 전체이고 작게는 연극의 원조로 보는 것이 맞는 일이었다. 그런데 이들 중 가장 대표적인 사람은 바로 Menander였다. 그러니까 엄밀한 의미에서 보자면 Menander식 신 희극의 전통이 그 후 수천 년에 걸쳐서 그대로 유지된 셈이었다. 다시 말하자면 그가 만든 신 희극의 규약들은 그 후 Jonson과 Moliere의 연극의 규약으로 이어졌고, '영국의 복고주의 연극과 프랑스의 로코코 연극의 논거'가 되었던 것이다.

그런데 사실은 희랍의 신 희극이 그 후 내내 희극의 모형이 될 수 있던 것은 쉽게 오이디푸스 상황으로 불리고 있는 그것의 주제에 희극에서 추구할 수 있는 여러 가지 문학적 가치나 재미의 요소들이 모두 들어있기 때문이었다. 쉽게 말해서 신 희극의 이야기 줄거리는 젊은 청년이 신분이나 지위에 있어서 정반대적인 위치에 있는 경쟁자와의 머리싸움에서 이겨서 마지막에 가서 그가 원하는 여자를 차지할 수 있게 된다는 것이니까 우선 이것을 통해서는 관객들은 으레 결혼이라는 행복한 결과에 원했던 만족감과 즐거움을 충분히 얻게 마련이고, 그다음으로는 이것은 현실세계에 맞추어서 그것에 이르는 과정이 복잡하게 설정될 수도 있고 또한 영웅과 여자 주인공, 경쟁자 등으로 다양한 인물이 내세워질 수 있는 식으로 플롯 상의 유연성과 복잡성이 최대로 보장될 수 있다는 장점이 있었다.

신 희극이 결국에 희극만의 모형이 될 수 있었을 뿐만 아니라 연극 전체의 모형이 될 수 있었던 것은 이것에서는 언제나 '연극에서의 본질적 해결은 개인적 해방일 뿐만 아니라 사회적 화해이기도 해야 한다'라는 원칙이 잘 지켜지게 되어있기 때문이었다. 신 희극에서는 예컨대 주인공의 행복한 결혼으로 그의 개인적인 해방이 얻어지게 될 뿐만 아니라 '새로운 도덕적 기준과 자유로운 사회의 유형'이 세워지는 사회적 통합 내지는 화해도 이루어지게 되어있다. 그 후 모든 위대한 연극에서는 이들 두 가지 화해는 궁극적으로는 한 가지 화해의 형태로 표현되어야 한다는 이 원칙이 충실히 지켜져 왔다.

신 희극을 일단 이런 이중적 화해의 원칙이 제대로 지켜지고 있는 연극으로 규정하고 볼 것 같으면, 그것의 개념은 그 안에 비극의 개념도 익히 내포시킬 수 있을 만큼 보편적이고 포괄적인 것으로 바뀌게 되어있었다. 그가 보기에는 원래부터 비극과 희극 간에는 '비극을 함의적이거나 미완성의 희극'으로 익히 볼 수 있을 만큼의 구조적 병렬성이 존재해왔는데, 이것은 곧 이중적 화해의 원칙은 희극에서만 지켜지고 있는 것이 아니라 비극에서도 똑같이 지켜지고 있다는 가장 비근한 증거일 수가 있었다. 그의 생각으로는 바로 이래서 '희극은 으레 하나의 잠재적 비극을 내포하고' 있었다.

예컨대 비극의 특성으로 흔히들 '연민과 공포의 감정을 일으키기는 하지만 궁극적으로는 받아들이게 하지는 않는 점'을 내세우는데, 사실은 이것은 곧 비극을 '희생적 의식의 한 정신적 내지는 상상적 형식'처럼 정의하는 것과 같은 일이 된다. 왜냐하면 희생적 의식을 통해서만이 연민과 공포심을 통한 비극적 정화작용은 일어나게 되기 때문이었다. 그렇지만 엄밀히 따지자면 희극도 같은 종류의 의식으로부터 태어나고 있었다. 다시 말하자면 이런 의식에서 비극적 이야기는 으레 희극적 마무리로 끝나게 되어있었다.

이 글의 전반부에서의 희극의 우월성과 포괄성에 관한 이상과 같은 검토는 이 글의 후반부에서의 극작가로서의 Shakespeare의 천재성을 밝히는 일을 위한 일종의 준비 작업이나 다름이 없었다. 한마디로 말하자면 그가 보기에는 좁게는 희극이고 넓게는 연극의 개념을 이상과 같이 새롭게 정의하고 보면 Shakespeare야말로 더는 재론할 필요가 없는 역사상 최고의 극작가라는 사실이 저절로 드러나게 되어있었다. 그의 견해로는 극작가로서의 Shakespeare의 천재성은 두 가지 면에서 확인될 수 있는데 그중 첫 번째 것은 희극의 역사상 그것의 형태를 그만큼 창조적이면서도 다양하게 확대한 사람은 없었다는 점이었다. Shakespeare의 희극적 형태의 창조성과 다양성에 대해서 그는 'Shakespeare는 신 희극의 영웅적 개선과 구 희극의 의식적 부활 모두를 자유롭게 사용하지만, 그의 희극적 해결방안은 이들 중 어느 것과도 같지 않다. 그것은 두 가지의 환상적 현실의 상호 교환적 반영으로부터 생겨난 일종의 영혼 격리이다.'와 같은 말을 하였다.

그중 두 번째 것은 일찍이 희랍의 구 희극과 신 희극에서 다루어진 주제들이 새로운 상징주의적 기법으로 재해석이 되고 있다는 점이었다. 다시 말하자면 그는 희랍의 Plautus와 Terence, Menandrine과 같은 신 희극작가들의 작품뿐만 아니라 Aristophanes와 같은 구 희극작가의 작품까지를 새로운 버전으로 다시 쓰는 천재적 능력을 보였던 것인데, 이러다 보니까 자연히 역사상 다시 유례를 찾아볼 수 없을 만큼의 많은 수의 희극들을 쓰게 되었다. 예컨대 그의 'The Comedy of Errors'에서는 Aristophanes의 작품에서 다루어졌던 죽음과 재생의 의식이 새로운 버전으로 다루어지고 있었고, 또한 'The two gentlemen of Verona'에서는 영웅인 Valentine은 숲에 모인 모든 악한의 대장이 되고 그의 힘으로 그들은 모두가 전향되는데, 이런 의미에서 이것은 하나의 정통적인 신 희극이었다. 이 글은 아래와 같은 단락으로 마무리가 되는데, 그동안에 내려진 극작가로서의 Shakespeare에 대한 평가 중 이것이 최고의 것이라는 의심할 여지가 없다.(Frye, 1948, p.1027)

> 우리는 신 희극을 Aristoteles적이라고 말해오는 한편 구 희극을 Platon적이라고 말해오고, Dante의 희극을 Thomas적이라고 말해왔지만, Shakespeare의 희극의 형식에 대한 철학적 대변인을 찾기는 어려운 일이다. Shakespeare에게는 시의 주제는 인생이나 자연, 현실은 물론이고 심지어 철학자가 구축한 어떤 것도 아니고, 결국은 시 자체, 즉 일종의 언어적 우주이다. 그것이 바로 왜 그가 시인 중 가장 정의하기 어려우면서도 가장 실질적인 시인으로 평가되는 하나의 이유이다.

2) 희곡의 구조

희곡이 다른 예술과 마찬가지로 2천여 년 전의 희랍적인 형태의 것으로부터 출발하여 오늘날의 현대적인 형태의 것에 이르기까지 꾸준히 발달하여왔다는 것을 확인할 방법 중 가장 편리한 것은 아마 그것을 구성하는 기본단위인 막의 수의 변화과정을 살펴보는 것일 것이다. 한마디로 말해서 희곡의 막의 수의 변화과정을 살펴보다 보면 다른 예술의 경우와 마찬가지로 이것의 구조에도 고전성과 현대성이라는 양면성이 있다는 것이 저절로 드러나게 되어있다. Aristoteles가 익히 정의한 대로 희랍의 비곡은 으레 다섯 개 부분으로 이루어져 있었는데, 그때에는 합창의 등장으로 그들이 구분되었다. 그 후 로마 시대에는 Seneca의 비극에서처럼 부분에 해당하는 말로 막이라는 용어가 쓰이게 되었으며, 이렇게 해서 5막극은 전 유럽에서 쓰이는 연극의 기준적 형태로 굳어지게 되었다. 물론 영국에서도 Elizabeth 시대에는 이런 5막극이 크게 유행하게 되었다.

그런데 사실은 희랍 시대에 이미 희곡의 기본 구조를 이렇게 정했다는 사실만큼 예술에 있어서는 가장 고전적인 것이 곧 가장 모형적인 것일 수밖에 없다는 것을 익히 드러내주고 있는 것도 없다. 희곡에서는 소설에서와 마찬가지로 일종의 가상적 이야기 거리가 으레 주제가 되게 마련인데, 이것은 곧 그것의 구조는 언제나 그 이야기를 청중이나 독자에게 가장 쉽게 전달할 수 있도록 되어있어야 한다는 것을 의미한다. 그런데 놀랍게도 희랍의 비극 작가들은 그것을 크게 제시와 복잡화, 최고점, 하강, 파국 등의 다섯 가지 부분으로 이루어진 것으로 보았던 것이다.

이런 5막극이 그 후 내내 전 유럽에서 비극의 표준형으로 자리 잡아왔다는 것 자체가 그것에는 일종의 보편성이 있다는 것을 익히 실증하고 있는데, 이것을 더 구체적으로 이론화한 것이 바로 1863년에 독일의 비평가인 Gustag Freytag가 'Technik des Drama(연극의 기법)'이라는 책에서 제안한 'Freytag의 피라미드'설이다. 쉽게 말해서 이것은 고전적 5막극 이론을 그것의 정점에는 클라이맥스가 있고, 그것의 좌변에는 제시와 복잡화 등의 두 개의 상승부가 자리하는 한편, 그것의 우변에는 반전과 파국 등의 두 개 하강부가 있는 모양의 하나의 피라미드로 도형화한 것인데, 이것은 그 후 놀라운 설명력 때문인지 연극의 구조를 설명하는 데 있어서뿐만 아니라 소설의 플롯이나 구조를 설명하는 데 있어서도 널리 쓰이게 되었다.(Holman and Harmon, 1986, p.216)

그런데 5막극의 오랜 전통에는 근대에 이르러서 큰 변동이 일어나게 되었는데, 그중 첫 번째 것은 19세기 말경에 노르웨이의 극작가인 Ibsen이 네 번째 막과 다섯 번째 막이 같이 묶인 하나의 4막극을 새로운 연극의 모형으로 제시한 것이었다. 그 당시에는 그가 그로 인하여 문제극의 형식으로 사회적 인습을 고발하는 풍조, 즉 '입센주의' 운동이 크게 일어날 정도로 큰 영향을 주었다. 그중 두 번째 것은 20세기에 이르러서 심오한 비극은 3막극의 형태로 바뀌고, 음악적 희극이나 희극적 오페라는 2막극의 형태로 바뀌게 된 것이었다. 더구나 그 후 막의 중요성이나 기능에 대한 인식은 점점 희박해진 나머지 심오한 비극에서는 자주 막 대신에 장면이나 에피소드를 분할의 기준으로 삼게 되었고, 드디어는 막이 하나뿐인 단막극이 가장 현대적인 연극의 형태로 군림하는 시대가 오게 되었다.

그런데 하나의 막에는 으레 하나 이상의 장면들이 들어가 있게 되어있으니까, 연극은 결국에 여러 개의 장면으로 이루어진 하나의 마무리된 이야기인 셈이다. 따라서 그것의 구조의 복잡성을 막의 수에 의해서 정하는 것보다는 일어나는 장면의 수에 의해서 정하는 것이 맞는 일인데, 이런 시각에서 보자면 현대에 와서 2막극이나 단막극 등이 크게 유행하게 된 것이 결코 연극의 본질을 훼손하는 일이 아님이 분명하다. 또한 연극에서는 이야기 줄기가 으레 주인공과 그 밖의 여러 인물의 행동에 의해서 전개되게 되어있다. 그러므로 그것의 복잡성은 사건이나 에피소드의 수에 의해서 결정되게 되어있을 뿐만 아니라 등장하는 인물의 수에 의해서도 결정되게 되어있다. 물론 이런 요소들은 연극의 성격이나 장르에 따라서도 크게 달라지게 되어있다.

(가) Shakespeare의 경우

이런 사실을 가장 쉽게 확인할 방법 중의 한 가지는 Shakespeare의 연극들을 이런 측면에서 분석해보는 것일 것이다. 그의 연극에 관한 가장 중요한 특징은 아마 그것의 총수가 흔히 비극과 희극, 역사극, 전원극 등의 네 가지 범주로 분류되는 식의 다양한 장르의 것들이 무려 37개나 된다는 점일 것이다. 그런데 그의 연극의 풍요성이나 다양성은 최소 7가지로부터(예: A Midsummer Night's Dream) 최대 37가지(예: Antony and Cleopatra)에 이를 만큼 에피소드의 수가 연극에 따라서 달라지고 있다는 사실에 의해서 익히 확인될 수가 있다. 이것의 평균치가 19나 20이나 될 정도로 그 수가 많은 것이 그의 연극의 특징인데, 그보다 더 놀라운 사실은 에피소드 간의 연결이나 이행이 관객이 미처 의식하지 못할 정도로 자연스럽다는 점이다. 물론 일반적으로는 이런 에피소드는 장으로 불리고 있었고, 연극 전체는 다시 5개의 막으로 나뉘고 있었는데, 놀랍게도 평균적으로 그 길이는 무려 2,700행이나 되고, 총 연출시간은 2시간 반이나 되었다.

등장하는 인물의 수에는 물론 장면의 수에서보다 더 변화성이 있어서, 'All's well that ends well.'과 'Twelfth Night'에서는 각각 14명의 인물이 등장하는 데 반하여 'Henry Ⅵ, Part Two'에서는 무려 47명의 인물이 등장한다. 그의 연극의 특징을 논하면서 절대로 빼놓을 수 없는 점이 바로 어떤 언어가 쓰였는가인데, 문학 작품으로서의 그의 연극의 탁월성은 그것의 연극적 구조성보다는 그것에서 쓰인 언어의 예술성에서 먼저 찾아야 한다고 대부분의 비평가들이 주장하고 있는 점으로 미루어 보아서는 여기에서의 우리의 분석 작업은 일종의 순서상 잘못을 저지르고 있다고 볼 수도 있다.(Gassner and Quinn, 1981, p.762~3)

너무나 당연한 일이었겠지만 그의 연극은 형태와 언어 양면에 있어서 Elizabeth 시대의 일반적인 연극의 경향과 크게 벗어나 있지 않았다. 이 무렵의 영국의 연극들은 하나같이 운문으로 쓰였는데, 처음에는 여러 가지 연의 유형과 10음절식 2행시형을 주로 사용하다가, 그 후에는 회전식 운문형이나 발라드형을 많이 쓰게 되는 식으로 시간이 흐르면서 그 유형이 바뀌어왔다. 그런데 그 당시의 주요 극작가들의 관심은 어떻게 성공적으로 연극을 전통적인 운문의 틀에서 벗어나게 하느냐에 집중되었는데, Shakespeare도 그중의 한 사람이었다. 물론 이 당시에 Marlowe와 함께 운율이 없는 약강 5보격의 형식이 기본이 되는 무운시를 크게 유행하게 한 것은 바로 그였다. 그러나 크게 보자면 비극에서는 무운시가 주로 쓰이지만 희극에서는 주로 산문이 많이 쓰이며, 경우에 따라서는 운율적 2행 연구와 함께 이들 두 가지가 같이 쓰이는 식으로, 그의 거의 모든 연극에서는 이들 세 가지 형태의 언어가 서로 다른 비율로 쓰였다고 볼 수 있다. 예컨대 'Julius Caesar'의 93%는 무운시이고 이것의 6%만이 산문인 데 반하여, 'The Merry Wives of Windsor'의 87%는 산문이며, 이것의 10%만이 무운시였다.

그의 언어사용법에 관한 한 빼놓을 수 없는 것은 물론 그의 특출한 수사적 능력이다. 그의 작품에서 쓰인 은유법을 비롯하여, 직유법, 대조법, 과장법, 반어법과 같은 수사법의 예들은 수사법의 위력을 실증하는 예로서 자주 인용되고 있는데, 이들 중 많은 것들은 하나의 명언이나 잠언의 반열에 이미 올라있다. 'King Lear'에 나오는 'Ripeness is all(성숙이 전부이다)'나 'Macbeth'에 나오는 'What's done cannot be undone(끝난 일은 되돌릴 수 없다)' 등이 좋은 예들이다. 이런 의미에서 보아서도 그는 분명히 하나의 언어적 천재인 셈인데, 아마도 그가 그렇다는 것을 가장 단적으로 뒷받침해주는 것이 바로 'The Merchant of Venice'의 제3막 1장에 나오는 아래와 같은 일련의 수사적 의문문들일 것이다. 대답이 너무나 자명한 질문이어서 흔히 반문적 질문이라고도 불리는 이런 의문문들이 이 대목에서는 무려 일곱 개나 연속적으로 쓰이고 있다. 수사적 의문문법은 결국에 최고의 강조법이라는 것을 여기에서처럼 분명하게 보여주고 있는 곳은 없을 것이다.

> Hath not a Jew eyes? Hath not a Jew hands, organs, dimensions, senses, affections, passions? Fed with the same food, hurt with the same weapons, subject to the same diseases, healed by the same means, warmed and cooled by the same winter and summer as a Christian is? If you prick us, do we

not bleed? If you tickle us, do we not laugh? If you poison us, do we not die? And if you wrong us, shall we not revenge?
(유대인은 눈을 가지고 있지 않습니까? 유대인은 손과 기관, 특질, 감각, 정서, 정열을 가지고 있지 않습니까? 기독교인과 마찬가지로 같은 음식을 먹고, 같은 무기로 상처를 입으며, 같은 질병의 대상이 되고, 같은 방법으로 치유가 되며 같은 겨울과 여름에 의하여 덥혀지고 식혀지지 않습니까? 당신이 만약에 찌르면 우리는 피를 흘리지 않습니까? 당신이 만약에 간지르면 우리는 웃지 않습니까? 당신이 만약에 독을 먹이면 우리는 죽지 않습니까? 그리고 당신이 만약에 부당한 짓을 하면 우리는 복수하지 않겠습니까?)

(나) Pinter의 경우

연극의 구조성이나 연극적 언어의 특징 등으로 보아서 Shakespeare의 작품과 좋은 대조를 이루고 있는 것이 바로 Harold Pinter의 작품이다. 우선 이들은 똑같은 영국인이면서도 Shakespeare는 16세기에 활동하던 극작가인 데 반하여 Pinter는 20세기에 활동한 극작가이니까 이들의 작품을 비교하는 데 있어서 제일 먼저 고려해야 할 사실은 이들 간에는 무려 400년이라는 커다란 시간적 간극이 있게 되어있다는 점일 것이다. 그러니까 굳이 따지자면 이들 간에는 어떤 공통점이 있는가가 아니라 어떤 상이점이 있는가를 살펴보는 것이 이런 대조작업의 주된 목적이 될 텐데, 이것은 결국에 다른 예술양식들과 마찬가지로 연극도 구조나 주제, 언어 등에 있어서 한시도 쉬지 않고 달라지게 되어있다는 것을 다시 한 번 확인하는 일이 되기도 할 것이다.

그런데 사실은 Shakespeare가 당대 최고의 극작가였던 것처럼 Pinter는 오늘날의 최고 영국 극작가 중 한 사람이다. 이들 간에는 이런 공통점 이외에도 Shakepeare는 37개의 연극을 썼는 데 반하여 Pinter는 총 29개의 연극과 총 14개의 영화 시나리오를 쓴 식으로 역사상 드문 다작가라는 공통점도 있다. 그러나 누구라도 아무리 그가 'Olivier상'과 같은 큰 상을 여러 개 받고 일부 비평가가 그를 'Bernard Shaw 이래 20세기 최고의 영국의 극작가'라고 추켜세운다고 해도 그를 Shakespeare와 동일한 반열에 올려놓는다는 것은 상상도 할 수 없는 일이다. 쉽게 말해서 Pinter의 작품을 통해서 우리는 Shakespeare와 같은 천재는 아무 때나 쉽게 태어나지 않는다는 것을 다시 한번 확인할 수 있을 따름이다.

우선 이들의 작품들을 비교하면서 제일 먼저 우리 눈에 띄는 것은 Shakespeare는 으레 하나의 시인 겸 극작가로 불렸는 데 반하여 그는 으레 하나의 희극작가로 불리고 있다는 점인데, 이런 이름은 일종의 전통적 관례에 따른 것일 뿐으로서, 오히려 그것보다는 심리극 작가나 상징극 작가가 더 정확한 이름이라고 볼 수가 있다. 이것의 근거로는 그의 전반기 작품의 하나인 'The Caretaker'를 놓고서 그가 '나는 이것을 웃기는 소극으로 의도하지는 않았다. 만약에 다른 쟁점들이 없었더라면 이것을 쓰지 않았을 것이다.'와 같이 자평했었다는 사실을 들 수가 있다. 그 작품들은 크게 1957년에 나온 'The Room'으로부터 1967년에 나온 'The Basement'까지의 전반기의 것과 그 후 1968년에 나온 'Landscape'로부터 1999년에 나온 'Celebration, and the Room'까지의 후반기의 것으로 나누는데, 그 이유는 이들 간에는 주제와 기법상의 일정한 차이점이 쉽게 발견될 수 있기 때문이다.(Blanchard and Karr, 2001, p.200)

그의 두 번째 작품인 'The Birthday'가 1958년에 공연되었을 때, 그것은 거의 보편적인 경멸과 함께 일주일 만에 문을 닫는 굴욕을 감수하게 되었는데, 그 이유는 그것의 주제가 지극히 모호하고 너무나 상징적인 것이었기 때문이었다. 그의 전반부의 작품들은 하나같이 배우의 행동은 최소화되어있으면서 협박과 개인적 분열의 오싹한 분위기만이 팽배한다는 특징을 가지고 있었다. 그러나 그의 후반부의 작품들에서는 주로 인물들의 내적 의식이나 지각작용과 경험이나 사실의 증명 불가능성 등이 주로 다루어지게 되었다. 그러나 이들에서도 역시 인물들 간의 직접적인 대화나 상호교섭적인 행동보다는 개인적 사색이나 상징적 행동이 강조되고 있었다.

  이들의 작품들을 비교하다 보면 그다음으로 우리의 눈에 띄는 점은 연극적 구조상의 큰 차이다. 흔히들 그의 연극적 틀의 특징을 '통일적이고 진행적으로 개별적인 기이성을 유지하고 있는 점'을 드는데, 우선 이런 기이성 중 제일 쉽게 드러나 있는 점이 바로 연극의 전체적 구조가 단순화되어 있다는 점이다. 예컨대 그의 전반기의 첫 번째 작품인 'The Room'과 세 번째 작품인 'The Dumb Waiter'는 단막극이고, 두 번째 작품인 'The Birthday Party'와 다섯 번째 작품인 'The Caretaker'는 3막극이다. 물론 그의 연극에서는 상황이나 에피소드, 인물 등의 수도 최대로 줄여져 있다. 예컨대 'The Caretaker'는 얼간이인 주인공 Aston이 방에서 플러그를 수리하고 있는 첫 장면으로 시작하여 같은 플러그를 그가 여전히 수리하는 마지막 장면으로 끝이 나는데, 여기에서의 그의 친구가 된 노인인 Davis와 그와의 아래와 같은 대화가 매우 인상적이다.

    Aston: There's something the matter with it. I'm trying to find out what.
        (이것에 문제가 있어요. 나는 무엇이 문제인지를 찾아내려고 애쓰고 있어요.)
    Davis: Well, if you…persevere, in my opinion, you'll probably find out.
        (글쎄요, 내 생각에 당신이 잘 견디어내면 아마도 찾게 될 것이에요.)
    Aston: I think I've got a pretty good idea.
        (꽤 좋은 아이디어가 있다고 생각해요.)

  이들의 작품들을 비교하다 보면 세 번째로 우리의 눈에 띄는 점은 연극적 대사간의 큰 차이점이다. 너무나도 당연한 일이 되겠지만 그의 연극에서는 등장인물 간의 대화가 으레 상황이나 행동보다도 더 중요한 기능을 수행하게 되어있는데, 이런 점으로 보아서도 그의 연극은 Beckett의 'Waiting for Godot'와 Osborne의 'Look back in Anger'와 닮은 점이 많다고 볼 수가 있다. 그는 일찍이 B.B.C. 텔레비전과의 인터뷰에서 '의사소통은 대단히 두려운 일이라고 생각한다.'라는 말을 했었는데, 이런 사실만을 통해서도 우리는 그의 노력의 제일 큰 부분은 등장인물 간의 대화를 만드는 데 쓰였다는 것을 익히 확인할 수가 있다.

그런데 연극적 대사의 특징으로 보았을 때는 그의 작품은 Osborne의 것들보다는 Beckett의 것들과 더 많은 유사성을 지니고 있음이 분명한데, 그 이유는 Beckett의 작품에서와 마찬가지로 그의 작품에서도 자주 핵심을 찌르는 격행 대화법이 쓰이고 있기 때문이다. 원래 이 대화법은 희랍의 연극에서 두 사람이 시를 한 행씩 교환해가면서 읊어가는 기법으로 쓰이던 것인데, 현대에 이르러 Beckett과 그의 작품에서 이것의 위력이 재조명을 받게 된 것이다. 아래에 제시된 예는 그의 첫 번째 3막극인 'The Birthday Party'의 마지막 부분에 나오는 것인데, 한마디로 말해서 총 13개의 이들 짝말 안에 이 연극의 주제가 요약되어있다.

이 대화문의 두 떠돌이인 Goldberg와 McCain은 이 연극에서 이것의 주제격인 'the System(체계)'의 대변인으로 활약하게 되는데, 이들의 활약 중 가장 대표적인 것으로 볼 수 있는 것이 바로 이 대화문이다. 여기에서 이들은 '체계'에서 성공한 사람의 특성을 하나하나 열거하면서 이 연극의 주인공이면서 하나의 도피자인 Stanley의 전향을 설득하고 있는데, 특히 이 가운데서 마지막 짝말로 쓰인 '짐승들'이라는 말이 가장 충격적인 말이다. 이 말 하나만으로써 그의 전반기 작품들은 하나같이 행동은 거의 없이 음침한 협박의 분위기와 개인의 분열증을 다루고 있다는 것을 익히 확인할 수가 있다.(Ibid, p.208)

Goldberg: Between you and me, Stan, it's about time you had a new pair of glasses.(너와 나 사이의 말인데, 스탠, 지금쯤이 네가 새 안경을 낄 때야.)

McCain: You can't see straight.(너는 똑바로 볼 수가 없어.)

Goldberg: It's true. You've been cockeyed for years.(맞아. 너는 몇 년 동안 사팔뜨기였어.)

McCain: Now you're even more cockeyed.(지금 너는 더 사팔뜨기야.)

Goldberg: He's right. You've gone from bad to worse.(그의 말이 옳아. 너는 그동안 나쁨에서 더 나쁨으로 이동한 거야.)

McCain: Worse than worse.(더 나쁨보다 더 나쁨으로.)

Goldberg: You need a long convalescence.(너는 긴 회복기가 필요해.)

McCain: A change of air.(전지가.)

Goldberg: Somewhere over the rainbow.(무지개 너머 어디에)

McCain: Where angels fear to tread…(천사들이 발을 딛기를 두려워하는 곳에)

Goldberg: We'll make a man of you.(우리는 너를 남자로 만들 것이야.)

McCain: And a woman.(그리고 여자로도)

Goldberg: You'll be re-oriented.(너는 재교육을 받게 될 것이야.)

McCain: You'll be rich.(너는 부자가 될 것이야.)

Goldberg: You'll be adjusted.(너는 조정을 받게 될 것이야.)

McCain: You'll be our pride and joy.(너는 우리의 자랑이고 기쁨이 될 것이야.)

Goldberg: You'll be a mensch.(너는 명사가 될 것이야.)

McCain: You'll be a success.(너는 성공한 사람이 될 것이야.)

Goldberg: You'll be integrated.(너는 통합이 될 것이야.)

McCain: You'll give orders.(너는 명령을 내리게 될 것이야.)

Goldberg: You'll make decisions.(너는 결정을 하게 될 것이야.)

McCain: You'll be a magnate.(너는 거물이 될 것이야.)

Goldberg: A statesman.(정치가가.)

McCain: You'll own yachts.(너는 요트를 갖게 될 것이야.)

Goldberg: Animals.(짐승들.)
McCain: Animals.(짐승들.)

7.4 소설의 예술성

1) 소설 발달의 두 동력

 소설이 문학의 3대 장르 중 하나로 굳건히 자리 잡은 때는 18세기였으니까, 이것의 역사는 시와 희곡의 그것과는 비교도 할 수 없을 만큼 짧다. 다시 말하자면 시나 희곡의 역사는 2천 3,4백 년 전인 희랍 때까지로 거슬러 올라가지만, 이것의 역사는 2백 50년 전인 근대의 초기 때까지만 올라가면 되니까, 문학의 한 장르로서는 더 말할 나위가 없고 예술의 한 장르로서도 이것은 상당히 젊은 장르임이 분명하다. 그러나 우리는 적어도 다음과 같은 두 가지 사실만으로도 지금의 이것의 위상이 시나 희곡의 위상보다 절대 낮지 않다는 것을 익히 알 수가 있다.
 그중 첫 번째 것은 큰 의미로 보아서는 모두가 언어라는 동일한 매개체에 의해서 생겨난 예술이면서도 작은 의미로 보아서는 시는 운문을 매개체로 한 것이며 희곡은 대화문을 매개체로 한 것인 데 반하여 이것은 산문을 매개체로 한 것인 식으로 이들은 서로 간에 매개체 상의 일정한 차이를 보인다는 점이다. 다시 말하자면 문학의 장르 중 본격적으로 산문을 매개체로 한 것은 이것뿐이다. 그중 두 번째 것은 언어를 일단 음성언어와 문자언어로 나누었을 때, 음성언어가 아니라 문자언어를 주된 매개체로 한 것은 오직 이것뿐이라는 점이다. 이런 의미에서 보자면 이것이 문학의 3대 장르 중 하나로 자리 잡는 데 무엇보다도 결정적인 영향을 준 것은 15세기의 인쇄술의 발달이라고 볼 수도 있다. 또한 정반대로 생각을 하자면, 18세기 이후에 이것의 등장으로 우리의 예술의 양상뿐만 아니라 우리의 문화 전체의 양상도 크게 달라졌다고 볼 수도 있다. 다시 말해서 근대에 이르러 우리의 문화가 책 중심의 것으로 바뀌는 데 이것이 일조했다고 볼 수 있다.

그런데 사실은 이것도 다른 예술과 마찬가지로 18세기에 갑자기 태어난 것이 아니라 우리의 문화의 시작과 함께 시작되었다고 보는 것이 맞는 일인데, 그 이유는 기원전 몇 만 년 전부터 사람들은 예컨대 불가에 둘러앉아서 여러 가지 영웅담이나 설화를 듣는 즐거움을 즐겨왔기 때문이다. 서사시와 연극도 하나의 꾸며진 이야기라는 점에서는 기원이 이것의 것과 같은 문학이라고 볼 수가 있는데, 이런 의미에 볼 때도 이것이 18세기에 이르러서 정식으로 하나의 문학의 장르로 태어나는 데 결정적인 역할을 한 것은 인쇄술과 책 문화의 발달이라고 볼 수가 있다.

그런데 이것은 시작이나 기원에 있어서만 시나 희곡과 유사성을 지닌 것이 아니라 발달의 동력이 크게 문예적 사조의 흐름과 기념비적인 작가들의 업적이라는 두 가지라는 점에서도 시나 희곡과 유사성을 지니고 있다고 볼 수가 있다. 우리의 예술은 어느 것이나 근본적으로는 우리의 본능의 일부인 예술성의 발로의 결과물이겠지만, 그것은 으레 이상과 같은 두 가지 동력에 힘입어서 일정한 발달과정을 밟아왔었다. 그러니까 발달의 동력을 이상과 같은 두 가지로 잡으려는 견해는 굳이 따지자면 비단 문학에서만 적용될 수 있는 것이 아니라 음악이나 회화 같은 다른 예술에서도 적용될 수 있는 것이다. 이런 견해는 더 나아가서는 우리의 역사나 문화의 발달과정을 밝히는 데도 유용하게 쓰일 수 있을 것이다. 왜냐하면 우리의 예술은 우리의 문화의 일부이기 때문이다.

(가) 문예적 사조

먼저 소설이 오늘날의 것과 같은 어엿한 문학의 장르로 발달하는 데 있어서 전체적인 문예의 사조가 어떻게 그것의 첫 번째 동력으로 작동하게 되었는가를 살펴볼 것 같으면, 이 작업의 첫 실마리가 될 수 있는 것은 아마 영어로 '새로운'의 뜻을 나타내는 'novel'이라는 이름은 이탈리아어의 'novella'에서 따온 것인데, 적어도 18세기 동안에는 이것이 프랑스의 'roman'으로부터 나온 'romance'라는 이름과 동의어처럼 쓰였다는 사실일 것이다. 이것은 곧 영국의 소설은 프랑스나 스페인과 같은 대륙의 국가에서 유행하던 'romance'를 기본적인 모형으로 삼아서 태어난 것이라는 것을 의미한다. 'romance'는 간단히 말해서 유명한 Cervantes의 'Don Quixote'와 같이 역사적 영웅과 관련된 사건들을 허구적인 이야기로 재구성한 것인데, 무엇보다도 중요한 사실은 대륙에서는 이러한 류의 '이야기 즐기기'가 몇 세기 전부터 유행해왔다는 점이다.

그런데 Newcomb의 설명에 따를 것 같으면 'romance'의 어원은 프랑스에서 12세기 초까지 고대 프랑스어와 앵글로 노르만어를 가리키는 말로 쓰였던 'romanz'이었는데, 12세기 말경에 이르러 이것이 말의 모양만 바뀌게 된 것이 아니라 그 의미도 환유적으로 원래 라틴어로 쓰였던 것을 이런 지방어로 번역된 영웅의 모험담이나 궁정 이야기들을 가리키는 식으로 바뀌게 되었으며, 그 후 이것은 드디어 로마의 문제를 다루는 이야기와(예: Troy, Thebes, Alexander대왕), 프랑스의 문제를 다루는 이야기(예: Charlemagne, Roland), 영국의 문제를 다루는 이야기(예: Arthur왕, Celtic 전설) 등을 두루 망라하는 장르의 이름으로 쓰이게 되었다.

그런데 이런 대상이나 영역적인 확대과정을 거치다 보니까 이것에서는 자연히 그보다 더 중요한 변화가 일어나게 되었는데, 원래는 모두가 운문으로 쓰였던 것들이 차차 산문으로 쓰인 것으로 바뀌게 되었다는 사실이 바로 그것이다. 특히 산문 판의 양이 운문 판의 그것을 앞지르게 되면서 여러 이야기를 짜깁기하는 기법이 새로 도입이 되어서, 예컨대 1485년에 나온 Malory의 'Le morte d'Arthur'에서는 전통적인 Arthur왕의 이야기가 무려 507개의 장으로 재구성되어 있었다. '로망스'는 이런 식으로 국가적 전통과 문학적 유행성, 저자의 국적 등을 초월하는 장르로 성장한 나머지, 드디어 1606년에는 현대소설의 효시격인 Cervantes의 'Don Quixote'가 태어났다.(Newcomb, 2011, p.701)

그런데 사실은 현대소설의 뿌리를 하나가 아니라 둘로 보는 것이 마땅한 일인데, 그 이유는 로맨스기 그게 유행하던 시기에는 이른바 '악한 소설'도 같이 유행했기 때문이다. 흥미롭게도 'romance'는 프랑스어인 데 반하여 이것의 이름은 스페인어로 '악한'을 의미하는 'picaro'이다. 그러니까 굳이 따지자면 현대소설의 한 뿌리는 프랑스에서 시작되었고, 그것의 또 하나의 뿌리는 스페인에서 시작되었다고 볼 수가 있다. 그런데 그보다도 더 중요한 사실은 많은 면에서 '로망스'와는 하나의 좋은 대조를 이루고 있는 것이 '피카로'라는 점이다.

예컨대 이 장르의 특징은 크게는 우선 '로망스'에서와 같이 고상한 상류층의 삶이나 행동, 이상 등을 상류 언어로 기술하는 것이 아니라 하류층의 삶이나 행동, 목표 등을 하류 언어로 기술한다는 점이었는데, 작게는 '로망스'에서와 같이 환상적이거나 오래되고 먼 나라의 이야기가 아니라 지금 이곳에서 일어나고 있는 거칠고 간교한 이야기를 다루게 된다는 점이었다. 그러니까 굳이 따지자면 그 옛날의 연극에서의 비극 대 희극간의 대립성이 16세기의 소설에서는 '로망스'와 '피카로'간의 대립성으로 나타나 있었던 셈이다. 최초의 '피카로'로 치는 1553년에 스페인에서 나온 작자미상의 'Lazarillo de Tormes(톰의 작은 거지)'에는 이런 특징들이 고스란히 드러나 있었다.

그런데 사실은 '로망스'와 '피카로' 사이에는 두 개의 상이한 장르로 발전해갈 수 있는 차이점만 있는 것이 아니라 하나의 장르로 합쳐질 수 있는 공통성도 있었는데, 그 중 첫 번째 것은 주인공의 행적이 처음 자리에서 엉뚱한 곳으로 달아나는 식으로 다분히 소요적인 것이라는 점이고, 그 중 두 번째 것은 각 계층의 특성이나 약점들을 우스꽝스럽게 풍자하는 일이 이야기의 주제가 된다는 점이 있다. 이런 사실을 최초로 실증한 것이 바로 Cervantes의 'Don Quixote'였다. 이 소설이야말로 '로망스'의 고매한 이상과 가치는 '피카로'의 유머러스하고 사실기반적인 이야기로도 익히 표현될 수 있다는 것을 웅변적으로 보여준 명작품이었다. 주인공인 San Panza, 즉 돈키호테의 비현실적이면서도 웃기는 행동들을 통해서 독자들은 으레 로망스적인 즐거움과 피카로적인 즐거움을 같이 즐길 수가 있었다.(Frye, Baker and Perkins, 1985, p.316)

이런 의미에서 볼 것 같으면 대륙에서 시작된 현대소설의 두 뿌리가 18세기에 영국으로 이식되었을 당시에는 더 이상 둘이 아니고 '로맨스'라는 이름으로 하나로 통합된 것은 너무나 당연한 일이었다. 다시 말해서 'Cervantes의 기법을 그대로 모방해서 쓰였다'는 Fielding의 'Joseph Andrew'를 위시하여, 최초로 베스트셀러의 반열에 오른 Richardson의 'Pamela'와 희극 소설의 새 모형을 보여준 Sterne의 'Tristram Shandy', 감상적 소설이라는 새 장르를 개척한 Goldsmith의 'Vicar of Wakefield' 등이 모두 '로맨스'의 전통을 이어가고 있던 셈이다. 무엇보다도 중요한 사실은 물론 이들로 인하여 드디어 영국에서 대중이 소설을 시나 연극보다 더 즐기는 시대가 도래되었다는 점이다.

19세기를 문예사조사적으로는 으레 낭만주의 시대로 분류하는데, 이런 분류는 그 이전까지를 고전주의 시대로 부르는 한편 그 이후의 20세기를 사실주의나 모더니즘 시대로 부르는 식의 큰 틀에 맞추었다는 장점만 가지고 있는 것이 아니라 이 무렵에 영국에서는 Wordsworth나 Byron과 같은 대시인들이 경쟁적으로 낭만주의적 시들을 써냈다는 사실을 그대로 반영하고 있다는 장점도 가지고 있다. 그렇지만 현대소설의 발전을 살펴보는 입장에서는 이 세기를 일단 사실주의 시대로 부르는 것이 옳은 것 같다. 이렇게 되면 소설에서는 낭만주의적인 사조를 '로맨스'의 전통을 이어받은 소설이 새로운 문학의 장르로 정착되던 18세기 때 이미 겪은 셈이 된다.

그런데 실제로는 19세기의 영국소설을 하나의 주의로 묶는 것 자체가 무의미한 일일 수도 있는데, 그 이유는 이 무렵에는 연극의 세계에서 전통적인 비극이나 희극의 개념을 넘어선 '멜로 드라마'가 크게 유행을 하게 된 것과 발을 맞추어서 소설의 세계에서는 복잡한 사회적 문제나 사건들을 정교한 플롯으로 묶어낸 다양한 형태나 주제의 소설들이 우후죽순처럼 등장하게 되었기 때문이다. 다시 말해서 영국에서는 이때 이른바 위대한 빅토리아 소설가 시대를 맞이하게 된 것인데, 풍습 소설가로 이름을 떨쳤던 Jane Austin과 역사 소설가로 유명해진 Scott, 중류사회의 현실을 예리하게 파헤친 Dickens와 Thackeray, Trollope 등이 그 주역들이었다. 또한 이 세기의 후반에는 Thomas Hardy와 George Eliot과 같은 작가가 소설에 사실주의나 자연주의적 주제와 기법을 도입하여 영국소설의 발전사에 있어서 하나의 큰 획을 긋기도 했다. 그러니까 19세기를 영국소설의 발전사상 일단 사실주의 시대로 명명하는 것은 그것을 그 전 세기나 그 후 세기와 구별하기 위한 일종의 궁여지책이나 다름이 없다.

20세기는 문예사조사적으로는 으레 모더니즘(modernism) 시대로 불리는데, 이때에는 영국 소설도 다른 예술들과 마찬가지로 모더니즘이라는 큰 흐름에 동참하게 되었다. 알기 쉽게 모더니즘은 일단 고전이나 전통주의에 대한 반대 개념을 나타내는 말로 해석될 수가 있는데, 소설에서의 반전통적인 움직임은 응당 플롯이나 인물, 묘사 등의 영역에서 일어나게 마련이었다. 예컨대 예전에는 사건의 연쇄체는 으레 시공적 논리성을 따르게 되어 있었는데 이제는 그 규약을 굳이 따를 필요가 없게 되었다. 또한 예전에는 소설에서 제일 중요한 부분이 플롯이었는데, 이제는 오히려 인물의 묘사가 그것보다 더 중요한 기능을 수행하게 되었다. 그리고 예전에는 화려하고 정교한 언어일수록 좋은 언어로 간주되었는데 이제는 오히려 상징적이고 간접적인 언어가 그런 언어로 대접받게 되었다.

그런데 신기하게도 이 세기에 등장한 소설가들은 모두가 소설이 전통적인 틀이나 규약에서 벗어나는 일은 의외로 간단할 수가 있는데, 주제를 사회적 사건이나 이야기로부터 인간의 심리로 바꾸는 것이 바로 그 방법이라는 것을 잘 알고 있었다. 우선 인간의 심리를 깊게 파헤치다 보면 자연히 주제가 인생의 목표나 삶의 가치와 같은 높은 차원의 문제로부터 개성의 특이성이나 상호교섭의 복잡성과 같은 낮은 차원의 문제에 이르기까지 최대로 다양해질 수가 있었다. 그다음으로 인간의 심리를 다루기 위해서는 당연히 묘사법도 크게 바뀌어야만 했다. 이들이 보기에는 결국 소설은 이렇게 해서 새로운 차원의 예술의 장르로 다시 태어날 수가 있었던 것이다.

이들의 예측과 기대가 결코 빗나간 것이 아니라는 사실은 물론 D.H. Lawrence와 Joseph Conrad, Virginia Wolf, Evelyn Waugh, Aldous Huxley, George Orwell, Graham Greene, James Joyce 등이 모더니즘 소설의 선봉장의 역할을 제대로 수행하게 되면서 저절로 실증이 되게 마련이었다. 이들은 저마다 20세기 최고의 대작들을 발표했는데, 이중에서 특히 James Joyce의 소설들은 이른바 '의식의 흐름 소설'이라는 신 장르가 탄생될 만큼, 20세기 소설의 발전 방향에 큰 영향을 미쳤다. 예컨대 그의 'Ulysses'는 그가 20세기가 낳은 하나의 언어적 천재임을 익히 실증하고도 남았다.

(나) 작가들의 업적

그다음으로 소설이 오늘날의 것과 같은 어엿한 문학의 장르로 발달하는 데 있어서 어떤 작가들의 업적이 그것의 두 번째 동력으로 작용하게 되었는가를 살펴볼 것 같으면, 영국 소설의 경우에 있어서는 1740년에 나온 Samuel Richardson의 'Pamela; or Virtue Rewarded'가 효시의 자리를 차지하였었다. 물론 연대 상으로 보자면 이것 이전에 Defoe의 'Robinson Crusoe'와 Swift의 'Gulliver's Travels'가 각각 1719년과 1726년에 출판되었으니까 이것을 영국에서 나온 첫 번째 소설로 볼 수는 없다. 그럼에도 불구하고 오늘날 대부분의 문학이론가들은 Richardson의 'Pamela'를 영국 소설의 효시로 내세우는 데 이의를 제기하지 않는데, 그 이유는 그 이전 것들은 소설로서의 구조성을 제대로 지닌 것들이 아니었기 때문이다.

Richardson은 'Pamela'의 대성공에 힘입어서 곧이어 'Clarissa'(1748)와 'Sir Charles Grandison'(1753)과 같은 후속작들을 발표하게 되었는데, 이렇게 해서 그에게는 결국에 크게는 영국소설의 원조라는 타이틀이고 작게는 서간체 소설의 원조라는 타이틀이 주어지게 되었다. 그러나 그 당시에 영국에서 정식으로 소설의 시대가 열리도록 한 것은 그의 소설들만이 아니었는데, 이들 중 제일 크게 주목을 받았던 것은 Henry Fielding의 작품들이었다. 'Pamela'가 나온 지 2년 뒤인 1742년에 그것에 대한 한 풍자소설로 쓰인 'Joseph Andrews'도 물론 어느 정도까지는 이런 역할을 수행하게 되었지만, 이런 역할을 결정적으로 수행했던 것은 역시 1749년에 나온 'Tom Jones'였다. 이것 이전에는 이것만큼 정교한 플롯으로 영국인들의 삶을 사실적으로 묘사한 소설은 없었다는 의미에서, 이것은 분명히 하나의 기념비적인 대작이었다.

이 무렵에 이들의 소설에 이어서 큰 선풍을 일으킨 소설은 1759년으로부터 1767년까지 무려 8년에 걸쳐서 쓰인 Sterne의 'Tristram Shandy'였는데, 이것은 자기들의 목적을 달성하지 못하는 인간들의 무능과 기행을 우스꽝스럽게 다룬 최초의 '라블레식(Rabelais)' 영국소설로 평가받았다. 그밖에 이때 큰 인기를 누렸던 소설은 Horace Walpole의 'Castle of Otranto'(1764)이었는데 이것은 최초의 '고딕풍(Gothic)'의 추리소설로 평가받았다. 또한 이것에 뒤이어서 크게 각광을 받았던 소설은 Oliver Goldsmith의 'The Vicar of Wakefield'(1766)와 'She stoops to conquer' (1773)이었는데, 이들로써 영국의 소설은 드디어 그동안의 희극적 사실주의의 전통에 감상적 소설이 또 하나의 소설의 장르로 추가되는 시대에 들어서게 된 셈이었다.

19세기를 영국 소설의 황금기로 만든 소설가들은 Dickens와 Thackeray, Trollope 등의 위대한 '빅토리아 소설가'들이었다. 그렇지만 사실은 이들의 다양한 '멜로 드라마적'인 소설들이 큰 인기를 얻기 이전에 이미 영국 사회는 일종의 소설의 전성기를 맞이하고 있었다고 볼 수가 있는데, 그 이유는 영국 사람들은 이들의 작품을 즐기기 이전에 '풍습 소설'의 원조 격인 Jane Austen의 'Pride and Prejudice'와 'Sense and Sensibility', 'Northanger Abbey' 등과 '역사소설'의 원조 격인 Scott의 'Marmion'과 'Lady of the Lake', 'Guy Mannering', 'Ivanhoe', 'Kenilworth' 등을 즐기고 있었기 때문이다.

그렇지만 그 뒤에 나온 Dickens의 'David Copperfield' 및 'Bleak House', 'Hard Times'와 Thackeray의 'Vanity Fair' 및 'Henry Esmond', Trollope의 'Barchester Towers' 등으로 인하여 영국이 일종의 소설의 황금기를 맞이하게 된 것은 틀림이 없는 사실이다. 물론 이 세기의 후반에 이르러 영국의 소설이 사실주의나 자연주의적 색채를 띠게 되는데 선도적 역할을 한 Thomas Handy의 'Far from the madding Crowd' 및 'Return of the Native', 'Mayor of Casterbridge', 'Tess of the D'Urbervilles'와 George Eliot의 'Millon the Floss' 및 'Silas Marner', 'Romola',

'Middle-march', 'Daniel Deronda' 등도 영국에서 소설이 최고의 문학적 장르의 자리에 오르는 데 크게 기여했다.

19세기에 등장한 수많은 걸작들이 만들어낸 거대한 동력은 20세기에도 그대로 이어져가게 되었는데, 이럴 수 있었던 것은 물론 현대적 소설로서 그들에 조금도 못지않은 대작들이 이때에 이르러서도 쉬지 않고 나왔기 때문이었다. 그런데 독자의 흥미와 관심을 기준으로 했을 때는 전 세기에 나왔던 것들보다도 이 세기에 나온 것들이 더 큰 선풍을 일으켰다고 볼 수가 있는데, 그 이유는 이들은 이미 소설의 정통적 규약을 깬 이른바 모더니즘적 소설들이었기 때문이었다. 쉽게 말해서 이들에 있어서는 사건이나 에피소드들을 그럴싸하게 엮어가는 일보다는 주인공을 위시한 여러 등장인물들의 심리적 내면을 더 깊게 분석하고 묘사하는 일이 더 중요시되었으니까, 이들을 통해서 얻게 되는 독자들의 즐거움이나 깨달음도 응당 다분히 고차원적인 것일 수밖에 없었다. 이런 의미에서 볼 때 회화에서의 모더니즘을 인상주의나 추상주의라고 부르는 것에 대비하자면 소설에서의 그것은 심리주의나 상징주의라고 부르는 것이 맞는 일이다.

이런 소설 중 대표적인 것으로는 우선 D.H. Lawrence의 'Sons and Lovers'(1913)와 'The Rainbow'(1915), 'Women in Love'(1920), 'The Plumed Serpent'(1926), 'Lady Chatterley's Lover'(1928) 등을 들 수가 있다. 이들 중 마지막 것은 외설 논쟁에 휘말릴 정도로 그의 소설들은 하나같이 소설의 정통적 틀이나 규약에서 크게 벗어난 것들이었지만 이들이 인간의 원초적 심리상태를 묘사하는 것을 소설의 궁극적인 과제로 삼는 식의 일종의 개혁적 소설임은 분명했었다. 또한 이 무렵에 큰 선풍을 일으킨 소설로는 Joseph Conrad의 'The Nigger of the Narcissus'(1897)와 'Lord Jim'(1900), 'Youth'(1902), 'Typhoon and Other Stories'(1903), 'Nostromo'(1904), 'Victory'(1915), 'The Arrow of Gold'(1919) 등을 들

수가 있는데, 이들에 있어서는 사건이나 이야기를 서술하는 데 있어서 과거, 현재, 미래 간의 서순적 벽을 대담하게 허무는 신 기법이 쓰이고 있었다.

이런 소설 중 가장 대표적인 것에는 물론 Virginia Wolf의 'To the Lighthouse'(1927)와 'A Room of One's Own'(1929), 'The Waves'(1931), 'Flush, a Biography'(1933), 'The years'(1937), 'Walpole'(1941) 등도 들어가는데, 이들에 있어서의 시간적 개념이나 서순성의 파괴 정도는 Conrad의 소설에 있어서의 그것보다 한 단계 더 나아간 것이었다. 그러니까 이들은 현대소설의 제일 큰 특징은 역시 심리주의나 상징주의라는 것을 보다 확실하게 드러내고 있었던 것이다. 이들 중 최초의 것이 최고의 선풍을 일으켰던 이유도 바로 이것에서는 저자 자신의 대리인격인 'Ramsay 부인'의 내적 심리에 대한 묘사가 더 할 수 없을 만큼 정교하고 아름답게 이루어지고 있었기 때문이었다.

이런 의미에서 볼 때 20세기가 낳은 최고의 영국 소설가로는 James Joyce를 꼽을 수 있는데, 이 시기에는 내적 독백과 같은 심리주의적 기법을 쓰는 것이 소설가 간에는 하나의 유행처럼 되었는데도 불구하고 오직 그의 소설만이 '의식의 흐름 소설'이라는 특별한 장르로 불리게 되었다는 사실이 이런 판단의 정담함을 익히 뒷받침하고 있다. 19세기에 이어서 20세기에도 소설가들은 으레 여러 권의 명작을 연속적으로 내는 경향, 즉 다작성의 특징을 드러내고 있었는데, 그의 작품은 1916년에 나온 'Portrait of the Artist as a young man'을 비롯하여 1922년에 나온 'Ulysses', 1939년에 나온 'Finnegan's Wake', 1957년에 나온 'Letters' 등이 전부이니까, 우선 이 점에 있어서 그는 특이한 작가인 셈이다. 그러나 그의 대표작인 'Ulysses' 하나만으로 그는 현대소설에 있어서의 심리주의나 상징주의적 기법의 위력을 한껏 보여주었다.

물론 19세기에 이어서 20세기를 영국소설의 전성기로 만드는 데 일정한 기여를 한 작가의 목록에는 Evelyn Waugh와 Aldous Huxley, George Orwell, Graham Greene 등도 포함시킬 수 있다. 사람에 따라서는 이들을 앞의 세 작가에 비하여 조금도 모자람이 없는 작가로 평가할 수도 있을 텐데, 그 이유는 현대소설로서의 특이성이나 독자에게 준 영향 등으로 보아서 이들이 낸 소설들은 앞의 세 작가의 것들에 비하여 크게 차이가 나지 않기 때문이다. 예컨대 Evelyn Waugh의 'Vile Bodies'(1930)와 'Put out more Flags'(1942), 'Brideshead Revisited'(1945), 'The Loved One'(1948), 'Love Among the Ruins'(1953), 'The Ordeal of Gilbert Pinford'(1957), 'Sword of Honor: trilogy'(1965) 등은 많은 영국인들로 하여금 그녀를 금세기 최고의 소설가로 부르게 만들었다.

그리고 이 무렵에 그녀의 소설에 못지않게 영국인들의 관심을 끈 소설이 바로 Aldous Huxley의 'Chrome Yellow'(1921)와 'Point Counter Point'(1928), 'Brave New World'(1932), 'Eyeless in Gaza'(1936), 'Grey Eminence'(1941), 'Time must Have a stop'(1944), 'Ape and Essence'(1948) 등이었다. 또한 이 시기에는 George Orwell의 'Animal Farm'(1945)과 'Nineteen Eighty-Four'(1949)이 새로운 정치적 풍자소설로서 큰 각광을 받기도 했다. 그리고 이때에는 Huxley처럼 다작가였던 Graham Greene의 'The Power and Glory'(1940)과 'The Heart of the Matter'(1948), 'The End of the Affair'(1951), 'A Sense of Reality'(1963), 'The Comedians'(1966), 'A Sort of Life'(1971), 'The Honorary Consul'(1973), 'Human Factor'(1978), 'Doctor Fischer of Geneva or the Bomb Party'(1980) 등도 큰 인기를 누렸다. 첫 소설이 불러일으킨 그의 소설의 선풍적인 인기는 그 후 무려 40년 동안이나 지속되었으니까, 이런 사례도 영국의 문학사상 처음 보는 것이었다.

2) 문체의 예술성

문학작품은 어느 장르의 것이든지 간에 결국에는 하나의 '잘 쓰인 언어'인데, 여기에서의 '잘 쓰인'이란 말은 '작가가 작품에서 나타내고자 하는 바가 가장 바르게 표현된' 식으로 해석될 수 있다. 그런데 모든 작가들은 어떤 언어가 자기의 주제를 나타내는 데 최선의 언어인가 하는 것을 잘 알고 있다. 그러니까 그들은 저마다의 특이한 문체를 가지고 있는 것이다. 다시 말하자면 시인인 Milton에게 그만의 특이한 문체가 있게 마련이듯이 극작가인 Shakespeare에게도 그만의 특이한 문체가 있게 마련이고 소설가인 Hemingway에게도 그만의 특이한 문체가 있게 마련인 셈이다. 이런 의미에서 볼 것 같으면 형식과 내용을 문학작품을 분석하고 평가하는 두 가지 기준으로 치자면 이들 중 더 기본적인 것이 첫 번째 것이어야 한다는 것이 자명해지는데, 그 이유는 문학작품은 궁극적으로 보았을 때 하나의 언어적 예술품이어야 하기 때문이다. 다시 말하자면 굳이 구조주의나 신비평주의적 입장에서가 아니더라도, 모든 문학작품의 분석작업 중 첫 번째 것은 으레 문체론적인 것이어야 하는 것이다.

그런데 흥미롭게도 문체를 기준으로 해서 문학작품을 분석하다보면 시나 희곡에 있어서보다는 소설에 있어서 그것의 중요성이 더 뚜렷하게 드러나게 된다. 우선 시에서는 일정한 운율법이나 각운법에 따르는 시형이 쓰이게 되어있는 데다가 시인들이 사용하는 시적 언어의 특징도 크게 보았을 때는 거의 불가변적이다. 그다음으로 희곡에서는 반드시 희곡적 형식과 틀을 따르게 되어있는 데다가 오직 대화적 언어만이 쓰이게 되어있다. 물론 대화적 언어가 일상 언어의 일부인 것은 틀림이 없는 사실이지만 그것이 우리가 사용하는 언어의 전부는 아니라는 것도 틀림이 없는 사실이다. 결국 이들에 있어서는 작가가 운신할 수 있는 문체적 선택의 폭이 미리 일정하게 제한되어 있는 셈이다.

이들에 비하여 소설에는 세 가지 특이성이 있는데, 그중 첫 번째 것은 형식적 틀이나 규약이 플롯과 인물, 주제 등에 관한 것만 지키면 되는 식으로 비교적 느슨하다는 점이다. 쉽게 말하자면 이것에서는 일정한 이야깃거리나 일련의 사건들을 독자가 이해하기 쉽게 서술하면 되는 것이다. 그중 두 번째 것은 이야기하기와 묘사하기의 두 작업 모두에 있어서 일상적인 언어가 쓰이게 된다는 점이다. 일상 언어적 문체를 일단 어휘와 문장의 두 단위에서 결정되는 것으로 본다면, 소설에서는 어떤 수준이나 사용역의 어휘만 쓰일 수 있는 것이 아니라 어느 한 수준이나 구조의 문장도 쓰일 수가 있다. 그중 세 번째 것은 작품의 주제나 작가의 의도에 따라서 은유법을 위시한 다양한 수사법들이 자유롭게 쓰일 수 있다는 점이다. 이렇게 보자면 운문과 대비해서 흔히 산문으로 불리는 소설적 언어에는 시적 언어나 희곡적 언어가 가지고 있는 본래적 한계성이 하나도 없다고 볼 수가 있다.

돌이켜보자면 시를 언어가 빚어낸 최고의 예술품으로 보아왔던 전통은 결국에 한편으로는 훌륭한 시인들이 시에서 사용한 언어를 존중하면서 다른 한편으로는 일반인들이 사용하는 일상적인 언어를 폄훼하는 태도나 견해에서 비롯되었다고 볼 수가 있는데, 이제는 이런 전통은 근대에 이르러 소설이 문학적 기능을 수행함에 있어서 시나 희곡을 익히 앞지를 수 있는 제3의 장르로 등장하기 이전에 세워진 것임을 새롭게 상기할 필요가 있다. 그러니까 오늘날에는 누구나가 언어적 예술품으로는 시만 있을 수 있는 것이 아니라 소설도 있을 수 있다는 것을 알게 된 이상, 우리는 부지불식간에 시를 유일한 예술품으로 보는 대신에 그것과 소설을 최소한 공통의 예술품으로 보게 되는 식의 언어적 의식개혁을 하게 된 것이다.

그런데 굳이 따지자면 작가가 발휘할 수 있는 예술성의 폭에 있어서는 시보다 소설이 훨씬 앞서게 되어있는데, 그 이유는 시에서는 으레 운율적 제약을 받는 언어가 쓰이게 되어있는 데 반하여 소설에서는 그런 제약으로부터 완전히 자유로운 언어가 쓰이게 되어있기 때문이다. 물론 그동안에 이런 한계성을 극복하려는 노력이 예컨대 산문시나 시적 산문이라는 일종의 절충적 형식의 장르를 만들어내는 식으로 적지 않게 있었던 것도 사실이다. 또한 문학이론가 중에는 최근에 산문적 리듬의 중요성을 특별히 강조하고 나서는 사람도 나왔다. 그렇지만 되레 이런 노력이나 시도는 언어적 예술품을 만든다는 궁극적 명제로 보아서는 산문이 시보다 유리한 매체라는 사실을 더 뚜렷하게 했을 따름이었다.

그리고 어떤 의미에서는 이런 차이성보다도 더 중요한 사실이 바로 산문은 일상 언어의 일부라는 점일는지도 모르는데, 그 이유는 기본적으로 일상 언어는 언어의 참모습을 지니고 있게 되어있기 때문이다. 그러니까 궁극적으로 보았을 때는 오직 소설만이 우리의 언어는 예술품을 만드는 매개체로 쓰일 수 있다는 것을 직접 보여주고 있다. 더구나 소설은 결국에 읽기의 즐거움을 위한 것이기에 그것에서 쓰인 언어는 문자언어라고 볼 수가 있다. 그러니까 소설을 통해서 우리는 우선 문자 언어는 구두 언어의 한 복사체라는 사실을 익히 확인할 수가 있고, 더 나아가서는 우리의 구두 언어로도 얼마든지 예술품이 만들어질 수 있음을 확인할 수 있게 되는 것이다.

이런 의미에서 볼 때는 근대에 이르러서 소설이 시나 희곡보다 더 많이 읽히게 되었다는 사실보다 더 의미 있는 사실은 그렇게 되면서 자연히 내로라하는 소설가들이 저마다 많은 작품을 통해서 자기 특유의 아름다운 문체들을 선보이게 되었다는 사실일는지도 모른다. 이들은 산문으로도 익히 훌륭한 예술품이 만들어질 수 있음을 익히 보여주었을 뿐만 아니라, 문체는 크게는 각 시대의 문예사조의 반영체이면서도 작게는 작가마다의 특이성이나 개별성을 드러낸 것이라는 것을 익히 보여주었다. 다시 말하자면 이들은 모든 예술품은 으레 공동성과 개별성의 양면성을 지니게 되어있다는 사실을 잘 보여준 것이다.

이런 사실을 가장 쉽게 확인하는 방법은 몇 명의 유명한 작가들을 선택하여 그들의 문체들을 비교해보는 것일 텐데, 여기에서는 미국의 가장 대표적인 현대 소설가로서 이미 세계적인 명성을 얻은 Mark Twain과 Hemingway, Faulkner의 문체를 비교해보기로 한다. Mark Twain이 소설가로서 활약한 19세기 후반은 사실주의적 사조로 전통적인 소설의 개념이 크게 바뀌게 된 때였는데, 이런 의미에서 볼 때는 그의 문체를 일단 사실주의적 문체로 불릴 수 있을 것이다. 그러나 그의 문체의 진짜 특징은 미국적이라는 데 있었다. 따라서 여기에서는 우선 그의 문체를 미국적 사실주의 문체로 명명해두기로 한다.

(가) Mark Twain의 문체

그런데 엄밀한 의미에서 보자면 그의 문체의 진짜 특징은 문체는 곧 작가이다는 말의 타당성을 상기시킬 정도로 개별적이라는 점이다. 예컨대 그의 문체는 우선 미국의 남부에서 쓰이는 지역어나 방언이 그대로 사용될 만큼 지역주의적인 것이었다. 그다음으로 그것은 아직 교육을 제대로 받지 못한 어린이들을 포함한 그곳의 주민들이 사용하는 일상 언어가 그대로 사용될 만큼 구어체적인 것이었다. 세 번째로 그것은 언제나 미국적 웃음이나 유머를 최대한 자아내게 하려는 주제에 잘 어울리고 있다는 의미에서 유머적인 것이었다고 볼 수가 있다. 네 번째로 그것은 사진적 문체로 볼 수도 있는데, 그 이유는 그의 소설에서는 으레 그의 말대로 '둘이나 그 이상의 실물들을 하나로 혼성시키는 이른바 합성 사진술의 기법'이 인물의 성격 묘사에 있어서 쓰이고 있기 때문이다. 마지막으로 그가 초기에는 한 신문사의 기자로 일했던 것을 고려한다면 그것을 저널리즘적인 것으로 볼 수도 있을 것이다.

두말할 필요 없이 그의 문체의 특징들을 이상과 같이 여러 가지로 잡는 것 자체가 어떤 의미에서는 '장님의 코끼리 만지기' 식인 수준을 넘어설 수는 없는 것이기에, 그의 작품에서 조금이나마 실제로 쓰인 서술이나 묘사의 일부를 구체적으로 분석해보는 것이 그런 탁상공론적 논의보다 몇 배 더 나을지도 모른다. 우선 그는 하나의 다작 작가이어서 그의 생애 동안에 'The Celebrated Jumping Frog of Calaveras County'(1867)를 비롯하여 'The Innocents Abroad'(1869), 'Roughing It'(1872), 'Tom Sawyer'(1876), 'The Prince and the Pauper'(1882), 'Life on the Mississippi'(1883), 'Huckleberry Finn'(1884), 'A Connecticut Yankee at King Arthur's Court'(1889), 'Pudd'nhead Wilson'(1894) 등의 많은 작품을 썼다.

그러나 여기에서 검토해볼 것은 누구나가 미국 문학의 한 고전처럼 여기는 'Huckleberry Finn'인데, 우리는 일찍이 Hemingway가 '모든 미국의 현대문학은 Huckleberry Finn이라는 Mark Twain에 의한 한 권의 책으로부터 비롯된다.'라고 말했던 사실 하나만으로써 이것의 가치와 위상을 익히 짐작할 수가 있다. 물론 소설은 하나의 예술품이기에 이것의 위대성도 형식과 내용 모두에 있어서 발견될 수 있는 것이지 그중 어느 한 면에서만 발견될 수 있는 것은 아니다. 그러나 이것의 진지한 독자는 으레 형식과 문체상의 특이함에 사로잡히게 마련이다. 예컨대 Toutonghi의 견해에 따를 것 같으면 처음에는 부정적 비평도 적지 않았던 이것을 결국에 모두가 미국적 산문형의 한 고전으로 받아들이게 된 것은 이것에서는 '사실주의적 요소와 전원극 및 개방극적 요소가 정교하게 결합'하여 있는 데다가 '이것에서의 언어의 충일성은 다른 어느 소설에서는 쉽게 발견될 수 없기 때문이었다.'(Toutonghi, 2004, p.224)

그가 여기에서 언어의 충일성이라고 말하고 있는 것은 일단 문체상의 충실성이라고 환언될 수가 있는데, 그 이유는 이것에 쓰이고 있는 언어의 대표적인 샘플로 아래에 제시된 것과 같은 식사 테이블에서 Huck가 놀라움을 나타내는 말을 제시하고 있기 때문이다. 이 말에 대한 그의 문체적 평가는 크게 세 가지로 요약될 수 있는데, 그중 첫 번째 것은 주인공인 Huck의 활기와 기품이 여실히 드러나 있다는 의미에서 이것은 사실주의적 묘사법의 위력을 익히 나타내주고 있는 것이라는 것이고, 그중 두 번째 것은 상투적 표현들을 피하고서 일상적인 어휘와 문형이 하나의 긴 'and문'이 만들어지는 식으로 사용되고 있다는 의미에서 이것은 하나의 배려 깊은 창작품이라는 것이며, 그중 세 번째 것은 글 전체에 독자에게 웃음과 즐거움을 주려고 애쓰고 있는 것이 익히 드러나 있다는 의미에서 이것은 일종의 유머적 서술법의 진수를 보여주고 있다는 것이라는 것이었다.

> My heart fell down amongst my lungs and livers and things, and a hard piece of corn-crust started down my throat alter it and got met on the road with a cough and was shot across the table and took one of the children in the eye and curled him up like a fishing-worm.
> (내 심장은 허파와 간, 그 외의 것들 가운데 쓰러졌고, 옥수수빵의 단단한 한 조각이 그것 뒤를 따라서 목을 내려가기 시작했다가 도중에 기침과 만나게 되어 테이블 맞은편으로 뱉어져서 한 어린이의 눈에 맞아서 그를 낚시 벌레처럼 움츠리게 했다.)

이 소설에서의 언어적 충일성을 논하면서 빼놓을 수 없는 것이 바로 Huck와의 대화에서 Jim이 사용하는 남부 방언인데, 이것을 통해서 우선 그가 인종이나 신분 등에 있어서 Huck와는 전혀 다른 흑인임에도 불구하고 이들 둘이 얼마나 멋있는 단짝인가 하는 것을 당장 알아차릴 수 있게 될 뿐만 아니라 문학적 언어로서의 지역어나 방언의 힘이 표준어의 그것보다도 몇 배 더 강력하다는 것을 익히 확인할 수 있게 된다. 또한 이것을 통해서 대화적 소설이라는 장르가 따로 있을 정도로 소설에서는 으레 두 사람 간의 대화가 자주 다루어지게 된다는 사실을 다시 확인할 수가 있다.

이 소설을 결국에 대화적 기법의 효율성을 가장 분명하게 보여주고 있는 것으로 본 나머지, Toutonghi는 그의 논평의 마지막을 Jim이 Huck에게 한 두 번의 말에 대한 분석으로 장식하였다. 그중 첫 번째 것은 그가 Huck에게 그들이 오두막집에서 본 시체는 사실은 Huck의 아버지였다는 사실을 실토하는 말로서, 그동안의 이야기들이 Huck이 그의 폭력에 의해서 시달림을 받는 것들이었다는 사실을 고려한다면, 이 실토야말로 이 소설을 야무지게 마무리하는 가장 강력한 실토였다고 볼 수가 있다. 그중 두 번째 것은 그가 Huck 앞에서 일찍이 홧김에 자기 딸을 때렸던 일을 깊이 후회하는 말인데, 이것은 곧 순수한 그의 인간성을 설명하는 데 이 이상의 것이 있을 수 없음을 잘 보여주고 있다.(Ibid, p.229)

(1) "Doan' you 'member de house dat was float'n down de river, en dey wuz a man in dah, kivered up, en I went in en unkivered him and didn' let you come in? Well, den, you k'n git yo' money when you wants it; kase dat wuz him."
("강을 떠내려가고 있던 그 집을 기억 못하니, 그리고 거기에는 얼굴이 가려진 채 한 남자가 있었어. 그리고 나는 들어가서 그의 얼굴을 벗겼고, 너를 들어오지 못하게 했었지? 글쎄 그렇다면 네가 원할 때 네 돈을 가질 수 있지. 왜냐하면 그것은 그였기 때문이야.")
(2) "Oh, Huck, I bust out a-cryin' en grab her up in my arms, en say 'Oh, de po' little thing! The Lord God Almighty forgive po' ole Jim kaze he never gwyne to fogive hisself as long's he live!"
(오 헉아, 나는 울음을 크게 터뜨리고서 그녀를 내 팔에 안았지, 그리고 '오,

그 가엾은 어린 것아! 전능하신 주 하느님이여 불쌍한 늙은 짐을 용서해주세요. 왜냐하면 그는 살아있는 동안에 자기 자신을 결코 용서하려 하지 않을 테니까요!'라고 말했지.)

(나) Hemingway의 문체

Ernest Hemingway가 미국의 대표적인 현대 소설가로서 활약한 시기는 Mark Twain이 그렇게 활약한 시기보다 반세기 정도 뒤이다. Mark Twain의 'Huckleberry Finn'이 나온 해는 1884년이었고, 그의 'A Farewell to Arms'가 나온 해는 1929년이었으니까 우선 연대 상으로 Mark Twain을 그가 대선배로 여기는 것은 너무나 당연한 일이었다. 그러나 아마도 그와 Mark Twain의 관계를 직재적으로 묘사할 수 있는 말은 '오직 위인만이 위인을 알아볼 수 있다'일 것이다. 앞에서 이미 말이 나왔듯이 그는 일찍이 Mark Twain의 'Huckleberry Finn'을 미국 문학의 최고의 고전이며 미국의 현대소설의 모형이라고 극찬한 바가 있었는데, 따지고 보자면 이런 안목을 가졌다는 사실 자체가 작가로서의 그의 위대성을 익히 드러내 주고 있었다.

먼저 그의 작가로서의 위대성은 평생에 그가 쓴 단편 소설집과 장편소설의 수가 무려 20권에 이를 만큼 많다는 사실로써 쉽게 확인될 수가 있는데, 더 나아가서 이런 위대성은 1952년에 나온 'The Old man and the Sea'로써 그가 1954년에 Nobel문학상을 수상했다는 사실과 그중 여러 개가 영화로 만들어질 정도로 이들은 출판될 적마다 엄청난 인기를 누렸다는 사실로써도 익히 확인될 수가 있다. 참고로 여기에서 그의 작품의 이름을 열거해보자면 그것은 'Three Stories and Ten Poems'(1923), 'In Our Time: Stories'(1925), 'The Torrents of Spring'(1926), 'The Sun Also Rises'(1926), 'Men without Women'(1927), 'A farewell to Arms'(1929), 'Death in the Afternoon'(1932), 'Winner Take Nothing'(1933), 'Green

Hills of Africa'(1935), 'To Have and Have Not'(1937), 'The Fifth Column, and the First Forty-nine stories'(1938), 'For Whom the Bell Tolls'(1940), 'Across the River and into the Trees'(1950), 'The Old Man and the Sea'(1952), 'A Moveable Feast'(1964), 'Islands in the Stream'(1970), 'The Nick Adams Stories'(1972), 'The Dangerous Summer'(1985), 'The Garden of Eden'(1986), 'True at First Light'(1999)처럼 된다.

두말할 필요도 없이 그가 당대 최고의 작가로 인정받을 수 있었던 것은 문학작품은 결국에 그때그때의 시대적 상황과 시대정신을 거울처럼 비쳐 낸 것이라는 의미에서 그의 작품들은 하나같이 최고 수준의 것들이었기 때문이었다. 그가 활동한 20세기 초는 전 인류가 제1차 세계대전이라는 미증유의 가혹한 전쟁의 후유증으로부터 아직 회복되지 못하고 있던 때였으며, 그래서 일종의 '허무주의'가 지성인들 사이에서는 널리 팽배해 있었다. 실제로 그는 파리를 거점으로 한 이른바 '잃어버린 세대(Lost Generation)'의 일원이었다. 그러나 궁극적으로 그를 최고의 작가로 만든 것은 전 세계를 누비며 겪은 그의 다양한 경험이었다. 예컨대 그는 이 대전 중 미국의 한 적십자사원으로서 이탈리아군의 의무부대원으로 활약하다가 자신이 큰 부상을 입기도 했다. 결국에 그의 소설들은 최고의 작품은 으레 작가 자신의 경험과 삶을 바탕으로 한 것이어야 한다는 이론의 타당성을 익히 실증하고 있었던 것이다.

그러나 보다 엄밀하게 따지자면 그를 당대 최고의 소설가로 우뚝 솟게 한 것은 바로 그의 작품 하나하나를 보석처럼 빛나게 한 그의 독특한 문체이었다. 그것의 독창성을 부각한다는 의미에서 일단 '헤밍웨이 문체'라고 이름 붙여질 수 있는 그의 문체는 '비정문체(the Hardboiled style)'나 '최소주의적 문체' 등의 별명이 잘 말해주고 있듯이 장황성이나 수식성 등을 제일 중요한 장기로 내세우는 전통적인 문체와는 정반대적인 것이었다. 우선 하나의 표현에서 부수적이거나 반복적인 것은 다 빼고서 꼭 필요한 어휘만을 쓰기 위해서는 어휘에 대한 선택이 항상 정확해야만 했다. Baker가 그의 'The sun Also Rises'를 소개하는 글에서 한 말을 그대로 빌릴 것 같으면 'Mark Twain은 일찍이 정확한 낱말과 거의 정확한 낱말 간의 차이는 번개와 반딧불이 간의 차이와 같다고 말한 바가 있는데, Hemingway는 그 차이를 익히 알고서 그의 작품을 빛과 열의 찬란한 폭발체로 채웠던' 것이다.(Baker, 2004, b. p.214)

그런데 그의 문체는 '생략 문체'라고 이름 붙여질 만도 한데, 그 이유는 1932년에 나온 'Death in the Afternoon'에서 나름대로 특이한 생략이론을 전개한 적이 있었기 때문이었다. 그의 주장은 대략 '만약에 산문 작가가 자기가 쓰려고 하는 것에 대하여 충분히 알고 있다면 자기가 알고 있는 것을 생략할 수도 있을 것이고, 또한 만약에 그가 진짜로 진실 되게 쓰고 있다면 독자는 마치 작가가 그들을 실제로 서술했을 만큼 강력하게 그들에 대한 느낌이 들게 될 것이다.'와 같은 것이었는데, 이런 이론에 대한 초기 반응은 놀랍게도 이런 단순성은 으레 기만적인 것이며 Hemingway는 따라서 반지성적인 작가임이 분명하다는 식의 다분히 부정적인 것이었다. 그러니까 그 후에 다수의 주옥같은 명작들이 나오게 되면서 그의 글의 문체에 대한 평가는 긍정적인 수준을 넘어서 극찬의 수준에 이르게 된 것이었다.

그런데 Baker는 그의 전 작품을 소개하는 글에서 그의 문체의 발달과정에 관한 한 가장 중요하다고 볼 수 있는 사실을 밝히고 있는데, 'Star신문'에서 사용하던 '문체편람'이 그에게 준 영향에 관한 이야기가 바로 그것이었다. 일찍이 MarkTwain이 그랬듯이 그도 작가가 되기 전에 '캔서스'시에 있는 'Kansas City Star'신문에서 기자 생활을 했었는데, 이때 신문사에서는 '문체편람'에 명시되어 있는 바와 같은 101가지의 규칙들을 제대로 지킬 것을 모든 기자에게 요구하고 있었다. 고등학교에 다니는 동안에도 학교 신문이나 잡지 등에 자주 시나 소설을 기고하던 그였기에 처음부터 이 규칙들에 그의 관심이 가는 것은 너무나 당연한 일이었다.

다시 말하자면 이들은 그가 자기 나름의 문체를 개발하는 과정에 있어서 기본적인 준칙의 역할을 하게 된 셈이었는데, 예컨대 그는 이들 중 제1 규칙인 '짧은 문장을 사용해라. 첫 번째 단락은 짧게 해라. 힘찬 영어를 사용해라. 부정적이지 않고서 긍정적이어야 한다.'라는 말을 하나의 금과옥조처럼 받아들이게 되었고, 또한 그는 제3 규칙인 '남아도는 낱말은 하나도 남기지 않고 제거해라.'라는 말도 하나의 철칙으로 받아들이게 되었다. 다른 규칙에서는 형용사를 최대로 피할 것과 속어사용은 최대한 절제할 것 등을 권장하고 있었는데, 이런 권장도 그에게 있어서는 글쓰기의 큰 원칙의 하나가 될 수 있었다. Baker의 말을 그대로 빌릴 것 같으면 '18세의 나이에 헤밍웨이는 이들 규칙들을 그의 예술적 신조로 받아들였고, 그의 인생의 나머지 동안에 그들을 충실히 지켜나갔던'것이다.(Baker, 2004, a. p.201)

아마도 그가 신문기자로서 배운 이런 규칙들을 평생 지켜갔다는 것을 익히 실증해주고 있는 사실은 그의 첫 번째 소설인 'The sun Also Rises'(1926)가 아래와 같은 예문의 문체로 쓰였다는 사실일 것이다. Baker가 일찍이 이것을 그의 대표작으로 삼은 것은 단지 이것이 그의 첫 번째 소설임에도 불구하고 커다란 호평을 받았던 것이기 때문만이 아니라 그는 여기에서 자기가 창작한 보도적 기술법의 실체와 위력을 십분 보여주고 있기 때문이었을 것이다. 물론 Baker의 글에서는 이 소설의 역사적 배경이나 이야기 줄거리 등이 고루 다루어지고 있다. 따라서 우선 그의 글을 통해서는 이 소설은 결국에 Hemingway가 젊었을 때 잃어버린 세대의 일원으로서 파리에서 다른 문인들과 교류하던 일들이 소설로서

재탄생된 것이라는 것을 쉽게 알아차릴 수가 있다.

그런데 이 글에서 특별히 눈에 띄는 점은 이 소설에서 쓰인 그의 보도적 기술법은 다분히 독창적이라는 점을 크게 부각하려다 보니까 자연히 그의 글쓰기법의 특징, 즉 그의 문체적 특징도 집중적으로 다루어지게 되었다는 점인데, 여기에서의 그의 문체에 대한 평가는 그것의 특징을 누구라도 쉽게 파악할 수 있을 만큼 직설적이고 구체적인 것이었다. 참고로 그의 말을 그대로 인용해보자면 아래와 같다. '그의 산문은 직접적이고 선형적이며 빠른 보조형이다. 거기에는 아무런 시간과 공간적인 플래쉬백이나 회선상의 구조도 없다. 그의 인물들은 서로 간에 깎아 다듬은 문장으로 말을 한다. 거기에는 '그는 말했다'와 '그녀는 말했다' 등의 표현은 거의 없어서 독자는 가끔 누가 말하고 있는지 놓쳐버릴 수도 있다. 그러나 Hemingway는 우리에게는 원래 그들을 잘 가려내서 하나나 두 어휘의 반응으로 집약시킬 수 있는 수많은 어휘를 알아낼 수 있는 능력이 있다는 것을 굳게 믿고 있다.'(Baker, 2004, b. p.214)

이 글에 제시된 예문은 두 개인데, 그중 첫 번째 것은 이 소설의 제2권에 나오는 파리의 '세느'강 주변의 번화가의 모습이 묘사된 대목인데, 이 묘사는 이 소설의 주인공인 Jake Barnes가 그의 미국 친구이며 작가인 Bill과 함께 시내를 거닐며 한 것이다. 그런데 그는 여기에서 원래 미국의 Kansas시에서 기자로 활동하다가 현재는 파리의 한 신문기자로 일하고 있는 사람으로 설정되어있다. 그러니까 여기에서의 Jake와 'I'는 작가인 Hemingway 자신인 셈이며, 이 묘사도 그 자신이 직접 한 것과 다를 바가 없다. 결국 이것은 헤밍웨이 문체의 정수를 잘 보여주고 있는 예문인 셈이다.

Through the window of the Cafe Aux Amateurs I saw the long zinc bar.

Outside on the terrace working people were drinking. In the open kitchen of the Amateurs a girl was cooking potato-chips in oil. There was an iron pot of stew. The girl ladled some onto a plate for an old man who stood holding a bottle of red wine in one hand.
(옥스 아마튜르 카페의 창을 통해서 나는 아연도금의 긴 바를 보았다. 바깥의 테라스에서는 노동자들이 술을 마시고 있었다. 아마튜르의 개방형 부엌에서는 한 소녀가 기름에 감자튀김을 튀기고 있었다. 거기에는 쇠로 된 스튜 냄비가 있었다. 그 소녀는 한 손에 적포도주 병을 쥐고 서 있는 노인을 위하여 국자로 스튜를 약간 떠서 접시에 담았다.)

이 글에서 제시된 두 번째 예문도 'I'라는 주어로 쓰인 Jake 자신의 눈에 비친 파리의 모습에 관한 것인데, 흥미롭게도 이것이 그가 영국의 여자 작가인 Brett의 행방을 놓고서 프린스턴에서 권투선수였던 Cohn과 싸움을 벌인 나머지 한때 얻어맞아서 의식을 잃었다가 그것을 약간 되찾은 뒤에 호텔로 되돌아가는 길에 목격한 장면이다. 물론 이것도 이야기로 보아서는 Hemingway의 파리생활의 실상을 잘 보여주는 것이다. 그러나 소설작법 상으로 보아서는 분명히 이것도 첫 번째 것과 마찬가지로 Hemingway가 자기 문체의 특징이 어떤 것인가를 가감 없이 보여주고 있는 것이다. 쉽게 말해서 여기에서의 'I'는 흐릿한 의식 속에서도 하나의 카메라처럼 차례대로 주변을 살피고 있다.

Walking across the square to the hotel everything looked new and changed. I had never seen the trees before. I had never seen the flagpoles before, nor the front of the theater. It was all different. I felt as I felt once coming home from an out-of-town football game. I was carrying a suitcase with my football things in it, and I walked up the street from the station in the town I had lived in all my life and it was all new.
(광장을 가로질러 호텔로 걸어가자니 모든 것이 새롭고 바뀌어 보였다. 나

는 전에는 나무들을 본 적이 없었다. 나는 전에는 깃대를 본 적이 없었고, 또한 극장의 정면도 본 적이 없었다. 그것은 모두 달랐다. 나는 한때 시외에서의 축구 게임으로부터 집으로 돌아오면서 느꼈던 대로 느꼈다. 나는 내 축구 물건들이 들어있는 가방을 나르고 있었고, 나는 내가 평생 살았던 마을의 정거장으로부터 걸어갔으며, 그것은 모두 새로웠다.)

(다) Faulkner의 문체

William Faulkner는 Hemingway와 함께 20세기의 미국 문학사에 불멸의 금자탑을 세운 작가인데, 이런 평가를 가장 비근하게 뒷받침할 수 있는 근거로는 아마도 이들은 각각 1949년과 1954년에 노벨문학상을 수상한 사실을 들 수가 있을 것이다. 그러나 진정한 의미에서 이들이 마치 잘 만난 한 짝처럼 20세기의 미국 문학의 위상을 한껏 높일 수 있었던 것은 이들이 같은 연배의 작가들이면서도 거의 모든 면에서 서로 이질적인 작가였기 때문이었다. 그런데 흥미롭게도 이들이 쓴 소설의 권수가 각각 20권 정도가 될 만큼 이들 간에는 다작의 작가라는 공통점도 있었다.

참고로 여기에서 그의 작품목록을 살펴볼 것 같으면 그것은 'The Marble Faun'(1924)으로부터 시작하여 'Soldiers Pay'(1926), 'Mosquitoes'(1927), 'Sartoris'(1929), 'The Sound and the Fury'(1929), 'As I lay Dying'(1930), 'Sanctuary'(1933), 'Light in August'(1932), 'A Green Bough'(1933), 'Pylon'(1935), 'Absalom, Absalom!'(1936), 'The Unvanquished'(1938), 'If I Forget Thee, Jerusalem[The wild Palms]'(1939), 'The Hamlet'(1940), 'Go Down, Moses'(1942), 'Intruder in the Dust'(1948), 'Requiem for a Nun'(1951), 'A Fable'(1954), 'The Town'(1957), 'The Mansion'(1959), 'The Rivers'(1962)처럼 되어있다.

Hemingway의 소설과 대비했을 때 그의 소설에서 제일 먼저 눈에 띄는 점은 물론 그것의 철두철미한 지역주의성이다. Hemingway의 소설의 세계를 일단 유럽으로 치자면 그의 그것은 미국의 남부인 미시시피 주이다. 그는 그러니까 미국의 남부가 안고 있는 인종의 문제나 사회적 문제, 역사적 문제 등을 통해서 앞으로 전 세계가 추구해야 할 보편적 가치나 이상은 어떤 것이어야 하는가를 보여주려고 했던 것인데, 이와 관련해서 한 가지 특이한 점은 그의 소설들은 '요크나파토파(Yoknapatawpha)'라는 하나의 신화적 고을에서 서로 엉켜서 연쇄적으로 일어나는 이야기들이라는 사실이다.

Hemingway의 소설과 비교했을 때 그의 소설에서 그 다음으로 눈에 띄는 점은 플롯이나 구조상으로 보았을 때 미국의 현대문학의 흐름을 선도했다고 볼 수 있을 만큼 모더니즘의 도입에 앞장섰다는 점이다. 이런 시각에서 볼 때 그의 소설 중 대표작으로 볼 수 있는 것이 바로 1929년에 나온 'The Sound and the Fury'인데, 우선 이것의 주제가 어떤 것인가 하는 것은 제목이 Shakespeare의 'Macbeth'에 나오는 인생은 'a tale/Told by an idiot, full of sound and fury/Signifying nothing(소음과 분노로 가득차고 아무런 의미 없는 한 천치가 전해주는 이야기)'라는 말에서 따온 것이라는 사실이 잘 말해주고 있다. 실제로 이 소설의 네 부분 중 첫 번째 것을 이야기하는 Benjy는 정도가 심한 정신적 지체아, 즉 하나의 천치이다.

그러나 이것의 주제나 내용보다 더 독자의 주목을 끈 것은 역시 이것의 형식, 즉 이것의 특이한 플롯과 구조이다. 한마디로 말해서 이것의 플롯과 구조는 지난날의 선형적인 조직이나 시공적 서순성 등의 개념을 완전히 깬 것이다. 굳이 따지자면 이것에서는 악한의 방랑생활을 에피소드 형식으로 묘사하는 악한 소설의 양식이나 구조가 그대로 원용되고 있다. Winchell이 제대로 지적했듯이 독자는 으레 이것의 '연대적 배열관계를 네 개의 서로 단절된 이야기들을 통해서 찾아낼 수밖에 없게' 되어있다. 네 개의 이들 이야기가 서로 직접 연결된 것들이 아니라는 사실은 이들을 서술하는 사람들이 서로 다른 네 명의 주인공이라는 사실로써 익히 알 수가 있는데, 먼저 그중 첫 번째 이야기는 Benjy Compson이라는 33세의 천치에 의해서 서술이 된다. 그 다음인 그중 두 번째 이야기는 그의 제일 큰 형인 Quentin에 의해서 서술되는데, Benjy와는 정반대로 다분히 이상적이고 낭만적인 성격의 그는 누이인 Caddy의 성적 문란성의 문제를 속으로 고민하다가 사고로 익사하고 만다.

그중 세 번째 이야기는 그의 생존의 형제인 Jason에 의해서 서술되는데, 그는 그의 가족 중 유일한 정상인이었다. 그는 일종의 부도덕한 실리주의자이어서 가족 중 제일 재미가 없는 인물이었다. 그중 네 번째 이야기는 가족의 흑인 요리사인 Dilsey에 의해서 서술되는데, 그녀는 교회에서 설교를 듣고서 'I've seed de first and de last…I seed the beginning, an now I sees de endin'(나는 처음과 끝을 보았다. 나는 처음을 보았고 이제는 끝을 본다)'라고 실토할 만큼 도덕적이고 모범적인 여자이다. Winchell의 말을 그대로 빌리자면 'Dilsey는 Faulkner의 소설적 우주에서 유일하게 찾을 수 있는 희망의 외형상을 보여주는 흑인 어머니'였다.(Winchell, 2004, p.19)

Hemingway의 소설과 대비했을 때 그의 소설에서 세 번째로 눈에 띄는 점은 이른바 '헤밍웨이 문체'와는 정반대적인 문체가 쓰이고 있다는 점이다. 굳이 따지자면 예컨대 이 무렵에 '헤밍웨이 문체'라는 말은 있었지만 '포크너 문체'라는 말은 없었다. 더 구체적으로 말하자면 Hemingway의 작품들은 모두가 이 당시에 좋은 글이나 문체의 표본으로서 명성을 떨쳤지만 Faulkner의 작품들은 그렇지를 못했다. 그런데 이런 사실은 문체의 예술성이나 실체와 직접적으로 관련된 것이라기보다는 일종의 대중적 인기와 관련된 것이라고 보는 것이 맞는 일이다. 그런데 흥미롭게도 한때 미국의 대학생들 간에 유행을 일으켰던 '헤밍웨이 문체'는 역설적으로 글을 쉽게 쓰는 것이 생각처럼 쉬운 일이 아니라는 진리만을 새삼 깨닫게 했다.

그러니까 이상과 같은 사실은 왜 그 당시에 '헤밍웨이 문체'라는 말은 꽤 널리 회자되었는 데 반하여 '포크너 문체'라는 말은 아예 생겨나지도 않았는가에 대한 이유를 스스로 밝히고 있는 셈이다. 한마디로 말해서 Hemingway의 문체와는 다르게 Faulkner의 문체는 대중이 쉽게 모방하려고 할 수 없는 것이었던 것이다. 대중이 그 당시에 그의 문체를 그렇게 경원했던 것은 결국에 그것에는 몇 가지 비범한 특징이 있기 때문이었는데 그중 첫 번째 것은 그의 묘사에서는 으레 시나 운문적 표현들이 적지 않게 쓰이고 있다는 점이다. 그가 정식으로 소설을 쓰기 이전에 이미 'The Marble Faun'(1924)이라는 시집을 냈고, 또한 그 후에는 'A Green Bough'(1933)라는 또 한 권의 시집을 냈다는 사실로 미루어 보아서는 그가 뒷날에 소설에서 자기 특유의 시적 문체를 발달시킨 것이 하등 이상한 일이 아니었다. Hannon의 설명에 의할 것 같으면 '그의 운문에서는 이미 지스트와 같은 현대 시인들과의 유사성을 쉽게 발견할 수가 있는데' 'The Marble Faun'에서의 물가에서의 예쁜 소녀들의 모습을 그린 아래와 같은 연이 그것의 좋은 예일 수 있었다.(Hannon, 2004, p.3)

> And they kneel languorously there
> To comb and braid their short blown hair
> Before they ship into the pool
> Warm gold in silver liquid cool
> (그리고 그들은 거기에서 나른하게 무릎을 꿇었다. 은빛 액체의 차가움 속에서 금빛처럼 따스한 연못에 미끄러져 들어가기 전에 짧고 부푼 머리를 빗고 땋기 위하여.)

Hannon의 설명에 따를 것 같으면 이처럼 시적 이미지를 부각시키는 표현법을 그는 그 후 소설을 쓰는 데 있어서도 그대로 활용하게 되었는데, 그것의 대표적인 예로 볼 수 있는 것이 'Absalom, Absalom'(1936)에 나오는 아래와 같은 묘사이었다. 이것은 Quentin Compson이 Rosa Coldfield를 만났던 낡은 사무실을 묘사한 것인데, 이런 대목은 누구나가 아름다운 시적 이미지들을 쉽게 떠올릴 수 있는 대목이라는 사실로 미루어 보아서 소설가가 된 다음에도 그는 분명히 젊어서 품었던 시인으로서의 꿈을 잃지 않았다는 것을 익히 알 수 있다고 그는 주장했다. 결국에 이런 예문이야말로 구조적 복잡성이나 의미적 난해성 등으로 보아서 그의 문체는 Hemingway 문체와는 정반대적인 것이라는 것을 가장 뚜렷이 드러내주고 있는 것이라고 볼 수가 있다.(Ibid, p.3)

> Which (as the sun shone fuller and fuller on that side of the house) became latticed with yellow slashes full of dust motes which Quentin thought of as being flecks of the dead old dried paint itself blown inward from the scaling blinds as wind might have blown them.
> (그 집의 그쪽에 해가 점점 더 훤하게 비쳐지면서, 그것은 먼지조각으로 가득한 노란 사선들로 격자 모양을 띠게 되었는데, 퀜틴 생각으로는 그들은 바람이 불면서 척도용 블라인드로부터 안쪽으로 날려 온 죽고 묵은 마른 페인트의 조각들이었다.)

그의 문체적 특징 중 두 번째 것은 이 무렵에 모더니즘의 보도이며 진수로 여겨졌던 의식의 흐름의 기법이 그 위력을 익히 드러내고도 남을 만큼 거의 모든 작품에 있어서 일관성 있게 쓰이고 있다는 점이다. 굳이 따지자면 이 시기에 의식의 흐름의 기법을 사용해서 모더니즘 예술의 정수를 보여준 사람은 그만이 아니어서 이미 이런 기법으로 최고 정상의 예술가 자리에 오른 사람으로는 Picasso와 같은 회화가나 James Joyce와 같은 소설가, T.S.Eliot과 같은 시인들을 들 수가 있다. 그러니까 이때는 예컨대 그의 'The Sound and the Fury'를 T.S.Eliot의 'The Wast Land'의 소설판이라고 평가해도 하등 이상한 일이 아니었다.

그러나 그것보다 1년 뒤에 나온 'As I lay Dying'에서의 그것을 분석해 보면 그의 의식의 흐름의 기법은 결국에 다분히 독창적이고 개인적인 것이라는 것을 당장 알 수 있다. 'The Sound and the Fury'에서는 Compson가의 와해과정이 세 개의 긴 내적 독백과 하나의 객관적 서술에 의해서 기술되어 있었는 데 반하여, 이 소설에서는 더 대담하고 더 실험적인 의식의 흐름의 기법이 적용되었다. 이 소설은 15명의 서로 다른 인물이 말하는 총 59개의 회상적이나 내적 독백으로 이루어져 있으니까, 여기에서는 의식의 흐름의 기법의 극치를 잘 보여주고 있다고 볼 수가 있다. 물론 이들은 우선 길이가 'My mother is a fish(내 어머니는 물고기입니다)'와 같이 최대로 짧은 것으로부터 여러 쪽에 이르는 식으로 아주 기 것에 이르기까지 각양각색이고, 또한 다양한 사회경제적 계층의 목소리들이 일종의 '이색 언어(heteroglossia)의 집합체'를 형성하고 있는 셈이어서, 이들에 의해서 하나의 소설적 통일성과 응집성을 유지하는 일이 결코 쉬운 일이 아닐 텐데, 놀랍게도 Faulkner는 이 일을 거뜬히 해냈다.

그런데 사실은 이렇게 놀라운 일이 여기에서 이루어질 수 있었던 것은 15명의 서로 다른 인물이 말하는 59개의 내적 독백들은 모두가 아래의 예처럼 공동체원 누구나가 쉽게 알아들을 수 있는, 지극히 일상적이고 평범한 언어에 의해서 이루어지고 있었기 때문이었다. 이렇게 많은 수의 독백들이 병렬적으로 배치되어 있음에도 불구하고 이들이 일종의 탁월한 유기적 구조성을 유지할 수 있었던 것은 결국에 이들 하나하나가 독립적이며 완전한 언어적 표현체의 모습을 띠고 있었기 때문이었던 것이다. 이 예문은 주인공인 Addie가 원치 않는 둘째 아들인 Darl이 잉태된 것은 바로 남편인 Anse의 꼬임에 넘어갔기 때문이었다고 판단한 나머지, 그가 태어나면 남편에게 응분의 복수를 하겠다고 결심하는 대목이다. 특히 여기에서는 이 소설의 주제, 즉 그녀의 평생소원은 죽어서 고향인 Jefferson에 있는 가족과 함께 묻히는 것이라는 사실이 밝혀져 있다.(Heaman, 2004. p.15)

> My revenge would be that he would never know I was taking revenge. And when Darl was born I asked Anse to promise to take me back to Jefferson when I died, because I knew that father had been right.
> (내 복수는 내가 복수를 하고 있다는 것을 그가 결코 모르게 하는 것이었다. 그리고 다알이 태어나면 앤스에게 내가 죽으면 제퍼슨으로 데려갈 것을 약속하도록 할 텐데, 왜냐하면 아버지가 옳았다는 것을 나는 알고 있었기 때문이었다.)

그의 문체적 특징 중 세 번째 것은 인물이나 주변 환경을 묘사하는 글들이 하나같이 최고의 정교성과 미려성을 지니고 있다는 점이다. 소설이 시에 못지않은 언어적 예술품일 수 있으려면 결국에 거기에 나오는 모든 묘사가 시처럼 정교하고 아름다운 글로 이루어져 있어야 한다는 것을 그가 익히 알고 있다는 것을 그의 작품들 하나하나가 웅변적으로 증거하고 있는데, 여기에서 그것의 대표적인 실례로 내세울 수 있는 것은 'As I lay dying'의 첫 쪽에 나오는 '목화집'에 대한 묘사이다. 이 소설을 구성하고 있는 모두 59개의 내적 독백 가운데서 첫 번째 것은 'Darl'이라는 제목을 가진 몇 쪽의 짧은 글인데, 이것의 첫 쪽의 무려 16줄이나 되는 세 번째 단락에서 Addie의 둘째 아들인 'Darl'은 현재 시제의 1인칭 서술법으로써 자기네 '목화집'을 아래와 같이 묘사하고 있다. 여기에 드러나 있는 각 문장의 시적 아름다움이나 서술의 정교성, 구문의 복합성 등만으로도 누구나 왜 그가 일찍이 이 소설을 자기의 작품 중 최고의 '역작(tour de force)'으로 내세웠는가를 익히 알아차릴 수 있다. 여기에서 'Darl'과 동행한 'Jewel'은 그녀가 'Whitefield'와의 불륜의 관계로 낳은 아들이다.

The cotton-house is of rough logs, from between which the chinkling has long fallen. Square, with a broken roof set at a single pitch, it leans in empty and shimmering dilapidation in the sunlight, a single broad window in two opposite walls giving on to the approaches of the path. When we reach it I turn and follow the path which circles the house. Jewel, fifteen feet behind me, looking straight ahead, steps in a single stride through the window. Still staring straight ahead, his pale eyes like wood set into his wooden face, he crosses the floor in four strides with the rigid gravity of a cigar-store Indian dressed in patched overalls and endued with life from the hips down, and steps in a single stride through the opposite window and into the path again just as I come around the corner. In single file and five feet apart and Jewel now in front, we go on up the path toward the foot of the bluff.

(목화 집은 거친 통나무로 되어있는데, 그들 사이에는 틈새가 오래전부터 벌어져 있다. 단일 경사의 부서진 지붕을 가진 네모의 집인 그것은 햇빛에 비고 반짝이는 폐허로 기울어져 있고, 두 마주 보는 벽에 하나의 넓은 창문이 길의 접근로를 면하고 있다. 우리가 거기에 이르자 나는 방향을 바꾸어서 집을 에워싸고 있는 그 길을 따라간다. 내 뒤로 15피트 떨어진 앞을 곧바로 바라보면서 쥬월은 한 걸음으로 창문을 들어간다. 아직도 앞을 곧바로 바라보면서 나무 얼굴에 나무 셋처럼 박힌 창백한 눈을 하고서. 그는 기운 전신 작업복을 입고서 엉덩이 아래로는 근육이 잘 발달한 시가 가게의 인디언과 같은 굳은 위엄을 지니고서 네 걸음으로 마루를 건너고서 한 걸음으로 반대쪽 창문을 나오더니, 내가 막 모서리를 돌고 나온 길로 다시 나왔다. 단일 종대로 5피트 떨어지고 이제는 쥬월이 앞에 서서 우리는 절벽 기슭을 향하여 길을 걷는다.)

■ 참고문헌

Allan, K. 1994. Indirect speech acts. Inferring the illocutionary point. In Asher, R.(ed), The Encyclopedia of Language and Linguistics. Vol. 3. N.Y.: Pergamon Press.
Aristotle, Poetics. (350. B.C.) Appendix. In Gassner, J. and Quinn, E.(eds). 1981. The Reader's Encyclopedia of World Drama. N.Y.: Thomas Y. Crowell Co. Inc.
Austin, J. 1962. How to do things with words. Oxford: Oxford Univ. Press.
Anward, J. 2006. Word Classes/Parts of speech: overview. In Brown, K.(ed), Encyclopedia of Language & Linguistics. Vol. 13. N.Y: Elsevier.
Ayto, J. 2006, Idioms. In Brown, K.(ed), Encyclopedia of Language and Linguistics. Vol. 5. N.Y.: Elsevier.
Bacciarelli, M., Colle, L. and Bara, B. 2003. How children comprehend speech acts and communicative gestures. Journal of Pragmatics. 35.
Baker, C. 2004. a. Ernest Hemingway. In Parini, J.(Ed), The Oxford Encyclopedia of American Literature Vol. 2. Oxford: Oxford Univ. Press.
Baker, C. 2004. b. Ernest Hemingway's The Sun Also Rises. In Parini, J.(Ed), The Oxford Encyclopedia of American Literature Vol. 2. Oxford: Oxford Univ. Press.
Barthes, R. 1977. Introduction to the Structural analysis of narratives. In Image-Music-Text. London: Fontana.
Bauer, L. 2006. Compound. In Brown, K.(ed.). Encyclopedia of Language & Linguistics. Vol. 2. N.Y.: Elsevier.
Berlin, B. and Kay, P., 1969. Basic color terms: Their universality and Evolution. Berkeley, CA: Univ of california Press.
Blackbrun, S.(ed), 2008. Oxford Dictionary of Philosophy. Oxford: Oxford Univ. Press.
Blanchard, R. and Karr, J.(eds). Harold Pinter, 2001. In Drama Criticism. Vol 15. N.Y.: Gale Group.
Bock, K. 1999. Language Production. In Wilson, R. and Keil, F.(eds). The MIT

Encyclopedia of the Cognitive Sciences. 1. Cambridge, MASS. The MIT Press.

Briggs, K.(ed) 1970. A Dictionary of British Folk-tales in the English Language. London: Routledge & Kegan Paul.

Brooks, P. and Kempe, V.(eds). 2014. Encyclopedia of Language development. L.A.: Sage reference.

Brown, P. and Levinson, S. 1987. Politeness: Some universals in language usage. Cambridge: Cambridge Univ. Press.

Brown, R. 1973. A first Language. London: George Allen & Unwin.

Carmella, C., Moore and Robert, J, Munroe, 2000. Cognitive Anthropology. In Kazdin, A.(ed), Encyclopedia of Psychology, Vol. 2. Oxford: Oxford Univ. Press.

Carroll, N. 2006. Art, Definition of. In Borchert, D.(ed). Encyclopedia of Philosophy. Vol 1. N.Y.: Thomson, GAle.

Catford, J. 1994. Translation: Overview. In Asher, R.(ed), The Encyclopedia of Language and Linguistics. Vol 9. N.Y.: Pergamon Press.

Chierchia, G. 1999. Linguistics and Language. In Wilson, R. and Keil, F.(eds). The MIT Encyclopedia of the Cognitive Sciences. 1. Cambridge, Mass: The MIT Press.

Chomsky, N. 1965. Aspects of the theory of Syntax. Cambridge, Mass: MIT Press.

_____. 1981. Lectures on Government and Binding. Dordrecht: Foris.

_____. 2015. The Minimalist Program 20the anniversary edition. Cambridge, Mass: The MIT Press.

_____. 2016. What kind of creatures are we? N.Y. : Columbia Univ. Press.

Coleridge, S. Progress of the Drama, 1818. Appendix. In Gassner, J. and Quinn. E.(eds). 1981. The Reader's Encyclopedia of World Drama. N.Y.: Thomas Y. Crowell Co. Inc.

Coulson, S. 2006. Metaphor and Conceptual blending. In Brown, K.(ed), Encyclopedia of Language & Linguistics. Vol. 8. N.Y.: Elsevier.

Crystal, D. 2018. The Cambridge Encyclopedia of Language. Cambridge. Cambridge Univ. Press.

Drew, P. 1994. Conversation Analysis. In Asher, R.(ed). The Encyclopedia of

Language and Linguistics. Vol. 2. N.Y.: Pergamon Press.
Ely, R. and Berko, G. 1995. Socialization across contexts. In Fletcher, P. and MacWhinney, B.(eds), Handbook of child Language. Oxford: Blackwell.
Fillmore, C. 1968. The Case for Case. In Bach, E. and Harms, R.(eds). Universals in Linguistic Theory. N.Y.: Holt, Rinehart & Winston.
Fraser, B. 1990. Perspectives on politeness. Journal of Pragmatics, No. 14.
Frye, N. The Argument of Comedy, 1948. Appendix, In Gassner, J. and Quinn, E.(eds). 1981. The Reader's Encyclopedia of World Drama. N.Y.: Thomas Y. Crowell Co. Inc.
Frye, N. Baker, S. and Perkins, G. 1985. The Harper Handbook to Literature. N.Y.: Harper & Row Publishers.
Gassner, J. and Quinn, E. (eds), 1981. The Reader's Encyclopedia of World Drama. N.Y.: Thomas Y. Crowell Co. Inc.
Gaut, B. 2000. Art as a cluster concept. In. Carroll, N.(ed). Theories of art today. Madison: Univ. of Wisconsin Press.
Gibbs, Jr., R. 2011. Metaphors. In Rungo, M.(ed). Encyclopedia of Creativeity. Vol. 2. N.Y.: Academic Press.
Glucksberg, S. 1999. Metaphor. In Wilson, R. and Keil, F.(eds). The MIT Encyclopedia of the cognitive sciences. Cambridge, MASS: The MIT Press.
Goldsmith, O. A Comparison between Laughing and Sentimental Comedy, 1773. Appendix. In Gassner J. and Quinn, E.(eds), 1981. The Redder's Encyclopedia of World Drama. N.Y.: Thomas Y. Crowell Co. Inc.
Grice, H. 1975. Logic and Conversation, In Cole, P. and Morgan, J.(eds), Syntax and Semantics, Vol. Ⅲ. Speech Acts. N.Y.: Academic Press.
Halliday, M and Hasan, R. 1976. Cohesion in English. London: Longman.
Hanks, P. 2006. Lexicography: overview. In Brown, K.(ed), Encyclopedia of Language & Linguistics. Vol. 7. N.Y.: Elsevier.
Hannon, C. 2004. William Faulkner. In Parini, J.(Ed.). The Oxford Encyclopedia of American Literature, Vol. 2. Oxford: Oxford Univ. Press.
Haugen, E. 1994. Standardzation. In Asher, R.(ed). The Encyclopedia of Language and Linguistics, Vol. 8. N.Y.: Pergamon Press.

Heaman, P. 2004. William Faulkner's As I lay Dying. In Parini, J.(Ed), The Oxford Encyclopedia of American Literature. Vol. 2. Oxford: Oxford Univ. Press.

Hill, B., Ide, S., Ikuta, S., Kawasaki, A. and Ogino, T. 1986. Universals of linguistic politeness: Quantitative evidence from Japanese and American English. Journal of Pragmatics No.10.

Holman, C. and Harmon, W. 1986. A Handbook to Literature. N.Y.: Macmillan Publishing Co.

Hume, D. Of Tragedy, 1757. Appendix. In Gassner, J. and Quinn, E. (eds), 1981. The Reader's Encyclopedia of World Drama. N.Y.: Thomas Y. Crowell Co. Inc.

Hymes, D. 1962. The Ethnography of speaking. In Anthropology and Human Behavior. Washington, DC: Anthropological Society of Washington.

Jakobson, R. 1960. Concluding statement: Linguistics and Poetics. In Sebeok, T.(ed). Style in Language Cambridge, MA: MIT Press.

Jonson, B. Volpone, 1607. Appendix. In Gassner, J and Quinn, E.(eds). 1981. The Reader's Encyclopedia of World Drama. N.Y.: Thomas Y. Crowell Co. Inc.

Kasper, G. 1994. Politeness. In Asher, R.(ed). The Encyclopedia of Language and Linguistics. Vol. 6. N.Y.: Pergamon Press.

Kelly, L. 1979. The true interpreter: a history of translation theory and practice in the West. Oxford: Blackwell.

Labov. W. 1972. Language in the inner City: Studies in the Black English Vernacular. Philadelphia, PA: Univ of Pennsylvania Press.

Lakoff, G. and Johnson. M. 1980. Metaphors we live by. Chicago: Univ of Chicago Press.

Lakoff, G. and Turner, M. 1989. More than cool reason: A field guide to poetic metaphor. Chicago: Univ of Chicago Press.

Leech, G. 1983. Principles of Pragmatics. London: Longman.

Licker, M.(ed). 2003. McGraw-Hill Dictionary of Scientific and Technical Terms: 6th ed. N.Y.: McGrow-Hill.

Lutzeier, P. 2006. Lexical fields. In Brown, K.(ed). Encyclopedia of Language & Linguistics. Vol. 7. N.Y.: Elsevier.

Macaulay, R. 2006. Sociolect/Social class In Brown, K.(ed). Encyclopedia of Language & Linguistics. Vol. 11. N.Y.: Elsevier.

Mandelbaum, D.(ed). 1963. Selected writings of Edward Sapir in language, culture, and Personality. Berkeley, CA: Univ of California.

Mautner, T.(ed). 2005. Dictionary of philosophy. N.Y.: Penguin Books.

McHoul, A. 1994. Discourse. In Asher, R.(ed). The Encyclopedia of Language and Linguistics. Vol. 2. N.Y.: Pergamon Press.

McTear M. 1985. Children's conversation. Oxford: Blackwell.

Meredith, G. An Essay on Comedy 1877. Appendix. In Gassner, J. and Quinn, E.(eds), 1981. The Reader's Encyclopedia of World Drama. N.Y.: Thomas Y. Crowell Co. Inc.

Mey, J. 2006. Pragmatics: Overview. In Brown, K.(ed), Encyclopedia of Language & Linguistics. Vol. 10. N.Y.: Elsevier.

Newcomb, L. Romance, 2011. In Logan, P.(Ed.). The Encyclopedia of the Novel. Vol II. N.Y.: Wiley-Blackwell.

Partington, A.(ed). 1992. The Oxford Dictionary of Quotations. Oxford: Oxford Univ. Press.

Philipsen, G. 1994. Ethnography of Speaking. In Asher, R.(ed). The Encyclopedia of Language and Linguistics. Vol. 3. N.Y.: Pergamon Press.

Piatelli-Palmarini, M. (ed). 1980. Language and Learning The debate between Jean Piaget and Noam chomsky.

Propp, V. 1968. The Morphology of the folktale. Austin, TX.: Univ of Texas Press.

Quinn, N. 1999. Metaphor and culture. In Wilson, R. and Keil, F.(eds). The MIT Encyclopedia of the cognifive sciences, Cambridge, mass: The MIT Press.

Ramsey, W. 1999. Connectionism, philosophical issues. In Wilson, R. and Keil, F.(eds). The MIT Encyclopedia of the Cognitive Sciences. 1. Cambridge, Mass The MIT Press.

Reese, W.(ed). 1996. Dictionary of Philosophy and Religion. New Jersey: Humanities press.

Roberts, I. 1994. Passive. In Asher, R.(ed), The Encyclopedia of Language and Linguistics. Vol. 6. N.Y.: Pergamon Press.

Romaniuk, B. 2007. Acronyms, Initialisms & Abbreviations Dictionary (38th Edition). Vol 1. Part 1~4. N.Y.: Thomson Gale.
Rose, D. 2006. Metaphors, grammatical. In Brown, K.(ed). Encyclopedia of Language & Linguistics. Vol. 8. N.Y.: Elsevier.
Rowe, M. and Salo, V. 2014. Child-Directed Speech(effects of variation in quality). In Brooks, P. and Kempe, V.(eds), Encyclopedia of Language development. L.A.: Sage Reference.
Ruhlen, M. 1994. Greenberg, Joseph H. In Asher, R.(ed). The Encyclopedia of Language and Linguistics Vol. 3. N.Y.: Pergamon Press.
Rumelhard, D. McClelland, J. and PDP Research Group. 1986. Parallel Distributed Processing: Explorations in Micro-structure of Cognition. Vol 1. Foundations. Cambridge, MASS. MIT Press.
Sage, V. 1994. Metaphor in literature. In Asher, R.(ed). The Encyclopedia of Language and Linguistics Vol. 5. N.Y.: Pergamon Press.
Saussure, F. de, 1983. 1916. Course in general linguistics. Harris, R.(trans). London: Duckworth.
Searle, J. 1971. What is a speech act. In Searle, J(ed). The philosophy of Language. Oxford: Oxford Univ. Press.
Seaton, E. et al.(ed). 1987. Chambers 20th Century Thesaurus. Edinburgh: Chambers.
Sidnell, J. 2006. Conversational analytic approaches to culture. In Brown, K.(ed), Encyclopedia of Language & Linguistics. Vol. 3. N.Y.: Elsevier.
Simpson, J. 1994. Writing: overview of History. In Asher, R.(ed). The Encyclopedia of Language and Linguistics. Vol. 9. N.Y.: Pergamon Press.
Soderstrom, M. 2014. Child-directed speech(Features of) In Brooks, P. and Kempe, V.(eds). Encyclopedia of Language development. L.A.: Sage Reference.
Solo, R. and MacLin, H. 2000. Cognitive Psychology. In Kazdin, A.(ed), Encyclopedia of Psychology Vol 2. Oxford: Oxford univ. Press.
Steen, G. 2006. Metaphor: Stylistic approaches. In Brown, K.(ed), Encyclopedia of Language & Linguistics, Vol. 8. N.Y.: Elsevier.
Steinhart, E. and Kittay, E. 1994. Metaphor. In Asher, R.(ed). The Encyclopedia

of Language and Linguistics. vol. 5. N.Y.: Pergamon Press.
Stevenson, L. 2006. Human nature. in D. Brochert(ed). Encyclopedia of Philosophy. Vol. 4. N.Y.: Thomson, Gale.
Toolan, M. 1994. Narrative, Natural. In Asher, R.(ed). The Encyclopedia of Language and Linguistics. Vol. 5. N.Y.: Pergamon Press.
Toutonghi, P. 2004. Mark Twain's Adventures of Huckleberry Finn. In Parini, J.(Ed). The Oxford Encyclopedia of American Literature. Vol. 4. Oxford: Oxford Univ. Press.
Van Dijk. 2008. Discourse and Context: A Sociocognitive Approach. Cambridge: Cambridge Univ. Press.
Weiss, G. and Wodak, R.(eds). 2003. Critical discourse analysis: theory and interdisciplinarity. London: Palgrave.
Werner, O. 1994. Sapir-Whorf hypothesis. In Asher, R.(ed). The Encyclopedia of Language and Linguistics Vol. 7. N.Y. Pergamon Press.
Whorf, B. 1939. The relation of habitual thought and behavior to language. In Spier, J.(ed). Language, Culture, and Personality. W.I.: Sapir memorial Publication Fund.
Willems, K. 2006. Humbolt, Wihelm Von. In Brown, K.(ed). Encyclopedia of Language & Linguistics Vol. 5. N.Y.: Elsevier
Winchell, M. 2004. William Faulkneis The Sound and the Fury. In Parini, J.(Ed), The Oxford Encyclopedia of American Literature, Vol 2. Oxford: Oxford univ. Press.
Wittgenstein, L. 1968. Philosophical investigations. Oxford: Blackwell.
Yus, F. 2006. Relevance Theory. In Brown, K.(ed). Encyclopedia of Language & Linguistics. Vol. 10. N.Y.: Elsevier.
김기석. 1999. 인간학. 세계철학대사전. 대구. 고려출판사.
교학사 사서부 편. 2000. 영어약어사전. 서울: 교학사.
동아 영한사전(제5판). 2015. 서울: 동아출판사
박영식, 오영환, 박상규. (편). 1991. 철학사상대계 Ⅰ. Ⅱ. 서울: 신태양사.
大塚, 中島(編), 1983. 新英語學辭典. 東京: 硏究社.
原口·中村 편저. 강명윤 역. 1998. 촘스키 언어학 사전. 서울: 한신문화사.